Katrin Eismann

Photoshop

Retusche & Restauration

ADDISON-WESLEY

Ein Imprint von Pearson Education

München · Boston · San Francisco · Harlow, England
Don Mills, Ontario · Sydney · Mexico City
Madrid · Amsterdam

Bibliografische Information der Deutschen Bibliothek
Die Deutsche Bibliothek verzeichnet diese Publikation in der
Deutschen Nationalbibliographie; detaillierte bibliografische Daten
Sind im Internet über http://dnb.ddb.de abrufbar.

Umwelthinweis:
Dieses Buch wurde auf chlorfrei gebleichtem Papier gedruckt.

10 9 8 7 6 5 4 3 2 1

09 08

ISBN 978-3-8273-2676-8

Übersetzung: Claudia Koch, Kathleen Aermes, Ilmenau
Satz: Nino Satta, reemers services publishing gmbh
Lektorat: Cornelia Karl, ckarl@pearson.de
Korrektorat: Petra Kienle, München
Herstellung: Kunigunde Huber, khuber@pearson.de
Einbandgestaltung: Marco Lindenbeck, webwo GmbH, mlindenbeck@webwo.de
Druck und Verarbeitung: Bosch-Druck, Ergolding
Printed in Germany

Inhaltsübersicht

Über die Autoren vii

TEIL I: PHOTOSHOP FÜR DIE RETUSCHE

1 Photoshop-Grundlagen 9

TEIL II: TONWERT-, BELICHTUNGS- UND FARBKORREKTUR

2 Tonwert und Kontrast verbessern 35

3 Belichtungskorrektur 71

4 Farbkorrektur 99

TEIL III: WICHTIGE TECHNIKEN FÜR RESTAURATION UND REPARATUR

5 Staub, Ablagerungen und Strukturen entfernen 153

6 Schäden kontrollieren und reparieren 199

7 Bilder neu aufbauen 235

8 Aufpolieren und der letzte Schliff 275

TEIL IV: SEIN BESTES GESICHT ZEIGEN

9 Porträtretusche 317

10 Glamour-Retusche 387

Anhang Mitwirkende 443

Stichwortverzeichnis 447

Inhaltsverzeichnis

EINLEITUNG

Die Bedeutung der Bilder 2
Die Bedeutung des Lernens 3
Ist das Buch das Richtige für Sie? 3
Die Struktur des Buchs und der Website 4
Lässt sich das Buch auch auf Photoshop Elements übertragen? 5

TEIL I: PHOTOSHOP FÜR DIE RETUSCHE

1

PHOTOSHOP-GRUNDLAGEN

Effizient mit Tastatur-Kurzbefehlen arbeiten 10
Paletten, Menüs und eigene Arbeitsbereiche 14
Schnelle Bildnavigation 17
Kontextmenüs 19
Die Bedeutung von Ebenen 20
Dateiorganisation und Workflow 24
Bevor Sie anfangen 30
Gedanken zum Schluss 31

TEIL II: TONWERT-, BELICHTUNGS- UND FARBKORREKTUR

2

TONWERT UND KONTRAST VERBESSERN

Die Vorteile von High-Bit-Daten 36
Untersuchen Sie die Tonwerte und stellen Sie sich das finale Bild vor 38
Die Bedeutung von Einstellungsebenen 43
Tonwerte ausgleichen mithilfe der Tonwertkorrektur 43
Tonwerte mithilfe der Tonwertkorrektur verbessern 44
Gradationskurven und Kontrast 52
Mit Füllmethoden arbeiten 57
Details verstärken durch Umgekehrt multiplizieren und den Kanalmixer 62
Einstellungsebenen für Power-User 64
Tonwertkorrekturen kombinieren 65
Tonwertkorrektur von Auswahlen 67
Gedanken zum Schluss 70

3

BELICHTUNGS-KORREKTUR

Dunkle Bilder verbessern 72
Überbelichtete Bilder retten 87
Die Rettung mit Tiefen/Lichter 93
Gedanken zum Schluss 97

4

FARBKORREKTUR

Farbgrundlagen 100
Farbstiche erkennen 102
Farbkorrektur mit Bildvariationen 102
Die Farbdunkelkammer mit der Farbbalance imitieren 105
Globale Farbkorrektur 107
Zahlen lügen nicht 121
Selektive Farbkorrektur 127
Farbtemperaturprobleme korrigieren 131
Extreme Farbprobleme abmildern 135
Farben anpassen, ändern und ersetzen 142
Gedanken zum Schluss 149

TEIL III: WICHTIGE TECHNIKEN FÜR RESTAURATION UND REPARATUR

5

STAUB, ABLAGERUNGEN UND STRUKTUREN ENTFERNEN

Das 1x1 des Staubwedelns 154
Druckstrukturen, Moiré und Farbartefakte 187
Gedanken zum Schluss 198

6

SCHÄDEN KONTROLLIEREN UND REPARIEREN

Risse und Knicke entfernen 200
Störendes ausblenden 212
Flecken und Verfärbungen entfernen 214
Krümmungen, Verzerrungen und stürzende Linien entfernen 225
Gedanken zum Schluss 233

7

BILDER NEU AUFBAUEN

Hintergründe neu erstellen 236
Menschen, Orte und Objekte neu aufbauen 244
Reflexionen, Blendenflecke und Lichteintritte reduzieren 261
Gedanken zum Schluss 274

8

AUFPOLIEREN UND DER LETZTE SCHLIFF

Farbe in Schwarzweiß umwandeln 276
Bilder einfärben 290
Schwarzweißbilder von Hand einfärben 294
Maleffekte hinzufügen 300
Kreative Kanten 303
Bilder scharfzeichnen 306
Gedanken zum Schluss 313

TEIL IV: SEIN BESTES GESICHT ZEIGEN

9

PORTRÄTRETUSCHE

Stadien der Retusche 318
Strategien für die Porträtretusche entwickeln 320
Störungen entfernen 323
Konturen schmälern 326
Die Bedeutung der Haut 337
Das Gesicht betonen 355
Beleuchtung und Fokus verfeinern 373
Kreative Bildinterpretationen 376
Gedanken zum Schluss 385

10

GLAMOUR-RETUSCHE

Arten der Glamour-Retusche 388
Eine Arbeitsstrategie entwickeln 392
Der Workflow 394
Symmetrie und Form 398
Perfekte Haut 404
Gesichtsmerkmale betonen 415
Fokus und Schärfe 433
Glamour-Beleuchtung 436
Gedanken zum Schluss 442

ANHANG

Mitwirkende 443
Bildnachweis 445

STICHWORTVERZEICHNIS 447

ÜBER DIE AUTOREN

Katrin Eismann ist eine international anerkannte Dozentin zu den Themen Bildbearbeitung, Restauration und Retusche und den Auswirkungen der neuen Technologien für Profi-Fotografen, Künstler und Lehrer. Zu ihren Kunden gehören Eastman Kodak, Apple, Adobe Systems, International Center of Photography, Professional Photography Association und Warner Brothers. Sie erhielt ihren Abschluss als Bachelor of Fine Arts in Fotografischer Illustration mit Schwerpunkt Elektronische Stillleben vom Rochester Institute of Technology und ihren Masters of Fine Arts degree in Design von der School of Visual Arts in New York City. Katrin ist auch Autorin von *Photoshop Masking & Compositing* und *Real World Digital Photography, 2nd edition.* Sie bekleidet eine Beratertätigkeit beim Sewall Belmont House und Museum, wurde kürzlich in die Photoshop Hall of Fame aufgenommen und ist Mitglied des Clubs www.binge-golfers.com.

Katrin hofft immer noch, eines Tages das Foto zu schießen, das keine Farbkorrektur, Retusche, Freistellung, Abwedelung oder Nachbelichtung oder irgend eine andere Ausbesserung benötigt. In der Zwischenzeit arbeitet sie weiter mit Photoshop. Mehr über Katrin Eismann erfahren Sie unter www.katrineismann.com. Weitere Informationen zu diesem Buch finden Sie unter www.digitalretouch.org.

Wayne Palmer war schon immer ein leidenschaftlicher Fotograf. Er hat einen Abschluss in Pädagogik des Bloomsburg State College, aber durch sein Interesse an der Fotografie verbrachte er mehr Zeit in der Dunkelkammer als im Klassenzimmer. Nach seinem Abschluss arbeitete er 13 Jahre lang im Marketing der Fotofinishing-Abteilung für Guardian Photo, Inc.

Wayne gründete 1994 sein eigenes Unternehmen, Palmer Multimedia Imaging, das Restaurationen von Fotos, Videos und Digitalfotos anbietet. Mit Photoshop arbeitet er seit Version 3, vorher mit dem Aldus PhotoStyler. Er selbst beschreibt sich als AV-Freak, er gibt gern sein Wissen über Fotografie, digitale Bildverarbeitung und Computer weiter. Er unterrichtet Photoshop, Photoshop Elements und digitale Fotografie in der Fortbildungsabteilung des Pennsylvania College of Technology, an der James V. Brown Library führt er ehrenamtlich Senioren in den Umgang mit Computern ein.

EINLEITUNG

Seit September 2001 habe ich keinen Film mehr entwickeln lassen – vor ein paar Monaten versteigerte ich sogar meine letzte Filmkamera bei eBay. Unser Haushalt ist nun zu 100% frei von Filmkameras. Der Kühlschrank bietet jetzt wesentlich mehr Platz für Lebensmittel und Bier – dort, wo sonst die Filme lagerten. In den Abgesang, der lautstark den Tod des traditionellen Films verkündet, kann ich jedoch nicht mit einstimmen. Denn aufgrund der Billionen – oder Trillionen – noch existierender filmbasierter Bilder ist der Film noch lange nicht tot. Im Gegenteil! Immer mehr Leute kramen alte Fotos aus Schuhkartons und Fotokisten hervor und restaurieren sie, um alte Familienerinnerungen wieder zu neuem Leben zu erwecken. Der Film ist so lebendig wie eh und je. Auch wenn viele Fotografen ihre Bilder nicht länger auf Film aufnehmen, enthalten Ihre (und meine) Fotos so viele Informationen, die immer noch sehr wertvoll sind – egal, mit welcher Technologie die Fotos aufgenommen wurden.

Der Film ist nicht tot – wir finden ihn überall, er bewahrt Ereignisse oder zeigt das Leben unserer Familien und Freunde. Auch wenn die Bedeutung eines Filmfotos noch existiert, so stirbt das Medium selbst dennoch einen langsamen Tod: Es verblasst und erleidet alle möglichen Schäden. Retten Sie Ihre Fotos, holen Sie sie aus feuchten Kellern hervor oder von trockenen, staubigen Dachböden; nehmen Sie sie aus vergammelten Pappkartons und bewahren Sie sie in Archivkisten auf. Bewahren Sie sie am besten an einem kühlen und trockenen Ort (relative Luftfeuchtigkeit von 20 bis 50%) auf. Falls Sie wirklich alles digital aufbewahren wollen, scannen Sie den Film und erstellen Sie digitale Masterbilder. Sie werden feststellen, wie wunderschön und interessant die alten Filme sind.

DIE BEDEUTUNG DER BILDER

Unsere Fotos enthalten Erinnerungen und sind unser Vermächtnis. Sie verbinden uns mit unserer Familie und unseren Freunden. Auch wenn sie Knicke haben, vergilbt oder beschädigt sind, werfen wir sie nicht weg, egal, wie verschlissen ein Foto aussieht. Die Kombination aus Bild, Gefühlen und Erinnerungen fasziniert mich. Mit einer zusätzlichen Komponente – Photoshop – können Sie verblasste Farben wieder aufblühen lassen, Störungen entfernen und verstaubte Bilder wie neu aussehen lassen. Durch den Einsatz von Adobe Photoshop beseitigen Sie die Spuren der Zeit und Sie teilen die Erinnerungen mit Ihrer Familie und Freunden.

Ich begann bereits 1989 mit der ersten Version von Photoshop (Version 1.0) zu arbeiten. Seit 1992 halte ich auf der ganzen Welt Seminare rund um das Thema »Digitale Bilder«. Meine Seminarteilnehmer und Leser überraschen mich immer wieder mit Fragen, Problemen und Beispielen von dem, was ich ihnen beigebracht habe. Sie gehen sogar immer noch einen Schritt weiter. Sehen Sie sich an, was Alan, ein Leser der ersten beiden Auflagen dieses Buchs und Bildprofi, aus Abbildung 1 (ein Foto seiner Mutter als junges Mädchen in Atlantic City, 1939) gemacht hat. Abbildung 2 zeigt die Ergebnisse seiner Arbeit, für die er Ebenen einsetzte, kopierte, reparierte und scharfzeichnete. Dieses Foto steht für zahllose Urlaubsfotos, die wir alle lieb gewonnen haben (zum Glück müssen wir heute keine Absatzschuhe mehr zum Badeanzug tragen). Unsere Fotos sind wichtige Hinterlassenschaften, die wir schützen und erhalten müssen.

Wie Sie beim Durchblättern des Buchs sehen, handelt es sich nicht bei allen Bildern um historische Fotos. Viele Beispiele wurden mit den neuesten Digitalkameras aufgenommen oder stammen aus

Abbildung 1

Abbildung 2

Fotostudios. Als Fotografin versuche ich immer, den richtigen Bildausschnitt zu finden, bevor ich auf den Auslöser drücke – ich verlasse mich nicht auf Photoshop, um schlechte Fotos zu retten. Mit anderen Worten, wenn ich ein besseres Bild erstellen kann, indem ich die Beleuchtung korrigiere, einen professionellen Visagisten engagiere oder Objektiv und Position ändere, würde ich den Aufwand in Kauf nehmen, um das Bild bereits vor dem Objektiv richtig zu arrangieren.

DIE BEDEUTUNG DES LERNENS

Zeit, Übung und Geduld – dies alles brauchen Sie, um sportliche Erfolge zu erzielen, eine Gourmet-Mahlzeit zuzubereiten oder ein Bild wiederherzustellen. Frust, Ärger und Wut kommen meist auf und Ihnen gehen Dinge durch den Kopf wie: »Warum mache ich das eigentlich ... das sieht schrecklich aus ... ich sollte damit aufhören.« Bitte schalten Sie diesen Pessimismus ab; machen Sie sich lieber an die Arbeit und üben Sie. So wie Sie ein Hobby, eine Sportart oder eine Sprache erlernt haben, werden Sie lernen, mit Photoshop umzugehen und Ihre Bilder mit Spaß zu restaurieren und zu retuschieren.

Während der Überarbeitung dieses Buchs, besonders aber bei Kapitel 10 »Glamour-Retusche«, in dem ich Ihnen die Geheimnisse der besten New Yorker Retuscheure verrate, sagten meine Mitstreiter immer wieder Dinge wie »Warum verrate ich dir das alles?« und »Warum gebe ich meine Geheimnisse preis?«. Wir alle können uns glücklich schätzen, dass wir von diesen Leuten lernen dürfen. Sie müssen jedoch wissen, dass jede einzelne Person, deren Arbeit sich in diesem Buch widerspiegelt, viele schlaflose Nächte verbracht und Familien und Freunde vernachlässigt hat, um mit Photoshop zu arbeiten. Es gibt keinen Zaubertrank und keinen Geheimtrick. Es braucht einfach Zeit, Hingabe, Ernsthaftigkeit und Hartnäckigkeit, um Rückschläge zu verarbeiten. Mit jedem Bild, an dem Sie heute arbeiten, lernen Sie Strategien und Techniken, die Sie für die Bilder von morgen brauchen.

IST DAS BUCH DAS RICHTIGE FÜR SIE?

Das Buch ist genau das Richtige für Sie, wenn Sie Bilder lieben oder als Amateur oder Profi mit Fotos arbeiten. Egal, ob Sie Historiker, Fotograf, Bibliothekar, Lehrer, Künstler oder Großmutter sind und Ihre besten Fotos mit dem Rest der Familie teilen wollen. Dieses Buch ist dazu gedacht, Sammlungen historischer Fotos zu retten und fehlerhafte aktuelle Bilder zu korrigieren (fehlende Belichtung, schlechte Farbbalance, hektische und störende Hintergründe, Falten oder überflüssiges Gewicht, das Sie bei jedem Ansehen stört).

Dieses Buch ist *nichts* für Sie, wenn Sie weder Zeit noch Neugier oder Geduld haben, sich die Beispiele durchzulesen, sie auszuprobieren und die Techniken dann auf Ihre eigenen Bilder anzuwenden – was ich auch von meinen Seminarteilnehmern erwarte.

Es gibt drei Möglichkeiten, die Techniken in diesem Buch zu erlernen:

- Lesen Sie die Beispiele und sehen Sie sich die Bilder dazu an.
- Laden Sie sich die Bilder von der Website zum Buch herunter (`www.digitalretouch.org`) und vollziehen Sie die einzelnen Schritte nach.
- Nehmen Sie die hier gezeigten Techniken und wenden Sie sie auf Ihre eigenen Bilder an. Sie werden einige der Werkzeug- oder Filtereinstellungen anpassen müssen, um optimale Ergebnisse zu erzielen. Wenn Sie mit Ihren eigenen Bildern arbeiten, lernen Sie tatsächlich, Bilder zu restaurieren und zu retuschieren.

Das ist kein Einführungsbuch. Um das Beste aus ihm herauszuholen, sollten Sie sich mit den Grundlagen von Photoshop bereits auskennen. Sie sollten wissen, wo sich welche Werkzeuge befinden und was sie können, und mit den grundlegenden Aufgaben vertraut sein. (Sie sollten beispielsweise wissen, wie Sie eine Ebene aktivieren oder eine Auswahl laden.)

DIE STRUKTUR DES BUCHS UND DER WEBSITE

Das Buch teilt sich in drei wesentliche Bereiche:

- Tonwert, Kontrast, Belichtung und Farbe verbessern
- Staub und Kratzer entfernen, Beschädigungen beheben
- Professionelle Porträt- und Glamour-Retusche

Das Buch ist so strukturiert, wie Sie auch mit Ihren Bildern arbeiten sollten – es beginnt mit einem kurzen Überblick über die Photoshop-Grundlagen, die Dateiverwaltung und die Werkzeuge, die für die Retusche notwendig sind. Anschließend geht es um die Farbkorrektur (Dinge, auf die Sie sich bei der Bildretusche konzentrieren sollten), gefolgt von einigen Kapiteln zur Entfernung von Staub, Kratzern und anderen Fehlern, dem Erstellen kreativer Effekte, der Porträtretusche und Techniken, die Profi-Retuscheure anwenden.

Jedes Kapitel beginnt mit einem kurzen Überblick darüber, was Sie erwartet. Ich beginne immer mit einfachen Beispielen und taste mich dann zu komplexeren vor. Vielleicht wollen Sie gleich mit den schwierigeren Dingen anfangen, aber davon rate ich Ihnen ab. Die Struktur der Kapitel ist so angelegt, dass Sie nach und nach die Werkzeuge und Techniken kennen lernen, die Sie für die fortgeschritteneren Beispiele benötigen. Die Kapitel zur Farbkorrektur dienen als Grundlage für die Porträt- und die Glamour-Retusche.

Statt dem Buch eine CD beizulegen, habe ich eine Website erstellt (`www.digitalretouch.org`), von der Sie sich Bilder herunterladen können und auf der Sie Links zu weiteren Retuschequellen finden. Jedes Kapitel (außer Kapitel 1 »Photoshop-Grundlagen«) beinhaltet JPEGs, die Sie sich von dieser Seite herunterladen können. Für diejenigen mit einer schnellen Internetverbindung (oder mit viel Geduld) habe ich Bildarchive zu jedem Kapitel erstellt, außerdem eine große Datei, die alle wichtigen Materialien für das gesamte Buch enthält.

> **Hinweis**
>
> Die Bilder auf der Website zum Buch sind nur für den persönlichen Gebrauch und dürfen nicht verbreitet oder für Werbezwecke verwendet werden.

Viele Profi-Retuscheure, Dozenten, Fotografen und JupiterImages stellen Bilder und Beispiele zur Verfügung, die Sie auf der Website zum Buch finden. Es gibt im Buch aber auch einige Bilder, für die wir nicht die Erlaubnis zur Veröffentlichung im Web bekommen haben. Halten Sie mich ruhig für altmodisch, aber ich respektiere die Urheberrechte – das Copyright der Bilder liegt beim Erzeuger (im Buch entsprechend gekennzeichnet). Schreiben Sie dem Verlag oder mir keine E-Mails mit der Bitte, Ihnen Bilder zu schicken, die nicht auf der Website veröffentlicht sind. Sie werden sie nicht bekommen. Sie wollen doch nicht, dass ich ins Gefängnis wandere, oder?

In den Fällen, in denen ich nicht die Erlaubnis hatte, die Bilder auf der Website zu veröffentlichen, verwenden Sie einfach ähnliche Bilder aus Ihrem eigenen Fotoalbum. Auch wenn Sie nicht mit exakt demselben Bild arbeiten wie ich, werden Sie die Techniken trotzdem lernen, denn die meisten Probleme sind so universell, dass es nichts ausmacht, wenn Sie nicht mit den Originalbildern arbeiten. Außerdem gehe ich ohnehin davon aus, dass Sie eher früher als später Ihre eigenen Fotos verwenden.

FÜR DOZENTEN

In diesem Buch greife ich Techniken auf, die ich meinen Seminarteilnehmern schon seit Jahren vermittle. Wenn Sie selber Dozent sind, wissen Sie die Zeit und Arbeit, die dahinter steckt, sicherlich zu schätzen. Ich hoffe, dass das Buch und die Beispiele Ihnen helfen, Konzepte und Techniken der Photoshop-Retusche und -Restauration zu lernen und weiterzugeben. Ich erwarte gleichzeitig aber auch, dass Sie meine Arbeit und die der anderen Profis, auf die ich in diesem Buch eingehe, respektieren. Kopieren Sie bitte keine Seiten, verbreiten Sie keine Bilder von der Website und verwenden Sie keine Auszüge aus diesem Buch ohne ausdrückliche Erlaubnis. Natürlich kann sich jeder, der eine Ausgabe dieses Buchs besitzt, die Bilder von der zugehörigen Website kostenlos herunterladen.

Es würde mich freuen, von Ihnen zu hören. Bitte schicken Sie mir Ihre Kommentare per E-Mail an `katrin@digitalretouch.org`. Zeigen Sie mir, wie Sie die Techniken aus dem Buch weiterentwickelt haben. Wenn Sie mir Vorher-Nachher-Dateien Ihrer retuschierten Bilder schicken, veröffentliche ich sie in der Leser-Galerie. (Achten Sie auf kleine Dateigrößen – maximal 1 MB als JPEG.) Herausragende Beispiele könnte ich dann sogar für die nächste Auflage des Buchs verwenden. Schicken Sie mir also auch Ihren Kontakt, damit ich Sie um Erlaubnis bitten kann.

LÄSST SICH DAS BUCH AUCH AUF PHOTOSHOP ELEMENTS ÜBERTRAGEN?

Ich habe viele E-Mails bekommen, in denen ich gefragt wurde, ob das Buch auch für Photoshop-Elements-Nutzer geeignet sei. Photoshop Elements ist ein wunderbares Programm; es ist mit einer erstaunlichen Anzahl von Photoshop-Funktionen ausgestattet und wird oft zusammen mit Scannern oder Digitalkameras verkauft. Mein Co-Autor Wayne Palmer nennt es »75 Prozent Photoshop für nur rund 100 Euro«.

Photoshop Elements hat zwar auch seine Grenzen, ist jedoch in der Lage, viele der Restaurationstechniken aus diesem Buch durchzuführen.

Zunächst die Einschränkungen:

- Es werden nur RGB- und Graustufenbilder unterstützt.
- Die Einstellungsoptionen GRADATIONSKURVEN, FARBBALANCE und KANALMIXER fehlen.
- Protokoll-Schnappschüsse werden nicht unterstützt.
- Sie haben keinen Zugang zu den Kanälen.
- Sie haben keinen Zugang zu Pfaden.
- Ebenenmasken sind nur in Verbindung mit Einstellungsebenen möglich.

Und jetzt die Möglichkeiten:

- Bereichsreparatur-Pinsel und Reparatur-Pinsel
- Unterstützung von Einstellungsebenen und Ebenenmodi
- Die Funktion ALLE EBENE AUFNEHMEN wird unterstützt, so dass Sie in eine separate Ebene klonen können.
- Die meisten Filter sind integriert – Scharfzeichnen, Weichzeichnen, Hochpass.
- Auswahlen können gespeichert werden.
- Ebenenmasken werden unterstützt – indirekt jedenfalls. (Definieren Sie eine Ebene als Muster und verwenden Sie es dann als Einstellungsebene.)
- Es gibt eine Protokoll-Palette und Sie können die Schnappschuss-Funktion simulieren, indem Sie Ihre Arbeit in unterschiedlichen Stadien speichern.

Ein Leser schrieb mir Folgendes: »Ich verwende Ihr Buch in Verbindung mit Photoshop Elements. Im Unterschied zu anderen Büchern erklären Sie die Gründe, warum bestimmte Einstellungen vorgenommen werden müssen, und vermitteln ebenso die Theorie dahinter. Deshalb ist das Buch auch mit Elements nutzbar, ich verwende es sogar in Zusammenhang mit PaintShop Pro. Es gibt viele Bücher, die dem Leser versprechen, Beispiele und Übungen zu vermitteln und zu erklären, warum bestimmte Einstellungen notwendig sind. Aber oftmals ist es sehr schwer, diese Informationen auf die eigenen Fotos anzuwenden. Ein Buch, das mir beispielsweise sagt, dass ich für den Filter UNSCHARF MASKIEREN die Werte 143, 2 und 12 verwenden soll, hilft mir nicht wirklich, meine eigenen Fotos scharfzuzeichnen. Ihr Buch hingegen erklärt viel mehr die Theorie, die dahinter steckt, und nicht nur den Mechanismus, mit dem ein Beispielfoto korrigiert werden kann.«

Obwohl das Buch von Beginn an ein sehr ambitioniertes Projekt war, gibt es viele Photoshop-Funktionen, die ich nicht bespreche. Ich konzentriere mich auf Photoshop CS2, die aktuellste Programmversion. Falls Sie noch mit Version 6.0 oder älter arbeiten, werden Sie aus diesem Buch trotzdem eine Menge mitnehmen, denn die wichtigsten Retusche-Werkzeuge – Ebenen, Einstellungsebenen und Ebenenmodi – gibt es bereits in diesen alten Versionen. (Natürlich ist das Buch auch nach der Veröffentlichung der nächsten Programmversion noch lange nutzbar.) Ich beschäftige mich nicht mit grundlegenden Photoshop-Funktionen; ich nehme nicht die Werkzeug-Palette auseinander; und ich beschäftige mich nicht mit komplexen Auswahlen und Maskierungen. Lesen Sie dazu lieber ein anderes Buch von mir: *Photoshop Maskierung & Compositing*.

Schließlich möchte ich Ihnen noch meinen Co-Autor Wayne Palmer vorstellen. Wayne ist Fotograf und Besitzer von Palmer Multimedia Imaging. Er beschäftigt sich schon seit über zehn Jahren mit der digitalen Fotorestauration. Ich habe über die Jahre immer wieder sein Expertenwissen in Anspruch genommen. Aufgrund seiner praktischen Erfahrungen und weil er in die ersten beiden Auflagen dieses Buchs involviert war, bat ich ihn, bei dieser Auflage Co-Autor zu sein. Wayne steuerte sehr nützliche Einblicke in die Fotorestauration bei und stellte sicher, dass die gezeigten Techniken praktikabel und produktiv sind und dazu die unterschiedlichsten Ansprüche abdecken.

Wir wünschen Ihnen beim Wiederherstellen Ihrer Bilder viel Spaß. Machen Sie mehr aus Ihren Bildern!

Mit besten Grüßen,

Katrin Eismann

katrin@digitalretouch.org

The Big Apple, New York City

I Photoshop für die Retusche

1 PHOTOSHOP-GRUNDLAGEN 9

1

PHOTOSHOP-GRUNDLAGEN

Sperren Sie drei Leute in einen Raum, geben Sie jedem einen Computer und 30 Minuten Zeit. Ich wette, dass jeder eine andere Lösung für ein und dasselbe Photoshop-Problem entwickeln wird. Die unterschiedlichen in Photoshop möglichen Ansätze können manchmal sehr frustrierend, aber auch belebend sein, je nachdem, wie gerne Sie entdecken und experimentieren. Was unterscheidet nun einen herkömmlichen Photoshop-Nutzer von einem Power-User? In den meisten Fällen sind es die Erfahrung und die Fähigkeit, sich den Ausgang eines Projekts vorstellen zu können. Für Power-User ist Photoshop transparent – die Oberfläche verschwindet förmlich, während sie Fotos retuschieren oder restaurieren. Für Neulinge ist Photoshop so überwältigend, dass sie viel Zeit damit verbringen, Werkzeuge, Befehle und Funktionen zu suchen. Sie werden ihre Bilder sicherlich auch erfolgreich bearbeiten, nur dauert es etwas länger.

Wenn Sie lernen, sich schnell und effizient in Photoshop zu bewegen, werden Sie ein besserer Retuscheur, weil Sie sich auf das Bild und nicht auf die Software konzentrieren. In diesem Kapitel erlernen Sie den effizienten Umgang mit Photoshop – Sie werden zu einem besseren Photoshop-Retuscheur, indem Sie

- rationell mit Tastatur-Kurzbefehlen arbeiten,
- Dateinavigationen verwenden,
- die Bedeutung von Ebenen entdecken,
- Methoden für die Dateiverwaltung und den Workflow entwickeln,
- einen effizienten Arbeitsbereich schaffen.

Restauration und Retusche bedeutet mehr, als nur schnell mit der Maus klicken zu können. Gute Retuscheure verstehen, dass die Bilder, die sie bearbeiten, für den Kunden, ein Familienmitglied oder die Person im Bild sehr wichtig sind. Bevor Sie mit der Retusche beginnen, sollten Sie sich einen Moment Zeit nehmen, um zu verstehen, dass die Bildpixel reale Menschen und reale Ereignisse repräsentieren – also mehr als eine Sammlung heller und dunkler Flecken digitaler Informationen darstellen. Sie haben die Aufgabe, aus verblassten, geknickten oder beschädigten Bildern wieder Erinnerungen ans Licht zu bringen. Eine große Verantwortung, die da auf Ihnen lastet. Sie hilft Ihnen während der Retusche jedoch, das Bild mit Einfühlungsvermögen und Vorsicht zu behandeln.

Hinweis

Voreinstellungen, Farbeinstellungen und Farbmanagement-Richtlinien

Verbessern Sie die Effizienz von Photoshop, indem Sie die korrekten Vor- und Farbeinstellungen wählen. Auf einem Apple-Computer finden Sie diese unter PHOTOSHOP/VOREINSTELLUNGEN/ALLGEMEINE/FARBAUSWAHL und BEARBEITEN/FARBEINSTELLUNGEN; auf einem PC unter BEARBEITEN/VOREINSTELLUNGEN und BEARBEITEN/FARBEINSTELLUNGEN. Auf der Website www.digitalretouch.org erhalten Sie weitere Informationen. Dort lernen Sie auch, wie Sie Photoshop beschleunigen, mehrere Befehle widerrufen und mit Farbprofil-Warnungen umgehen.

EFFIZIENT MIT TASTATUR-KURZBEFEHLEN ARBEITEN

Photoshop wurde ursprünglich für eine Bedienung mit zwei Händen entwickelt: eine für die Tastatur und eine für die Maus. Sie werden effizienter und sparen Zeit, wenn Sie ein Werkzeug oder einen Befehl mit einem Tastatur-Kurzbefehl aufrufen. Außerdem verringern Sie die Anzahl sich wiederholender Mausklicks, die Schmerzen, Ärger und verminderte Produktivität verursachen können.

Wenn Sie die Tastatur-Kurzbefehle kennen, um Werkzeuge zu aktivieren, Einstellungen zu ändern und Paletten zu kontrollieren, können Sie sich besser auf das Bild konzentrieren. Angenommen, Sie benötigen bei der Arbeit an einer Datei den Kopierstempel und Sie müssen die Pinselspitze vergrößern und die Deckkraft auf 40% einstellen. Bei der manuellen Methode aktivieren Sie erst das Werkzeug, verschieben dann den Regler für die Pinselgröße und geben für die Deckkraft einen Wert von 40 ein. Mithilfe der Tastenkürzel aktivieren Sie das Werkzeug mit der Taste [S], vergrößern die Pinselspitze mit der Taste [Ö] und geben den Wert für die Deckkraft ein. Es geht viel schneller und Sie erreichen dasselbe Ziel!

Photoshop bietet verschiedene Methoden, um durch Dateien zu navigieren, sowie diverse Tastenkürzel, um Werkzeuge zu aktivieren und Menüs zu öffnen. Müssen Sie diese alle kennen? Natürlich nicht. Denn es sind über 600! Sollten Sie lernen, wie Sie Werkzeuge aktivieren, die Sie ständig benötigen? Auf jeden Fall. Wenn Sie ein Werkzeug oder einen Befehl dreimal am Tag oder öfter verwenden, ist es nicht nur sinnvoll, das Tastenkürzel zu lernen, sondern Sie sparen auch noch Zeit. Außerdem ist es nicht verkehrt, wenn Sie wissen, wie Sie Aktionen erstellen.

Tipp

Wählen Sie BEARBEITEN/TASTATURBEFEHLE, um sich die Tastaturbefehle anzusehen oder eigene zu erstellen. Da Adobe bereits alle möglichen Kombinationen verwendet, müssen Sie einen bestehenden Befehl ersetzen, um einen eigenen zu erstellen. Keine Angst; Sie können die Standardeinstellungen jederzeit wieder herstellen.

Photoshop ist auf den Plattformen Macintosh und Windows identisch. Ich verwende in diesem Buch immer beide Tastaturbefehle – zunächst den für Mac und anschließend den für PC. (Die [⌘]-Taste unter Macintosh entspricht der [Strg]-Taste auf dem PC; die [⌥]-Taste auf dem Mac entspricht der [Alt]-Taste unter Windows; wenn unter Windows die rechte Maustaste benötigt wird, drücken Sie auf einem Mac die [ctrl]-Taste.)

Im folgenden Abschnitt finden Sie die wichtigsten Tastaturbefehle, die in diesem Buch verwendet werden und Ihnen helfen, effizienter zu arbeiten.

Die Werkzeug-Palette

Das Drücken eines Buchstabens auf der Tastatur aktiviert in der Werkzeug-Palette ein spezielles Werkzeug. Manchmal entspricht die Taste dem Anfangsbuchstaben des Werkzeugs – z.B. Verschieben-Werkzeug (V) oder Text-Werkzeug (T). Abbildung 1.1 zeigt Ihnen die Buchstaben zu den entsprechenden Werkzeugen.

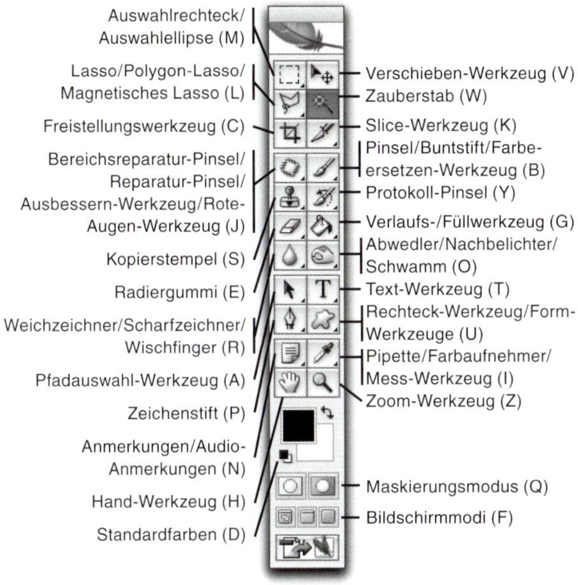

Abbildung 1.1

Die Werkzeug-Palette mit den passenden Tastaturbefehlen

Tipp

Um die Werkzeugtipps zu sehen, halten Sie den Cursor über einem Werkzeug – der Werkzeugtipp erscheint zusammen mit dem Tastaturbefehl, wie in Abbildung 1.2 zu sehen. Standardmäßig ist die Werkzeugtipps-Funktion aktiviert. Falls nicht, drücken Sie ⌘-K/Strg-K und aktivieren Sie die entsprechende Checkbox.

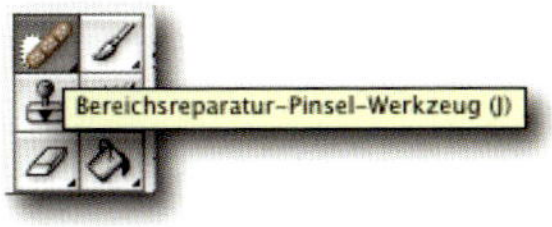

Abbildung 1.2

Nutzen Sie die Werkzeugtipps, um die wichtigsten Tastaturbefehle zu lernen.

Wie Sie in Abbildung 1.3 sehen, sind einige Werkzeuge ineinander verschachtelt. Abwedler, Nachbelichter und Schwamm teilen sich in der Werkzeug-Palette beispielsweise ein Kästchen. Drücken Sie die ⇧-Taste und den entsprechenden Tastaturbefehl, um zwischen den Werkzeugen zu wechseln. In Tabelle 1.1 finden Sie alle verschachtelten Tastaturbefehle, die Sie für die Retusche und Restauration benötigen.

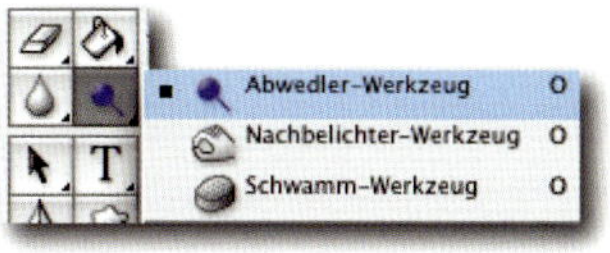

Abbildung 1.3

Abwedler, Nachbelichter und Schwamm teilen sich in der Werkzeug-Palette ein Kästchen.

Falls Sie nur den Buchstaben (ohne die ⇧-Taste) drücken wollen, drücken Sie ⌘-K/Strg-K und deaktivieren Sie die Checkbox UMSCHALTT. FÜR ANDERES WERKZEUG.

Tabelle 1.1

Verschachtelte Retusche-Werkzeuge

Auswahlrechteck	⇧-M *wechselt zwischen Auswahlrechteck und Auswahlellipse.*
Lasso	⇧-L *wechselt zwischen Lasso, Polygon-Lasso und Magnetischem Lasso.*
Bereichsreparatur-Pinsel	⇧-J *wechselt zwischen Bereichsreparatur-Pinsel, Reparatur-Pinsel, Ausbessern-Werkzeug und Rote-Augen-Werkzeug.*
Pinsel	⇧-B *wechselt zwischen Pinsel, Bleistift und Farbe-ersetzen-Werkzeug.*
Kopierstempel	⇧-S *wechselt zwischen Kopierstempel und Musterstempel.*
Protokoll-Pinsel	⇧-Y *wechselt zwischen Protokoll-Pinsel und Kunstprotokoll-Pinsel.*
Radiergummi	⇧-E *wechselt zwischen Radiergummi, Hintergrund-Radiergummi und Magischem Radiergummi.*

(Forts.)

Tabelle 1.1 (Fortsetzung)
Verschachtelte Retusche-Werkzeuge

Verlaufswerkzeug	*⇧-G wechselt zwischen Verlaufs- und Füllwerkzeug.*
Weichzeichner	*⇧-R wechselt zwischen Weichzeichner, Scharfzeichner und Wischfinger.*
Abwedler	*⇧-O wechselt zwischen Abwedler, Nachbelichter und Schwamm.*
Pfadauswahl-Werkzeug	*⇧-A wechselt zwischen Pfadauswahl- und Direkt-Auswahl-Werkzeug.*
Zeichenstift	*⇧-P wechselt zwischen Zeichenstift und Freiform-Zeichenstiften.*
Pipette	*⇧-I wechselt zwischen Pipette, Farbaufnehmer und Messwerkzeug.*

Werkzeugspitzen

Wenn Sie den Pinsel, den Kopierstempel, den Protokoll-Pinsel oder den Radiergummi verwenden, können Sie deren Deckkraft ändern, indem Sie den gewünschten Wert einfach eingeben; Sie müssen das Deckkraftfeld nicht extra aktivieren. Geben Sie einfach eine Zahl zwischen 1 und 9 ein, die Deckkraft oder der Druck ändert sich entsprechend zwischen 10% und 90%; geben Sie eine 0 (Null) ein, entspricht das einem Wert von 100%. Sie können natürlich auch präzisere Prozentwerte eingeben. Um den Fluss zu ändern (wie schnell die Farbe in der gewünschten Deckkraft aufgebaut wird), drücken Sie die ⇧-Taste und den entsprechenden Zahlenwert. Wenn Sie mit Belichtungs- oder Weichzeichner-Werkzeugen arbeiten, entspricht die Deckkraft der Belichtung und Stärke.

Um die Größe einer Werkzeugspitze oder die Härte eines Mal-, Belichtungs- oder Weichzeichner-Werkzeugs zu ändern, verwenden Sie folgende Tastaturbefehle:

- Die Taste # verringert die Größe, während Härte und Abstand gleich bleiben.
- Die Taste Ö vergrößert die Werkzeugspitze, während Härte und Abstand gleich bleiben.

Hinweis

Sie können Deckkraft und Fluss auch mithilfe der Schieberegler ändern, wie in **Abbildung 1.4** zu sehen. Klicken Sie einfach auf den Menüeintrag und verschieben Sie den Regler.

Abbildung 1.4

Die Schieberegler bieten eine schnelle Möglichkeit, Deckkraft, Belichtung und Stärke zu ändern.

Werkzeugvorgaben speichern

Wie oft haben Sie für das Freistellungswerkzeug die Maße 5 x 7 Zoll eingegeben, eine weiche Kante oder weiche weiße Werkzeugspitze mit 5% Deckkraft im Modus ÜBERLAGERN erstellt? Okay – das Beispiel mit dem Freistellungswerkzeug hinkt vielleicht etwas, aber während der Porträtretusche kann das zweite Beispiel sehr nützlich werden.

Wäre es nicht toll, wenn Sie sich eine kleine Bibliothek mit all den Werkzeugen anlegen könnten, die Sie oft verwenden – so dass Sie nur einen Klick benötigen, um Sie mit ganz bestimmten Einstellungen zu aktivieren? Erstellen Sie einfach Werkzeugvorgaben, die können Sie laden, bearbeiten und in einer Bibliothek speichern, auf die Sie über die Optionsleiste und den Vorgaben-Manager Zugriff haben.

Im folgenden Beispiel erstelle ich eine häufige Einstellung für das Freistellungswerkzeug. Wiederholen Sie die Schritte und erstellen Sie eine eigene Bibliothek mit nützlichen Einstellungen.

So erstellen Sie eine Vorgabe für das Freistellungswerkzeug:

1. Aktivieren Sie das Freistellungswerkzeug und nehmen Sie in der Optionsleiste die gewünschten Einstellungen vor (**Abbildung 1.5**). Ich gab 5 und 7 ein. Wenn Sie als Einheit Pixel verwenden, geben Sie nach den Zahlen »px« ein; für Zentimeter »cm« und für Millimeter »mm«. Sie können auch einen Wert für die Auflösung eingeben. Ich empfehle Ihnen allerdings, dieses Feld leer zu lassen.

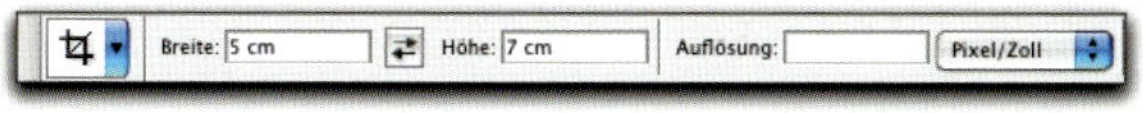

Abbildung 1.5

Legen Sie Einstellungen für das Freistellungswerkzeug fest.

2. Klicken Sie links in der Optionsleiste auf den Werkzeugbutton und dann auf NEUE WERKZEUGVOREINSTELLUNG. Sie können auch auf den Pfeil klicken, um das Menü zu öffnen (siehe Abbildung 1.6) und in den Vorgaben-Manager zu gelangen.

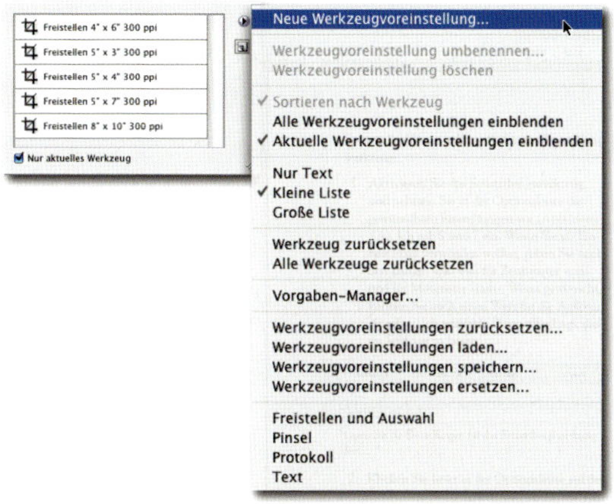

Abbildung 1.6

Wählen Sie NEUE WERKZEUGVOREINSTELLUNG, um die Einstellungen zu benennen und zu speichern.

3. Geben Sie der Werkzeugvoreinstellung einen Namen (Abbildung 1.7) und klicken Sie auf OK. Die paar Minuten, die es dauert, eine Voreinstellung zu erstellen, beschleunigen später Ihre Retuschearbeit. Um die Werkzeugvoreinstellungen zu sehen, klicken Sie auf den Werkzeugbutton links in der Optionsleiste oder benutzen Sie die Werkzeugvorgaben-Palette, wie in Abbildung 1.8 zu sehen.

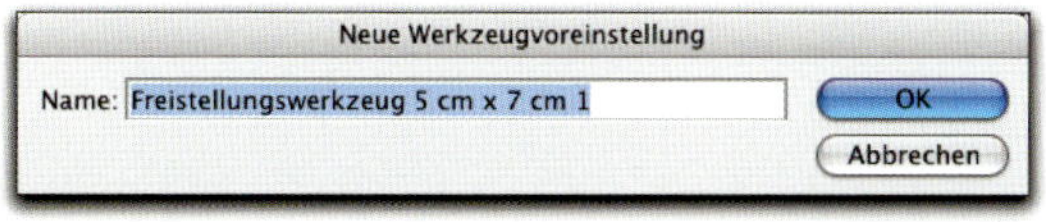

Abbildung 1.7

Geben Sie der Werkzeugvoreinstellung einen Namen.

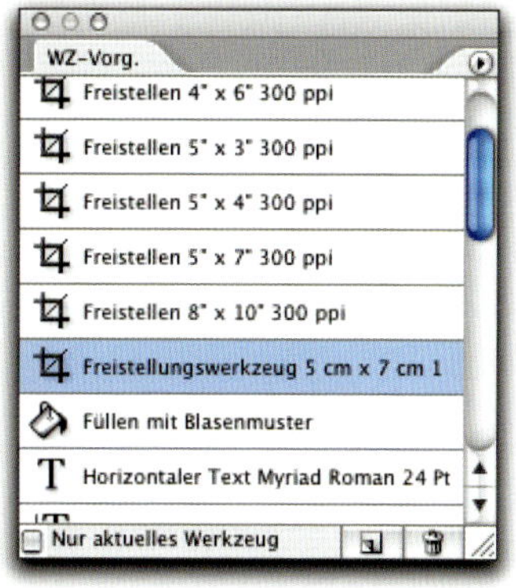

Abbildung 1.8

Die Werkzeugvorgaben-Palette mit allen gespeicherten Voreinstellungen.

Beachten Sie in Abbildung 1.9, dass die Checkbox NUR AKTUELLES WERKZEUG unten links in der Ecke aktiviert ist. Dadurch sehen Sie nur die Vorgaben für das aktuelle Werkzeug.

Nachdem Sie verschiedene Werkzeugvorgaben erstellt haben, sollten Sie die Werkzeugvorgaben speichern, damit Ihnen die Einstellungen auch noch zur Verfügung stehen, wenn Photoshop unerwartet beendet wird. Verwalten Sie die Werkzeugvorgaben und Bibliotheken mithilfe des Vorgaben-Managers (BEARBEITEN/VORGABEN-MANAGER). Dort können Sie Vorgaben speichern, laden und an andere weitergeben.

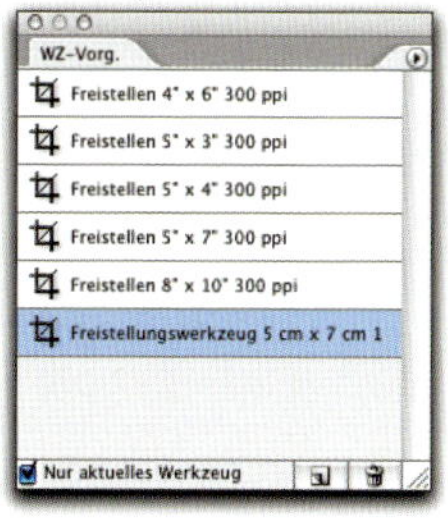

Abbildung 1.9

Die Werkzeugvorgaben-Palette mit den Einstellungen nur für das aktuelle Werkzeug.

PALETTEN, MENÜS UND EIGENE ARBEITSBEREICHE

Das Ein-, Ausblenden und Anordnen von Palettenpositionen während der Arbeit ist sehr irritierend, ineffizient und beansprucht unnötigerweise Ihre Maus-Muskeln. Wenn Sie die wichtigsten Tastaturbefehle und Funktionstasten kennen, um Paletten ein- und auszublenden und eigene Arbeitsbereiche zu erstellen, können Sie sich besser auf die eigentliche Arbeit am Bild konzentrieren.

Paletten und Funktionstasten

Adobe hat den wichtigsten Paletten Funktionstasten zugewiesen (siehe **Tabelle 1.2**). Die Funktionstasten sind die Tasten in der obersten Reihe auf Ihrer Tastatur und beginnen mit dem Buchstaben »F«. Mit diesen können Sie Paletten ein- und ausblenden. Ich ordne meine Paletten immer auf einem zweiten Monitor an (**Abbildung 1.10**) oder so weit wie möglich am Rand – wenn ich auf einem Laptop oder mit nur einem Monitor arbeite.

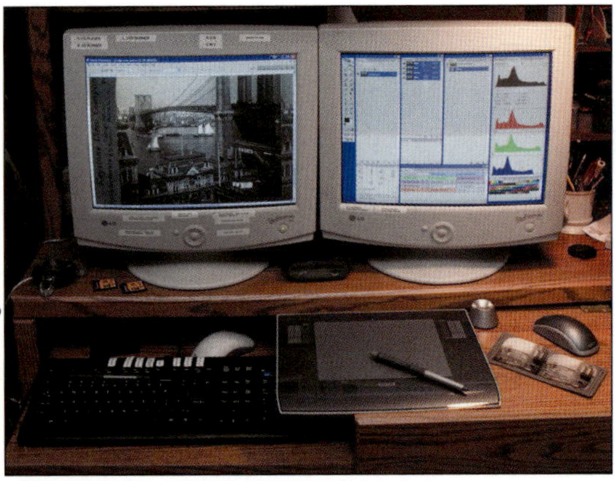

© Pamela Herrington

Abbildung 1.10

Eine Anordnung mit zwei Monitoren.

Tipp

Falls Sie als Windows-Nutzer einer Funktionstaste eine Funktion außerhalb von Photoshop zugewiesen haben, ist die Photoshop-Einstellung damit überschrieben.

Tabelle 1.2

Die F-Tasten zum Ein- und Ausblenden der Palette

Pinsel-Palette	F5
Farbe-Palette	F6
Ebenen-Palette	F7
Informationen-Palette	F8
Aktionen-Palette	⌥-F9/Alt-F9

Nicht jeder Palette ist eine Funktionstaste zugewiesen. Sie können Paletten ohne Funktionstaste, beispielsweise die Histogramm-Palette, an die Info-Palette andocken und dann ebenfalls mit F8 öffnen. So haben Sie schnellen Zugriff auf alle Paletten. Um Paletten aneinander anzudocken, ziehen Sie den Reiter der einen Palette einfach in eine andere Palette.

Das Anordnen der Paletten und Lernen der Funktionstasten ist ähnlich, wie wenn Sie Ihren Arbeitsplatz in einem herkömmlichen Studio einrichten: Pinsel liegen da, Kameraausrüstung dort. Positionieren Sie die Paletten entsprechend der Häufigkeit, in der Sie sie verwenden.

Je nach Vorlieben können Sie auch den Palettenbereich (**Abbildungen 1.11** und **1.12**) nutzen, um dort weniger häufig verwendete Paletten abzulegen. Ziehen Sie dazu den Reiter der entsprechenden Palette in den Palettenbereich und lassen Sie ihn los, sobald dieser markiert ist. Auf gleiche Weise können Sie Paletten aus diesem Bereich auch wieder entfernen.

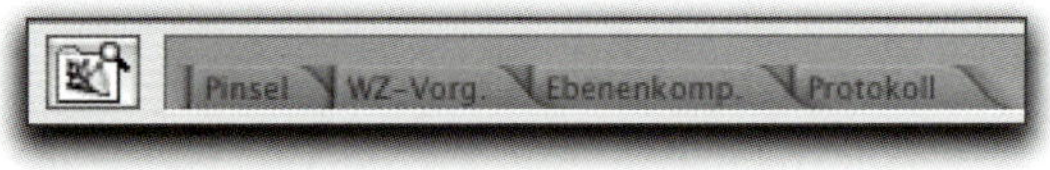

Abbildung 1.11

Über den Palettenbereich haben Sie Zugang zu Paletten, ohne dass diese die Sicht auf dem Monitor versperren.

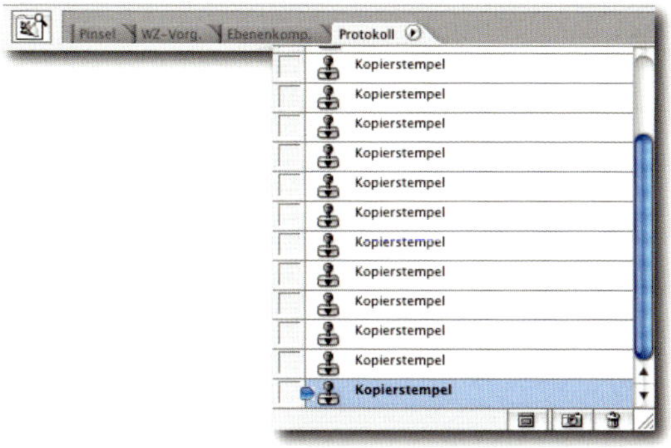

Abbildung 1.12

Ein Klick auf den Reiter blendet die Palette ein.

Paletten-Tipps

- Wenn Sie mit nur einem Monitor arbeiten, sollten Sie so wenige Paletten wie möglich geöffnet haben.
- Drücken Sie die [⇥]-Taste, um alle Paletten, inklusive der Werkzeug-Palette, auszublenden.
- [⇧]-[⇥] blendet alle Paletten außer der Werkzeug-Palette aus.
- Heben Sie die Verschachtelung nicht benötigter Paletten auf und schließen Sie sie. Die Navigations-Palette ist beispielsweise unnötig, wenn Sie die Navigations-Tipps später in diesem Kapitel beherzigen. Wenn Sie sie einzeln schließen, wird sie auch nicht mit anderen Paletten zusammen wieder geöffnet.
- Falls Sie eine Palette geschlossen und vergessen haben, welche Funktionstaste ihr zugewiesen ist, nutzen Sie das FENSTER-Menü, um die Palette erneut auszuwählen.
- Überlegen Sie genau, wo Sie die Paletten platzieren. Dadurch sparen Sie Zeit beim Ein- und Ausblenden der Paletten, denn sie erscheinen immer genau dort, wo Sie sie positioniert haben. Speichern Sie Ihren Arbeitsbereich (siehe nächster Abschnitt) unter einem passenden Namen.
- Erstellen Sie Aktionen, um häufig genutzte Befehle und Arbeitsbereiche schneller aufzurufen.

Arbeitsbereich-Einstellungen

Immer wenn Sie Photoshop schließen, werden die Palettenpositionen gespeichert und beim nächsten Neustart des Programms exakt genauso wieder aufgerufen. Wenn Sie etwas von mir haben – bis spät in die Nacht arbeiten und Paletten immer wieder verschieben – ist die letzte Palettenposition vielleicht nicht immer die, die Sie am nächsten Tag wieder aufrufen wollen. Sie sparen viel Zeit und Frustration, wenn Sie Ihre eigenen Arbeitsbereiche speichern.

Das Einstellen und Speichern eigener Arbeitsbereiche lohnt sich wirklich. Ich habe beispielsweise einen Arbeitsbereich für Tonwert- und Farbkorrekturen (dabei benötige ich die Ebenen-, Kanäle-, Informationen- und Histogramm-Palette) und einen für die kreative Bildbearbeitung, bei dem alle Paletten auf einem zweiten Monitor platziert werden (wie in **Abbildung 1.10** zu sehen). Wenn Sie sich den Computer mit anderen teilen, kann jeder seinen eigenen Arbeitsbereich anlegen.

So erstellen Sie einen eigenen Arbeitsbereich:

1. Positionieren Sie die Paletten nach Ihren Wünschen.
2. Wählen Sie FENSTER/ARBEITSBEREICH/ARBEITSBEREICH SPEICHERN.
3. Geben Sie dem Arbeitsbereich einen Namen, er wird im Ordner ADOBE PHOTOSHOP CS2 VORGABEN/ARBEITSBEREICHE gespeichert.
4. Über FENSTER/ARBEITSBEREICH haben Sie dann Zugriff auf die erstellten Arbeitsbereiche.

Sie finden in diesem Menü auch Befehle, um Arbeitsbereiche zu löschen oder Palettenpositionen zurückzusetzen – was sehr nützlich ist, wenn Sie die Standard-Palettenpositionen von Photoshop wiederherstellen wollen.

Neu in Photoshop CS2 sind Arbeitsbereichvorgaben, die für bestimmte Arbeiten gedacht sind. In diesen Arbeitsbereichen sind häufig verwendete Menüeinträge farbig markiert und es gibt eigene Tastaturbefehle.

Der Arbeitsbereich

Ihr Monitor ist Ihr Arbeitsbereich. Wenn Sie diesen gut organisieren, sparen Sie viel Zeit und Ärger. Lernen Sie, auch den kleinsten Platz Ihres Monitors zu nutzen, dann wirkt ein kleiner Monitor schon viel größer – ein großer erst recht.

- Nutzen Sie die Vorteile Ihres Monitors, indem Sie im Vollbildmodus mit bzw. ohne Menüleiste arbeiten. Mit der Taste F wechseln Sie zwischen beiden Ansichtsoptionen.
- Erwägen Sie die Anschaffung eines zweiten Monitors. Dazu brauchen Sie allerdings eine passende oder zweite Grafikkarte. Wenn Sie eine zweite Karte installieren, müssen Sie einen der beiden Monitore als Primärmonitor festlegen. Da Sie auf dem zweiten Monitor keine Farbkorrektur oder Retusche vornehmen, kann es ruhig ein günstigerer oder gebrauchter Monitor sein.
- Experimentieren Sie mit der Darstellung Ihrer Grafikkarte. Wenn Sie die Menüs auch bei einer höheren Auflösung lesen können, können Sie den Arbeitsbereich deutlich vergrößern.

Adobe Bridge

In Photoshop CS2 wurde der Dateibrowser durch das eigenständige Programm Adobe Bridge ersetzt (siehe **Abbildung 1.13**). Nutzen Sie das Programm für eine Vorschau Ihrer Dateien, um diese zu drehen, umzubenennen, zu sortieren, zu werten, zu verwalten und zu öffnen. Sie können auch automatisch Kontaktabzüge, Web-Fotogalerien und Bildpakete erstellen. Für Aktionen wählen Sie WERKZEUGE/PHOTOSHOP/STAPELVERARBEITUNG.

Mit zwei wesentlichen Komponenten von Bridge sollten Sie sich einen Moment beschäftigen: Passen Sie die Panel-Positionen und den Arbeitsbereich an. Im Panel-Bereich finden Sie Ihre Ordner, Favoriten, Metadaten, Stichwörter und eine größere Bildvorschau. Sie können die Verschachtelung, Größe und Position der einzelnen Bereiche anpassen. Bridge ist mit vier nützlichen Arbeitsbereichen ausgestattet – testen Sie sie, indem Sie unten rechts auf die vier einzelnen Buttons klicken. Ich finde die ersten beiden am nützlichsten. Falls Sie mit zwei Monitoren arbeiten, können Sie Bridge auf dem einen und Photoshop auf dem anderen Monitor öffnen.

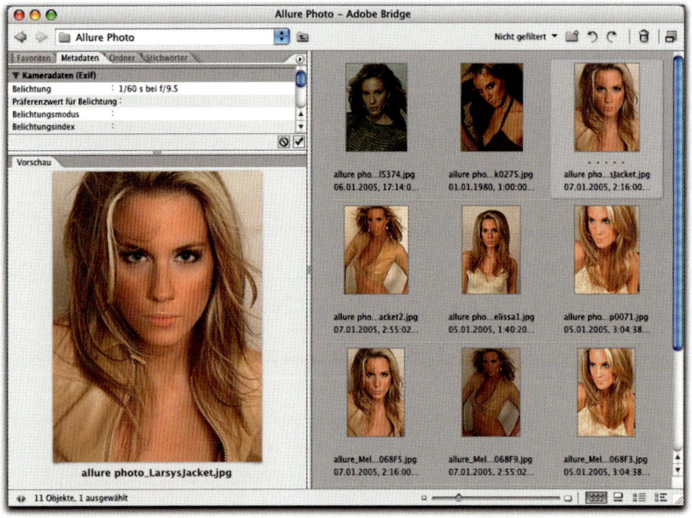

Abbildung 1.13

Adobe Bridge ist ein separates Programm für die Dateivorschau, Navigation und Dateiverwaltung.

Für die Verwaltung, Umbenennung und Bearbeitung von Dateien einer Digitalkamera ist Bridge meiner Meinung nach unersetzlich. Wie meine Seminarteilnehmer bestätigen werden, kann ich stundenlang über Bridge referieren. Da ich hier allerdings nicht so viel Platz habe, möchte ich Ihnen an dieser Stelle das Buch »Adobe Camera Raw« von Mike Schelhorn oder »Photoshop CS2 für digitale Fotografie« von Scott Kelby empfehlen.

SCHNELLE BILDNAVIGATION

Sie benötigen etwa 15 Minuten, um die wichtigsten Photoshop-Tastaturbefehle und Navigationstechniken zu erlernen. Um die Zeit gut zu nutzen, starten Sie Photoshop und öffnen Sie eine Datei, die etwa 10 MB groß ist. Die Datei sollte so groß sein, weil Sie bei größeren Bildern auf nur einem Monitor gezwungen sind zu navigieren.

Sich durch eine Datei zu bewegen und ein- und auszuzoomen, ist für eine effiziente Retusche sehr wichtig. Schwierige Retuschearbeiten werden bei einer Zoomstufe von 100% oder 200% durchgeführt (siehe **Abbildung 1.14**), so dass Sie immer nur einen Teil des Bilds sehen. Durch das Ein- und Auszoomen können Sie Ihre Arbeit im Ganzen betrachten.

Nutzen Sie eine der folgenden Techniken, um durch eine Datei zu navigieren.

So stellen Sie die Zoomstufe 100% ein:

- Klicken Sie in der Werkzeug-Palette doppelt auf das Zoom-Werkzeug (die Lupe).
- Drücken Sie [⌘]-[⌥]-[0]/[Strg]-[Alt]-[0]. Hinweis: Es handelt sich um eine Null, nicht um den Buchstaben [O].
- Klicken Sie mit gedrückter Leertaste-[ctrl]/ Leertaste-Rechts-Klick und wählen Sie TATSÄCHLICHE PIXEL.
- Geben Sie im Zoomfenster unten links in der Ecke einen Wert von 100 ein und drücken Sie [↵].

So sehen Sie das ganze Bild:

- Klicken Sie in der Werkzeug-Palette doppelt auf das Hand-Werkzeug.
- Drücken Sie [⌘]-[0]/[Strg]-[0]. Hinweis: Es handelt sich um eine Null, nicht um den Buchstaben »O«.
- Klicken Sie mit gedrückter Leertaste-[ctrl]/ Leertaste-Rechts-Klick und wählen Sie GANZES BILD.

So zoomen Sie in ein Bild ein oder aus:

- Mit [⌘]-[+]/[Strg]-[+] (Plus) zoomen Sie ein und mit [⌘]-[−]/[Strg]-[−] (Minus) aus.

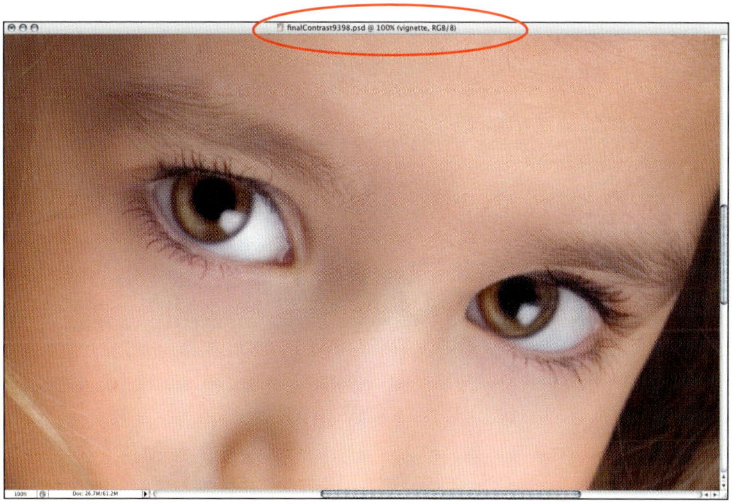

© Phil Pool, Omni Photography

Abbildung 1.14

Professionelle Retuscheure arbeiten bei einer Ansicht von 100% oder 200%.

- Zoomen Sie mit ⌘-Leertaste/Strg-Leertaste ein und mit ⌥-Leertaste/Alt-Leertaste aus.
- Um in mehreren Bildern gleichzeitig ein- oder auszuzoomen, drücken Sie zusätzlich zu den eben genannten Befehlen die ⇧-Taste.

So zoomen Sie in einen speziellen Bereich hinein:

- Drücken Sie ⌘-Leertaste/Strg-Leertaste und ziehen Sie über den gewünschten Bereich.
- Ziehen Sie mit dem Zoom-Werkzeug über den gewünschten Bereich.

So bewegen Sie sich durch das Bild:

- Wenn Sie die Leertaste gedrückt halten, wird jedes Werkzeug (außer das Text-Werkzeug) in das Hand-Werkzeug umgewandelt. Mit diesem können Sie sich durch das Bild bewegen. Das funktioniert jedoch nur, wenn das Bild größer ist als die Monitoranzeige.
- Um durch mehrere Bilder gleichzeitig zu scrollen, halten Sie ⇧-Leertaste gedrückt. Der Cursor verwandelt sich in das Hand-Werkzeug.

So navigieren Sie durch mehrere geöffnete Dateien, um sie zu vergleichen:

- Wählen Sie FENSTER/ANORDNEN/UNTEREINANDER oder NEBENEINANDER.
- Aktivieren Sie eine Datei und zoomen Sie in den gewünschten Bereich hinein.
- Wählen Sie FENSTER/ANORDNEN/GLEICHE ZOOMSTUFE UND POSITION.
- Drücken Sie ⇧-Leertaste, um durch alle geöffneten Bilder gleichzeitig zu scrollen.

Sie können sich ein Bild, das nicht vollständig auf dem Monitor angezeigt werden kann, nur mithilfe der Tastatur ansehen. Das ist sehr nützlich, wenn Sie eine Datei nach Staub und Kratzern untersuchen oder sich ein Bild mit hoher Auflösung ansehen. Um jedes Detail zu sehen, starten Sie mit einer Zoomstufe von 100% und nutzen Sie folgende Tastaturbefehle:

- Drücken Sie die ↖/Home-Taste, um in die obere linke Ecke zu springen.
- Drücken Sie die ↘/Ende-Taste, um in die untere rechte Ecke zu springen.
- Drücken Sie ⇟/Bild↓, um einen vollen Bildschirm nach unten zu gehen.
- Drücken Sie ⇞/Bild↑, um einen vollen Bildschirm nach oben zu gehen.
- Drücken Sie ⌘-⇟/Strg-Bild↓, um eine Bildschirmbreite nach rechts zu gehen.
- Drücken Sie ⌘-⇞/Strg-Bild↑, um eine Bildschirmbreite nach links zu gehen.

Bis in die Ecken

Wenn Sie im Vollbildmodus arbeiten, können Sie das Bild beliebig auf dem Bildschirm anordnen – das ist sehr praktisch, denn so kommen Sie auch in die Ecken. Um eine Ecke in die Mitte des Bildschirms zu verschieben, drücken Sie die Taste F und aktivieren Sie die Zoomstufe 100%. Positionieren Sie das Bild mit dem Hand-Werkzeug, wie in den **Abbildungen 1.15** und **1.16** zu sehen.

© Morgan Family Archive

Abbildung 1.15

Mit der Taste F aktivieren Sie die Vollbildansicht.

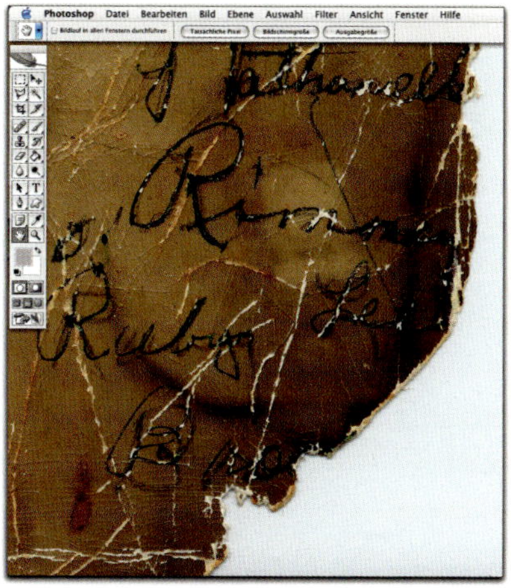

Abbildung 1.16

Nachdem Sie 100% gewählt haben, platzieren Sie die Ecke des Bilds mit dem Hand-Werkzeug in der Mitte des Monitors.

Falls das jetzt alles etwas viel auf einmal ist, denken Sie daran, dass Sie sich nicht alles gleichzeitig merken müssen. Lernen Sie zunächst das, was Sie regelmäßig benötigen – inklusive der Werkzeuge und dem Ein- und Ausblenden von Paletten – der Rest geht dann ganz schnell.

KONTEXTMENÜS

Jedes Photoshop-Werkzeug besitzt ein Kontextmenü, auf das Sie durch Drücken der `ctrl`- oder der rechten Maustaste zugreifen können. Die Menüs bieten diverse Kontrollmöglichkeiten über das Werkzeug. Ich zeige Ihnen hier jetzt nicht die Menüs der einzelnen Werkzeuge, sondern lege Ihnen ans Herz, ein Bild zu öffnen und das selbst zu tun. Stattdessen zeige ich Ihnen die wichtigsten Kontextmenüs, die Sie kennen sollten. Beachten Sie, dass Sie durch Drücken der ⇧-Taste ein anderes Kontextmenü öffnen. Bei einigen Werkzeugen ändert sich das Kontextmenü, je nach Werkzeugstatus oder Datei. Achten Sie beispielsweise auf die unterschiedlichen Menüs bei einem Auswahlwerkzeug mit und ohne Auswahl (siehe **Abbildungen 1.17** und **1.18**) und nach dem Einsatz eines Filters (**Abbildung 1.19**).

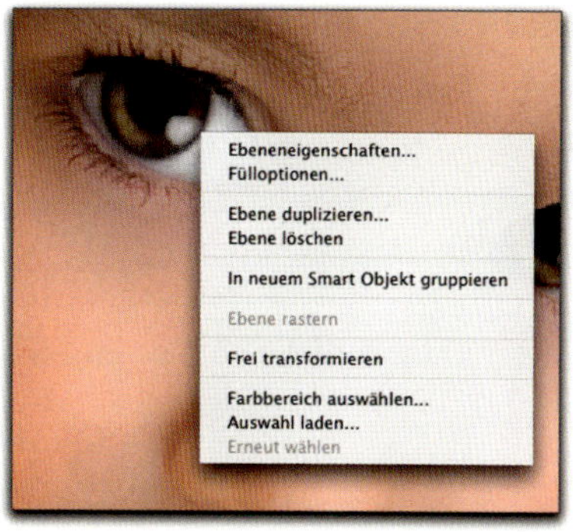

Abbildung 1.17

Das Kontextmenü für ein Auswahlwerkzeug ohne aktive Auswahl.

Abbildung 1.18

Das Kontextmenü eines Auswahlwerkzeugs mit aktiver Auswahl.

Abbildung 1.19

Das Kontextmenü eines Auswahlwerkzeugs mit aktiver Auswahl und nach der Anwendung eines Filters.

Werkzeugspitzen-Einstellungen

Während Sie mit den Mal-, Belichtungs- oder Scharfzeichner-Werkzeugen arbeiten, öffnen Sie durch Drücken der [ctrl] - oder rechten Maustaste den Pinselwähler (siehe **Abbildung 1.20**). Durch zusätzliches Drücken der [⇧]-Taste wird das Kontextmenü mit den Füllmethoden eingeblendet (**Abbildung 1.21**).

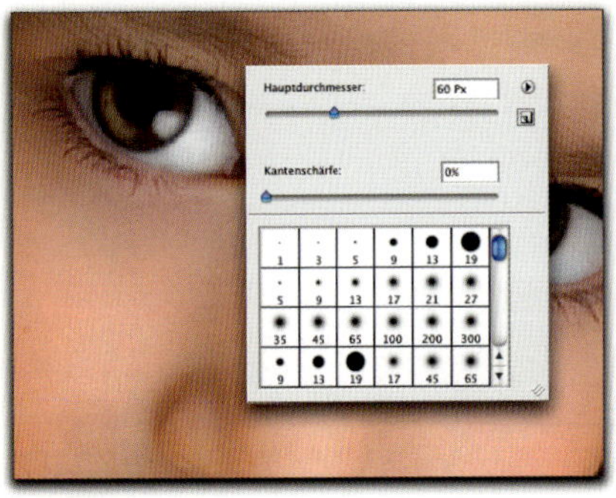

Abbildung 1.20

Das Kontextmenü der Malwerkzeuge

Abbildung 1.21

Die Füllmethoden der Mal-, Belichtungs- und Scharfzeichner-Werkzeuge

Die Kontextmenüs der Reparatur-Werkzeuge unterscheiden sich von denen der Malwerkzeuge. Klicken Sie mit aktivem Bereichsreparatur-Pinsel und gedrückter [ctrl]-Taste/Rechts-Klick, öffnen Sie das Menü mit den Werkzeugeinstellungen (**Abbildung 1.22**). Mit [⇧] - [ctrl] / [⇧] -Rechts-Klick wählen Sie die Füllmethoden (**Abbildung 1.23**).

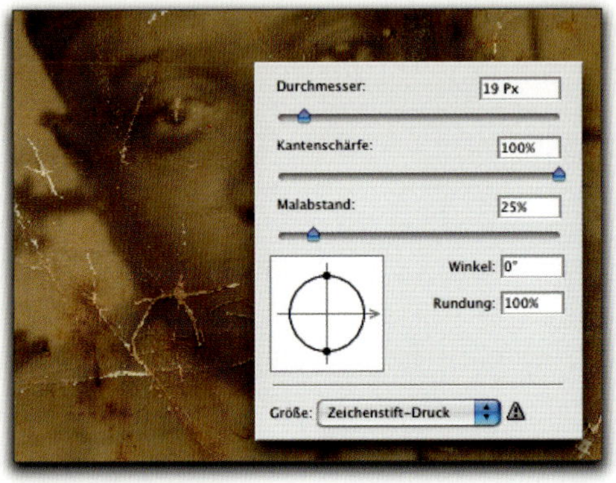

Abbildung 1.22

Das Kontextmenü des Bereichsreparatur-Pinsels

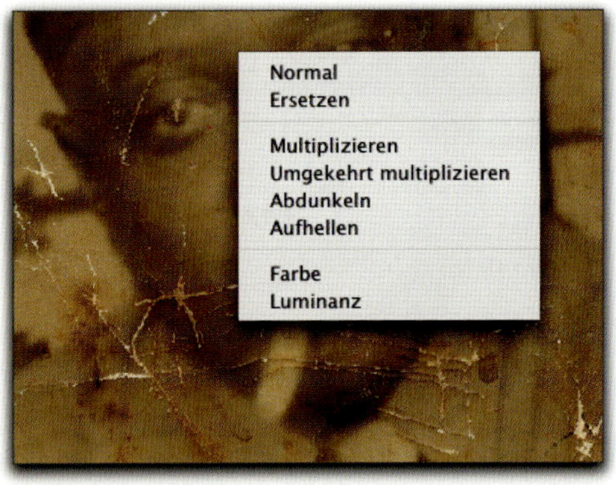

Abbildung 1.23

Für den Bereichsreparatur-Pinsel gibt es nicht so viele Füllmethoden.

DIE BEDEUTUNG VON EBENEN

Mit der Einführung von Ebenen in Photoshop 3.0 betrat Adobe die Welt der professionellen Bildbearbeitung. Für Retuscheure sind Ebenen die wichtigste Funktion in Photoshop. Sie werden in diesem Buch mit neun unterschiedlichen Arten von Ebenen arbeiten:

- Hintergrundebene: Das ist die Originalebene, die Sie so sorgfältig behandeln sollten wie die Originalabzüge des Bilds. Arbeiten Sie niemals direkt auf der Hintergrundebene. Das meine ich sehr ernst! Die Hintergrundebene ist Ihre Referenz, Ihre Hilfe, Ihr Vorher und Nachher. Fassen Sie sie nicht an. Um die Hintergrundebene so zu belassen, wie sie ist, duplizieren Sie sie oder erstellen Sie eine Kopie von der Datei, bevor Sie Farbkorrekturen, Retusche- oder Restaurationsarbeiten vornehmen.

- Duplizierte Ebenen: Sie duplizieren eine beliebige Ebene, indem Sie sie auf das Icon NEUE EBENE ERSTELLEN ziehen. Auf diesem Duplikat können Sie dann arbeiten, ohne die Originaldaten zu verändern. Mit ⌘-J/Strg-J duplizieren Sie eine Ebene schnell und einfach.
- Kopierte Ebenen: Oftmals müssen oder wollen Sie nicht die gesamte Hintergrundebene duplizieren, weil Sie nur einen Teil der Ebene benötigen. Wählen Sie in diesen Fällen einen Bildbereich aus und anschließend EBENE/EBENE DURCH KOPIE oder drücken Sie ⌘-J/Strg-J. Photoshop kopiert die Daten in eine eigene Ebene und richtet diese passgenau zu den Originaldaten aus.
- Einstellungsebenen: Einstellungsebenen geben Ihnen die Möglichkeit, globale und selektive Tonwert- und Farbkorrekturen vorzunehmen. In den Kapiteln 2, 3 und 4 arbeiten Sie ausgiebig damit; in Kapitel 8 nutzen Sie sie, um kreative Effekte anzuwenden.
- Leere Ebenen: Photoshop stellt leere Ebenen mit einem Schachbrettmuster dar. Stellen Sie sich diese leeren Ebenen als leeres Blatt vor, auf dem Sie malen, kopieren, reparieren und weichzeichnen können, ohne darunter liegende Ebenen zu beeinflussen.
- Neutrale Ebenen: Photoshop zeigt einige Füllmethoden in Kombination mit den neutralen Farben Weiß, Grau oder Schwarz nicht an. Wir werden neutrale Ebenen verwenden, um feine und dramatische Tonwerteinstellungen und Scharfzeichnungseffekte während der Retusche vorzunehmen.
- Füllebenen: Mit Füllebenen können Sie einfarbige Verläufe oder Muster als separate Ebene anwenden. Einfarbige Füllebenen sind sehr nützlich, wenn Sie Bilder färben und Tonwertkorrekturen vornehmen.
- Reduzierte Ebenen: Wenn die Anzahl der Ebenen steigt, ist es oft einfacher, auf einer reduzierten Ebene zu arbeiten, die Sie aus allen sichtbaren Ebenen erstellt haben.
  Um eine neue reduzierte Ebene zu erstellen, drücken Sie ⌘-⌥-⇧-E/Strg-Alt-⇧-E.
- Smart-Objekte-Ebenen: Neu in Photoshop CS2 sind Smart Objekte – eine neue Möglichkeit, mit zusammengesetzten Bildern zu arbeiten. Wenn Sie in früheren Programmversionen ein Element zu einem Bild hinzugefügt haben – beispielsweise ein neues Gesicht –, haben Sie Pixel verschenkt, falls Sie das neue Element skalieren oder transformieren mussten. Wenn Sie dann feststellten, dass Sie das Gesicht größer brauchen, musste Photoshop es interpolieren – das Ergebnis war dann nicht mehr sehr scharf.

  Nachdem Sie eine Ebene in ein Smart Objekt umgewandelt haben, können Sie das Bildelement beliebig skalieren und transformieren. Die Pixel der Referenzdatei werden dabei nicht interpoliert, wodurch Flexibilität und Qualität garantiert sind. Wandeln Sie Ihre Bilder in Smart Objekte um, indem Sie EBENE/SMART OBJEKTE/IN NEUEM SMART OBJEKT GRUPPIEREN wählen.

Wir arbeiten in den Kapiteln 3, 8 und 9 mit Smart Objekten.

Das Beste an Ebenen ist, dass sie alle (mit Ausnahme der Hintergrundebene) Ebenenmasken, Füllmethoden, Deckkraft- und Flächenänderungen sowie erweiterte Fülloptionen unterstützen – Funktionen, mit denen Sie im Verlauf des Buchs auch arbeiten werden.

Ebenennamen und Navigation

Mithilfe von Ebenen können Sie eine Retusche nach und nach aufbauen. In vielen Fällen bestehen solche Projekte aus 5, 10, 20 oder noch mehr Ebenen. Wenn Sie sich auf die Benennung der Ebenen durch Photoshop verlassen (Ebene 1 oder Ebene 1 Kopie), kommen Sie sicher schnell durcheinander und werden frustriert, wenn Sie nach einer bestimmten Ebene suchen, um auf dieser zu arbeiten. Das Benennen von Ebenen dauert nur einen Moment und hilft Ihnen, die Ebenen später besser auseinander zu halten.

Sehen Sie sich den Unterschied der beiden Ebenenstapel in Abbildung 1.24 an. Die Ebenen links haben automatisch erstellte Namen; die Ebenen rechts besitzen sinnvolle Namen. Womit würden Sie lieber arbeiten? Außerdem haben Sie über das Kontextmenü des Verschieben-Werkzeugs Zugang zu allen Ebenen, die sich unter dem Cursor befinden. Wie in Abbildung 1.25 zu sehen, blenden Sie durch `ctrl`/Rechts-Klick alle Ebenennamen ein, deren Ebenen sich unter dem Cursor befinden und Pixelinformationen enthalten. Wählen Sie einfach eine spezielle Ebene aus und aktivieren Sie sie.

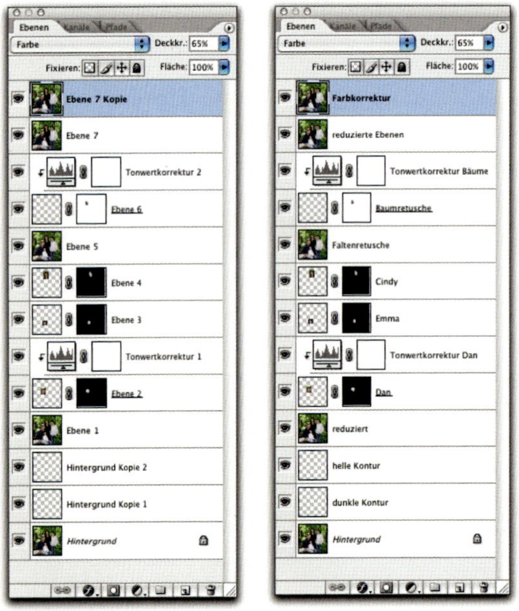

Abbildung 1.24

Die generisch erzeugten Ebenennamen in der Palette links helfen Ihnen bei einer komplexen Retusche nicht wirklich – die rechts sind da schon deutlich hilfreicher.

Um eine Ebene zu benennen, klicken Sie einfach doppelt auf den bestehenden Namen in der Ebenen-Palette und geben einen sinnvollen Namen ein. Es dauert nur einen Moment und Sie sparen sich viel Ärger.

© Mark Beckelman Photography

Abbildung 1.25

Im Kontextmenü des Verschieben-Werkzeugs sehen Sie die Ebenen mit Pixelinformationen, die sich unter dem Cursor befinden.

Mit Ebenengruppen arbeiten

In Photoshop können Sie bis zu 8000 Ebenen und Ebeneneffekte erstellen – dazu müssen Sie effizient organisieren. Ebenengruppen, zu sehen in Abbildung 1.26, sind Ordner, in denen Sie ähnliche Ebenen aufbewahren. Sie können die Ordnerinhalte ein- oder ausblenden, die Ebenen innerhalb der Gruppe oder die gesamte Gruppe im Ebenenstapel verschieben.

Es gibt zwei Möglichkeiten, eine Ebenengruppe zu erstellen:

- Wählen Sie aus dem Menü der Ebenen-Palette NEUE GRUPPE, geben Sie der Gruppe einen Namen und ziehen Sie die gewünschten Ebenen in diese Gruppe.
- Wählen Sie in der Ebenen-Palette alle Ebenen aus, die Sie in einer Gruppe zusammenfassen wollen (durch `⇧`-Klicken oder

⌘/ctrl-Klicken). Wählen Sie aus dem Menü der Ebenen-Palette anschließend den Befehl NEUE GRUPPE AUS EBENEN. Weitere Ebenen fügen Sie einfach durch Ziehen hinzu.

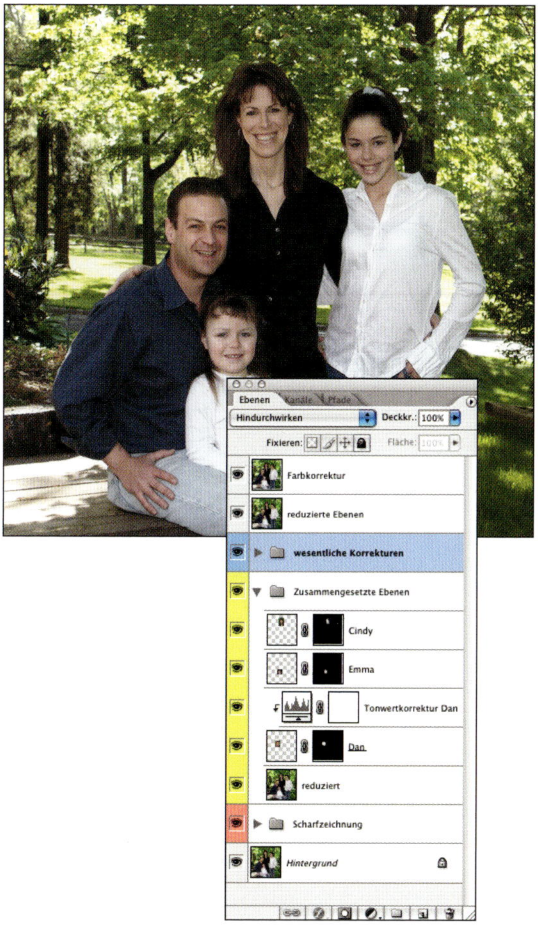

Abbildung 1.26

Die vielen Ebenen, die Sie während der Retusche erstellen, lassen sich besser managen, wenn Sie sie in Gruppen zusammenfügen.

Es gibt drei Möglichkeiten, eine Ebenengruppe zu entfernen:

- Ziehen Sie die Ebenengruppe in den Papierkorb, um die gesamte Gruppe ohne Einblenden eines Warndialogs zu entfernen.
- Ziehen Sie die Ebenengruppe mit gedrückter ⌘-/ctrl-Taste auf den Papierkorb, um nur die Gruppe ohne Inhalte zu entfernen. Die Ebenen der Gruppe bleiben erhalten.
- Wählen Sie aus dem Menü der Ebenen-Palette den Befehl GRUPPE LÖSCHEN. Die Dialogbox in **Abbildung 1.27** ermöglicht es Ihnen, den Vorgang abzubrechen, die Gruppe oder die Gruppe samt Inhalte zu löschen.

Abbildung 1.27

Sie können eine Gruppe mit oder ohne Inhalt löschen.

Die Ebenen lassen sich mit einem Farbcode versehen, um sie besser zuordnen zu können, und sperren, um eine fehlerhafte Bearbeitung zu verhindern. Das Verwalten, Benennen und Farbcodieren von Ebenen und Ebenengruppen dauert nur einen Moment und kann Ihnen bei der Suche nach bestimmten Ebenen viel Zeit sparen.

Für einen effizienten Arbeitsfluss ist es wichtig, dass Sie Ihre Ebenen und Ebenengruppen konsistent benennen. Wenn Sie in einem Team arbeiten, müssen Sie erst recht mit eindeutigen Ebenennamen arbeiten. Angenommen, Sie arbeiten an einem komplizierten Projekt und können aus irgendeinem Grund nicht zur Arbeit kommen und die Retusche beenden. Wenn Sie alle Ebenen entsprechend benannt haben, ist auch jemand anderes aus dem Team in der Lage, die Arbeit zu vollenden. Ist das nicht der Fall, dauert es sicherlich ziemlich lange, bis sich derjenige durch die Ebenen gekämpft hat und weiß, wo er anfangen muss. Im schlimmsten Fall könnten wichtige Ebenen ruiniert oder gelöscht werden. Genug geredet – benennen Sie Ihre Ebenen!

Ebenen reduzieren und löschen

Ich gehöre zu den konservativen Photoshop-Retuscheuren mit einer großen Festplatte und viel RAM. Ich lösche Ebenen wirklich erst dann, wenn ich sicher bin, dass ich sie wirklich nicht mehr benötige. Heben Sie alle Ebenen in einer Datei auf, denn Sie können nie wissen, ob Sie eine Maske oder irgendwelche anderen Informationen noch einmal benötigen, wenn der Kunde beispielsweise seine Meinung ändert.

Wenn Sie in der linken Spalte der Ebenen-Palette auf das Augen-Icon klicken, können Sie eine Ebene nach Belieben ein- und ausblenden. Ich reduziere ein Bild immer erst dann, wenn ich es bereits gespeichert habe und das wirklich der allerletzte Schritt ist.

DATEIORGANISATION UND WORKFLOW

Nehmen Sie sich einen Moment Zeit, um Ihre Ordner und Dateien zu verwalten – so sparen Sie Zeit, wenn Sie nach bestimmten Dateien oder Projekten suchen. Außerdem mindern Sie so die Wahrscheinlichkeit, wichtige Dateien aus Versehen zu löschen. Ich erstelle für jedes Projekt, an dem ich arbeite, einen neuen Ordner – in diesem gibt es dann drei weitere Ordner (Originale, WIP – Work in Progress –, also die Bilder, an denen ich gerade arbeite und Finale Dateien). Gescannte Bilder landen im Ordner »Originale« und diese Originale werden nicht verändert. Im WIP-Ordner befinden sich Dateien mit Ebenen und Versionen der verschiedenen Retusche-Stadien. Im dritten Ordner befinden sich nur auf eine Ebene reduzierte und scharfgezeichnete Dateien. Er enthält nur eine Version der finalen Datei, keine Dateien, die offensichtlich noch nicht fertig sind und Namen tragen wie »retusche_3_etwas_besser_als_ich_dachte_4b.tif«.

Der Retusche-Workflow

Jedes Retusche-Projekt ist einzigartig und erfordert ein geschultes Auge sowie eine ruhige Hand. Geduld und ein offenes Ohr sind ebenso wichtig, wenn Ihnen ein Kunde die Bedeutung seines Bilds erklärt und beschreibt, wie das Endergebnis aussehen soll.

Natürlich arbeitet auch jeder Retuscheur individuell und entwickelt einen eigenen Arbeitsablauf.

Die ersten Schritte meines Arbeitsablaufs sind folgende:

- Das Original beurteilen: Studieren Sie das Orignal und erkunden Sie Probleme oder suchen Sie nach Bereichen, die verbessert, repariert oder ersetzt werden müssen. Bewegen Sie die Maus immer erst dann, wenn Sie den Charakter des Bilds oder der Person im Bild eindeutig identifiziert haben.
  - Finden Sie zunächst heraus, ob das Bild wirklich zu retten ist. Nicht alle sind es. Falls die Schlüsselelemente eines Bilds fehlen und sie sich auch nicht aus einem anderen Bild herausnehmen lassen, können Sie nicht viel ausrichten. Einige Bilder können trotzdem gerettet werden, aber nur mit viel Zeit und Geduld. Vermitteln Sie Ihrem Kunden, dass die Rechnung auch entsprechend aussehen wird und die investierte Zeit widerspiegelt.
  - Beurteilen Sie die Möglichkeiten, seien Sie realistisch. Falls der Auftrag für Ihre aktuellen Fähigkeiten zu schwierig ist, sollten Sie ihn lieber ablehnen, als Zeit und Ressourcen zu verschwenden.
  - Bereiten Sie Ihre Kunden auf die Ergebnisse vor, damit der Kunde nicht mehr erwartet, als er letztendlich bekommt.
  - Notieren Sie sich, was gemacht werden muss und in welcher Reihenfolge. Ob der Kunde das Bild in Schwarzweiß oder Sepia ausdrucken will, ist wichtig und sollte nicht erst zum Schluss festgelegt werden.
- Eingabe: Scannen oder fotografieren Sie das Original. Falls Sie nicht die entsprechenden Möglichkeiten haben, geben Sie es an ein professionelles Studio. Weitere Informationen zum Scannen von Bildern finden Sie unter `www.digitalretouch.org`.
- Eine Strategie entwickeln: Erstellen Sie einen Plan, wie Sie an die Retusche herangehen wollen. Beginnen Sie mit den großen Problemen – Belichtung, Farbe, Kontrast – und konzentrieren Sie sich anschließend auf Dinge wie Staub, Kratzer, Falten oder Schönheitsfehler. Machen Sie sich Notizen, wie in Kapitel 10 (»Glamour-Retusche«) beschrieben. Die Struktur dieses Buchs spiegelt meinen Arbeitsablauf während einer Retusche wider; es beginnt mit den großen Problemen und arbeitet sich zu den feineren Nuancen der Restauration und Retusche vor.

- Retusche: Nehmen Sie die Retusche vor. Wie bereits erwähnt, arbeite ich immer mit einer Kopie des Originals und verwende Ebenen.
- Einen Abzug drucken: Mit einem Probeausdruck können Sie überprüfen, ob alles korrekt retuschiert wurde.
- Ausgeben und Verschicken: Drucken Sie die fertige Datei aus und verschicken Sie sie an den Kunden. Benutzen Sie langfristig stabile Tinten und Papiere, damit der Ausdruck nicht verblasst. Das wäre nicht gut für Ihre Reputation.
- Archivieren: Erstellen Sie ein Backup aller Dateien, die zu einem Projekt gehören – brennen Sie am besten eine CD oder DVD, das ist nicht teuer, geht schnell und ist eine verlässliche Methode. Überprüfen Sie, ob die Dateien alle lesbar sind, bevor Sie sie von Ihrer Festplatte löschen. Ich empfehle Ihnen, immer zwei identische CDs zu brennen und diese separat aufzubewahren. Verwalten Sie Ihre Dateien und Backups mit einem Programm wie Canto Cumulus, Extensis Portfolio oder iView Media Pro.

Tipp

Sie wollen natürlich, dass der Kunde für die fertige Arbeit bezahlt. Wayne sagt immer: »Ich behalte alle Originale, bis der Kunde bezahlt hat. Dadurch wird er ermutigt, schneller zu zahlen.«

Der Arbeitsplatz eines Retuscheurs

An Ihrem Arbeitsplatz werden Sie viel Zeit verbringen. Deshalb ist es auch sinnvoll, Zeit und Geld zu investieren, um ihn so komfortabel wie möglich zu gestalten. Sie müssen Ihr Büro nicht neu einrichten oder anbauen; Sie sollten lediglich ein paar Verbesserungen vornehmen, um Ihren Arbeitsplatz schöner und effizienter zu gestalten.

Umgebung und Beleuchtung

Ihr Arbeitsplatz sollte ruhig sein, es sollte keinen Durchgangsverkehr geben. Ein Raum ohne Fenster ist eine sehr gute Wahl. Durch ein Fenster dringt Licht ein, das sich im Verlauf des Tages immer wieder ändert, was sich auf die Wahrnehmung des Bilds auswirkt. Streichen Sie die Wände in einem neutralen Grau und stellen Sie das Licht so ein, dass auf dem Monitor keine Reflexionen zu sehen sind. In Abbildung 1.28 sehen Sie einen Arbeitsplatz in einer Ecke. Die L-förmige Anordnung erlaubt es dem Retuscheur, verschiedene Arbeiten auszuführen, ohne aufstehen zu müssen. Wie Sie in Abbildung 1.29 sehen, beleuchten eine auf Tageslicht ausbalancierte GTI Graphic Technology Lightbox (`www.gtilite.com`) und eine 5000° Kelvin-Lampe (`www.ottlite.com`) einen passenden Bereich, um die Originale zu studieren. Um sich besser auf die Retusche selbst konzentrieren zu können, sollten Sie den Papierkram und das Telefon auf einem separaten Schreibtisch unterbringen.

Abbildung 1.28

Mein Arbeitsplatz mit Macintosh- und Windows-Geräten

Abbildung 1.29

Die richtige Beleuchtung ist wichtig, um Abzüge und Dias zu beurteilen.

Möbel

Es erstaunt mich immer wieder, dass Leute viel Geld für Computer und deren Zubehör ausgeben und sich dann aber den billigsten Schreibtisch kaufen. Noch schlimmer sind die billigen Stühle, auf denen manche bei ihrer Arbeit vor dem Computer sitzen – und nach einigen Stunden wundern sie sich dann, dass der Nacken und der Rücken schmerzen. Ich bevorzuge Stühle mit Armlehnen – Wayne möchte in diesem Zusammenhang hervorheben, dass die Armlehnen dann natürlich unter den Tisch passen müssen, damit Sie auch gut an Maus und Tastatur kommen. Ansonsten tun Ihnen ganz schnell die Arme weh.

Ein guter Tisch ohne harte Kanten sowie ein Stuhl mit hoher Rückenlehne und Armlehnen sind wichtige Ausrüstungsgegenstände für die Retuschearbeit. Denken Sie mal darüber nach: Über die Jahre werden Sie Ihren Computer sicherlich mehrmals ersetzen. Wie oft müssen Sie einen guten Schreibtisch und einen professionellen Stuhl erneuern? Nicht sehr oft, also investieren Sie ruhig ein bisschen was – Ihre Gesundheit wird es Ihnen danken.

Wo wir gerade von Gesundheit sprechen: Sie sollten wissen, dass intensive Arbeit am Computer auch Auswirkungen auf Ihre Augen, den Rücken, die Handgelenke usw. hat. Das muss jedoch nicht sein, wenn Sie auf Ihre Körperhaltung achten, Ihre Computeraktivitäten variieren und regelmäßige Pausen einlegen. Ein wichtiger Tipp für Retuscheure: Legen Sie regelmäßige Pausen ein und fokussieren Sie Ihre Augen auf entferntere Objekte.

Patrick O'Connell schrieb mir »Ich habe im Verlauf einer Woche 25 Stunden damit verbracht, dieses Bild zu restaurieren (Abbildungen 1.30 und 1.31), und wenn es ein Geheimnis gibt, dann das, dass ich realisieren musste, wann ich müde und nachlässig werde und für diesen Tag Schluss machen muss.« Machen Sie Pausen, damit sich Ihre Augen erholen können.

Abbildung 1.30

Vor der Restauration

Abbildung 1.31

Nach der Restauration, Pausen inklusive

Computerausstattung

Adobe hat fantastische Arbeit bei der Entwicklung und Veröffentlichung von Photoshop für Macintosh und Windows geleistet. Ist es dann wichtig, auf welcher Plattform Sie arbeiten? Ja, ist es. Es sollte ein Betriebssystem sein, mit dem Sie vertraut sind. Ich machte meine ersten Erfahrungen mit einem Computer auf dem Mac – ich habe mich inzwischen an seine Oberfläche, das Betriebssystem und die einfache Handhabung gewöhnt. So wie es Leute gibt, die einen Mac vorziehen, gibt es aber auch Leute, die auf Windows schwören. Photoshop ist Photoshop. Die paar Unterschiede zwischen beiden Plattformen wirken sich nicht auf die Fähigkeiten und Techniken aus, die Sie kennen müssen.

Wenn Sie Geld für Computer und deren Zubehör ausgeben wollen, sollten Sie sorgfältig planen und sich informieren. Falls Sie einen Arbeitsplatz für die Arbeit mit Photoshop einrichten, sollten Sie sich über Folgendes Gedanken machen:

- CPU-Geschwindigkeit: Je höher die Geschwindigkeit, desto schneller der Computer. Achten Sie auch auf die interne Bus-Geschwindigkeit; eine schnelle CPU steigert nicht die Leistung, wenn die interne Bus-Geschwindkeit zu gering ist.
- Bus-Geschwindigkeit: Stellen Sie sich den Bus als Leitung vor, der die Informationen zwischen CPU und RAM transportiert. Je größer die Leitung, desto schneller können die Daten transportiert werden.
- RAM: Photoshop ist ein sehr RAM-intensives Programm – je mehr Sie Photoshop davon zuweisen, umso besser läuft es. Wie viel RAM Sie benötigen? So viel Sie sich leisten können! Ziehen Sie in Betracht, dass Sie oftmals sicherlich mehr als nur ein Bild gleichzeitig geöffnet haben und Sie auch durch das Arbeiten mit Ebenen mehr RAM benötigen. Wie viel ist also genug? Nehmen Sie die durchschnittliche Bildgröße und multiplizieren Sie diese mit fünf. Nehmen Sie den Wert als Ausgangspunkt. Fügen Sie weiteren RAM hinzu, um die Leistungsfähigkeit von Photoshop zu steigern.

Tipp

Sie können die Effizienz Ihres Computers beobachten, indem Sie aus der Statusleiste unten im Dokumentfenster die Option EFFIZIENZ wählen. Steht dort ein Wert weniger als 100%, heißt das, dass die Funktionen, die Sie durchführen, auf dem Arbeitsvolume geschrieben werden, was immer deutlich langsamer arbeitet als der RAM.

- Festplattenplatz: Wenn Sie aus leistungsfähigen Festplatten auswählen, können Sie das Prinzip beherzigen »je größer, desto besser«. Photoshop will schnelle Festplatten, um die Daten schnell schreiben zu können, wenn der RAM ausgeht. Wählen Sie eine Festplatte mit einer Geschwindigkeit von mindestens 7200 rpm (Drehungen pro Minute).
- Arbeitsvolumes: Das Arbeitsvolume ist der freie Festplattenplatz, den Photoshop als temporären Zwischenspeicher verwendet, wenn der RAM mit der Bildverarbeitung ausgelastet ist. Das Arbeitsvolume muss mindestens doppelt so groß sein wie der RAM, den Sie Photoshop zugewiesen haben – noch wichtiger ist, dass der Platz fortlaufend sein muss (das Volume muss unfragmentiert und sauber sein). Sie können Ihre Festplatte in Partitionen einteilen, um bestimmte Bereiche vor der Fragmentierung zu schützen. Sie können aber auch zusätzliche Software nutzen, um Ihre Festplatte von Zeit zu Zeit zu optimieren. Wenn Sie mehr als eine Festplatte besitzen, nutzen Sie eine für Photoshop und Ihre Bilddateien und die andere für das Arbeitsvolume. Wenn Sie das Arbeitsvolume auf einer Festplatte einrichten, auf der sich nicht das Betriebssystem befindet, können Sie die Geschwindigkeit Ihres Computers optimieren.
- Monitor: Das ist die optische Komponente Ihres Systems. Egal, wie schnell oder sexy Ihre CPU ist, wenn Sie mit dem Monitor nicht zufrieden sind, sind Sie es auch mit dem Computer nicht. Ein guter Monitor überdauert ein oder zwei Erneuerungen der CPU. Begrenzt wird das Leben eines Monitors nur durch seine Farbdarstellung. Die Lebensdauer eines Monitors liegt in der Regel zwischen drei und fünf Jahren.

  Wenn Sie sich für einen herkömmlichen CRT-Monitor entscheiden, sollte dieser mindestens 17 Zoll groß sein, besser sind 21 Zoll. Achten Sie darauf, dass die Größe des Monitors mit der Größe des Video-RAM übereinstimmt, die in Ihrem Computer installiert ist. Sie müssen mit Millionen von Farben arbeiten. LCD-Monitore sind besser für Ihre Augen, aber auch teurer.

  Die Kalibrierung eines Monitors ist äußerst wichtig. Egal, wie gut Ihr Monitor ist, solange er nicht kalibriert ist, kann er Ihre Bilder nicht akkurat wiedergeben. Glücklicherweise können Sie eine einfache Kalibrierung mit bereits vorhandener Software durchführen.

Für Windows-Nutzer ist Photoshop mit einem Programm namens Adobe Gamma ausgestattet. Verwenden Sie auf einem Mac den Apple Monitor-Kalibrierungsassistenten, den Sie unter SYSTEMEINSTELLUNGEN/MONITOR/FARBE finden. Bei beiden Programmen müssen Sie als Nutzer den Monitor bewerten. Für genauere Profile sollten Sie in ein Kalibrierungssystem, beispielsweise von GretagMacbeth (Eye One Display) investieren. Dabei handelt es sich um Hard- und Software, mit der Sie Ihren Monitor akkurat kalibrieren können. Ich kalibriere meine Monitore mindestens einmal im Monat und vor jedem wichtigen Projekt.

Tipp

Um zwei Monitore an ein und demselben Computer anzuschließen, muss Ihr Computer eine zweite Grafikkarte unterstützen oder Sie müssen die bestehende Grafikkarte durch eine ersetzen, die zwei Monitore unterstützt. Installieren Sie die neue Grafikkarte und nutzen Sie die Kontrolleinstellungen, um festzulegen, welcher Monitor der Primärmonitor sein soll. Sie können zwischen beiden Monitoren Bilder und Paletten hin- und herschieben.

Um einen Monitor mit zwei Computern zu benutzen: IOGEAR ist ein Wechsler, mit dem Sie einen Monitor, Tastatur und Maus bei bis zu vier Computern verwenden können. Macintosh-Nutzer müssen zur Herstellung der Verbindung jedoch einen zusätzlichen Adapter kaufen.

- CD-R oder DVD-R: Das hängt von der Verwendbarkeit und der Kompatibilität ab. Vergewissern Sie sich, dass Ihr CD- oder DVD-Laufwerk auch schreiben und nicht nur lesen kann. Eine beschreibbare CD/DVD ist in den meisten Fällen am besten geeignet, um Daten an Ihre Kunden weiterzugeben.
- Drucksensitives Grafiktablett: ein absolutes Muss. Auf solch einem Grafiktablett arbeiten Sie mit einem Stylus, was sich so anfühlt, als würden Sie mit einem Bleistift oder Pinsel arbeiten. Je fester Sie aufdrücken, desto dicker der Strich. Wacom ist Marktführer dieser Technologie. Deren Grafiktabletts werden immer besser und es gibt sie in den verschiedensten Größen. Die meisten Fotografen arbeiten lieber mit kleineren Tabletts (6×8 Zoll), so wie ich, wenn ich auf Reisen bin.

Tipp

Um Reflexionen und Störungen zu reduzieren, schirmen Sie Ihren Monitor wie in **Abbildung 1.32** zu sehen ab.

Abbildung 1.32

Eine selbst gebastelte Monitorabschirmung reduziert Reflexionen.

- Backup- oder Archivierungssysteme: Je mehr Arbeit Sie anhäufen, desto wichtiger ist dieser Aspekt. Erstellen Sie immer eine Sicherungskopie Ihrer Arbeit und Ihrer Systemeinstellungen. Gewöhnen Sie sich das an, denn ich habe schon viele Geschichten gehört, auch von meinem Co-Autor, dass Daten in Verbindung mit entfernbaren Medien wie CD-Rs oder DVDs verloren gegangen sind. Für Backups eignen sich USB2- oder FireWire-Festplatten, die sehr schnell sind.
- Scanner: Sehen Sie sich die Originale an, die Sie scannen werden. Wenn es sich hauptsächlich um Abzüge handelt, ist es sinnvoll, in einen guten Flachbettscanner zu investieren; haben Sie es im Wesentlichen mit Negativstreifen zu tun, sollten Sie sich eher für einen Filmscanner entscheiden.

Es ist schwierig, eine allgemeingültige Empfehlung für Scanner herauszugeben, da es so viele Unterschiede gibt (von sehr schlecht bis sehr gut und von günstig bis hin zu extrem teuer). Die meisten Retuscheure besitzen einen Flachbettscanner der mittleren Preisklasse. Es sollte sich aber auf jeden Fall um einen Scanner handeln, der mindestens 10 Bit aufnehmen kann – achten Sie auch auf die optische Auflösung des Scanners, die sollte ab 600 Pixel pro Zoll liegen.

Falls Sie es in Betracht ziehen, alten Film zu scannen, sollten Sie sich einen Scanner mit einer Durchlichteinheit kaufen. Achten Sie darauf, dass Sie Filme unterschiedlicher Größe einlegen können. Wenn Sie neuere Negative scannen wollen, sollten Sie sich einen extra Filmscanner zulegen. Gute Tipps zum Scannen von Durchlichtvorlagen hält das Buch von Sascha Steinhoff „Digitalisieren von Dias und Negativen“ bereit.

Ich scanne immer weniger, da die Scanner immer häufiger und stärker blenden und Reflexionen erzeugen, die später schlecht wegretuschiert werden können. Ich verwende stattdessen lieber eine Digitalkamera, wie im nächsten Abschnitt beschrieben, um reflexionsfreie Originale zu erstellen.

- Kopierarbeit: Manchmal sind antike Originale einfach zu groß, zu zerbrechlich oder zu dreidimensional, um sie mit einem Standard-Flachbettscanner zu scannen. In **Abbildung 1.33** sehen Sie Dias mittleren Formats, die Wayne restaurieren musste und die sich zwischen konvexen Glasrahmen befanden. Weil die Originale dreidimensional waren, konnte er sie nicht einfach auf den Flachbettscanner legen. Er musste zunächst Kopien erstellen, die er dann scannen konnte. Eine 6-Megapixel-Kamera liefert nicht die Details, die für diese Bildgröße wichtig sind, deshalb begann er mit einem hoch auflösenden Scan.
- Professionelle Digitalkameras: Digitalkameras werden immer besser und günstiger – Sie entwickeln sich zunehmend zu einer echten Alternative. Viele Museen arbeiten mit hoch auflösenden Scan-Kameras (z.B. Better Light 6000 oder 8000), um ihre wertvollen Kunstwerke und Archive zu digitalisieren. In den **Abbildungen 1.34** und **1.35** sehen Sie Beispiele aus dem Dallas Museum of Fine Art. Dort verwendet man eine Better Light Super 6K, um die Kunstwerke zu katalogisieren. Brad Flowers, Chef-Fotograf des Museums, sagt, dass die Einheit eine fünfmal bessere Auflösung bietet als 4×5-Zoll-Film.

© Wayne Palmer

Abbildung 1.33

Die Herausforderungen machen einen Job interessant. Die Originale waren in Glaskugelrahmen montiert.

Images © Dallas Museum of Art

Abbildung 1.34

Professionelle Digitalkameras bieten eine unglaubliche Auflösung und Farbvielfalt beim Fotografieren von Kunst.

Abbildung 1.35

Detailaufnahme des Gemäldes

- Digitalkameras mittlerer Preisklasse eignen sich inzwischen gut zum Digitalisieren von Vorlagen. Mit einer 6- bis 8-Megapixel-Kamera erzielen Sie sehr respektable Bildqualitäten. Halten Sie nach einer Kamera Ausschau, die unkomprimierte Raw-Dateien aufnehmen kann, und vergleichen Sie außerdem die höchste nicht interpolierte Auflösung. In **Abbildung 1.36** sehen Sie Waynes Kopierstation mit einer Canon EOS 10D. Je nach gewünschter Bildgröße fotografiert Wayne die Bilder mit der Canon EOS 10D oder einer Mittelformat-Kamera. Mit den neuen High-End-Digitalkameras mit 12 bis 16 Megapixel kann die aufgenommene Auflösung die einer Mittelformat-Kamera deutlich überschreiten.

© Wayne Palmer

Abbildung 1.36

Eine professionelle Kopierstation und eine Digitalkamera mittlerer Preisklasse.

Tipp

Es ist durchaus eine gute Alternative, wenn Sie ein Servicebüro oder ein professionelles Fotostudio damit beauftragen, für Sie zu scannen und zu drucken – besonders, wenn Sie gerade erst mit diesen Arbeiten beginnen und noch nicht vollständig ausgerüstet sind. Außerdem haben Sie so Zugang zu den besten Geräten.

- Drucker: Die Qualität von Inkjet-Druckern wird immer besser, während die Preise laufend weiter fallen. Bevor Sie sich einen Drucker kaufen, sollten Sie sich jedoch ein paar Gedanken machen – über die Größe der Ausdrucke und wie lange diese nach dem Druck halten sollen. Henry Wilhelm hat sich ausführlich mit der Leistungsfähigkeit von Inkjet-Druckern befasst – die Informationen finden Sie unter `www.wilhelm-research.com`.
- RIP-Software: Ein Raster-Image-Processor oder RIP ist eine Software, um genau das zu drucken, was Sie auf Ihrem kalibrierten Monitor sehen. Ein guter RIP erlaubt es Ihnen außerdem, den druckbaren Farbbereich auszudehnen, indem der Farbbereich des Druckers erweitert wird, sagt Marcia Dolgin von Marcia Dolgin Fine Images – `www.dolginimaging.com`. Sie empfiehlt diese Art Software, wenn Sie neutrale Schwarzweißbilder und auch gute Farbbilder drucken wollen.
- Zusätzliche Software: Je mehr Retuschearbeit Sie durchführen, desto mehr werden Sie in zusätzliche Software investieren, die Ihnen bei der Verwaltung Ihrer Dateien hilft (z.B. Canto Cumulus oder Extensis Portfolio). Sie können aber auch in das Farbmanagement, beispielsweise von GretagMacbeth (EyeOne Pro), oder in Spezialeffektfilter investieren. Informationen zum Thema Farbmanagement finden Sie auf den Websites von Andrew Rodney und Adobe (`www.digitaldog.net` und `www.adobe.de`.)

BEVOR SIE ANFANGEN

Photoshop ist ein sehr leistungsfähiges Werkzeug. Um die besten Ergebnisse zu erzielen, beginnen Sie immer mit den bestmöglichen Bilddaten:

- Professionelle Fotografen nehmen ein Motiv immer mit unterschiedlichen Belichtungen auf. Auch wenn die Unterschiede in der Belichtung minimal sind, ersparen Sie sich viele Kopfschmerzen, wenn Sie mit einer Datei mit der bestmöglichen Belichtung beginnen.
- Starten Sie mit den bestmöglichen Digitaldaten. Investieren Sie in einen guten Scanner oder eine gute Digitalkamera. Falls Ihr Scanner oder Ihre Kamera High-Bit-Daten aufnimmt, nutzen Sie die Vorteile, die ich in

Kapitel 2 (im Abschnitt »Die Vorteile von High-Bit-Daten«) beschreibe.

- Versuchen Sie, das Bild so gut wie möglich zu scannen. Verabschieden Sie sich von der Einstellung »Ich-kann-es-ja-noch-in-Photoshop-verbessern«. Falls Sie mit einer Digitalkamera arbeiten, sollten Sie für beste Bilder das Raw-Format verwenden.
- Arbeiten Sie auf einer Kopie des Originals.
- Verwenden Sie Einstellungsebenen, wie im Verlauf des Buchs beschrieben. (Beispiele finden Sie in den Kapiteln 2, 3 und 4.) Da Sie auf eine Einstellungsebene doppelt klicken und sie für weitere Bearbeitungen öffnen können, haben Sie mehr Kontrolle über Tonwert-, Kontrast- und Farbänderungen.
- Lernen Sie, nichtdestruktiv zu arbeiten – wenn Sie eine Bearbeitung auf einer separaten Ebene ausführen können, machen Sie das auch. Der Radiergummi ist beispielsweise ein destruktives Werkzeug; die Pixel werden dauerhaft entfernt. Denselben Effekt erzielen Sie auch mit einer Ebenenmaske, die wir in späteren Kapiteln verwenden werden – hier werden die Pixel nicht dauerhaft entfernt.
- Respektieren Sie Copyrights! Der Besitz eines Bilds berechtigt nicht automatisch, dieses auch zu reproduzieren. Copyrights können viele Jahre zurückreichen – gehen Sie also nicht davon aus, dass nur, weil der Fotograf nicht mehr lebt oder das Studio nicht mehr existiert, Sie das Foto frei verwenden dürfen. Viele Studios, inklusive der modernen, großen Studios, bewilligen die Nutzung von Bildern, sobald sie die Negative oder Dateien nicht mehr besitzen oder wenn das Studio die Art von Arbeit nicht durchführt, die Sie haben wollen.
- Behandeln Sie die Originale immer mit Vorsicht. Ich werde oft gefragt, wie man Abzüge behandeln soll, die sich hinter Glas befinden. Meistens sind sie am besten aufgehoben, wenn sie bleiben, wo sie sind. Wenn Sie versuchen, beides zu trennen, könnten Sie das Bild beschädigen. Es gibt aber auch Situationen, in denen ein Bild durchaus davon profitiert, wenn Sie es vom Glas lösen. Machen Sie das jedoch nur bei neueren Druckerpapieren und wenn es keine andere Möglichkeit gibt.
- Fotos, die nicht ganz flach und gerade sind, legen Sie beispielsweise zwischen zwei schwere Bücher. Es kann jedoch Wochen oder Monate dauern, bis Sie das Bild verwenden können. Wayne hat mit Einwilligung des Bildeigentümers Reißzwecken in den Bildecken verwendet, um das Bild zu fotografieren. Falls Sie dadurch das Bild beschädigen, lässt sich das in Photoshop schnell reparieren. Seien Sie jedoch immer extrem vorsichtig.
- Lösen Sie Probleme! Fotorestauration und Retusche erfordern Einfallsreichtum. Falls das Bild beispielsweise nicht auf Ihren Scanner passt, sollten Sie einzelne Segmente scannen, die Sie dann in Photoshop wieder zusammensetzen, oder fotografieren Sie das Bild einfach mit einer Digitalkamera. Lernen Sie, Körperteile und andere Bildelemente zu ersetzen, um fehlende Bereiche zu reparieren (siehe Kapitel 7).

GEDANKEN ZUM SCHLUSS

Etwas, was kein Computer, kein Buch oder Seminar vermitteln kann, ist die Leidenschaft, mit den Fähigkeiten und Techniken eines guten Retuscheurs zu üben, zu lernen und zu experimentieren. Retusche bedeutet mehr als das Entfernen von Staub oder das Überdecken von Falten. Mithilfe der Retusche holen Sie verblasste Erinnerungen zurück. Retusche und Restauration stellen ein fantastisches Hobby dar und sind im Beruf immer eine Herausforderung. Lassen Sie uns also endlich anfangen.

Tonwert-, Belichtungs- und Farbkorrektur

II

2 TONWERT UND KONTRAST VERBESSERN 35

3 BELICHTUNGSKORREKTUR 71

4 MIT FARBE ARBEITEN 99

2

TONWERT UND KONTRAST VERBESSERN

Wenn Sie sich zwischen zwei unbekannten Räumen entscheiden müssten – einer beleuchtet und der andere dunkel –, in welchen würden Sie gehen? Solange Sie kein Horrorfilm-Fanatiker sind, entscheiden Sie sich sicherlich für den beleuchteten Raum. Die Arbeit mit den Tonwerten und dem Kontrast eines Bilds ähnelt der Beleuchtung eines Raums, um Atmosphäre zu schaffen. Wenn Sie die Lichter und Tiefen eines Bilds bearbeiten, lässt sich ein flaches, uninteressantes Foto in ein angenehmes Bild verwandeln, das man sich gerne ansieht.

Das Anpassen der Tonwerte und des Kontrasts eines Bilds ist ein sehr wichtiger Schritt, wenn es darum geht, ein Bild wieder zum Leben zu erwecken. Auch wenn es nicht so viel Spaß macht wie beispielsweise das Austauschen eines Kopfs, ist das Anpassen der Tonwerte und des Kontrasts mithilfe der Tonwertkorrektur und der Gradationskurven sehr wichtig.

In diesem Kapitel arbeiten Sie mit Graustufen- und Farbbildern, um zu lernen, wie Sie

- die Vorteile von High-Bit-Daten nutzen,
- mithilfe der Tonwertkorrektur Tiefen und Lichter verbessern,
- mithilfe der Gradationskurven den Bildkontrast verbessern,
- mithilfe der Füllmethoden Zeit sparen,
- Einstellungsebenen gemeinsam nutzen,
- selektive Tonwertkorrekturen auf bestimmte Bildbereiche anwenden.

DIE VORTEILE VON HIGH-BIT-DATEN

Eine Standard-8-Bit-Graustufendatei kann maximal 256 unterschiedliche Grautöne enthalten. Ein RGB-Bild hingegen besteht aus drei Kanälen und ist somit ein 24-Bit-Bild; bei einem CMYK-Bild sind es sogar vier Kanäle, also 32 Bit. Seltsamerweise bedeutet das jedoch nicht, dass eine CMYK-Datei mehr Grautöne oder Tonwertinformationen enthält, weil jeder einzelne Kanal immer noch aus maximal 256 Grautönen besteht.

Für sehr kritische, qualitativ hochwertige Tonwert- oder Farbkorrekturen bieten Ihnen 256 Grautöne pro Kanal nicht wirklich viel Spielraum. Wenn Sie jedoch mit High-Bit-Daten – Dateien, die mehr als 256 Grautöne pro Kanal enthalten (siehe **Tabelle 2.1**) – arbeiten, haben Sie mehr Tonwerte, mit denen Sie den Tonwert- oder Farbcharakter eines Bilds verbessern können.

Tabelle 2.1

Bit-Tiefe pro Kanal	*Grautöne*
8 Bit	*256*
10 Bit	*1.024*
12 Bit	*4.096*
16 Bit	*65.536*

Falls Sie mit Scannern oder Digitalkameras arbeiten, die High-Bit-Daten aufnehmen, empfehle ich Ihnen, diese Vorteile auch zu nutzen, besonders bei Graustufenbildern. Würden Sie nicht auch lieber mit 65.536 Grautönen arbeiten als nur mit 256? Nehmen Sie Tonwert- und Farbkorrekturen immer in einer High-Bit-Datei vor und wandeln Sie das Bild erst anschließend in 8 Bit um. Noch besser wäre es, wenn Sie an der High-Bit-Datei sämtliche Restaurations- und Retuschearbeiten durchführen würden. Dazu benötigen Sie allerdings eine große Festplatte und viel RAM, denn die Dateien sind doppelt so groß wie 8-Bit-Dateien – was besonders spürbar wird, wenn Sie mit vielen Ebenen arbeiten. Außerdem können nicht alle Filter auf Bilder mit 16 Bit angewendet werden. Ich arbeite immer so lange wie möglich mit den großen Dateien. Anschließend wähle ich BILD/BILD DUPLIZIEREN und aktiviere die Checkbox NUR ZUSAMMENGEFÜGTE EBENEN DUPLIZIEREN, um die duplizierte Datei auf eine Ebene zu reduzieren und diese dann in 8 Bit umzuwandeln und unter einem neuen Namen zu speichern.

In **Abbildung 2.1** sehen Sie die Histogramme für zwei Bilder. Das obere Bild wurde mit 8 Bit gescannt, das untere mit 16 Bit; ansonsten sind beide Scans identisch.

Nachdem ich beide Dateien in Photoshop geöffnet hatte, nahm ich identische Tonwertkorrekturen vor. Das obere Histogramm in **Abbildung 2.2** zeigt, dass die Tonwertinformationen der 8-Bit-Datei deutlich gelitten haben, obwohl es nur feine Korrekturen waren. Die weißen Lücken im Histogramm zeigen, wo Tonwertinformationen verloren gegangen sind. Stellen Sie sich vor, wie das Histogramm aussehen würde, wenn Sie deutliche Änderungen vornehmen müssten – es wäre voller weißer Lücken. In der unteren Abbildung wurde die Datei durch dieselben Änderungen verbessert – das Histogramm zeigt, dass immer noch ausreichend Tonwertinformationen zur Verfügung stehen. Sie sollten also nach Möglichkeit versuchen, Lücken im Histogramm zu vermeiden, denn sonst können dort beim Druck unerwünschte Effekte (z.B. Tontrennung) auftreten.

Versuchen Sie nicht, Photoshop auszutricksen

Versuchen Sie nicht, Photoshop auszutricksen, indem Sie ein Bild mit 8 Bit in 16 Bit umwandeln, Änderungen vornehmen und es dann wieder zurück in 8 Bit umwandeln – das funktioniert nicht. Sie verschwenden damit nur Zeit und verbessern nicht die Bildinformationen. Ihr Ziel ist es schließlich nicht, schöne Histogramme zu erstellen, sondern schöne Bilder.

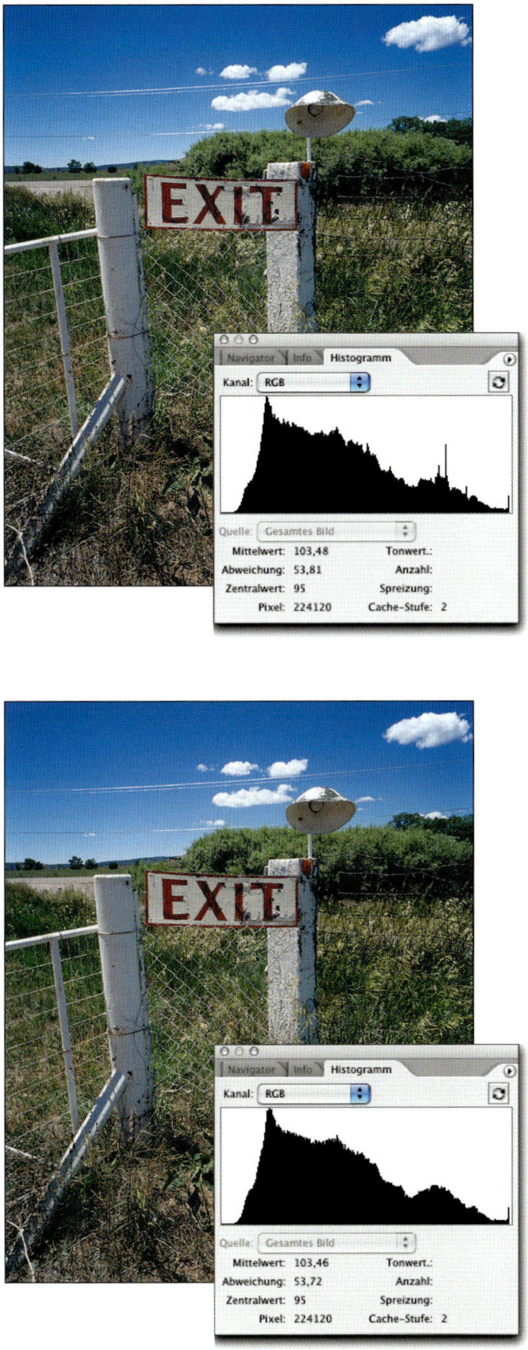

Abbildung 2.1

Vor den Farbtonänderungen sind die 8- und 16-Bit-Histogramme identisch.

Abbildung 2.2

Nach den Farbtonänderungen, auch wenn es nur ganz feine sind, zeigen die Histogramme, dass das 16-Bit-Bild (unten) die Einstellungen besser verkraftet hat.

UNTERSUCHEN SIE DIE TONWERTE UND STELLEN SIE SICH DAS FINALE BILD VOR

Nehmen Sie sich einen Moment Zeit und evaluieren Sie die Tonwerte eines Bilds – das ist absolut wichtig. Identifizieren Sie den Tonwertcharakter eines Bilds und stellen Sie sich vor, wie das Bild am Ende idealerweise aussehen soll. Diese Technik, auch als Previsualisierung bezeichnet, wurde von den Schwarzweißfotografen Ansel Adams und Edward Weston entwickelt. Wenn Sie sich das Ergebnis vorstellen, haben Sie ein konkretes Ziel vor Augen. Stellen Sie sich vor, Sie öffnen in Photoshop beispielsweise eine dunkle Datei und nehmen sich vor, das Bild heller zu machen. Durch das Ziel vor Augen können Sie sich auf die eigentliche Arbeit konzentrieren und lassen sich nicht so leicht von den vielen Photoshop-Funktionen ablenken.

Der Tonwertcharakter eines Bilds kann hell, dunkel oder durchschnittlich sein – High-Key, Low-Key oder Medium-Key. Das Motiv und die Beleuchtung der Originalszene bestimmen den Tonwertcharakter eines Bilds. Wenn Sie sich nicht sicher sind, zu welchem Typ Ihr Bild gehört, wählen Sie FENSTER/HISTOGRAMM, um die Histogramm-Palette zu öffnen, auf die ich im Verlauf des Kapitels noch genauer eingehen werde.

Ein Histogramm ist eine grafische Darstellung der Bildpixel von Schwarz (links) nach Weiß (rechts). Je größer die Anzahl der Bildpixel an einer bestimmten Stelle, desto höher ist das Histogramm an diesem Punkt. Der Blick in ein Histogramm verrät Ihnen also, wo sich die Mehrheit der Pixelinformationen befindet.

Wie in **Abbildung 2.3** zu sehen, konzentriert sich das Histogramm des High-Key-Bilds rechts, da das Bild hauptsächlich aus hellen Pixeln besteht. Das Low-Key-Histogramm konzentriert sich eher links, da sich das Bild hauptsächlich aus dunklen Pixeln zusammensetzt (**Abbildung 2.4**). Das Medium-Key-Histogramm verteilt sich gleichmäßig (**Abbildung 2.5**). Natürlich gibt es auch Bilder, in denen die Tonwerte aufgesplittet sind (**Abbildung 2.6**).

Abbildung 2.3

Obwohl der Stuhl und die Haare der jungen Frau dunkel sind, ist das Bild an sich sehr hell – es ist ein High-Key-Bild.

Abbildung 2.4

Dieses Bild ist ein Beispiel für ein Low-Key-Bild.

Abbildung 2.5

Dieses Bild hat einen breiten Tonwertbereich – von den dunklen Schatten bis zu den hellen Seiten des Gebäudes.

Bei der Bearbeitung von Tonwerten ist es hilfreich, vorher den Tonwerttyp des Bilds zu bestimmen, um keine extremen Korrekturen vorzunehmen. Arbeiten Sie beispielsweise mit einem High-Key-Bild, in dem sich das Histogramm rechts konzentriert, ist es nicht sinnvoll, das Bild abzudunkeln, nur damit das Histogramm ausbalancierter erscheint. Sobald Sie verstehen, was die Tonwerte aussagen – die Tiefen, Lichter und Mitteltöne eines Bilds –, lernen Sie auch ganz schnell, welche Bereiche des Histogramms angepasst werden müssen, um ein Bild aufzuhellen oder abzudunkeln.

Abbildung 2.6

Dieses Bild wurde am späten Nachmittag aufgenommen. Der untere Teil liegt im Schatten, während der obere von der Sonne beleuchtet wird. Dieses Bild besitzt Low-, Medium- und High-Key-Bereiche.

Ich werde oft gefragt, ob es eine ideale Form für das Histogramm gibt. Die Antwort lautet »nein«. Keine Bange also, wenn es sich auf der einen oder anderen Seite konzentriert; werfen Sie nur immer wieder einen Blick darauf, wenn Sie die Tonwerte bearbeiten.

Hinweis

Bei Farbbildern kann die Histogramm-Palette RGB- oder CMYK-Kanäle anzeigen – zusammengesetzt oder einzeln. Zusätzlich können Sie diese mit der Luminanz- und Farbanzeige überlagern. Das Tonwerthistogramm kann nur den zusammengesetzten RGB-Kanal oder die drei einzelnen Kanäle anzeigen. Die Histogramm-Palette zeigt auch während der Einstellung eine Vorher-Nachher-Version.

Tonwerte mit dem Messwerkzeug beurteilen

Für die Retuschearbeit ist es absolut wichtig, dass Sie ein Bild auf einem kalibrierten Monitor in einer kontrollierten Umgebung (siehe Kapitel 1) bewerten. Wenn Sie Ihrem Monitor oder Ihrer optischen Bewertung nicht ganz trauen, verlassen Sie sich auf die Pipette und den Farbaufnehmer sowie die Info- und Histogramm-Paletten. Die Pipette ist ein digitaler Farbpunktmesser (Densitometer). Sie können sie durch das Bild bewegen, um Ton- und Farbwerte auszulesen. Der Farbaufnehmer befindet sich in der Werkzeug-Palette in einem Kästchen zusammen mit der Pipette. Verwenden Sie ihn, um halb permanente Messpunkte zu erstellen (siehe nächster Abschnitt). Wenn Sie Tonwerte, Kontrast und Farbe bearbeiten, müssen Sie unbedingt immer einen Blick in die Info-Palette werfen.

Aktivieren Sie die Pipette mit dem Aufnahmebereich 3 X 3 DURCHSCHNITT, wodurch auch die Aufnahmegröße des Farbaufnehmers (in Pixel) festgelegt wird. Die ersten Werte in der Info-Palette reflektieren die aktuellen Bilddaten, die zweiten Werte entsprechen Ihren eigenen Vorlieben oder dem finalen Bild. Um in der Info-Palette neue Werte zu erstellen, klicken Sie auf das kleine Dreieck neben der Pipette und wählen Sie aus dem Menü die entsprechende Option. Sie können aus dem Menü der Info-Palette auch PALETTEN-OPTIONEN wählen und dort die gewünschten Einstellungen vornehmen. Wenn Sie beispielsweise ein Bild für den Offset-Druck erstellen, sollten Sie für die zweite Anzeige CMYK wählen. Fotografen, die mit dem Zonensystem vertraut sind, verwenden hier Graustufen.

Tonwertänderungen mit den Farbaufnehmern nachverfolgen

Farbaufnehmer sind blockierbare Messpunkte (bis zu vier Stück), die Sie in einem Bild platzieren können, um bestimmte Bereiche eines Bilds während der Bearbeitung genau beobachten zu können. Das Farbaufnahme-Werkzeug finden Sie in der Werkzeug-Palette in einem Kästchen mit der Pipette – beide verwenden dieselbe Aufnahmegröße. Wenn Sie mit aktivem Farbaufnahme-Werkzeug in das Bild klicken, lassen sich bis zu vier Farbaufnehmer festlegen. Jeder Farbaufnehmer ist nummeriert und bekommt in der Info-Palette einen eigenen Bereich zugewiesen. Solange das Werkzeug aktiv ist, können Sie die Farbaufnehmer nach Belieben verschieben.

Nutzen Sie die vier Farbaufnehmer, um Tiefen, Mitteltöne und Lichter und einen vierten Ton Ihrer Wahl zu messen und nachzuverfolgen. In **Abbildung 2.7** verwende ich vier Farbaufnehmer, um die Lichter, Tiefen und Mitteltöne nachzuverfolgen. Während Sie Tonwerte anpassen, können Sie in der Info-Palette die Vorher-Nachher-Werte ablesen (siehe **Abbildung 2.8**) – die Zahl vor dem Schrägstrich ist der Originalwert, dahinter befindet sich der bearbeitete Wert. Sobald Sie in einer Einstellungsebene auf OK klicken, werden statt der Vorher-Nachher-Werte wieder nur die aktuellen Werte angezeigt.

Die Farbaufnehmer verschwinden automatisch, wenn Sie ein anderes Werkzeug auswählen und erscheinen erneut, wenn Pipette oder Farbaufnahme-Werkzeug wieder aktiv sind.

Abbildung 2.7

Tonwerte mit dem Farbaufnehmer nachzuverfolgen, ist ein guter Ansatz. Für jeden Farbaufnehmer finden Sie die individuellen Werte in der Info-Palette.

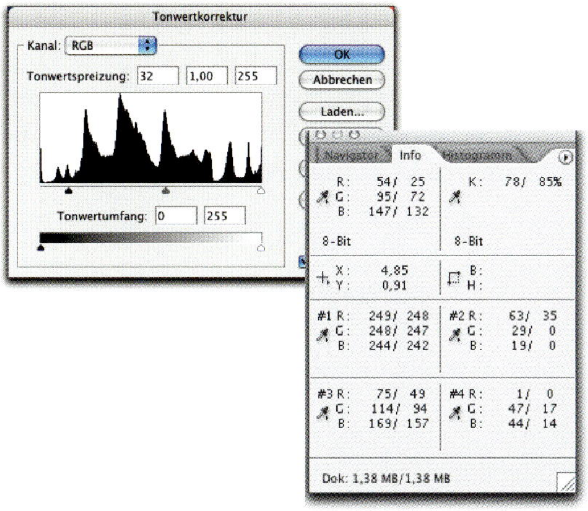

Abbildung 2.8

Während Sie Tonwert- oder Farbänderungen markieren, können Sie in der Info-Palette Werte vor der Einstellung (links) und die danach (rechts) ablesen.

Hinweis

Um Farbaufnehmer zu entfernen, halten Sie bei aktivem Farbaufnahme-Werkzeug die [⌥]/[Alt]-Taste gedrückt und verschieben Sie den Cursor über einen Farbaufnehmer. Sobald Sie die Schere sehen, können Sie klicken; der Punkt wird entfernt. Sie können auch, während sich der Cursor über einem Aufnahmepunkt befindet, mit gedrückter [ctrl]-Taste/Rechts-Klick klicken und aus dem Kontextmenü LÖSCHEN wählen. Oder Sie verwenden einfach den LÖSCHEN-Button in der Optionsleiste, um alle Farbaufnehmer gleichzeitig zu entfernen.

Die Histogramm-Palette

Die Histogramm-Palette ist eine praktische Erweiterung der Photoshop-Oberfläche. Einer der größten Vorteile ist die Möglichkeit, das Histogramm während der Bildbearbeitung nachzuverfolgen (was früher nur mithilfe der Tonwertkorrektur ging). Die Histogramm-Palette wird regelmäßig aktualisiert, so dass Sie immer die aktuellen Werte sehen. In **Abbildung 2.9** sehen Sie Gradationskurveneinstellungen und deren Auswirkung auf das Histogramm! Das funktioniert jedoch nur, wenn Sie mit BILD/EINSTELLUNGEN arbeiten – nicht jedoch bei Einstellungsebenen.

Abbildung 2.9

Während der Einstellungen zeigt die Histogramm-Palette Vorher- (hellgrau) und Nachher-Werte (schwarz) an.

Wie andere Paletten können Sie auch die Histogramm-Palette an Ihre Bedürfnisse anpassen. Wählen Sie eine kompakte Ansicht oder eine Ansicht mit allen Kanälen in Farbe. In **Abbildung 2.10** sehen Sie einige Einstellungen.

In der Kompaktansicht werden lediglich 100 Tonwerte dargestellt, für kritische Bearbeitungen ist das nicht genau genug. Ich empfehle Ihnen die erweiterte Ansicht – 256 Stufen. Auch wenn Sie mit High-Bit-Dateien arbeiten, werden im Histogramm 256 Stufen angezeigt. Wenn die Histogramm-Palette echte High-Bit-Daten anzeigen müsste, müsste die Palette 256-mal so groß sein, um auch alle 65.536 Helligkeitsstufen anzuzeigen. Dafür müsste Ihr Monitor wiederum 19,5 Meter breit sein! Für beste Ergebnisse sollten Sie das Histogramm betrachten, wenn das Bild als ganzes Bild angezeigt wird. Klicken Sie oben rechts in der Ecke auf den AKTUALISIEREN-Button, damit Photoshop das Histogramm aktualisiert.

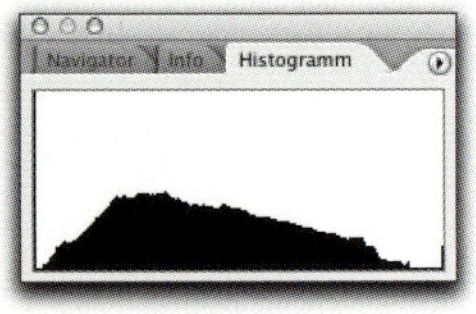

Kompaktansicht.

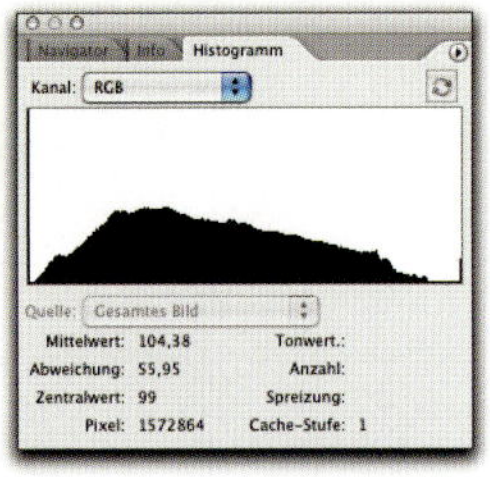

Erweiterte Ansicht inklusive Statistiken.

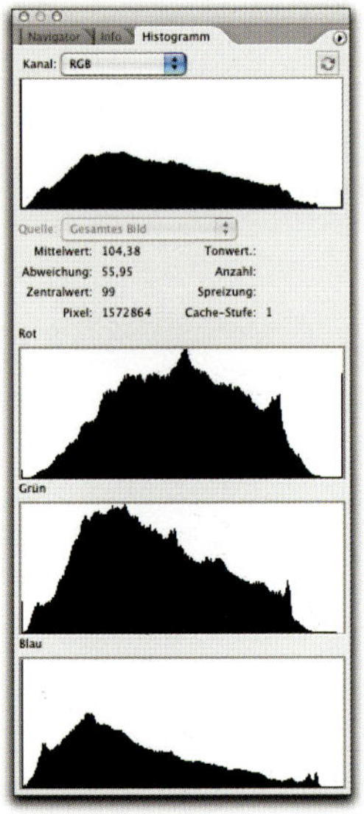

Alle-Kanäle-Ansicht

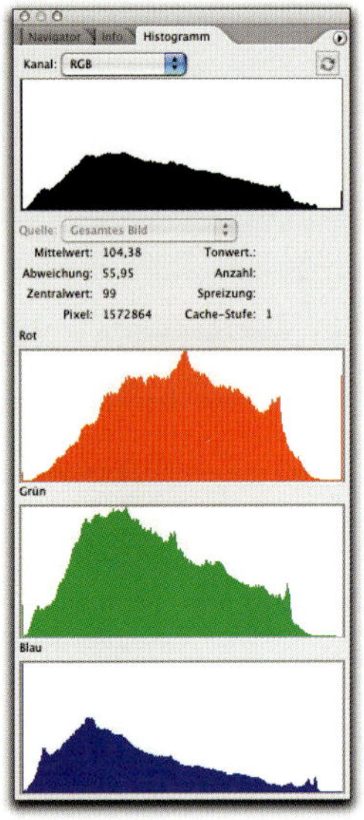

Alle-Kanäle-Ansicht in Farbe.

Abbildung 2.10

Einige Optionen der Histogramm-Palette. Nutzen Sie die Kanäle-Ansicht, um einzelne Kanäle, Luminanz und Farbe zu sehen.

Verwenden Sie einen Graukeil

Um zu verstehen, wie die Tonwerte im Druck aussehen, arbeite ich mit einem digitalen Graukeil, der von Schwarz bis Weiß die dazwischen liegenden Grautöne in exakt denselben Abständen anzeigt (Abbildung 2.11). Fotografen und Drucker nutzen solche Graukeile schon seit Jahren als objektive Referenz, um zu messen, wie die Tonwerte aufgenommen, angezeigt und reproduziert wurden.

Die Zahlen in Abbildung 2.11 sind Punkte, bei denen ich die Werte im Bild gemessen habe. Das Licht auf dem Gesicht des Mannes wird mit 10 bis 12% (ein sehr helles Grau) gedruckt, das Kleid der Frau mit 25% (ein mittleres Grau), die Jacke des Mannes mit 50 bis 70% (mittleres bis dunkles Grau) und das Piano mit 90% (dunkles Grau, nicht Schwarz). Indem ich immer wieder in die Info-Palette gucke, kann ich festlegen, wie hell oder dunkel ein Bereich gedruckt wird.

Abbildung 2.11

Sie verstehen die Tonwerte eines Drucks besser, wenn Sie mit einem Graukeil mit 21 Stufen arbeiten.

ch2_stepwedge.jpg

Hinweis

Erstellen Sie mithilfe des Verlaufswerkzeugs Ihren eigenen Graukeil. Beginnen Sie mit einem neuen Graustufenbild mit einer Größe von 10×1 Zoll und 300 ppi. Wählen Sie den Schwarzweißverlauf und deaktivieren Sie in der Optionsleiste die Option DITHER. Beginnen Sie links, halten Sie die ⇧-Taste gedrückt und ziehen Sie das Werkzeug nach rechts. Wählen Sie BILD/ANPASSEN/TONTRENNUNG mit einem Wert von 21 Stufen, um einen perfekten 21-stufigen Graukeil zu erstellen. Photoshop beeinflusst die Lichter- und Tiefeninformationen, weshalb die schwarzen und weißen Stufen etwas größer sind, wie in Abbildung 2.12 zu sehen.

Abbildung 2.12

Erstellen Sie Ihren eigenen Graukeil und verwenden Sie ihn, um zu sehen, wie Ihr Drucker Tonwertinformationen rendert.

DIE BEDEUTUNG VON EINSTELLUNGSEBENEN

Egal, ob Sie Tonwertkorrekturen mit Gradationskurven oder anderen unterstützten Bildeinstellungsfunktionen nutzen wollen, ich bestehe darauf, dass Sie mit Einstellungsebenen arbeiten. Einstellungsebenen sind Ebenen, mit denen Sie nichtdestruktive Änderungen am Bild vornehmen. Sie können beliebig viele Tonwert- oder Farbeinstellungen vornehmen, ohne die Originaldaten des Bilds zu verändern (bis Sie das Bild auf eine Ebene reduzieren). Mit Einstellungsebenen werden die Einstellungen über den Pixelinformationen des Bilds angewendet – dadurch eignen sie sich hervorragend zum Experimentieren, Verbessern und Üben.

Nutzen Sie Einstellungsebenen, wenn Sie mit Tonwertkorrektur, Gradationskurven, Farbbalance, Farbton/Sättigung, Selektive Farbkorrektur, Kanalmixer, Fotofilter, Umkehren, Schwellenwert oder Tontrennung arbeiten. Helligkeit/Kontrast habe ich hier nicht mit aufgeführt, weil die Arbeit mit der Tonwertkorrektur und mit Gradationskurven dafür besser geeignet ist. Wenn Sie mit Einstellungsebenen arbeiten, genießen Sie folgende Vorteile:

- Sie können Tonwertkorrekturen vornehmen, ohne die Originaldaten zu verändern, bis Sie das Bild auf eine Ebene reduzieren.
- Sie können die Deckkraft dieser Ebenen anpassen. Durch die Verringerung der Deckkraft reduzieren Sie die Stärke einer Tonwert- oder Farbkorrektur.
- Sie unterstützen Ebenenmodi. Diese legen mathematisch fest, wie eine Ebene mit der darunter liegenden interagiert. Bei der Restauration ist das eine große Hilfe.
- Einstellungsebenen sind auflösungsunabhängig; verschieben Sie sie zwischen unterschiedlich großen Bildern.
- Sie beinhalten Ebenenmasken, mit denen Sie Tonwertkorrekturen teilweise ein- oder ausblenden können.
- Sie sind besonders hilfreich, wenn Sie Tonwert-, Kontrast- oder Farbeinstellungen nur auf einzelne Bildbereiche anwenden wollen.
- Wenn Ihnen eine Einstellung nicht gefällt, löschen Sie einfach die Einstellungsebene und beginnen neu.
- Sie funktionieren bei 8- und 16-Bit-Dateien.

TONWERTE AUSGLEICHEN MITHILFE DER TONWERTKORREKTUR

Wenn Sie mit den Tonwerten eines Bilds arbeiten, können Sie drei Bereiche beeinflussen: Tiefen, Mitteltöne und Lichter. Nutzen Sie die Regler und die Pipetten, um Schwarz- und Weißpunkte zu setzen (**Abbildung 2.13**). Wenn Sie mit Schwarzweißbildern arbeiten, steht Ihnen die graue Pipette nicht zur Verfügung; damit finden Sie die neutralen Punkte eines Farbbilds. Ein Bild lässt sich deutlich verbessern, wenn Schwarz- und Weißpunkt neu eingestellt werden und der Gammaregler verschoben wird.

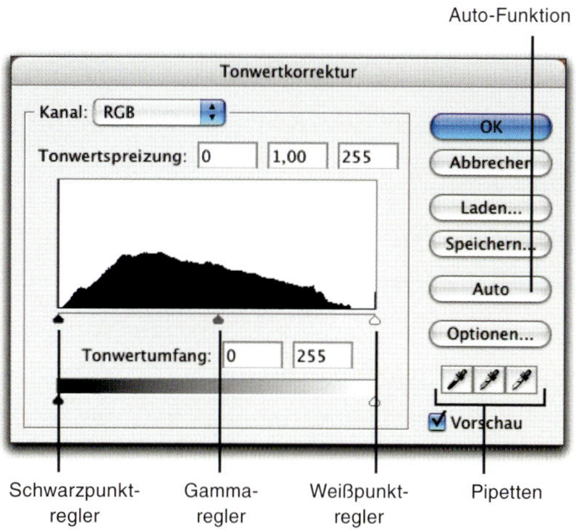

Abbildung 2.13

Die Tonwertkorrektur-Dialogbox

Das sind die wichtigsten Einstellungen (alle werden noch genauer im Verlauf des Kapitels beschrieben):

- Regler: Nutzen Sie die Schieberegler, um Schwarz- und Weißpunkt im Bild festzulegen; verschieben Sie sie dort hin, wo die hellen oder dunklen Informationen beginnen.
- Pipetten: Nutzen Sie die Pipetten, um Schwarz- und Weißpunkt sowohl für Graustufen als auch für Farbbilder einzustellen. Mit der grauen Pipette definieren Sie die neutralen Mitteltöne eines Bilds.
- AUTO-Button: Nutzen Sie den AUTO-Button, damit Photoshop eine der drei Autokorrekturen vornimmt (wie in Kapitel 4 beschrieben). Die Einstellungen, die Photoshop dabei verwendet, legen Sie mit dem OPTIONEN-Button darunter fest.

TONWERTE MITHILFE DER TONWERTKORREKTUR VERBESSERN

In den folgenden Übungen werden Sie trübe oder kontrastarme Originale mithilfe der Tonwertkorrektur aufbessern. Bei diesen Übungen werden Schwarzweißbilder mit nur einem Kanal verwendet. Sie können dieselben Techniken aber auch auf Farbbilder anwenden, allerdings nur, wenn Sie auf dem zusammengesetzten Kanal arbeiten und nicht die einzelnen Farbkanäle bearbeiten wollen.

Arbeiten Sie mit den Schwarz- und Weißpunktreglern

Dieses Originalbild von 1892 ist stark verblasst, wie Sie in Abbildung 2.14 sehen. Die eigentlich weißen Bereiche sind sehr dunkel und die Tiefen nicht wirklich schwarz. Dadurch wird der Kontrast verringert und das Bild sieht flach und unattraktiv aus. Nachdem ich das Bild mit einem Flachbettscanner gescannt hatte, verwendete ich die folgende Technik, um die Tiefen abzudunkeln und die Lichter aufzuhellen. Das korrigierte Bild sehen Sie in Abbildung 2.15.

Abbildung 2.14

Abbildung 2.15

ch2_faded.jpg

1. Fügen Sie eine Tonwertkorrektur-Einstellungsebene hinzu, indem Sie unten in der Ebenen-Palette auf den Button NEUE FÜLL- ODER EINSTELLUNGSEBENE ERSTELLEN klicken und die Option TONWERTKORREKTUR auswählen (**Abbildung 2.16**). Sie können auch EBENE/NEUE EINSTELLUNGSEBENE/TONWERTKORREKTUR wählen und auf OK klicken.

Abbildung 2.16

Fügen Sie über die Ebenen-Palette eine Tonwertkorrektur-Einstellungsebene hinzu.

2. Verschieben Sie den Weißpunktregler nach innen an die Stelle, wo die hellen Bildinformationen beginnen (wie rechts im Histogramm in **Abbildung 2.17** zu sehen).

3. Verschieben Sie den Schwarzpunktregler in den Bereich der dunkelsten Bildinformationen, wie links im Histogramm in **Abbildung 2.17** zu sehen.

4. Klicken Sie auf OK.

Wenn Sie mit Ihren eigenen Bildern arbeiten, können Sie nach der Anpassung des Tonwertbereichs mit der Restauration fortfahren wie in den Kapiteln 5, 6 und 7 beschrieben.

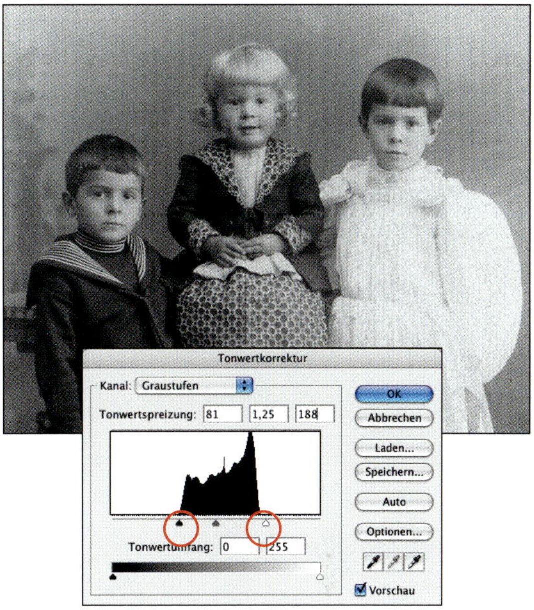

Abbildung 2.17

Verschieben Sie die Regler, um den Kontrast zu erhöhen.

Achtung

Wenn Sie den weißen oder schwarzen Regler zu weit in die weißen oder schwarzen Bereiche des Histogramms ziehen, könnten Sie wichtige Bildinformationen beschneiden. Untersuchen Sie das Bild und sein Histogramm, um herauszufinden, wo sich die Bildinformationen befinden.

Der Gammaregler

Wenn Sie mit ausgeblichenen Bildern arbeiten, sollten Sie zu Beginn die Schwarz- und Weißpunktregler verschieben, um den Kontrast zu erhöhen. Falls das Bild anschließend zu dunkel ist, verschieben Sie den Gammaregler nach links, um das Bild wieder etwas aufzuhellen; ist es zu hell, verschieben Sie den Regler nach rechts. In **Abbildung 2.18** (aus dem Jahr 1922) gibt es keinen Kontrast. **Abbildung 2.19** zeigt das bearbeitete Bild, in dem alle drei Regler angepasst wurden.

© Eckert Family Archives

Abbildung 2.18

Abbildung 2.19

ch2_faded2.jpg

1. Fügen Sie eine Tonwertkorrektur-Einstellungsebene hinzu.
2. Verschieben Sie den Weißpunktregler in den Bereich der hellsten Bildinformationen (rechts im Histogramm in **Abbildung 2.20**).
3. Verschieben Sie den Schwarzpunktregler in die dunkelsten Bildinformationen (links im Histogramm in **Abbildung 2.20**).
4. Das Bild ist immer noch zu dunkel. Verschieben Sie den Gammaregler nach links, um das gesamte Bild aufzuhellen. Wie weit Sie ihn verschieben, hängt vom Originalbild ab und davon, wie hell das Bild werden soll.

Abbildung 2.20

Nachdem Sie Schwarz- und Weißpunkt angepasst haben, hellen Sie das Bild mit dem Gammaregler auf.

Arbeiten Sie mit den Pipetten

Wenn Sie mit historischen Bildern oder Fotos arbeiten und nicht wissen, wie die Bilder früher ausgesehen haben, müssen Sie die Tonwerte anhand eigener Erinnerungen bearbeiten. In Abbildung 2.21 sehen Sie ein klassisches Beispiel für ein Foto, in dem der Kontrast fehlt. Durch das Festlegen der Schwarz- und Weißpunkte mit den Pipetten der Tonwertkorrektur konnte das Bild deutlich verbessert werden, wie in Abbildung 2.22 zu sehen.

ch2_very_flat.jpg

1. Sehen Sie sich das Bild an und stellen Sie sich vor, was in dem Bild weiß und was schwarz sein könnte. Berücksichtigen Sie das Motiv, die Beleuchtung und die Tageszeit. In diesem Beispiel kann ich mit ziemlicher Sicherheit sagen, dass das Hemd des Mannes weiß sein muss und die Schatten im Hintergrund nahezu schwarz.
2. Fügen Sie eine Tonwertkorrektur-Einstellungsebene hinzu.

Abbildung 2.21

Abbildung 2.22

3. Klicken Sie in der Tonwertkorrektur-Dialogbox auf die weiße Pipette und anschließend in einen Bereich, der neu eingestellt werden muss. In diesem Beispiel ist es das Hemd des Mannes (**Abbildung 2.23**). Dadurch, dass Sie in einen Bereich klicken, der weiß sein sollte, definiert Photoshop die Tonwertinformationen neu und ändert das Grau in reines Weiß.

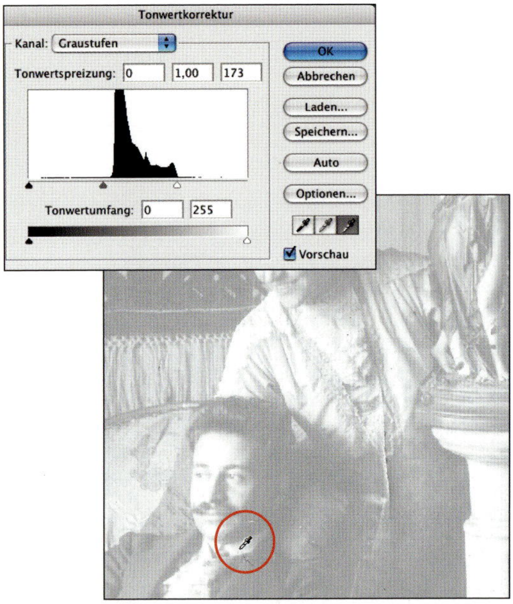

Abbildung 2.23

Legen Sie mit der Pipette den neuen Weißpunkt fest.

4. Klicken Sie nun mit der schwarzen Pipette in einen Bereich, der schwarz sein soll. In **Abbildung 2.24** wählte ich den Schatten im Hintergrund des Raums. So wie die weiße Pipette das Weiß wiederherstellt, definiert die schwarze Pipette die dunkelsten Töne im Bild neu. Dieser Ansatz mit den Pipetten ist effektiv und simpel – eine erfolgreiche Kombination.

Hinweis

Da in der Tonwertkorrektur-Dialogbox das Zoom- und das Hand-Werkzeug nicht zur Verfügung stehen, müssen Sie zum Zoomen die ⌘-/Strg-Taste gedrückt halten und anschließend + oder − drücken. Zum Scrollen verwenden Sie die Scrollbalken des Bilds. Im ANSICHT-Menü finden Sie weitere Ansichtsoptionen.

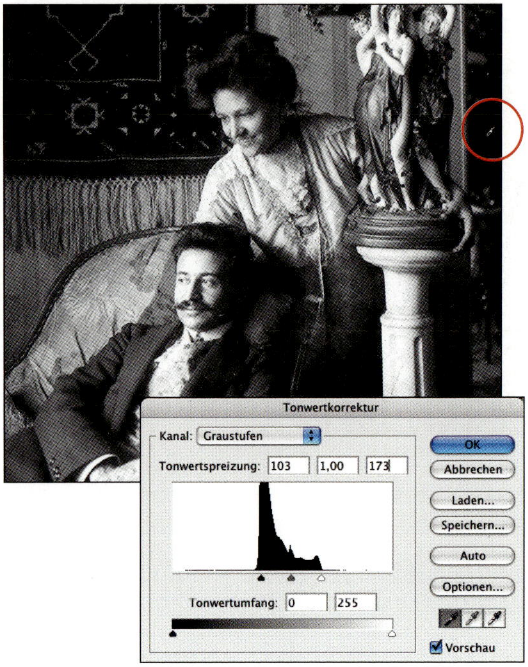

Abbildung 2.24

Dunkeln Sie die dunklen Bildbereiche mit der schwarzen Pipette nach.

Nach dem Einsatz der Pipette lässt sich der Effekt noch verfeinern, indem Sie zusätzlich die Regler verschieben. Falls ein Bild durch das Einstellen des Schwarz- und des Weißpunkts beispielsweise zu kontrastreich wird, verschieben Sie den Weißpunktregler nach rechts oder den Schwarzpunktregler nach links.

5. Wie in **Abbildung 2.25** zu sehen, werden die Tiefen aufgehellt, wenn der Schwarzpunktregler von 103 auf 97 verschoben wird. Für schnellere und feinere Einstellungen verwende ich immer die Pfeiltasten auf der Tastatur und nicht die Regler. In diesem Beispiel klickte ich in das Kästchen mit dem Wert 103 und drückte die Pfeiltaste nach unten, bis dort 97 stand.

6. Falls das Bild immer noch zu hell oder zu dunkel ist, passen Sie den Gammaregler an – durch Verschieben nach links hellen Sie ein Bild auf, nach rechts wird es abgedunkelt. Auch hier können Sie mit den Pfeiltasten arbeiten.

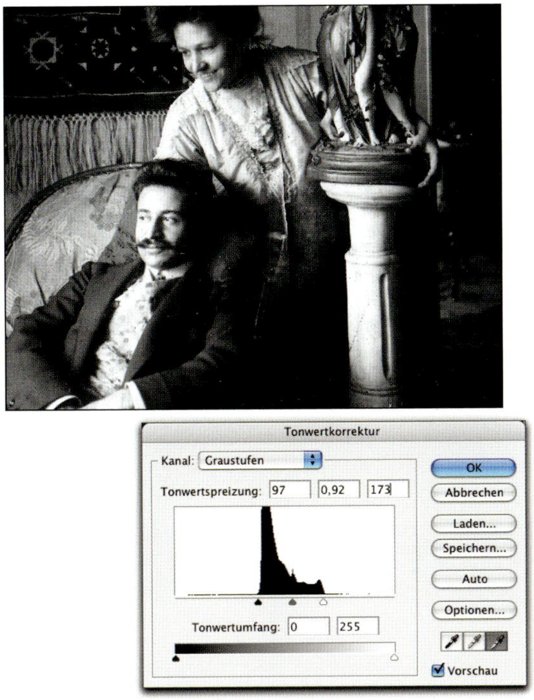

Abbildung 2.25

Mithilfe der Pfeiltasten können Sie genauere Einstellungen vornehmen und hellere Tiefen erzeugen.

Hinweis

Falls Sie in einen Bildbereich klicken, der eigentlich nicht weiß ist, werden hellere Töne weiß und Sie verlieren möglicherweise wichtige Bildinformationen. Falls Sie mit einer der Pipetten aus der Tonwertkorrektur- oder der Gradationskurven-Dialogbox in einen Bereich klicken und Ihnen das Ergebnis nicht gefällt, drücken Sie ⌥/ Alt, um den ABBRECHEN-Button auf ZURÜCK zu ändern.

Schwarz- und Weißpunkte finden

Das Bild in **Abbildung 2.26** ist so flau und verblasst, dass ich nicht genau sagen kann, wo sich reines Weiß und reines Schwarz befinden. Nachdem ich mithilfe der Pipetten den Schwarz- und den Weißpunkt gefunden und auch die Mitteltöne angepasst hatte, wies das Bild mehr Kontrast aus, wie in **Abbildung 2.27** zu sehen.

ch2_very_flat_2.jpg

Abbildung 2.26

Abbildung 2.27

Hinweis

Es gibt keine Zauberformel für das Anpassen der Tonwerte eines Bilds. Um wie viel heller oder dunkler Sie ein Bild machen, hängt vom Originalbild ab und davon, wie das Ergebnis aussehen soll. Manchmal reflektiert ein dunkleres Bild das Original besser, manchmal aber auch ein helleres.

Es gibt sicherlich viele Situationen, in denen Sie sich nicht sicher sind, wo genau sich Schwarz- und Weißpunkt befinden. Arbeiten Sie in einem solchen Fall vorübergehend mit einer Schwellenwert-Einstellungsebene, um mithilfe von Farbaufnehmern die Schwarz- und Weißpunkte zu finden.

1. Fügen Sie eine Schwellenwert-Einstellungsebene hinzu.
2. Das Bild ist jetzt auf zwei Tonwerte reduziert – Schwarz und Weiß (**Abbildung 2.28**).

Abbildung 2.28

Die Schwellenwert-Einstellungsebene teilt das Bild in Schwarz oder Weiß auf.

3. Um den Schwarzpunkt zu finden, verschieben Sie den Regler ganz nach links und anschließend wieder nach rechts, bis die ersten schwarzen Bereiche sichtbar werden (**Abbildung 2.29**). Verschieben Sie den Regler nicht weiter – ignorieren Sie jedoch Bildrahmen oder Kanten, die nicht Teil des Bilds sind.

Abbildung 2.29

Um den Schwarzpunkt zu finden, ziehen Sie den Regler des Schwellenwert-Histogramms nach links.

4. Klicken Sie auf OK und nutzen Sie das Farbaufnahme-Werkzeug, um einen Marker auf den schwarzen Punkten zu setzen, die zuerst erschienen sind.
5. Um den Weißpunkt zu finden, klicken Sie in der Ebenen-Palette doppelt auf die Schwellenwert-Einstellungsebene. Die Schwellenwert-Dialogbox öffnet sich erneut. Verschieben Sie den Regler nach rechts, bis Sie weiße kleine Flecken sehen (**Abbildung 2.30**). Ignorieren Sie auch hier Bereiche, die nicht Teil des Bilds sind.

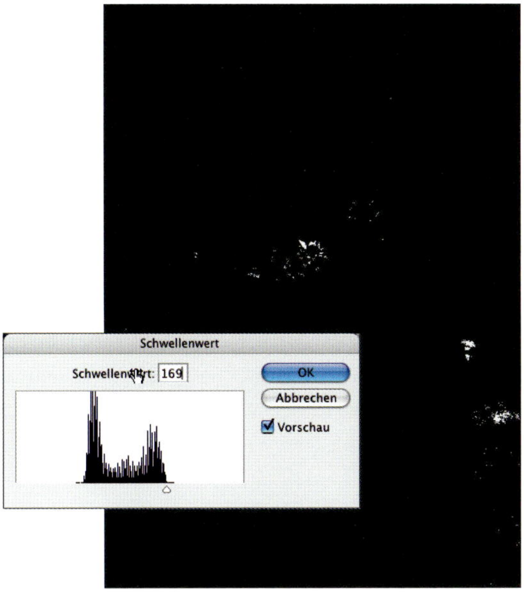

Abbildung 2.30

Um den Weißpunkt zu finden, ziehen Sie den Regler im Schwellenwert-Histogramm nach rechts.

6. Klicken Sie auf OK, und fügen Sie einen Farbaufnehmer hinzu.
7. Blenden Sie die Schwellenwert-Einstellungsebene aus oder löschen Sie sie. Sie sehen, dass das Bild nicht verändert wurde, die Farbaufnehmer Ihnen aber genau die Schwarz- und Weißpunkte zeigen (**Abbildung 2.31**).
8. Fügen Sie jetzt eine Tonwertkorrektur-Einstellungsebene hinzu. Nutzen Sie die Farbaufnehmer als Referenzpunkte, um Schwarz- und Weißpunkt einzustellen. Aktivieren Sie in der Tonwertkorrektur-Dialogbox die weiße Pipette und klicken Sie dort, wo der Farbaufnehmer den hellsten Bildbereich anzeigt. Wiederholen Sie den Vorgang mit der schwarzen Pipette.

Tipp

Während der Tonwertkorrektur können Sie vorübergehend einblenden, wo die Bilddetails beginnen und enden. Drücken Sie [⌥]/[Alt], während Sie den Schwarz- oder Weißpunktregler verschieben, um eine Schwellenwertansicht einzublenden. Diese verschwindet wieder, sobald Sie die Maustaste loslassen.

Abbildung 2.31

Sobald Sie die Schwellenwert-Einstellungsebene ausblenden, zeigen Ihnen die Farbaufnehmer genau, wo sich Schwarz- und Weißpunkt im Bild befinden.

Tonwertumfang

Ein korrekt angepasstes Bild kann Tonwerte von reinem Schwarz bis hin zu reinem Weiß drucken – natürlich in Verbindung mit einem Drucker, der mit einem großen Tonwertumfang umgehen kann, und entsprechendem Papier. Falls die Lichter zu ausgewaschen oder in den Tiefen keine Tonwertunterschiede mehr zu erkennen sind, können Sie den Tonwertumfang in der Tonwertkorrktur-Dialogbox nutzen. Geben Sie einfach neue Werte ein – entweder direkt oder mithilfe der Schieberegler. Die Tonwerte werden komprimiert, um innerhalb des neuen Bereichs gedruckt zu werden.

Ein und dasselbe Bild kann, gedruckt auf unterschiedlichen Druckern, zu verschiedenen Ergebnissen führen. Die Lichter können auf Papier für Wasserfarben viele Details enthalten, die auf Glanzpapier jedoch fehlen. Als ich **Abbildung 2.32** auf Normalpapier druckte, erschienen die Weißtöne viel zu hell. Sehen Sie sich die Lichter auf den Kirchtürmen an. Es sind keinerlei Details zu erkennen, sondern nur Weiß bzw. das Papier selbst. Durch das Hinzufügen einer Tonwertkorrektur-Einstellungsebene und die Reduzierung des Tonwertumfangs auf 245 (**Abbildung 2.33**) kann das Bild auf diesem Papier und mit diesem Drucker ansprechend gedruckt werden.

Abbildung 2.32

Das Original ist etwas zu ausgewaschen – die hellen Bereiche sind zu weiß.

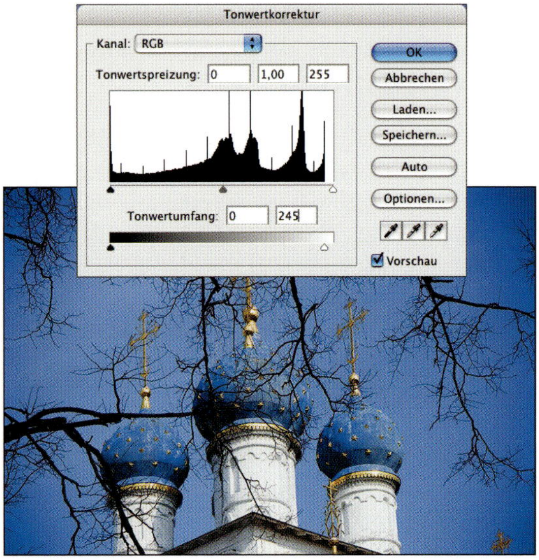

Abbildung 2.33

Nachdem der Tonwertumfang angepasst wurde, zeigt das Bild wieder die entsprechenden Tonwerte. In diesem Beispiel brauchte ich die Tiefen nicht anzupassen. Durch das Anpassen der Tiefen werden die dunklen Bildbereiche aufgehellt, was in anderen Situationen vielleicht nützlich ist.

Mithilfe dieser Funktion können Sie ein Bild mit einer Tonwertkorrektur-Einstellungsebene für einen bestimmten Drucker optimieren, ohne das Bild selbst zu ändern. Falls Sie dasselbe Bild auf einem anderen Drucker oder anderem Papier drucken wollen, blenden Sie die Einstellungsebene einfach aus oder passen Sie sie entsprechend an.

GRADATIONSKURVEN UND KONTRAST

Sobald Sie mit der Tonwertkorrektur vertraut sind, sollten Sie sich mit den Gradationskurven von Photoshop bekanntmachen. Ihre Vorteile liegen darin, dass sie bis zu 16 Punkte haben, mit denen Sie die Tonwerte eines Bilds beeinflussen können (bei der Tonwertkorrektur sind es nur drei: Lichter, Mitteltöne und Tiefen).

In der Gradationskurven-Dialogbox können Sie entweder mit 0–100 Farbprozenten oder mit 0–255 Tonwerten arbeiten. Klicken Sie auf die kleinen Dreiecke (in **Abbildung 2.34** eingekreist), um zwischen den beiden Optionen umzuschalten.

Aus Erfahrung kann ich sagen, dass Menschen mit Erfahrungen aus der Druckvorstufe die Farbprozente bevorzugen und Fotografen die Tonwerte. Die Tonwertskalierung platziert die Lichter im oberen Bereich der Kurve und die Tiefen im unteren Bereich. So liest ein Fotograf Filmkurven und deshalb bevorzuge ich die 0–255-Skalierung. Die Werte 0%–100% stellen genau das Gegenteil dar – die Lichter befinden sich unten links und die Tiefen oben rechts.

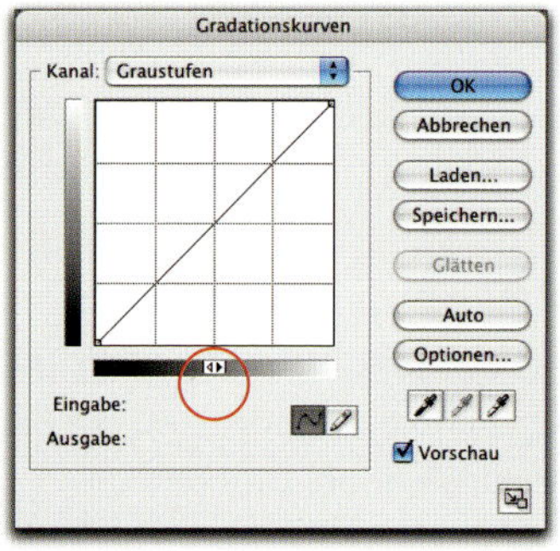

Abbildung 2.34

Sie können mit Prozenten oder Tonwerten arbeiten – klicken Sie dazu auf die kleinen Dreiecke.

Tipp

Klicken Sie mit gedrückter ⌥/Alt-Taste in das Raster der Gradationskurven-Dialogbox, um die Abmessungen des Rasters zu ändern (4×4 oder 10×10). Klicken Sie auf das Icon ganz unten rechts, um die Dialogbox zu vergrößern bzw. zu verkleinern.

Das Beste an Gradationskurven ist die Tatsache, dass Sie mithilfe der vielen Punkte eine große Kontrolle über die Tonwertinformationen eines Bilds haben. So können Sie schnell und einfach den Bildkontrast erhöhen, indem Sie eine klassische S-Kurve (wie im nächsten Abschnitt beschrieben) anwenden. Sie können die Kurve aber auch intensiver bearbeiten und so Tonwertdetails selektiv herausarbeiten.

Den Kontrast mithilfe von Gradationskurven verbessern

Abbildung 2.35 zeigt ein weiteres Familienerbstück, das deutlich gelitten hat. Das Bild ist flach und weist kaum Tonwertunterschiede auf (beispielsweise zwischen der Bluse und dem Pferd). Mithilfe der Gradationskurven dunkelte ich die Tiefen ab, hellte die Lichter auf und verstärkte den Kontrast in den Mitteltönen, wie in Abbildung 2.36 zu sehen. Wenn Sie mit solchen Originalen arbeiten, beginnen Sie immer damit, den Lichter- oder Tiefenpunkt oben oder unten auf der Kurve zu verschieben, um die Tiefen abzudunkeln oder die Lichter aufzuhellen. Passen Sie erst anschließend den Kontrast der Mitteltöne an.

ch2_curves_ride.jpg

1. Fügen Sie eine Gradationskurven-Einstellungsebene hinzu.
2. In diesem Beispiel gibt es viele dunkle Informationen. Deshalb verschob ich zuerst den Tiefenpunkt im unteren Bereich der Kurve nach rechts. Die Tiefen werden schön abgedunkelt, wie in Abbildung 2.37 zu sehen.

Abbildung 2.35

Abbildung 2.36

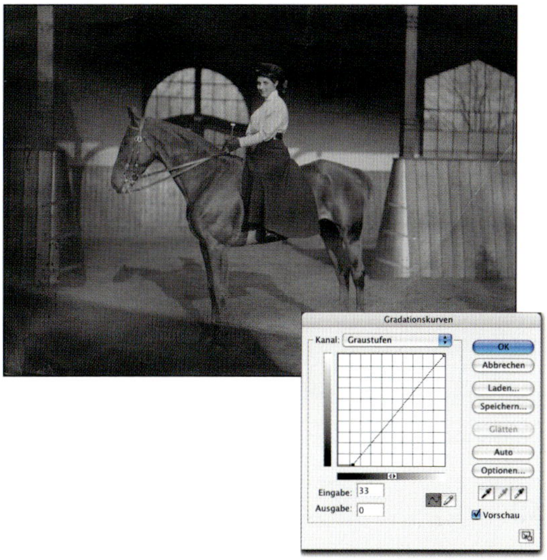

Abbildung 2.37

Dunkeln Sie die Tiefen ab.

3. Verschieben Sie den Weißpunkt im oberen Bereich der Kurve, um das Grau aufzuhellen (**Abbildung 2.38**). Achten Sie jedoch darauf, dass es nicht rein weiß wird.

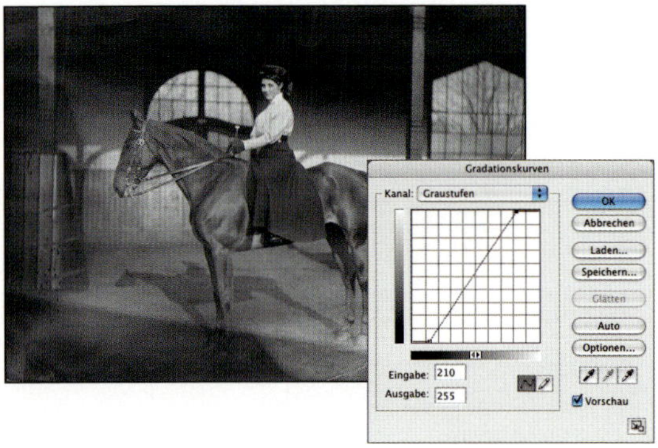

Abbildung 2.38

Hellen Sie die Lichter auf, ohne dass sie rein weiß werden.

4. Um den Kontrast in den Mitteltönen zu verbessern, platzieren Sie die Maus über einem hellen Bereich und klicken mit gedrückter ⌘/Strg-Taste, um auf der Kurve einen neuen Punkt zu erstellen. In diesem Beispiel klickte ich auf die Bluse der Reiterin und drückte zweimal die Pfeiltaste nach links, um die Lichter etwas aufzuhellen (**Abbildung 2.39**).

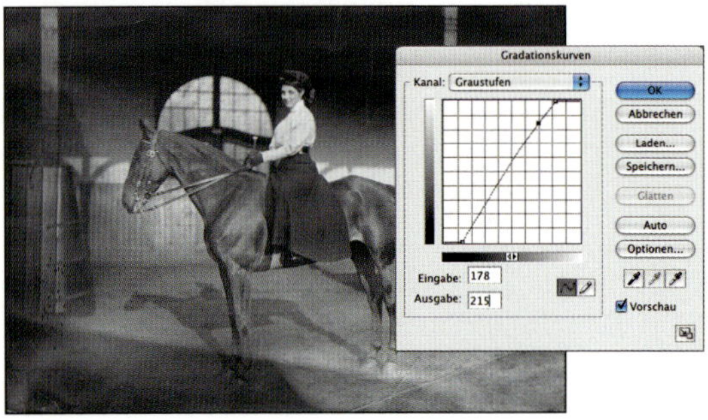

Abbildung 2.39

Hellen Sie die Lichter etwas auf.

5. Klicken Sie mit gedrückter ⌘/Strg-Taste in einen dunklen Bereich, um auch dafür einen Punkt auf der Kurve zu erstellen. Ich klickte auf den Rock der Frau und drückte zweimal die Pfeiltaste nach rechts, um die Tiefen etwas abzudunkeln (**Abbildung 2.40**).

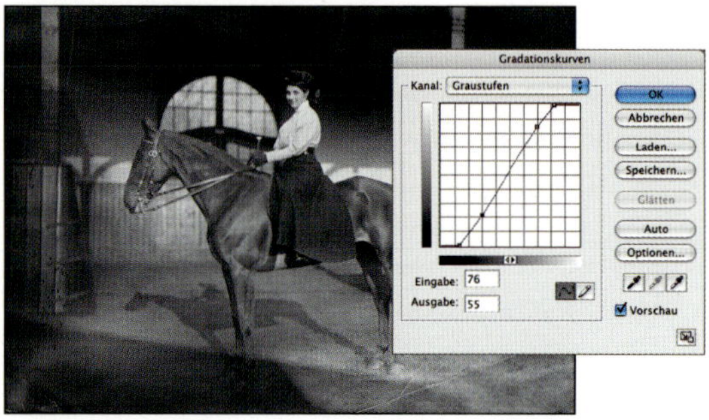

Abbildung 2.40

Wenn Sie die Tiefen etwas abdunkeln, verleihen Sie dem Bild einen besseren Kontrast.

Bei der Arbeit mit Gradationskurven empfiehlt sich immer auch ein Blick in die Info- und Histogramm-Palette. Sie sollten die dunklen Bereiche nicht so weit abdunkeln, dass daraus reines Schwarz wird. Umgekehrt sollten Sie auch einige Details in den Lichtern erhalten – Weiß sollte also nicht 0% betragen (nur Lichter wie z.B. Reflexionen sollten rein weiß sein).

Hier sind ein paar zusätzliche Tipps für den Umgang mit Gradationskurven:

- Werfen Sie einen Blick in die Histogramm-Palette, bevor Sie die Gradationskurven öffnen, um die Änderungen nachzuvollziehen.
- Wählen Sie mit der Maus einen Kontrollpunkt auf der Kurve aus und nehmen Sie feine Positionsänderungen mit den Pfeiltasten vor. Drücken Sie zusätzlich die ⇧-Taste, um größere Schritte zu wählen. Mit ⌘-⇥/Strg-⇥ wechseln Sie von Punkt zu Punkt.
- Klicken Sie, während Sie sich in der Gradationskurven-Dialogbox befinden, mit gedrückter ⇧-Taste, um in der Info-Palette einen Farbaufnehmer hinzuzufügen.
- Zum Entfernen eines Kontrollpunkts klicken und ziehen Sie einfach außerhalb des Rasters.

Achtung

Wenn Sie den Kontrast mithilfe von Gradationskurven erhöhen wollen, müssen Sie immer Kompromisse eingehen. Erhöhen Sie den Kontrast in einem Bildbereich, gehen Tonwertinformationen in einem anderen verloren. Es kann also zu Tontrennungseffekten kommen, wenn Sie radikale Einstellungen in flachen Bereichen der Kurve vornehmen.

Details hervorbringen

Wie Sie sich sicherlich vorstellen können, ist das Originalbild in Abbildung 2.41 für die Familie des Mannes sehr wichtig. Und obwohl es so ausgeblichen ist, kann es gerettet werden (Abbildung 2.42). Mithilfe der Gradationskurven öffnete ich die Mitteltöne und Lichter, dunkelte die Tiefen ab und passte Weiß und Schwarz neu an.

ch2_jeep.jpg

Abbildung 2.41

Abbildung 2.42

1. Um die Farbtonänderungen nachzuverfolgen, setzen Sie Farbaufnehmer für Lichter, Mitteltöne und Tiefen. Ich klickte hier auf das weiße Schild im Jeep (Lichter), auf den Helm des Soldaten und in dessen Gesicht (Mitteltöne) und in den Bereich des Reifens (Tiefen), wie in Abbildung 2.43 zu sehen.

2. Fügen Sie eine Gradationskurven-Einstellungsebene hinzu und klicken Sie mit gedrückter [⌘]/[Strg]-Taste in den Lichterpunkt. Hellen Sie das Bild wie in Abbildung 2.44 zu sehen mit den Pfeiltasten auf.

Abbildung 2.43

Markieren Sie wichtige Tonwertbereiche mit den Farbaufnehmern.

Abbildung 2.44

Wenn Sie die Lichter aufhellen, wird das gesamte Bild heller.

3. Klicken Sie mit gedrückter [⌘]/[Strg]-Taste auf den Punkt für die Mitteltöne im Gesicht des Mannes. Hellen Sie die Tonwerte mit den Pfeiltasten auf (**Abbildung 2.45**). Die Mitteltöne des Helms müssen etwas dunkler sein als die im Gesicht. Klicken Sie mit gedrückter [⌘]/[Strg]-Taste auf den Helm und erstellen Sie mit den Pfeiltasten die Kurve, die Sie in **Abbildung 2.46** sehen.

Abbildung 2.45

Wenn Sie das Gesicht aufhellen, lenken Sie die Aufmerksamkeit darauf.

4. Um die Tiefen zu verstärken und dem Bild mehr Tiefe zu verleihen, klicken Sie mit gedrückter [⌘]/[Strg]-Taste auf den Punkt am Rad und dunkeln Sie die Tiefen mithilfe der Pfeiltasten ab. Sie können zusätzlich den Schwarzpunkt in der Gradationskurve etwas nach rechts verschieben, wie in **Abbildung 2.47** zu sehen.

Durch die Verbesserung der Tonwerte sticht das Bild direkt ins Auge, ohne dass der 60 Jahre alte Charakter des Fotos verloren geht.

Abbildung 2.46

Wenn Sie die Mitteltöne des Helms abdunkeln, erscheinen die hellen Bereiche heller.

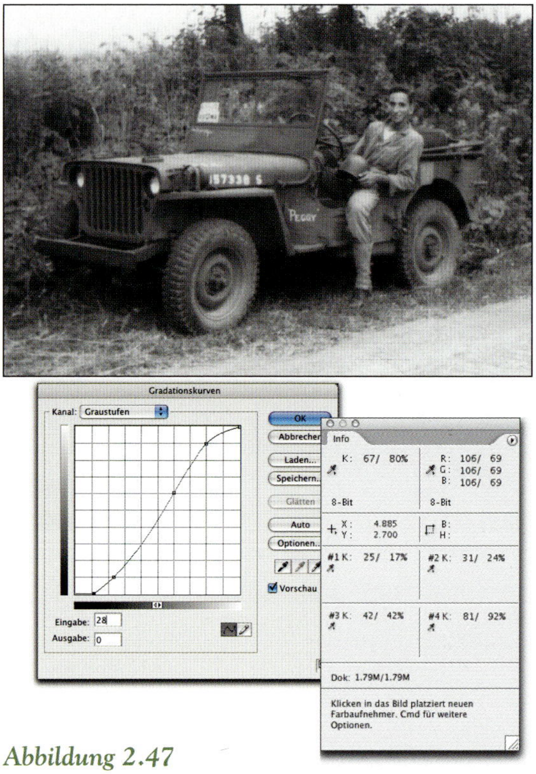

Abbildung 2.47

Ausgiebige Tiefen bilden die optische Grundlage eines Fotos.

MIT FÜLLMETHODEN ARBEITEN

Mit Ausnahme der Hintergrundebene können Sie auf alle Photoshop-Ebenen, inklusive Einstellungsebenen, Füllmethoden anwenden. Diese legen fest, wie eine Ebene mit der darunter liegenden Ebene interagiert. Das passiert von Kanal zu Kanal, weshalb eine Füllmethode auch gleichzeitig aufhellen und abdunkeln kann. Bei der Retusche vereinfachen Füllmethoden die Tonwertkorrektur sowie das Entfernen von Staub und Schönheitsfehlern. Die Füllmethoden sind in funktionelle Gruppen eingeteilt (Abbildung 2.48 und Tabelle 2.1).

Abbildung 2.48

Die Ebenenmodi sind in funktionelle Gruppen unterteilt.

Tabelle 2.1 Füllmethoden

Normal	*Kombiniert zwei Quellen basierend auf der Deckkraft.*
Abdunkeln	Der Effekt wird in dem Maße stärker, wie die Farbtöne dunkler werden.
Abdunkeln	*Vergleicht zwei Quellen und ersetzt helle Pixelwerte durch dunkle.*
Multiplizieren	*Dunkelt das gesamte Bild ab – verdichtet Lichter und Mitteltöne. Ist für überbelichtete oder sehr helle Bilder nützlich.*
Farbig nachbelichten	*Es entsteht ein dunkleres Bild mit mehr Kontrast.*
Linear nachbelichten	*Starke Kombination aus Multiplizieren und Farbig nachbelichten; dunkle Werte werden zu reinem Schwarz.*
Aufhellen	Der Effekt wird in dem Maße intensiver, wie die Farbtöne heller werden.
Aufhellen	*Das Gegenteil von Abdunkeln: zwei Quellen werden verglichen, die dunklen Pixel durch helle ersetzt.*
Umgekehrt multiplizieren	*Das gesamte Bild wird aufgehellt. Hellen Sie damit dunkle Bildbereiche auf und machen Sie Farbinformationen in unterbelichteten Bildern wieder sichtbar.*
Farbig abwedeln	*Verringert den Kontrast von Bereichen, die heller sind als 50% Grau (Schwarzwerte bleiben erhalten).*
Linear abwedeln	*Kombination aus Umgekehrt multiplizieren und Farbig abwedeln*
Kontrast	Erhöht den Bildkontrast.
Überlagern	*Multipliziert dunkle Werte; helle Werte werden umgekehrt multipliziert. Der Kontrast wird erhöht, reines Weiß oder Schwarz jedoch nicht beschnitten.*
Weiches Licht	*Kombination aus Abwedeln (helle Werte aufhellen) und Nachbelichten (dunkle Werte abdunkeln). Fügt weniger Kontrast hinzu als Überlagern oder Hartes Licht.*
Hartes Licht	*Dunkle Werte werden multipliziert, helle umgekehrt multipliziert, der Kontrast erhöht sich dramatisch.*
Strahlendes Licht	*Die Werte über 50% Grau werden aufgehellt; Werte darunter abgedunkelt.*
Lineares Licht	*Kombiniert Linear Nachbelichten und Linear Abwedeln; hellt Werte über 50% Grau auf, indem die Helligkeit verstärkt wird, und dunkelt Werte unter 50% Grau ab, indem die Helligkeit verringert wird.*
Lichtpunkte	*Kombiniert Abdunklen und Aufhellen, um Pixelwerte zu ersetzen, sehr kontrastreich; wird für Spezialeffekte und manchmal für Masken verwendet.*
Normal	*Kombiniert zwei Quellen basierend auf der Deckkraft.*

(Forts.)

Tabelle 2.1 (Forts.)

Harte Mischung	*Hellere Werte werden aufgehellt und dunklere abgedunkelt, um Schwellenwert- und extreme Tontrennungseffekte zu erzeugen.*
relativ	
Differenz	*Zeigt identische Pixelwerte als Schwarz, ähnliche Werte dunkel und entgegengesetzte Werte umgekehrt an.*
Ausschluss	*Ähnlich der Differenz, jedoch mit weniger Kontrast. Kombinieren Sie eine Ebene mit Schwarz, sind keine Änderungen zu sehen, mit Weiß werden die verglichenen Werte umgekehrt und als Grau gerendert.*
zusammen-setzend	Stehen nur bei Bildern in einem Farbmodus zur Verfügung.
Farbton	*Kombiniert Luminanz und Sättigung der darunter liegenden Ebene mit dem Farbton der aktiven Ebene.*
Sättigung	*Kombiniert Luminanz und Farbton der darunter liegenden Ebene mit der Sättigung der aktiven Ebene.*
Farbe	*Verwendet die Farbe der aktiven Ebene und erhält die Luminanz der darunter liegenden Ebene.*
Luminanz	*Das Gegenteil von Farbe: Erhält die Luminanzinformationen der aktiven Ebene zusammen mit der Farbe der darunter liegenden Ebene.*

In den folgenden Übungen arbeiten Sie mit den wichtigsten Füllmethoden, um Farbprobleme zu korrigieren. Das Beste an Füllmethoden ist, dass sie sich jederzeit wieder ändern lassen und Sie so unbeschwert experimentieren können, bis Sie das gewünschte Ergebnis erzielt haben. Die Füllmethoden finden Sie im Popup-Menü oben links in der Ebenen-Palette.

Erzeugen Sie Dichte mit dem Modus Multiplizieren

Sobald Sie ein sehr helles oder verblasstes Bild vor sich haben, sollten Sie immer an den Modus MULTI-PLIZIEREN denken. Dieser funktioniert, als würden Sie zwei Folien übereinander legen – das Ergebnis ist immer etwas dunkler als das Original. Wenn Sie diese Füllmethode auf einer Tonwertkorrektur- oder Gradationskurven-Einstellungsebene anwenden, verdoppeln Sie die Tonwertdichte des Bilds. In Abbildung 2.49 sehen Sie ein nettes Familienfoto, das schon etwas ausgeblichen ist. Um das Bild wiederherzustellen, wie in Abbildung 2.50 zu sehen, muss die Gesamtdichte des Bilds verstärkt werden.

Abbildung 2.49

Abbildung 2.50

Ch2_boardwalk.jpg

1. Fügen Sie eine Tonwertkorrektur-Einstellungsebene hinzu. Klicken Sie einfach auf OK.
2. Ändern Sie in der Ebenen-Palette die Füllmethode auf MULTIPLIZIEREN. In Abbildung 2.51 sehen Sie, dass das Bild dunkler geworden ist.

Abbildung 2.51

Die Dichte steigt automatisch, wenn Sie eine Einstellungsebene im Modus MULTIPLIZIEREN hinzufügen.

3. In vielen Fällen reicht eine Einstellungsebene mit dieser Füllmethode aus, um ein ansprechendes Bild zu erzeugen. Hier wollte ich das Bild jedoch noch etwas stärker abdunkeln – dazu duplizierte ich einfach die Tonwertkorrekturebene und passte die Deckkraft an (Abbildung 2.52).

Hinweis

Um die richtige Entscheidung zu treffen – die Einstellungsebene zu duplizieren, die Tonwerte anzupassen, die Füllmethode zu ändern etc. –, müssen Sie etwas experimentieren, denn dazu braucht es Erfahrung. Niemand kann genau sagen, was mit einem Bild gemacht werden muss, wenn er das Bild nur sieht. Je mehr Sie mit diesen Techniken experimentieren, desto mehr Erfahrungen sammeln Sie und desto besser können Sie Bilder bearbeiten.

Abbildung 2.52

Durch das Duplizieren der Einstellungsebene wird der Effekt verdoppelt – mithilfe der Deckkraft können Sie ihn verfeinern.

Kontrast durch HARTES LICHT

ÜBERLAGERN, WEICHES LICHT und HARTES LICHT eignen sich hervorragend, um einem Bild Kontrast zu verleihen. In Abbildung 2.53 ist das Original sehr stark verblasst, das Gesicht des Jungen ist kaum zu erkennen. Mit einer Tonwertkorrektur-Einstellungsebene im Modus HARTES LICHT wird das Bild schnell und einfach aufgepeppt (Abbildung 2.54).

Ch2_ponyride.jpg

1. Fügen Sie eine Tonwertkorrektur-Einstellungsebene hinzu und klicken Sie auf OK.
2. Um Kontrast zu erzeugen, probieren Sie die Füllmethoden ÜBERLAGERN, WEICHES LICHT und HARTES LICHT aus.
3. In diesem Beispiel eignet sich HARTES LICHT sehr gut. Wenn diese Ebene noch einmal dupliziert wird, ergibt das ein überraschend gutes Ergebnis (Abbildung 2.55).

Abbildung 2.53

Abbildung 2.54

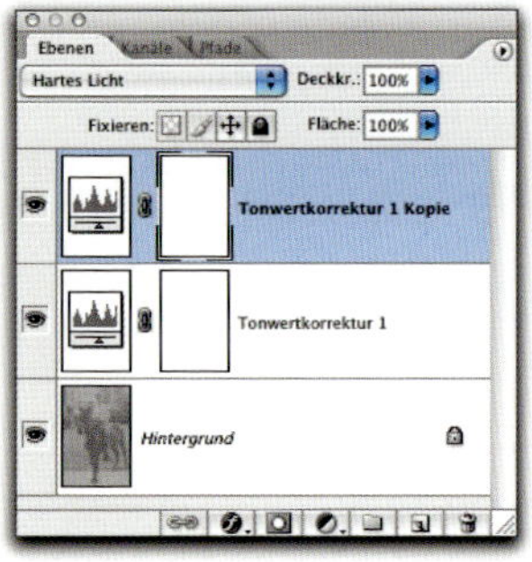

Abbildung 2.55

Zwei Tonwertkorrekturebenen im Modus HARTES LICHT verbessern das Bild deutlich.

4. Um den Jungen noch etwas stärker hervorzuheben, duplizierte ich die Tonwertkorrekturebene ein weiteres Mal. Der Junge sah damit schon sehr gut aus, der untere Teil des Bilds war jedoch zu kontrastreich. Um diesen Bereich zu schützen, malen Sie mit einem großen, weichen, schwarzen Pinsel über das Pony (Abbildung 2.56).

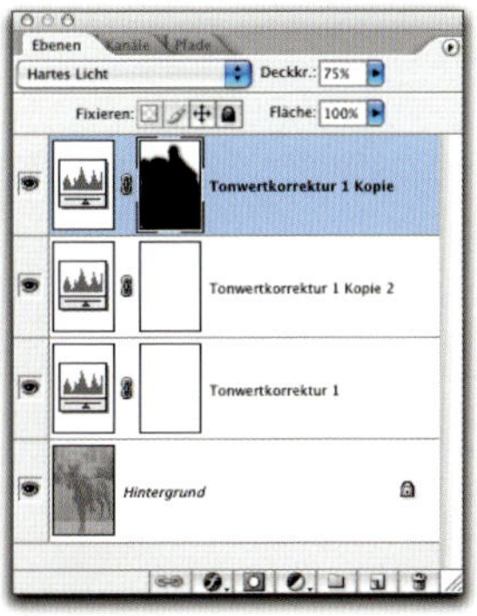

Abbildung 2.56

Malen Sie mit Schwarz, wird der Kontrast verdeckt. Dort, wo die Maske weiß ist, wird das Bild verbessert.

Einem Bild mithilfe von Luminanz und Füllmethoden Biss verleihen

Eine wenig dokumentierte Funktion von Photoshop ist die Möglichkeit, eine Auswahl basierend auf der Luminanz eines Bilds zu erstellen. Das wird als »Aktivierung der Luminanzmaske« bezeichnet – es wird eine Auswahl basierend auf den Luminanzwerten der Pixel erstellt. Weiße Bereiche werden zu 100% ausgewählt, schwarze Bereiche hingegen gar nicht – die dazwischen liegenden kommen zum Teil in die Auswahl. Mithilfe der Luminanzmaske können Sie die helleren Bildbereiche auswählen und nur diese anpassen, um den Bildkontrast zu stärken.

Wenn Sie die Tiefenbereiche eines Bilds verbessern müssen, können Sie auch eine Luminanzauswahl erstellen. Wählen Sie dann jedoch anschließend AUSWAHL/AUSWAHL UMKEHREN. Weil die Luminanzmaske eine Reihe von Auswahlwerten verwendet, werden einige Pixel stark und benachbarte weniger stark verändert – sie werden sanft miteinander gemischt.

Werfen Sie einen Blick auf das Kloster St. Sergius – außerhalb von Moskau (**Abbildung 2.57**). Aufgrund der Jahreszeit und des regnerischen Wetters sieht der Himmel nicht gerade gut aus. Das Bild in **Abbildung 2.58** lässt mehr Tiefe erkennen.

Abbildung 2.57

Abbildung 2.58

ch2_monastery.jpg

1. Um Farbe und Kontrast in diesem Bild zu verstärken, laden Sie die Auswahl der Bildluminanz, indem Sie mit gedrückter ⌘/Strg-Taste auf das RGB-Icon in der Kanäle-Palette klicken (**Abbildung 2.59**).
2. Duplizieren Sie den ausgewählten Bereich, indem Sie ⌘/Strg-J drücken. Beachten Sie, dass die Ebene nur die hellen Bildbereiche beinhaltet (**Abbildung 2.60**) und transparent aussieht.

Abbildung 2.59

Laden Sie die Luminanz des Bilds.

Abbildung 2.60

Die isolierte Ebene zeigt die Bereiche, in denen die Luminanz ausgewählt wurde.

3. Durch ein bisschen Experimentieren fand ich heraus, dass eine Änderung der Füllmethode in WEICHES LICHT die hellen Bereiche verstärkt und nur deren Kontrast erhöht (**Abbildung 2.61**).

Abbildung 2.61

Die Füllmethode WEICHES LICHT verbessert den Kontrast der Lichter.

4. Ich duplizierte die Ebene mit ⌘/Strg-J zwei weitere Male, um den Kontrast noch weiter zu verstärken (**Abbildung 2.58**).

DETAILS VERSTÄRKEN DURCH UMGEKEHRT MULTIPLIZIEREN UND DEN KANALMIXER

Der Name sagt es bereits: Die Füllmethode UMGEKEHRT MULTIPLIZIEREN ist das Gegenteil von MULTIPLIZIEREN. Statt alles abzudunkeln, wird hier alles aufgehellt. Denken Sie an eine Folie vor einem Bildschirm: Wenn Sie eine weitere Folie darüber legen, wird das Bild immer heller.

Nutzen Sie diese Füllmethode bei sehr dunklen Bildern wie in **Abbildung 2.62**. Die Frau rechts ist eine echte amerikanische Häuptlingstochter, deshalb ist das Foto für den Besitzer so wertvoll. Das Papier ist jedoch so vergilbt, dass kaum noch Details zu erkennen sind. UMGEKEHRT MULTIPLIZIEREN bringt viel Kontrast zurück ins Bild (**Abbildung 2.63**).

© Angie W. Lowe

Abbildung 2.62

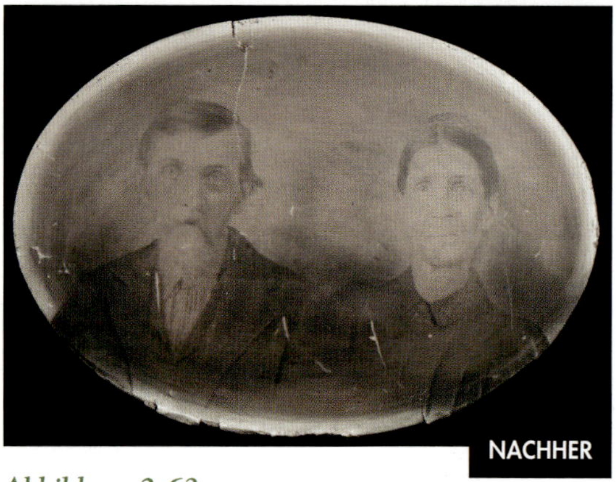

Abbildung 2.63

Bei extremen Tonwert- oder Farbproblemen untersuche ich immer die einzelnen Farbkanäle, um das Problem genau zu identifizieren. Die Kanäle sehen Sie in der Kanäle-Palette – klicken Sie auf die einzelnen Kanäle (Rot, Grün oder Blau) oder nutzen Sie ⌘/Strg-1, 2 oder 3, um die einzelnen Kanäle zu aktivieren. Mit ⌘/Strg-^ gelangen Sie wieder zum zusammengesetzten RGB-Kanal. In diesem Beispiel enthält der blaue Kanal kaum Informationen (**Abbildung 2.64**).

roter Kanal

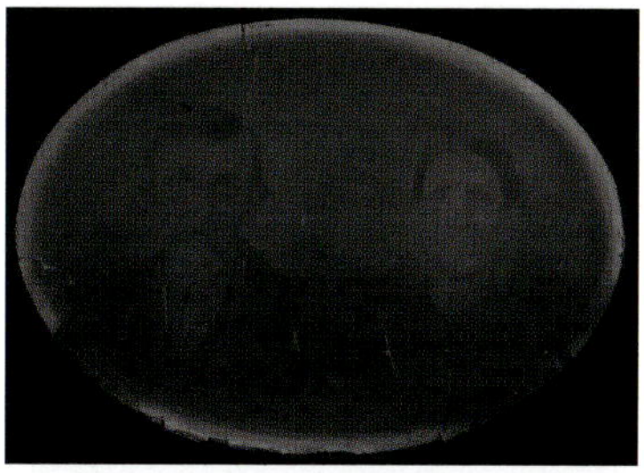

grüner Kanal

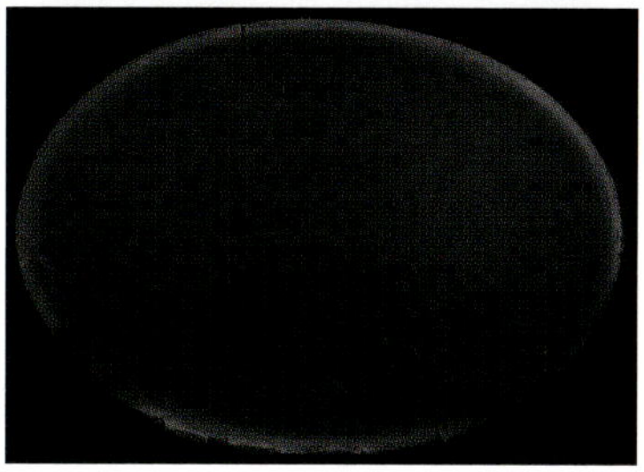

blauer Kanal

Abbildung 2.64

Indem Sie die einzelnen Farbkanäle betrachten, können Sie das Problem oft genauer identifizieren.

Um die Details aufzuhellen und den Originalcharakter zu erhalten, arbeitete ich mit einer Kanalmixer-Einstellungsebene im Modus UMGEKEHRT MULTIPLIZIEREN.

1. Denken Sie daran, dass der rote und der grüne Kanal die besten Bildinformationen enthalten. Fügen Sie eine Kanalmixer-Einstellungsebene hinzu. Mithilfe der Regler können Sie die einzelnen Farbkanäle neu miteinander mischen.
2. Der starke Farbstich in diesem Bild ist nicht Teil der wichtigen Bildinformationen. Aktivieren Sie in der Kanalmixer-Dialogbox die Checkbox MONOCHROM, um Farbprobleme schnell zu beseitigen.
3. Verschieben Sie den Regler des roten und des grünen Kanals nach rechts, um deren Anteil im Bild zu verstärken. Ich verwendete 90% Rot und 60% Grün, wie in der **Abbildung 2.65** zu sehen. Klicken Sie auf OK.

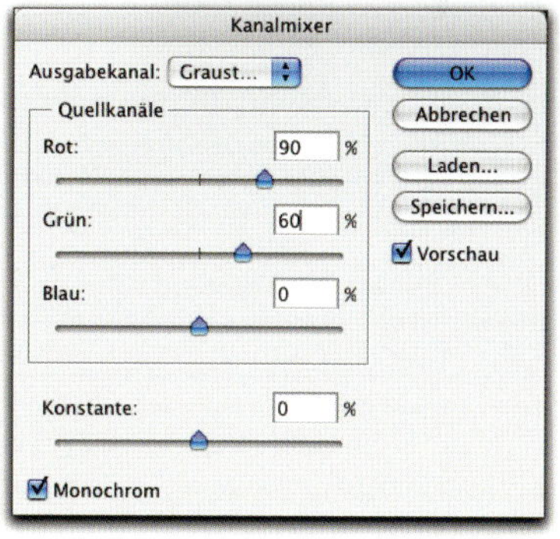

Abbildung 2.65

Passen Sie die Regler des Kanalmixers an, um ein Bild mit guten Kanalinformationen zu erstellen – der beschädigte blaue Kanal wird ignoriert.

4. Ändern Sie die Füllmethode der Kanalmixer-Einstellungsebene auf UMGEKEHRT MULTIPLIZIEREN. Ein Teil des Original-Farbcharakters des Bilds bleibt erhalten. (Weitere Informationen zum Kanalmixer finden Sie in Kapitel 8.)

EINSTELLUNGSEBENEN FÜR POWER-USER

Einstellungsebenen lassen sich mithilfe des Verschieben-Werkzeugs zwischen Dokumenten bewegen – und von einem Dokument in ein anderes ziehen. Die Dateien müssen weder die gleiche Größe noch die gleichen Abmessungen haben. Photoshop wendet die Einstellungen einfach auch auf die neue Datei an. Nutzen Sie diese Drag&Drop-Methode, wenn Sie ähnliche Korrekturen an ähnlichen Bildern vornehmen müssen.

Einstellungsebenen gemeinsam nutzen

Sie können Einstellungsebenen per Drag&Drop in andere Dateien mit demselben Farbmodus ziehen, um gleiche Tonwert- oder Farbkorrekturen anzuwenden. Ich hatte einmal ein Projekt, bei dem ich über 100 Bilder restaurieren musste, die alle zur selben Zeit aufgenommen und gemeinsam aufbewahrt worden waren; alle zeigten sich ähnlich verblasst. Nachdem ich die Originale gescannt hatte, öffnete ich ein repräsentatives Bild und verbesserte den Kontrast mit einer Gradationskurven-Einstellungsebene. Anschließend öffnete ich die anderen Dateien und zog die Einstellungsebene einfach auf diese, um die Korrektur auch auf diese Bilder anzuwenden. Natürlich habe ich mir jedes Bild noch einmal einzeln angesehen und die Einstellungen entsprechend angepasst. Aber mithilfe dieser Technik ließen sich die Bilder in kurzer Zeit restaurieren.

Die drei nachfolgenden Bilder (Abbildung 2.66) sahen nicht sehr attraktiv aus. Ich wollte schnell und einfach den Kontrast verstärken, um das beste Bild – Abbildung 2.67 – herauszufinden.

ch2_dark_angel_1.jpg

ch2_dark_angel_2.jpg

ch2_dark_angel_3.jpg

Abbildung 2.66

Abbildung 2.67

1. Ich öffnete ein repräsentatives Bild und verbesserte den Kontrast mithilfe der Gradationskurven (**Abbildung 2.68**).
2. Nachdem ich die Einstellung mit OK bestätigt hatte, zog ich die Ebene mit dem Verschieben-Werkzeug in der Ebenen-Palette gleichzeitig auf die anderen beiden Bilder.

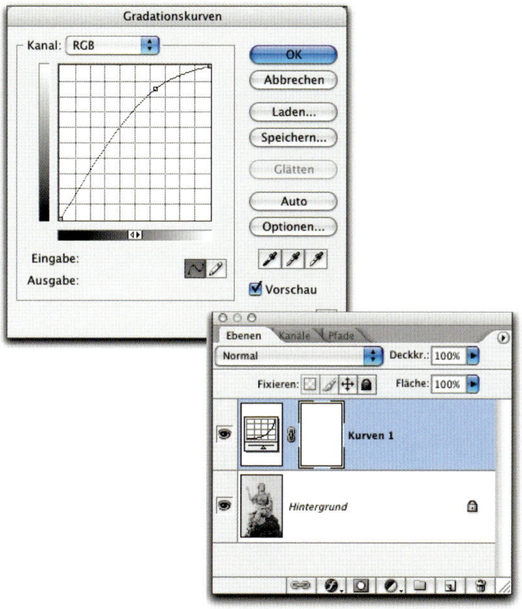

Abbildung 2.68

Ein Bild korrigieren

TONWERTKORREKTUREN KOMBINIEREN

Sie haben jetzt schon viele Beispiele mit Tonwert- oder Kontrastproblemen gesehen, die mithilfe einer Einstellungsebene korrigiert werden konnten. Sie können Ihr Photoshop-Repertoire jedoch noch erweitern, wenn Sie verschiedene Einstellungsebenen miteinander kombinieren.

Hier sehen Sie ein Beispiel, bei dem mehrere Einstellungsebenen verwendet wurden, um Tonwert und Kontrast des sehr ausgeblichenen Originals wiederherzustellen (**Abbildung 2.69**) und das Bild in **Abbildung 2.70** zu erzeugen. Außerdem lernen Sie, wie flexibel Einstellungsebenen sind.

Abbildung 2.69

Abbildung 2.70

Oftmals sind die Bilder so dunkel und verfärbt, dass ich nicht genau weiß, mit welchem Problem ich am besten anfange. In diesem Beispiel führte der Zahn der Zeit dazu, dass das Bild (das sicherlich sowieso einen Sepiaton aufwies) einen unschönen orangenen Farbstich angenommen hat. Außerdem stimmen die Tonwerte nicht mehr. Probieren Sie die folgende Technik, um beide Probleme mit nur einer Einstellung zu beheben.

Ch2_man_with_vest.jpg

Wenn Sie mit historischen Bildern arbeiten, werden Sie wahrscheinlich mit Bildern konfrontiert, die einen starken Farbstich und Belichtungsprobleme aufweisen. Um den Tonwertumfang des Bilds zu vergrößern und den Farbstich in drei sehr einfachen Schritten zu entfernen, nutzen Sie eine Tonwertkorrektur-Einstellungsebene und arbeiten Sie in den einzelnen Farbkanälen.

1. Erstellen Sie eine neue Tonwertkorrektur-Einstellungsebene.
2. Aktivieren Sie den roten Kanal (⌘/Strg-1) und verschieben Sie den Weißpunktregler an die Stelle, an der die Lichterinformationen beginnen, und den Schwarzpunktregler dort hin, wo die Tiefeninformationen beginnen (**Abbildung 2.71**).
3. Wählen Sie den grünen Kanal aus (⌘/Strg-2) und verschieben Sie die Schwarz- und Weißpunktregler (**Abbildung 2.72**).
4. Aktivieren Sie den blauen Kanal (⌘/Strg-3) und verschieben Sie den Schwarz- und Weißpunktregler wie in der **Abbildung 2.73** zu sehen. Sowohl der extreme Farbstiche als auch die dunkle Färbung des Bilds wurden sehr gut und sehr einfach entfernt. Das Bild zeigt jetzt wieder den ursprünglichen Sepiaton.

Abbildung 2.71

Passen Sie die Informationen des roten Kanals an.

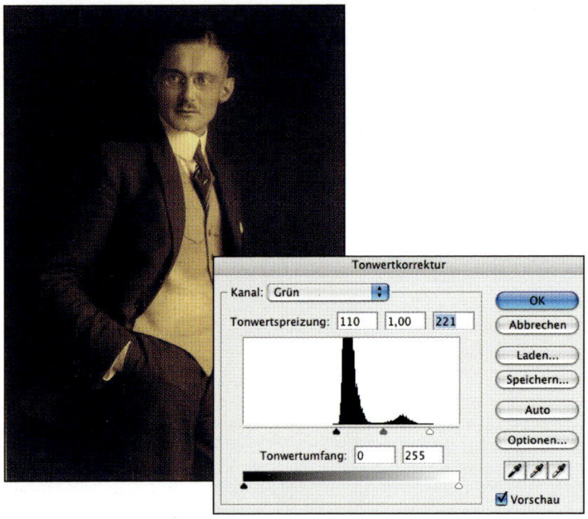

Abbildung 2.72

Passen Sie die Informationen des grünen Kanals an.

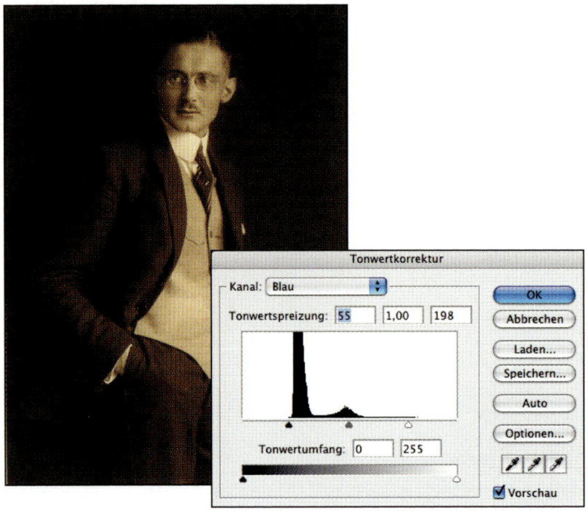

Abbildung 2.73

Passen Sie die Informationen des blauen Kanals an.

5. Es sollten verschiedene Varianten des Bilds erstellt werden – inklusive einer Schwarzweißversion und einer blauen Version –, damit diese zur Dekoration des Raums passen, in dem das Bild hängen würde. Die Schwarzweißversion erstellte ich mit einer Kanalmixer-Einstellungsebene. Dort aktivierte ich die Checkbox MONOCHROM und wählte für den roten und den grünen Kanal 50%, um das Bild in **Abbildung 2.74** zu erstellen.

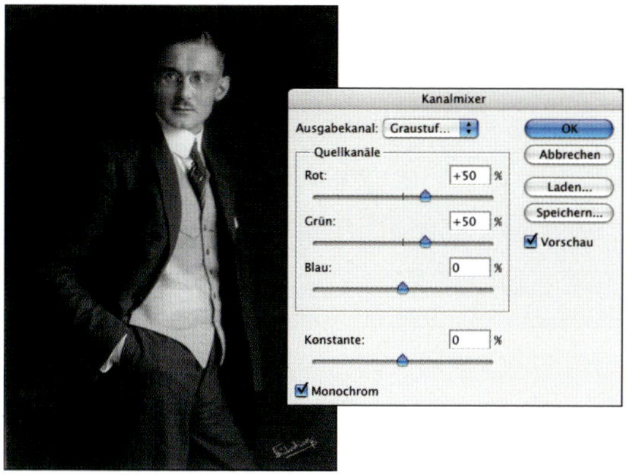

Abbildung 2.74

Erstellen Sie mithilfe des Kanalmixers eine Schwarzweißversion des Bilds.

6. Für die letzte Variante fügte ich eine Volltonfarbe-Einstellungsebene hinzu und wählte ein dunkles Blau. Ich verwendete die Füllmethode FARBE, damit die Graustufenwerte der darunter liegenden Ebene durchscheinen können. Außerdem verringerte ich die Deckkraft auf 62% (**Abbildung 2.75**).

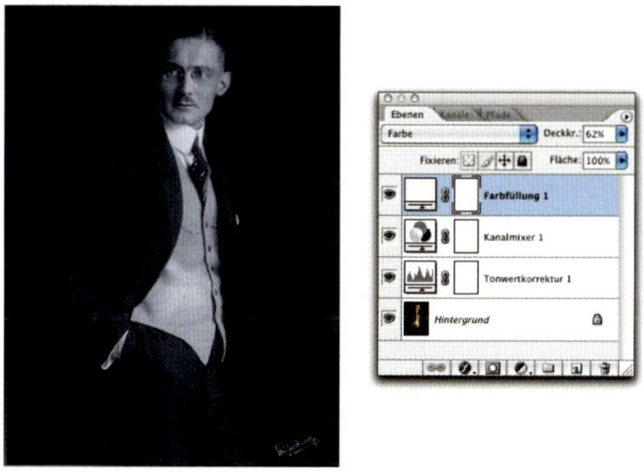

Abbildung 2.75

Mit einer Volltonfarbe-Einstellungsebene im Modus FARBE erzielte ich diesen Effekt.

TONWERTKORREKTUR VON AUSWAHLEN

Bisher haben wir Tonwertänderungen immer auf das gesamte Bild angewendet. Es gibt aber auch viele Situationen, in denen Sie nur Teile eines Bilds bearbeiten wollen. In diesem Abschnitt arbeiten Sie mit Photoshops Auswahl- und Malwerkzeugen, um festzulegen, auf welchen Bildbereich sich die Änderungen auswirken sollen. Für solche Änderungen beginnen Sie mit einer aktiven Auswahl oder einer globalen Einstellungsebene.

Falls Sie vor der Anwendung einer Einstellungsebene eine Auswahl erstellen, speichert Photoshop die Auswahl in einer Einstellungsebenenmaske, wie in **Abbildung 2.76** zu sehen.

Abbildung 2.76

Die aktive Auswahl wurde in eine Ebenenmaske umgewandelt. Klicken mit [⌥]/[Alt] *auf die Maske zeigt sie an.*

Die Tiefenbereiche in **Abbildung 2.77** sind zu dunkel. Wenn ich eine Auswahl erstelle und anschließend eine Einstellungsebene hinzufüge, weiß Photoshop, dass nur der ausgewählte Bereich geändert werden soll (**Abbildung 2.78**). Dort, wo die Ebenenmaske schwarz ist, wurden keine Änderungen vorgenommen – nur die weißen Bereiche wurden geändert. Das Gute an diesem Ansatz ist, dass Sie jedes beliebige Auswahlwerkzeug verwenden können (Zauberstab, Farbbereichsauswahl etc.), um die Auswahl zu erstellen.

ch2_cello_cases.jpg

1. Erstellen Sie eine Auswahl der Tonwertbereiche, die Sie verbessern wollen. Ich wählte hier AUSWAHL/FARBBEREICH AUSWÄHLEN/TIEFEN (**Abbildung 2.79**) und klickte auf OK.

2. Anschließend fügte ich eine Gradationskurven-Einstellungsebene hinzu. Beachten Sie, dass Photoshop in **Abbildung 2.80** mithilfe der Auswahl automatisch eine Ebenenmaske für die Einstellungsebene erstellt (sehen Sie sich die Miniatur in der Ebenen-Palette an). Dort, wo die Maske schwarz ist, werden keine Tonwertkorrekturen vorgenommen, diese finden nur in den weißen Bereichen statt.

3. Passen Sie die Kurve an, um die Tiefen wie in **Abbildung 2.81** aufzuhellen. Sie können auch mit den Füllmethoden experimentieren, um die Einstellung zu verbessern. Ich wählte hier UMGEKEHRT MULTIPLIZIEREN.

4. Falls Sie abrupte Tonwertänderungen feststellen, wie in **Abbildung 2.82** markiert, wählen Sie FILTER/WEICHZEICHNUNGSFILTER/GAUSSSCHER WEICHZEICHNER, um den Übergang zwischen schwarzen und weißen Bereichen zu glätten (**Abbildung 2.83**).

Abbildung 2.77

Abbildung 2.78

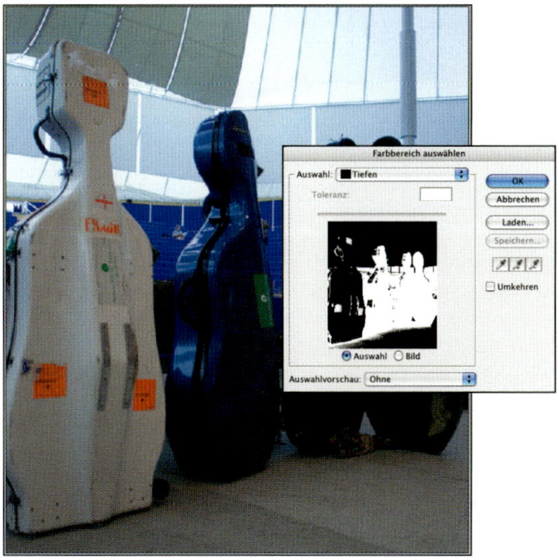

Abbildung 2.79

Wählen Sie die Tiefen mit Farbbereich auswählen *aus.*

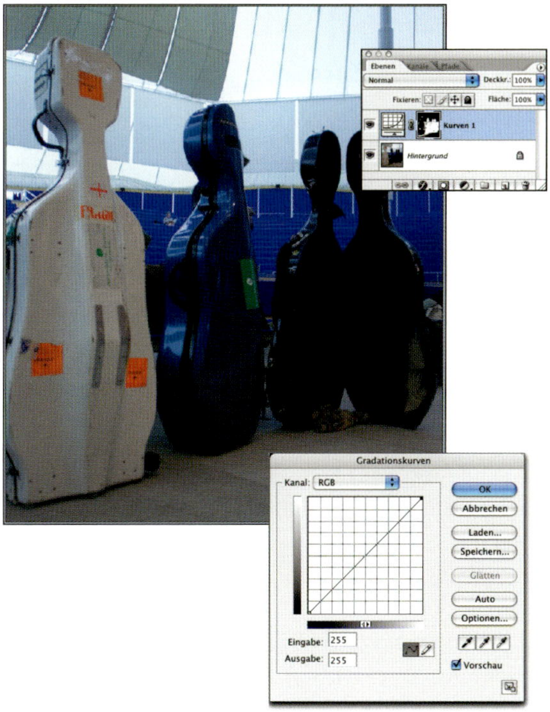

Abbildung 2.80

Durch das Hinzufügen einer Gradationskurven-Einstellungsebene (bei aktiver Auswahl) erstellen Sie eine Ebenenmaske, mit der Sie die Tonwerteinstellungen kontrollieren können.

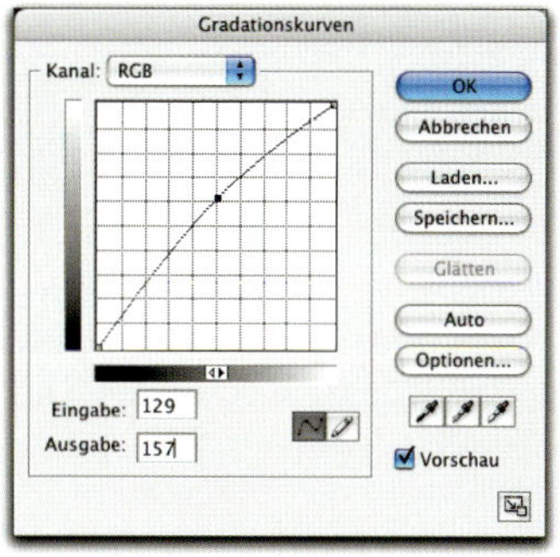

Abbildung 2.81

Die bearbeitete Kurve

Abbildung 2.82

Ein harter Übergang kann zu einem Auslaufeffekt an aneinander grenzenden Farben führen.

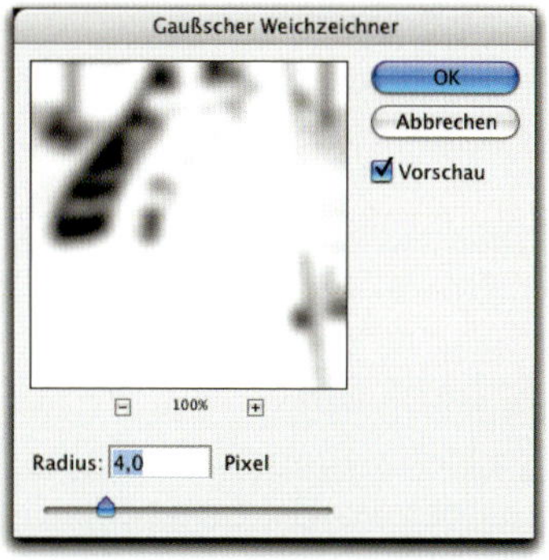

Abbildung 2.83

Wenden Sie auf die Ebenenmaske einen Gaußschen Weichzeichner an, um sie zu glätten.

Masken

Der größte Vorteil an der Arbeit mit Einstellungsebenen besteht darin, dass Sie mithilfe von Ebenenmasken ganz genau bestimmen können, an welchen Stellen Sie ein Bild bearbeiten wollen. Außerdem lassen sich mehrere einzelne Einstellungsebenen mit Masken anwenden, um ein Bild mit viel Kontrolle und Flexibilität zu bearbeiten.

Dieses Bild ist keine 85 Jahre alt, der Mann, der darauf zu sehen ist, dagegen schon (**Abbildung 2.84**). Pam Herrington fotografierte es am Geburtstag ihres Schwiegervaters und erzeugte die interessanten Reflexionen der Kerzen in der Brille des Manns. Diese Reflexionen stellten nicht den Fokus dar. Das wurden sie erst, als das Bild entsprechend beschnitten und die Reflexionen mit einer Einstellungsebene stärker herausgearbeitet wurden (**Abbildung 2.85**).

© Pamela Herrington

Abbildung 2.84

Die Reflexionen der Kerzen in der Brille wurden mit Maskeneinstellungsebenen deutlich hervorgehoben.

Pam wählte die Person aus und fügte eine Gradationskurven-Einstellungsebene hinzu, mit der automatisch eine Maske erstellt wurde. Diese kehrte sie um, damit sich die Änderungen auf den Hintergrund auswirken. Statt die Person neu auszuwählen, klickte sie einfach mit gedrückter [⌘]/[Strg]-Taste auf das Icon der Maske. Diesen Schritt wiederholte sie mehrmals, um durch diverse Einstellungsebenen die Reflexionen stärker herauszuarbeiten (**Abbildung 2.85**).

Abbildung 2.85

Die Ebenenmaske bestimmt ganz genau, wo die Tonwertänderungen stattfinden. Der Hintergrund wurde abgedunkelt, um die Reflexionen der 85 Kerzen zu verstärken.

GEDANKEN ZUM SCHLUSS

Ich arbeite nun schon seit Jahren mit Photoshop, aber es erstaunt mich immer wieder, wie eine Farbkorrektur aus einem einfachen Bild ein wahres Prachtstück machen kann. Verlassen Sie sich auf Ihr Gefühl, wenn es darum geht, Farbtondetails und Informationen eines Bilds herauszuarbeiten. Arbeiten Sie mit Einstellungsebenen, so können Sie experimentieren. Es muss nicht gleich beim ersten Mal klappen, probieren Sie einfach mehrere Techniken aus – Sie werden immer etwas hinzulernen. Laden Sie sich die Übungsdateien von der Website herunter: `www.digitalretouch.org`, üben Sie damit und wenden Sie die Techniken dann auf Ihre eigenen Bilder an. Auch wenn die Werte anders sind, das Konzept bleibt immer dasselbe – Einstellungsebenen, Füllmethoden und Ebenenmasken.

3

BELICHTUNGS-KORREKTUR

Die Zeiten haben sich geändert. Anstatt Fotos aus einem Fotolabor abzuholen, schauen viele von uns einfach nur noch auf das Display ihrer Kamera. Aber egal, ob nun Film oder digital, wir sind immer wieder enttäuscht von Bildern, die zu hell oder zu dunkel sind oder bei denen der Blitz nicht richtig ausgelöst wurde. All diese Probleme lassen sich auf eine falsche Belichtung zurückführen. Auch wenn die modernen Kameras mit ausgeklügelten Lichtmessern und Belichtungseinheiten ausgestattet sind, können eine zu starke Hintergrundbeleuchtung oder falsche Kameraeinstellungen zur falschen Belichtung des Bilds führen.

Der Zahn der Zeit nagt vor allem, wenn Fotos starkem Sonnenlicht ausgesetzt, falsch gelagert oder schlecht verarbeitet werden und sich die Fotoschicht auflöst. Wenn Fotos verblassen, enthalten sie kein reines Schwarz und kein reines Weiß mehr, zusätzlich kommt es oft zu unschönen Farbstichen.

In diesem Kapitel arbeiten Sie mit Graustufen- oder Farbbildern, um

- dunkle, unterbelichtete Bilder aufzuhellen,
- die Bildinformationen überbelichteter Bilder zu verstärken,
- mit Smart Objekten und Camera Raw zu arbeiten,
- Bilder mit Belichtungsproblemen zu korrigieren,
- die Tiefen/Lichter-Funktion zu beherrschen.

Hinweis

Wenn Sie die Wahl zwischen einem gescannten Abzug und dem Originalfilm haben, erzielen Sie meist bessere Ergebnisse, wenn Sie mit dem Original arbeiten. Auch extrem über- oder unterbelichtete Filme enthalten mehr Informationen als der Abzug eines schlecht belichteten Films. Abzüge leiden im Verlauf der Zeit deutlich stärker als die Originale.

DUNKLE BILDER VERBESSERN

Unterbelichtete Bilder sind meistens sehr dunkel und matt, ohne reines Schwarz oder Weiß. Die Tiefen enthalten kaum nützliche Informationen und die weißen Bereiche, beispielsweise Schnee, sehen meistens grau aus – als ob die Kamera die falsche Belichtung berechnet hätte. Auch Bilder, die mit der Zeit ausgeblichen sind, zeigen Symptome unterbelichteter Bilder. Sie können sie mit denselben Techniken retten.

Die Füllmethode Umgekehrt multiplizieren

Es gibts nichts Schlimmeres als eine Ferrotypie – ein Blechfoto, das mit dunklem Emaille überzogen war – retten zu müssen. Solche Bilder waren zwischen 1856 und dem Beginn des 20. Jahrhunderts sehr beliebt und preiswert. **Abbildung 3.1** zeigt ein Original, das viel zu dunkel ist, um es reproduzieren zu können. Um es aufzuhellen, verwendete ich die Füllmethode UMGEKEHRT MULTIPLIZIEREN in Zusammenhang mit mehreren Gradationskurven-Einstellungsebenen. Das Ergebnis sehen Sie in **Abbildung 3.2**.

ch3_tintype.jpg

1. Wenn Sie größere Tonwert- oder Farbkorrekturen vornehmen wollen, sollten Sie die wichtigen Tonwertinformationen mit Farbaufnehmern markieren, wie in **Abbildung 3.3** zu sehen. Ich fügte hier vier Farbaufnehmer hinzu, um die Lichter auf dem Kleid, die Tiefen auf dem Kleid, der Haut und im Hintergrund nachzuverfolgen.

VORHER

Abbildung 3.1

NACHHER

Abbildung 3.2

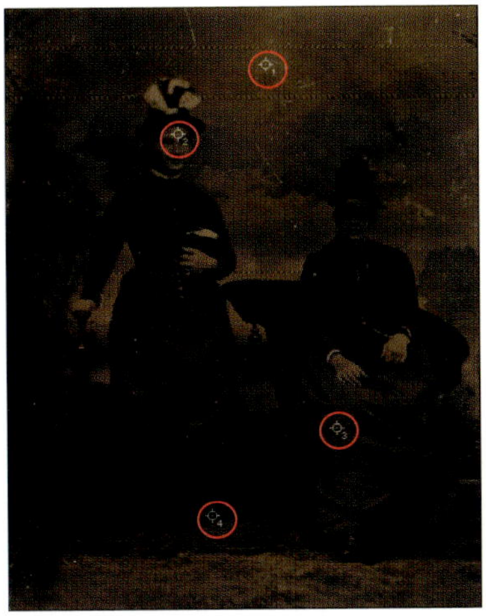

Abbildung 3.3

Mithilfe von Farbaufnehmern lassen sich Tonwertänderungen messen und nachverfolgen.

2. Verfolgen Sie Belichtungsänderungen nach, indem Sie in der Info-Palette den K-Wert (Schwarz) mit einer Skalierung von 1%–100% einblenden. Klicken Sie dazu auf die Pipette und wählen Sie GRAUSTUFEN aus dem Ausklappmenü der Info-Palette

3. Fügen Sie eine Gradationskurven-Einstellungsebene hinzu und klicken Sie auf OK. Ändern Sie die Füllmethode der Ebene in UMGEKEHRT MULTIPLIZIEREN.

4. Wenn Sie wissen wollen, wie sich die Füllmethoden auf die Daten eines Bilds auswirken, müssen Sie die Info-Palette im Auge behalten. Um Vorher- und Nachher-Werte zu vergleichen, klicken Sie doppelt auf das Icon der Einstellungsebene. Wie in **Abbildung 3.4** zu sehen, zeigt die erste Zahl den Originalwert und die zweite den Wert nach der Bearbeitung.

   - Aufnehmer 1: Der Hintergrund wurde geändert von 86% auf 70%.
   - Aufnehmer 2: Die Hauttöne wurden geändert von 88% auf 72%.
   - Aufnehmer 3: Das Kleid wurde geändert von 96% auf 89%.
   - Aufnehmer 4: Die Tiefenwerte änderten sich von 96% in 86%.

Abbildung 3.4

Mithilfe der Füllmethode UMGEKEHRT MULTIPLIZIEREN hellen Sie dunkle Bilder auf. Wenn die Einstellungsebene geöffnet ist, können Sie in der Info-Palette die Änderungen ablesen.

Natürlich variieren Ihre Zahlen, denn es ist fast unmöglich, an exakt dieselben Stellen zu klicken.

5. Um den Aufhelleffekt zu verstärken, duplizieren Sie die Gradationskurven-Einstellungsebene, indem Sie sie auf das Icon NEUE EBENE ERSTELLEN ziehen oder [⌘]/[Strg]-[J] drücken.

6. Hier duplizierte ich die Einstellungsebene zweimal. Durch die dritte Einstellungsebene wurde das Bild jedoch zu hell. Deshalb reduzierte ich die Deckkraft (**Abbildung 3.5**).

Abbildung 3.5

Durch das Kopieren der Einstellungsebenen verstärken Sie die Belichtungsänderung. Reduzieren können Sie den Effekt durch das Verringern der Ebenendeckkraft.

Tipp

Bei dunklen, unterbelichteten Bildern sollten Sie auch die Füllmethode LINEAR ABWEDELN ausprobieren, um die Beleuchtung zu verstärken und den Bildkontrast zu verbessern.

Achtung

Wenn Sie den Kontrast mithilfe der Füllmethoden oder durch Tonwertänderungen zu sehr verstärken, kann das zu Tontrennungseffekten führen (**Abbildung 3.6**). Bearbeiten Sie die Tonwerte eines Bilds also immer mit etwas Vorsicht.

Abbildung 3.6

Tontrennungseffekte führen beim Druck oft zu unschönen Rändern.

Nach der Belichtungskorrektur ist der Schaden schon etwas weniger deutlich. Techniken zur Bildreparatur finden Sie in Kapitel 6.

Übergänge einer Tonwertkorrektur

Belichtungsmesser von Kameras lassen sich manchmal täuschen und geben eine falsche Belichtung an, wenn es im Bild ein sehr helles Objekt gibt. Hier ließ sich die Kamera durch die helle Sonne irreführen, die durch die Wolken am morgendlichen Himmel hindurch bricht. Die untere Bildhälfte ist völlig unterbelichtet, wie in **Abbildung 3.7** zu sehen. Im finalen Bild (**Abbildung 3.8**) erscheinen die Tonwerte wieder ausgeglichen.

Abbildung 3.7

Abbildung 3.8

ch3_underexposed_beach.jpg

Weil nur die untere Hälfte des Bilds unterbelichtet ist, würde die obere, korrekt belichtete Hälfte ruiniert, wenn Sie eine Einstellungsebene auf das gesamte Bild anwenden. Mithilfe einer Ebenenmaske kontrollieren Sie, welchen Teil des Bilds Sie bearbeiten wollen – malen Sie mit Schwarz auf der Maske, um Bereiche zu schützen. Für einen gleichmäßigen Übergang zwischen beiden Bildhälften sorgt das Verlaufswerkzeug. Mit diesem können Sie über die gesamte Oberfläche von Schwarz nach Weiß malen und einen sanften, grauen Übergang erstellen.

1. Fügen Sie eine Gradationskurven-Einstellungsebene hinzu und klicken Sie auf OK. Falls der Problembereich zu dunkel ist (wie hier), wählen Sie als Füllmethode UMGEKEHRT MULTIPLIZIEREN oder LINEAR ABWEDELN; ist er zu hell, wählen Sie MULTIPLIZIEREN oder LINEAR NACHBELICHTEN.
2. Ich verwendete hier LINEAR ABWEDELN, um das Bild aufzuhellen und den Kontrast zu verstärken, wie in **Abbildung 3.9** zu sehen – der Himmel wird dadurch allerdings etwas zu hell.

Abbildung 3.9

Die Füllmethode LINEAR ABWEDELN hellt das gesamte Bild auf.

3. Um die Änderungen zu kontrollieren, aktivieren Sie das Verlaufswerkzeug mit dem Linearen Verlauf. Öffnen Sie den Verlaufswähler und wählen Sie den Schwarz-Weiß-Verlauf – der dritte Verlauf von links (**Abbildung 3.10**).

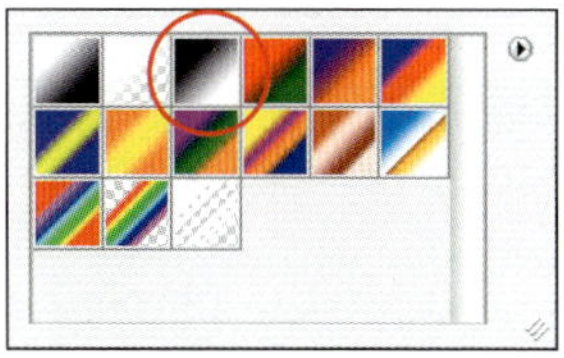

Abbildung 3.10

Wählen Sie den Schwarz-Weiß-Verlauf aus.

4. Stellen Sie sich das Verlaufswerkzeug als großen Pinsel vor, mit dem Sie über das gesamte Bild malen. Beginnen Sie mit dem Verlauf dort, wo der Effekt ausgeblendet werden soll (hier direkt unter der Sonne) und beenden Sie ihn, wo er vollständig zu sehen sein soll (**Abbildung 3.11**). Falls der Verlauf beim ersten Mal nicht perfekt wird, zeichnen Sie ihn einfach neu – direkt über den alten –, bis Ihnen der Übergang gefällt. Dort, wo der Verlauf schwarz ist, wird die Korrektur ausgeblendet, in den weißen Bereichen ist sie zu sehen.

Abbildung 3.11

Erstellen Sie den Verlauf auf der Ebenenmaske der Einstellungsebene, so können Sie den Effekt kontrollieren.

5. Um die Beleuchtung zu intensivieren, ziehen Sie die Einstellungsebene auf das Icon NEUE EBENE ERSTELLEN, um sie zu duplizieren. Passen Sie, wenn nötig, die Deckkraft an (**Abbildung 3.12**). Gleichzeitig wird übrigens auch die Ebenenmaske dupliziert.

Abbildung 3.12

Sie verstärken den Effekt und erhalten die Ebenenmaske, wenn Sie die Einstellungsebene inklusive der Maske duplizieren.

Falsche Beleuchtung korrigieren

Externe Blitzgeräte bereiten möglicherweise ebenfalls Probleme, wenn Tiefen ausgeleuchtet werden sollen. In **Abbildung 3.13** sehen Sie ein Belichtungsproblem, bei dem der Blitz nicht das gesamte Motiv ausleuchtete und so den unteren Bildbereich falsch beleuchtete. In so einem Fall verwenden Sie Photoshop, um das Foto mit einer helleren Version zu kombinieren und ein korrekt belichtetes Bild zu erstellen (**Abbildung 3.14**).

ch3_unevenflash.jpg

Abbildung 3.13

Abbildung 3.14

1. Zur Aufhellung des unteren Bildbereichs fügen Sie eine Tonwertkorrektur-Einstellungsebene hinzu und klicken auf OK. Wählen Sie die Füllmethode UMGEKEHRT MULTIPLIZIEREN. Kehren Sie anschließend die Ebenenmaske um, indem Sie BILD/ANPASSEN/UMKEHREN wählen oder ⌘/Strg-I drücken. Das Bild sieht unverändert aus (**Abbildung 3.15**).

2. Aktivieren Sie das Verlaufswerkzeug und stellen Sie Weiß als Vordergrundfarbe ein. Wählen Sie in der Optionsleiste den Vordergrund-Transparent-Verlauf (**Abbildung 3.16**). Dadurch lassen sich mehrere Verläufe auf einer Ebenenmaske miteinander kombinieren und mehr als ein Bereich neu ausleuchten.

Abbildung 3.15

Kehren Sie die Ebenenmaske um, um die Änderungen auszublenden und selektiv wieder ins Bild zu malen.

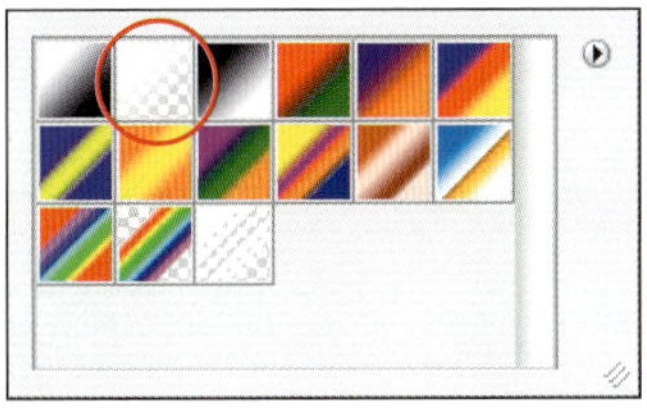

Abbildung 3.16

Wählen Sie den Vordergrund-Transparent-Verlauf.

3. Wechseln Sie mit der Taste F in die Vollbildansicht. Ziehen Sie das Verlaufswerkzeug vom unteren Teil des Bilds nach oben bis zum Hosenbund der Spieler in der oberen Reihe. Ziehen Sie anschließend einen Verlauf von der linken Bildkante zur Schulter des Spielers ganz links – wiederholen Sie diesen Vorgang auf der rechten Seite (**Abbildung 3.17**). Klicken Sie mit gedrückter ⌥/Alt-Taste auf die Ebenenmaske, um sie einzublenden. Ein erneutes Klicken blendet sie wieder aus.

Tipp

Es ist einfacher, mit dem Verlaufswerkzeug zu arbeiten, wenn Sie sich im Vollbildmodus befinden – Sie sehen dann das Bild und den Arbeitsbereich. So können Sie mit dem Verlaufswerkzeug auch außerhalb des Bilds beginnen.

4. Duplizieren Sie die Einstellungsebene ein oder mehrere Male, um den Effekt zu verstärken, wie in **Abbildung 3.18** zu sehen.

Abbildung 3.17

Wenn Sie die Verlaufsoptionen von Vordergrund *in* Transparent *geändert haben, können Sie mehrere Verläufe auf einer Ebenenmaske kombinieren.*

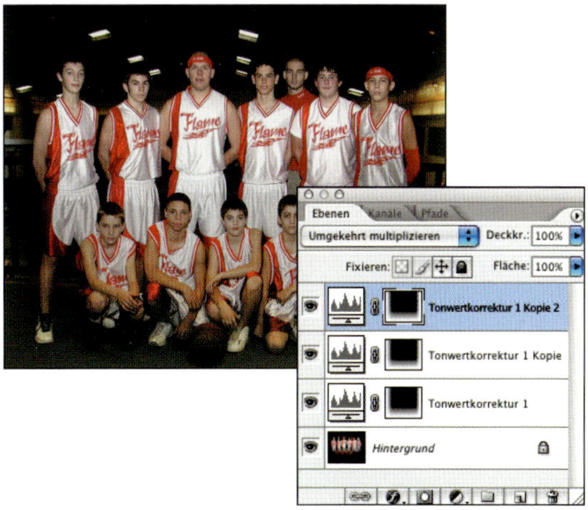

Abbildung 3.18

Die Beleuchtung wird verstärkt, wenn Sie die Einstellungsebene duplizieren.

Mit Einstellungsebenen malen

Natürlich sind nicht alle Bildfehler entlang einer geraden Linie oder innerhalb eines Tonwertbereichs zu finden (wie in den letzten Beispielen). Für die Bearbeitung von unregelmäßigen Bereichen nutze ich gern Photoshops Pinselwerkzeug und ein drucksensitives Grafiktablett (von Wacom), um auf der Ebenenmaske der Einstellungsebene zu malen. Im Bild des zugefrorenen Lake Huron (**Abbildung 3.19**) hat sich das Messgerät der Kamera durch den Schnee täuschen lassen. Das Bild ist so dunkel, dass das weiße Boot in der kalten Einsamkeit gar nicht richtig zur Geltung kommt. Das gesamte Bild erweckt viel mehr Aufmerksamkeit, wenn es insgesamt aufgehellt wird und Boot und Schnee im Vordergrund zusätzlich aufgehellt werden, wie in **Abbildung 3.20** zu sehen.

ch3_blueboat.jpg

1. Fügen Sie eine Tonwertkorrektur-Einstellungsebene hinzu, wie in Kapitel 2 beschrieben. Verschieben Sie die Schieberegler für die Lichter und die Tiefen im Histogramm nach innen. Klicken Sie mit der Pipette MITTELTÖNE SETZEN (Mitte) auf das Boot, um den starken blauen Farbstich zu korrigieren (**Abbildung 3.21**).
2. Um das Boot aufzuhellen, fügen Sie eine Gradationskurven-Einstellungsebene hinzu und ändern Sie die Füllmethode in UMGEKEHRT MULTIPLIZIEREN. In **Abbildung 3.22** sehen Sie, dass das gesamte Bild aufgehellt wurde, was nicht erwünscht war.
3. Um den Effekt der soeben erstellten Ebenen auszublenden, kehren Sie die Ebenenmaske um (⌘/Strg-I).
4. Klicken Sie in dasr Kästchen für die Vordergrundfarbe. Geben Sie die HSB-Werte 0, 0 und 50% ein für ein mittleres Grau (**Abbildung 3.23**). Wählen Sie eine große, weiche Pinselspitze und malen Sie über das Boot, wie in **Abbildung 3.24** zu sehen.

Abbildung 3.19

Abbildung 3.20

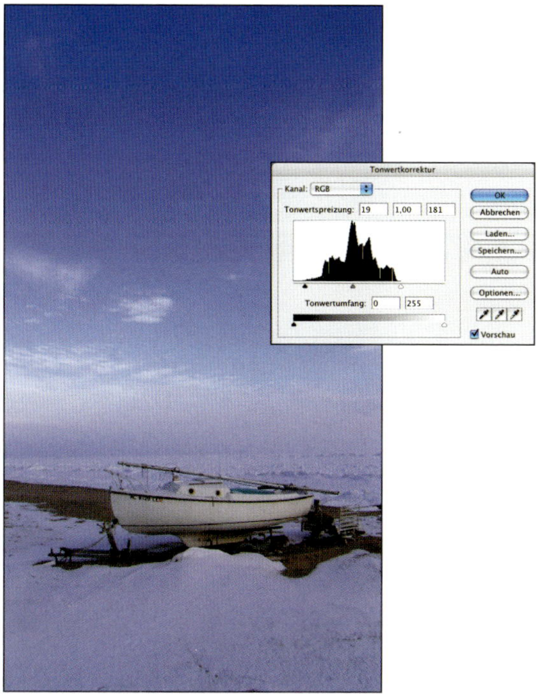

Abbildung 3.21

Verbessern Sie die Belichtung und entfernen Sie Farbstiche mit einer Tonwertkorrektur.

Abbildung 3.22

Das Bild wird mit UMGEKEHRT MULTIPLIZIEREN *aufgehellt.*

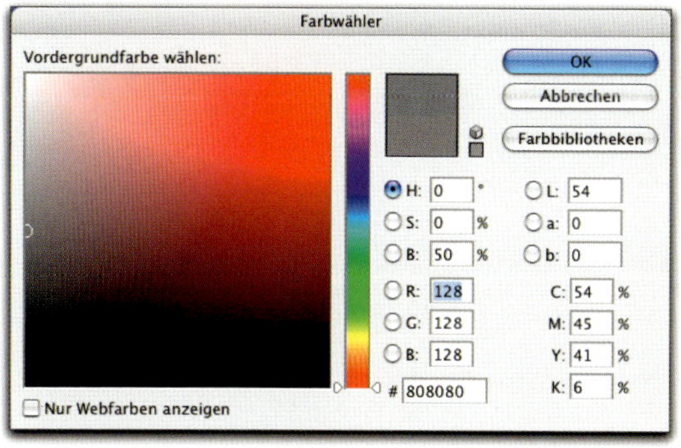

Abbildung 3.23

Verwenden Sie die HSB-Werte 0, 0 und 50 und 50% Grau.

Abbildung 3.24

Malen Sie auf der Ebenenmaske der Einstellungsebene, um nur die benötigten Bereiche aufzuhellen.

5. Um das Boot noch weiter aufzuhellen, wenden Sie einen Trick an, den ich von Dave Billman habe. Malen Sie nicht mit einer helleren Farbe auf der Ebenenmaske, sondern klicken Sie mit gedrückter ⌘/Strg-Taste auf die Ebenenmaske, um sie als Auswahl zu laden. Ignorieren Sie die Warnmeldung. Sie will Ihnen nur sagen, dass es eine aktive Auswahl gibt, die Unterschiede für Photoshop jedoch nicht groß genug sind, um eine Auswahlkante anzuzeigen.

6. Wählen Sie als Vordergrundfarbe ein Grau, das etwa 10–25% heller ist (hier 0, 0, 75%), und füllen Sie damit die aktive Auswahl, indem Sie BEARBEITEN/FLÄCHE FÜLLEN mit der Option VORDERGRUNDFARBE wählen (**Abbildung 3.25**). Wiederholen Sie diesen Vorgang mit jeweils helleren Grauwerten so lange wie nötig. Durch das Füllen der Auswahl mit Grau wird verhindert, dass das Bild ungleichmäßig aufgehellt wird.

Abbildung 3.25

Es ist besser, wenn Sie die aktive Auswahl mit einem hellen Grau füllen, als auf der Ebenenmaske zu malen.

7. Fügen Sie eine weitere Gradationskurven-Einstellungsebene im Modus UMGEKEHRT MULTIPLIZIEREN hinzu, um den Schnee aufzuhellen. Kehren Sie die Ebenenmaske um und malen Sie mit 50% Grau und einer weichen Pinselspitze über den Schnee in der unteren Hälfte des Bilds (**Abbildung 3.26**). Sie können auch Schritt 6 verwenden, um den Schnee noch weiter aufzuhellen. Passen Sie anschließend die Deckkraft der Einstellungsebene an.

Mit dieser Technik haben Sie die Möglichkeit, selbst zu entscheiden, wo und wie stark die Tonwerte angepasst werden sollen. Mit der weichen Pinselspitze sorgen Sie für einen weichen, kaum zu erkennenden Übergang.

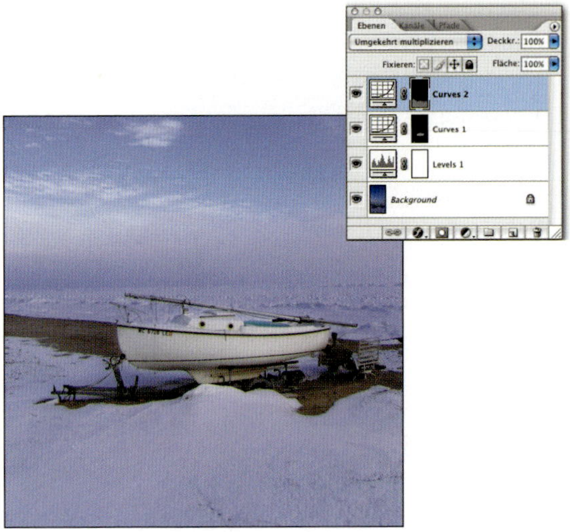

Abbildung 3.26

Verwenden Sie entlang der Schneelinie eine weiche Pinselspitze, um den Übergang zu den helleren Bereichen zu verschleiern.

Zwei sind besser als eine

Das Camera-Raw-Format ermöglicht es Ihnen, die höchste Bildqualität und die größtmögliche Flexibilität zu erhalten. Da jeder Hersteller ein eigenes Format und einen eigenen Namen für seine Raw-Dateien verwendet, müssen Sie im Handbuch Ihrer Kamera nachsehen, ob Ihre Kamera Raw-Dateien aufnehmen kann. Eine Stärke dieses Formats liegt darin, dass Sie dieselbe Aufnahme in Adobe Camera Raw mehrmals entwickeln und anschließend zu einem idealen Bild kombinieren können. Eine kleine Randnotiz: Wenn Sie bei der Aufnahme einer Belichtungsreihe ein Stativ verwenden, können Sie die Bilder anschließend als HDR-Bild (High Dynamic Range) ausgeben, um den gesamten Tonwertumfang zu nutzen.

Das Bild im folgenden Beispiel wurde ohne Stativ aufgenommen (ich hatte nur ein Bild). Ich musste es zweimal entwickeln – einmal für die Tiefen und einmal für die Lichter. Wie **Abbildung 3.27** zeigt, ist der obere Bildbereich gut belichtet, während die Tiefeninformationen zu dunkel sind. Durch die Kombination beider Versionen desselben Raw-Bilds konnte ich das Bild in **Abbildung 3.28** erzeugen.

ch3_grand_canyon.dng

Abbildung 3.27

Abbildung 3.28

Um möglichst flexibel zu bleiben, empfehle ich Ihnen die Smart-Objekte-Funktion. Dabei wird die Original-Camera-Raw-Datei als Photoshop-Ebene eingebettet. Alles in allem kann die Technik in fünf einfache Schritte gegliedert werden – zwei Versionen derselben Camera-Raw-Datei als Smart Objekte einbetten, diese mithilfe von Ebenenmasken zusammenfügen, Farb- und Tonwertkorrekturen vornehmen, die Größe anpassen und die Farben reinigen und Artefakte entfernen.

1. Ermitteln Sie zunächst die kleinste nicht interpolierte Größe, mit der Camera Raw eine Datei öffnet. Öffnen Sie eine Camera-Raw-Datei. Klicken Sie auf das GRÖSSE-Menü (**Abbildung 3.29**). Bei meiner Canon 20D beträgt die kleinste Größe 1024 x 1536 und die nicht interpolierte Datei ist 2336 x 3504 groß. Merken Sie sich beide Dateigrößen und klicken Sie auf ABBRECHEN.
2. Wählen Sie DATEI/NEU und erstellen Sie eine RGB-Datei mit 16 Bit und der kleineren Dateigröße (von den beiden, die Sie sich eben notiert haben), wie in **Abbildung 3.30** zu sehen.

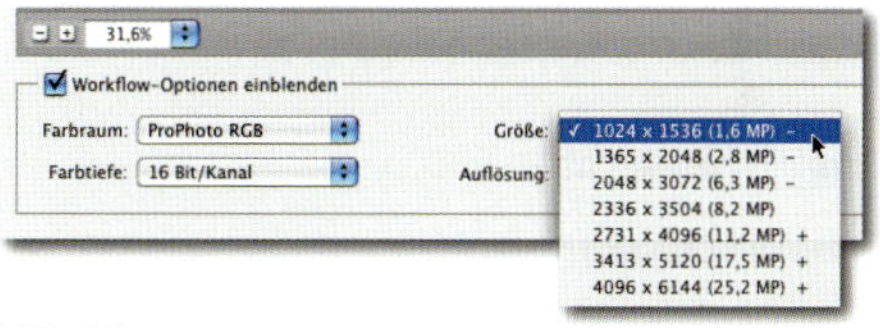

Abbildung 3.29

Ermitteln Sie die kleinste mögliche Auflösung der Camera-Raw-Datei.

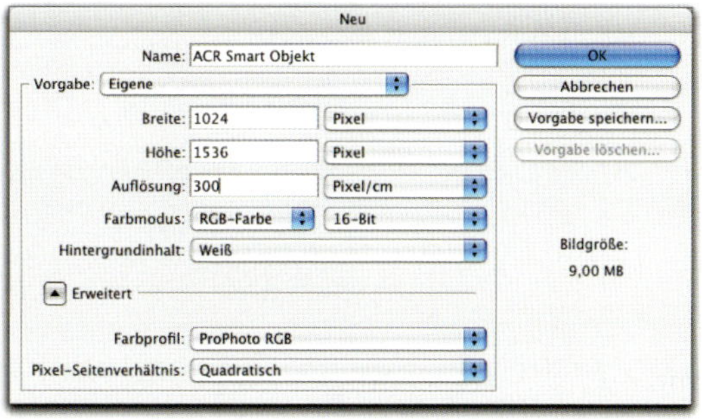

Abbildung 3.30

Erstellen Sie mit der kleinsten Größe der Camera-Raw-Datei eine neue Datei.

3. Wählen Sie DATEI/PLATZIEREN und navigieren Sie zur Camera-Raw-Datei. Dadurch wird die Datei als Smart Objekt platziert. Überprüfen Sie, ob Größe, Bit-Tiefe und Farbraum denen des neuen Dokuments entsprechen.

4. Passen Sie die Datei beim ersten Durchgang so an, dass der obere Bildbereich (im Sonnenlicht) gut aussieht (**Abbildung 3.31**). In diesem Beispiel verwendete ich alle Auto-Einstellungen, klickte auf den Reiter KURVEN und wählte aus dem Popup-Menü TONKURVE die Option STARKER KONTRAST, damit die Dimensionen des Grand Canyon etwas stärker hervorstechen.

5. Klicken Sie auf ÖFFNEN – Photoshop platziert die Raw-Datei im Dokument. Drücken Sie [↵], um die Datei zu platzieren. Nennen Sie die Ebene „*Lichter*“.

Warnung

Um dasselbe Smart Objekt mehrfach zu verwenden, benötigen Sie zwei Smart Objekte ein und derselben Datei. Es ist sehr wichtig, dass Sie EBENE/SMART OBJEKTE/NEUES SMART OBJEKT DURCH KOPIE wählen. Duplizieren Sie das Smart Objekt nicht, indem Sie es beispielsweise auf den Button NEUE EBENE ziehen.

6. Aktivieren Sie die eben erstellte Ebene, wählen Sie EBENE/SMART OBJEKTE/NEUES SMART OBJEKT DURCH KOPIE und nennen Sie die zweite Ebene „*Tiefen*“. Klicken Sie doppelt auf die Ebenenminiatur, um die Camera-Raw-Dialogbox erneut zu öffnen – stellen Sie dieses Mal die Tiefen ein. Bei solchen Extremsituationen verwende ich immer die Auto-Einstellungen, da sie die besten Ergebnisse liefern. Klicken Sie auf den Reiter KURVE und wählen Sie aus dem Popup-Menü TONKURVE die Option LINEAR. Ziehen Sie den Tiefenpunkt nach oben, um sie aufzuhellen (**Abbildung 3.32**). Wie Sie sehen, sind außerdem die Lichter verschwunden.

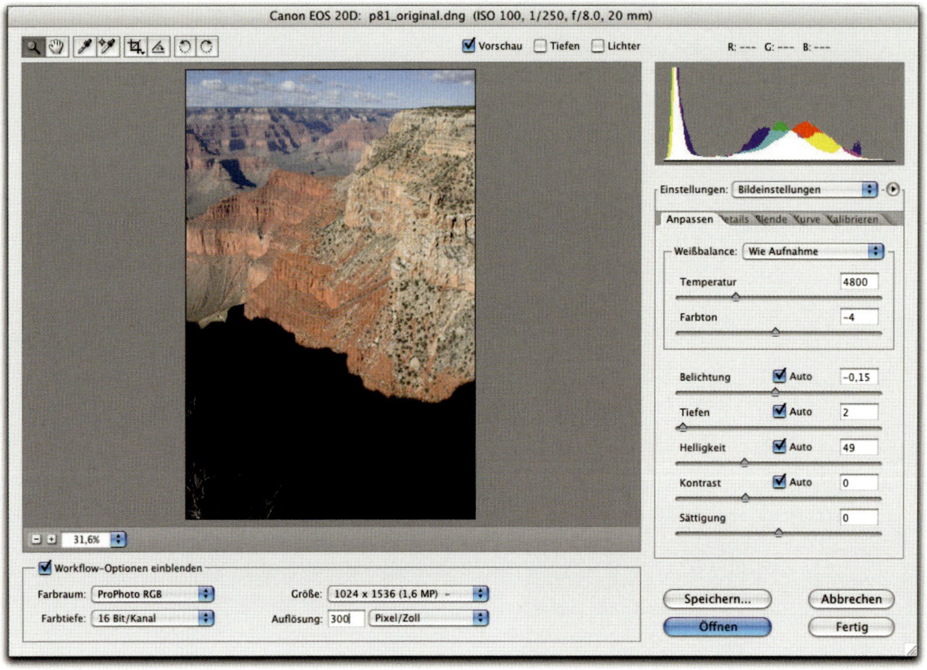

Abbildung 3.31

Entwickeln Sie die erste Version der Camera-Raw-Datei für die Lichter.

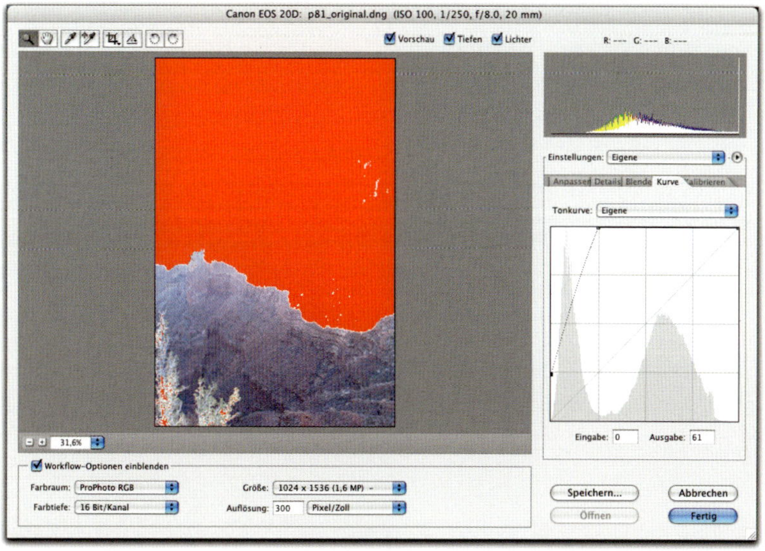

Abbildung 3.32

Hellen Sie die Tiefen mithilfe von Gradationskurven in Camera Raw auf.

7. Klicken Sie in der Camera-Raw-Dialogbox auf FERTIG – Photoshop entwickelt die Datei neu, um das Bild in **Abbildung 3.33** zu erstellen. Der erste Teil der Technik ist abgeschlossen.

Abbildung 3.33

Nachdem Sie aus der Camera-Raw-Datei Smart Objekte erstellt haben, ist die wesentliche Arbeit getan.

8. Im nächsten Schritt kombinieren Sie beide Bilder miteinander. Eine Möglichkeit besteht in der Verwendung einer Ebenenmaske. Aktivieren Sie die Tiefenebene und klicken Sie unten in der Ebenen-Palette auf den Button EBENENMASKE HINZUFÜGEN. Malen Sie über die unerwünschten Bereiche – über den weißen Himmel. Sie brauchen hier nicht sehr genau zu sein (**Abbildung 3.34**).

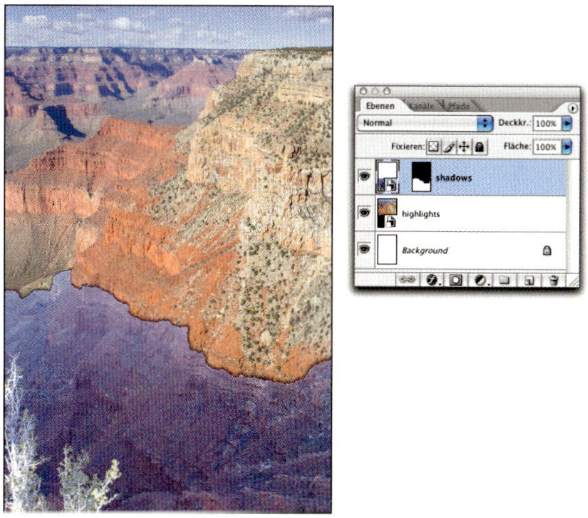

Abbildung 3.34

Malen Sie mit Schwarz, um den ausgewaschenen Himmel aus- und die darunter liegenden Bereiche einzublenden.

9. Zoomen Sie in die Kantenübergänge hinein. Verwenden Sie eine kleinere Pinselspitze mit einer Kantenschärfe von 50% und malen Sie entlang dieser Kante. Mit Schwarz blenden Sie die darunter liegende Ebene ein, mit Weiß die aktive Tiefenebene. Mit der Taste [X] wechseln Sie zwischen Schwarz und Weiß. Erstellen Sie das Bild, wie in **Abbildung 3.35** zu sehen. Es ist zwar noch nicht perfekt, aber auf einem guten Weg dorthin.

Abbildung 3.35

Es braucht Geduld, um die Ebenenmaske mit immer kleineren Pinselspitzen zu bearbeiten. Sie sind dadurch aber sehr flexibel und haben eine gute Kontrolle über das Ergebnis.

10. In Kapitel 4 finden Sie viele Techniken zur Farbkorrektur. Wir werden hier eine beschnittene Farbbalance-Einstellungsebene verwenden. Wählen Sie EBENE/NEUE EINSTELLUNGSEBENE/FARBBALANCE und aktivieren Sie die Checkbox SCHNITTMASKE AUS VORHERIGER EBENE ERSTELLEN. Dadurch werden nur die Pixel bearbeitet, die direkt unter der beschnittenen Einstellungsebene liegen.

11. Nutzen Sie die FARBBALANCE-Dialogbox, um die Farben des unteren und oberen Bildbereichs aneinander anzupassen. In diesem Beispiel entfernte ich das Blau und verstärkte Magenta und Rot sowohl in den Tiefen als auch in den Mitteltönen.

Ich probierte verschiedene Füllmethoden aus und stellte fest, dass mit der Füllmethode FARBE die meisten Details erhalten bleiben, wie in **Abbildung 3.36** zu sehen.

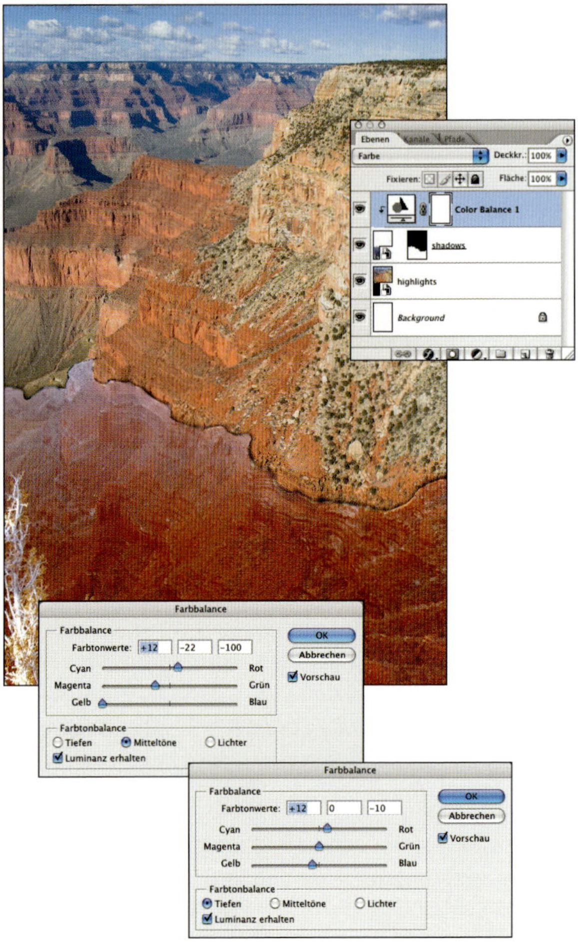

Abbildung 3.36

Die beschnittene Farbbalance-Einstellungsebene ist der erste Schritt beim Anpassen der Farben zweier Bilder.

Der dritte Teil dieser Technik besteht darin, die Bildgröße an die Auflösung der Kameradatei anzupassen. Das müssen Sie machen, bevor Sie die Kanten bearbeiten. Smart Objekte unterstützen keine Malwerkzeuge (z.B. Kopier- oder Reparaturwerkzeuge), die nötig sind, um nahtlose Übergänge zu schaffen. In den meisten Fällen vermeide ich es, die Bildgröße zu ändern; Dateien mit Smart Objekten basierend auf Camera-Raw-Dateien sind dabei jedoch wesentlich flexibler. Passen Sie zunächst

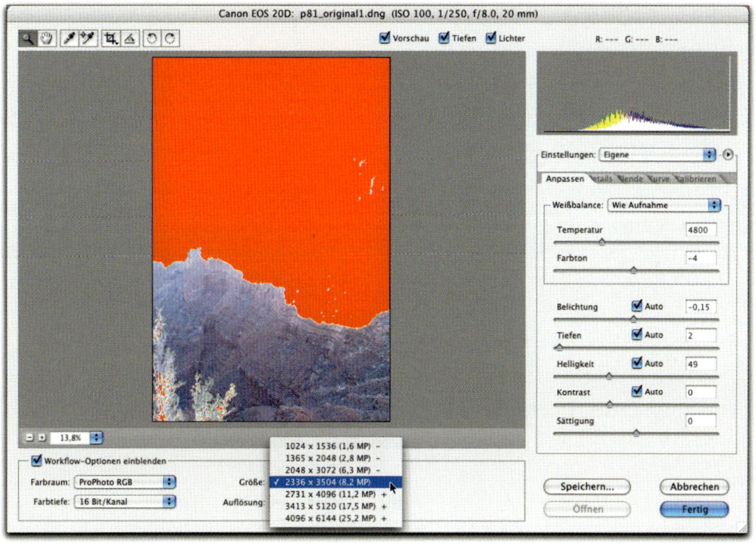

Abbildung 3.37

Nachdem Sie die Datei vergrößert haben, aktualisieren Sie das Smart Objekt mit der höhreren Auflösung.

also die Dateigröße an und ersetzen Sie anschließend die Camera-Raw-Datei durch eine hoch auflösende Version derselben Datei. Bei meiner Canon 20D beträgt die volle Größe 2336 x 3504.

12. Wählen Sie BILD/BILDGRÖSSE und geben Sie 2336 x 3504 Pixel ein.

13. Um das Smart Objekt zu aktualisieren, klicken Sie doppelt auf die Miniatur der Tiefenebene und nutzen Sie das GRÖSSE-Popup-Menü, wie in **Abbildung 3.37** zu sehen. Klicken Sie anschließend auf FERTIG. Die Datei wird ersetzt – wiederholen Sie diesen Schritt mit der Lichterebene.

Im vierten Schritt müssen Sie den Übergang zwischen beiden Dateien glätten. Hier gilt es nicht nur den Übergang zu bearbeiten, sondern auch die Farben anzupassen.

14. Fügen Sie eine neue Ebene hinzu und aktivieren Sie den Kopierstempel mit der Option ALLE EBENEN AUFNEHMEN und einer Kantenschärfe von 50%, um die Kante zu glätten. Nehmen Sie Quellmaterial von beiden Seiten des Übergangs auf, um einen weichen Übergang zu erzeugen. Ich verbesserte die Kanten mit dem Reparatur-Pinsel (**Abbildung 3.38**). Weitere Informationen zu Kopierstempel und Reparatur-Pinsel finden Sie in Kapitel 5.

Abbildung 3.38

Kopieren und reparieren Sie auf der leeren Ebene, um den Übergang zwischen beiden Dateien zu glätten.

15. Wie so oft, nachdem man bereits einige Stunden in ein Bild investiert hat, wollte ich nun den vorhergehenden Schritt noch weiter verbessern. In diesem Beispiel bedürfen die Farben noch einer Nachbesserung. Das geht am einfachsten mit einer neuen Ebene im Modus FARBE.

16. Nehmen Sie mit der Pipette aus dem Gebirge im oberen Bildbereich ein dunkles Orange auf. Malen Sie mit einer großen, weichen Pinselspitze über den unteren Bildbereich, um die Farben anzupassen (**Abbildung 3.39**). Wie Sie Bilder einfärben, erfahren Sie auch in Kapitel 8.

Abbildung 3.39

Malen Sie mit der Farbe des Gesteins, um die Bilder ineinander überzublenden.

Im letzten Schritt müssen Sie das Bild noch scharfzeichnen – darauf gehe ich in Kapitel 8 noch etwas genauer ein. Auf digitale Dateien wende ich oft den Hochpass-Filter an, der sehr einfach und effektiv ist.

17. Drücken Sie ⌘-⌥-⇧-E / Strg-Alt-⇧-E, um alle sichtbaren Ebenen auf eine zu reduzieren. Ändern Sie die Füllmethode dieser neuen Ebene in ÜBERLAGERN.

18. Wählen Sie FILTER/SONSTIGE FILTER/HOCHPASS und verwenden Sie eine Einstellung, bei der die Details gut zur Geltung kommen. Achten Sie auf das tatsächliche Bild, nicht auf die Vorschau im Filter. Ich verwendete hier einen Radius von 3 (**Abbildung 3.40**).

Abbildung 3.40

Das Scharfzeichnen von Digitalbildern mithilfe des Hochpass-Filters ist sehr effektiv.

Wenn Sie eine Raw-Datei zwei- oder mehrere Male entwickeln, können Sie ein Bild mit unterschiedlichen Tonwertvorraussetzungen erstellen. Es nimmt zwar etwas Zeit in Anspruch, aber das Ergebnis ist es dann auch wirklich wert.

ÜBERBELICHTETE BILDER RETTEN

Diapositive oder Digitalkameradateien sind oft überbelichtet. Außerdem besitzen Diafilme, beispielsweise Kodak Ektachrome und AgfaChrome, sowie viele Digitalkameras nicht den Belichtungsspielraum eines Farbnegativfilms. Dadurch tendieren sie eher dazu, überbelichtete Bilder zu erzeugen. Wie bei einem unterbelichteten Bild enthalten auch überbelichtete Bilder nicht viele (wenn überhaupt) Bildinformationen. Wenn die überbelichteten Bereiche weiß sind oder Sie in der Info-Palette 255, 255, 255 ablesen, kann auch Photoshop nicht zaubern, denn wo keine Bildinformationen waren, können auch keine wiederhergestellt werden. In den folgenden Übungen arbeiten Sie mit sehr hellen, ausgeblichenen Bildern, um zu lernen, wie Sie feine Bildinformationen wiederherstellen und gesättigte Bilder erzeugen.

Die Füllmethode MULTIPLIZIEREN

Fotos, die an hellen, sonnigen Tagen aufgenommen werden, neigen zu Überbelichtung. Es kann nicht heller und sonniger sein als in der Wüste von Arizona, wie in Abbildung 3.41 zu sehen. Glücklicherweise enthalten die Lichter Details, wie Sie mithilfe der Pipette und der Info-Palette leicht herausfinden können. Lassen Sie uns das Bild also retten.

Sie werden nun Techniken verwenden, die den bereits kennengelernten ähneln. Sie können den Tonwertumfang des Bilds ausdehnen, ohne Details zu verlieren (Abbildung 3.42).

ch3_watermelon_woman.jpg

1. Fügen Sie eine Gradationskurven-Einstellungsebene hinzu und klicken Sie auf OK. Wählen Sie die Füllmethode MULTIPLIZIEREN. Die Bilddichte ist durch diesen einfachen Schritt schon deutlich besser geworden, wie in Abbildung 3.43 zu sehen.

© Elliot Lincis

Abbildung 3.41

Abbildung 3.42

Abbildung 3.43

Die Füllmethode MULTIPLIZIEREN dunkelt helle Bilder sehr gut ab.

2. Falls es mit der Füllmethode zu einer unerwünschten Farbverschiebung kommt, wie in diesem Beispiel, nutzen Sie die graue Pipette in der Gradationskurven-Dialogbox, um den Farbstich zu neutralisieren. Wenn Sie auf die Lehne des Korbstuhls klicken, wird der feine rote Farbstich neutralisiert (**Abbildung 3.44**).

3. Um den Effekt zu intensivieren, duplizieren Sie die Einstellungsebene. Passen Sie die Deckkraft an, falls der Effekt dann zu intensiv ist. Bei diesem Beispiel lassen zwei Einstellungsebenen das Bild trübe erscheinen. Um das zu umgehen, wählte ich für die oberste Ebene die Füllmethode WEICHES LICHT und passte die Deckkraft auf 35% an, wie in **Abbildung 3.45** zu sehen.

Wenn Sie mit Einstellungsebenen arbeiten, müssen Sie mit den Füllmethoden oft experimentieren, um die richtige Kombination herauszufinden.

Abbildung 3.44

Der Farbstich wurde mit der grauen Pipette neutralisiert.

Abbildung 3.45

Das Duplizieren der Einstellungsebene und die Kombination von Füllmethoden kann für die Bildkorrektur sehr effektiv sein.

Überbelichtete Digitalkamerabilder korrigieren

Digitalkameras bieten nicht annähernd die Belichtungsspanne eines traditionellen Films – ist das Licht also sehr hell und kontrastreich, oder haben Sie das Bild überbelichtet, wird die Datei zu hell und es mangelt an Details in den Lichtern. Die Informationen in den Mitteltönen und Tiefen sind dann oft ausgewaschen und grau. Das Bild in **Abbildung 3.46** ist nur eine halbe Blende überbelichtet. Für Porträts kann das jedoch schon zu viel sein, um qualitativ hochwertige Ergebnisse zu erzielen. **Abbildung 3.47** zeigt attraktivere Hauttöne und ein insgesamt besseres Porträt. Ich habe eine hervorragende Technik von Lee Varis gelernt, die mich immer wieder durch ihre Einfachheit und Effektivität überrascht: Dabei wird eine Kanalmixer-Einstellungsebene verwendet, um die Kanäle zu verbessern, deren Tonwertumfang nicht ausreichend ist.

ch3_overexposedkevin.jpg

1. Sehen Sie sich die drei Kanäle einzeln an, indem Sie ⌘/Strg 1, 2 und 3 drücken, um herauszufinden, in welchem Kanal die größten Probleme auftauchen und welcher die besten Bilddetails enthält. Wie in **Abbildung 3.48** zu sehen, ist der rote Kanal sehr hell und enthält kaum nützliche Haut- oder Tonwertdetails. Während der grüne und der blaue Kanal gute Details aufweisen, ist der blaue sehr kontrastreich. Das bringt mich zu dem Schluss, dass der grüne Kanal der beste ist. Blenden Sie wieder den RGB-Kanal ein.

© Brert Shirk

Abbildung 3.46

Abbildung 3.47

Abbildung 3.48

Betrachten Sie die drei Kanäle, um den besten herauszufinden.

2. Wählen Sie EBENE/NEUE EINSTELLUNGSEBENE/KANALMIXER mit der Füllmethode LUMINANZ. Vergewissern Sie sich, dass als Ausgabekanal ROT gewählt ist, und wählen Sie für die Werte Rot und Blau 0% und für Grün 90% (**Abbildung 3.49**). Klicken Sie auf OK.

Abbildung 3.49

Fügen Sie die Bildinformationen des grünen Kanals zum schwächeren roten Kanal hinzu.

3. Durch den Effekt wurde jedoch das rechte Auge und der rechte Teil des Hemds zu sehr abgedunkelt. Das Ergebnis würde besser aussehen, wenn die Änderungen nur auf die Hauttöne angewendet würden. Aktivieren Sie die Ebenenmaske der Kanalmixerebene und drücken Sie ⌘/Strg-I, um diese umzukehren. Der Effekt wird ausgeblendet. Malen Sie mit einer weichen, weißen Pinselspitze über die Wange, um die Lichter, wie in **Abbildung 3.50** zu sehen, wieder einzublenden.

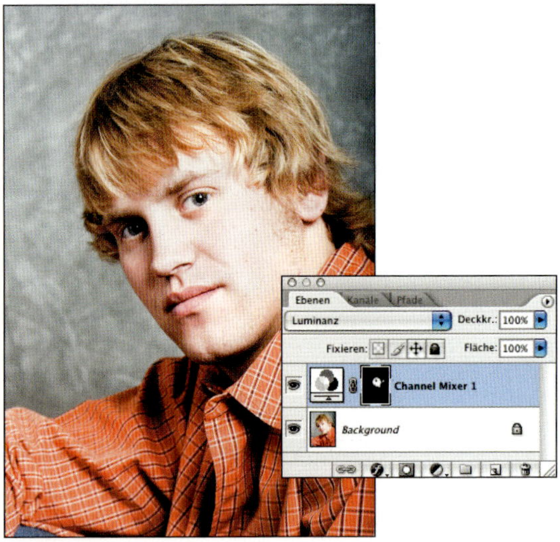

Abbildung 3.50

Die Ebenenmaske schränkt die Kanalmixer-Einstellungsebene auf die sensiblen Gesichtsbereiche ein.

Belichtung und verblasste Bilder ausbalancieren

Bei der Arbeit mit älteren Bildern lässt sich oft nur schwer sagen, ob das Bild schlecht belichtet wurde oder im Verlauf der Zeit einfach nur verblasst ist. Egal, was der Grund ist, inkonsistente Bilder müssen vor der Restaurierung immer erst ausbalanciert werden. Das Originalbild in **Abbildung 3.51** wurde ursprünglich mit einer starken Seitenbeleuchtung aufgenommen, die rechts im Bild zu einigen Lichtreflexen führte. Außerdem ist das Bild über die Jahre an den Kanten verblasst. Das korrigierte Bild in **Abbildung 3.52** muss zwar noch weiter bearbeitet werden, ist jedoch konsistent belichtet.

Abbildung 3.51

Abbildung 3.52

ch3_ursula.jpg

Bei der Korrektur dieses Bilds verwenden Sie zwei Tonwertkorrektur-Einstellungsebenen und Sie lernen die Vorteile einer neutralen Ebene im Modus ÜBERLAGERN kennen, um die Belichtung selektiv auszubalancieren.

1. Um die untere und die obere rechte Ecke abzudunkeln, fügen Sie eine Tonwertkorrektur-Einstellungsebene hinzu. Klicken Sie auf OK, ohne Änderungen in der Dialogbox vorzunehmen. Ändern Sie die Füllmethode der Ebene in MULTIPLIZIEREN – das Bild wird insgesamt dunkler. Kehren Sie die Ebenenmaske mit ⌘/Strg-I um, um den Effekt auszublenden.

2. Drücken Sie die Taste D, um die Standardfarben wiederherzustellen. Aktivieren Sie das Verlaufswerkzeug mit dem Vordergrund-Hintergrund-Verlauf (in diesem Fall ist es ein Weiß-Transparent-Verlauf).

3. Aktivieren Sie mit der Taste F die Vollbildansicht. Beginnen Sie mit dem Verlauf in der unteren rechten Ecke und ziehen Sie in die Mitte des Bilds bis zum Knie der Frau. Klicken Sie anschließend in die obere rechte Ecke und ziehen Sie bis zu ihrem Kopf, um das Bild wie in **Abbildung 3.53** zu erstellen.

Abbildung 3.53

Arbeiten Sie mit Verläufen auf der Ebenenmaske einer Tonwertkorrektur-Einstellungsebene, um das Bild selektiv aufzuhellen. Klicken Sie mit gedrückter ⌥/Alt-Taste auf die Ebenenmaske, um die Maske im Bildfenster einzublenden.

4. Um die dunkle Ecke oben links aufzuhellen, müssen Sie eine weitere Tonwertkorrektur-Einstellungsebene im Modus UMGEKEHRT MULTIPLIZIEREN erstellen. Kehren Sie auch hier die schwarze Ebenenmaske um (⌘/Strg-I), damit sich die Ebene nicht auf das gesamte Bild auswirkt. Nutzen Sie das Verlaufswerkzeug mit demselben Verlauf und ziehen Sie von oben links in die Mitte des Bilds, um den dunklen Hintergrund aufzuhellen und das Bild wie in **Abbildung 3.54** zu erstellen.

5. Zur weiteren Verfeinerung der Belichtung fügen Sie mit EBENE/NEU/EBENEN oder ⌘-⇧-N/Strg-⇧-N eine neue Ebene hinzu. Aktivieren Sie die Füllmethode ÜBERLAGERN und die Checkbox MIT DER NEUTRALEN FARBE FÜR DEN MODUS »ÜBERLAGERN« FÜLLEN (50% GRAU) (**Abbildung 3.55**).

Abbildung 3.54

Wenn Sie das Verlaufswerkzeug auf einer Ebenenmaske verwenden, erzeugen Sie einen weichen Übergang.

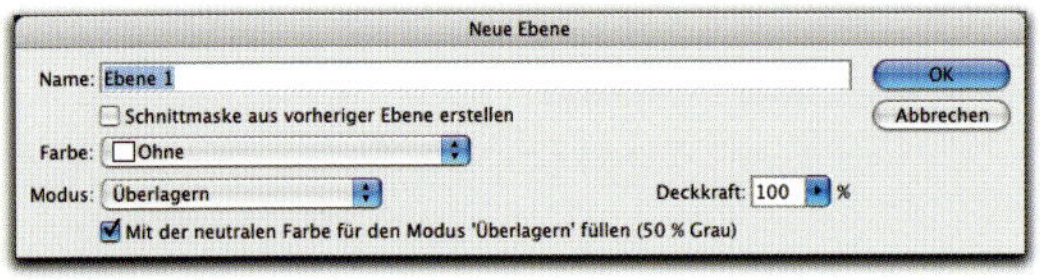

Abbildung 3.55

Die neutrale Ebene im Modus ÜBERLAGERN hilft, das Bild selektiv aufzuhellen.

6. Malen Sie auf dieser Ebene mit einer Pinselfarbe, die etwas dunker ist als 50% Grau, um das Bild abzudunkeln (nachzubelichten) – malen Sie mit mehr als 50% Grau, hellen Sie das Bild auf (abwedeln). Wählen Sie eine weiche, weiße Pinselspitze mit einer Deckkraft von 10% und malen Sie über die dunklen Schatten auf dem Gesicht der Frau, um ihren Gesichtsausdruck besser zur Geltung zu bringen (**Abbildung 3.56**).

Abbildung 3.56

Auf einer Ebene mit 50% Grau im Modus ÜBERLAGERN malen Sie mit Schwarz, um das Bild abzudunkeln, und mit Weiß, um es aufzuhellen.

Die Füllmethoden sind bei der Korrektur von Belichtungsproblemen so effektiv, dass ich sie nahezu jeden Tag verwende, um Bilder schnell und einfach zu verbessern. Die zusätzlichen Möglichkeiten, die eine neutrale Ebene im Modus ÜBERLAGERN bietet, helfen, ein Bild schnell und effektiv aufzuhellen oder abzudunkeln. (Das ist, als würden Sie das Bild auf traditionelle Art abwedeln und nachbelichten.)

DIE RETTUNG MIT TIEFEN/LICHTER

Der Befehl TIEFEN/LICHTER ist eine fantastische Funktion, um auf intelligente Art und Weise die Belichtung eines Bilds auszubalancieren. Die Bildintelligenz basiert darauf, wie wir eine Szene sehen. Betrachten wir beispielsweise eine Person, die vor einem Fenster steht, balancieren unsere Augen und das Gehirn die Helligkeit so aus, dass wir die Person sehen können. Eine Kamera hingegen kann nur aufnehmen, was sie sieht – die Silhouette der Person vor dem Fenster. Der Befehl TIEFEN/LICHTER hellt ein Bild nicht nur auf oder dunkelt es ab; die Pixel werden aufgehellt oder abgedunkelt, indem die benachbarten Pixel verglichen, analysiert und ausbalanciert werden.

Nutzen Sie TIEFEN/LICHTER, um Tiefen in gut belichteten Bildern aufzuhellen, sowie in Bildern mit starker Hintergrundbeleuchtung oder um Objekte abzudunkeln, die ausgewaschen sind, weil sie sich zu nah am Kamerablitz befanden. In **Abbildung 3.57** sehen Sie ein Foto mit einer Silhouette. In **Abbildung 3.58** erkennen Sie, wie viel Details der Befehl TIEFEN/LICHTER hervorgebracht hat.

Tipp

Die TIEFEN/LICHTER-Funktion ist keine Einstellungsebene. Um die Datei nicht zu zerstören, sollten Sie die Hintergrundebene immer duplizieren, bevor Sie diesen Befehl anwenden. So haben Sie außerdem die Möglichkeit, die Deckkraft anzupassen und auf einer Ebenenmaske Feinkorrekturen vorzunehmen.

Wählen Sie BILD/ANPASSEN/TIEFEN/LICHTER. Wenn Sie den Tiefenregler nach rechts verschieben, werden die Tiefen heller; verschieben Sie den Lichterregler nach rechts, werden die Lichter dunkler. Die Standardeinstellung von 50% für die Tiefen ist in nahezu jedem Bild zu intensiv, weshalb ich in der Regel mit einem Wert von 20% für Tiefen und Lichter beginne und die Regler dann nach Bedarf anpasse.

In den **Abbildungen 3.59** und **3.60** sehen Sie, wie sich 35% für die Tiefen auf ein Bild auswirken.

Abbildung 3.57

Abbildung 3.58

Abbildung 3.59

Abbildung 3.60

ch3_Xbiker.jpg

1. Duplizieren Sie die Hintergrundebene.
2. Wählen Sie BILD/ANPASSEN/TIEFEN/LICHTER und hellen Sie die Tiefen im Gesicht und auf dem Oberkörper des Fahrers auf. Ich verwendete in diesem Beispiel 35% für die Tiefen und 0% für die Lichter (**Abbildung 3.61**).

Abbildung 3.61

Hellen Sie das Bild mit dem Befehl TIEFEN/LICHTER auf.

Tipp

Um die Dialogbox TIEFEN/LICHTER mit eigenen Einstellungen zu öffnen:

1. Geben Sie die gewünschten Werte ein (z.B. Tiefen 20% und Lichter 20%).
2. Aktivieren Sie unten links die Checkbox WEITERE OPTIONEN EINBLENDEN und klicken Sie dann auf ALS STANDARD SPEICHERN.
3. Deaktivieren Sie die Checkbox wieder, um zur Standardgröße der Dialogbox zurückzukehren. Sobald Sie die Dialogbox das nächste Mal öffnen, sehen Sie für Tiefen und Lichter den Wert 20%.

Wenn Sie die weiteren Optionen einblenden (**Abbildung 3.62**), haben Sie viele weitere Kontrollmöglichkeiten.

- Mit der STÄRKE kontrollieren Sie den Tonwertbereich in den Tiefen oder Lichtern, der verändert wird. Je höher der Wert, desto größer der Tonwertbereich. Der Wert für die TONBREITE ist von Bild zu Bild unterschiedlich – zu hohe Werte führen zu unerwünschten Halos an harten Übergängen zwischen hell und dunkel.

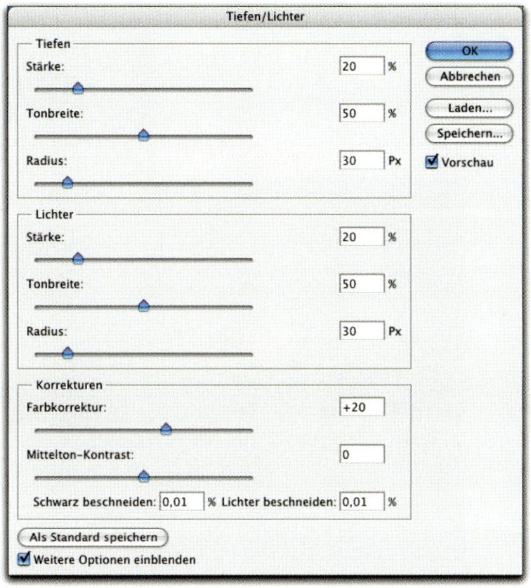

Abbildung 3.62

Mit den zusätzlichen Optionen haben Sie eine noch präzisere Kontrolle üder das Bild.

- Mit dem Radius legen Sie fest, wie groß der Bereich ist, den Sie bearbeiten – je höher der Wert, desto stärker ist der Effekt (desto stärker wird der Tonwertbereich aufgehellt oder abgedunkelt). Wenn der Radius zu groß ist, wird das gesamte Bild aufgehellt oder abgedunkelt und nicht mehr nur einzelne Tonwertbereiche.
- Mit der Farbkorrektur korrigieren Sie Farben in Bildregionen, die sich verändert haben. Wenn Sie beispielsweise den Stärkeregler für die Tiefen erhöhen, bringen Sie Farben zum Vorschein, die vorher kaum sichtbar waren und die Sie vielleicht wieder etwas dezenter gestalten wollen. Höhere Werte führen in der Regel zu gesättigteren Farben. Für mich ist der Farbkorrekturregler eher ein Farbsättigungsregler – je weiter Sie den Regler nach links verschieben, desto geringer fällt die Sättigung der Farben aus.
- Helligkeit ist nur aktiv, wenn Sie mit Graustufenbildern arbeiten (Sie finden diesen Regler dann an der Stelle des Farbkorrekturreglers). Verschieben Sie den Regler nach links oder rechts, um das Bild entsprechend aufzuhellen oder abzudunkeln.
- Mit dem Regler Mittelton-Kontrast passen Sie den Kontrast der Mitteltöne an. Sie reduzieren den Kontrast, wenn Sie den Regler nach links verschieben, und Sie erhöhen ihn, wenn Sie den Regler nach rechts verschieben. Die Erhöhung des Kontrasts dunkelt die Tiefen ab und hellt die Lichter auf.
- Die Optionen Schwarz beschneiden und Lichter beschneiden legen fest, wie stark die Tiefen und Lichter in Extrembereichen (Tiefen = 0; Lichter = 255) beschnitten werden. Höhere Werte erzeugen Bilder mit einem höheren Kontrast. Wählen Sie hier nicht zu hohe Werte, da Sie sonst die Details in den Tiefen oder Lichtern vermindern und diese rein schwarz oder rein weiß werden.

Immer wenn ich mit einem Bild mit Belichtungsproblemen konfrontiert werde – egal, ob extrem unterbelichtete Bilder, Bilder mit einem zu starken Kontrast, Gegenlicht oder einem zu dunklen Objekt –, arbeite ich mit dem Befehl Tiefen/Lichter. Ein dunkles Objekt in der Nacht wie in **Abbildung 3.63** ist immer schwierig zu fotografieren. Im folgenden Beispiel trennen wir mit dem Befehl Tiefen/Lichter das dunkle Pferd vom dunklen Hintergrund (**Abbildung 3.64**).

ch3_headlesshorseman.jpg

1. Denken Sie immer daran, dass der Befehl Tiefen/Lichter keine Einstellungsebene ist. Duplizieren Sie also immer die Hintergrundebene, bevor Sie beginnen.
2. Wählen Sie Bild/Anpassen/Tiefen/Lichter. Die neu festgelegten Standards (20%) erscheinen in der Dialogbox (**Abbildung 3.65**). Wir wollen Pferd und Reiter jedoch stärker vom Hintergrund abheben.

© Wayne Palmer

Abbildung 3.63

Abbildung 3.64

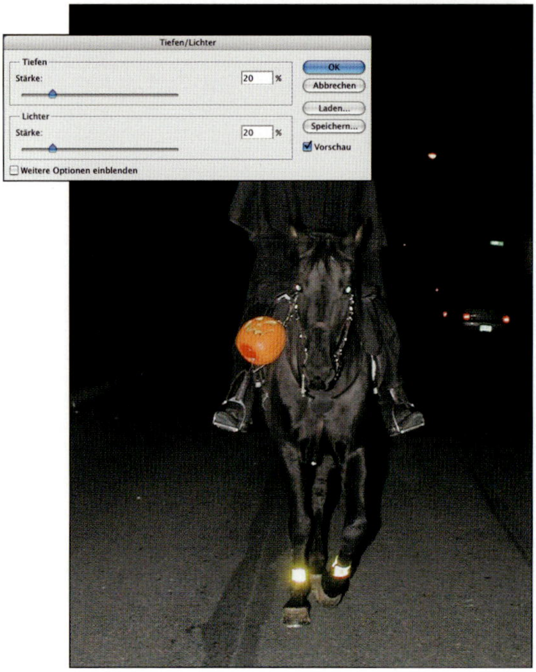

Abbildung 3.65

Durch das Aufhellen der Tiefen kann das dunkle Pferd besser vom dunklen Hintergrund getrennt werden.

3. Aktivieren Sie die Checkbox WEITERE OPTIONEN EINBLENDEN. Wählen Sie für die Tiefen eine STÄRKE von 75% und eine TONBREITE von 65% (**Abbildung 3.66**). Die dunklen Bereiche werden dadurch schön aufgehellt.

4. Auch wenn es in diesem Bild nicht viele Lichter gibt, erscheint der Kürbis weniger hell, wenn Sie den Stärkeregler für die Lichter ganz nach rechts verschieben.

5. Reduzieren Sie die Farbkorrektur vom Standardwert von +20 auf 0 – das schwarze Pferd bleibt schwarz. Durch eine leichte Erhöhung des Mitteltonkontrasts erscheint die Oktobernacht etwas funkelnder (**Abbildung 3.67**).

Wenn Sie das Prinzip verstanden haben, das hinter den zusätzlichen Einstellungen des Befehls TIEFEN/LICHTER steht, können Sie dieses Digitalbild retten – ansonsten wäre es wahrscheinlich im Papierkorb gelandet.

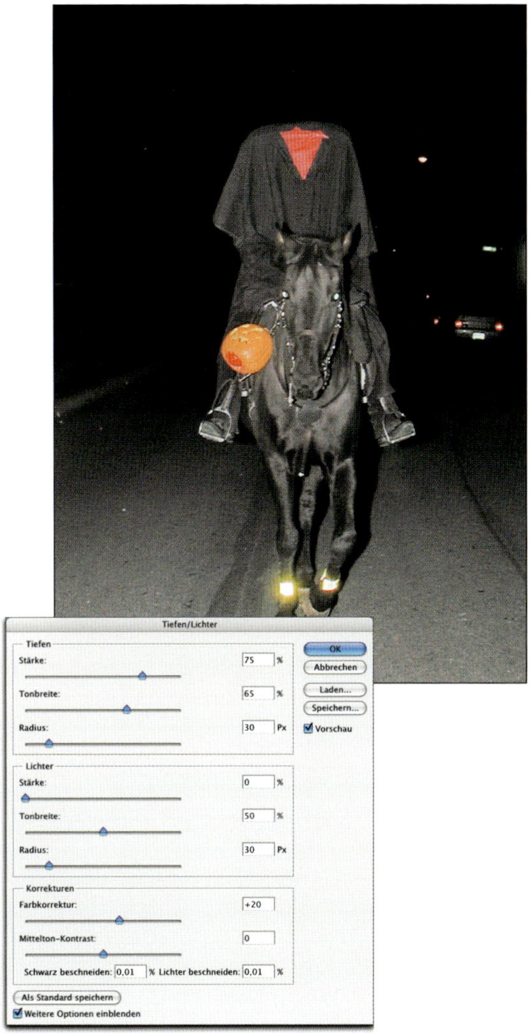

Abbildung 3.66

Wenn Sie Stärke und Tonbreite der Tiefen erhöhen, bessern Sie das gesamte Bild auf.

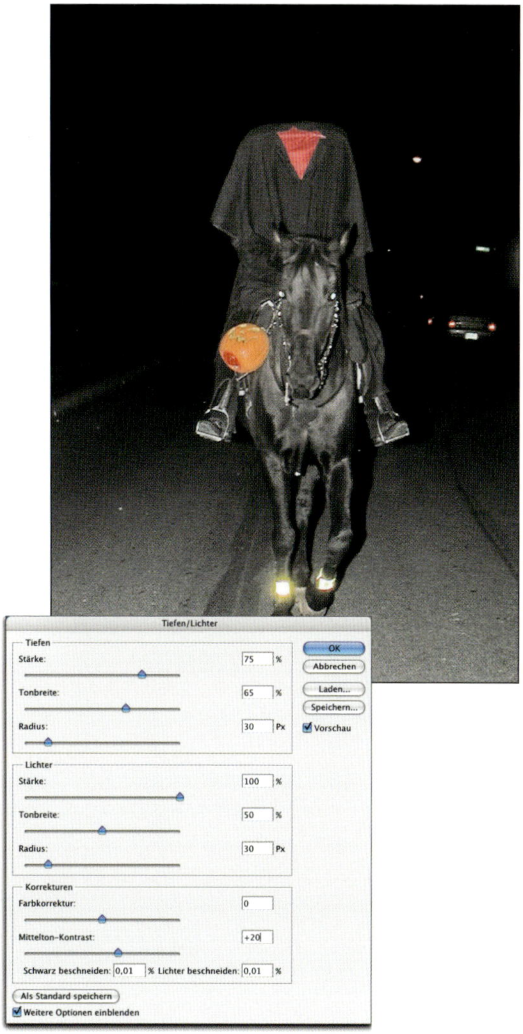

Abbildung 3.67

Durch Reduzieren der Farbkorrektur auf 0 wirken Pferd und Nacht wieder etwas schwärzer.

GEDANKEN ZUM SCHLUSS

Abschließend bleibt festzustellen, dass es natürlich immer am besten ist, mit einem gut belichteten Bild zu arbeiten. Wenn der Belichtungsmesser jedoch versagt hat, die Batterien leer waren oder der Zahn der Zeit an einem Foto genagt hat, sollten Sie die beschriebenen Photoshop-Techniken anwenden, um aus dem Bild das Beste herauszuholen.

4

FARBKORREKTUR

Wir reagieren sehr empfindlich auf Farbe, unsere Augen sind unglaubliche Werkzeuge, wenn es darum geht, verschiedene Farbtöne zu sehen und miteinander zu vergleichen. Wir können die emotionale und unterbewusste Bedeutung der Farben in unserer Welt nicht leugnen. Für Retuscheure, die für Farbwerte sensibilisiert sind, gibt es einen Unterschied zwischen einfachen Bildern und Bildern, die so lebendig sind wie die Erinnerungen, die sie repräsentieren.

Die Bedeutung der Farbe fordert uns heraus, mit unserem optischen Gedächtnis und dem Besten, was Photoshop bietet, zu arbeiten: Einstellungsebenen, die Info- und Histogramm-Palette, Mal- und Auswahlwerkzeuge und Füllmethoden. In diesem Kapitel arbeiten Sie mit Farbbildern, um zu lernen, wie Sie

- additive und subtraktive Farbkorrekturen mit den Befehlen VARIATIONEN und FARBBALANCE durchführen,
- globale Farbkorrekturen mit Tonwertkorrekturen und Gradationskurven vornehmen,
- selektive Farbkorrekturen anwenden und Farbe in alten Fotos wiederherstellen,
- Farbtemperaturprobleme korrigieren,
- Farbe anpassen, ersetzen und ändern.

Viele Werkzeuge und Techniken aus den Kapiteln 2 und 3 dienen als Grundlage für die Arbeit mit Farbe. Ich empfehle Ihnen, sich diese beiden Kapitel noch einmal anzusehen, bevor Sie in die Welt der Farbe eintauchen.

FARBGRUNDLAGEN

Es gibt zwei Arten von Farben: additive und subtraktive. In der additiven Welt bedarf es einer Lichtquelle, damit Farbe entsteht. Wenn die Primärfarben (Rot, Grün und Blau) miteinander gemischt werden, entsteht Weiß, wie in **Abbildung 4.1** zu sehen. Ihr Monitor ist ein Beispiel für ein Gerät, das mit additiven Farben arbeitet.

In der subtraktiven Welt wird eine Farbe durch die Absorption von Licht bestimmt. Wenn deren Grundfarben – Cyan, Magenta und Gelb – gemischt werden, entsteht ein Schwarzbraun (**Abbildung 4.2**). Farben auf Papier werden mithilfe dieses Farbsystems gedruckt. Bei der Erstellung von Druckfarben führen Verunreinigungen in den Pigmenten zu einem schmutzigen Schwarzbraun, wenn Cyan, Magenta und Gelb gemischt werden. Um reines Schwarz zu erzeugen, muss während des Drucks Schwarz hinzugefügt werden, was auch den Verbrauch der teuren Buntfarben reduziert.

Abbildung 4.1

Der additive Farbraum besteht aus den Primärfarben Rot, Grün und Blau.

Abbildung 4.2

Der subtraktive Farbraum setzt sich aus den Primärfarben Cyan, Gelb und Magenta zusammen.

Wenn Sie additive Primärfarben mischen, entstehen subtraktive Primärfarben – mischen Sie subtraktive Primärfarben, entstehen wieder die additiven Primärfarben. In den beiden Abbildungen sehen Sie das in den jeweiligen Überschneidungen der Kreise. Für einen Retuscheur ist es bei der Identifizierung und Korrektur von Farbproblemen sehr nützlich, wenn er diese Beziehung zwischen den Farben versteht. Ist ein Bild beispielsweise zu blau, gibt es zwei Möglichkeiten, das Problem zu beheben: Verstärken Sie Gelb (die Konträrfarbe von Blau) oder verringern Sie Blau. Beides führt zum selben Ergebnis: ein weniger blaues Bild.

In der digitalen Welt der Bilder gibt es vier wesentliche Farbmodi: RGB, CMYK, Lab und HSB.

- RGB (*Rot*, *Grün* und *Blau*) ist der additive Farbmodus, den Monitore, Scanner und Digitalkameras verwenden. RGB bietet bei der Farbkorrektur und Retusche folgende Vorteile: kleinere Dateigrößen; gleiche Werte für Rot, Grün und Blau resultieren immer in einem neutralen Grau; ein größerer RGB-Farbraum wie Adobe RGB (1998) oder Pro Photo RGB ermöglichen es, dass die Datei in mehrere Farbumfänge umgewandelt und so für die finale Ausgabe aufbereitet werden kann.
- CMYK (*Cyan*, *Magenta*, *Gelb* und *Schwarz*) ist ein subtraktiver Farbmodus. Viele Leute (besonders die mit Erfahrung in der Druckvorstufe und im Druck) ziehen es vor, Farbkorrekturen und Retuschearbeiten in CMYK durchzuführen, weil sie mit diesen Farbwerten besser zurechtkommen. Der Umgang mit Farben, die sich im selben Farbumfang befinden wie der Drucker, kann dazu beitragen, unerwünschte Effekte im Druck zu vermeiden.
- Lab ist ein Drei-Kanal-Farbmodus, in dem die schwarzweißen Helligkeitsinformationen (L) eines Kanals von den Farbinformationen getrennt wurden. Die Helligkeitskomponente (Luminanz) wird gemessen zwischen 0 und 100. Der a-Kanal enthält Grün bis Rot und der b-Kanal Blau bis Gelb. Lab ist ein geräteunabhängiger Farbraum, der von Farbmanagementsoftware und Photoshop verwendet wird, wenn

RGB-Dateien in CMYK umgewandelt werden. Die Farbkorrektur im Lab-Modus ist eine sehr delikate Angelegenheit, denn die kleinste Verschiebung im a- oder b-Kanal kann zu einem sehr starken Farbstich führen. Auf der anderen Seite ist es aber ein ein sehr nützlicher Farbmodus, wenn Sie die Belichtung anpassen oder Artefakte beseitigen wollen.

- HSB (*Farbton*, *Sättigung* und *Helligkeit*). Der Farbton bezieht sich auf die Farbe, die Helligkeit auf die Stärke des Lichts in der Farbe und die Sättigung bestimmt die Stärke der Farbe. Nutzen Sie die Vorteile des HSB-Farbmodus, um Farben bei der Porträtretusche zu betonen bzw. die Betonung zu minimieren.

Jeder Farbmodus hat seine Vor- und Nachteile – viele davon werden im Buch *Photoshop Lab Color* von Dan Margulis (Addison Wesley, 2006) beschrieben. Da ich die Informationen aus diesem Buch nicht noch einmal aufarbeiten will, konzentriere ich mich in diesem Kapitel auf das Aufdecken und Korrigieren von Farbstichen in historischen und zeitgenössischen Fotos.

Sind alle Farbstiche böse?

Es gibt nur zwei Arten von Farbstichen: die, die ein Bild verbessern, und solche, die es zerstören. Positive Farbstiche – z.B. ein Goldton an einem frühen Morgen oder das kühle Blau einer verschneiten Nacht (**Abbildung 4.3**) – verleihen dem Bild Atmosphäre. Unerwünschte Farbstiche treten auf, wenn der Fotograf den falschen Farbfilm oder einen falschen Weißabgleich verwendet hat, ein Bild über die Jahre verblasst (**Abbildung 4.4**) oder eine unerwünschte Farbe reflektiert wird (**Abbildung 4.5**). Sie haben sicherlich schon Bilder gesehen, die in einer Umgebung aufgenommen wurden, wo die Farbtemperatur des Lichts nicht mit der Farbbalance des Films zusammenpasste oder der Weißabgleich der Digitalkamera falsch war. Orange, rote oder grüne Farbstiche aufgrund eines falschen Farbfilms oder des falschen Einsatzes eines Fotofilters gehören eher zu den unerwünschten Farbstichen.

Abbildung 4.3

Der blaue Farbstich lässt im Bild eine kalte Stimmung entstehen.

Abbildung 4.4

Farbabzüge verblassen mit der Zeit.

Abbildung 4.5

Der grüne Rasen wirft einen unerwünschten grünen Schimmer auf die weiße Statue.

Farbräume

Photoshop verwendet unabhängige Farbräume, die Farben enthalten – ähnlich wie Schachteln für Buntstifte, die es in unterschiedlichen Größen und Ausführungen gibt. Die größte Buntstiftbox könnte den gesamten Farbumfang der für das Auge sichtbaren Farben repräsentieren – ein Bereich, der komplett weder angezeigt noch gedruckt werden kann. Es wurden verschiedene Farbräume entwickelt, um die unterschiedlichen Umgebungen zu reflektieren, in denen Farben sichtbar sind oder gedruckt werden können. Viele Designer ziehen einen kleineren Farbraum, z.B. ColorMatch, vor, wenn sie Bilder für den Offsetdruck vorbereiten, denn CMYK hat einen begrenzten Farbumfang. Fotografen verwenden oft Adobe RGB, ein größerer Farbraum, der sich für den Inkjet-Druck gut eignet, oder ProPhotoRGB, der ideal ist für Bilder mit 16 Bit (Camera Raw).

FARBSTICHE ERKENNEN

Die Farbkorrektur beginnt immer mit der Bestimmung des Farbstichs – Sie müssen das Problem erst kennen, bevor Sie es lösen können. In hellen oder neutralen Bildbereichen sind Farbstiche einfacher zu erkennen – achten Sie beispielsweise auf ein weißes T-Shirt oder einen grauen Bürgersteig. Wenn Sie die Farbe eines Bilds untersuchen, finden Sie neutrale Referenzbereiche: etwas, das weiß, fast weiß oder grau sein sollte. Sollten diese Bereiche leicht blau aussehen, hat das Bild einen blauen Farbstich. Die Korrektur eines Farbstichs in hellen oder neutralen Bildbereichen nimmt in der Regel die meiste Zeit der Farbkorrektur in Anspruch.

Tipp

Platzieren Sie die Pipette über einem hellen Bildbereich und lesen Sie die RGB-Werte in der Info-Palette ab. Korrekt ausbalancierte, neutrale Farben besitzen dieselben RGB-Werte. Dunklere neutrale Bereiche haben geringere RGB-Werte als hellere.

Nutzen Sie folgende Werkzeuge, um Farbstiche zu bestimmen: Ihre visuelle Erinnerung, die Info-Palette, die einzelnen Kanäle des Bilds und Erfahrung. Ähnliche Farbstiche wie Blaun und Cyan oder Magenta und Rot erfordern etwas Übung, um sie korrekt zu identifizieren. Wenn Sie einen Farbstich in den Lichtern feststellen, leidet in neun von zehn Fällen das gesamte Bild unter einem Farbstich. Aber nur weil Farbstiche in dunkleren Bereichen schwieriger zu sehen sind, heißt das nicht, dass es dort keine gibt. Nachdem Sie einen Farbstich identifiziert haben, sollten Sie global denken und zunächst das generelle Problem angehen. Glücklicherweise entfernen Sie mit dem großen Problem gleichzeitig auch einige kleinere.

FARBKORREKTUR MIT BILDVARIATIONEN

Falls Sie jetzt etwas verwirrt sind, keine Panik. Photoshops Befehl VARIATIONEN (BILD/ANPASSEN/VARIATIONEN) ist sehr hilfreich, wenn Sie sich mit der Farbkorrektur noch nicht so ganz auskennen oder eine Auffrischung benötigen. Der Befehl ist ähnlich den Farbtafeln, die Fotodrucker jahrelang genutzt haben, um festzulegen, wie die Farben bei einem Farbausdruck eingestellt werden müssen. Im Farbkorrekturteil der Dialogbox sehen Sie sechs Bilder, die die drei Primärfarben und deren Konträrfarben (Rot und Cyan, Grün und Magenta und Blau und Gelb) darstellen (**Abbildung 4.6**). Wenn Sie beispielsweise ein Bild mit einem blauen Farbstich haben und auf das gelbe Bild klicken, wird Gelb hinzugefügt und Blau entfernt.

Der Befehl VARIATIONEN vergleicht das aktuelle Bild in geeigneter Weise in drei Bereichen: Vergleich mit dem Original, Vergleich mit sechs möglichen Farbänderungen und Vergleich mit einer helleren und einer dunkleren Version des Bilds.

Links neben dem OK und dem ABBRECHEN-Button finden Sie Radiobuttons, mit denen Sie festlegen, welchen Bildbereich Sie bearbeiten wollen: Tiefen, Mitteltöne, Lichter oder Sättigung. Wenn Sie die Variationen zur Farbkorrektur verwenden, empfehle ich Ihnen, mit den Mitteltönen zu beginnen und anschließend die Lichter zu bearbeiten. Es gibt allerdings auch zwei Probleme mit diesem Befehl: Er funktioniert nicht bei Bildern mit 16 Bit und es handelt sich nicht um eine Einstellungsebene, die Farbkorrektur wird also direkt auf die Bildpixel angewendet. Um keine Originaldaten zu verändern, sollten Sie deshalb vorher immer eine Kopie der Hintergrundebene anlegen.

Das Original in **Abbildung 4.7** wurde innen und mit natürlichem Licht aufgenommen. Die Digitalkamera wurde auf fluoreszierendes Licht eingestellt, das Bild erschien zu blau. Mit ein paar Klicks in der Dialogbox VARIATIONEN wurde das Bild neutralisiert und es sieht nun wieder ansprechend aus (**Abbildung 4.8**).

ch4_blueamanda.jpg

Abbildung 4.6

Spüren Sie mit der Dialogbox VARIATIONEN Farbstiche auf und lernen Sie die entgegengesetzte Farbe kennen, mit der Sie einen Farbstich neutralisieren.

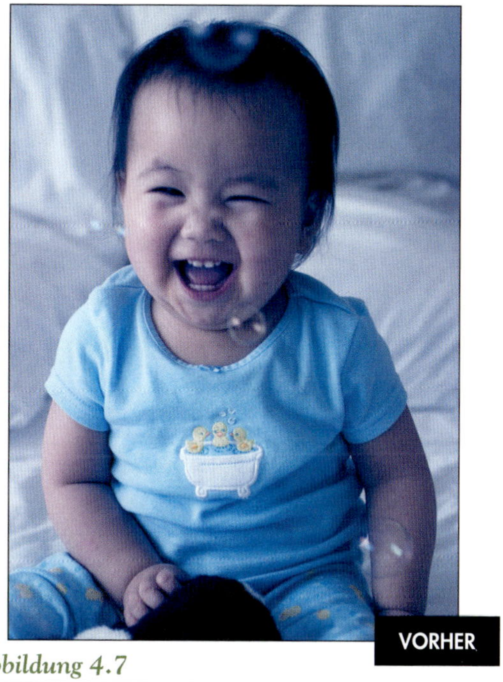

Abbildung 4.7

© Wayne Palmer

Abbildung 4.8

1. Aktivieren Sie die Pipette mit der Einstellung 3 x 3 PIXEL DURCHSCHNITT, öffnen Sie die Info-Palette und messen Sie einen Bildbereich, der neutral sein sollte. Da Sie die Aufnahmesituation nicht kennen, kennen Sie natürlich auch die richtige Farbe nicht, stimmt's? Stellen Sie sich einfach eine ähnliche Szene vor – es ist anzunehmen, dass die Badewanne auf dem T-Shirt oder die Tücher im Hintergrund weiß sind oder zumindest eine sehr helle neutrale Farbe haben. **Abbildung 4.9** zeigt folgende Werte: 202 Rot, 216 Grün und 237 Blau.

Abbildung 4.9

Nehmen Sie einen Bereich auf, der neutral sein sollte, und lesen Sie die Farbwerte in der Info-Palette ab.

Tipp

Die Variationen sind ein Werkzeug für die optische Wahrnehmung. In der Info-Palette sind während der Bearbeitung keine Vorher-Nachher-Werte zu sehen – also keine Bange, weil die Dialogbox den gesamten Arbeitsbereich überdeckt.

Der viel höhere Wert für Blau (im Vergleich mit den anderen Farben) ist ein sicheres Anzeichen für einen starken blauen Farbstich. Der geringe Wert für Rot verrät, dass das Bild aber auch unter einem Cyan-Farbstich leidet. Korrekt angepasst unterscheiden sich die RGB-Werte kaum.

2. Duplizieren Sie die Hintergrundebene, um die Original-Bildpixel zu schützen.

3. Wählen Sie BILD/ANPASSEN/VARIATIONEN und klicken Sie auf den Radiobutton MITTELTÖNE. Um zu sehen, wie der Befehl funktioniert, verschieben Sie den Stärkeregler nach rechts (**Abbildung 4.10**).

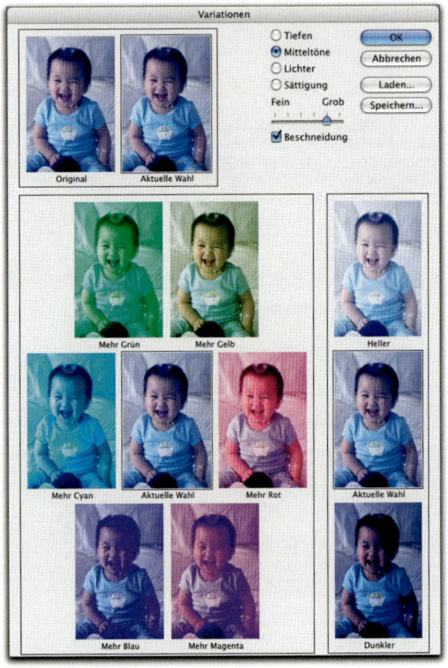

Abbildung 4.10

Mit dem Regler kontrollieren Sie die Stärke der Variationen.

4. Verschieben Sie den Regler anschließend wieder nach links – auf den zweiten Strich von links –, um die Stärke der Veränderung zu reduzieren. Klicken Sie auf MEHR GELB, um Blau zu reduzieren. Um den Effekt zu verstärken, klicken Sie erneut auf MEHR GELB. In diesem Beispiel klickte ich ein drittes Mal auf diese Farbe und anschließend auf MEHR ROT, um Cyan zu reduzieren und ein ansprechendes Ergebnis zu erzielen (**Abbildung 4.11**).

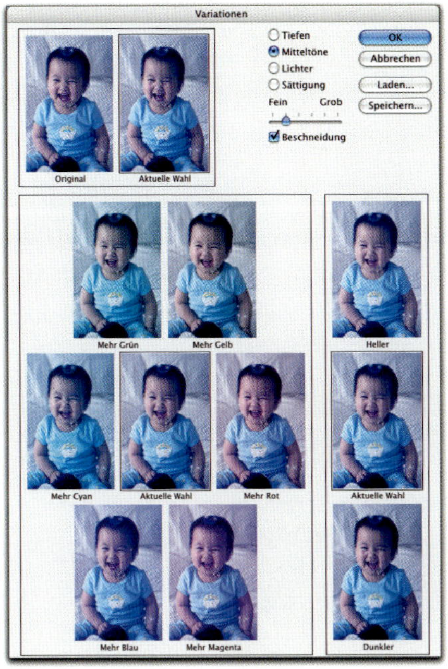

Abbildung 4.11

Beginnen Sie die Farbkorrektur mit den Mitteltönen – je feiner die Einstellung, desto feiner die Ergebnisse.

5. Klicken Sie auf OK und überprüfen Sie die Ergebnisse in der Info-Palette, wie in **Abbildung 4.12** zu sehen. Dort sehen Sie identische Werte für R, G und B (229, 229, 229).

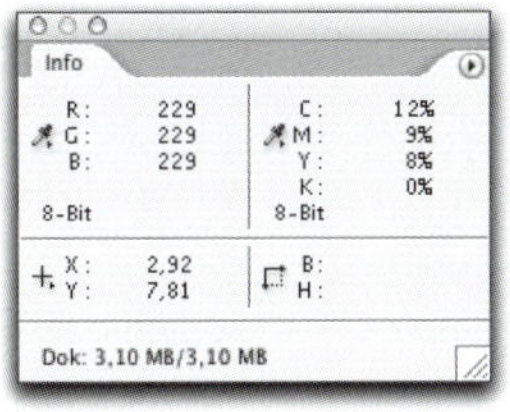

Abbildung 4.12

Überprüfen Sie die neutralen Bildbereiche mit der Pipette und in der Info-Palette, um doppelt zu überprüfen, dass Sie den Farbstich entfernt haben.

Tipps zu Variationen

- Wenn Sie Variationen verwenden, können Sie alle Änderungen rückgängig machen, indem Sie auf das Originalbild in der oberen linken Ecke klicken.
- Sie können die vorgenommenen Änderungen speichern und später wieder laden.
- Wenn Sie VARIATIONEN das zweite Mal öffnen, werden automatisch die zuletzt angewendeten Änderungen eingestellt.
- Mit VARIATIONEN können Sie auch durchaus vorhersehbare Ergebnisse erzielen und beispielsweise einen Sepiaeffekt erzeugen: ein Klick Rot, ein Klick Gelb und ein Klick weniger Sättigung.

Für diesen Befehl gibt es keinen Tastatur-Kurzbefehl, deshalb sollten Sie vielleicht einen festlegen – bis Sie sich mit den anderen Farbkorrektur-Werkzeugen auskennen, die Photoshop zu bieten hat.

Ron Hirsch, ein pensionierter Ingenieur und Leser der ersten Auflage dieses Buchs, hat mir eine empirische Analyse der beiden Befehle VARIATIONEN und FARBBALANCE geschickt, in der er aufzeigt, wie Sie die Ergebnisse des Befehls VARIATIONEN auch mit dem Befehl FARBBALANCE erzielen können. Sie finden diese Analyse als PDF in Kapitel 4 auf der Website zum Buch (`www.digitalretouch.org`).

ch4_variations.pdf

DIE FARBDUNKELKAMMER MIT DER FARBBALANCE IMITIEREN

Wenn Sie bereits Farbfotos gedruckt haben, sind Sie mit Farbbalance-Einstellungsebenen von Photoshop wahrscheinlich schon vertraut. Auch dieser Befehl basiert auf dem Prinzip, dass die Komplementärfarben verstärkt oder verringert werden, um die Farbe eines Bilds auszubalancieren.

Abbildung 4.13 zeigt ein Foto von einer meiner Seminarteilnehmerinnen und mir, das an einem sehr wolkigen Tag mitten im Sommer aufgenommen wurde. Auch wenn die Beleuchtung einen weichen, diffusen Effekt erzeugt, lässt uns der Weißabgleich der Kamera, der auf Kunstlicht eingestellt war, etwas zu blau aussehen.

Abbildung 4.14 zeigt dasselbe Bild, nachdem ich eine Farbbalance- und eine Farbton/Sättigung-

Einstellungsebene angewendet habe, um die Färbung zu entfernen. Anschließend fügte ich mit einer Technik aus dem vorhergehenden Kapitel noch etwas Aufhellblitz hinzu. Unsere Hauttöne sind jetzt weniger blau. Während wir uns gleich durch das Beispiel arbeiten, konzentrieren wir uns zuerst auf das Wesentliche – die Hauttöne – und kümmern uns dann um die Details.

Abbildung 4.13

Abbildung 4.14

ch4_Katrin&friend.jpg

1. Untersuchen Sie das Bild mit der Pipette und der Info-Palette. Setzen Sie Farbaufnehmer in den Hauttönen, auf meiner silbernen Bluse und auf dem Gebäude im Hintergrund. Die Farbaufnehmer auf dem Beton und der Bluse zeigen einen deutlichen blauen Farbstich (**Abbildung 4.15**).
2. Fügen Sie eine Farbbalance-Einstellungsebene hinzu.
3. Standardmäßig sind die Mitteltöne und die Checkbox LUMINANZ ERHALTEN aktiviert – zu Beginn der Farbkorrektur sehr nützlich. Um Blau zu verringern, verschieben Sie den Blau-Gelb-Regler nach links auf –42 (**Abbildung 4.16**). Fügen Sie außerdem 7 Punkte Rot hinzu, um die Hauttöne aufzuhellen. Klicken Sie anschließend auf OK.

Abbildung 4.15

Zwei Farbaufnehmer zeigen einen starken blauen Farbstich.

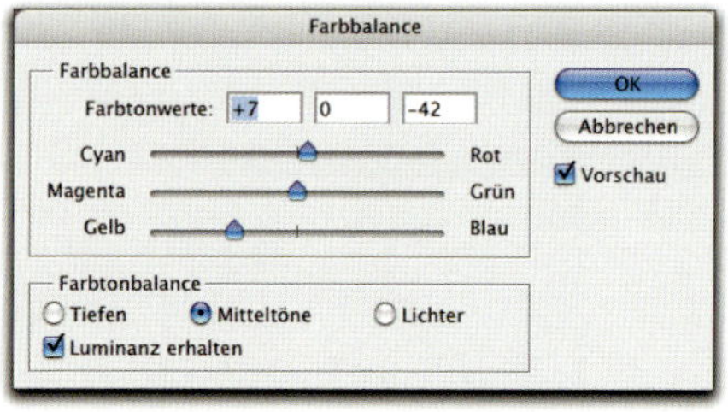

Abbildung 4.16

Bearbeiten Sie die Mitteltöne, um den blauen Farbstich zu entfernen. Oftmals müssen Sie bei der Korrektur mehr als einen Regler verschieben.

Hinweis

Rot- und Magenta-Farbstiche sehen sich sehr ähnlich, so wie auch Blau und Cyan und Grün und Gelb. Wenn Sie mit einer ähnlichen Farbe des Farbstichs arbeiten, können Sie die Farbprobleme korrigieren. Hier wird das Blau durch Hinzufügen von Gelb reduziert; zusätzliches Rot entfernt leichte Spuren von Cyan.

4. Mit der Farbbalance-Einstellungsebene konnte der Farbstich aus den Hauttönen entfernt werden, der Beton im Hintergrund hat jedoch immer noch einen leichten blauen Schimmer. Fügen Sie eine Farbton/Sättigung-Einstellungsebene hinzu. Aktivieren Sie im Popup-Menü BEARBEITEN die Blautöne und klicken Sie mit der Pipette auf die Betonwand. Unten in der Dialogbox werden die ausgewählten Farben dargestellt. Halten Sie die ⇧-Taste gedrückt und ziehen Sie über ähnliche Farben auf der Mauer, um den ausgewählten Farbbereich zu erweitern.

5. Verschieben Sie den Sättigungsregler ganz nach links – die Färbung verschwindet. Beachten Sie in **Abbildung 4.17**, dass die Werte in der Info-Palette eine neutrale Wand repräsentieren.

Abbildung 4.17

Entfernen Sie die blaue Färbung vom Beton und verringern Sie die Sättigung mit einer Farbton/Sättigung-Einstellungsebene.

6. Fügen Sie abschließend noch etwas Aufhellblitz zum Bild hinzu, um die Tiefen in den Gesichtern etwas aufzuhellen. Wählen Sie EBENE/NEU/EBENE im Modus ÜBERLAGERN und aktivieren Sie die Checkbox MIT NEUTRALER FARBE FÜR DEN MODUS »ÜBERLAGERN« FÜLLEN (50% GRAU). Malen Sie mit einer weichen, weißen Pinselspitze und einer Deckkraft von 20% über die Gesichter, um sie aufzuhellen. Ist der Effekt zu intensiv, verringern Sie die Deckkraft wie in **Abbildung 4.18**.

Abbildung 4.18

Wenn Sie auf einer neutralen Ebene im Modus ÜBERLAGERN mit Weiß malen, können Sie die Tiefen effektiv aufhellen.

GLOBALE FARBKORREKTUR

Sie wissen sicher, dass Photoshop immer mehr als eine Möglichkeit bietet, ein und dasselbe Ergebnis zu erzielen. Viele Leute mögen das nicht und sind der Meinung, dass ihr Weg der einzige ist. Die Farbkorrektur ist eine Kunstform, die auf Wahrnehmung, Erfahrung und der Interpretation eines Bilds beruht. Mit den folgenden Übungen – wir verwenden die Tonwertkorrektur und Gradationskurven – werden wir einige sehr schlechte Fotos mit einem Farbstich korrigieren. Denken Sie jedoch immer daran, dass es bei der Farbkorrektur kein richtig oder falsch gibt. Wenn Sie mit Ihren eigenen Bildern arbeiten, sollten Sie experimentieren, um herauszufinden, was funktioniert und was nicht.

Auto-Farbkorrektur

Seit Version 7.0 besitzt Photoshop eine wesentlich bessere Auto-Farbkorrektur-Funktion – diese können Sie kontrollieren, um ansprechende Ergebnisse zu erzielen. Ich gehöre normalerweise zu den Ersten, die vor Dingen zurückschrecken, die im Namen die Worte *Auto* oder *Zauber* tragen. Die Auto-Farbkorrektur bietet jedoch verschiedene Einstellungen, um die Farben eines Bilds schnell und einfach auszubalancieren – besonders, wenn Sie mit älteren, ausgeblichenen Bildern und Bildern von einfacheren Digitalkameras arbeiten. Wenn Sie erst einmal verstanden haben, wie der Befehl funktioniert, können Sie viel Zeit sparen.

Hinweis

Auf die Befehle AUTO-TONWERTKORREKTUR, AUTO-KONTRAST oder AUTO-FARBE (alle zu finden unter BILD/ANPASSEN) gehe ich hier nicht ein. Ich empfehle Ihnen diese Befehle auch nicht, weil Sie keine Kontrolle über die Werte haben, mit denen Photoshop die Änderungen berechnet.

Sowohl in der Tonwertkorrektur- als auch in der Gradationskurven-Dialogbox gibt es einen AUTO-Button, der jeweils dieselben Standardwerte anwendet. Da die Tonwertkorrektur-Dialogbox kleiner ist, verwende ich meistens diese, weil ich dann mehr von meinem Bild sehe. Wenn Sie auf OPTIONEN klicken, öffnen Sie die Optionen für die Auto-Farbkorrektur (**Abbildung 4.19**). Hier können Sie aus verschiedenen Korrekturen wählen oder die Werte beeinflussen, auf die sich der Befehl bezieht.

Abbildung 4.19

Die Optionen der Auto-Farbkorrektur stehen Ihnen über die Dialogboxen TONWERTKORREKTUR und GRADATIONSKURVEN zur Verfügung.

In der Dialogbox AUTO-FARBKORREKTUROPTIONEN finden Sie sechs Einstellungen, die festlegen, wie die Farbe bearbeitet wird:

- Schwarzweiß-Kontrast verbessern: Photoshop beschneidet alle Farbkanäle gleichzeitig und verwendet dabei identische Werte – die Tiefen werden dunkler, die Lichter heller. Diese Option entspricht dem Befehl BILD/ANPASSEN/AUTO-KONTRAST bzw. ist identisch mit dem Verschieben der Schwarz- und Weißpunktregler in der Tonwertkorrektur-Dialogbox auf die jeweiligen Anfänge der Bildinformationen des RGB- oder CMYK-Histogramms.
- Kontrast kanalweise verbessern: Photoshop passt jeden Kanal einzeln an. Das ist, als würden Sie die Schwarz- und Weißpunktregler der einzelnen Kanäle auf den jeweiligen Beginn der Bildinformationen verschieben. Die Option entspricht dem Befehl BILD/ANPASSEN/AUTO-TONWERTKORREKTUR.
- Dunkle und helle Farben suchen: Photoshop verwendet die hellsten und dunkelsten Pixel eines Bilds für die Tiefen- und Lichterwerte. Die Option entspricht dem Befehl BILD/ANPASSEN/AUTO-FARBE und kann unerwünschte Farbstiche hervorrufen.
- Neutrale Mitteltöne ausrichten: Mit dieser Option sucht Photoshop nach einer nahezu neutralen Farbe im Bild und wandelt diese in Grau um. Der Befehl BILD/ANPASSEN/AUTO-FARBE verwendet diese Option.
- Zielfarben & Beschneiden: Geben Sie hier Werte ein, um Photoshop die Tonwerte in Prozent mitzuteilen, die es ignorieren soll. Wenn Sie beispielsweise für die Tiefen und Lichter 0,02% eingeben, werden die hellsten und dunkelsten Pixel um 0,02% übersprungen, bevor mit der Berechnung begonnen wird. Adobe gibt selbst zu, dass der Standardwert von 0,1% für die Qualität, die von heutigen Kameras und Scannern erzeugt wird, zu hoch ist. Der Autor Bruce Fraser empfiehlt, mit einem Wert von 0,00% zu beginnen.

Wenn die Berechnungen auf nicht neutralen Farben beruhen sollen, legen Sie mithilfe des Farbwählers jede beliebige Farbe als Ziel für die Tiefen, Mitteltöne und Lichter fest.

- Als Standard speichern: Durch Aktivieren dieser Option weiß Photoshop, dass Sie diese Einstellungen verwenden wollen, wenn Sie das nächste Mal auf den AUTO-Button klicken. Der Beschneidungswert wird dann gleichzeitig auch Standard für AUTO-TONWERTKORREKTUR, AUTO-KONTRAST und AUTO-FARBE.

Die Schönheit der Auto-Details

Da es jetzt die Möglichkeit gibt, die Auto-Farbkorrektur zu kontrollieren, füge ich zu meinen Bildern immer eine Tonwertkorrektur- oder Gradationskurven-Einstellungsebene hinzu und klicke mich durch die Optionen, um zu sehen, was passiert. Oft entstehen sehr gute Ergebnisse – wenn ich auf die Details achte.

Um mit dem Befehl AUTO-FARBE die besten Ergebnisse zu erzielen, aktivieren Sie die Optionen DUNKLE UND HELLE FARBEN SUCHEN und NEUTRALE MITTELTÖNE AUSRICHTEN und speichern diese als Standard. Keine Bange, wenn Sie Ihr Bild damit vorübergehend ruinieren. Durch das Festlegen dieser Standards gehen Sie sicher, dass Photoshop mit AUTO-FARBE beginnt, wenn Sie in der Tonwertkorrektur- oder Gradationskurven-Dialogbox auf AUTO klicken. Klicken Sie anschließend auf OK. Sollte Ihr Bild ruiniert sein, wählen Sie BEARBEITEN/RÜCKGÄNGIG.

Um die Funktionsweise von AUTO-FARBE weiter zu kontrollieren, öffnen Sie die AUTO-FARBKORREKTUROPTIONEN erneut, um die Werte für ZIELFARBEN & BESCHNEIDEN anzupassen, die mit 0,10% viel zu hoch sind. Verringern Sie den Wert für die Tiefen auf 0 und drücken Sie die Pfeiltaste nach oben auf Ihrer Tastatur, um den Wert 0,01% auszuwählen. Achten Sie auf die Tiefen und Lichter im Bild. Werte, die geringer sind als der Standard, erzeugen angenehme Tiefen und druckbare Lichter, die nicht rein weiß sind.

Der Standard für die Mitteltöne kann für Ihre Bilder die beste Wahl sein oder auch nicht. Ein perfekter neutraler Mittelton ist optisch etwas zu kalt. Passen Sie die Mitteltöne an.

Im Bild in **Abbildung 4.20** ist der Hund etwas zu dunkel, das weiße Fell hat einen Blau/Cyan-Stich. Der Hund sieht wesentlich neutraler aus, wenn Sie die Mitteltöne korrigieren (**Abbildung 4.21**).

Tipp

Für konsistente Farbergebnisse unter gleichen Lichtbedingungen sollten Sie den Weißabgleich der Kamera manuell einstellen, damit dieser nicht von Bild zu Bild variiert.

Abbildung 4.20

Abbildung 4.21

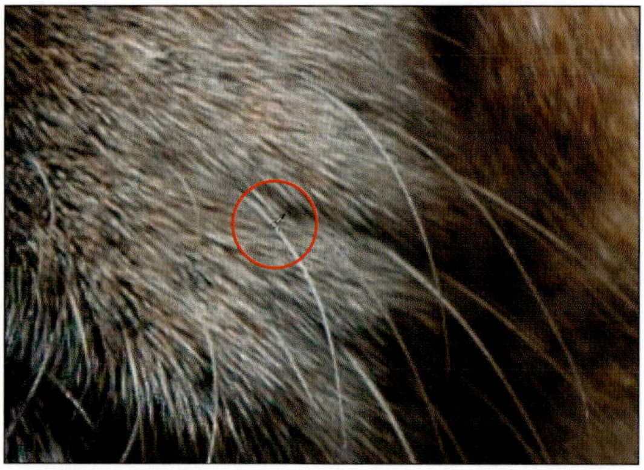

Abbildung 4.22

Platzieren Sie einen Farbaufnehmer in einem eigentlich weißen Bereich.

ch4_bluedog.jpg

1. Platzieren Sie einen Farbaufnehmer auf dem weißen Fell. Zoomen Sie in das Bild hinein, um sicherzugehen, dass Sie Weiß erwischt haben (**Abbildung 4.22**).
2. Fügen Sie eine Tonwertkorrektur-Einstellungsebene hinzu und klicken Sie auf OPTIONEN, um die Standardeinstellungen zu öffnen. Das Bild wird aufgehellt, der Farbstich erscheint deutlicher.
3. Um den Farbstich zu reduzieren, aktivieren Sie die Checkbox NEUTRALE MITTELTÖNE AUSRICHTEN und klicken Sie im Abschnitt ZIELFARBEN & BESCHNEIDEN auf das Farbfeld für die Mitteltöne. Klicken Sie anschließend im Farbwähler in das Feld C%. Verringern Sie mit der Pfeiltaste auf Ihrer Tastatur den Wert für Cyan. Stoppen Sie bei 34%, die Farbe wurde deutlich reduziert.
4. Klicken Sie in das Feld »B« der RGB-Werte und die Pfeiltaste nach unten, bis Sie den Wert 149 erreicht haben. Messen Sie mit der Pipette den weißen Bereich auf dem Kopf des Hunds. Die Werte sollten ziemlich ausgeglichen – neutral – sein (**Abbildung 4.23**).

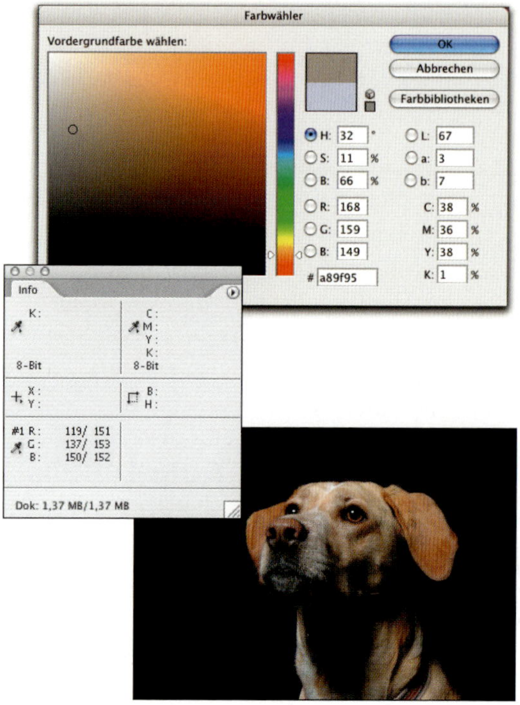

Abbildung 4.23

Verringern Sie die Blau- und Cyanwerte, um den Farbstich zu neutralisieren.

Gezielte Auto-Farbkorrekturen

Da sich die Auto-Farbkorrekturen auf das gesamte Bild auswirken, entstehen nicht immer die erwarteten Ergebnisse. Belanglose weiße Kanten und ausgerissene Ecken wie die in **Abbildung 4.24** können die Genauigkeit des Befehls beeinflussen. Um unerwünschte Ergebnisse zu vermeiden, stellen Sie die Datei vorher entweder frei oder Sie verwenden eine vorübergehende Maske, um zu kontrollieren, wo die automatische Farbkorrektur stattfindet – so erhalten Sie beste Ergebnisse (**Abbildung 4.25**).

ch4_couchcouple.jpg

1. Wählen Sie mit dem Auswahlrechteck den wichtigen Bildbereich aus. In diesem Beispiel sind es die Gesichter der beiden Personen (**Abbildung 4.26**).
2. Fügen Sie eine Tonwertkorrektur-Einstellungsebene hinzu, die automatisch eine Maske beinhaltet.

Abbildung 4.24

Abbildung 4.25

Abbildung 4.26

Wählen Sie den wichtigsten Bildbereich aus.

3. Klicken Sie auf OPTIONEN und wechseln Sie zwischen den drei Auswahlmöglichkeiten. Wie in Abbildung 4.27 zu sehen, ergeben die Optionen KONTRAST KANALWEISE VERBESSERN und NEUTRALE MITTELTÖNE AUSRICHTEN das beste Ergebnis.

4. Um die Korrektur auf das gesamte Bild anzuwenden, ziehen Sie die Maske in den Papierkorb oder klicken Sie mit gedrückter ⇧-Taste darauf, um sie auszublenden (Abbildung 4.28).

Abbildung 4.27

Die Maske lenkt die Korrektur auf die wichtigen Infos.

Abbildung 4.28

Blenden Sie die Maske aus, um die Korrektur auf das gesamte Bild anzuwenden.

Farbkorrektur mit den Pipetten der Tonwertkorrektur

Sie können Farbstiche effektiv entfernen, wenn Sie mit den Pipetten der Tonwertkorrektur oder Gradationskurven die neutralen Bereiche von Weiß, Grau und Schwarz bestimmen. Abbildung 4.29 zeigt ein typisches Problem beim Fotografieren von Schnee – die Belichtung wird so beeinflusst, dass die Szene viel dunkler und blauer aufgenommen wird. Mit ein paar Klicks in der Tonwertkorrektur können Sie das Bild retten (Abbildung 4.30).

ch4_bluesnowhouse.jpg

Abbildung 4.29

Abbildung 4.30

1. Zuerst müssen Sie den Farbstich identifizieren. Wenn Sie mit einem gut kalibrierten Monitor arbeiten und ein gutes Farbgefühl haben, sehen Sie, dass der Schnee zu blau ist. Das erkennen Sie auch mit einem Blick in die Info-Palette. Aktivieren Sie die Pipette mit 3 x 3 DURCHSCHNITT und suchen Sie eine neutrale Farbe im Bild – in diesem Bild gibt es viel Weiß. Wenn Sie die Pipette über eine neutrale Farbe halten, erkennen Sie an den RGB-Werten in der Info-Palette den Farbstich (**Abbildung 4.31**). Im schattigen Vordergrund zeigt die Info-Palette 173 Rot, 186 Grün und 213 Blau an. Der hohe Wert für Blau besagt, dass das Bild einen starken Blaustich aufweist.

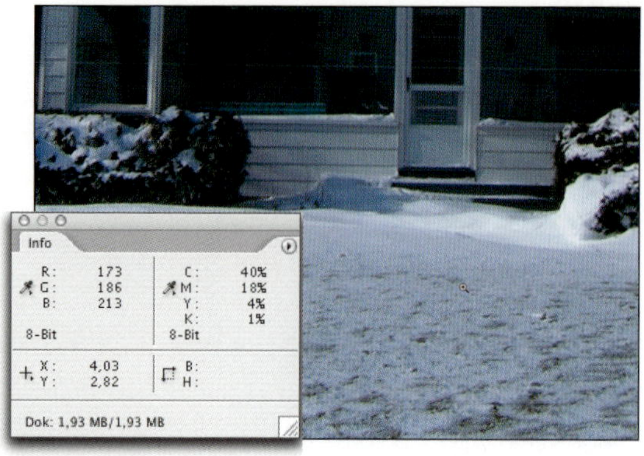

Abbildung 4.31

Die RGB-Werte in der Info-Palette zeigen den Farbstich.

2. Fügen Sie eine Tonwertkorrektur-Einstellungsebene hinzu und aktivieren Sie die weiße Pipette. Klicken Sie in den Schnee vor der Tür, um einen neuen Weißpunkt festzulegen. In der Info-Palette sehen Sie, dass die Werte für Rot, Grün und Blau nahezu identisch sind (**Abbildung 4.32**). Experimentieren Sie etwas, um den besten neutralen Punkt zu finden. Wenn Sie eine Änderung nicht mögen, machen Sie sie mit ⌘/Strg-Z rückgängig. Mit ⌥/Alt und einem Klick auf den ZURÜCK-Button stellen Sie das Ausgangsbild wieder her.

Tipp

Ziehen Sie den Weißpunktregler mit gedrückter ⌥/Alt-Taste nach links (**Abbildung 4.33**). Photoshop zeigt, wo sich die wahren Lichter befinden. Diese Technik funktioniert auch für den Schwarzpunkt – ziehen Sie den Regler nach rechts.

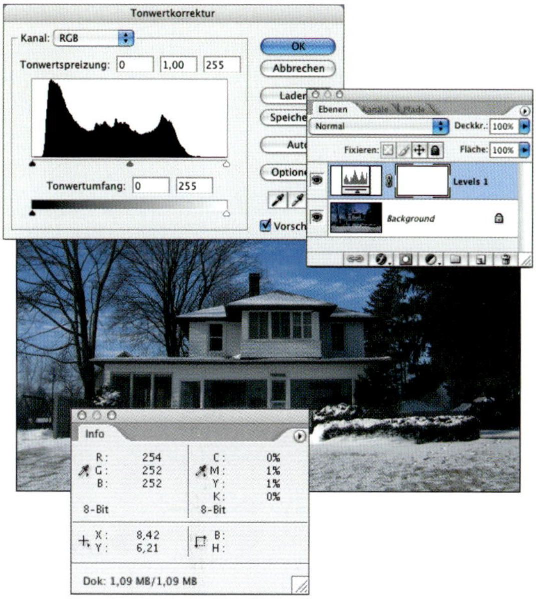

Abbildung 4.32

Mit der weißen Pipette können Sie einen neuen Weißpunkt festlegen und Farbe und Kontrast des Bilds verbessern.

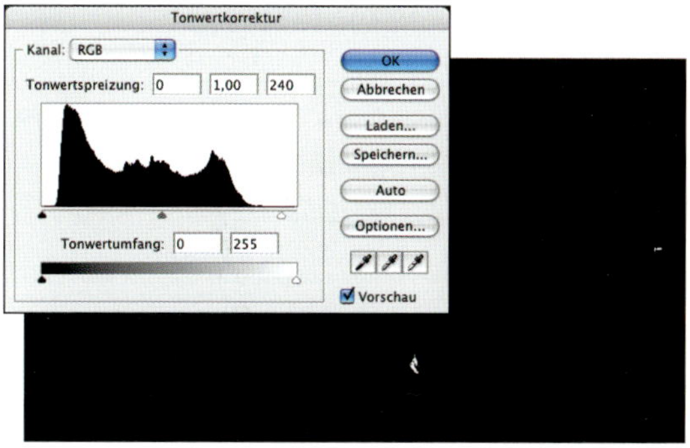

Abbildung 4.33

Finden Sie den hellsten Punkt eines Bilds.

3. Auch wenn der Farbstich zum größten Teil verschwunden ist und das Bild aufgehellt wurde, sieht es trotzdem noch sehr kühl aus. Klicken Sie mit der grauen Pipette auf den grauen Zaun links im Bild (**Abbildung 4.34**). Falls es in Ihrem Bild keinen solchen grauen Bereich gibt, können Sie auch ein weißes Gebäude im Schatten verwenden. In diesem Bild eignet sich ebenso der Bereich um das Fenster im Obergeschoss, um einen neutralen Mittelpunkt zu finden.

Abbildung 4.34

Mit der grauen Pipette legen Sie den neutralen Mittelpunkt fest und entfernen den Farbstich noch weiter.

Tipp

Mit ⌘/Strg-+ und ⌘/Strg-- zoomen Sie im Bild. Auch die Scrollbalken funktionieren, wenn die Tonwertkorrektur-Dialogbox geöffnet ist. Im Standardmodus lässt sich die Fenstergröße mit ⌘-⌥-+/Strg-Alt-+ oder ⌘-⌥--/Strg-Alt-- anpassen.

4. In vielen Bildern reicht die Korrektur des Weiß- und des Mittelpunkts. Dieses Diagramm zeigt aber, dass sich der schwarze Regler zu weit links befindet. Verbessern Sie den Kontrast, indem Sie ihn auf den Beginn des Histogramms verschieben (**Abbildung 4.35**).

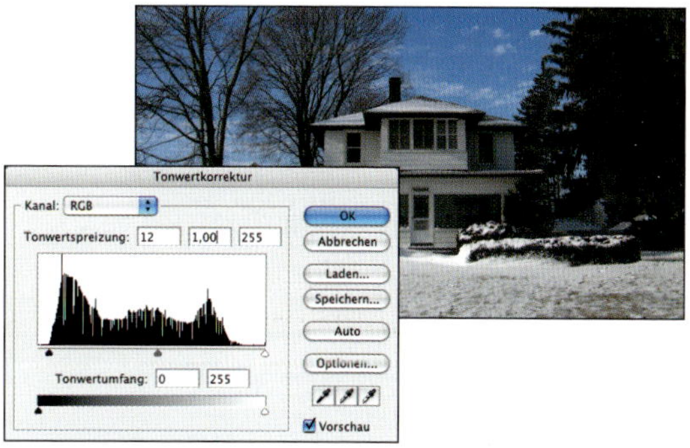

Abbildung 4.35

Verschieben Sie den schwarzen Regler auf den Beginn des Histogramms, um reines Schwarz festzulegen.

5. Nachdem Sie Weiß- und Schwarzpunkt festgelegt haben, sollten Sie sich das Bild noch einmal ansehen. Ist es zu dunkel oder zu hell, verschieben Sie den Gammaregler nach links (aufhellen) bzw. nach rechts (abdunkeln).

Der Neutralwert

Die graue Pipette in der Tonwertkorrektur und in den Gradationskurven ist sehr nützlich – besonders bei der Farbkorrektur älterer Bilder (wie z.B. in **Abbildung 4.36**). Wenn Sie mit der Pipette die neutralen Bereiche neu einstellen, sieht das Bild gleich ganz anders aus (**Abbildung 4.37**).

ch4_vacation.jpg

Nur eine Hand voll Menschen weiß, wie die Originalfarben in diesem Bild aussahen. Basierend auf eigenen Erinnerungen, kann sich aber sicherlich jeder vorstellen, wie sie zumindest ungefähr ausgesehen haben könnten. Überlegen Sie kurz, welche Bereiche neutral sein könnten – der Asphalt ist beispielsweise ein guter Ausgangspunkt, um den Farbstich zu entfernen.

Abbildung 4.36

Abbildung 4.37

1. Fügen Sie eine Tonwertkorrektur-Einstellungsebene hinzu und klicken Sie mit der grauen Pipette in den Asphalt (**Abbildung 4.38**). Sie können natürlich auch in andere neutrale Bereiche klicken.

2. Verschieben Sie den Schwarz- und Weißpunktregler jeweils auf den Beginn der Bildinformationen (**Abbildung 4.39**). Wie Sie sehen, bleibt der neutrale Bereich neutral, die Tonwerte des Bilds sind jetzt korrekt.

Abbildung 4.38

Legen Sie mit der grauen Pipette einen neutralen Bereich fest.

Abbildung 4.39

Stellen Sie die Tonwerte mit Schwarz- und Weißpunktregler ein.

Ich werde oft gefragt, woher ich denn wisse, wann ich die graue, die weiße oder die schwarze Pipette verwenden muss. Um einen Farbstich zu entfernen, beginne ich meistens mit der grauen Pipette. Die weiße verwende ich, wenn ich weiß, dass ein spezieller Bereich weiß sein sollte. Wenn Sie die helleren Bereiche korrigieren, werden die dunkleren Bereiche oft automatisch besser. Sie werden immer sicherer, je mehr Farbkorrekturen Sie vornehmen.

Farbkorrektur mit dem Fotofilter

Manchmal sind Farbstiche sehr intensiv. Für solche Fälle eignet sich diese Technik, bei der Sie eine Fotofilter-Einstellungsebene verwenden und die Lab-Farbwerte umkehren. In ein paar Schritten konnte so das Bild in **Abbildung 4.40** gerettet werden (**Abbildung 4.41**).

1. Ich fügte eine Fotofilter-Einstellungsebene hinzu. Standardmäßig wird der Warmfilter (85) angezeigt. Verschieben Sie den Dichteregler auf 100% und aktivieren Sie die Checkbox LUMINANZ ERHALTEN. Das Bild sieht kurz sehr schlecht aus, fahren Sie aber einfach fort, um diese sehr nützliche Technik zu lernen (**Abbildung 4.42**).

Abbildung 4.40

Abbildung 4.41

2. Klicken Sie in der Dialogbox auf das Farbfeld und wählen Sie aus dem Farbwähler eine der Problemfarben im Bild aus. Ich wählte hier einen Mittelton vom Hals des Pferds aus (**Abbildung 4.43**).

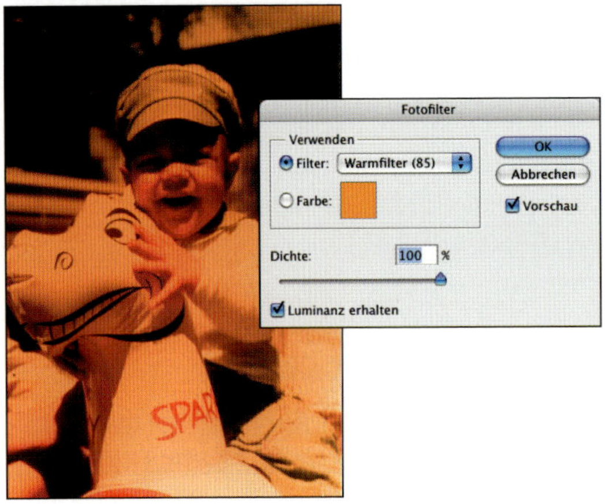

Abbildung 4.42

Mit einer Fotofilter-Einstellungsebene sieht das Bild vorübergehend sehr schlecht aus.

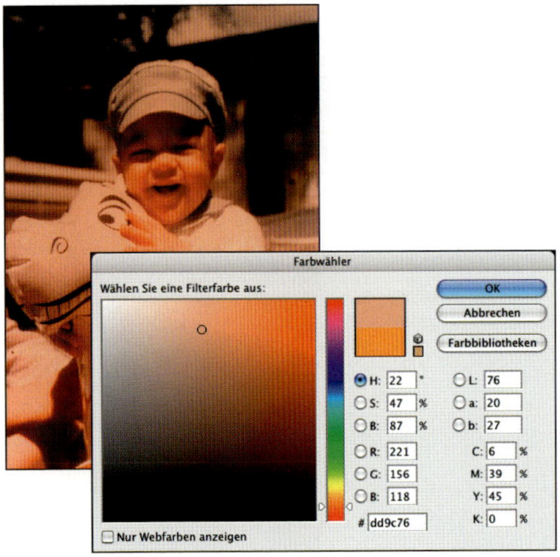

Abbildung 4.43

Wählen Sie die störende Farbe aus einem hellen Mittelton aus.

3. Kehren Sie die Lab-Werte a und b um, indem Sie ein Minuszeichen hinzufügen oder es entfernen. Die störende Farbe wird genau in das Gegenteil umgekehrt, wie in **Abbildung 4.44** zu sehen.

4. Ich fügte eine Tonwertkorrektur-Einstellungsebene hinzu und passte die Helligkeit an, um die Tiefen im Gesicht des Jungen aufzuhellen (**Abbildung 4.45**).

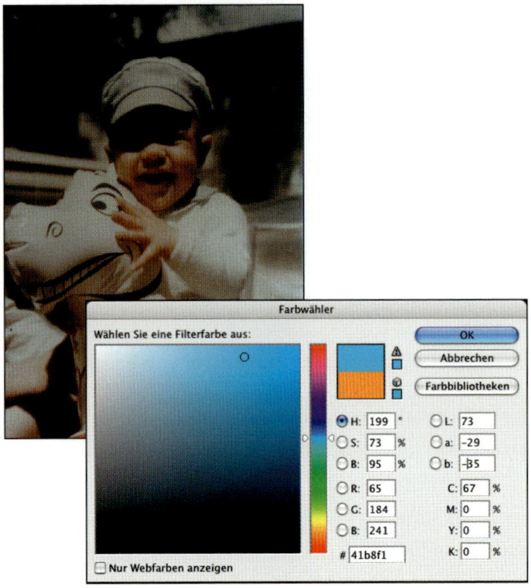

Abbildung 4.44

Wenn Sie die Lab-Farbwerte umkehren, invertieren Sie auch den Farbstich.

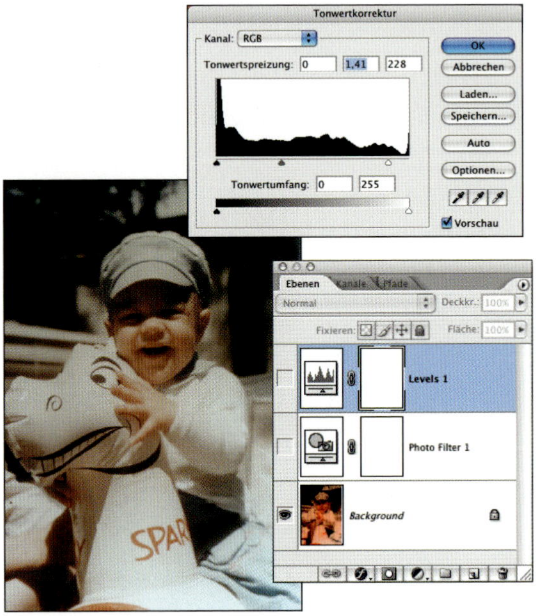

Abbildung 4.45

Mit der Tonwertkorrektur-Einstellungsebene hellen Sie die Tiefen auf.

Farbkorrekturen übertragen

Oft leiden Bilder, die zur selben Zeit aufgenommen wurden, unter denselben Problemen. Egal, ob schlecht beleuchtet, schlecht entwickelt, schlecht gelagert oder einfach nur Pech gehabt, Sie können sich sehr viel Zeit und Mühe sparen, indem Sie ein Bild reparieren und die gleichen Einstellungen dann auch auf die anderen Bilder anwenden.

Die Bilder in **Abbildung 4.46** wurden alle im selben Urlaub mit derselben Filmrolle aufgenommen und sind alle gleichmäßig verblasst. Mit einer Tonwertkorrektur-Einstellungsebene, die ich auf ein Bild anwendete und anschließend auf die anderen übertrug, konnte ich alle drei Bilder bearbeiten (**Abbildung 4.47**), ohne dreimal dieselben Korrekturen vornehmen zu müssen.

ch4_hiking1.jpg

ch4_hiking2.jpg

ch4_hiking3.jpg

Abbildung 4.46

Abbildung 4.47

1. Öffnen Sie alle drei Bilder und beginnen Sie mit dem, das den größten Tonwert- und Farbumfang besitzt. Ich begann mit dem Bild aus **Abbildung 4.48**. Es enthält Schnee, Himmel und graue Felsen. Fügen Sie eine Tonwertkorrektur-Einstellungsebene hinzu und klicken Sie mit der grauen Pipette in den grauen Fels.

Abbildung 4.48

Legen Sie mit der grauen Pipette einen neutralen Bereich fest.

2. Verschieben Sie den Schwarz- und Weißpunktregler auf den jeweiligen Beginn des Histogramms (**Abbildung 4.49**), um einen stärkeren Schwarzpunkt und bessere Lichter zu erzeugen. Klicken Sie auf OK.
3. Ziehen Sie die Einstellungsebene mit dem Verschieben-Werkzeug auf das zweite und dritte Bild (**Abbildung 4.50**).
4. Klicken Sie doppelt auf das Icon der Tonwertkorrektur und passen Sie die Einstellungen an, um die finalen Bilder zu erzeugen.

Abbildung 4.49

Passen Sie Schwarz- und Weißpunkt an, um Tonwerte zu korrigieren.

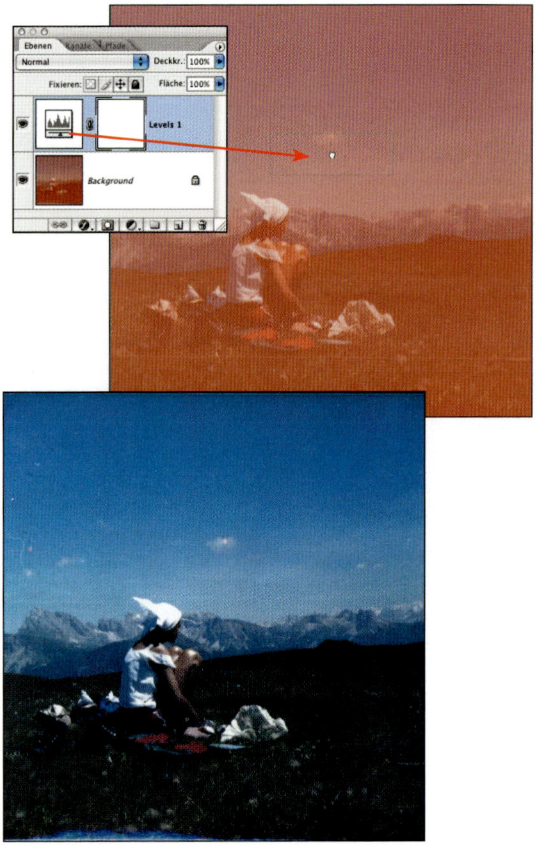

Abbildung 4.50

Ziehen Sie die Korrektur auf ein neues Bild.

Feine Verbesserungen der Farbe und Belichtung mit Gradationskurven und Farbton/Sättigung

Nicht alle Bilder weisen einen so deutlichen Farbstich auf. Einige Bilder müssen sorgfältig behandelt werden, um den Farbstich zu entfernen und die Belichtung anzupassen. In diesem Beispiel muss das Bild nur ganz leicht korrigiert werden – es ist wirklich nur etwas zu dunkel und zu rot (Abbildung 4.51). Ich setzte neue Schwarz-, Weiß- und Graupunkte und verbesserte die Belichtung mit einer Gradationskurven-Einstellungsebene. Die Sättigung passte ich anschließend mit einer Farbton/Sättigung-Einstellungsebene an. Durch die Änderungen kommt die Schönheit des Mädchens besser zur Geltung (Abbildung 4.52).

ch4_flowergirl.jpg

1. Fügen Sie eine Gradationskurven-Einstellungsebene hinzu. Setzen Sie die Wand direkt über der Blume mit der weißen Pipette auf Weiß und stellen Sie mit der grauen Pipette die Wand oben links als neutrales Grau ein (Abbildung 4.53).

Abbildung 4.51

Abbildung 4.52

Abbildung 4.53

Durch das Setzen der neuen Grau- und Weißpunkte mithilfe der Gradationskurven-Pipetten konnte der Farbstich entfernt werden.

Abbildung 4.54

Passen Sie die Kurve weiter an, um das Bild aufzuhellen.

2. Der Farbstich wurde reduziert, das Bild ist jedoch noch etwas zu dunkel. Hellen Sie die Tiefen und Mitteltöne auf, indem Sie den mittleren Bereich der Kurve nach oben ziehen (**Abbildung 4.54**). Achten Sie auf die Lichter auf der Haut des Mädchens und der Blume, damit diese nicht rein weiß werden.

3. Den folgenden Schritt müssen Sie nicht auf alle Porträts anwenden. Hier sind die gebräunten Arme jedoch etwas zu stark gesättigt. Fügen Sie deshalb eine Farbton/Sättigung-Einstellungsebene hinzu und verringern Sie die Sättigung um –25 (**Abbildung 4.55**).

Abbildung 4.55

Verringern Sie die Sättigung, um das Bild optisch nicht so schwer wirken zu lassen.

4. Erstellen Sie mit dem Verlaufswerkzeug und dem Verlauf SCHWARZ, WEISS einen Verlauf auf der Farbton/Sättigung-Einstellungsebene, um die Sättigung im Gesicht nicht zu verringern (Abbildung 4.56).

Abbildung 4.56

Nutzen Sie die Vorteile der Ebenenmaske, um festzulegen, welche Bildbereiche verändert werden.

ZAHLEN LÜGEN NICHT

Sie sind müde, haben gerade mit Ihrem Hund gespielt, Ihre Kinder haben die Monitoreinstellungen geändert und Sie wissen überhaupt nicht, wie das Originalbild ursprünglich aussah. Viele Faktoren, inklusive Ihrer Stimmung, Alter, Geschlecht und dem zweiten Drink letzte Nacht, können Ihre Farbwahrnehmung beeinflussen. Was also tun, wenn die Dateien vor dem Feierabend unbedingt noch korrigiert werden müssen? Wenn Sie sich nicht sicher sind, nehmen Sie die Farbkorrektur anhand der Zahlenwerte vor, um das Bild mit mathematischer Präzision auszubalancieren.

Wenn Sie mit Zahlen arbeiten, müssen Sie die Werte der Tiefen, Mitteltöne, Lichter und Hauttöne während der Bearbeitung der einzelnen Kanäle mithilfe der Tonwertkorrektur oder von Gradationskurven im Auge behalten. Gleichen sich die RGB-Werte für Tiefen, Lichter und Mitteltöne in grauen Bildstellen, haben Sie den Farbstich beseitigt. Bei den Hauttönen müssen Sie etwas mehr aufpassen, denn die Haut variiert im Alter, je nach Herkunft und Sonnenbräune (darauf gehe ich später in diesem Kapitel noch genauer ein).

Tipp

Hier ein paar Spezifikationen, wenn Sie die Farbkorrektur anhand der Zahlenwerte der RGB-Dateien vornehmen:

- Lichter ausgleichen: Verwenden Sie den höchsten Wert in der Info-Palette als Ziel und passen Sie die geringeren Werte an diesen an.
- Mitteltöne ausgleichen: Addieren Sie die drei Werte für die Mitteltöne und teilen Sie durch drei. Passen Sie alle drei Werte an diesen Durchschnitt an.
- Tiefen ausgleichen: Nutzen Sie den geringsten Wert als Ziel und passen Sie die höheren Werte an diesen an.

Neutrale Farbtöne mit Tonwertkorrektur ausbalancieren

Die Farbkorrektur mithilfe der Zahlenwerte beginnt immer mit der Festlegung von Referenzpunkten. Suchen Sie einen Punkt für die Lichter, die Mitteltöne und die Tiefen. Im folgenden Beispiel (Abbildung 4.57) verwendete ich die Buchseite als Referenzpunkt für die Lichter, einen Stein im Boden für die Mitteltöne und das Shirt für die Tiefen. Nach der Farbkorrektur sieht das Bild sehr neutral aus, wie in Abbildung 4.58 zu sehen.

ch4_templewall.jpg

© Pamela Herrington

Abbildung 4.57

Abbildung 4.58

1. Fügen Sie Farbaufnehmer für die Lichter (Buchseite), die Mitteltöne (Steine) und die Tiefen (T-Shirt) hinzu (Abbildung 4.59).

2. Fügen Sie nun eine Tonwertkorrektur-Einstellungsebene hinzu. Um den Farbstich in den Lichtern zu entfernen, sollten die RGB-Werte so angepasst werden, dass die beiden kleineren dem größten Wert entsprechen. Hier beträgt der höchste Wert 225.

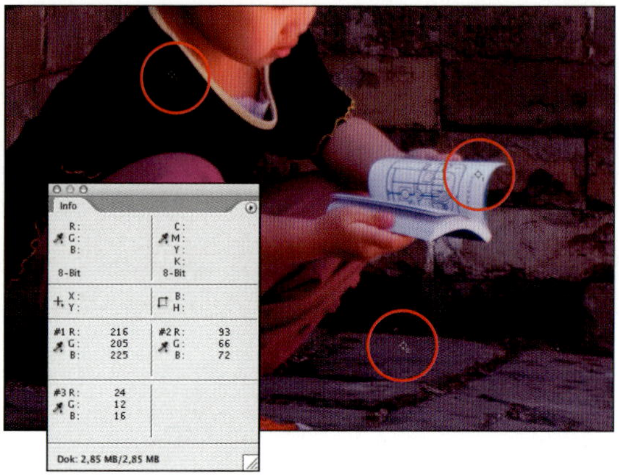

Abbildung 4.59

Der Farbaufnehmer #1 misst die Lichter. Die geringeren Werte für Rot und Grün decken den Farbstich auf.

3. Wählen Sie in der Tonwertkorrektur-Dialogbox den Kanal mit dem kleinsten Wert für die Lichter aus und verringern Sie den Wert mit der Pfeiltaste nach unten, bis der Wert in der Info-Palette dem des blauen Kanals entspricht (Abbildung 4.60). Die Tonwertspreizung selbst wird nicht auf 225 geändert (Sie können dort also nicht einfach 225 eingeben), sondern nur so, dass in der Info-Palette der Wert 225 abgelesen werden kann.

4. Aktivieren Sie den grünen Kanal und platzieren Sie den Cursor im Feld für die Lichter. Drücken Sie die Pfeiltaste nach unten, bis der Wert in der Info-Palette dem Zielwert von 225 entspricht (Abbildung 4.61). Achten Sie auch hier auf die Werte in der Info-Palette und passen Sie den kleineren Wert an den höheren an.

Abbildung 4.60

Verringern Sie den Wert für die Lichter des roten Kanals, um die Lichter besser auszugleichen.

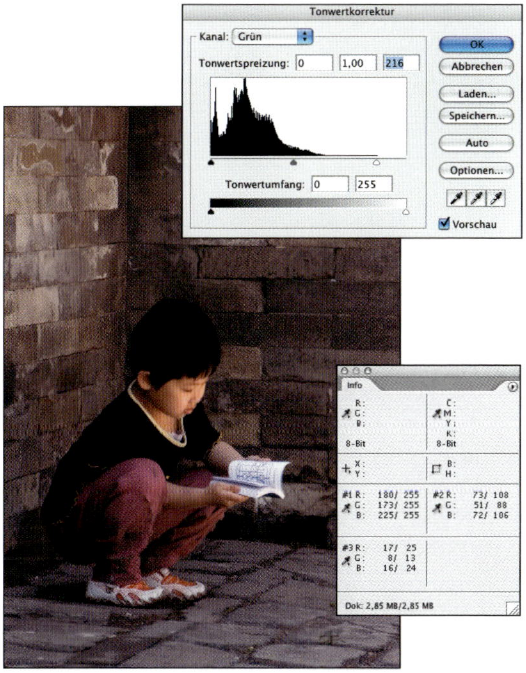

Abbildung 4.61

Verringern Sie den Wert für die Lichter des grünen Kanals, um die Lichter auszubalancieren.

> **Tipp**
>
> Durch Drücken der Pfeiltaste nach unten ändern Sie die Farbwerte um je einen Punkt; drücken Sie zudem [⇧], um in Zehnerschritten zu wechseln.

5. Wenn Sie die Mitteltöne ausbalancieren (Farbaufnehmer #2), verwenden Sie den Durchschnitt der drei Werte als Ziel. Hier ergeben 73 + 51 + 72 = geteilt durch 3 einen Zielwert von 65. Aktivieren Sie den roten Kanal und klicken Sie in das mittlere Feld. Verringern Sie den Wert in der Info-Palette mithilfe der Pfeiltaste auf 65. Wiederholen Sie diesen Vorgang für den grünen und den blauen Kanal (**Abbildung 4.62**).

Abbildung 4.62

Wenn Sie in diesem Beispiel die Mitteltöne neutralisieren, neutralisieren Sie ebenso die Tiefen.

Nachdem Sie die Lichter angepasst und anschließend auch die Mitteltöne und Tiefen bearbeitet haben, werden Sie vielleicht feststellen, dass sich die Werte für die Lichter erneut geändert haben. Das passiert, weil Photoshop die Farbeinstellungen auf die Voreinstellungen für die Farbe bezieht und die Lichter so anpasst, dass sie diesen Farbeinstellungen entsprechen. Wenn sich die Werte nur um ein oder zwei Punkte unterscheiden, wird das Bild neutral gedruckt. Wenn ich diese Technik anwende, konzentriere ich mich stärker auf die Lichter als auf die Tiefen.

Vielleicht wundern Sie sich, warum ich nicht einfach eine Tonwertkorrektur- oder Gradationskurven-Einstellungsebene verwende und mit der weißen Pipette auf die Buchseite klicke. Dadurch würde jedoch die Seite rein weiß werden und Details gingen verloren.

Hauttöne mit Gradationskurven ausbalancieren

Die meisten bekannten Farbwerte für die Reproduktion von Hauttönen basieren auf Erfahrungen aus der Druckvorstufe und werden deshalb in CMYK-Werten angegeben. Die Grafik in **Abbildung 4.63** zeigt, dass an einem Ende des Spektrums die Haut eines hellhäutigen Babys gleiche Werte für Gelb und Magenta aufweist, ohne Cyan oder Schwarz. Am anderen Ende erhöhen sich die Werte für Gelb in Relation zu Magenta deutlich. Je gebräunter oder dunkler die Haut, desto höher der Wert für Cyan. Das unterste Ende des Spektrums repräsentiert sehr dunkelhäutige Personen – hier ist zusätzliches Schwarz notwendig.

Liebe Leser, die Sie sich mit der Restauration beschäftigen, in RGB arbeiten, Fotodrucker verwenden und keinen Kontakt mit der Druckvorstufe haben: Sie brauchen Ihre Dateien nicht in CMYK umwandeln, um die CMYK-Werte ablesen zu können. Lassen Sie sich als zweite Werte in der Info-Palette einfach die CMYK-Werte anzeigen. So können Sie gleichzeitig auch diese Werte ablesen, während Sie im RGB-Modus arbeiten. Falls Sie einen Farbwert außerhalb des CMYK-Bereichs haben, erscheint neben diesem Wert ein Ausrufezeichen.

Hier einige Spezifikationen für die Farbkorrektur nach Zahlen in CMYK-Dateien:

- Bei hellhäutigen Babys und jungen Menschen sind Gelb und Magenta identisch.
- Bei Erwachsenen ist Gelb ein Fünftel bis ein Drittel größer als Magenta.

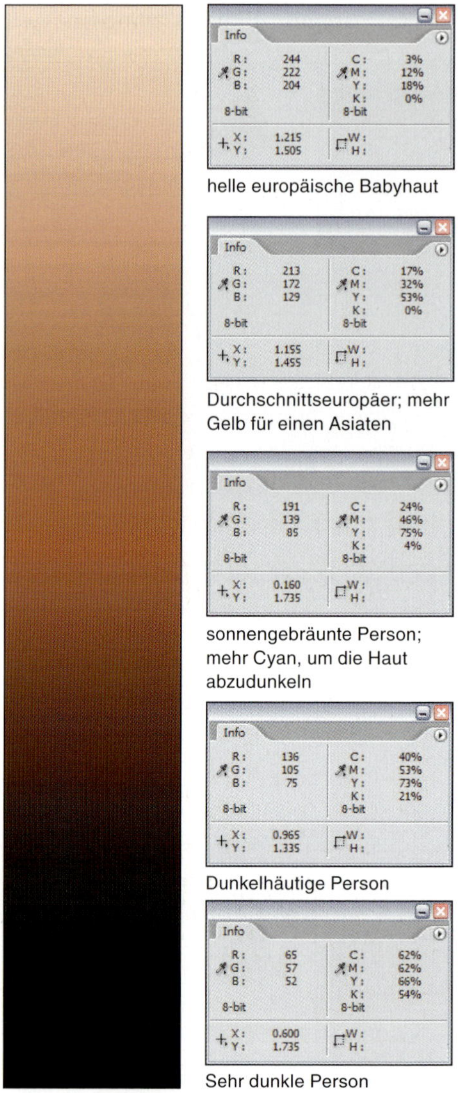

Abbildung 4.63
Die CMYK-Darstellung der Hauttöne

- Cyan ist ein Fünftel bis ein Drittel geringer als Magenta und lässt Menschen dunkel aussehen.
- Nur Menschen mit sehr dunkler Haut sollten einen sichtbaren Schwarzwert besitzen.
- Suchen Sie den Wert für Cyan; Magenta sollte doppelt so groß und Gelb ein Fünftel bis ein Drittel höher sein als Magenta (20C 40M 50Y).

Wie Dan Margulis in der Online-Diskussionsgruppe »ColorTheory« erklärt: »Menschen spanischer oder asiatischer Herkunft teilen sich etwa gleiche Werte, die auch die dunklere Hälfte der europäischen Bevölkerung für sich in Anspruch nimmt. Menschen dieser Herkunft weisen deutlich mehr Gelb als Magenta auf (10 bis 15 Punkte mehr). Cyan und Schwarz nehmen ein Viertel bis ein Drittel des Magentawerts ein – bei ungewöhnlich dunkler Haut jedoch noch mehr.«

»Schwarze oder Afro-Amerikaner besitzen wesentlich größere Möglichkeiten beim Hautton als alle anderen. Cyan beträgt ein Drittel des Magentawerts, es existiert jedoch keine Grenze nach oben; und es gibt einen deutlichen Schwarzwert. Jemand mit einer etwas helleren Haut (kaffeefarben) besitzt mehr Gelb als Magenta. Anders als bei anderen Völkergruppen, verringert sich der Abstand zwischen Magenta und Gelb, je dunkler die Haut wird. Bei einer sehr dunkelhäutigen Person sind die Werte deshalb nahezu identisch.«

Wenn Sie Hauttöne in RGB bearbeiten, achten Sie auf Folgendes:

- Rot ist die Komplementärfarbe von Cyan und die höchste Farbkomponente.
- Grün ist die Komplementärfarbe von Magenta und ein Fünftel bis ein Viertel geringer als Rot.
- Blau ist die Komplementärfarbe von Gelb und hat den geringsten Wert – ein Drittel bis die Hälfte des roten Werts.
- Je hellhäutiger eine Person, desto ähnlicher sind sich die RGB-Werte – Rot ist jedoch immer etwas höher als die anderen.
- Je dunkelhäutiger eine Person, desto höher der Wert für Blau

Die Farbkorrektur in RGB hängt vom Photoshop-Farbraum ab, in dem Sie arbeiten. Falls Sie den falschen Arbeitsfarbraum verwenden, sehen die Werte vielleicht schrecklich aus, obwohl sie eigentlich korrekt sind. Ich selbst habe die wenigsten Probleme, wenn ich mit ColorMatch RGB arbeite, weil der Farbumfang kleiner und weniger gesättigt ist.

Tipp

Diese Tipps helfen Ihnen bei der Farbkorrektur und Retusche von Porträts:

- Arbeiten Sie in RGB, sollten Sie sich in der Info-Palette als zweite Werte die CMYK-Werte anzeigen lassen und die Beziehungen zwischen beiden Farbmodi beobachten.
- Um ein Gefühl für die Hauttöne einer Person zu bekommen, messen Sie einen Durchschnittswert im Gesicht. Vermeiden Sie dunkle Tiefen und extreme Lichter.
- Das Make-up einer Frau kann die Werte beeinflussen. Vermeiden Sie solche Bereiche (z.B. Wangen, Lippen und Augen).
- Sammeln Sie Beispiele unterschiedlicher Hauttöne oder nutzen Sie das Web. Wählen Sie einen farbkorrigierten Teil und wenden Sie den Gaußschen Weichzeichner an, um sichtbare Filmkörnung zu zerstören. Erstellen Sie eine Datei, wie Sie sie in **Abbildung 4.64** sehen. Beziehen Sie sich während der Farbkorrektur und Porträtretusche auf diese Beispiele.

Abbildung 4.64

Eine Sammlung weichgezeichneter Hautbeispiele kann bei der Farbkorrektur als Referenz dienen.

In **Abbildung 4.65** leidet das Original unter einem Farbproblem. Ich bin mir jedoch nicht ganz sicher, worin das Problem liegt. Das kommt gar nicht mal so selten vor. In solch einem Fall verlasse ich mich auf die Info-Palette und wende die Technik mithilfe der Zahlenwerte an (wie eben beschrieben), um angenehme Bilder wie das in **Abbildung 4.66** zu erstellen.

ch4_fashionwoman.jpg

Abbildung 4.65

Abbildung 4.66

1. Aktivieren Sie zunächst das Farbaufnahme-Werkzeug und fügen Sie zum Bild drei Farbaufnehmer hinzu: einen im helleren Bereich der Wand oben links und zwei auf der Haut (auf der Wange und am Hals). Der Hals eignet sich ideal, um realistische Farbe aufzunehmen, weil dort kein Make-up ist.
2. Fügen Sie eine Gradationskurven-Einstellungsebene hinzu und klicken Sie mit der weißen Pipette auf den Farbaufnehmer #1, um einen neutralen Wert festzulegen und den Farbstich weitgehend zu entfernen (**Abbildung 4.67**).

Abbildung 4.67

Klicken Sie mit der weißen Pipette der Gradationskurven in den Hintergrund, neutralisieren Sie das Bild.

3. Studieren Sie die Hauttöne in der Info-Palette. Die Haut enthält zu viel Cyan und ist zu gelb. Da Rot die Komplementärfarbe von Cyan ist, aktivieren Sie in den Gradationskurven den roten Kanal und klicken mit gedrückter ⌘/Strg-Taste auf die Stirn. Fügen Sie mit der Pfeiltaste nach oben Rot hinzu, Cyan wird gleichzeitig verringert. Wie in **Abbildung 4.68** zu sehen, garantiert die Verringerung der Mitteltöne, dass die Farbkorrektur nicht die Tiefen beeinflusst.

Abbildung 4.68

Passen Sie den roten Kanal an, um das Cyan zu entfernen.

4. Verringern Sie im grünen Kanal die grüne Komponente, um Magenta und Gelb in der Info-Palette auszubalancieren (Abbildung 4.69).

5. Wie es oft der Fall ist, wird nach dem Entfernen des Farbstichs deutlich, dass das Bild immer noch etwas zu dunkel ist. Aktivieren Sie den zusammengesetzten Kanal und hellen Sie die Mitteltöne auf, indem Sie sie etwas nach oben ziehen (Abbildung 4.70).

Abbildung 4.69

Passen Sie den grünen Kanal an, um Magenta und Gelb auszugleichen.

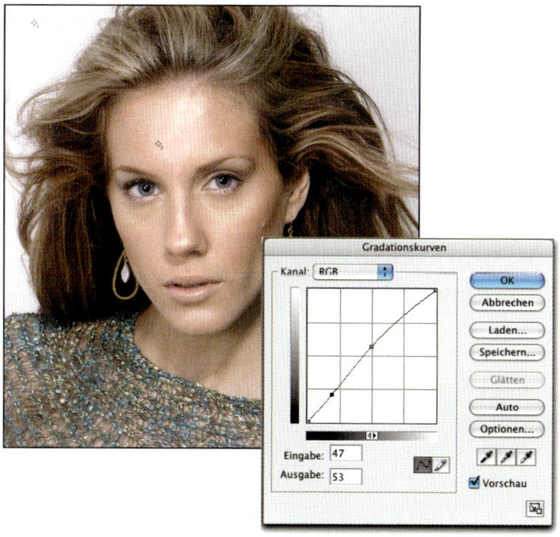

Abbildung 4.70

Verbessern Sie die finale Belichtung.

Tipp

Mit `ctrl`-`⇥`/`Strg`-`⇥` können Sie auf der Kurve von Punkt zu Punkt springen.

SELEKTIVE FARBKORREKTUR

Bisher haben Sie die Farbkorrektur immer im gesamten Bild vorgenommen – ein Bild kann jedoch auch unterschiedliche Probleme in verschiedenen Bildbereichen aufweisen. Manchmal ist ein Teil des Bilds in Ordnung, während ein anderer eine Farbkorrektur benötigt. Durch schlechte Lagerung, unterschiedliche Lichtquellen bei der Aufnahme oder falsche Entwicklung können verschiedene Farbstiche auftreten. Nehmen Sie zuerst immer die globale Farbkorrektur vor und wählen Sie anschließend Problembereiche aus, um diese weiter zu korrigieren.

Die Problemfarbe erkennen

Auf den ersten Blick dachte ich, dass das Porträt der Braut (Abbildung 4.71) kinderleicht zu korrigieren wäre; einfach eine Gradationskurven- oder Tonwertkorrektur-Einstellungsebene hinzufügen, mit der grauen Pipette in den neutralen Hintergrund klicken, fertig. Aber ich hatte weniger Glück und musste leider feststellen, dass ich selektiv arbeiten musste, um Blau zu entfernen und ein ausbalanciertes Bild zu erhalten (**Abbildung 4.72**).

ch4_bluebride.jpg

Abbildung 4.71

Abbildung 4.72

Der Farbstich in Abbildung 4.65 ist sehr fein, der höhere Wert für Blau in der Info-Palette (**Abbildung 4.73**) zeigt, dass der Studiohintergrund einen Farbstich aufweist. Sie können einen Farbstich auch aufdecken, wenn Sie sich die einzelnen Graustufenkanäle ansehen. Da der Studiohintergrund in einem hellen, neutralen Grau erscheinen sollte, müssten alle drei Farbkanäle dieselbe Dichte aufweisen. Wie Sie in **Abbildung 4.74** sehen, sind sich der rote und grüne Kanal (228 und 224) ziemlich ähnlich, der blaue Kanal ist jedoch wesentlich heller (238). Dadurch, dass durch diesen Kanal mehr Licht gelangt, entsteht der Farbstich.

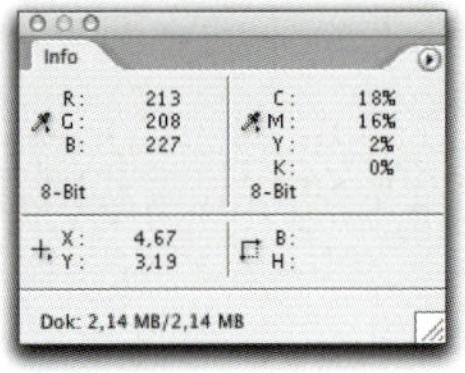

Abbildung 4.73

Die Info-Palette deckt einen feinen blauen Farbstich auf.

Abbildung 4.74

Wenn der Hintergrund nahezu neutral ist, sollte er in allen drei Kanälen gleich aussehen. Helligkeitsunterschiede in einem der Kanäle weisen auf einen Farbstich hin.

Fügen Sie eine Farbton/Sättigung-Einstellungsebene hinzu. Wählen Sie aus dem Popup-Menü BEARBEITEN die störende Farbe aus (hier Blau) und verschieben Sie den Sättigungsregler nach links, um die Blausättigung zu verringern (Abbildung 4.75).

Abbildung 4.75

Verschieben Sie den Sättigungsregler nach links, um Blau zu entfernen.

Mehrere Farbprobleme korrigieren

Es gibt viele Situationen, in denen Bilder unter gemischten Lichtbedingungen aufgenommen werden – beispielsweise in einem Büro mit unterschiedlichen Lichtquellen oder wie in Abbildung 4.76, wo die Familie durch den Blitz aufgehellt wurde, im Hintergrund aber auch Kunstlicht und natürliches Licht zu finden sind. Durch den schwächelnden Blitz wurde das Bild leider etwas unterbelichtet und der Weißabgleich der Kamera verlieh dem Bild einen blauen Farbstich.

Fotos mit unterschiedlichem Licht sind etwas verwirrend, da unsere Augen die Farbtemperatur normalerweise neutralisieren. Um solche Bilder zu korrigieren, benötigen Sie eine Kombination aus Fotofilter-Ebenen mit Einstellungsmasken, um selektiv im Bild arbeiten und Ergebnisse wie das in Abbildung 4.77 erstellen zu können.

ch4_mixedlighting.jpg

1. Fügen Sie eine Tonwertkorrektur-Einstellungsebene hinzu und klicken Sie mit der weißen Pipette in den hellen Bereich in der Ecke unten rechts. Die Leute sehen jetzt besser aus, der Hintergrund ist aber noch zu gelb.

Abbildung 4.76

Abbildung 4.77

Abbildung 4.78

Eine Tonwertkorrektur-Einstellungsebene verbessert die Familie, lenkt jedoch zu viel Aufmerksamkeit auf den Hintergrund.

2. Malen Sie mit einem weichen, schwarzen Pinsel auf der Maske der Einstellungsebene, um den Hintergrund herauszumalen (Abbildung 4.79). Die Maske muss nicht exakt sein, da sich die Lichtquellen etwas überlagern.
3. Klicken Sie mit gedrückter ⌘/Strg-Taste auf die Maske der Einstellungsebene, um diese als Auswahl zu laden. Drücken Sie dann ⌘-⇧-I/Strg-⇧-I, um die Auswahl umzukehren (Abbildung 4.80).
4. Fügen Sie eine Fotofilter-Einstellungsebene mit dem Kaltfilter (82) und einer Dichte von 15% hinzu, um den Farbstich zu neutralisieren (Abbildung 4.81).

Abbildung 4.81

Der Kaltfilter (82) neutralisiert den Farbstich des Hintergrunds.

Abbildung 4.79

Wenn Sie auf der Ebenenmaske malen, können Sie den Originalhintergrund wieder einblenden.

5. Um den Hintergrund etwas abzudunkeln, klicken Sie mit gedrückter ⌘/Strg-Taste auf die Maske des Fotofilters, um die Auswahl des Hintergrunds zu laden. Fügen Sie eine Tonwertkorrektur-Einstellungsebene hinzu und verschieben Sie den Gammaregler nach rechts (Abbildung 4.82).

Abbildung 4.80

Laden Sie die Maske als Auswahl.

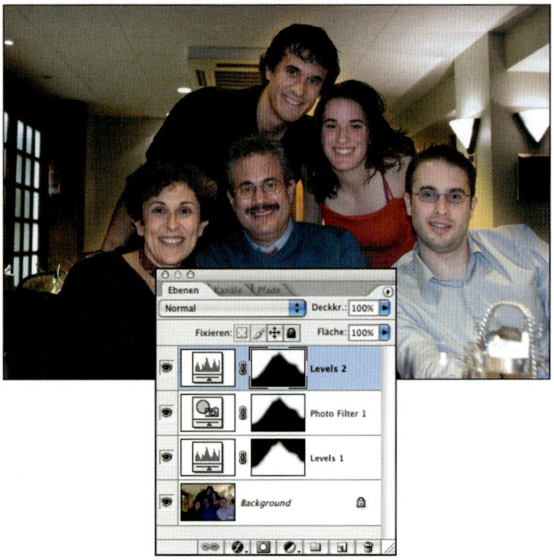

Abbildung 4.82

Verwenden Sie dieselbe Auswahl und verringern Sie die Helligkeit des Hintergrunds, um die Aufmerksamkeit auf die Personen zu lenken.

FARBTEMPERATURPROBLEME KORRIGIEREN

Wie bereits erwähnt, kann ein Farbstich durch einen falschen Weißabgleich oder falschen Film entstehen. Verwenden Sie beispielsweise einen Tageslichtfilm für Innenaufnahmen, sehen die Bilder eher grün oder orange aus. Unsere Augen sehen die Farbtemperatur während der Aufnahme nicht, weil unser Gehirn das Licht ausbalanciert, egal, wie warm oder kalt das Licht wirklich ist. Auf dem fertigen Bild (und auch schon auf dem Film) sind die Farbstiche dann zu erkennen. Die meisten Digitalkameras besitzen einen automatischen Weißabgleich, der hin und wieder gut funktioniert. Zur selben Zeit aufgenommene Bilder können Farbverschiebungen aufweisen, je nachdem, wie die Kamera das Licht für das jeweilige Bild berechnet hat.

Die Fotofilter-Einstellungen umfassen viele Farbfilter, die denen ähneln, die Profifotografen verwenden. Im folgenden Beispiel wurde das starke Kunstlicht nicht durch den Weißabgleich der Kamera korrigiert, das Bild ist viel zu gelb (Abbildung 4.83).

In ein paar Schritten konnte ich die Farbtemperatur in normales Tageslicht umwandeln (Abbildung 4.84). Eine Variation der vorhergehenden Technik eignet sich, die unerwünschte Farbtemperatur zu kompensieren, indem das Bild mit der Komplementärfarbe gefiltert wird.

ch4_yellowlobby.jpg

Hinweis

Gute Werkzeuge zur Korrektur von Fotos sind keine Entschuldigung für schlechte Fotografie. Es ist immer besser, einen korrekten Weißabgleich vorzunehmen, den richtigen Film zu verwenden oder einen Objektivfilter einzusetzen, um die Farbtemperatur auszubalancieren. Wenn ein Bild korrekt aufgenommen wurde, haben Sie weniger Arbeit und produzieren seltener unnatürliche Ergebnisse. Dazu benötigen Sie jedoch professionelles Equipment, inklusive eines Farbmessgeräts, Farbkorrekturfilters und Farbglases, was Sie vielleicht nicht unbedingt zur Hand haben.

© Wayne Palmer

Abbildung 4.83

Abbildung 4.84

1. Fügen Sie eine Fotofilter-Einstellungsebene hinzu.
2. Nehmen Sie keine Änderungen vor, öffnen Sie einfach den Farbwähler. Nehmen Sie die Farbe auf, die Sie entfernen wollen (Abbildung 4.85).

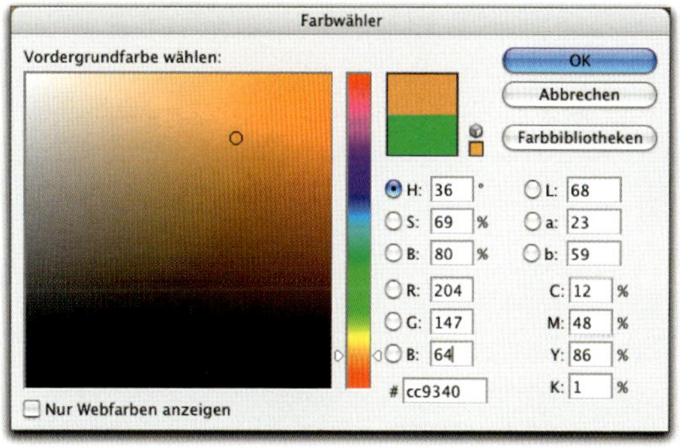

Abbildung 4.85

Wählen Sie die störende Farbe mit der Pipette aus.

3. Kehren Sie die Lab a- und b-Werte um, tauschen Sie Plus und Minus (**Abbildung 4.86**).
4. Klicken Sie auf OK, um den Farbwähler zu schließen. Verfeinern Sie die Korrektur mit dem Dichteregler des Fotofilters (**Abbildung 4.87**).

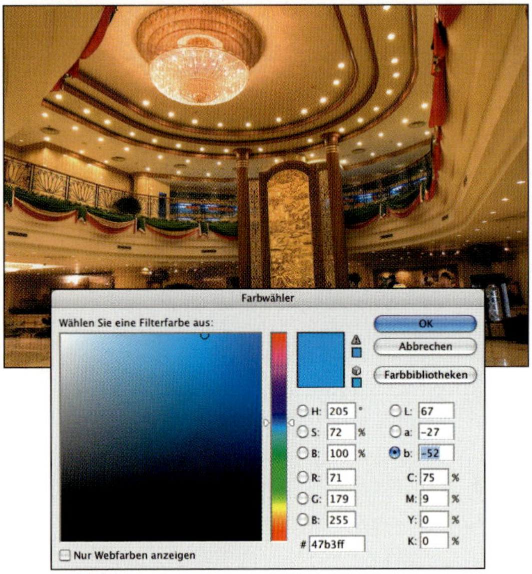

Abbildung 4.86

Kehren Sie die a- und b-Farbwerte um.

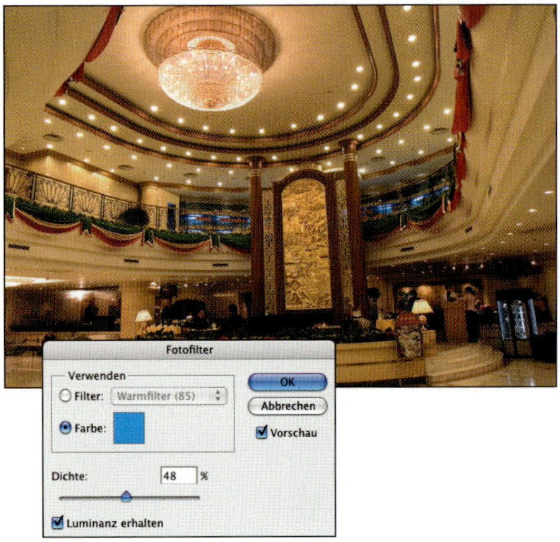

Abbildung 4.87

Mit Erhöhen der Intensität verstärken Sie auch den Effekt.

Diese Technik eignet sich häufig, um Farbstiche zu entfernen. Führen Sie anschließend noch die folgenden Schritte aus.

1. Duplizieren Sie die Fotofilterebene.
2. Wählen Sie EBENE/EBENENSTIL/FÜLLOPTIONEN oder klicken Sie unten in der Ebenen-Palette auf den Button EBENENSTIL HINZUFÜGEN, um die erweiterten Fülloptionen einzublenden (**Abbildung 4.88**).
3. Deaktivieren Sie den grünen Kanal, um die Korrektur zu intensivieren (**Abbildung 4.89**).

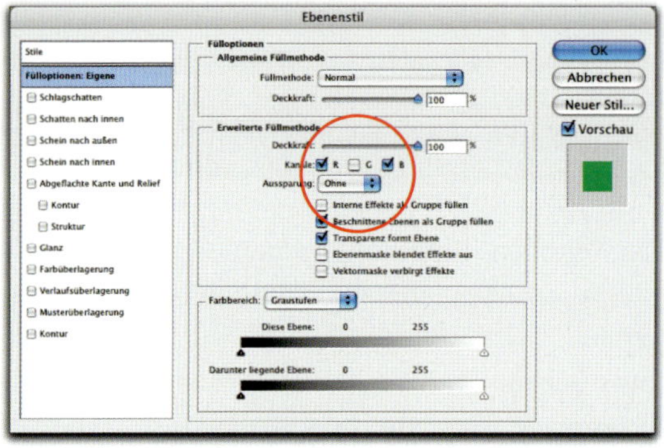

Abbildung 4.88

Deaktivieren Sie im Abschnitt ERWEITERTE FÜLLOPTIONEN den grünen Kanal.

Abbildung 4.89

Duplizieren Sie die Ebene und passen Sie die Deckkraft an, um die Korrektur zu intensivieren.

Vorausdenken mit einem Macbeth ColorChecker

Falls Ihre Kamera das Raw-Format unterstützt, sollten Sie dieses ausprobieren und in Ihren Fotoworkflow integrieren. Das Raw-Format bietet im Vergleich zum Film einen größeren Belichtungsumfang und mehr Flexibilität bei der Einstellung des Weißabgleichs. Wenn Sie im Raw-Format fotografieren, wird der Weißabgleich nicht auf das Bild angewendet, jedoch zusammen mit dem Bild gespeichert. Bei der Entwicklung können Sie diese dann akzeptieren oder ändern.

Verwenden Sie den Macbeth ColorChecker oder eine andere Farbkarte, wenn Sie es mit gemischten Beleuchtungssituationen zu tun haben. Im Druck und in der Fotografie ist Macbeth eine bekannte Referenz, die nach sorgfältigen Richtlinien entwickelt wurde. Sie erhalten ihn im Format A4 oder kleiner in 2 × 3 Zoll im Fachhandel.

Abbildung 4.90 zeigt ein Foto, das in einer kleinen Kirche in der Nähe von Santa Fe, New Mexico, aufgenommen wurde. Die Beleuchtung der Szene besteht aus einem Mix aus Kunst- und Tageslicht, wodurch ein starker gelboranger Farbstich entstand. Da ich ein Referenzbild mit dem Macbeth ColorChecker im Camera-Raw-Format fotografiert hatte, konnte ich die Farbe schnell und einfach wieder ausbalancieren (Abbildung 4.91).

Die Arbeit mit dem Macbeth ColorChecker und Adobe Camera Raw ist sehr stringent, wie hier beschrieben:

1. Vergewissern Sie sich, dass Ihre Kamera das Raw-Format unterstützt.
2. Leuchten Sie die Szene aus und bestimmen Sie die optimale Belichtung. Wenn Sie unter unkontrollierten Lichtbedingungen arbeiten, bestimmen Sie eine passende Belichtung.
3. Platzieren Sie den Macbeth ColorChecker im Bild und nehmen Sie das Motiv mit der Belichtung auf, die Sie auch für die anderen Bilder verwenden.

Abbildung 4.90

Abbildung 4.91

4. Entfernen Sie den Macbeth ColorChecker aus dem Bild und fotografieren Sie ganz normal weiter.
5. Öffnen Sie diese Bilder anschließend in Adobe Camera Raw. Klicken Sie auf den Button ALLE AUSWÄHLEN und klicken Sie mit dem Weißbalance-Werkzeug auf das zweithellste weiße Quadrat (in Abbildung 4.92 eingekreist), um alle Bilder mit nur einem Klick zu neutralisieren.

Ich zog bei der Entwicklung von Bildern viele Vergleiche mit den Standard-Farbtemperatureinstellungen bzw. einer bekannten Farbreferenz. Meiner Meinung nach sind die Bilder, die mithilfe des ColorCheckers entwickelt werden, besser für die Nachbearbeitung in Photoshop geeignet. Falls Sie keinen Macbeth ColorChecker besitzen, können Sie die Technik beispielsweise auch mit einem Graukeil von Kodak anwenden.

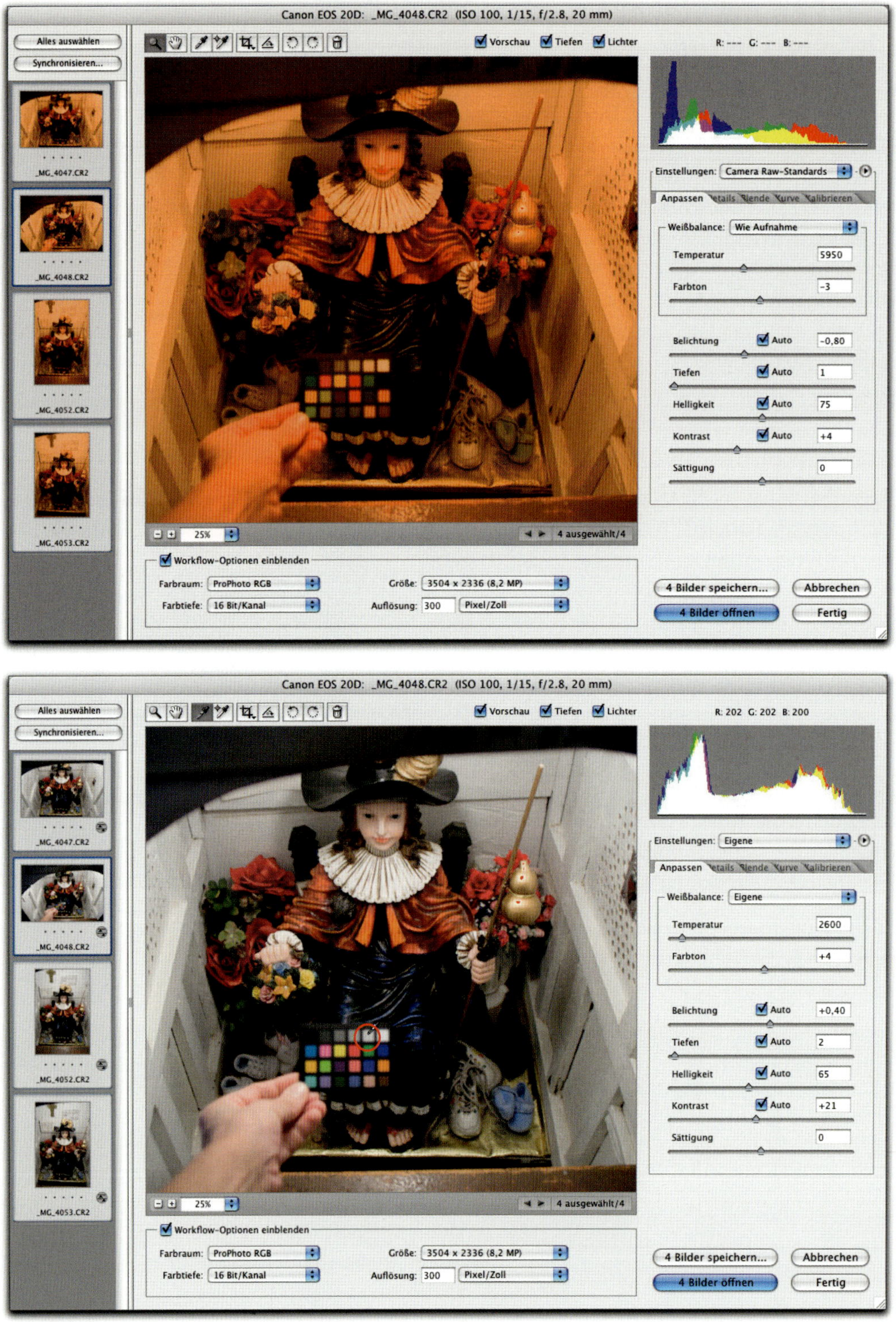

Abbildung 4.92

Öffnen Sie ein Macbeth Color Checker-Bild und Bilder, die unter denselben Lichtbedingungen aufgenommen wurden, in Adobe Camera Raw. Neutralisieren Sie mit dem Weißbalance-Werkzeug mehrere Bilder gleichzeitig mit nur einem Klick.

EXTREME FARBPROBLEME ABMILDERN

Farbkorrekturen können ein breites Spektrum einnehmen – von fein bis sehr extrem. Manchmal ist es recht entmutigend, sehr schlechte Bilder zu korrigieren. Im nächsten Abschnitt korrigieren wir einige der schlimmsten Farbprobleme schnell und relativ schmerzlos.

Extreme Farbkorrektur mit Tonwertkorrektur

Manchmal ist ein Bild so ausgeblichen, dunkel oder verfärbt, dass Sie gar nicht wissen, wo Sie anfangen sollen. Korrigieren Sie erst die Farbdichte oder den starken Farbstich? Da gibt es keine allgemeine Regel. In den meisten Fällen können die Bilder jedoch gerettet werden, wenn Sie zunächst den starken Farbstich (entstanden durch das Alter des Bilds, schlechte Lagerung, Rauch oder Unterbelichtung) entfernen. Das Foto in Abbildung 4.93 ist sehr stark ausgeblichen. Abbildung 4.94 zeigt dasselbe Bild mit einem unerwünschten Farbstich.

ch4_honeymoon.jpg

1. Öffnen Sie das Problembild und fügen Sie eine Tonwertkorrektur-Einstellungsebene hinzu.
2. Aktivieren Sie den roten Kanal, indem Sie ⌘-1/Strg-1 drücken. Verschieben Sie die Regler auf den Beginn der Bildinformationen, wie in Abbildung 4.95 zu sehen.

Abbildung 4.93

Abbildung 4.94

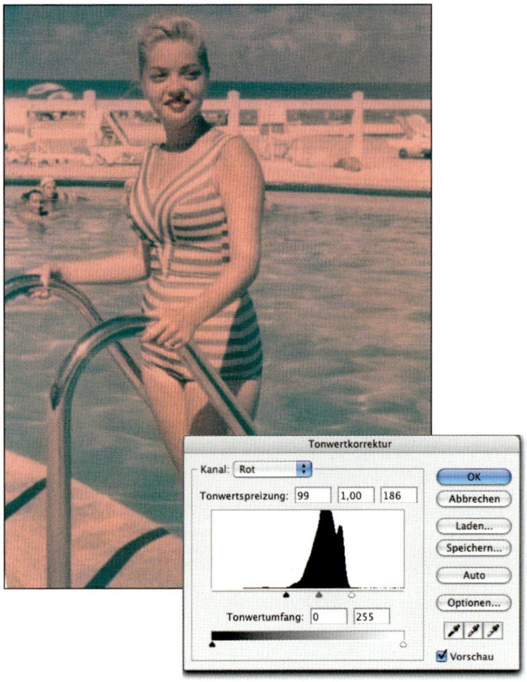

Abbildung 4.95

Verschieben Sie die Regler des roten Kanals.

Abbildung 4.96

Verschieben Sie die Regler des grünen Kanals.

3. Drücken Sie ⌘-2/Strg-2, um den grünen Kanal zu aktivieren, und verschieben Sie die Schwarz- und Weißpunktregler auf den Beginn der Bildinformationen (**Abbildung 4.96**).
4. Aktivieren Sie mit ⌘-3/Strg-3 den blauen Kanal und wiederholen Sie den Vorgang (**Abbildung 4.97**).
5. Falls das Bild noch aufgehellt oder abgedunkelt werden muss, aktivieren Sie den zusammengesetzten Kanal und passen Sie den Gammaregler an (nach links, um das Bild aufzuhellen, und nach rechts, um es abzudunkeln).

Tipp

Wenn Sie mit Einstellungsebenen arbeiten und die Farbkorrektur nicht mögen, beginnen Sie besser von vorn. Drücken Sie dazu ⌥/Alt, um den ABBRECHEN-Button in ZURÜCK zu verwandeln. Klicken Sie anschließend auf diesen Button, um die Originaleinstellungen des Bilds wiederherzustellen.

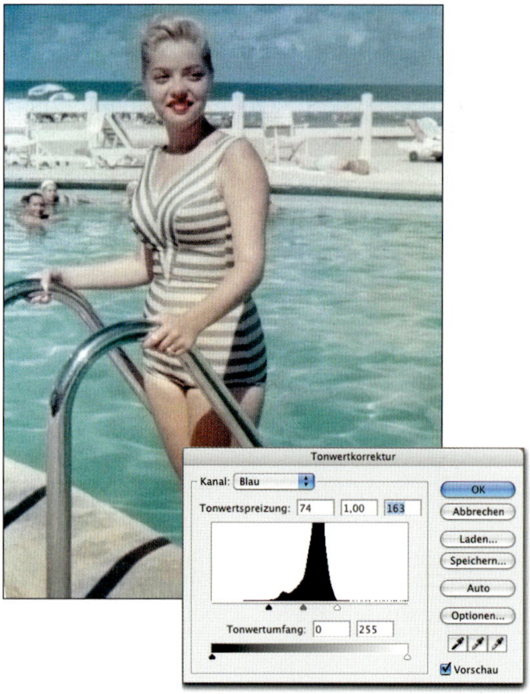

Abbildung 4.97

Verschieben Sie die Regler des blauen Kanals.

Farbinformationen wieder aufbauen

Fotos aus Ihrer Kindheit leiden häufig an verblassten Farben, Farben, die sich verschieben oder ganz verschwinden. Sehen Sie sich das extrem rot gesättigte Familienfoto in Abbildung 4.98 an. Durch die Identifkation des Problems und den Neuaufbau der Farbinformationen konnte das Bild für die Zukunft gerettet werden (Abbildung 4.99).

Abbildung 4.98

Abbildung 4.99

Wenn ein Bild unter einem eklatanten Farbproblem leidet (wie dieses Beispiel), sehen Sie sich in der Kanäle-Palette zunächst die einzelnen Farbkanäle an. Wie in Abbildung 4.100 zu sehen, enthalten der grüne und der blaue Kanal nicht viele nützliche Bildinformationen. Mit dem Befehl BILD-BERECHNUNGEN können Sie die schwachen oder beschädigten Kanäle mithilfe des guten Kanals ersetzen oder neu aufbauen. Den Befehl BILDBERECHNUNGEN erkläre ich ausführlicher in meinem letzten Buch, *Photoshop Maskierung & Compositing*. Einen Auszug finden Sie auf der Website zum Buch (`ch4_image_calculations.pdf`).

ch4_image_calculations.pdf

ch4_redboys.jpg

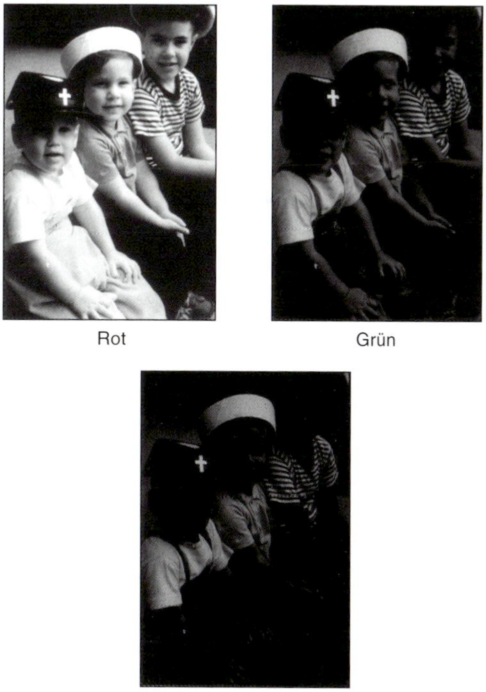

Abbildung 4.100

Der blaue Kanal enthält kaum nützliche Bildinformationen und muss ersetzt werden.

1. Aktivieren Sie in der Kanäle-Palette den blauen Kanal und schalten Sie die RGB-Ansicht ein. Wählen Sie BILD/BILDBERECHNUNGEN und wählen Sie für den roten Kanal UMGEKEHRT MULTIPLIZIEREN mit einer Deckkraft von 25%, um den blauen Kanal aufzuhellen (**Abbildung 4.101**).

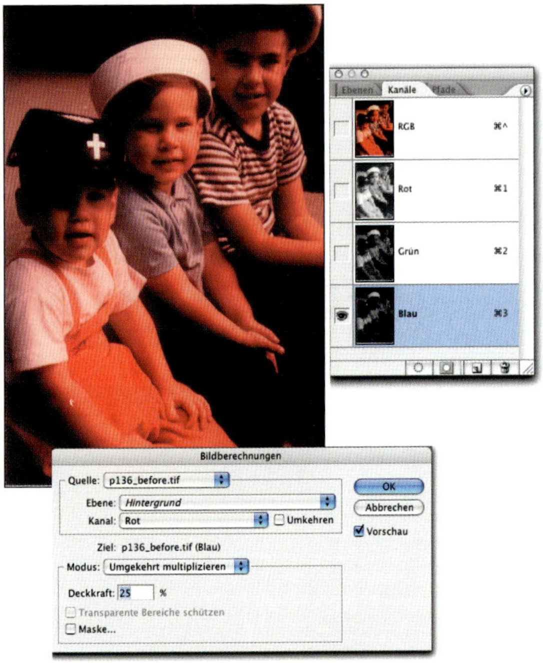

Abbildung 4.101

Blenden Sie die Informationen des roten Kanals in den schwachen blauen Kanal über.

2. Um den grünen Kanal zu verbessern, aktivieren Sie ihn und wählen anschließend erneut BILD/BILDBERECHNUNGEN. Wählen Sie für den roten Kanal dieses Mal LINEAR ABWEDELN mit einer Deckkraft von 35%. **Abbildung 4.102** zeigt die Reparatur bis zu diesem Punkt.

3. Fügen Sie nun eine Tonwertkorrektur-Einstellungsebene hinzu und passen Sie die einzelnen Kanäle an.

4. Aktivieren Sie den roten Kanal mit ⌘-1/Strg-1 und verschieben Sie den Schwarzpunktregler auf den Beginn der Bildinformationen, wie in **Abbildung 4.103** zu sehen.

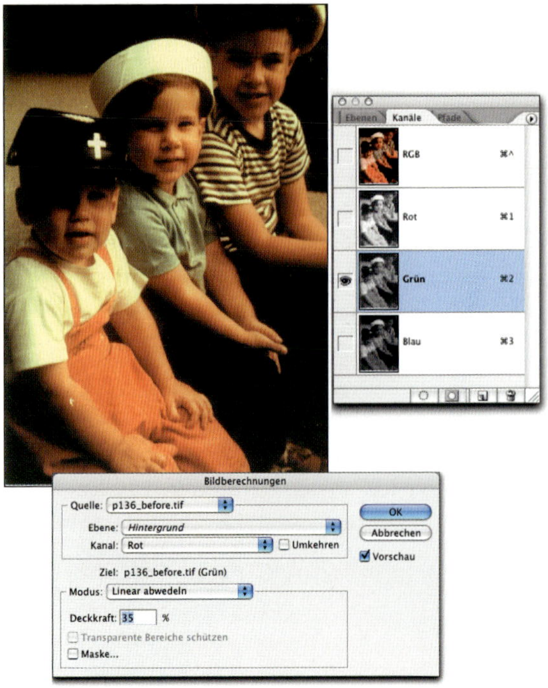

Abbildung 4.102

Blenden Sie die Informationen des roten Kanals in den beschädigten grünen Kanal über.

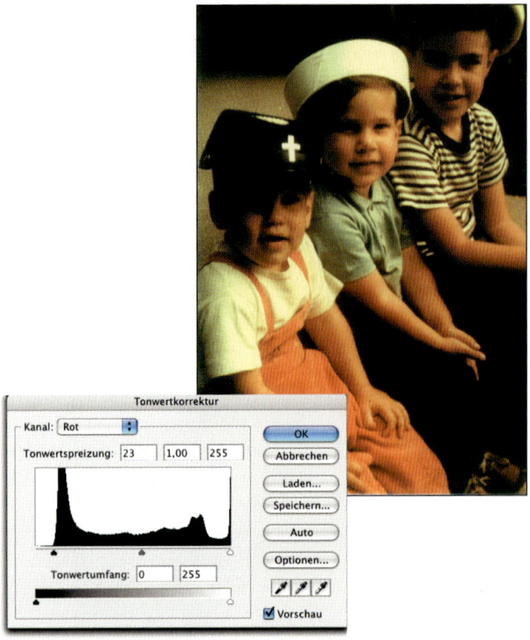

Abbildung 4.103

Verschieben Sie die Regler des roten Kanals.

5. Drücken Sie ⌘-2/Strg-2, um den grünen Kanal zu aktivieren, und verschieben Sie auch hier den Schwarzpunktregler (**Abbildung 4.104**).
6. Aktivieren Sie mit ⌘-3/Strg-3 den blauen Kanal (**Abbildung 4.105**) und verschieben Sie Schwarz- und Weißpunktregler auf den Beginn der Tonwertinformationen des Bilds.
7. Blenden Sie nun wieder den zusammengesetzten RGB-Kanal ein und hellen Sie die Mitteltöne etwas auf, um den Sommertag von damals besser ins Bild zu bringen (**Abbildung 4.106**).

Übrigens: Zwei der kleinen Jungs in diesem Bild sind DIE Knoll-Brüder, Thomas und John, die vor über 15 Jahren Photoshop entwickelt haben.

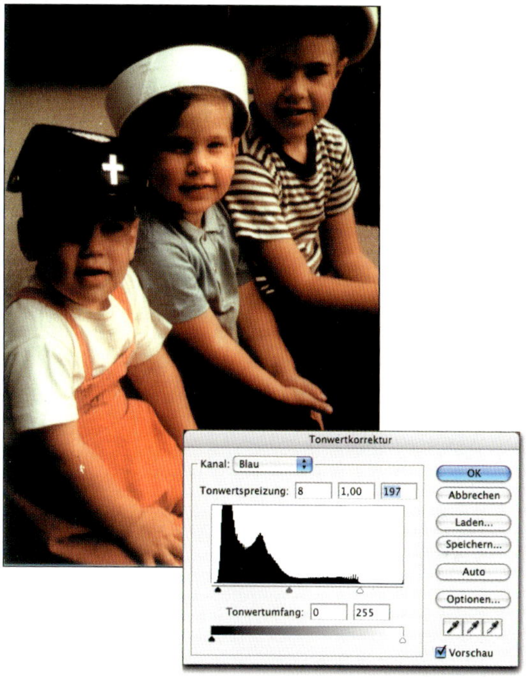

Abbildung 4.105

Verschieben Sie die Regler des blauen Kanals.

Abbildung 4.104

Verschieben Sie die Regler des grünen Kanals.

Abbildung 4.106

Hellen Sie die Mitteltöne etwas auf.

Farbränder entfernen

Farbränder oder die schwächere Ausführung, Chromatische Aberrationen, treten in Bildbereichen mit sehr hohem Kontrast auf – fast immer in der Nähe der Bildränder. Bei beiden Problemen erscheint ein Objekt, als wäre es von einer falschen Farbkante umgeben. Verursacht wird diese durch Lichtstrahlen, die nicht auf denselben Punkt der CCD der Kamera oder des Films fallen. In weniger schlimmen Fällen helfen die Einstellungen für die Chromatische Aberration innerhalb von Adobe Camera Raw oder die Blenden-Korrekturfilter. In extremen Fällen, wie in **Abbildung 4.107**, ist die Blendenkorrektur nicht ausreichend, um den extremen blauen Farbrand zu reduzieren. Der Befehl BILDBERECHNUNGEN in Zusammenhang mit etwas Restaurationsarbeit lässt die Adler wieder stolz werden (**Abbildung 4.108**).

ch4_blueeagle.jpg

Abbildung 4.107

Abbildung 4.108

1. Untersuchen Sie die Farbkanäle, um den problematischen Kanal herauszufinden (**Abbildung 4.109**). Der rote und der grüne Kanal sind in Ordnung, der blaue hat jedoch weichere Kanten, die zum Rest des Bilds leicht verschoben sind.

Rot

Grün

Blau

Abbildung 4.109

Orten Sie das Problem – hier ist es der schwache blaue Kanal –, damit Sie wissen, was Sie reparieren müssen.

2. Aktivieren Sie in der Kanäle-Palette den blauen Kanal (**Abbildung 4.110**) und die RGB-Ansicht. Wählen Sie BILD/BILDBERECHNUNGEN mit dem roten Kanal als Quelle, um ihn zum blauen Kanal hinzuzufügen. Wählen Sie MODUS: HINZUFÜGEN, SKALIERUNG 1 UND VERSCHIEBUNG –160 und klicken Sie auf OK.

3. Wählen Sie den Befehl anschließend erneut, dieses Mal mit dem grünen Kanal als Quelle: MODUS: HINZUFÜGEN, SKALIERUNG 2 und VERSCHIEBUNG 20 (**Abbildung 4.111**).

Abbildung 4.110

Fügen Sie die guten Informationen des roten Kanals zum schwachen blauen Kanal hinzu.

Abbildung 4.111

Fügen Sie den grünen Kanal zum blauen Kanal hinzu.

4. Aktivieren Sie den RGB-Kanal und fügen Sie eine neue Ebene im Modus FARBE hinzu. Wählen Sie eine kleine Pinselspitze mit einer Kantenschärfe von 50%. Nehmen Sie mit gedrückter ⌥/Alt-Taste eine gute Farbe aus dem Bild auf und malen Sie über die verbleibenden Farbränder (**Abbildung 4.112**).

Abbildung 4.112

Verfeinern Sie die Reparatur, indem Sie verbleibende Artefakte einfärben.

FARBEN ANPASSEN, ÄNDERN UND ERSETZEN

Immer wenn ich eine Farbe untersuche, frage ich mich selbst: »Will ich die Farbe addieren, subtrahieren oder ändern?«. Das Hinzufügen und Ändern der Farbe verschafft einem Motiv Aufmerksamkeit. Um Farbe zu erhalten, zu addieren, zu subtrahieren oder zu ändern, stehen Ihnen verschiedene Möglichkeiten zur Verfügung – Sie können eine der genannten Funktionen nutzen, die Bilder von Hand einfärben oder im Lab-Modus arbeiten.

Farbe mithilfe der Luminanz erhalten

Sie können in den meisten Fällen den Kontrast eines Bilds mithilfe der Gradationskurven deutlich verbessern oder Farbstiche entfernen. Allerdings bewirken Sie auf diesem Wege manchmal auch unerwünschte Farbverschiebungen oder andere Sättigungen. Zu viel Sättigung verdeckt Tonwertdetails, das Bild sieht schnell fleckig aus. Um so etwas zu verhindern, sollten Sie die Vorteile einer Gradationskurven-Einstellungsebene mit der Füllmethode LUMINANZ kombinieren, wie in den **Abbildungen 4.113** und **Abbildung 4.114** zu sehen.

Abbildung 4.113

Abbildung 4.114

ch4_flamingoes.jpg

1. Fügen Sie eine Gradationskurven-Einstellungsebene hinzu und verbessern Sie den Bildkontrast mit einer S-Kurve (Abbildung 4.115), indem Sie die Tiefen abdunkeln und die Lichter aufhellen. Wenn Sie sich die roten Bereiche ansehen, erkennen Sie jedoch, dass diese falsch gesättigt sind.

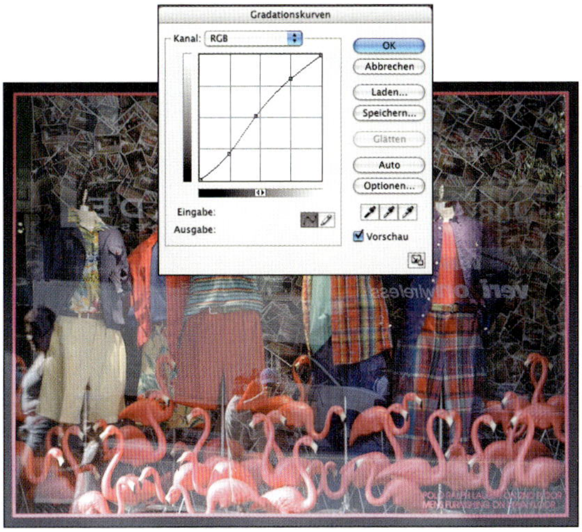

Abbildung 4.115

Die Standardeinstellungen der Gradationskurven erzeugen ein nettes Bild, jedoch sind die Farben zu intensiv.

2. Um sicherzugehen, wählen Sie ANSICHT/FARBUMFANG-WARNUNG (⌘-⇧-Y/Strg-⇧-Y). In den Voreinstellungen können Sie festlegen, welche Farbe Photoshop verwendet, um nicht druckbare Farben anzuzeigen. Ich verwende hier 100% Blau. Der Standardbeschneidungswert von 0,10% zeigt die vielen Bereiche, die außerhalb des Farbumfangs liegen (Abbildung 4.116). Falls Sie, wie vorhin beschrieben, den Wert verringert haben, sind es nicht so viele Bereiche.

3. Ändern Sie die Füllmethode der Einstellungsebene in LUMINANZ (Abbildung 4.117), um die unerwünschte Sättigung zu verschieben, den Kontrast jedoch zu erhalten. Wechseln Sie zwischen LUMINANZ und NORMAL, um den Unterschied zu erkennen.

Abbildung 4.116

ANSICHT/FARBUMFANG-WARNUNG zeigt die Farben, die sich außerhalb des druckbaren Farbumfangs befinden.

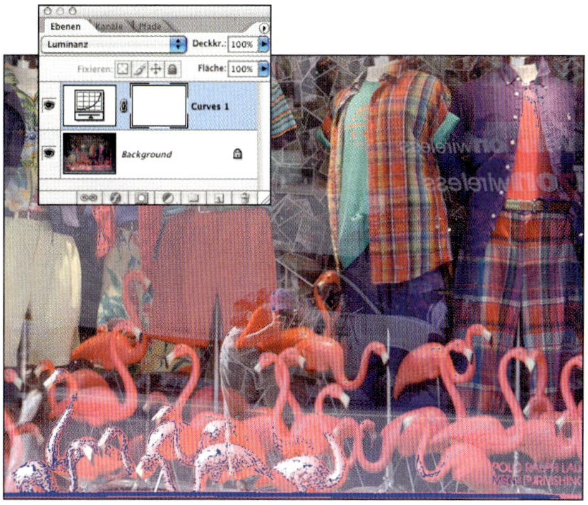

Abbildung 4.117

Die Füllmethode LUMINANZ für die Einstellungsebene verringert die falsche Sättigung.

Die Farben mehrerer Bilder anpassen

Mit dem Befehl GLEICHE FARBE können Sie die Farben eines Bilds durch die eines anderen ersetzen. Das kann das gesamte Bild beinhalten, bestimmte Ebenen oder Auswahlen.

In Abbildung 4.118 sehen Sie, dass sich beide Bilder vom Motiv her ähneln, sich farblich aber deutlich unterscheiden. In Abbildung 4.119 wurde der Magenta-Farbstich mit dem Befehl GLEICHE FARBE entfernt.

© Wayne Palmer

Abbildung 4.118

Abbildung 4.119

ch4_dragon1.jpg

ch4_dragon2.jpg

1. Wählen Sie aus beiden geöffneten Bildern das aus, in dem Sie die Farbe ändern wollen, und duplizieren Sie die Hintergrundebene. Wählen Sie BILD/ANPASSEN/GLEICHE FARBE und die Quelldatei, an die Sie anpassen wollen (Abbildung 4.120).
2. Verbessern Sie die Tonwerte des Bilds mit dem Luminanz- und dem Farbintensitätsregler – verringern oder erhöhen Sie die Farbsättigung wie in Abbildung 4.121.

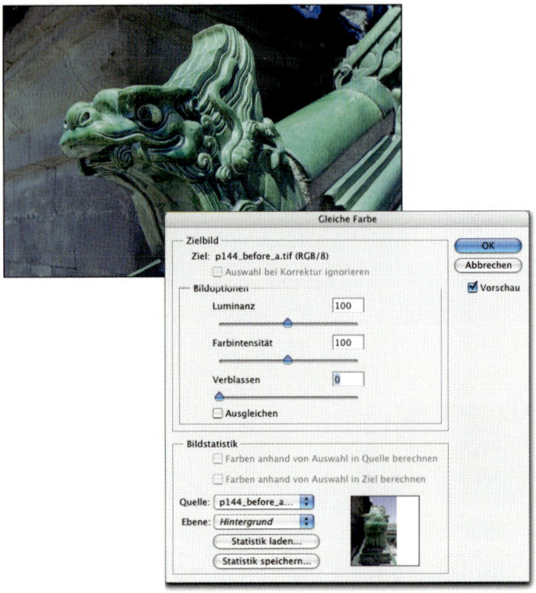

Abbildung 4.120

Wählen Sie das Quellbild aus.

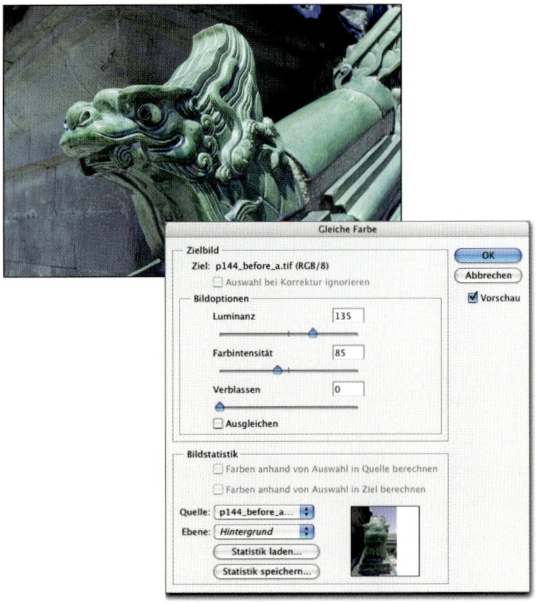

Abbildung 4.121

Passen Sie Luminanz und Sättigung an, um die Korrektur zu verfeinern.

Der Befehl GLEICHE FARBE unterstützt außerdem aktive Auswahlen. Sie erzielen oftmals bessere Ergebnisse, wenn Sie in der Quelldatei vorher einen kleinen Bereich auswählen.

Farben ersetzen

Die wichtigsten Photoshop-Funktionen zum Ersetzen von Farbe sind FARBE ERSETZEN (BILD/ANPASSEN/FARBE ERSETZEN) und das Farbe-ersetzen-Werkzeug. Beide funktionieren gleich, nur dass der Befehl einen Farbbereich verwendet, um einen Bildbereich auszuwählen, der umgefärbt werden soll. Das Werkzeug nutzt hingegen eine Werkzeugspitze, mit der Sie diesen Bereich festlegen müssen. Beide Methoden haben ihre Vorteile – Sie müssen entscheiden, wie schwierig es ist, den Bereich festzulegen, den Sie umfärben wollen. Falls Sie mit dem Befehl arbeiten, es im Bild jedoch mehrere Bereiche gleicher Farbe gibt, die Sie nicht alle ändern wollen, müssen Sie vorher eine Auswahl des Bereichs erstellen, dessen Farbe Sie ändern wollen.

Lassen Sie uns im Bild in Abbildung 4.122 die Farbe des Autos ändern. Die aktuelle Farbe ist der Farbe des Himmels ziemlich ähnlich. Wir wollen sie lieber an die Farbe der Jacke der jungen Frau anpassen (Abbildung 4.123).

ch4_bluecar.jpg

1. Öffnen Sie die Datei und duplizieren Sie die Hintergrundebene.
2. Die Farbe des Himmels entspricht fast der Farbe des Autos. Erstellen Sie mit dem Auswahlrechteck eine grobe Auswahl vom Auto (Abbildung 4.124), um den Himmel nicht zu ändern.

Hinweis

Mit »grob« meine ich auch grob. Es ist egal, ob andere Bildbereiche in die Auswahl eingeschlossen sind, sie dürfen nur nicht die gleiche Farbe haben wie das Auto.

3. Wählen Sie BILD/ANPASSEN/FARBE ERSETZEN. In der Dialogbox stehen Ihnen drei Regler für die Ersetzung der Farbe zur Verfügung. Achten Sie in Abbildung 4.125 darauf, dass in der Vorschau nur das zu sehen ist, was Sie mit dem Auswahlrechteck ausgewählt haben.

© Wayne Palmer

Abbildung 4.122

Abbildung 4.123

Abbildung 4.124

Erstellen Sie eine Auswahl von dem Bereich, den Sie ändern wollen.

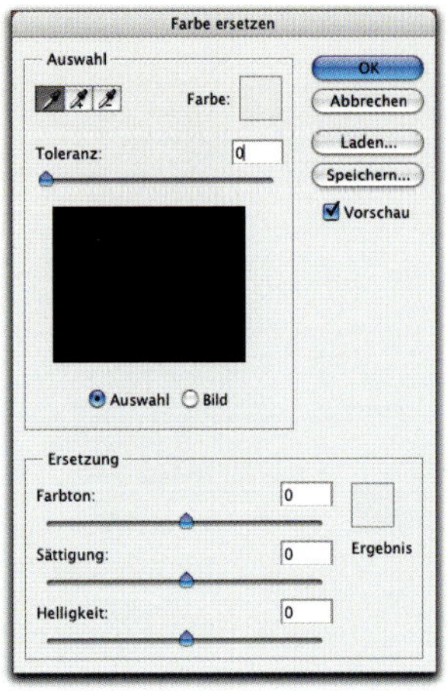

Abbildung 4.125

Die Dialogbox FARBE ERSETZEN *besteht aus zwei Bereichen:* AUSWAHL *und* ERSETZUNG.

4. Halten Sie die Pipette über das blaue Auto und achten Sie auf die Auswahl in der Dialogbox. Halten Sie die ⇧-Taste gedrückt und ziehen Sie über das gesamte Auto, um so viele Blautöne wie möglich aufzunehmen. Berühren Sie jedoch nicht die Jeans der Frau. Um Bereiche aus der Auswahl zu entfernen, klicken Sie mit der Pipette mit dem Minuszeichen. Erhöhen Sie anschließend die Toleranz (**Abbildung 4.126**).

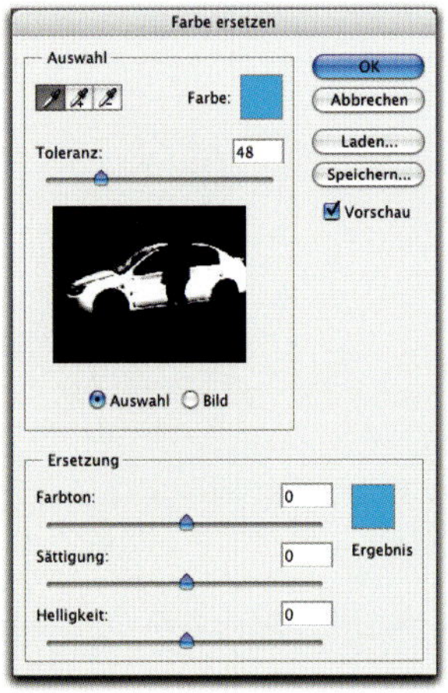

Abbildung 4.126

Wählen Sie mit der Pipette die Farben aus, die ersetzt werden sollen.

5. Nachdem Sie die Farbauswahl erstellt haben, nutzen Sie die Regler im unteren Bereich der Dialogbox, um die Farbe zu ändern. Sie können die neue Farbe auch mithilfe des Farbwählers auswählen. Ihr Bild wird zeitgleich aktualisiert. Wenn Sie in der Dialogbox bleiben (nicht den Farbwähler öffnen), können Sie mit der Pipette weitere Bereiche hinzufügen. Wählen Sie mit dem Farbtonregler ein nettes Lila aus und verringern Sie die Farbintensität mit dem Sättigungsregler (**Abbildung 4.127**).

Abbildung 4.127

Nutzen Sie die Regler FARBTON, SÄTTIGUNG *und* HELLIGKEIT, *um die Farbänderung zu kontrollieren.*

6. Je weiter Sie sich von der Originalfarbe entfernen, desto mehr müssen Sie auf die Auswahl achten. Falls sich in Ihrer Auswahl noch andere Blautöne befinden (beispielsweise in

der Jeans der Frau), fügen Sie eine Ebenenmaske hinzu und malen Sie mit Schwarz über die Bereiche, die geschützt werden müssen (Abbildung 4.128).

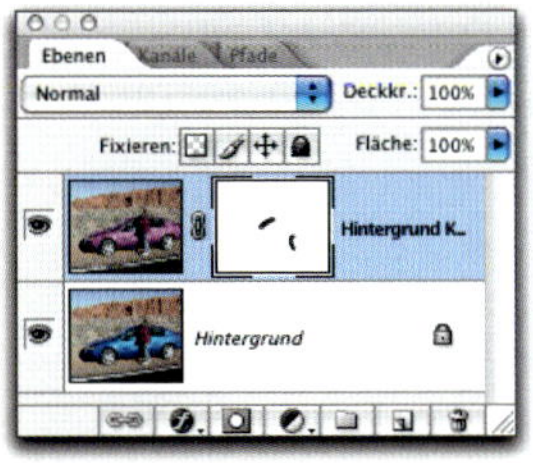

Abbildung 4.128

Säubern Sie versehentlich eingefärbte Bereiche mithilfe einer Ebenenmaske.

Das Farbe-ersetzen-Werkzeug

Nutzen Sie das Farbe-ersetzen-Werkzeug, um eine neue Farbe über eine bestehende zu malen. Die Art, wie die Farbe ersetzt wird, ähnelt dem Befehl FARBE ERSETZEN. Setzen Sie das Werkzeug ein, wenn der einzufärbende Bereich zu komplex für eine Auswahl ist.

Tipp

Die Effekte beider Werkzeuge beziehen sich direkt auf die Helligkeitswerte des Objekts. Je näher die Helligkeit an Weiß oder Schwarz, desto weniger deutlich ist der Effekt. Je näher der Helligkeitswert am Wert 128 (im RGB-Modus), desto besser passt er sich der Farbe an, die Sie für die Ersetzung gewählt haben.

Das Werkzeug hat verschiedene hilfreiche Funktionen (im Menü GRENZEN):

- NICHT AUFEINANDER FOLGEND platziert die Farbe überall dort, wo Sie malen.
- AUFEINANDER FOLGEND platziert die Farbe dort, wo Sie malen, solange sich die Startfarbe innerhalb des gewählten Farbbereichs befindet.
- KANTEN SUCHEN platziert die Farbe überall dort, wo Sie malen, wirkt sich jedoch nicht auf benachbarte Farben aus.

Verschaffen Sie der Rose in Abbildung 4.129 Aufmerksamkeit, indem Sie ihre Farbe ändern (Abbildung 4.130). Da die Rose eine ähnliche Farbe hat wie der Rest des Bilds, können Sie sie mit dem Befehl nicht isolieren (wie in den ersten beiden Ansätzen in Abbildung 4.131 zu sehen). Hier eignet sich viel besser das Farbe-ersetzen-Werkzeug.

ch4_rosecross.jpg

Abbildung 4.129

Abbildung 4.130

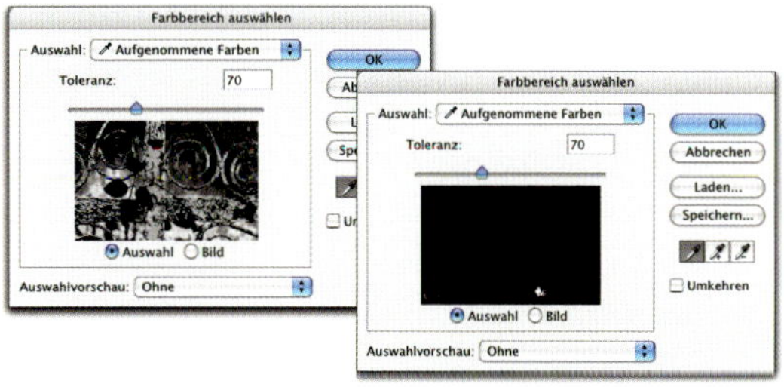

Abbildung 4.131

Der Befehl FARBE ERSETZEN kann die monochromen Bildelemente nicht sehr effizient trennen.

1. Wie bei jedem Werkzeug, das sich direkt auf die Hintergrundebene auswirkt, sollten Sie diese hier zunächst duplizieren ([⌘]-[J]/[Strg]-[J]), um sie zu schützen. Zoomen Sie in die Rose hinein.

2. Aktivieren Sie das Farbe-ersetzen-Werkzeug mit dem Modus FARBE, der Option KANTEN SUCHEN und GLÄTTEN (in der Optionsleiste), wie in **Abbildung 4.132** zu sehen.

Abbildung 4.132

Wählen Sie MODUS: FARBE, KANTEN FINDEN und GLÄTTEN.

3. Wählen Sie einen roten Farbton. Ich entschied mich für einen Standard aus der Farbe-Palette. Die gewählte Farbe ändert die Brillanz in Abhängigkeit von der Helligkeit des Objekts. Dadurch sehen die Ergebnisse so realistisch aus – die Grauwerte werden gemischt und können hindurchscheinen.

4. Malen Sie innerhalb der Rose. Achten Sie auf das Fadenkreuz in der Pinselspitze. Wenn Sie mit dem ersten Klick in den Bereich geklickt haben, den Sie übermalen wollen, bleibt die Farbe innerhalb der Rose. Außen liegende Bereiche werden nicht gefärbt, auch wenn die Pinselspitze in sie hineinragt (**Abbildung 4.133**).

5. Falls die Farbe zu intensiv ist, verringern Sie die Ebenendeckkraft. Die darunter liegende Ebene zeigt einen Teil der Originalrose und verringert die Farbänderung (**Abbildung 4.134**).

Abbildung 4.133

Malen Sie innerhalb der Rose.

Abbildung 4.134

Verringern Sie die Ebenendeckkraft, um die Farbintensität anzupassen.

Farbänderungen im Lab-Farbmodus

Die Bearbeitung der Farbe im Lab-Farbmodus hat den Vorteil, dass die Luminanz des Bilds nicht verändert wird. Wenn Klarheit und Flexibilität wichtig sind, tendiere ich eher zu dieser Technik. In diesem Beispiel wollte ich die Farbe des Schilds auf dem Autodach ändern (Abbildung 4.135), damit es etwas mehr hervorsticht (Abbildung 4.136).

ch4_shrimptruck.jpg

1. Wählen Sie BILD/DUPLIZIEREN und anschließend BILD/MODUS/LAB-FARBE.

Abbildung 4.135

Abbildung 4.136

2. Wählen Sie das Schild mithilfe des Polygon-Lassos aus. Fügen Sie eine Gradationskurven-Einstellungsebene hinzu.

3. Verschieben Sie die Endpunkte der Kurve im a-Kanal, um die Farbe zu ändern (Abbildung 4.137). Wenn Sie die Gradationskurven a und b linear halten, erhalten Sie besser vorhersagbare Ergebnisse.

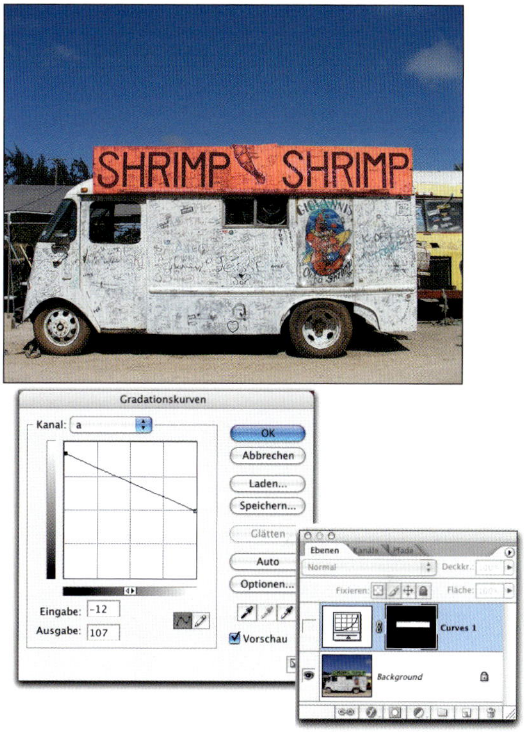

Abbildung 4.137

Mithilfe der Gradationskurven im Lab-Modus können Sie die Farbe ändern, ohne die Farbdichte zu ändern.

GEDANKEN ZUM SCHLUSS

Die Bedeutung guter Farben – angenehmer Farben – ist immens. Wenden Sie die Techniken aus diesem Kapitel auf Ihre eigenen Bilder an – dabei lernen Sie mehr, als Ihnen irgendein Buch beibringen kann. Öffnen Sie also ein paar Bilder und lernen Sie, Farbe wahrzunehmen, zu entfernen, zu ändern oder zu betonen. Das ist wirklich wichtig!

III

Wichtige Techniken für Restauration und Reparatur

5 STAUB, ABLAGERUNGEN UND STRUKTUREN ENTFERNEN 153

6 BESCHÄDIGUNGEN KONTROLLIEREN UND REPARIEREN 199

7 BILDER RESTAURIEREN UND NEU AUFBAUEN 235

8 BILDER VEREDELN UND AUFPOLIEREN 275

5

STAUB, ABLAGERUNGEN UND STRUKTUREN ENTFERNEN

Nichts geht über Sauberkeit und Sie werden mir sicherlich zustimmen, dass Dinge wie Staub, Ablagerungen, Moiré-Muster, Druckstrukturen und Filmkörnung der Fluch eines jeden Retuscheurs sind. Das Entfernen dieser Probleme ist zeitaufwändig und anstrengend für Augen und Arme – der Spaß an der digitalen Retusche kann dabei wirklich verloren gehen. In diesem Kapitel konfrontiere ich Sie mit den schlimmsten Problemen. Sie lernen die besten Techniken, um Ihre Bilder vor dem Übel zu schützen, das in historischen Negativen, Dias, Abzügen, Film- und Digitalbildern lauert.

Auf die folgenden Probleme gehe ich ein:

- Staub, Ablagerungen und Kratzer entfernen
- Moiré-Muster und Papierstrukturen minimieren
- Digitales Bildrauschen reduzieren

Dabei arbeiten Sie mit folgenden Werkzeugen:

- Ebenen und Füllmethoden
- Kopierstempel und Reparaturwerkzeuge
- Kreative Techniken zum Scannen und für Ihre Digitalkamera
- Filter und der Befehl FLUCHTPUNKT

Krempeln Sie also die Ärmel hoch und ran an die Arbeit.

Je nach Ausmaß des Problems kommen verschiedene Photoshop-Techniken in Frage – abwechselnd oder in Kombination. Meine Lieblingstechnik sieht vor, das Problem möglichst von Anfang an zu vermeiden, indem ich Negative, Abzüge und Scanner vor dem Scannen säubere. Indem Sie den losen Staub entfernen, beseitigen Sie die Ursache des Problems.

Bei zeitgenössischem Film, z.B. Kodachrome oder Ektachrome, entfernen Sie Staub und Fett mithilfe eines antistatischen Filmreinigers. Falls sich der Staub innerhalb der Filmemulsion befindet, sollten Sie das Bild 10 bis 15 Minuten in 72 Grad heißes Wasser legen, einen Tropfen mildes Geschirrspülmittel hinzufügen, es anschließend mit warmem Wasser abspülen und in einer staubfreien Umgebung an der Luft trocknen lassen. Verwenden Sie keinen Fön, in der Hoffnung, den Trocknungsprozess zu beschleunigen. Fragen Sie jedoch immer den Kunden, bevor Sie seine Originale bearbeiten – testen Sie das Ganze an einem weniger wichtigen Bereich oder Stück Film. Reiben Sie Filme, Abzüge oder Scannerplatten nicht zu fest, um keine dauerhaften Kratzer und Schäden zu verursachen.

Da es nicht die eine perfekte Methode gibt, um Staub oder Ablagerungen zu entfernen, finden Sie in diesem Kapitel verschiedene Methoden zur Behebung des Problems. Staub macht sich meistens in sehr kleinen Flecken dunkler oder heller Pixel bemerkbar. Ablagerungen sind als Muster oder Verfärbungen in größeren Bereichen zu finden. Experimentieren Sie mit den vorgestellten Methoden und entwickeln Sie eigene Techniken, um die schlimmsten Probleme Ihrer Bilder zu beheben.

DAS 1x1 DES STAUBWEDELNS

Nachdem ein Bild digitalisiert wurde, sehen Sie den Staub als solchen nicht mehr. Vielleicht befand sich Staub auf dem Bild, dem Scanner oder dem Kamerasensor, in der digitalen Datei sehen Sie jedoch nur helle oder dunkle Pixel im Kontrast zu einem hellen oder dunklen Hintergrund. Wenn Sie das verstanden haben, können Sie die Reinigung des Bilds beschleunigen. In der traditionellen Fotografie werden die hellen Flecken durch Staub verursacht, der sich während der Belichtung auf dem Fotopapier befand. Bei der Arbeit mit digitalen Bildern haben Sie es mit ähnlichen Herausforderungen zu tun.

Der sauberste Kanal

Die einfachste Lösung besteht darin, festzustellen, ob sich die Flecken hauptsächlich in einem Kanal befinden. Wenn das der Fall ist, können Sie den Kanal mit den größten Problemen bearbeiten oder – bei Schwarzweiß- oder Sepiabildern – den besten Kanal extrahieren. Aus diesem Grund empfehle ich Ihnen, alle Bilder in Farbe zu scannen, auch wenn es sich um Schwarzweißbilder handelt. Meistens finden sich die deutlichsten Schäden im blauen Kanal. Nutzen Sie die Informationen des roten oder grünen Kanals, um Störungen zu beheben.

Wenn bei der Arbeit mit Sepia- oder vergilbten Bildern das antike Aussehen erhalten bleiben soll, sollten Sie mit dem Bild in Graustufen arbeiten, besonders, wenn Sie deutliche Helligkeitsänderungen vornehmen müssen. Den Originalfarbton während der Bearbeitung beizubehalten, ist schwierig, da sich Helligkeits- und Kontraständerungen auch auf die Farbe auswirken. Deshalb ist es oft besser, das Bild in Graustufen umzuwandeln, es zu restaurieren und anschließend wieder in RGB zu überführen. Bringen Sie in einem letzten Schritt dann die Farbe mithilfe einer Volltonfarbe-Einstellungsebene im Modus FARBE wieder ins Bild, wie Sie später in diesem Kapitel sehen können.

Abbildung 5.1 ist eingerissen, vergilbt und voller Störungen. **Abbildung 5.2** zeigt das Ergebnis nach der Extrahierung des besten Kanals. Der Riss ist natürlich immer noch vorhanden, die gelbe Verfärbung und die Strukturen sind jedoch veschwunden.

ch5_bestchannel.jpg

1. Sehen Sie sich die drei Kanäle an und suchen Sie den besten heraus. Drücken Sie [⌘]/[Strg]-[1], [2] und [3], um die Kanäle zu wechseln. Der rote Kanal weist die wenigsten Störungen auf. Aktivieren Sie wieder den RGB-Kanal.
2. Aktivieren Sie in der Kanäle-Palette den roten Kanal (**Abbildung 5.4**).

Abbildung 5.1

Abbildung 5.2

Abbildung 5.3

Die Untersuchung der drei Kanäle zeigt, dass der rote Kanal am wenigsten Störungen und Staub enthält.

Abbildung 5.4

Das Extrahieren des besten Kanals ist eine effektive Methode, um Staub und Störungen zu entfernen.

3. Wählen Sie BILD/MODUS/GRAUSTUFEN und klicken Sie in der Warnmeldung auf OK. Aktivieren Sie am besten gleich die Checkbox NICHT MEHR ANZEIGEN und klicken Sie dann auf OK. Die weniger nützlichen Kanäle werden entfernt, der, den Sie als besten eingestuft haben, wird zum Graustufenbild.
4. Um den Tonwert zu verbessern, fügen Sie eine Tonwertkorrektur-Einstellungsebene hinzu und verschieben Sie Schwarz-, Weißpunkt- und Gammaregler nach links, um den Bildkontrast zu verbessern und die Mitteltöne aufzuhellen (**Abbildung 5.5**).

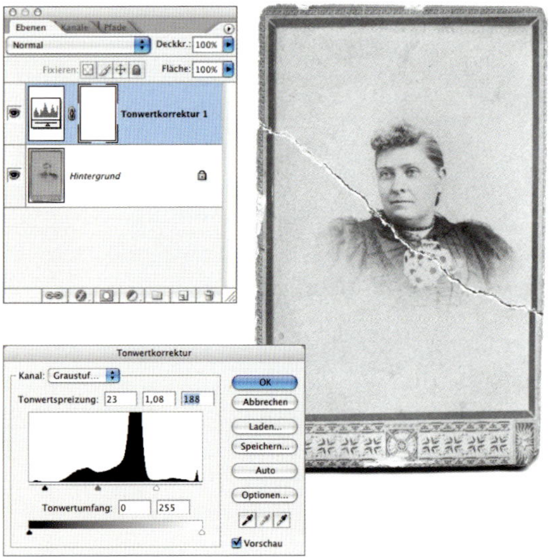

Abbildung 5.5

Verbessern Sie die Tonwerte mit einer Tonwertkorrektur-Einstellungsebene.

Kanäle mithilfe des Kanalmixers kombinieren

Enthält ein einzelner Kanal nicht ausreichend Informationen für ein gutes Bild, so erzielen Sie meist bessere Ergebnisse, wenn Sie zwei Kanäle mit einer Kanalmixer-Einstellungsebene kombinieren. Gleichzeitig entfernen Sie Flecken und Staub, wie in den **Abbildungen 5.6** und **5.7** zu sehen. Die folgende Technik stammt von Mark Beckelman.

ch5_channel_dust.jpg

Abbildung 5.6

Abbildung 5.7

1. Drücken Sie ⌘/Strg-1, 2 und 3, um zwischen den Kanälen zu wechseln. Hier sind der rote und der grüne Kanal weniger beschädigt als der blaue Kanal (**Abbildung 5.8**). Aktivieren Sie wieder den RGB-Kanal.
2. Um die guten Informationen hinzuzufügen und die schlechten zu entfernen, fügen Sie eine Kanalmixer-Einstellungsebene hinzu und aktivieren die Checkbox MONOCHROM. Erhöhen Sie die Werte für Rot und Grün und verringern Sie den für Blau (**Abbildung 5.9**). So erzeugen Sie wesentlich schneller ein besseres Ausgangsbild als mit den Reparatur- oder Kopierwerkzeugen.

Rot

Grün

Blau

Abbildung 5.8

Der rote und der grüne Kanal sind besser als der blaue.

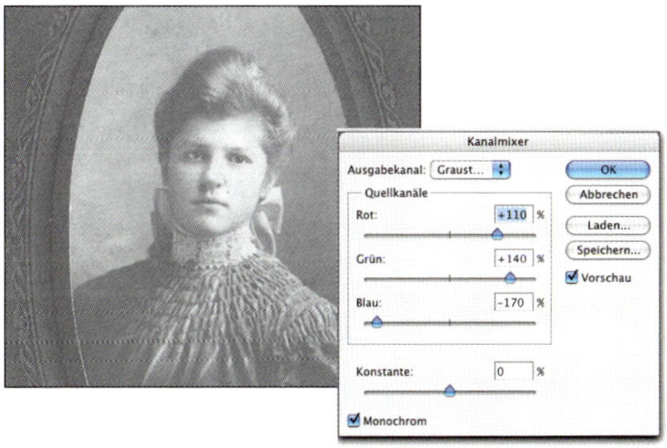

Abbildung 5.9

Erhöhen Sie die rote und grüne Komponente und reduzieren die Informationen des beschädigten blauen Kanals.

3. Um den Kontrast zu verbessern, fügen Sie eine Tonwertkorrektur-Einstellungsebene hinzu. Verschieben Sie den Schwarzpunkt nach rechts und den Weißpunkt nach links auf den Beginn der Tonwertinformation (**Abbildung 5.10**).

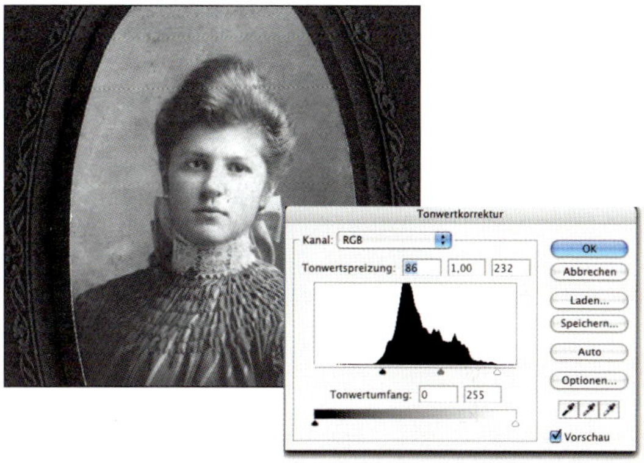

Abbildung 5.10

Das Anpassen der Tonwerte verbessert den Kontrast.

Fahren Sie anschließend mit der nun folgenden Technik fort. Speichern Sie die Datei jedoch zunächst mit dem Befehl SPEICHERN UNTER.

Die Duplizieren-und-Verschieben-Technik

Verwenden Sie die Duplizieren-und-Verschieben-Technik in unwichtigen Bildbereichen (Himmel oder Hintergründe), um Staub auf großen Oberflächen schnell und einfach zu entfernen. Duplizieren Sie einen störenden Bereich mit 2 oder 3 Pixel Verschiebung und wenden Sie die Füllmethode AUFHELLEN (um dunkle Flecken zu entfernen) oder ABDUNKELN (um helle Flecken zu entfernen) an. Von dieser Technik hörte ich das erste Mal von Stephen Johnson (`www.sjphoto.com`), als er für sein wundervolles Buch *The Great Central Valley* (University of California, 1998) verschiedene Glasplatten-Negative retuschierte.

Die **Abbildungen 5.11** und **5.12** zeigen Vorher-Nachher-Details des mit der Duplizieren-und-Verschieben-Technik gereinigten Bereichs. Beachten Sie, wie viele Flecken und Störungen minimiert werden konnten. Die noch vorhandenen Flecken werden mit dem Bereichsreparatur-Pinsel korrigiert.

Abbildung 5.11

Abbildung 5.12

Tipp

Um Staub so schnell wie möglich zu entfernen, widerstehen Sie der Versuchung, Staubflecken mit dem Kopierstempel oder dem Bereichsreparatur-Pinsel zu bearbeiten. Halten Sie sich so kurz wie möglich mit unwichtigen Bildbereichen auf und konzentrieren Sie sich lieber auf die wichtigen.

1. Drücken Sie [⌘]-[⌥]-[⇧]-[E]/[Strg]-[Alt]-[⇧]-[E], um eine neue Ebene zu erstellen, auf der Sie arbeiten können. Wenn Ihr Bild nur aus einer Hintergrundebene besteht, duplizieren Sie diese einfach und fahren Sie fort wie beschrieben.
2. Duplizieren Sie die neue Ebene – nennen Sie die untere *lighter* und die obere *darker*.
3. Blenden Sie die darker-Ebene aus und aktivieren Sie die lighter-Ebene. Verschieben Sie diese Ebene mithilfe des Verschieben-Werkzeugs und den Pfeiltasten auf Ihrer Tastatur um zwei Pixel nach unten und um zwei nach rechts. Ändern Sie die Füllmethode in AUFHELLEN, um ein leicht weichgezeichnetes Bild wie in **Abbildung 5.13** zu erstellen.
4. Klicken Sie mit gedrückter [⌥]/[Alt]-Taste auf das Icon EBENENMASKE HINZUFÜGEN, um zu der hellen Ebene eine schwarze Ebenenmaske hinzuzufügen. Malen Sie mit einer kleinen weichen, weißen Pinselspitze und einer Deckkraft von 100% über die dunklen Flecken. An diesen Stellen kommt die aufgehellte Ebene zum Vorschein (**Abbildung 5.14**).

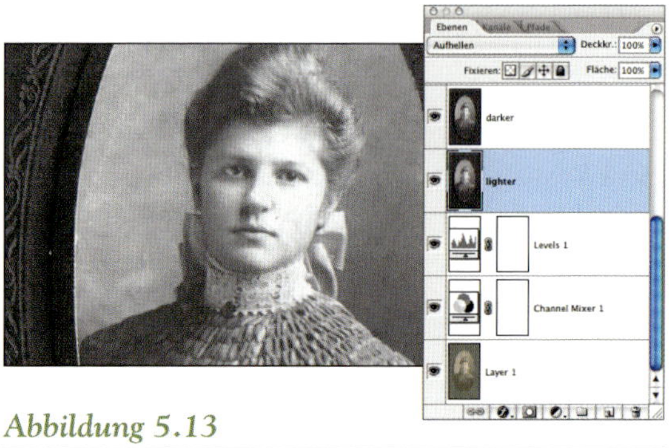

Abbildung 5.13

Durch leichtes Verschieben der kopierten Ebene verschwinden die dunklen Punkte.

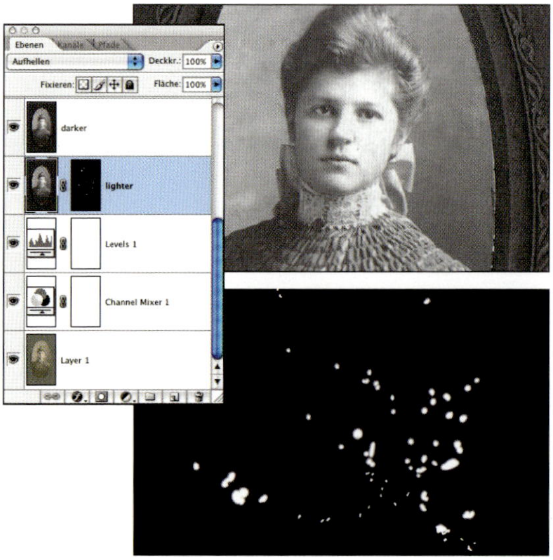

Abbildung 5.14

Das Malen auf der Ebenenmaske blendet die verschobenen, helleren Informationen ein.

5. Blenden Sie die dunklere Ebene ein und wiederholen Sie die Schritte 3 und 4, nur dass Sie hier die Füllmethode ABDUNKELN wählen. Malen Sie über die helleren Flecken (**Abbildung 5.15**).

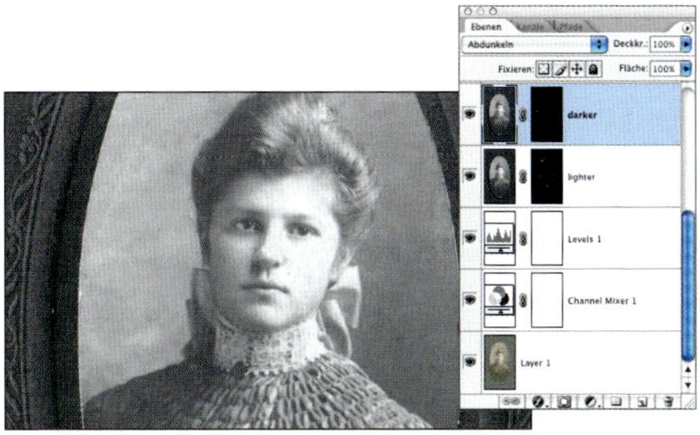

Abbildung 5.15

Durch leichtes Verschieben der kopierten Ebene verschwinden die hellen Punkte.

Tipp

Falls der Staub sehr fein ist, verwenden Sie eine Verschiebung von einem Pixel und experimentieren Sie, indem Sie die helle und die dunkle Ebene in entgegengesetzte Richtungen verschieben.

6. Drücken Sie [⌘]-[⌥]-[⇧]-[E]/[ctrl]-[Alt]-[⇧]-[E], um die Ebenen auf eine neue zu reduzieren. Entfernen Sie mit einem kleinen Bereichsreparatur-Pinsel die verbleibenden Flecken im Gesicht der Frau (**Abbildung 5.16**).

Tipp

Durch Anpassen der Größe der Pinselspitze an die Größe der Flecken stellen Sie sicher, dass Sie die Umgebung nicht zu stark bearbeiten. Kontrollieren Sie die Größe der Pinselspitze mit folgenden Tastaturbefehlen:

- Taste [#] verkleinert die Pinselspitze.
- Taste [Ö] vergrößert die Pinselspitze.

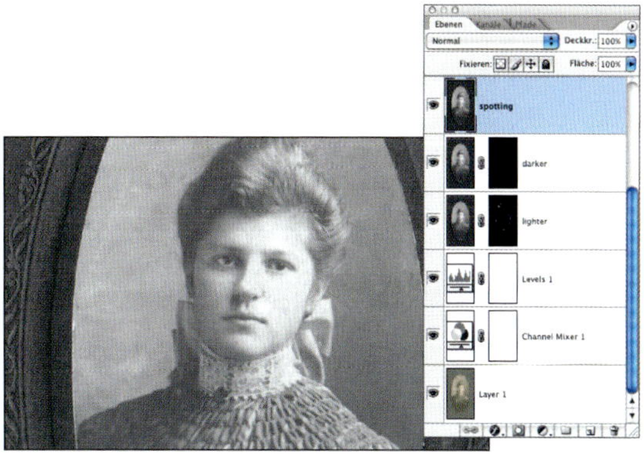

Abbildung 5.16

Entfernen Sie mit dem Bereichs-Reparaturpinsel verbleibende Flecken.

In den meisten Fällen reichen zwei der eben beschriebenen Ebenen im Modus AUFHELLEN und ABDUNKELN aus, um den Großteil der Probleme zu entfernen. Verbleibende Flecken entfernen Sie mit dem Bereichsreparatur-Pinsel. Mark Beckelman zeichnete anschließend die Struktur auf dem Gesicht der Frau etwas weich, säuberte den Rahmen und färbte das Bild leicht ein, wie im Folgenden beschrieben:

1. Duplizieren Sie die oberste Ebene und wenden Sie einen Gaußschen Weichzeichner mit einem Wert von 2 an, um das Gesicht leicht weichzuzeichnen (**Abbildung 5.17**).

Abbildung 5.17

Wenden Sie einen Weichzeichner auf die reduzierte, reparierte Ebene an.

2. Klicken Sie mit gedrückter ⌥/Alt-Taste auf das Icon EBENENMASKE HINZUFÜGEN, um zur weichgezeichneten Ebene eine schwarze Ebenenmaske hinzuzufügen. Malen Sie mit einer weichen, weißen Pinselspitze und einer Deckkraft von 90% über das Gesicht der Frau und mit 50% Deckkraft über den Hintergrund (**Abbildung 5.18**) – die weicheren Bildinformationen kommen wieder zum Vorschein.

Abbildung 5.18

Das Malen auf einer schwarzen Ebenenmaske blendet die Weichzeichnung ein.

3. Fügen Sie eine neue Ebene hinzu. Verfeinern Sie die Kanten des Rahmens mit dem Kopierstempel im Modus ALLE EBENEN AUFNEHMEN. Verwenden Sie eine kleine, harte Pinselspitze. **Abbildung 5.19** zeigt den reparierten Rahmen.

4. Fügen Sie jetzt noch etwas Farbe mit einer Volltonfarbe-Einstellungsebene hinzu (wählen Sie einen warmen Farbton). Ändern Sie anschließend die Füllmethode in FARBE, um das finale Bild (**Abbildung 5.20**) zu erzeugen.

Wenn Sie weniger Zeit mit den Reparatur- oder Kopierwerkzeugen verbringen, bleibt Ihnen mehr Zeit für die künstlerischen Details – beispielsweise das Verfeinern des Gesichts und des Rahmens.

Abbildung 5.19

Nutzen Sie für feine Reparaturen den Kopierstempel mit einer harten Pinselspitze.

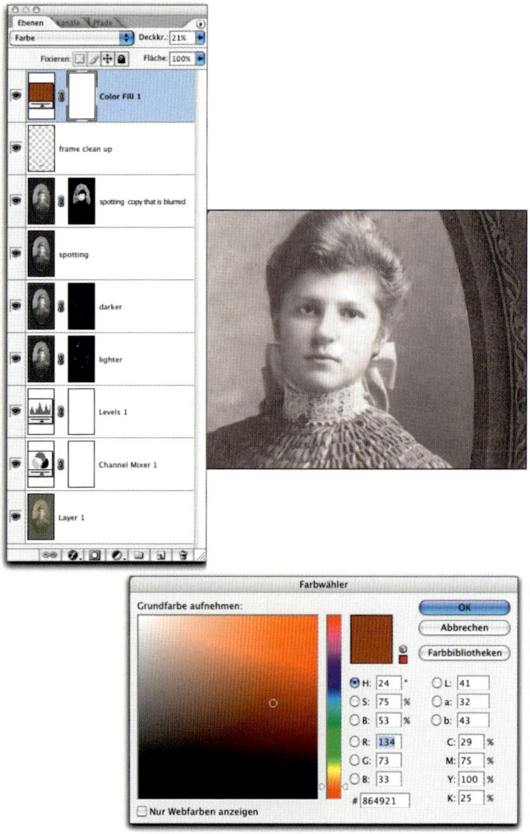

Abbildung 5.20

Passen Sie die Deckkraft der Volltonfarbebene an, um das Bild wieder einzublenden.

Staub in Dateien der Digitalkamera

Mit der wachsenden Beliebtheit qualitativ hochwertiger digitaler Spiegelreflexkameras mehren sich auch die Aufnahmen mit unvermeidbaren, dunklen Flecken auf den Dateien, die durch Staub auf der CCD (charged coupled device) der Kamera verursacht werden. Egal, wie vorsichtig Sie beim Wechseln des Objektivs sind oder ob Sie sich in einer staubfreien Umgebung befinden – der Staub findet immer seinen Weg zur CCD. Dieser Staub ist besonders störend, da er in nahezu jeder Datei an derselben Stelle zu sehen ist. Wie Sie gleich erfahren, ist es sehr einfach, diesem Staub in Photoshop in ein oder zwei Dateien Herr zu werden. Wenn Sie denselben Staub jedoch aus Dutzenden von Dateien entfernen müssen, kann das sehr nervig und zeitaufwändig werden.

Wenn Sie in Ihren digitalen Dateien kleine schwarze Punkte wie die in **Abbildung 5.21** sehen, haben Sie drei Möglichkeiten: Ignorieren Sie den Staub und entfernen Sie ihn in Photoshop, reinigen Sie die CCD oder lassen Sie sie reinigen. Ein oder zwei kleine Flecken ignoriere ich meistens, sind es mehr, reinige ich die CCD.

Abbildung 5.21

Staub auf den CCDs einer Kamera ist in helleren Bereichen mit einem einheitlichen Tonwert deutlicher zu sehen.

Achtung

Ich will jetzt aber nicht, dass Sie alle Ihre Kameras öffnen und selbst reinigen. Denn unsachgemäße Handhabung kann das Glas zerstören, dass die CCD schützt – die Garantie geht damit verloren. Zusätzliche und sehr hilfreiche Informationen finden Sie auf diesen Websites:

www.fotocommunity.de/info/sensorreinigung

www.cleaningdigitalcameras.com

www.bythom.com/cleaning.htm

1. Um festzustellen, ob sich Staub auf der CCD befindet, fotografieren Sie eine saubere, weiße Oberfläche oder einen blauen Himmel mit der Blende *f* 16.
2. Öffnen Sie das Bild in Photoshop und wählen Sie BILD/ANPASSEN/AUTO-TONWERTKORREKTUR, um den Staub hervorzuheben.
3. Wenn viele schwarze Flecken sichtbar sind, lesen Sie die Bedienungsanleitung Ihrer Kamera und werfen Sie einen Blick auf die eben genannten Websites oder lassen Sie die Kamera professionell reinigen.
4. **Abbildung 5.22** zeigt das Ergebnis einer sauberen CCD. Ein paar winzige Flecken sind zwar noch sichtbar, aber durch eine zusätzliche Säuberung mit Nylonpinseln konnte ich wieder störungsfreie Bilder aufnehmen.

Abbildung 5.22

Nach dem physischen Reinigen der CCDs blieben noch einige Flecken übrig, die ich im zweiten Durchgang entfernte.

Abbildung 5.23 zeigt das gesamte Bild und einen kleinen Ausschnitt daraus, damit Sie das störende Staubkorn sehen können. Das Bild wurde mit einer Lochblende aufgenommen (kein Objektiv, nur ein winziges Loch; `www.pinholeformat.com`), die für Staub bekannt ist. **Abbildung 5.23** zeigt dasselbe Bild, nachdem es mit der hier beschriebenen Methode digital gereinigt wurde.

Für große Staubkörner:

1. Duplizieren Sie die Hintergrundebene.
2. Aktivieren Sie das Ausbessern-Werkzeug im Modus QUELLE und kreisen Sie das störende Staubkorn ein. Verschieben Sie die Auswahl in einen sauberen Bildbereich. Lassen Sie die Maus los, damit Photoshop die Auswahl ausbessern kann.

Für kleine Staubkörner:

1. Fügen Sie eine neue Ebene hinzu.
2. Aktivieren Sie den Bereichsreparatur-Pinsel mit der Option ALLE EBENEN AUFNEHMEN. Wählen Sie eine Pinselspitze, die etwas größer ist als das Staubkorn, und klicken Sie darauf.

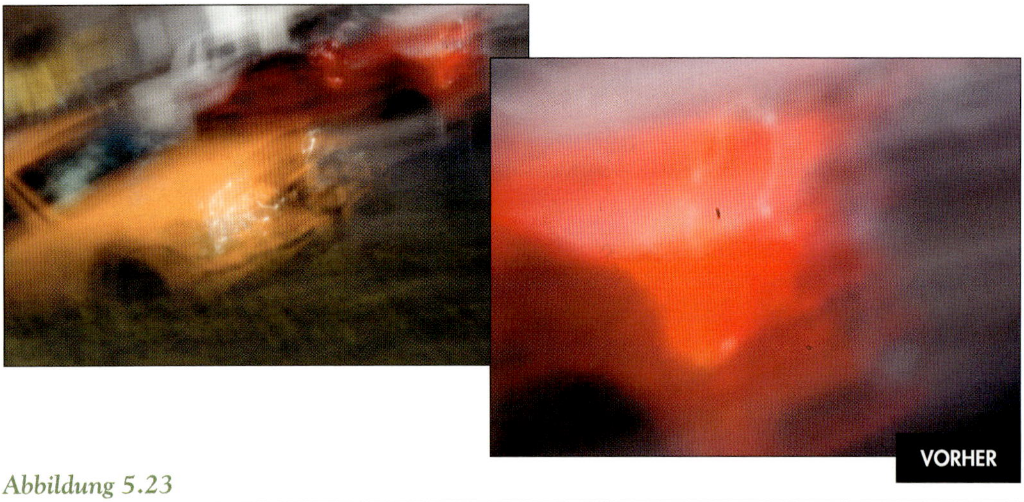

Abbildung 5.23

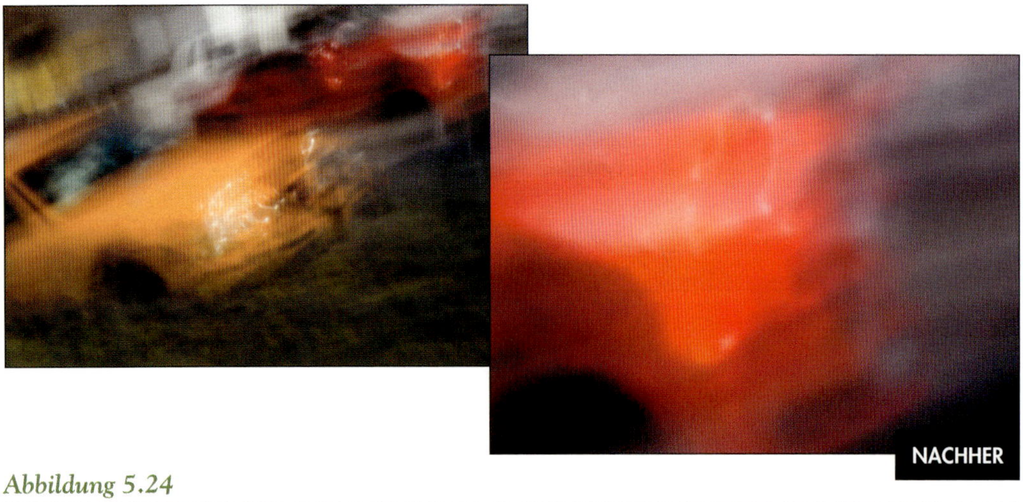

Abbildung 5.24

Ablagerungen entfernen

Um Ablagerungen, Schimmel und Ähnliches an Ihren Bildern zu vermeiden, bewahren Sie diese am besten in einer Umgebung mit 20–50% Luftfeuchtigkeit auf. Laut Henry Wilhelms Buch *The Permanence and Care of Color Photographs* (Preservation, 1993), frei herunterladbar unter `www.wilhem-research.com`, liegt das Problem darin, dass Gelatine der Hauptbestandteil von Film- und Druckemulsionen und somit ein hervorragender Nährboden für Pilze ist. Da Insekten von diesen Pilzen angezogen werden, stürzen die sich nicht nur auf die Pilze, sondern auch auf Ihre Bilder. Wahrnehmbarer Essiggeruch oder weiße Puderrückstände sind ein deutliches Zeichen dafür, dass ein Bild von Schädlingen befallen ist.

Wenn Sie mit Film arbeiten, bekämpfen Sie solche Pilzbefälle, indem Sie den Film mit einem Baumwolltuch und dem Kodak Film Cleaner reinigen. Scannen Sie den Film anschließend, um die Spuren des Schädlings mit dem Kopierstempel oder den Reparaturwerkzeugen zu entfernen. Die Chancen stehen nicht schlecht, dass noch keine nützlichen Bildinformationen verloren gegangen sind.

Das Entfernen von Ablagerungen und Pilzen von Fotoabzügen sollte Profis vorbehalten bleiben, da dabei tief in die Papierfasern eingedrungen wird. Versuchen Sie nicht, Originalfotos zu reinigen oder zu waschen, wenn Sie nicht mit der Konsequenz leben können, dass Sie dabei das Papier noch mehr zerstören oder beschädigen.

Kopieren, Reparieren oder Bereichs-Reparatur

Photoshop ist wirklich eine Profisoftware, die mit Werkzeugen wie dem Kopierstempel, dem Reparatur-Pinsel und dem Bereichsreparatur-Pinsel ausgestattet ist. Leider halten viele Nutzer den Reparatur- und den Bereichsreparatur-Pinsel für frisierte Versionen des Kopierstempels – da liegen sie allerdings komplett falsch. Die einzige Gemeinsamkeit zwischen beiden liegt darin, dass Sie einen Bildbereich als Quelle aufnehmen können (mit gedrückter ⌥/Alt-Taste), um damit einen anderen Bildbereich zu überdecken. Beim Bereichsreparatur-Pinsel müssen Sie nicht einmal saubere Bildinformationen aufnehmen.

Nutzen Sie die beiden Reparatur-Pinsel für Bereiche mit wenig Details und setzen Sie den Kopierstempel dann ein, wenn Sie präzise Reparaturen in kleinen oder kontrastreichen Bereichen vornehmen müssen (beispielsweise in den Augen oder an der Nase). Der Bereichsreparatur-Pinsel in Photoshop CS2 ist ein fantastisches Werkzeug, um Staub, Ablagerungen und Beschädigungen zu bearbeiten und in Porträts schnell und einfach Flecken zu entfernen.

Richtlinien für die Reparatur- und Kopierwerkzeuge

- Wenn der Reparatur-Pinsel eine Quelle aufnimmt, werden Struktur, Farbe und Luminanz dieser Quelle separat analysiert. Beim Malen wird die Struktur der Quelle mit der Farbe und der Luminanz des Zielbereichs gemischt. Beim Kopierstempel wird die Quelle einfach über das Original kopiert.
- Damit retuschierter Bereich und Original nahtlos ineinander übergehen, fügt der Reparatur-Pinsel eine Umgebung von 10 bis 12 Pixel hinzu. Verwenden Sie deshalb eine harte Pinselspitze, die nur etwas größer ist als der Bereich, den Sie reparieren wollen. Der Kopierstempel hingegen ist mit einer weicheren, größeren Pinselspitze effektiver.
- Nutzen Sie bei beiden Werkzeugen die Option Alle Ebenen aufnehmen. Arbeiten Sie immer auf einer Ebenenkopie, um die Hintergrundebene zu schützen. Falls Ihr Rechner deutlich langsamer wird, wenn diese Option aktiviert ist, duplizieren Sie die Ebene, die Sie reparieren wollen, und arbeiten direkt darauf.
- Wenden Sie mit dem Reparatur-Pinsel kurze Pinselstriche an – sobald Sie die Maustaste loslassen, wird die Reparatur berechnet. So entstehen bessere Ergebnisse als mit langen Pinselstrichen.

- Erneuern Sie den Quellbereich regelmäßig, wenn Sie mit dem Kopierstempel arbeiten, um sich wiederholende Muster zu vermeiden. Sie erzeugen außerdem ein besseres Ergebnis, wenn Sie Quellmaterial von beiden Seiten des beschädigten Bereichs aufnehmen. Klicken Sie mit dem Kopierstempel; beim Malen entstehen sichtbare Striche.
- Widerstehen Sie der Versuchung, schlechte Retuschen oder Restaurationen retuschieren zu wollen. Wenn ein Strich mit dem Kopierstempel oder Reparaturwerkzeug nicht gut aussieht, wählen Sie BEARBEITEN/RÜCKGÄNGIG und wiederholen Sie den Strich. Wenn Sie schlechte Arbeit noch einmal übermalen, wird die Bildstruktur oder die Filmkörnung zu weich.
- Beim Reparatur-Pinsel ist es nicht sehr hilfreich, wie beim Kopierstempel immer wieder eine neue Quelle aufzunehmen. Die Reparatur sieht besser aus, wenn Sie einmal aufgenommenes Material möglichst lange verwenden. Vergessen Sie die Technik des Kopierstempels. Ich weiß, dass das zunächst schwierig ist, aber lassen Sie die linke Hand weg von der ⌥/Alt-Taste – die Reparaturen werden dadurch wirklich besser.
- Wenn Sie nahe an den Bildkanten arbeiten, wählen Sie AUSWAHL/ALLES AUSWÄHLEN, damit der Reparatur-Pinsel nicht den weißen Bereich außerhalb des Bilds in seine Berechnungen einbezieht.
- Wenn Sie mit einem der Werkzeuge entlang der Bildkante arbeiten, müssen Sie immer parallel zur Kante arbeiten.
- Mit beiden Werkzeugen können Sie zwischen mehreren geöffneten Bildern wechseln – Sie können Quellmaterial also in einem Bild aufnehmen und in einem anderen anwenden.

Tipp

Arbeiten Sie nichtdestruktiv – nutzen Sie Techniken, bei denen Sie Ihre Änderungen rückgängig machen können. Die Option ALLE EBENEN AUFNEHMEN steht Ihnen beim Kopierstempel, dem Reparatur- und dem Bereichsreparatur-Pinsel zur Verfügung. Dadurch können Sie auf einer separaten Ebene arbeiten und alle Änderungen wieder rückgängig machen.

Bereichsreparatur-Pinsel

Der Bereichsreparatur-Pinsel ist neu in Photoshop CS2 und wird Ihre Restauration- und Retuschearbeit mehr als jedes andere Werkzeug beeinflussen. Wie der Reparatur-Pinsel nimmt auch dieses Werkzeug Tonwert und Struktur um einen beschädigten Bereich auf und berechnet die Reparatur. Der Unterschied besteht jedoch darin, dass Sie mit dem Bereichsreparatur-Pinsel keinen sauberen Quellbereich festlegen müssen. Das scheint auf den ersten Blick trivial, aber es erspart Ihnen unheimlich viel Zeit, wenn Sie nicht darauf achten müssen, welchen Bereich Sie als Quelle aufnehmen. Diese Automatisierung stellt aber auch die Grenze des Werkzeugs dar, denn möglicherweise fällt das Ergebnis anders aus als erwartet.

Der Bereichsreparatur-Pinsel in Aktion

Wenden Sie den Bereichsreparatur-Pinsel auf kleine Flecken und Kratzer an, wie in **Abbildung 5.25** zu sehen. Dieses Bild reparierte ich in wenigen Minuten. Das Ergebnis sehen Sie in **Abbildung 5.26**.

ch5_spot_healing.jpg

1. Fügen Sie eine neue Ebene namens »*fixes*« hinzu. Aktivieren Sie den Bereichsreparatur-Pinsel mit der Option ALLE EBENEN AUFNEHMEN. Wählen Sie eine harte Pinselspitze, die etwas größer ist als der Fleck, den Sie entfernen wollen.
2. Beginnen Sie mit den einfacheren Flecken im Bildhintergrund. Tupfen Sie einfach darüber. Sie sollten verschwinden, wie in **Abbildung 5.27** zu sehen.
3. Zoomen Sie in einen der feinen Kratzer hinein und wenden Sie kurze Pinselstriche an. Für einen kurzen Moment sehen Sie einen dunkleren Streifen, wie in **Abbildung 5.28**. Sobald Sie die Maus jedoch loslassen, wird der Kratzer repariert. Falls Sie mit dem Ergebnis nicht zufrieden sind, wählen Sie BEARBEITEN/RÜCKGÄNGIG und malen Sie beim nächsten Mal einfach einen anderen Strich.

Abbildung 5.25

Abbildung 5.27

Tupfen Sie über die kleinen Flecken.

Abbildung 5.26

Abbildung 5.28

Solange Sie die Maustaste gedrückt halten, erscheint der Strich des Bereichsreparatur-Pinsels dunkel.

4. Fahren Sie mit kurzen Pinselstrichen fort, um die Risse zu säubern (**Abbildung 5.29**).

5. Versuchen Sie, die Beschädigung in der unteren rechten Ecke mit dem Bereichsreparatur-Pinsel zu reparieren (**Abbildung 5.30**). Mir ist das nicht gelungen. Ich musste einen kleinen Kopierstempel verwenden, um die ursprünglichen Bildinformationen wieder aufzubauen. Anschließend verfeinerte ich die Details mit dem Bereichsreparatur-Pinsel.

Abbildung 5.29

Malen Sie mit dem Bereichsreparatur-Pinsel kleine Striche.

Abbildung 5.30

Beim Wiederaufbau kritischer Bildinformationen ist der Kopierstempel effektiver.

In den meisten Projekten benutze ich verschiedenste Werkzeuge:

- Verwenden Sie den Bereichsreparatur-Pinsel mit kurzen Pinselstrichen auf einfachen Oberflächen und in Hintergründen. Entfernen Sie Punkte und Flecken mit schnellen Tupfern.
- Bauen Sie mit dem Kopierstempel fehlende Bildinformationen in kontrastreichen Bereichen oder Teilen des Bilds mit deutlichen Farbunterschieden wieder auf.
- Nutzen Sie den Bereichsreparatur-Pinsel, um Strukturen zu mischen und Restaurationsartefakte zu reparieren.
- Reparieren Sie große Risse auf einfachen Oberflächen mit dem Ausbessern-Werkzeug.

Ich sehe Flecken

Je besser Sie den Bereichsreparatur-Pinsel kennen, desto besser können Sie mit ihm umgehen und unsichtbare Restaurationen und Retuschearbeiten vornehmen.

Ein Adobe-Entwickler verriet mir die Strategie, die hinter dem Bereichsreparatur-Pinsel steckt. »In der realen Welt funktioniert der Bereichsreparatur-Pinsel gut, solange es ausreichend gute Bildinformationen um den defekten Bereich gibt. Wenn Sie einen langen dünnen Kratzer entfernen müssen, funktioniert es nicht besonders gut, sofern Sie einen langen Pinselstrich anwenden. Sie beginnen besser mit der Reparatur des Kratzers auf der Seite, die mehr gute Bildinformationen vorhält. Malen Sie dann mit kurzen Strichen über den Kratzer. Malen Sie erneut über den Kratzer, wenn Ihnen das Ergebnis nicht gefällt.«

Mit der Standardeinstellung NÄHERUNGSWERT analysiert der Bereichsreparatur-Pinsel die Daten nahe dem defekten Bereich in alle Richtungen, inklusive der Durchschnittsfarbe. Verwenden Sie die Option STRUKTUR ERSTELLEN, werden die Daten um den defekten Bereich gemischt.

- Die besten Ergebnisse erzielen Sie mit einer Pinselspitze, die nur etwas größer ist als der Fleck.
- Malen Sie kurze Pinselstriche oder tupfen Sie nur über die Problemstelle.

- Sie erhalten immer andere Ergebnisse, je nachdem, ob Sie mit dem Bereichsreparatur-Pinsel nach oben, unten, links oder rechts malen. Falls Ihnen das Ergebnis nicht gefällt, wählen Sie BEARBEITEN/RÜCKGÄNGIG und versuchen Sie es erneut.
- Für einfache Oberflächen und kleinere Probleme ist der Bereichsreparatur-Pinsel bestens geeignet.
- Sie erhalten bessere Ergebnisse mit dem Bereichsreparatur-Pinsel, wenn Sie mit höher auflösenden Bildern arbeiten – 5 Mbyte oder größer. Bei kleineren Bildern kann das Werkzeug unschöne Duplikatoreffekte erzeugen.
- Um den Bereichsreparatur-Pinsel zu testen, laden Sie sich folgendes Bild herunter, das von Wayne Palmer stammt: `ch5_seeing_spots.jpg`.

ch5_seeing_spots.jpg

Abbildung 5.31

Ist der Kopierstempel tot?

Nein! Der Kopierstempel stellt das Rückgrat der Fotorestauration dar. Auch wenn Sie ihn nicht so häufig verwenden wie den Reparatur-Pinsel, ist er ein sehr gutes Werkzeug, um feine Details zu reparieren oder größere Bereiche fehlender Bildinformationen neu aufzubauen. Die Ergebnisse des Kopierstempels lassen sich besser vorhersagen als die des Reparatur-Pinsels. Durch Erfahrung und Übung lernen Sie, das richtige Werkzeug im richtigen Moment zu verwenden.

Die Ecken und Kanten der Abbildung 5.31 fehlen. Da im Hintergrund einige Details repariert werden mussten, verwendete ich den Kopierstempel, um die fehlenden Bildbereiche neu aufzubauen, und verfeinerte die Reparatur anschließend mit dem Bereichsreparatur-Pinsel. Ich wechselte zwischen beiden Werkzeugen hin und her, um das Ergebnis in Abbildung 5.32 zu erstellen.

ch5_missing_corner.jpg

Abbildung 5.32

Bevor Sie ein Bild bearbeiten, sollten Sie es sich zunächst ganz genau ansehen – achten Sie auch auf das Format und die Bildkanten. In diesem Beispiel wurde das Foto schief eingescannt – die obere Kante fehlt und die anderen Kanten sind beschädigt. Sie sparen sich viel Zeit und Mühe, wenn Sie Ihre Fotos beim Scannen oder in Photoshop gerade ausrichten. Nutzen Sie dazu folgende Technik:

Um ein Bild gerade auszurichten und freizustellen:

1. Klicken Sie doppelt auf die Hintergrundebene und nennen Sie diese *Original*.
2. Duplizieren Sie die Originalebene.
3. Aktivieren Sie das Messwerkzeug und klicken Sie in die obere linke Ecke, wo das Bild endet und der Rahmen beginnt. Folgen Sie der Linie zwischen Rahmen und Bild bis in die untere linke Ecke, um Photoshop die Kante zu zeigen, die vertikal sein soll (**Abbildung 5.33**).

Abbildung 5.33

Fahren Sie mit dem Messwerkzeug entlang einer Linie, die gerade sein soll.

4. Wählen Sie BILD/ARBEITSFLÄCHE DREHEN/PER EINGABE. Photoshop berechnet die benötigte Drehung, wie in **Abbildung 5.34** zu sehen.
5. Aktivieren Sie das Freistellungswerkzeug mit der Einstellung 5×7 ZOLL. Lassen Sie das Feld für die Auflösung leer und klicken Sie in die obere linke Ecke. Ziehen Sie mit gedrückter Maustaste in den unteren rechten Bereich, um den Freistellungsrahmen aufzuziehen. Aktivieren Sie die Option AUSBLENDEN, um die zusätzlichen Informationen nicht abzuschneiden, sondern nur auszublenden. Durch die gewählte Größe passt das Bild hier anschließend auch in einen Standardrahmen (**Abbildung 5.35**). Außerdem bleibt nicht mehr so viel Arbeit übrig.

Abbildung 5.34

Der Grad der Drehung wird vom Messwerkzeug bestimmt.

Abbildung 5.35

Stellen Sie das Bild frei.

Der Kopierstempel eignet sich am besten, um große fehlende Bereiche abzudecken. Um die Ecken zu reparieren:

1. Fügen Sie eine neue Ebene hinzu, aktivieren Sie den Kopierstempel mit der Option ALLE EBENEN AUFNEHMEN und klicken Sie mit gedrückter ⌥/Alt-Taste, um einen Quellbereich aufzunehmen. Malen Sie über die fehlende Ecke (**Abbildung 5.36**). Sie müssen noch nicht perfekt sein – nachdem die Risse repariert sind, verfeinern wir die Reparatur noch.

Abbildung 5.36

Bauen Sie fehlende Bildinformationen mit dem Kopierstempel wieder auf.

2. Drücken Sie ⌘-⌥-⇧-E/Strg-Alt-⇧-E, um die Ebenen auf eine neue zu reduzieren. Aktivieren Sie das Ausbessern-Werkzeug mit der Option QUELLE, um ein Drittel des großen Risses auszuwählen (**Abbildung 5.37**).

Abbildung 5.37

Für bessere Ergebnisse arbeiten Sie am besten mit kleineren Abschnitten.

3. Ziehen Sie die Auswahl in einen guten Bildbereich (**Abbildung 5.38**) und lassen Sie dort die Maus los.

4. Wiederholen Sie die letzten beiden Schritte, bis der Riss ausgebessert ist.

Abbildung 5.38

Ziehen Sie die Auswahl in einen relevanten Bildbereich und lassen Sie ihn dort los.

5. Wenn Sie die ursprünglichen Bildinformationen wiederhergestellt haben, fügen Sie eine neue Ebene hinzu. Reparieren Sie mit dem Reparatur-Pinsel (ALLE EBENEN AUFNEHMEN) verräterische Muster, die beim Klonen oder Ausbessern möglicherweise entstanden sind (**Abbildung 5.39**).

Abbildung 5.39

Verfeinern Sie das Kopieren und Ausbessern mit dem Reparatur-Pinsel.

6. Um die ganz feinen Risse im unteren Bildbereich zu reparieren, verwenden Sie den Reparatur-Pinsel mit einer harten Pinselspitze. Malen Sie kleine Striche – so erzeugen Sie bessere Ergebnisse.
7. Abschließend tupfen Sie mit einer kleinen harten Pinselspitze für den Bereichsreparatur-Pinsel über die verbleibenden Flecken im Gesicht, in den Haaren und im Hintergrund (**Abbildung 5.40**).

Abbildung 5.40

Säubern Sie winzige Flecken mit dem Bereichsreparatur-Pinsel.

9. Nach der Reparatur stellen Sie vielleicht fest, dass das Bild weiter verfeinert werden muss. In diesem Beispiel fand ich die Tiefen noch etwas zu dunkel, um einen schönen Sommertag zu reflektieren. Ich reduzierte die Ebenen mit ⌘-⌥-⇧-E/Strg-Alt-⇧-E und wählte TIEFEN/LICHTER (wie in Kapitel 3 beschrieben), um die Tiefen leicht aufzuhellen (**Abbildung 5.41**).

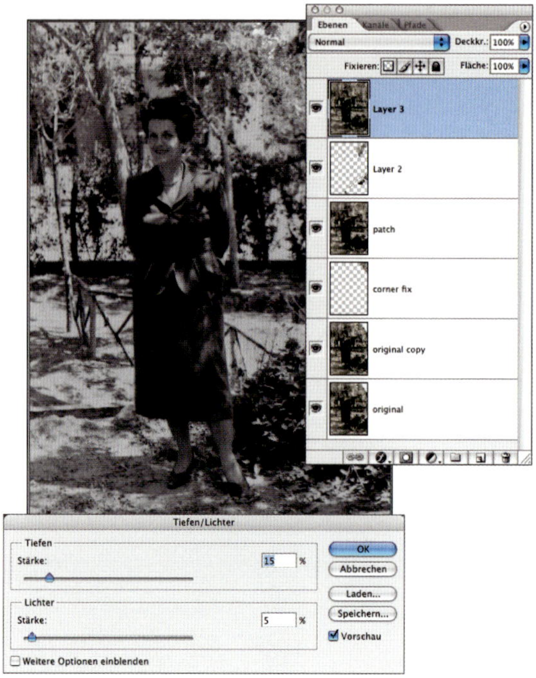

Abbildung 5.41

Wenn Sie die Tiefen aufhellen, können Sie das Bild zusätzlich verbessern.

Bilder mit dem Freistellungswerkzeug wiederherstellen

Im 19. und 20. Jahrhundert existierten viele unterschiedliche Fotoformate – von rund bis hin zu vielfältigen rechteckigen Abmessungen. Die Kunden wollen solche Bilder allerdings meistens mit einem heutigen Standardrahmen einrahmen. Das Freistellen auf ein bestimmtes Seitenverhältnis spart Zeit und Geld, was dem Kunden sehr entgegenkommt. Das Bild in **Abbildung 5.42** ist ein perfektes Beispiel für ein Foto, das mit einem quadratischen Film aufgenommen wurde. Statt die Ecken des Bilds wiederherzustellen, stellte ich das Bild auf eine passende Rahmengröße frei (**Abbildung 5.43**). So konnte ich das Bild innerhalb weniger Minuten restaurieren.

ch5_man_in_suit.jpg

Abbildung 5.42

Abbildung 5.43

1. Um ein gescanntes Bild schnell gerade auszurichten (das mache ich oft, denn die meisten Scans sind irgendwie schief), wählen Sie DATEI/AUTOMATISIEREN/FOTOS FREISTELLEN UND GERADE AUSRICHTEN. Photoshop dupliziert die Datei und versucht sein Bestes, um das Bild gerade auszurichten (**Abbildung 5.44**). Bei Bildern mit klar definierten Kanten funktioniert die Funktion am besten.

Abbildung 5.44

Photoshop richtet Bilder mit klar definierten Kanten ziemlich gut automatisch gerade aus.

2. Aktivieren Sie das Freistellungswerkzeug mit der Größe 8×10 Zoll – geben Sie keine Auflösung ein. Ziehen Sie einen Freistellungsrahmen auf (**Abbildung 5.45**) und drücken Sie [↵].

Abbildung 5.45

Ziehen Sie einen Freistellungsrahmen auf und passen Sie dessen Position mit den Pfeiltasten an.

3. Duplizieren Sie die Hintergrundebene und überdecken Sie das störende Rohr mit dem Kopierstempel. Reinigen Sie den Hintergrund mit dem Reparatur-Pinsel (**Abbildung 5.46**).

Abbildung 5.46

Das Bild nach dem Freistellen und Reinigen mit dem Kopierstempel und dem Reparatur-Pinsel.

4. Fügen Sie eine blaue Volltonfarbebene hinzu, ändern Sie die Füllmethode in FARBE und reduzieren Sie die Ebenendeckkraft auf 26% – das Bild kann jetzt gedruckt und gerahmt werden. Und das in kürzester Zeit (**Abbildung 5.47**)!

Arbeiten Sie gewieft – betrachten Sie das Freistellungswerkzeug als kraftvolles Restaurationswerkzeug, dann sparen Sie sich eine Menge Zeit, Mühe und Ärger.

Abbildung 5.47

Durch leichtes Einfärben kann das Bild noch weiter aufgewertet werden.

Auf das Wesentliche konzentrieren

Manchmal besteht die Lösung in der Restauration eines schwierigen Bilds darin, sich auf das Wesentliche im Bild zu konzentrieren und den schlechten Bildbereich einfach auszublenden. In **Abbildung 5.48** sehen Sie das Bild eines Jungen in einem selbst gebauten Traktor – ein Drittel des Bilds ist allerdings nicht mehr zu gebrauchen. Nachdem ich die Verschmutzungen entfernt und die anderen beschädigten Bereiche repariert hatte, blieb mir kein Referenzmaterial, um den Traktor zu reparieren. Die Lösung war, den hinteren Teil des Traktors einfach auszublenden (**Abbildung 5.49**). So wird die Arbeit leichter und das Budget des Kunden nicht überstrapaziert.

Abbildung 5.48

Das Original ist schrecklich verblasst und teilweise durch Lösungsmittel zerstört.

Abbildung 5.49

Manchmal liegt die Lösung bei der Reparatur eines Bilds einfach darin, die beschädigten Bereiche kreativ auszublenden.

Bildinformationen erbetteln, borgen und stehlen

Eine andere Möglichkeit, fehlende Bereiche auszufüllen, ist die Duplizieren-und-Maskieren-Technik, bei der Sie Teile des Bilds kopieren – oder Informationen aus einer ähnlichen Datei – und damit beschädigte Bereiche ausfüllen. In Verbindung mit Ebenenmasken und dem Kopierstempel oder Reparaturwerkzeug können Sie fehlende Ecken und Löcher in Sekundenschnelle wieder füllen.

Wie in extremeren Beispielen in Kapitel 7 zu sehen, ist es oft einfacher und auch schneller, wenn Sie vorhandene Bilder nutzen, um eine andere Datei mithilfe des Kopierstempels und des Reparatur-Pinsels auszubessern. In **Abbildung 5.50** fehlt ganz offensichtlich eine Ecke, in **Abbildung 5.51** wurde diese repariert. Mit der hier beschriebenen Technik dauerte das nur wenige Minuten.

Abbildung 5.50

Abbildung 5.51

1. Aktivieren Sie das Lasso mit einer weichen Kante von 2 oder 3 Pixel und wählen Sie die gute Ecke in **Abbildung 5.52** aus.
2. Wählen Sie EBENE/NEU/EBENE DURCH KOPIE oder drücken Sie ⌘-J/Strg-J, um die Auswahl in eine eigene Ebene zu kopieren.
3. Bringen Sie die neue Ecke in Position. Wählen Sie BEARBEITEN/TRANSFORMIEREN/HORIZONTAL SPIEGELN (**Abbildung 5.53**).

Abbildung 5.52

Wählen Sie die gegenüberliegende Ecke aus.

Abbildung 5.53

Verschieben Sie die kopierte Ecke nach links.

4. Fügen Sie eine Ebenenmaske hinzu und malen Sie mit einer weichen, schwarzen Pinselspitze auf dieser Maske, um einen sanften Übergang zu erzeugen (Abbildung 5.54).

5. Um die neue Ecke weiter zu verfeinern, fügen Sie eine neue Ebene hinzu. Entfernen Sie mit dem Reparatur-Pinsel im Modus ALLE EBENEN AUFNEHMEN die restlichen verräterischen Zeichen der Reparatur (Abbildung 5.55).

Abbildung 5.54

Mit einer Ebenenmaske integrieren Sie die kopierten Bildinformationen besser in das Original.

Abbildung 5.55

Feine Reparaturen entlang der Kante vervollständigen die Restauration.

Achtung

Eine Warnmeldung wie »Kann keine neue Ebene aus der Auswahl erstellen, weil der ausgewählte Bereich leer ist« bedeutet, dass Sie versuchen, die Auswahl einer leeren Ebene zu kopieren oder zu duplizieren, was natürlich nicht möglich ist. (Sie können nicht Nichts kopieren.) Vergewissern Sie sich, dass die Ebene mit den Informationen, die Sie kopieren oder duplizieren wollen, auch wirklich aktiv ist.

Der Reparatur-Pinsel

Seit Einführung des Bereichsreparatur-Pinsels verwenden Sie den Reparatur-Pinsel vielleicht nicht mehr so häufig. Dabei ist das Werkzeug immer noch sehr nützlich, wenn Sie genau kontrollieren müssen, aus welchem Bereich das Werkzeug Bildinformationen aufnimmt, oder wenn Sie aus einem anderen Bild kopieren wollen. Das Bild in Abbildung 5.56 ist ein sehr reizendes Foto mit einigen sichtbaren Problemen. Die Emulsion hat einige Bereiche in der Mitte entfernt. Mit einer schnellen Reparatur entsteht das Bild in Abbildung 5.57.

ch5_girl_with_bow.jpg

1. Erstellen Sie über der Hintergrundebene eine neue, leere Ebene namens *fixes*.

2. Aktivieren Sie den Reparatur-Pinsel mit der Option ALLE EBENEN AUFNEHMEN. Beginnen Sie in der Mitte des Bauchs und reparieren Sie die braunen Striche und einige der gelben Flecken (Abbildung 5.58).

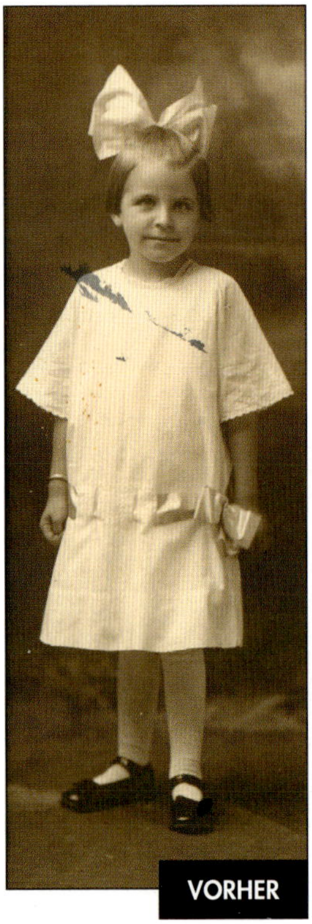

Abbildung 5.56

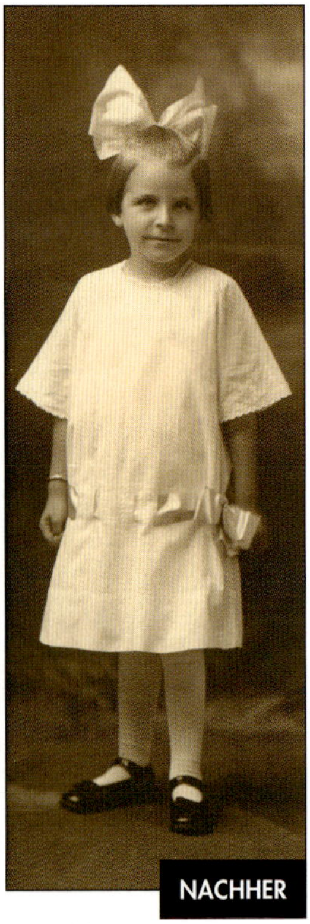

Abbildung 5.57

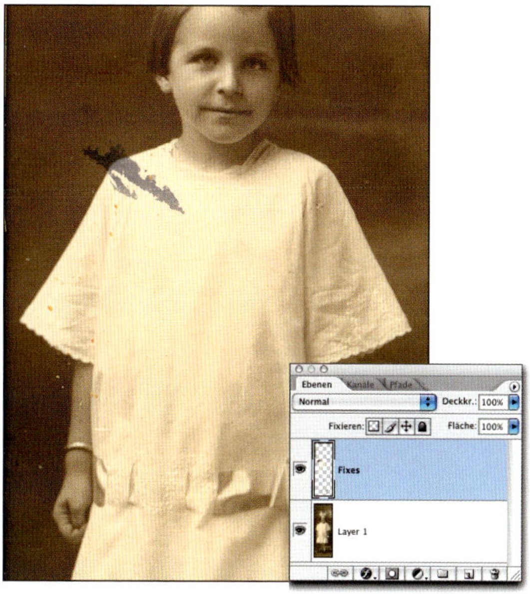

Abbildung 5.58

Reparieren Sie die Beschädigungen auf dem Kleid.

3. Wenn Sie zu nah an die Kante des Kleids geraten, kommen hässliche helle und dunkle Schlieren zum Vorschein, weil der Hintergrund in die Reparatur einbezogen wird (**Abbildung 5.59**). Machen Sie in solch einem Fall den letzten Schritt rückgängig.

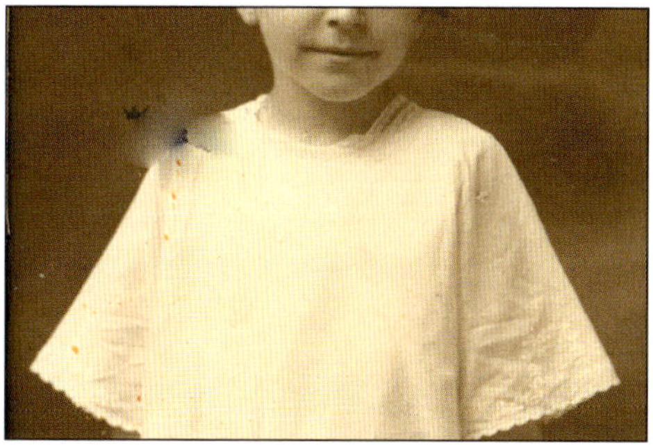

Abbildung 5.59

Wenn Sie zu nah an die Kante kommen, wo sich helles Kleid und dunkler Hintergrund treffen, entstehen hässliche Schlieren.

4. Wählen Sie mit dem magnetischen Lasso einen Teil des Kleids aus (**Abbildung 5.60**) und arbeiten Sie mit dem Reparatur-Pinsel nur innerhalb dieser Auswahl. Um den Schmiereffekt zu vermeiden, sollten Sie deutlich innerhalb der Auswahl bleiben.

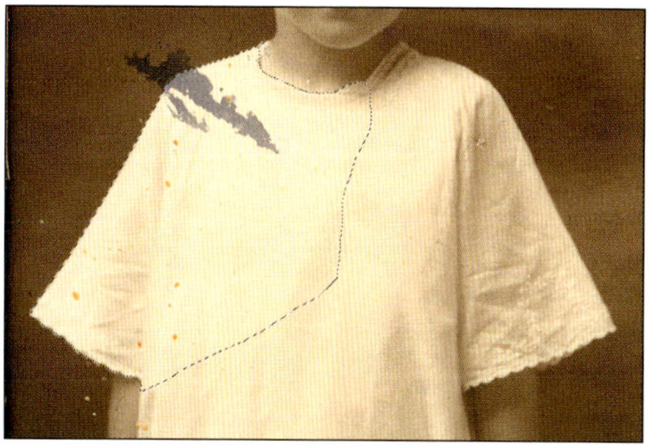

Abbildung 5.60

Mit einer aktiven Auswahl grenzen Sie die Reparatur ein – hässliche Schlieren lassen sich dadurch vermeiden.

Tipp

Falls die Auswahlkante stört und Sie den Bereich nicht mehr richtig sehen, blenden Sie sie einfach mit ⌘-H / Strg-H aus bzw. wieder ein.

5. Kehren Sie die Auswahl um und reinigen Sie den Hintergrund. Da der Kontrast sehr stark ist, fand ich es effektiver, zunächst mit dem Kopierstempel und erst im Anschluss mit dem Reparatur-Pinsel zu arbeiten. Leider respektiert der Reparatur-Pinsel Auswahlen nicht wie erwartet – idealerweise sollte er nur innerhalb der aktiven Auswahl reparieren.
6. Wählen Sie AUSWAHL/AUSWAHL AUFHEBEN und entfernen Sie die kleinen Flecken mit dem Bereichsreparatur-Pinsel.
7. Das Loch in den Schuhen stopfen Sie am besten mit einem harten Kopierstempel, um die Bildinformationen aus allen vier Richtungen um das Loch zu verwenden (**Abbildung 5.61**).

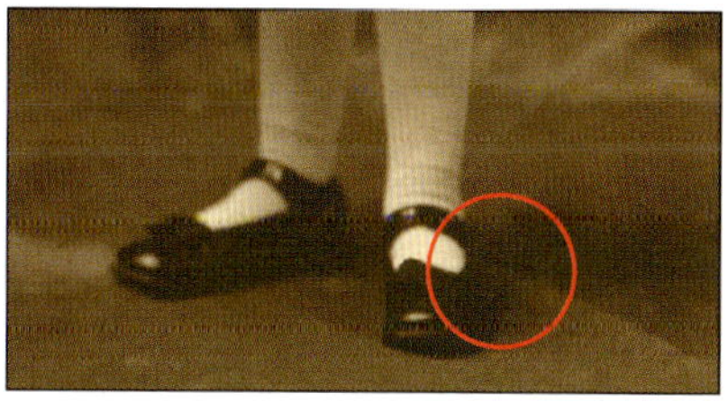

Abbildung 5.61

Der Kopierstempel baut effektiv fehlende Bildinformationen wieder auf.

Mit Mustern reparieren

Oftmals ist ein Bild so beschädigt, dass es schwierig ist, ausreichend gute Bildinformationen zu finden, die als Quelle für ein Kopier- oder Reparaturwerkzeug dienen können. Sie haben meistens zwei Auswahlmöglichkeiten – den Hintergrund auswählen und vollständig ersetzen (wie in Kapitel 7 beschrieben) oder eine falsche Referenz für den Reparatur-Pinsel erstellen, die Sie dann als Quelle nutzen.

In Abbildung 5.62 sehen Sie ein sehr reizendes altes Foto. Der Hintergrund sieht nicht mehr gut aus, es scheinen aber auch nicht mehr ausreichend gute Bildinformationen vorhanden zu sein. Mit dem Reparatur-Pinsel lässt sich ebenso ein Muster als Quelle wählen. Das Muster können Sie selbst erstellen oder Sie nutzen einfach eine Vorlage. Für dieses Bild verwendete ich eine Vorlage, um damit den Hintergrund neu zu füllen (Abbildung 5.63).

ch5_dachshund_fan.jpg

1. Um das Originalbild zu schützen, erstellen Sie über dem Hintergrund eine neue, leere Ebene namens *Reparaturen*.
2. Aktivieren Sie den Reparatur-Pinsel mit den Optionen ALLE EBENEN AUFNEHMEN und MUSTER. Klicken Sie in der Optionsleiste auf die Musterminiatur, um den Musterwähler zu öffnen. Wählen Sie aus dem Menü GRAUSTUFEN-PAPIER (Abbildung 5.64).
3. Fügen Sie die neuen Muster an die bestehenden Muster an, ersetzen Sie diese nicht. Aktivieren Sie die Ansichtsoption KLEINE LISTE (Abbildung 5.65); wählen Sie das Muster KRAFTPAPIER.
4. Aktivieren Sie eine 60-Pixel-Pinselspitze und malen Sie über den Hintergrund. Das Werkzeug mischt das Muster mit bestehender Farbe und bestehenden Tonwerten. Bei der Reparatur mit einem Muster werden keine Bildinformationen außerhalb der Pinselspitze einbezogen. Sie können also näher am Objekt malen, ohne es zu verwischen (Abbildung 5.66).

Abbildung 5.62

Abbildung 5.63

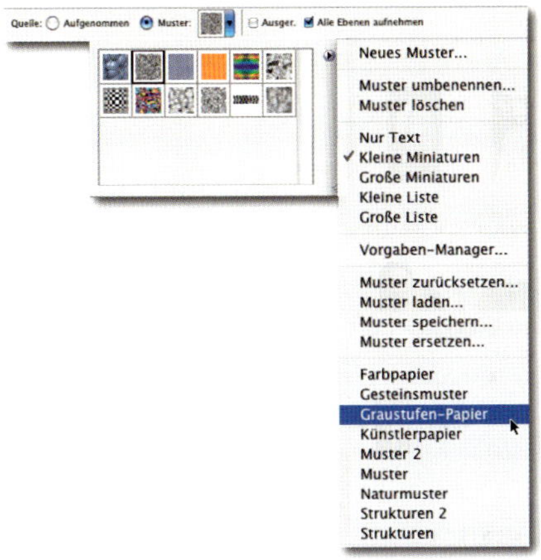

Abbildung 5.64

Wählen Sie die Graustufenpapiere aus.

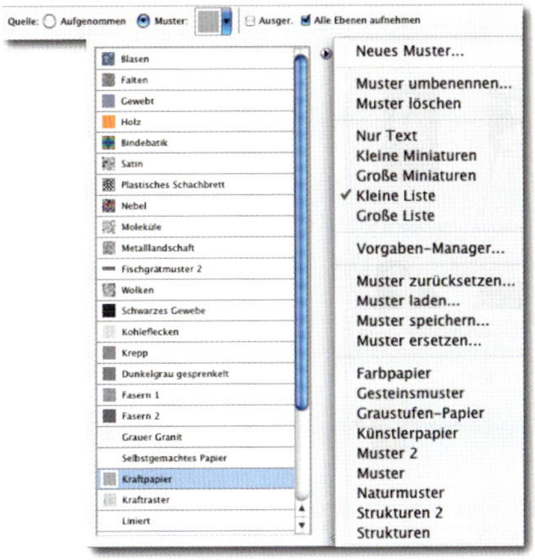

Abbildung 5.65

Kraftpapier ist ein Papier mit einer weichen Oberfläche.

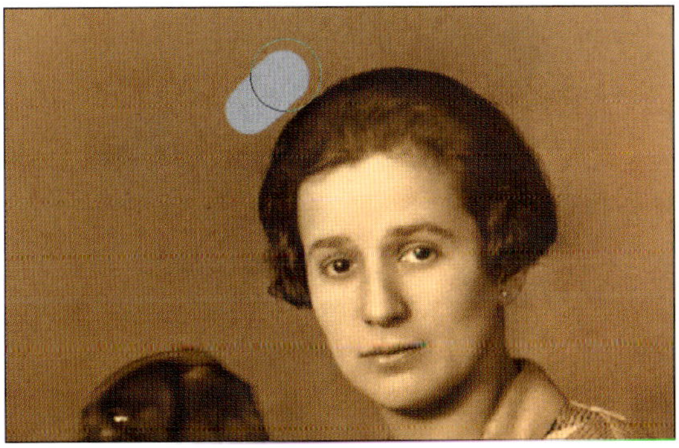

Abbildung 5.66

Wenn Sie mit einem Muster reparieren, können Sie näher an den Kanten arbeiten, ohne zu verschmieren.

Eigene Muster erstellen

Wahrscheinlich sind Sie mit den Strukturvorgaben nicht immer ganz zufrieden. Aktivieren Sie in solchen Fällen den Mustergenerator, um aus einem kleinen Bildbereich ein eigenes Muster zu erstellen (Abbildung 5.67). Dieses können Sie dann für Ihre Reparaturen verwenden (z.B. für das Bild in Abbildung 5.68).

© Berger Family Archive

Abbildung 5.67

Abbildung 5.68

ch5_Mr_Berger.jpg

1. Finden Sie einen Bildbereich mit einer passenden Struktur. Erstellen Sie davon eine Auswahl mit dem Auswahlrechteck und einer weichen Auswahlkante von 0. Säubern Sie ihn falls nötig noch kurz mit dem Bereichsreparatur-Pinsel (**Abbildung 5.69**). Hier verwendete ich den Bereichsreparatur-Pinsel im Modus AUFHELLEN.
2. Kopieren Sie den sauberen Bereich in die Zwischenablage, indem Sie ⌘-C/Strg-C drücken. Heben Sie die Auswahl mit ⌘-D/Strg-D auf und wählen Sie FILTER/MUSTER-GENERATOR.

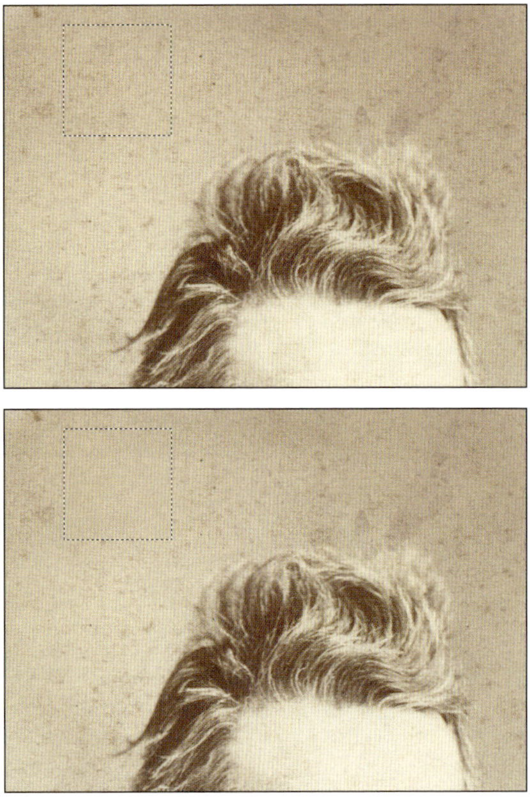

Abbildung 5.69

Säubern Sie einen kleinen Bildbereich, um diesen als Muster zu verwenden.

3. Aktivieren Sie die Checkbox ZWISCHENABLAGE ALS BEISPIEL und klicken Sie anschließend auf GENERIEREN. Ignorieren Sie die Tatsache, dass die Bildvorschau von der ausgewählten Struktur überdeckt wird (**Abbildung 5.70**). Achten Sie auf das Kästchen in der unteren rechten Ecke; das ist das generierte Muster, das Sie für die Reparatur verwenden. Ziel ist es, ein Muster zu erzeugen, das so wenig Artefakte und Linien wie möglich aufweist.
4. Klicken Sie falls nötig auf ERNEUT GENERIEREN – das Muster wird noch einmal neu berechnet. Mit den kleinen Dreiecken im Abschnitt MUSTERELEMENTSPEICHER wechseln Sie zwischen den generierten Mustern.
5. Wenn Sie sich für ein Muster entschieden haben, sind die nächsten beiden Schritte extrem wichtig. Klicken Sie auf das kleine SPEICHERN-Icon (es sieht aus wie eine kleine Diskette), um das Muster zu speichern und ihm einen sinnvollen Namen zu geben – Sie können beispielsweise den Namen der Originaldatei mit einbeziehen.
6. Klicken Sie anschließend auf ABBRECHEN, um den Mustergenerator zu verlassen, ohne das Bild zu verändern.
7. Aktivieren Sie den Reparatur-Pinsel mit der Option MUSTER. Das soeben erstellte Muster befindet sich jetzt in der Musterbibliothek.
8. Malen Sie mit kurzen Pinselstrichen, um sich wiederholende Artefakte zu vermeiden. Säubern Sie die Flecken auf Gesicht und Kleidung mit einer kleinen Pinselspitze (**Abbildung 5.71**). Wenn Sie ein sichtbares Muster sehen, wechseln Sie kurz zum Kopierstempel. Das Bild ist in kürzester Zeit repariert.

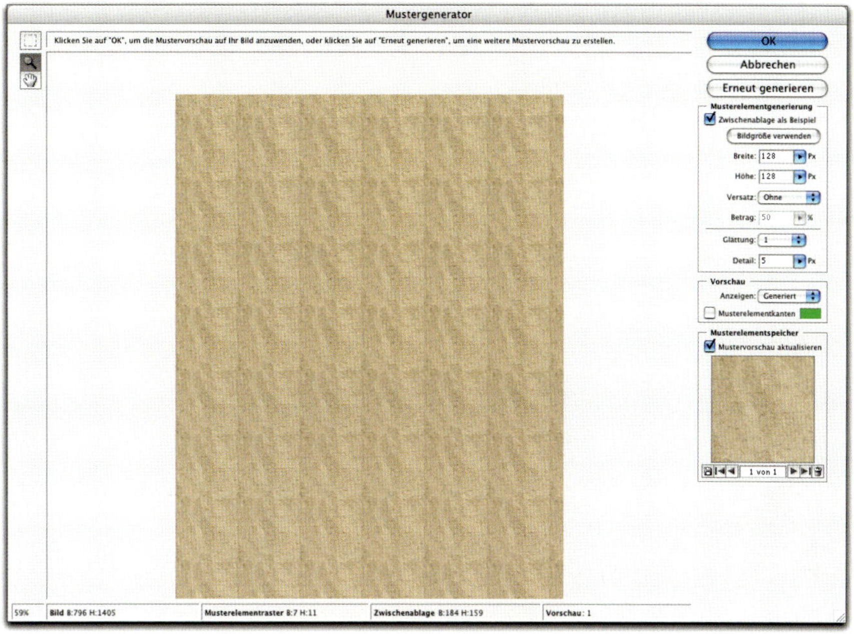

Abbildung 5.70

Mit dem Mustergenerator erzeugen Sie ein Muster, basierend auf den kopierten Bildinformationen.

Abbildung 5.71

Malen Sie mit kurzen Pinselstrichen, um die wesentlichen Bereiche schnell zu reparieren.

Das Ausbessern-Werkzeug

Mit dem Ausbessern-Werkzeug reparieren Sie einen ausgewählten Bereich mit Pixeln eines anderen Bereichs oder eines Musters. Wie der Reparatur-Pinsel passt auch das Ausbessern-Werkzeug die Struktur mit der Luminanz und Farbe der aufgenommenen Pixel an die Quellpixel an. Es funktioniert ebenfalls am besten mit kleinen Auswahlen. Von allen Restaurationswerkzeugen ist das Ausbessern-Werkzeug mein Lieblingswerkzeug, weil sich damit sehr schnell arbeiten lässt.

In Abbildung 5.72 sehen Sie ein sehr beschädigtes Bild. Das Original wurde auf einer New Yorker Straße weggeworfen und ich fand es in einer Pfütze zwischen diversem Müll. Es dauerte etwa acht Stunden, bis ich die gesamte Datei repariert hatte (Abbildung 5.73).

ch5_sweater.jpg

Bevor Sie das Ausbessern-Werkzeug verwenden, müssen Sie festlegen, ob Sie mit Quelle, Ziel oder einem Muster ausbessern wollen. Wenn der beschädigte Bereich stark verformt ist, verwende ich meist die Option QUELLE. Wenn Sie die Reparatur an eine Textur oder Struktur anpassen müssen, wählen Sie ZIEL, und für eine schnelle Korrektur, die Sie später mit dem Reparatur-Pinsel bearbeiten, wählen Sie MUSTER. Bei diesem Bild verwendete ich alle drei Methoden:

Nachdem ich mit der Duplizieren-und-Verschieben-Technik die schlimmsten Schäden im Hintergrund minimiert hatte, musste ich die vielen Risse und Löcher reparieren und die fehlenden Bildinformationen ersetzen. Im Gesicht verwendete ich den Reparatur- und den Bereichsreparatur-Pinsel, in den größeren Bereichen des Hintergrunds und auf dem Pullover kam das Ausbessern-Werkzeug zum Einsatz. So konnte ich die schlimmsten Schäden schnell und einfach beheben.

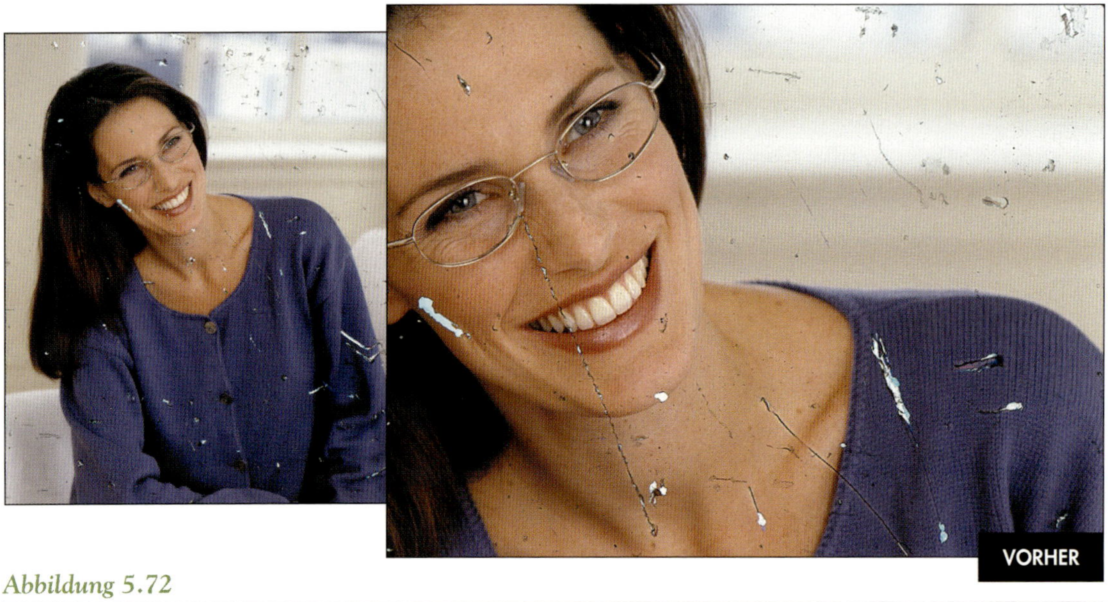

Abbildung 5.72

Abbildung 5.73

- **Quelle:** Dafür müssen Sie die beschädigten Bildinformationen ausgewählt haben (**Abbildung 5.74**). Verschieben Sie diese Auswahl mit dem Ausbessern-Werkzeug in einen guten Bildbereich (**Abbildung 5.75**). Sobald Sie die Maustaste loslassen, wird die Originalauswahl repariert (**Abbildung 5.76**). Wählen Sie anschließend entweder AUSWAHL/AUSWAHL AUFHEBEN (⌘-D/Strg-D) oder einfach einen neuen Bereich außerhalb der bestehenden Auswahl aus.

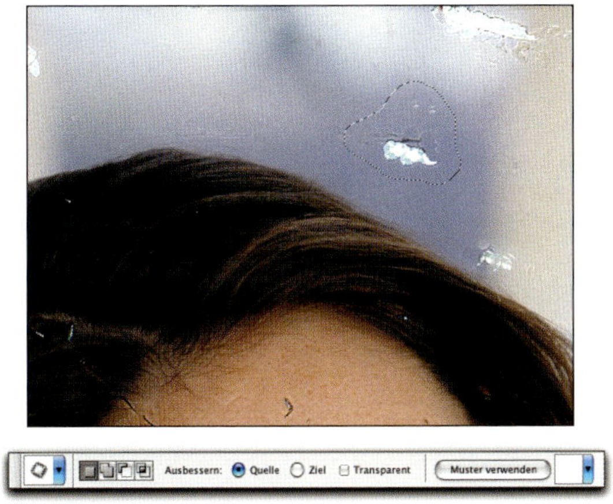

Abbildung 5.74

Erstellen Sie eine grobe Auswahl des beschädigten Bereichs.

Abbildung 5.75

Verschieben Sie die Auswahl auf einen guten Bildbereich.

Abbildung 5.76

Lassen Sie die Maustaste los, die Originalauswahl wird ausgebessert.

- **Ziel:** Wählen Sie gute Bildinformationen aus (**Abbildung 5.77**) und verschieben Sie die Auswahl mit dem Ausbessern-Werkzeug über den beschädigten Bereich (**Abbildung 5.78**). Bevor Sie die Maustaste loslassen, können Sie die guten Informationen am Muster des zu reparierenden Bereichs ausrichten.

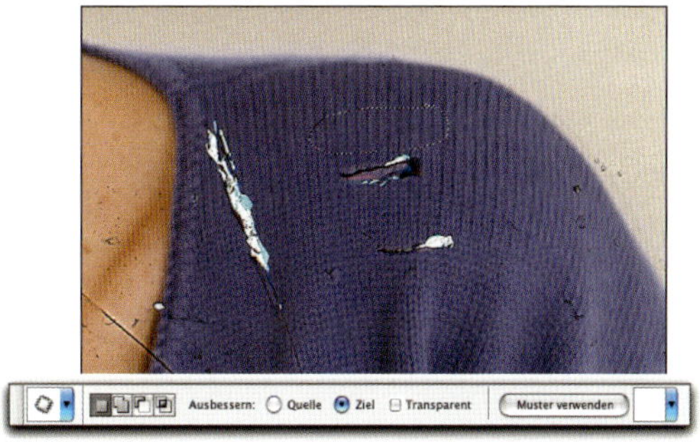

Abbildung 5.77

Mit dem Ausbessern-Werkzeug wählen Sie gute Bildinformationen aus.

Abbildung 5.78

Ziehen Sie die guten Informationen über den beschädigten Bereich.

- **Muster:** Das Ausbessern-Werkzeug kann auch mit einem Muster verwendet werden. Nachdem Sie ein Muster mit dem Mustergenerator (siehe oben) erstellt haben, erstellen Sie eine Auswahl (**Abbildung 5.79**), aktivieren das Ausbessern-Werkzeug und in der Optionsleiste den Button MUSTER. Bei großen, unwichtigen Bildbereichen (Hintergründe, Himmel) können Sie so viel Zeit sparen (**Abbildung 5.80**).

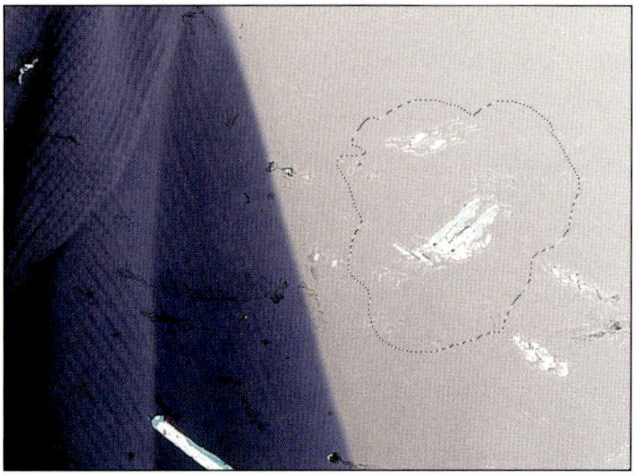

Abbildung 5.79

Wählen Sie den beschädigten Bereich aus.

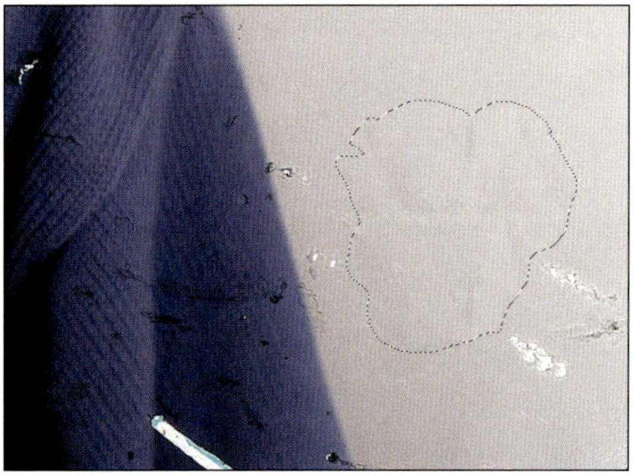

Abbildung 5.80

Das Ausbessern mit einem Muster eignet sich bestens für große, unwichtige Bereiche.

Um komplexere Muster zu verarbeiten, nutzen Sie die Duplizieren-und-Ausbessern-Technik, die ich von Russell Brown von Adobe habe. Mit dieser schnellen Methode können Sie einen auszubessernden Bereich in Position bringen und an die schwierigsten Muster anpassen.

1. Wählen Sie mit dem Ausbessern-Werkzeug gute Bildinformationen aus (**Abbildung 5.81**). Aktivieren Sie die Option ZIEL.
2. Klicken Sie dann mit gedrückter ⌘-⌥/Strg-Alt-Taste in die Auswahl, um diese zu kopieren.

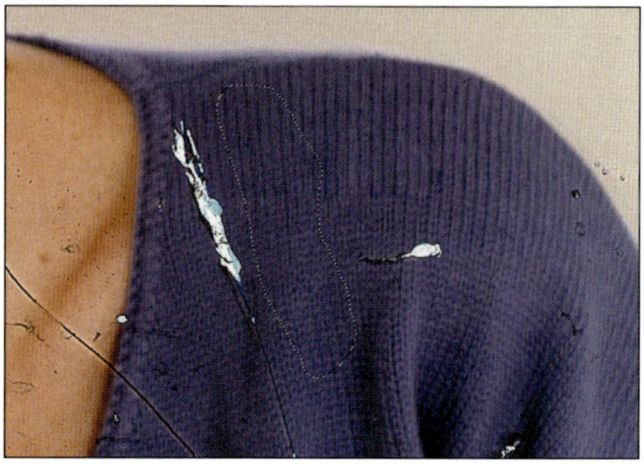

Abbildung 5.81

Gute Bildinformationen auswählen

3. Halten Sie die Modifikatortasten gedrückt und verschieben Sie die Auswahl.
4. Halten Sie die Modifikatortasten immer noch gedrückt und drücken Sie zusätzlich die Taste T, um FREI TRANSFORMIEREN aufzurufen. Lassen Sie die Tasten anschließend los.
5. Drehen, skalieren oder verändern Sie die Auswahl mithilfe der Griffpunkte (**Abbildung 5.82**). Drücken Sie ↵.

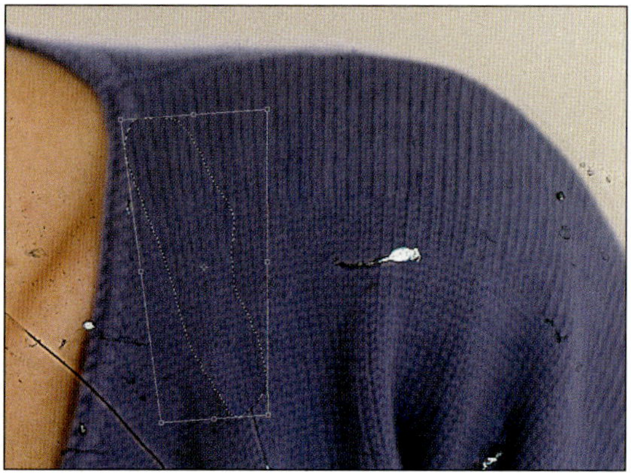

Abbildung 5.82

Wenn Sie den unteren Teil der Auswahl verengen, blendet das Muster des Pullovers besser ineinander über.

6. Mit noch aktivem Ausbessern-Werkzeug bewegen Sie den Cursor in die aktive Auswahl. Verändern Sie die Position um ein Pixel und drücken Sie [↵], damit Photoshop die Ausbesserung mit den transformierten Informationen vornimmt. Die letzte Bewegung kann auch weniger als ein Pixel sein, Sie müssen sie aber durchführen, um die Reparatur-Engine wieder zu aktivieren und das Ergebnis in **Abbildung 5.83** zu erzielen.

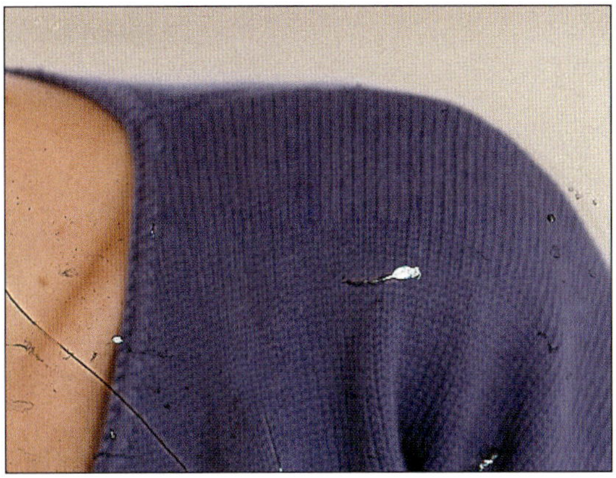

Abbildung 5.83

Nachdem Sie die Reparatur-Engine reaktiviert haben, ist der große Riss kaum noch zu sehen.

Das Arbeiten mit dem Ausbessern-Werkzeug ist oftmals einfacher und geht schneller als der Einsatz des Reparatur-Pinsels. In Kapitel 9 finden Sie eine schnelle Technik, um Hautunreinheiten mit dem Ausbessern-Werkzeug abzudecken.

Perspektivische Reparaturen

Muster oder Schäden auf glatten Oberflächen zu reparieren, die frontal aufgenommen wurden (**Abbildung 5.84**), ist nicht sonderlich schwer. Das Reparieren von Bildern, die in Perspektive aufgenommen wurden (**Abbildung 5.85**), stellt schon eine größere Herausforderung dar. Die geklonten oder reparierten Bereiche müssen sich an die Perspektive anpassen.

Abbildung 5.84

Hier wurde das Motiv frontal fotografiert.

Abbildung 5.85

Hier wurde das Motiv perspektivisch fotografiert, der Fluchtpunkt entfernt sich vom Betrachter.

Eines der interessanten Werkzeuge, das neu für Photoshop CS2 entwickelt wurde, ist der FLUCHTPUNKT-Filter. Er ist nützlich für Retuscheure, die ein Muster innerhalb einer Perspektive ersetzen müssen. Beim Reparieren und Ausbessern war das bisher immer ein großes Problem, weil sich die Reparatur meist nicht glaubwürdig in das Original integrieren ließ. In den vorhergehenden Beispielen war es auch möglich, den ausgebesserten Bereich zu transformieren, der FLUCHTPUNKT-Filter kombiniert jedoch die besten Funktionen des Kopierstempels und des Reparaturwerkzeugs in einem und kann außerdem mit Perspektive umgehen.

In diesem Bild ist noch etwas von der Erhabenheit der vergangenen Tage zu sehen (Abbildung 5.86). Diese wird jedoch von der ausgebesserten Stelle in den Pflastersteinen etwas beeinträchtigt. Mit einer der gelernten Techniken könnten wir mit dem Reparatur-Pinsel einen guten Bereich des Pflasters kopieren und an dieser Stelle einfügen. Der FLUCHTPUNKT-Filter erreicht genau dasselbe Ergebnis, nur mit weniger Aufwand. Sparen wir also ein paar Steuern und bessern die Straße in Photoshop aus (Abbildung 5.87).

ch5_brickstreet.jpg

1. Um die Original-Hintergrundebene zu schützen, fügen Sie eine neue Ebene namens *Reparatur* hinzu.
2. Wählen Sie FILTER/FLUCHTPUNKT oder drücken Sie ⌥-⌘-V / Alt-Strg-V.
3. Zuerst müssen Sie die richtige Perspektive im Bild finden, damit der Filter die neuen Bildinformationen korrekt einfügen kann. Aktivieren Sie das Ebene-erstellen-Werkzeug (das zweite von oben).
4. Klicken Sie dort, wo sich Randstein und Pflastersteine treffen (Nr. 1 in Abbildung 5.88), ziehen Sie die Maus entlang der Kante bis in die nächste Ecke (Nr. 2), orientieren Sie sich an den Spalten des Pflasters (Nr. 3) und klicken Sie in den vierten Punkt, um das Raster zu vervollständigen.

© Wayne Palmer

Abbildung 5.86

Abbildung 5.87

Hinweis

Wenn Sie die Perspektive richtig getroffen haben, ist das Raster blau. Sollte es gelb sein, sind Sie zwar an der richtigen Perspektive schon nah dran, Sie müssen aber noch ein paar kleine Korrekturen vornehmen. Sind die Linien rot, müssen Sie noch einmal von vorn beginnen oder das Raster mit dem Ebene-bearbeiten-Werkzeug bearbeiten. Der Filter funktioniert zwar auch, wenn die Perspektive nicht richtig getroffen wurde, die Ergebnisse sind dann aber nicht überzeugend.

5. Erweitern Sie das Raster mit dem Ebene-erstellen-Werkzeug (ziehen Sie die Seiten, nicht die Ecken), um den Bereich mit aufzunehmen, den Sie als Quelle verwenden wollen. Das Raster reicht dann möglicherweise über das aktuelle Bild hinaus. Mithilfe der Ansichtsoptionen in der unteren linken Ecke lässt sich die Bildgröße anpassen (Abbildung 5.89).

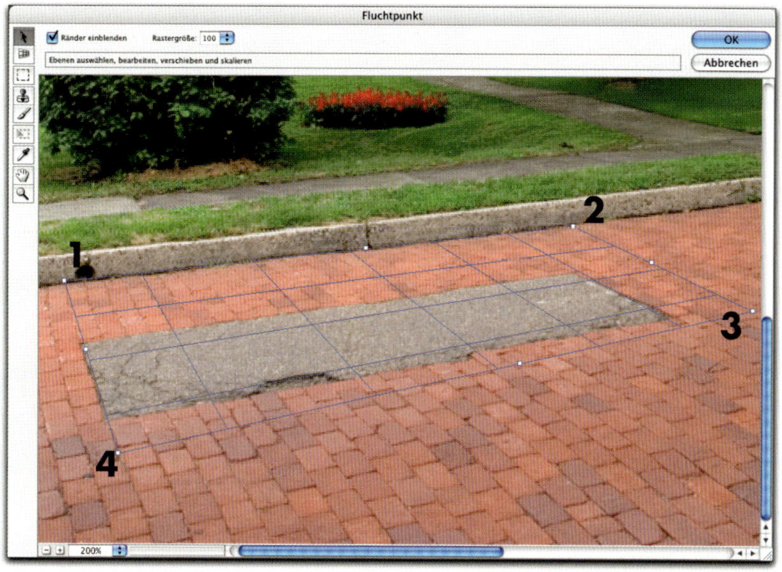

Abbildung 5.88

Erstellen Sie ein perspektivisches Raster, indem Sie Punkte entlang einer optischen Linie klicken.

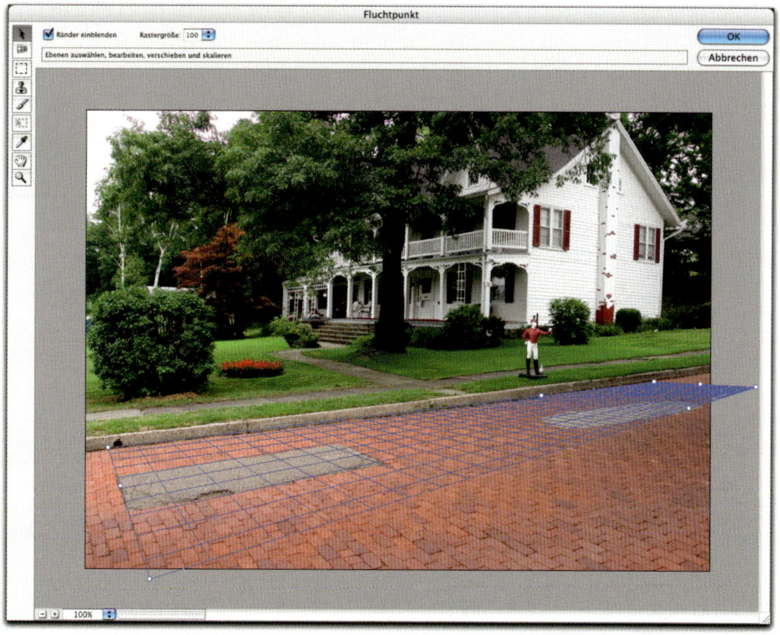

Abbildung 5.89

Erweitern Sie das Raster, um den gesamten Bereich abzudecken. Zoomen Sie heraus, falls das Raster über die Bildkanten hinaus geht.

6. Das Stempel-Werkzeug kopiert standardmäßig – Sie können aus dem Popup-Menü REPARIEREN aber auch die Option EIN wählen. Aktivieren Sie diese Option, ändern Sie den Durchmesser auf 150 Pixel und aktivieren Sie die Checkbox AUSGERICHTET.

7. Wie beim Kopierstempel oder Reparatur-Pinsel müssen Sie mit gedrückter [⌥]/[Alt]-Taste klicken, um einen sauberen Bereich aufzunehmen. Verschieben Sie das Werkzeug über das Pflaster, der aufgenommene Bereich bewegt sich und passt sich an die Perspektive des bestehenden Pflasters an. Richten Sie die Kanten aneinander aus. Wiederholen Sie den Schritt, um den gesamten Asphalt zu überdecken (**Abbildung 5.90**). Klicken Sie auf OK.

8. Ihre Änderungen befinden sich nun über der Hintergrundebene (**Abbildung 5.91**). Falls einige Pflastersteine nicht mit dem Original zusammenpassen, nutzen Sie eine Ebenenmaske, um die Kanten besser ineinander überzublenden, oder wenden Sie noch eine Standardreparatur an.

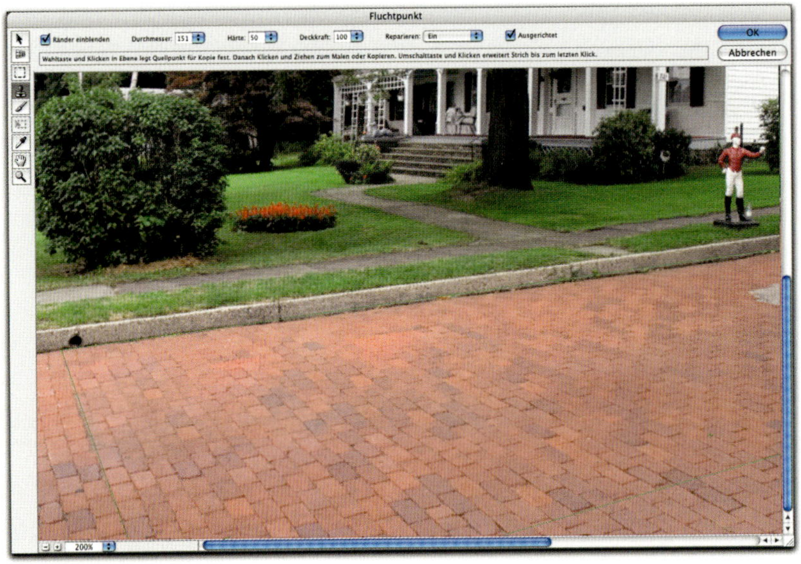

Abbildung 5.90

Nutzen Sie das Stempel-Werkzeug im Modus REPARIEREN, um den Asphalt in der Straße auszubessern.

Abbildung 5.91

Verfeinern Sie die Reparatur mit dem Reparatur-Pinsel oder dem Kopierstempel.

DRUCKSTRUKTUREN, MOIRÉ UND FARBARTEFAKTE

Viele historische Fotos wurden auf Strukturpapier gedruckt, was zur damaligen Zeit sicherlich sehr schön war. Aus der Perspektive eines Restaurators gehören diese Strukturen zu den schwierigsten Aufgaben, mit denen man konfrontiert werden kann. Viele Retuscheure haben sowohl Schlaf als auch Haare eingebüßt, als sie Strukturen, Muster, Reflexionen, Offset-Moiré und Bildrauschen erhalten, entfernen oder kaschieren mussten. Mithilfe einer Kombination aus verschiedenen Photoshop-Filtern, kreativen Techniken, Ebenen und Ebenenmasken können Sie sehr gute Ergebnisse erzielen. Ein retuschiertes Bild, das ursprünglich eine starke Papierstruktur aufwies, wird nie so glatt und scharf aussehen wie ein Original von einem Negativ oder einem unstrukturierten Abzug.

Es gibt verschiedene Ansätze, Druckstrukturen zu reduzieren:

- Konzentrieren Sie sich auf die wichtigen Bildbereiche und zeichnen Sie die anderen weich.
- Minimieren Sie die Struktur während des Scanvorgangs, indem Sie das Bild scannen, wie gleich beschrieben, oder die Entrastern-Funktion der Scannersoftware verwenden.
- Erstellen Sie mit einer Film- oder besser Digitalkamera eine Kopie des Negativs oder der Datei. Durch sehr weiches oder polarisiertes Licht beim Fotografieren kontrollieren Sie, wie deutlich das Muster sichtbar ist.

Druckstrukturen und Reflexionen vor der Retusche entfernen

Mitte des 20. Jahrhunderts wurden Dutzende unterschiedlicher Scharzweißfotopapiere angeboten. Viele davon waren strukturiert, was damals sehr interessant aussah, heute aber ein echter Alptraum ist, weil die Struktur bei der Digitalisierung Teil des Bilds wird. Versuchen Sie, die Druckstruktur bereits während der Eingabe mit einer der folgenden Techniken zu reduzieren. Experimentieren Sie, denn jedes Bild hat eigene Anforderungen und besitzt eine andere Struktur, Größe, Oberfläche etc. Die Zeit, die Sie mit Experimentieren verbringen, wo Sie Fehler machen und lernen, strukturierte Bilder zu scannen, wird sich auszahlen. Sie benötigen dann später weniger Zeit für die Retusche.

- Scannen Sie ein Bild um 300 bis 400% größer und verringern Sie mit BILD/BILDGRÖSSE die Datei in zwei bis vier Schritten. Die Nahaufnahme in **Abbildung 5.92** zeigt die Papierstruktur des gesamten Bilds. Indem Sie das Bild um drei Schritte verkleinern, wird es etwas weicher, die Struktur ist nicht mehr so intensiv (**Abbildung 5.93**).

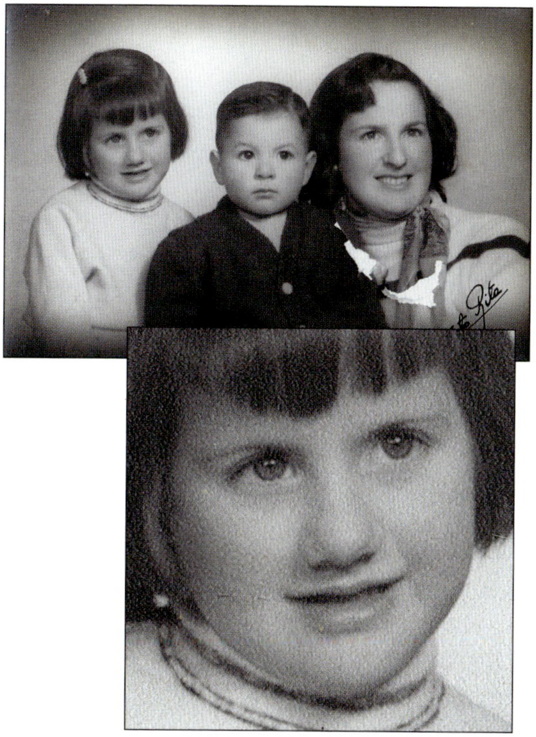

Abbildung 5.92

Die Nahaufnahme des Originals zeigt die störende Bildstruktur.

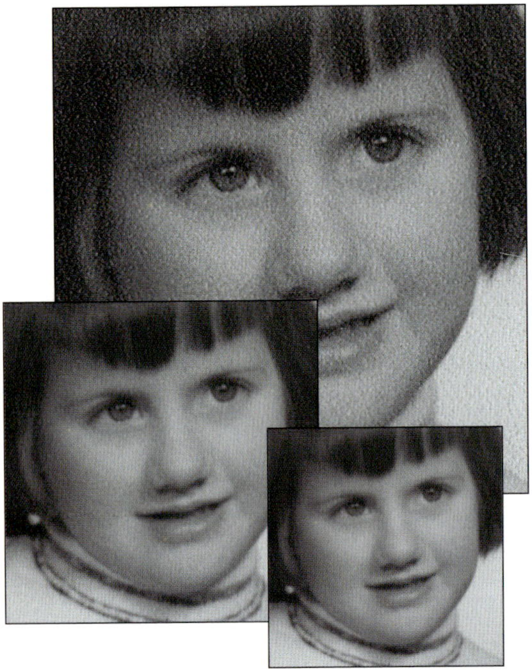

Abbildung 5.93

Verkleinern Sie die Datei um drei Schritte mit BILD/ BILDGRÖSSE, um die Struktur zu reduzieren.

- Wenn Sie digitale Kopien mithilfe einer Film- oder Digitalkamera erstellen, sollten Sie für die Lichter und das Kameraobjektiv Polfilter verwenden. Sehen Sie beim Anpassen des Filters durch den Sucher der Kamera, um zu sehen, ob die helleren Bereiche der Struktur aufgehellt oder abgedunkelt werden. Oder kippen Sie das Original etwas (**Abbildung 5.94**), um die Reflexionen zu reduzieren.

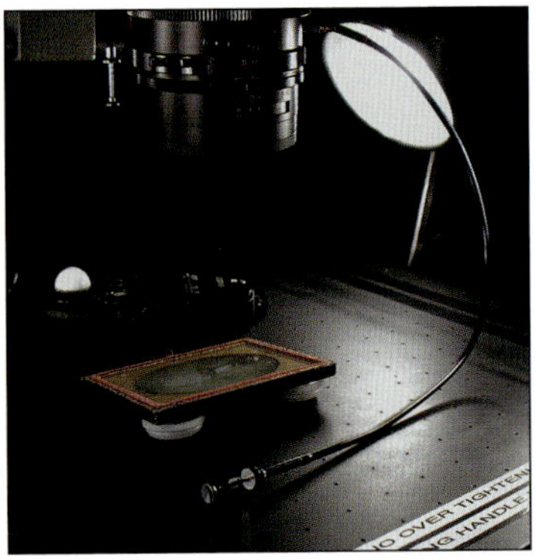

© Wayne Palmer

Abbildung 5.94

Durch Kippen des Originals vermeiden Sie Reflexionen.

- Erstellen Sie mit Ihrer Digitalkamera eine digitale Kopie. Eine 5- bis 8-Megapixel-Kamera kann ausreichend Informationen aufnehmen, um die gebräuchlichsten Druckgrößen zu garantieren. Falls Sie keine Kopierstation besitzen, fotografieren Sie das Original in einem Winkel (wie es Mark Beckelmann tat), so dass Sie das Bild nicht aus dem Glasrahmen nehmen müssen (**Abbildung 5.95**). Wenn Sie mit Blitz arbeiten, richten Sie diesen auf eine weiße Oberfläche aus, um ein weiches Licht zu erzeugen. So können Sie alle Bilder digitalisieren, die nicht ganz eben sind oder nicht aus einem Glasrahmen genommen werden dürfen.

© Beckelman Family Archive

Abbildung 5.95

Fotografieren Sie das Original zweimal aus unterschiedlichen Winkeln, um später das beste Bild herauszufiltern.

- Scannen Sie die Bilder mit einem Flachbettscanner ein – scannen Sie zwei oder drei unterschiedliche Positionen. Experimentieren Sie mit dem Winkel und verwenden Sie dann den Scan, in dem die Struktur am wenigsten sichtbar ist. Das funktioniert auch bei Bildern, die versilbert oder beschädigt sind. Durch unterschiedliche Winkel können Sie verschiedene Bildbereiche hervorheben. Setzen Sie anschließend die besten Teile aller Bilder zu einem neuen Bild zusammen.

Blendungen reduzieren

Als Wayne von einem Kunden dieses Bild bekam, das restauriert werden musste, aber stark versilbert war, probierte er bei der Aufnahme des Bilds verschiedene Techniken aus. Leider wurde der Effekt nur verstärkt und nicht entfernt, wie in Abbildung 5.96 zu sehen. Die blaue Farbe ist die metallische Silberoxidierung mit einem farblosen Silberion, das sich auf der Bildoberfläche ausbreitet und metallisch silber und reflektierend erscheint.

ch5_tilted_photo.jpg

Abbildung 5.96

Dieses Bild ist stark versilbert.

1. Wayne fand heraus, dass durch einen extremen Winkel während des Fotografierens ein Großteil der Versilberung minimiert werden konnte (Abbildung 5.97).
2. Der Rest verschwindet, wenn Sie das Bild in Graustufen umwandeln (Abbildung 5.98).

Abbildung 5.97

Wenn Sie das Bild mit einem starken Winkel betrachten oder fotografieren, verschwindet die silberne Färbung – allerdings ist das Bild stark verzerrt.

Abbildung 5.98

Durch die Umwandlung des Bilds in Graustufen verschwindet auch die restliche Färbung.

3. Neu in Photoshop CS2 ist die Option VERKRÜMMEN für die Transformieren-Funktion, mit der Sie Bilder frei drehen und verformen können (Abbildung 5.99). Mit ein paar Hilfslinien richtete Wayne das Bild wieder gerade aus.
4. Nach einigen Reinigungsarbeiten und der Umwandlung in ein Sepiabild sieht das Bild wieder aus wie im Original (Abbildung 5.100).

Abbildung 5.99

Mit der neuen VERKRÜMMEN-Funktion können Sie das verzerrte Bild wieder in Form bringen.

Abbildung 5.100

Das finale Bild – gerade ausgerichtet und in einem Sepiaton.

Papierstruktur und Druckmuster reduzieren

Das Geheimnis beim Minimieren der Papierstruktur und Druckmuster liegt in einem Kompromiss: Zeichnen Sie die unwichtigen Bildbereiche einfach weich, konzentrieren Sie sich auf das Wesentliche. Die folgende Technik arbeitet mit einer Kombination aus weichgezeichneten und maskierten Ebenen, die anschließend gereinigt werden, um die finalen Ergebnisse zu erzeugen. Weil jedes Bild einzigartig ist und es viele verschiedene Papierstrukturen gibt, existiert für dieses Problem keine schnelle Lösung. Photoshop CS2 bietet einen neuen Filter namens MATTER MACHEN, der Ihnen bei der Entfernung der Papierstruktur gute Dienste leistet.

Abbildung 5.101 ist ein Beispiel für ein Foto aus vergangenen Tagen. Das Bild befindet sich in einem nahezu perfekten Zustand, allerdings ist es schwierig, Kopien für andere Familienmitglieder zu machen, weil es sich um texturiertes Papier handelt. Aus der Ferne ist diese Struktur nicht zu erkennen, eine Lupe macht das Problem jedoch schnell deutlich. Durch selektives Weichzeichnen und Maskieren des Bilds konnte die Version in Abbildung 5.102 erzeugt werden.

ch5_textureportrait.jpg

Tipp

Betrachten Sie die alten Fotos Ihrer Kunden unter einer Lupe, um nach Papierstrukturen wie in Abbildung 5.103 Ausschau zu halten. Wenn der Kunde diese auch sieht, hat er realistischere Erwartungen.

1. Duplizieren Sie die Originalebene und geben Sie ihr den Namen *surface blur*. Wählen Sie FILTER/WEICHZEICHNUNGSFILTER/MATTER MACHEN mit einem Radius von 2 und einem Schwellenwert von 84 (Abbildung 5.104). Die Lichter der Struktur sind verschwunden, im Hintergrund sind sie aber immer noch sichtbar.
2. Duplizieren Sie die eben erstellte Ebene und nennen Sie sie *gaussian blur*. Wählen Sie FILTER/WEICHZEICHNUNGSFILTER/GAUSSSCHER

WEICHZEICHNER mit einem Radius von 3. Das Muster rechts im Hintergrund wird entfernt (Abbildung 5.105).

Abbildung 5.101

Abbildung 5.102

Abbildung 5.103

Das Originalbild durch eine Lupe betrachtet zeigt die störende Struktur.

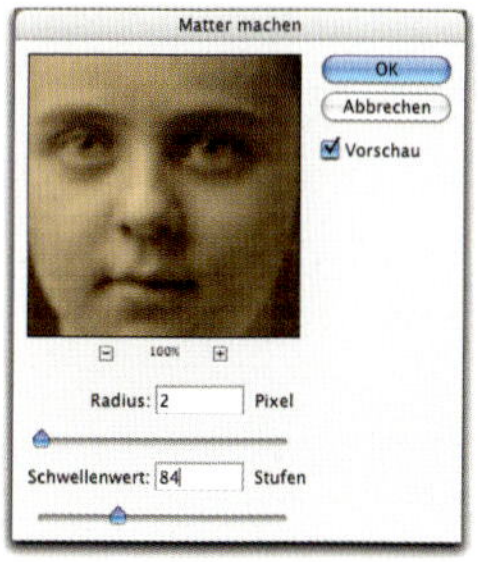

Abbildung 5.104

Der Filter MATTER MACHEN entfernt einen Großteil des Musters, besonders die Lichter.

Abbildung 5.105

Wenden Sie den Gaußschen Weichzeichner an, um das Muster endgültig zu entfernen und das Bild weichzuzeichnen.

3. Erstellen Sie auf der Ebene *gaussian blur* eine Ebenenmaske. Zeichnen Sie mit einer weichen Pinselspitze die Umrisse des Mädchens nach. Achten Sie auf eine geschlossene Linie (**Abbildung 5.106**). Klicken Sie mit dem Füllwerkzeug innerhalb des Rahmens, um die Fläche mit Schwarz zu füllen (**Abbildung 5.107**).

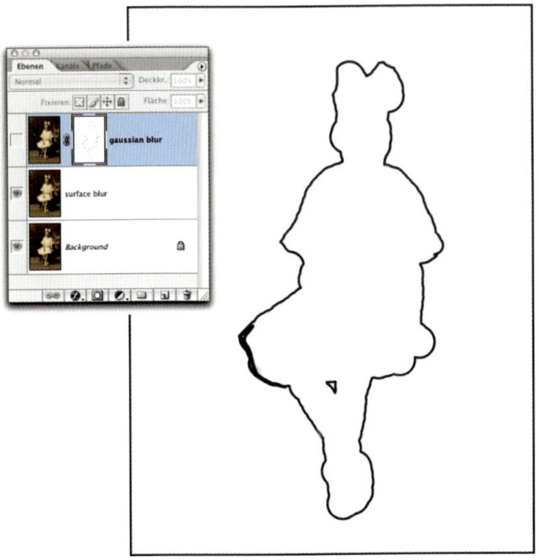

Abbildung 5.106

Zeichnen Sie die Umrisse des Mädchens mit einer weichen Pinselspitze nach und füllen Sie die Form mit Schwarz.

Abbildung 5.107

Das finale Bild ohne störendes Muster.

Offset-Moiré reduzieren

Früher oder später wird ein Kunde mit einem Bild aus einer Zeitung, Zeitschrift oder Broschüre zu Ihnen kommen. Nach dem Scannen sehen Sie das Moiré-Muster, das durch die Separation des Vierfarb-Offsetdrucks entsteht (**Abbildung 5.108**).

Abbildung 5.108

Eine Nahaufnahme zeigt das typische Muster, das beim Offsetdruck entsteht.

Bevor Sie versuchen, das Bild zu reparieren, fragen Sie den Kunden, ob er nicht vielleicht ein Fotooriginal von dem entsprechenden Bild besitzt. Wenn nicht, folgen Sie diesen Empfehlungen, um den Moiré-Effekt zu verringern.

Solche Bilder enthalten nur begrenzt Informationen. Anders als beim Foto werden beim Vergrößern des Bilds nicht mehr Informationen sichtbar. Je nach Publikation variiert auch die Rasterfeinheit, bei der Zeitung ist sie am geringsten. Am besten minimieren Sie den Moiré-Effekt beim Scannen. Scannersoftware besitzt oft eine passende Funktion, die ganz gut funktioniert – zumindest besser als irgendetwas in Photoshop.

Die besten Ergebnisse erzielen Sie, wenn Sie die Rasterweite (Linien pro cm, lpc) des Bilds mit einem Rasterzähler, wie den von Beta Screen Co. (Abbildung 5.109), bestimmen. Wenn Sie diesen Wert kennen, lässt sich der Effekt besser entfernen, egal ob mit einer Software oder von Hand. Je nach Druckverfahren und Papiersorte muss bei Bildern die Rasterweite unterschiedlich sein: 20 bis 30 lpc für Zeitungspapier und Siebdruck; 34 bis 40 lpc für satiniertes Papier; 40 bis 54 lpc für maschinengestrichenes Papier und 54 bis 70 lpc für Kunstdruckpapier.

Abbildung 5.109

Mit einem Rasterzähler bestimmen Sie die Rasterweite eines gerasterten Bilds.

Die Idee dahinter, das Bild wieder wie ein Foto aussehen zu lassen, ist, dass die Auflösung des Bilds verringert werden muss, damit die Punkte wieder enger beieinander liegen. Anschließend muss die Bildgröße angepasst werden. Das neue Bild zeigt keine neuen Details und sieht sehr weichgezeichnet aus. Das ist der Nachteil an der Sache.

Hinweis

Ich rate Ihnen, keine Bilder aus Zeitungen, Zeitschriften und Büchern etc. zu scannen – denken Sie an das Copyright. Es kann aber sein, dass ein Kunde beispielsweise nur ein Zeitungsbild von seiner Firma besitzt oder, im schlimmsten Fall, die Originale verloren gegangen oder beschädigt worden sind.

Dieses Bild aus einer alten Broschüre zeigt ein Computerlabor. Hier lernen Sie eine Methode von Wayne kennen, um Moiré-Muster aus solchen Bildern zu entfernen.

ch5_computer_room.jpg

1. Wählen Sie eine Bildansicht von 100%.
2. Zoomen Sie mit ⌘-−/Strg-− aus dem Bild heraus. Das Moiré-Muster verändert sich, da es mit der Monitorauflösung interagiert.
3. Überprüfen Sie die Zoomstufe, sobald das Muster nicht mehr sichtbar ist. In diesem Beispiel sind es auf meinem Monitor 50%.
4. Wählen Sie BILD/BILDGRÖSSE und aktivieren Sie die Optionen BILD NEU BERECHNEN MIT und PROPORTIONEN ERHALTEN. Wählen Sie im Abschnitt PIXELMASSE die Einheit PROZENT und geben Sie den Wert aus Schritt 3 ein (Abbildung 5.110). Klicken Sie auf OK.

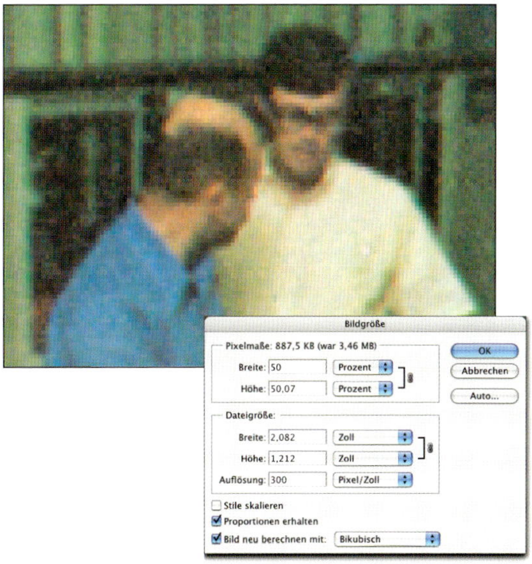

Abbildung 5.110

Verringern Sie die Auflösung auf den Wert, der in der Titelleiste der Originalauflösung zu sehen ist.

5. Öffnen Sie die BILDGRÖSSE-Dialogbox erneut und geben Sie die Original-Pixelmaße ein (oder in meinem Fall 200%). Aktivieren Sie die Option BIKUBISCH GLATTER (**Abbildung 5.111**). Klicken Sie auf OK. Sie müssen die Dialogbox öffnen und schließen, damit Photoshop die Berechnung durchführt.

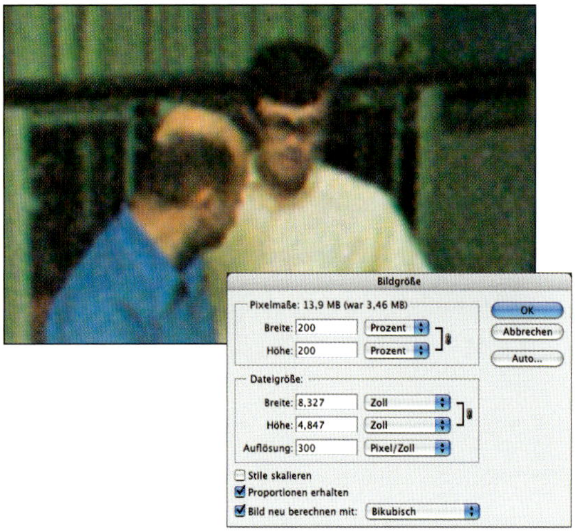

Abbildung 5.111

Stellen Sie wieder die Originalgröße des Bilds ein.

Ein Großteil, wenn nicht sogar das gesamte Moiré-Muster sollte jetzt verschwunden sein. Ist noch etwas übrig, nutzen Sie den Bereichsreparatur-Pinsel, um die wichtigsten Bildbereiche noch einmal zu überarbeiten. Denken Sie immer daran, dass Sie bei diesem Prozess Kompromisse eingehen müssen, jedoch sieht das Bild hinterher besser aus als mit Rasterpunkten. Die eben genannte Technik ist oft die letzte Rettung – am besten verwenden Sie immer Originalbilder.

Digitales Bildrauschen und Moiré reduzieren

Die Technologie der Digitalkameras stützt sich auf unterschiedliche Technologien, inklusive Zeilenscan, Dreifachaufnahmen und übliche Einmalaufnahmen. Normale Digitalkameras funktionieren wie eine Filmkamera nur mit CCD/CMOS-Sensor mit Farbmosaikfilter, der den Film ersetzt. Die CCD-Struktur in Kombination mit dem Filter kann Farbartefakte verursachen, die wie kleine Farbpunkte oder ein Moiré-Muster aussehen. Diese sind dann in Bereichen mit sehr feinen Details (z.B. Wimpern, Haarsträhne) zu sehen.

Auch wenn Sie keine Digitalkamera verwenden, können beim Scannen von Bildern mit feinen Strukturen auch Moiré-Muster auftreten. Nutzen Sie den folgenden Filter, um dem Problem Herr zu werden.

Photoshop CS2 besitzt einen neuen Filter names STÖRUNGEN REDUZIEREN, mit dem Sie Bilder mit einem zu hohen ISO-Wert oder Artefakten, die mit der Speicherung von JPEG-Dateien entstehen, bearbeiten können.

Die Einstellungen des Filters richten sich an unterschiedliche Störungsmuster. Eine ist die Luminanzglättung und die andere die Farbstörungsreduktion. Mit dem ERWEITERT-Button haben Sie Zugang zu weiteren Einstellungen, mit denen Sie die Störungen in den einzelnen Kanälen bearbeiten.

In diesem Bild (**Abbildung 5.112**) sind auf der schwarzen Kleidung des Models Farbstörungen zu erkennen. Um diese zu beseitigen (**Abbildung 5.118**), wenden Sie den Filter STÖRUNGEN REDUZIEREN an (**Abbildung 5.113**.) Das Schwarz sieht anschließend viel sauberer aus.

Achtung

Der Filter STÖRUNGEN REDUZIEREN ist sehr speicherintensiv. Achten Sie darauf, dass die Vorschau bei diesen Einstellungen nicht so schnell aktualisiert wird wie bei anderen Filtern. Dieser Filter bearbeitet die Pixel der aktuellen Bildebene (anders als eine Einstellungsebene). Falls Sie den Effekt später also noch einmal anpassen wollen, müssen Sie vorher eine Kopie der Hintergrundebene erstellen.

Beachten Sie, dass bei der Störungsreduzierung das Bild immer etwas weichgezeichnet wird, also Details verloren gehen. Wenn Sie das Bild mit einer geringen ISO-Einstellung oder im Raw-Format aufnehmen können, haben Sie bereits von Beginn an eine bessere Ausgangsposition.

Abbildung 5.112

Abbildung 5.113

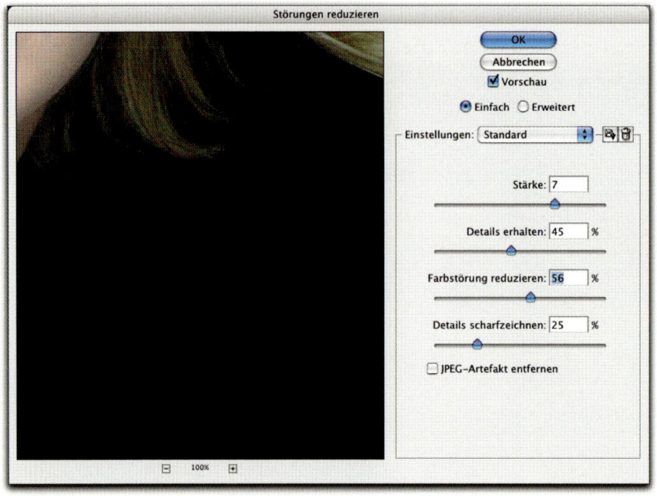

Abbildung 5.114

Die Oberfläche des Filters STÖRUNGEN REDUZIEREN

Die Bildstruktur erhalten

Etwas gute Restauration ist besser als viel schlechte. Wenn Sie Pinselspitzen mit einer unpassenden Kantenschärfe anwenden, erzeugen Sie verräterische Spuren oder Sie verlieren die Original-Bildstruktur.

Besonders beim Kopierstempel ist es wichtig, die richtige Kantenschärfe einzustellen, um keine sichtbaren Spuren zu hinterlassen. Ich verwende in der Regel einen Wert zwischen 50% und 80%, um die Kanten sanft überzublenden, wie in **Abbildung 5.115** zu sehen. Sehr weiche Pinselspitzen hinterlassen Spuren, besonders wenn Sie mehrmals über denselben Bereich malen. Die ursprüngliche Störung haben Sie dann zwar beseitigt, das Auge erkennt aber sofort, dass etwas in diesem Bild verändert wurde.

Gute Ergebnisse hängen also von der richtigen Pinselspitze ab. Achten Sie darauf, keine sich wiederholenden Muster zu erzeugen. Meistens fällt die Bearbeitung dadurch auf, dass die Körnung des Originalbilds nicht mehr zu erkennen ist (**Abbildung 5.116**). Die weiche Pinselspitze vermischt die Tonwertinformationen, während die Körnung weichgezeichnet wird. Das hier ist eine Technik, mit der Sie die Körnung wieder ins Bild bringen (**Abbildung 5.117**).

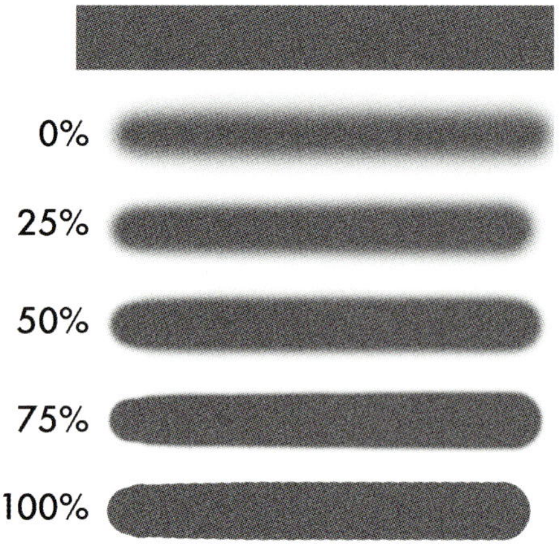

Abbildung 5.115

Die Kantenschärfe der Pinselspitze bestimmt die Schärfe der Kante des Kopierstempels.

So können Sie die beschädigte Körnung wiederherstellen:

1. Aktivieren Sie die Ebene, in der Sie mit dem Kopierstempel gearbeitet haben. Wählen Sie EBENE/NEU/EBENE. Wählen Sie den Modus ÜBERLAGERN und aktivieren Sie die Checkboxen SCHNITTMASKE AUS VORHERIGER EBENE ERSTELLEN und MIT DER NEUTRALEN FARBE FÜR DEN MODUS »ÜBERLAGERN« FÜLLEN

(50% GRAU). Die Schnittmaske begrenzt die Schritte auf dieser Ebene, um nur die Ebene direkt darunter zu bearbeiten. Klicken Sie auf OK.

Abbildung 5.116

Abbildung 5.117

2. Wählen Sie FILTER/STÖRUNGSFILTER/STÖRUNGEN HINZUFÜGEN. Wählen Sie eine Größe, die der Körnung des Originals entspricht; machen Sie sich über die Schärfe keine Gedanken, um die kümmern wir uns im nächsten Schritt. Aktivieren Sie die Checkbox MONOCHROM (Abbildung 5.118).

3. Wählen Sie FILTER/WEICHZEICHNUNGSFILTER/GAUSSSCHER WEICHZEICHNER (Abbildung 5.119). Wenn Sie mit älteren, weniger scharfen Originalen arbeiten, versuchen Sie es mit FILTER/STÖRUNGSFILTER/HELLIGKEIT INTERPOLIEREN.

4. Passen Sie die Ebenendeckkraft so an, dass sich die Störungen sanft ins Bild einfügen.

Wenn nötig, können Sie die Ebene noch mit dem Kopierstempel oder den Reparaturwerkzeugen verfeinen. Aufgrund der Maske wird die Struktur auch auf diese restaurierten Bereiche angewendet.

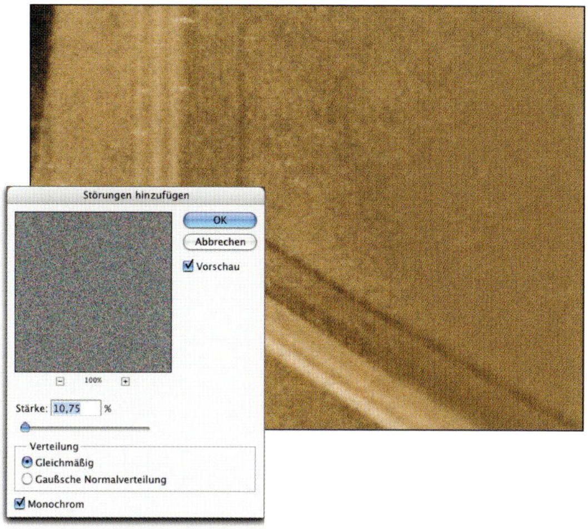

Abbildung 5.118

Erzeugen Sie ein Störungsmuster in derselben Größe wie die Bildkörnung.

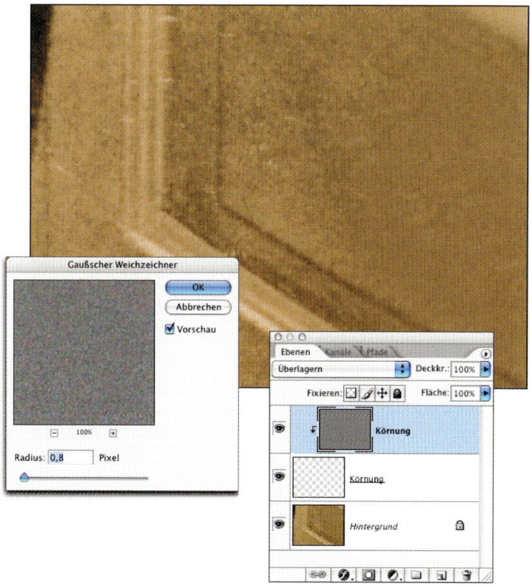

Abbildung 5.119

Entfernen Sie die Störungen an der Kante mit dem Gaußschen Weichzeichner.

Tipp

Sie müssen nicht alles reparieren. Je mehr Sie in ein Bild hineinzoomen, desto mehr finden Sie, was repariert werden könnte. Wenn Sie die richtige Größe für die Ausgabe eingestellt haben und das Bild bei 100% betrachten, können Sie davon ausgehen, dass im Ausdruck keine Störungen zu erkennen sind, wenn Sie auf dem Monitor keine mehr sehen.

GEDANKEN ZUM SCHLUSS

Es gibt Bilder, die nicht mal eben schnell repariert werden können. Sie sind zwar reparabel, allerdings nur mit viel Zeitaufwand. Falls Sie das als Familienprojekt machen, kann es sich zu einem echten Hobby entwickeln. Verdienen Sie damit jedoch Ihr Geld, wollen Sie wahrscheinlich so wenig Zeit wie möglich mit einem Bild verbringen oder Sie müssen innerhalb eines vom Kunden festgelegten Budgets bleiben.

In den meisten Fällen reicht es aus, Staub und Ablagerungen zu entfernen und die Bildstruktur zu erhalten, um ein Bild wieder zu neuem Leben zu erwecken. Im schlimmsten Fall sind die Bilder allerdings beschädigt und es fehlen Bildteile, so dass Sie Techniken anwenden müssen, die ich in den Kapiteln 6 und 7 bespreche.

6

SCHÄDEN KONTROLLIEREN UND REPARIEREN

Was wir unseren alten Fotos zumuten – schlechte Lagerung, das Umhertragen in der Brieftasche, Knicken, Zerreißen, Zerschneiden, Gekritzel, in Alben kleben –, hinterlässt seine Spuren. Wenn das alles so schlecht für die Fotos ist, warum tun wir ihnen das an? Weil wir sie wertschätzen, sammeln und lieben. Wir mögen es, Fotos von unseren Liebsten in unserer Geldbörse mit uns herumzutragen; wir haben Spaß daran, ein Familienfotoalbum zu erstellen; nur merken wir leider viel zu selten, dass die Fotos nicht passend aufbewahrt werden.

Statt beschädigte Fotos in der Versenkung verschwinden zu lassen, sollten Sie sie scannen. Hier lernen Sie:

- Knicke und Risse zu entfernen,
- Farbkleckse, Kritzeleien und Verfärbungen zu beseitigen,
- antike Dokumente zu reparieren,
- Störungen zu entfernen und die Perspektive zu korrigieren.

Basierend auf den Techniken aus Kapitel 5, arbeiten Sie mit folgenden Werkzeugen:

- Kopierstempel und Reparaturwerkzeuge
- Ebenenmasken und Maskierungsmodus
- Verkrümmen-Option und Transformieren-Werkzeug
- Filter BLENDENKORREKTUR

RISSE UND KNICKE ENTFERNEN

Ältere Fotos weisen oft Knicke und Risse und somit fehlende Bildinformationen auf. Auch wenn manche Originale beängstigend aussehen, mit ausreichend Zeit, Geduld und realistischen Erwartungen können Sie ein schlechtes Original in ein durchaus ansprechendes Foto verwandeln. Meine Strategie sieht vor, Ton- und Farbwerte zu verbessern und anschließend zunächst die leichteren und dann die schwerwiegenderen Probleme anzugehen. Indem ich zunächst die einfachen und erst dann die komplexen Reparaturen vornehme, entwickle ich ein Gefühl für das Bild und gewinne Selbstvertrauen für die anspruchsvolleren Aufgaben.

Schlechte Stellen ausbessern

Wir haben doch alle eine Schublade, in der alles landet, von dem wir nicht wissen, wo wir es aufbewahren sollen – vom Radiergummi bis hin zu alten Farbfotos wie dem in Abbildung 6.1. Als das Foto aufgenommen wurde, war es ein netter Schnappschuss. Der Junge ist jedoch mittlerweile auf dem College, das Mädchen in der Highschool. Der sentimentale Wert des Bilds ist gestiegen, deshalb ist es an der Zeit, es zu reparieren (Abbildung 6.2).

ch6_cracked_print.jpg

1. Fügen Sie eine Gradationskurven-Einstellungsebene hinzu und klicken Sie auf OPTIONEN. Aktivieren Sie die Option KONTRAST KANALWEISE VERBESSERN, um die Farbe des Bilds schnell und einfach auszubalancieren (Abbildung 6.3).

2. Drücken Sie ⌘-⌥-⇧-E/Strg-Alt-⇧-E, um eine neue Ebene für das Ausbessern-Werkzeug zu erstellen. Aktivieren Sie das Werkzeug (es befindet sich in einem Kästchen mit dem Reparatur-Pinsel) und aktivieren Sie in der Optionsleiste den Button QUELLE. Wählen Sie mit dem Werkzeug einen kleinen Teil des Risses aus. Ziehen Sie die Auswahl anschließend in einen guten Bildbereich (Abbildung 6.4).

Abbildung 6.1

Abbildung 6.2

Abbildung 6.3

Nutzen Sie die Vorteile der Auto-Farbkorrekturoptionen, um Farbe und Kontrast schnell und einfach zu verbessern.

Abbildung 6.4

Wählen Sie den beschädigten Bereich mit dem Ausbessern-Werkzeug aus, ziehen Sie die Auswahl über einen guten Bildbereich und lassen Sie die Maustaste los.

3. Sobald die zu reparierenden Bereiche Farbunterschiede aufweisen (z.B. dort, wo sich Himmel und Horizont treffen), müssen Sie eine sorgfältigere Auswahl erstellen, die kein Wasser beinhaltet. Ziehen Sie dies dann in einen guten Bereich des Himmels.

4. Wenden Sie dieselbe Technik auf den Sand an. Erstellen Sie mit dem Ausbessern-Werkzeug eine Auswahl und überdecken Sie die Fehler (**Abbildung 6.5**). (Falls Sie es in Ihren eigenen Fotos mit komplexeren Bereichen zu tun haben, nutzen Sie den Reparatur-Pinsel und den Kopierstempel.)

Nach der Reparatur von Sand und Himmel musste ich den Beinen der Leute mehr Aufmerksamkeit widmen. Aufgrund des hohen Kontrasts und der wichtigen Details in diesen Bereichen eignet sich das Ausbessern-Werkzeug hier nicht so gut. Um die Details zu erhalten, nutzen Sie den Kopierstempel und den Reparatur-Pinsel auf einer separaten Ebene.

Abbildung 6.5

Mit dem Ausbessern-Werkzeug können Sie das Datum überdecken.

5. Fügen Sie eine neue Ebene hinzu und zoomen Sie in die Beine hinein. Verwenden Sie den Kopierstempel mit einer Kantenschärfe von 54% und der Option ALLE EBENEN AUFNEHMEN, um die Reparatur wie in **Abbildung 6.6** zu erstellen. Die erste Reparatur ist vielleicht nicht perfekt, Sie müssen jedoch zunächst Bildinformationen aufbauen, die Sie anschließend mit den Reparatur-Werkzeugen verfeinern können.

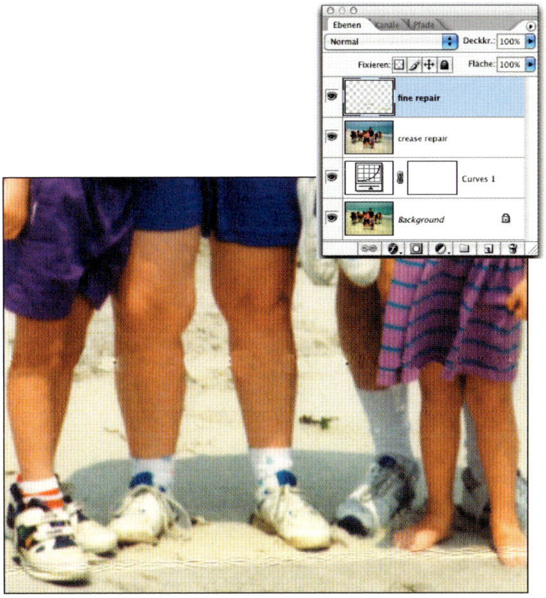

Abbildung 6.6

Erstellen Sie die erste Reparatur mit dem Kopierstempel.

6. Nutzen Sie zum Verfeinern der kopierten Bereiche einen kleinen, harten Reparatur-Pinsel. Halten Sie sich von Bereichen mit starken Tonwert- oder Farbunterschieden fern, um Schlieren zu vermeiden. Setzen Sie auch den Bereichsreparatur-Pinsel ein, um verräterische Artefakte zu entfernen (Abbildung 6.7).

Abbildung 6.7

Verfeinern Sie die Reparatur auf einer separaten Ebene mit dem Reparatur- und dem Bereichsreparatur-Pinsel.

7. Stellen Sie das Bild schließlich etwas enger frei (Abbildung 6.8). Der Fokus liegt nun stärker auf der Familie. Das Bild kann gedruckt und als nette Erinnerung an die Ferien auf Assateague Island an den Sohn verschickt werden.

Abbildung 6.8

Durch das Freistellen werden weitere Störungen entfernt.

Tipp

Wenn Sie Staub entfernen, aber ein bestimmter Fleck nicht weggeht, vergewissern Sie sich (a), dass Sie sich auf der richtigen Ebene befinden, (b) die Option ALLE EBENE AUFNEHMEN aktiviert ist, (c) für das Werkzeug der Modus NORMAL aktiviert ist und (d), so dumm das auch klingt, sich der Staub nicht auf dem Monitor befindet (was mir häufiger passiert, als ich eigentlich zugeben will).

Reparaturwerkzeuge und Kopierstempel kombinieren

Eine falsche Behandlung und Aufbewahrung kann zu Rissen auf Fotos oder Kratzern auf Negativen führen. Abbildung 6.9 zeigt ein Original, das beim Umzug der Familie versehentlich beschädigt wurde. Im Hintergrund sehen Sie einige oberflächliche Risse und tiefere Kratzer im Gesicht des Mädchens (einer geht durch das Auge). Den Hintergrund können Sie ganz leicht mit dem Ausbessern-Werkzeug reparieren. Für die Risse auf den Armen und dem Kleid verwenden Sie den Reparatur-Pinsel und den Kopierstempel. Um das Bild in Abbildung 6.10 zu erstellen und den Riss über dem Auge zu reparieren, müssen Sie sehr detailliert mit Ebenen und Ebenenmasken arbeiten.

ch6_cracked_baby.jpg

Bevor Sie das Bild reparieren, sollten Sie sich überlegen, wie das fertige Bild aussehen soll – so sparen Sie Zeit und Mühe. In diesem Beispiel wollte der Kunde, dass das Bild eine weiche ovale Vignette bekommt. Das ist eine sehr beliebte Anfrage, mit der Schäden leicht behoben werden können – Schäden, die Sie nicht reparieren müssen. Um zu sehen, wie viel durch die Vignette verdeckt wird, fügte ich diese in einem ersten Schritt hinzu. Dadurch kann ich mich auf die Reparatur der am Ende sichtbaren Bereiche konzentrieren.

1. Erstellen Sie mit der Auswahlellipse ein Oval um das Mädchen, wie in Abbildung 6.11 zu sehen. Wählen Sie AUSWAHL/AUSWAHL UMKEHREN.

Abbildung 6.9

Abbildung 6.11

Erstellen Sie mit der Auswahlellipse eine ovale Auswahl.

2. Fügen Sie eine Volltonfarbe-Einstellungsebene hinzu und wählen Sie die Farbe Weiß, um ein hartes, weißes Oval um das Kind zu erstellen. Wählen Sie FILTER/WEICHZEICHNUNGSFILTER/GAUSSSCHER WEICHZEICHNER (Abbildung 6.12). Bei einer hoch auflösenden Datei wie dieser ist ein Wert von 75 nicht ungewöhnlich. Der Wert hängt natürlich maßgeblich von der Dateigröße ab.

Abbildung 6.10

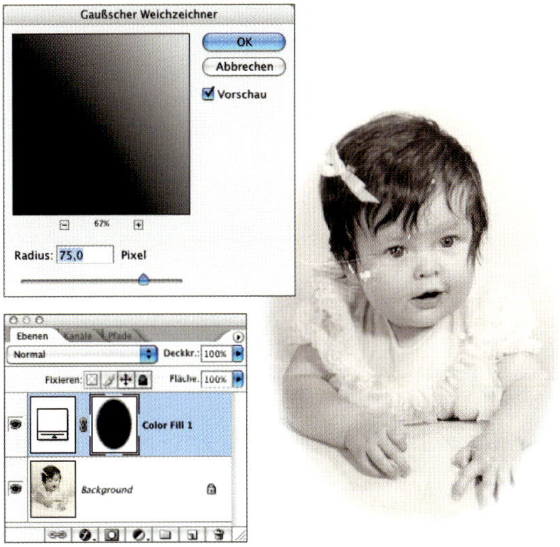

Abbildung 6.12

Durch das Weichzeichnen der Ebenenmaske glätten Sie die Kanten der Vignette.

3. Wie die Nahaufnahme in **Abbildung 6.13** zeigt, wird ein Großteil der Beschädigungen bereits ausgeblendet. Belassen Sie diese Ebene im Ebenenstapel ganz oben und blenden Sie sie immer wieder ein und aus. Zur Sicherheit arbeite ich immer bis in die transparenten Bereiche hinein.

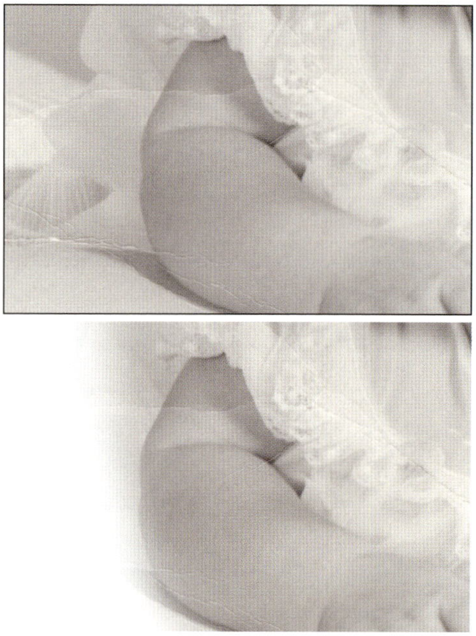

Abbildung 6.13

Wenn Sie zuerst die Vignette erstellen, sehen Sie, wie weit Ihre Reparaturen reichen müssen.

4. Fügen Sie nun eine Tonwertkorrektur-Einstellungsebene hinzu und verschieben Sie den Schwarzpunktregler nach rechts und den Weißpunktregler nach links auf den Beginn der Tonwertinformationen (**Abbildung 6.14**).

5. Blenden Sie die Vignette aus und drücken Sie ⌘-⌥-⇧-E/ctrl-Alt-⇧-E, um die Ebenen zu reduzieren und eine neue Arbeitsoberfläche zu erstellen. Aktivieren Sie anschließend das Ausbessern-Werkzeug mit der Option QUELLE.

6. Beginnen Sie mit den kleineren Rissen. Markieren Sie mit dem Ausbessern-Werkzeug einen Bereich und verschieben Sie diesen in einen sauberen Bildbereich (**Abbildung 6.15**).

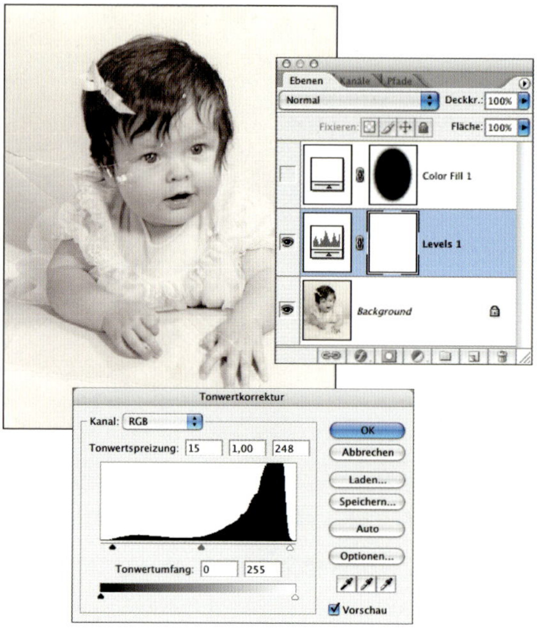

Abbildung 6.14

Verbessern Sie die Bilddichte mit einer Tonwertkorrektur.

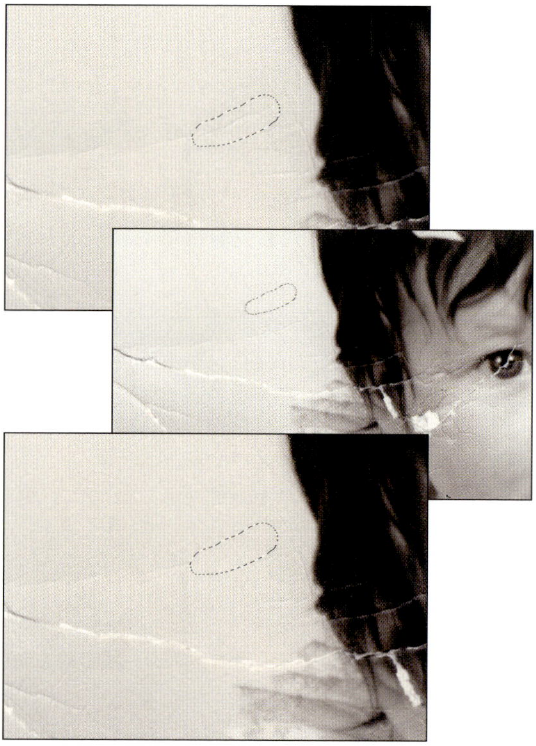

Abbildung 6.15

Reparieren Sie kleinere Bereiche, um diese dann für die Reparatur größerer Risse zu verwenden.

7. Reparieren Sie die kleinen Risse. Nutzen Sie diese Bildinformationen anschließend als Quelle für das Ausbessern-Werkzeug, um die größeren Risse zu reparieren (**Abbildung 6.16**).

8. Bessern Sie die Bildbereiche ohne Details aus (auf der Decke und den Händen), wie in **Abbildung 6.17** zu sehen.

Abbildung 6.16

Mit dem Ausbessern-Werkzeug reparieren Sie Risse auf ebenen Oberflächen am schnellsten.

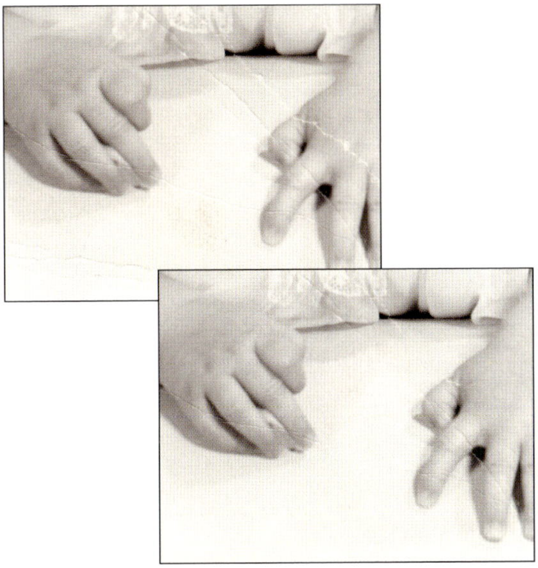

Abbildung 6.17

Vermeiden Sie bei Reparaturen mit dem Ausbessern-Werkzeug kontrastreiche und detaillierte Bereiche.

Nach der Reparatur der Risse im Hintergrund sollten Sie sich die schwierigeren Bereiche vornehmen (die Schäden auf den Armen, dem Kleid). Nutzen Sie den Reparatur-Pinsel in Bereichen mit gleichen Tonwerten und den Kopierstempel in Bereichen mit Tonwert- oder Farbkontrasten und feinen Details.

9. Fügen Sie eine neue Ebene hinzu. Aktivieren Sie den Reparatur-Pinsel mit diesen Optionen: NORMAL; QUELLE: AUFGENOMMEN; AUSGERICHTET und ALLE EBENEN AUFNEHMEN. Klicken Sie mit gedrückter ⌥/Alt-Taste, um einen Quellbereich aufzunehmen. Bleiben Sie dabei eine halbe bis eine Pinselbreite von den kontrastreichen Bereichen entfernt (z.B. wo Arm und Kleid sich treffen), um Schlieren zu vermeiden. Ich reparierte die Mitte des Schadens mit dem Reparatur-Pinsel und die sich überlappenden Bereiche mit dem Kopierstempel (**Abbildung 6.18**).

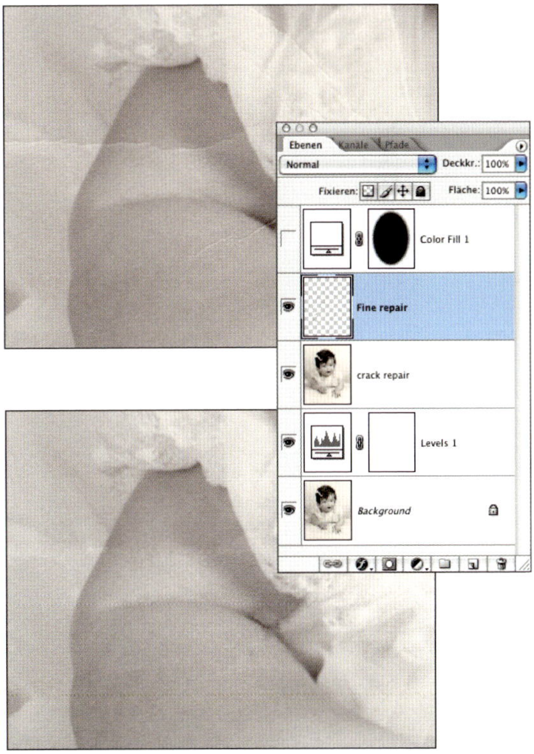

Abbildung 6.18

Wenden Sie Kopierstempel und Reparatur-Pinsel an, um kontrastreiche Bereiche zu reparieren.

10. Der große Schaden im Gesicht bedarf besonderer Aufmerksamkeit. Bei der Reparatur von Bereichen, in denen die gesamte Druckfarbe fehlt, müssen Sie kreativ sein. Sie können nicht einfach über die große leere Fläche kopieren oder reparieren. Nutzen Sie stattdessen die folgende Technik, um die Papierstruktur schnell und einfach wieder aufzubauen. Erstellen Sie eine neue Ebene.

11. Beginnen Sie außen und arbeiten Sie sich nach innen. Verwenden Sie für den Reparatur-Pinsel die Optionen NORMAL und ALLE EBENEN AUFNEHMEN (**Abbildung 6.19**). So erzeugen Sie größere Bereiche, die Sie als Quelle nutzen können.

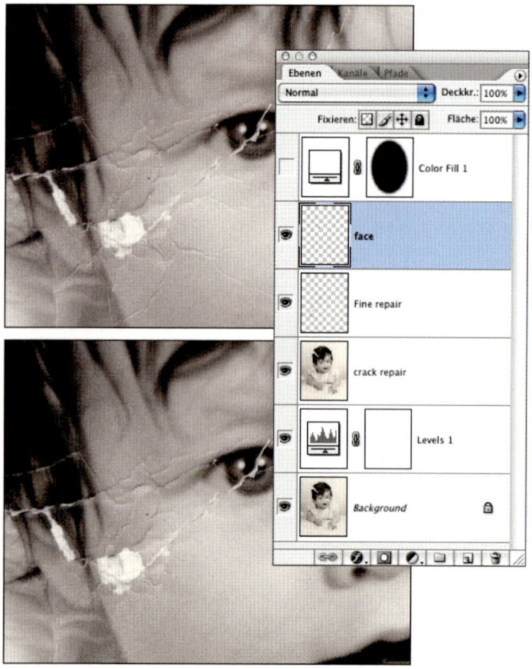

Abbildung 6.19

Arbeiten Sie sich von den einfacheren zu den schwierigeren Bereichen vor, um nützliche Bildinfos aufzubauen.

12. Verwenden Sie das Lasso mit einer 1 bis 2 Pixel weichen Kante, um einen guten Bereich aus den Wangen aufzunehmen (**Abbildung 6.20**).

13. Wählen Sie BEARBEITEN/AUF EINE EBENE REDUZIERT KOPIEREN ([⌘]-[⇧]-[C]/[Strg]-[⇧]-[C]), um alle sichtbaren Ebenen zu kopieren. Wählen Sie AUSWAHL/AUSWAHL AUFHEBEN, um sicherzugehen, dass der kopierte Bereich ohne Ebenenmaske eingefügt wird. Wählen Sie anschließend BEARBEITEN/EINFÜGEN.

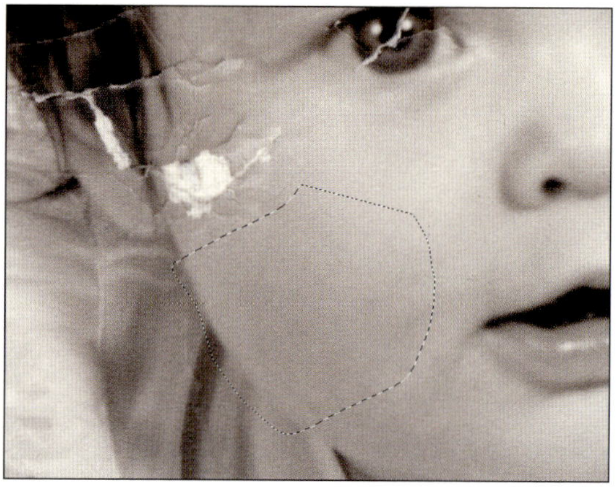

Abbildung 6.20

Wählen Sie gute Bildinformationen aus.

14. Verschieben und drehen Sie das eingefügte Teil in die richtige Position (**Abbildung 6.21**) und drücken Sie [↵]. Klicken Sie anschließend mit gedrückter [⌥]/[Alt]-Taste auf den Button EBENENMASKE HINZUFÜGEN.

Abbildung 6.21

Positionieren Sie den eingefügten Bereich, um möglichst viel von der Störung abzudecken.

15. Malen Sie mit einem weichen, weißen Pinsel auf der Ebenenmaske, um die Struktur der Wange wieder einzublenden (**Abbildung 6.22**). Wenden Sie auf die Ebenenmaske

anschließend einen Gaußschen Weichzeichner mit einem Wert zwischen 5 und 10 Pixel an. Wenn nötig, bereinigen Sie Details mit dem Reparatur-Pinsel.

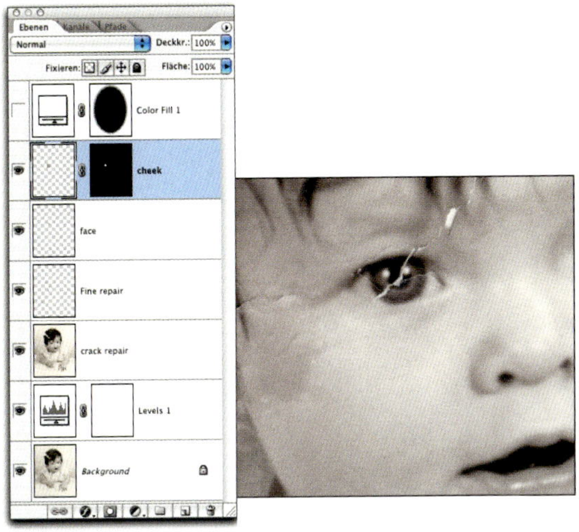

Abbildung 6.22

Malen Sie auf der Ebenenmaske, um die Schäden zu überdecken.

16. Der ausgebesserte Bereich ist etwas dunkler als die Umgebung. Klicken Sie mit gedrückter ⌥/Alt-Taste auf den Button NEUE FÜLL- ODER EINSTELLUNGSEBENE ERSTELLEN und wählen Sie GRADATIONSKURVEN. Aktivieren Sie die Checkbox SCHNITTMASKE AUS VORHERIGER EBENE ERSTELLEN, um sicherzugehen, dass sich die Tonwerteinstellungen nur auf die Wange und nicht auf das gesamte Bild auswirken.

17. Verschieben Sie die Kurve etwas nach oben, um den Bildbereich aufzuhellen und an den Rest des Bilds anzupassen (**Abbildung 6.23**). Ich gestalte den Bereich meistens etwas heller oder dunkler als nötig und passe die Ebenendeckkraft an.

18. Erstellen Sie eine neue Ebene und nutzen Sie den reparierten Bereich, um auch den Rest des Gesichts auszubessern (**Abbildung 6.24**).

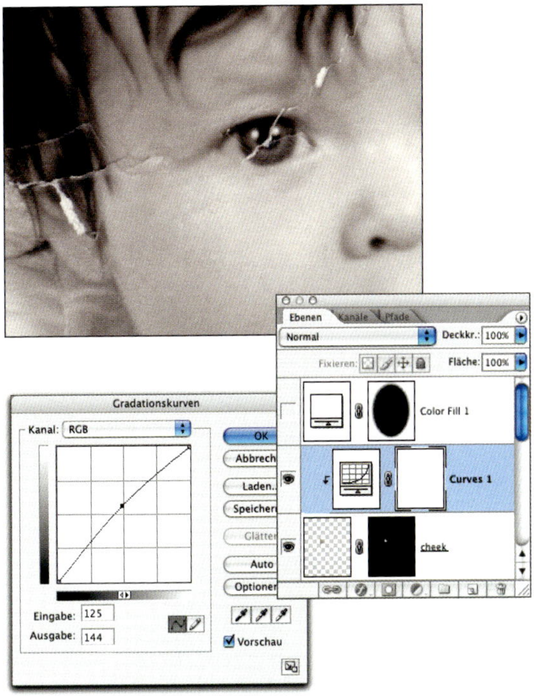

Abbildung 6.23

Nutzen Sie eine Gradationskurveneinstellungsebene als Schnittmaske, um die Tonwerte anzupassen.

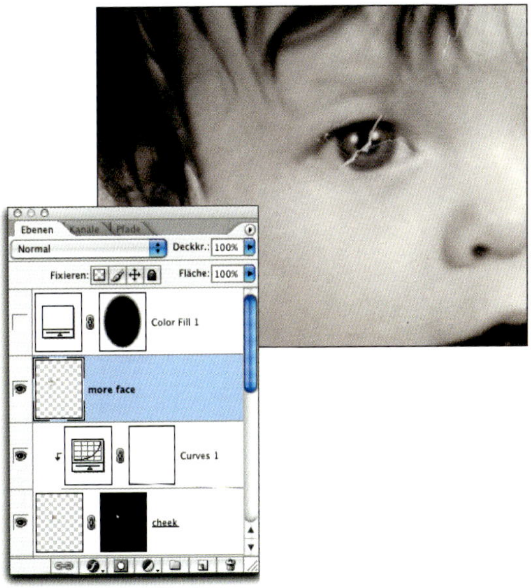

Abbildung 6.24

Stellen Sie das Gesicht Ebene für Ebene wieder her.

19. Zur Reparatur des Auges können Sie das andere Auge als Quelle verwenden. Allerdings reagieren wir sehr sensibel auf Veränderungen der Augen, so dass Kopieren, Einfügen und Drehen schnell auffällt. Ich empfehle Ihnen, eine neue Ebene zu erstellen und mit dem Kopierstempel und einer kleinen, harten Pinselspitze Bildinformationen wie in **Abbildung 6.25** aufzubauen. Wichtig: Falls Sie einen Fehler machen, können Sie einfach von vorn beginnen. Widerstehen Sie der Versuchung, über die schlechte Stelle zu kopieren – das funktioniert nie.

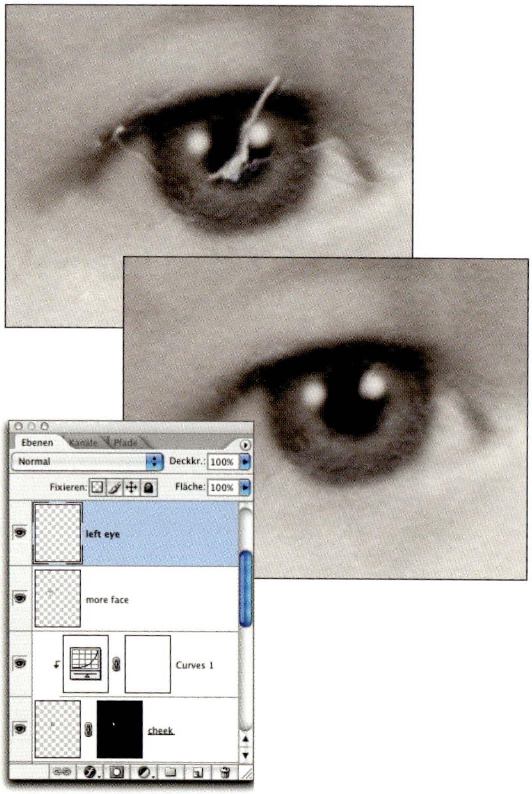

Abbildung 6.25

Reparieren Sie das Auge mit einem kleinen, harten Kopierstempel.

20. Nutzen Sie für die Kanten der Iris und die Reflexionen eine weichere Pinselspitze. Wie Sie an dem unbeschädigten Auge sehen können, sind diese Bereiche von Natur aus etwas weicher.

21. Verfeinern Sie das reparierte Auge mit dem Bereichsreparatur-Pinsel und beheben Sie anschließend die restlichen Schäden. Nachdem Sie Wange und Auge repariert haben, ist der Rest ein Kinderspiel.

Puzzlearbeit

Im Laufe der Zeit steigt die Gefahr, unsere Lieblingsbilder zu falten, zu knicken, zu zerreißen oder zu beschädigen. Wenn Sie Glück haben, sind noch alle Teile erhalten, so dass Sie das Bild rekonstruieren können. Ansonsten müssen Sie Bildinformationen neu aufbauen, um die fehlenden Bereiche zu ersetzen.

Wie Sie in **Abbildung 6.26** sehen, wurde das Original in fünf Teile zerissen. Zuerst sah es sehr schwierig aus, aber nachdem ich die einzelnen Teile gescannt hatte (ich nutze ein Stück Schaummatte, um die Teile zusammenzuhalten), erwiesen sie sich als Puzzleteile, die zusammengesetzt und bei denen die Ränder entfernt werden mussten. So konnte ich das Bild wieder zum Leben erwecken (**Abbildung 6.27**).

Tipp

Wenn Sie Vorlagen scannen, die größer als die Oberfläche Ihres Scanners sind, sollten Sie die Teile nicht drehen und sie dürfen sich nicht überlappen. Denn dadurch erhalten Sie unterschiedliche Reflexionen der Papierstruktur, die das Zusammensetzen der Einzelteile erschweren.

Viele Scanner versuchen, die Belichtung automatisch zu korrigieren. Wenn Sie mit übergroßen Bildern arbeiten, sollten Sie diese Funktion ausschalten oder die einzelnen Teile ohne neue Vorschau scannen, um die Belichtung beizubehalten.

ch6_sailor.jpg

1. Wählen Sie mit dem Lasso (ohne weiche Auswahlkante) das erste Teil grob aus (**Abbildung 6.28**).

2. Aktivieren Sie den Zauberstab und klicken Sie mit gedrückter [⌥]/[Alt]-Taste in die weißen Bereiche innerhalb der Auswahl, um

diese zu entfernen (Abbildung 6.29). Entfernen Sie jedoch nicht die Papierränder; sie könnten wichtige Bilddetails enthalten.

Abbildung 6.26

Abbildung 6.28

Wählen Sie grob einen Bildbereich mit dem Lasso aus.

Abbildung 6.27

Abbildung 6.29

Entfernen Sie mit dem Zauberstab die weißen Bereiche des Scanneruntergrunds.

3. Drücken Sie ⌘-J/Strg-J oder wählen Sie EBENE/NEU/EBENE DURCH KOPIE, um die Auswahl in eine eigene Ebene zu kopieren. Ich empfehle Ihnen, die Ebenen wie in **Abbildung 6.30** zu benennen.

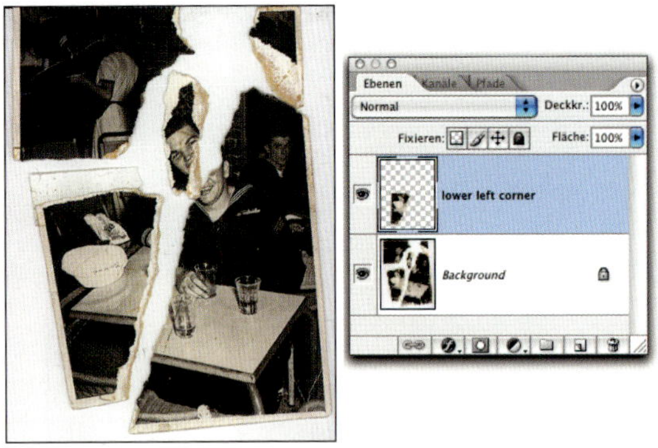

Abbildung 6.30

Nachdem Sie einen Bereich in eine eigene Ebene kopiert haben, geben Sie ihm einen passenden Namen.

4. Sie können neue Ebenen aus Auswahlen nur erstellen, wenn diese Bildinformationen enthalten. Aktivieren Sie den Hintergrund und wiederholen Sie die Schritte 1 bis 3 für die anderen Bildteile.

5. Da die Hintergrundebene immer noch intakt ist, kann sie etwas stören, wenn Sie die einzelnen Teile verschieben. Klicken Sie auf die Hintergrundebene und fügen Sie eine neue Ebene hinzu, die Sie mit Weiß füllen.

6. Wenn sich alle Teile auf einer eigenen Ebene befinden, müssen Sie diese gerade ausrichten. Wählen Sie ANSICHT/RASTER EINBLENDEN. (Falls das Raster nicht erscheint, überprüfen Sie, ob ANSICHT/EXTRAS aktiviert ist.) Wählen Sie BEARBEITEN/FREI TRANSFORMIEREN, um die einzelnen Teile grob zu platzieren (**Abbildung 6.31**).

7. Aktivieren Sie in der Optionsleiste die Checkboxen EBENE AUTOMATISCH WÄHLEN und TRANSFORMATIONSSTEUERUNGEN. Verschieben Sie das Eckstück unten links zum rechten unteren Eckstück (**Abbildung 6.32**). Diese beiden Teile passen gut zusammen, allerdings werden Bildinformationen überdeckt.

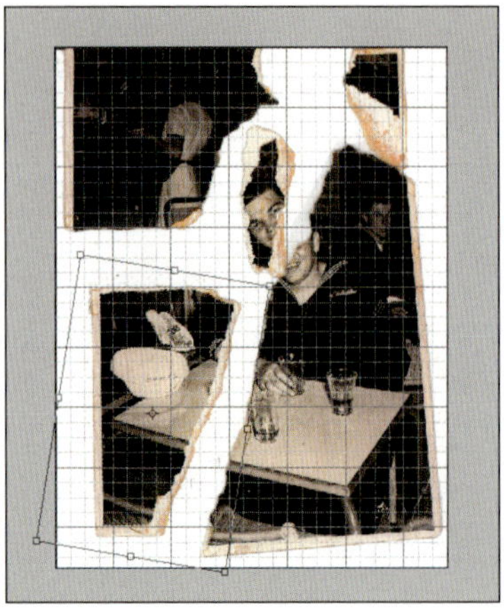

Abbildung 6.31

Nutzen Sie BEARBEITEN/FREI TRANSFORMIEREN, um die Einzelteile grob zu platzieren.

Abbildung 6.32

Mit den Optionen EBENE AUTOMATISCH WÄHLEN und TRANSFORMATIONSSTEUERUNGEN lassen sich die Teile verschieben.

8. Sie können die Papierränder auch entfernen, allerdings ist das riskant, da Sie versehentlich Pixel entfernen könnten – etwas, was mich immer sehr nervös macht. Um die Sichtbarkeit zu kontrollieren, verwenden Sie eine Ebenenmaske, mit der Sie die guten Bildinformationen schützen. Hier wurde die Kante durch die Bildformationen des rechten Bildteils überdeckt.

9. Fügen Sie zur unteren rechten Ecke eine Ebenenmaske hinzu und malen Sie mit einer kleinen, harten, schwarzen Pinselspitze über die Kante. Es sieht so aus, als würden Sie sie entfernen, was aber nicht der Fall ist (**Abbildung 6.33**). Mit der schwarzen Pinselspitze blenden Sie die Informationen lediglich aus, sie werden nicht entfernt.

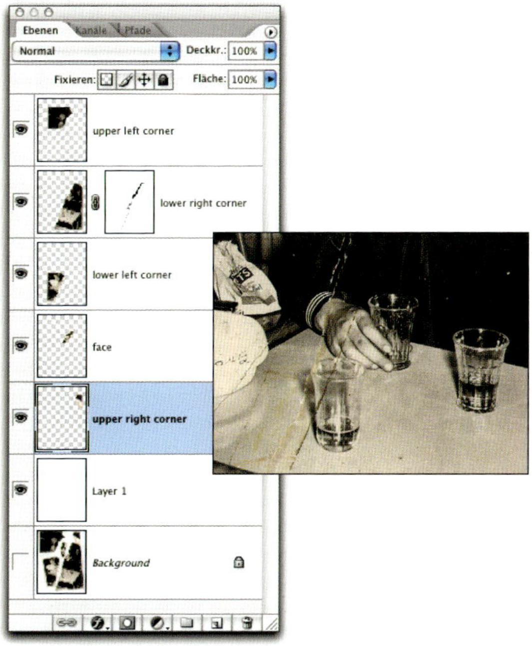

Abbildung 6.33

Malen Sie mit Schwarz auf einer Ebenenmaske, um die Kante auszublenden, ohne sie jedoch zu entfernen.

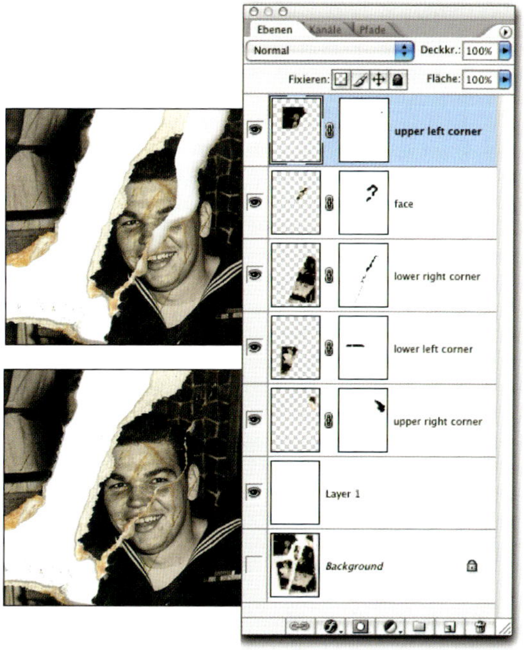

Abbildung 6.34

Setzen Sie die Einzelteile zusammen. Verwenden Sie Ebenenmasken, um die Kanten auszublenden.

10. Setzen Sie die Einzelteile zusammen und nutzen Sie eine Ebenenmaske, um die guten Bildinformationen zu schützen (**Abbildung 6.34**).
11. Haben Sie die Teile zusammengesetzt, erstellen Sie eine Arbeitsebene (Work in Progress) ganz oben im Ebenenstapel (**Abbildung 6.35**). Wählen Sie dazu AUSWAHL/ALLES AUSWÄHLEN, BEARBEITEN/AUF EINE EBENE REDUZIERT KOPIEREN und BEARBEITEN/EINFÜGEN oder drücken Sie [⌘]-[⌥]-[⇧]-[E]/[Strg]-[Alt]-[⇧]-[E].
12. Arbeiten Sie mit dem Kopierstempel und den Reparaturwerkzeugen, wie vorhin beschrieben, um die Risse zu reparieren.

Als ich die Einzelteile aus dem Briefumschlag holte, schien es ein hoffnungsloser Fall zu sein. Ich konnte die Teile jedoch wie bei einem Puzzle zum finalen Bild zusammensetzen.

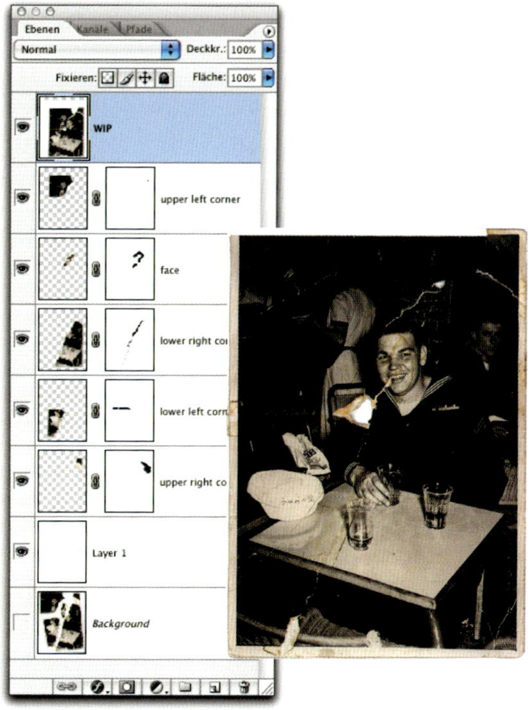

Abbildung 6.35

Verfeinern Sie die Restauration auf einer Arbeitsebene mit dem Kopierstempel und den Reparaturwerkzeugen.

STÖRENDES AUSBLENDEN

Vor Aufregung vergessen wir beim Fotografieren gern, uns die Szene genau anzusehen. Dabei fallen uns störende Objekte oft nicht auf – Müll auf dem Gehweg oder störende Bäume wie in **Abbildung 6.36**. Der Baum hinter der Brautjungfer lässt sie aussehen wie ein Pfau, der gerade ein Rad schlägt. Auch der Baum, der aus der Schulter eines der Männer zu wachsen scheint, stört das Bild. Nach dem Entfernen dieser beiden Störungen kann sich der Betrachter wieder voll und ganz auf das Wesentliche konzentrieren (**Abbildung 6.37**).

© Wayne Palmer

Abbildung 6.36

Abbildung 6.37

ch6_wedding_party.jpg

Physikalisch gesehen können Sie aus einem Digitalbild nichts entfernen, ohne ein Loch zu hinterlassen. Störende Objekte lassen sich jedoch überdecken. Sie können auch den Hintergrund durch einen neuen ersetzen (siehe Kapitel 7). Im folgenden Beispiel dauert es nur wenige Minuten, die störenden Bereiche mit Teilen aus dem Bild selbst zu überdecken und ein besseres Bild zu erstellen.

1. Wenn ich mich einer neuen Restauration widme, beginne ich immer mit dem einfachen Teil. In diesem Fall war das der Baum hinter der Brautjungfer. Der Baum muss nicht komplett überdeckt, sondern nur überarbeitet werden, damit die Äste nicht so offensichtlich sind. Verwenden Sie das Lasso mit einer 5 Pixel weichen Auswahlkante, um Kopf und Schulter auszusparen und eine Auswahl des Baums zu erstellen (**Abbildung 6.38**).

Abbildung 6.38

Wählen Sie den störenden Bereich aus.

2. Wählen Sie AUSWAHL/WEICHE AUSWAHLKANTE mit einem Wert von 5 Pixel.
3. Verschieben Sie die Auswahl mit einem Auswahlwerkzeug in einen Bereich, dessen Bildinformationen genutzt werden können, um den Baum zu überdecken (**Abbildung 6.39**).

Abbildung 6.39

Verschieben Sie die Auswahl in einen guten Bildbereich.

4. Drücken Sie [⌘]-[J]/[Strg]-[J], um diesen Bereich in eine neue Ebene zu kopieren. Ziehen Sie die guten Bildinformationen mit dem Verschieben-Werkzeug über die schlechten. Nutzen Sie zur Platzierung die Pfeiltasten Abbildung 6.40.

Abbildung 6.40

Verschieben Sie die neue Ebene an die richige Stelle.

5. Klicken Sie unten in der Ebenen-Palette auf den Button EBENENMASKE HINZUFÜGEN. Malen Sie mit einer großen, weichen, schwarzen Pinselspitze auf der Maske, um den Übergang zwischen Original und Kopie zu bearbeiten (Abbildung 6.41).

6. Aktivieren Sie die Hintergrundebene und wiederholen Sie die Schritte, um auch den Baum, der aus der Schulter des Manns wächst, abzudecken.

Abbildung 6.41

Malen Sie mit Schwarz auf der Ebenenmaske, um die Büsche in die Bäume überzublenden.

7. Zur Verfeinerung des Effekts fügen Sie eine neue, leere Ebene hinzu. Vergrößern Sie die Ansicht und gehen Sie mit Kopierstempel und Reparaturwerkzeugen im Modus ALLE EBENEN AUFNEHMEN über das gesamte Bild (Abbildung 6.42).

Abbildung 6.42

Verfeinern Sie die Details auf einer separaten Ebene.

Wann lenkt etwas ab?

Dieses Beispiel stammt von Alan Jones. Viele Familienmitglieder mögen dieses Foto (Abbildung 6.43), das vor einer Familienhochzeit aufgenommen wurde. Da Alan sich mit Photoshop auskennt, wurde er gebeten, die beiden »störenden Elemente« zu entfernen. Im ersten Moment war er etwas verwirrt – was waren die beiden »störenden Elemente«? Als er es wusste, konnte er das Bild in Abbildung 6.45 erstellen.

Abbildung 6.43

Abbildung 6.44

Abbildung 6.45

FLECKEN UND VERFÄRBUNGEN ENTFERNEN

Den einzigen Schmutz, den Sie von einem Originalabzug entfernen sollten, ist solcher, den Sie wegpusten oder abwedeln können. Nur ein professionell geschulter Konservator sollte Störungen entfernen, die in den Film oder die Druckemulsion eingebettet sind. Es gibt viele Arten von Flecken und Verfärbungen, die ein Bild befallen können – Vergilbungen, Verfärbungen durch Sonne, Feuer oder Wasser oder Kritzeleien. Um solche Störungen zu entfernen, sollten Sie die Kanalinformationen eines Bilds nutzen, um es mithilfe von Ebenen, durch Kopieren und Reparieren wieder aufzubauen. Manchmal müssen Sie sich auch Informationen aus nicht beschädigten Bildbereichen borgen.

Zeichen des Alterns

Fotos verändern sich im Laufe der Zeit. Besonders ältere Fotos, die nicht nach bestimmten Standards entwickelt wurden, vergilben mit der Zeit, da das Papier oxidiert und mit seiner Umgebung reagiert. Wir können die Zeit nicht aufhalten, die Verfärbung lässt sich jedoch stoppen. In **Abbildung 6.46** sehen Sie das deutlich verfärbte Original. In **Abbildung 6.47** wurde diese Verfärbung entfernt und das Bild in Sepia eingefärbt.

Abbildung 6.46

Abbildung 6.47

Wenn Sie mit alten Bildern aus dem 19. und dem frühen 20. Jahrhundert arbeiten, müssen Sie berücksichtigen, dass es sich nicht um Farbbilder handelt. Diese Bilder sind ursprünglich schwarzweiß, die Farbe, die Sie sehen, ist nicht normal. Es ist sinnvoll, vor der Restauration die besten Schwarzweißinformationen herauszufinden. Die einfachste (jedoch wenig effektive) Methode ist, das Bild mit BILD/MODUS/GRAUSTUFEN in Graustufen umzuwandeln. Ich empfehle Ihnen diesen Schritt jedoch nicht; in Kapitel 8 erkläre ich den

Grund dafür. Glauben Sie mir für den Moment einfach und fahren Sie fort.

ch6_country_car.jpg

1. Bevor Sie eine Datei in Graustufen umwandeln, sollten Sie zunächst immer die einzelnen Bildkanäle untersuchen. Klicken Sie dazu auf die einzelnen Kanäle in der Kanäle-Palette oder drücken Sie ⌘/Strg-1, 2 oder 3 (**Abbildung 6.48**). Dadurch finden Sie heraus, in welchem Kanal sich Informationen befinden, die Sie benötigen bzw. ignorieren können. In diesem Beispiel sehen Sie, dass der rote Kanal am stärksten beschädigt ist, während der grüne und der blaue Kanal sehr ähnlich aussehen.

Rot

Grün

Blau

Abbildung 6.48

Wenn Sie die einzelnen Kanäle untersuchen, sehen Sie die Unterschiede und Schäden.

2. Fügen Sie eine Kanalmixer-Einstellungsebene hinzu und aktivieren Sie die Option MONOCHROM. Passen Sie die Regler an, um den grünen und den blauen Kanal zu mischen. Ignorieren Sie den roten Kanal (**Abbildung 6.49**). So erstellen Sie ein Schwarzweißbild mit guten Tonwerten und Details, jedoch ohne die Schäden im roten Kanal.

Abbildung 6.49

Passen Sie die Regler des Kanalmixers an. Nutzen Sie nur die guten Kanalinformationen.

3. Erstellen Sie mit ⌘-⌥-⇧-E/Strg-Alt-⇧-E eine Arbeitsebene mit dem Namen *Dust & Scratches*.

4. Um die vielen winzigen Flecken zu entfernen, wählen Sie FILTER/STÖRUNGSFILTER/STAUB UND KRATZER. Mit diesem Filter können Sie Staub und Kratzer ausblenden, Bilddetails und Strukturen jedoch erhalten – Sie müssen nur die richtige Balance finden. Verwenden Sie einen Radius von 1 und einen Schwellenwert von 0 (**Abbildung 6.50**).

5. Um die Männer vor dem Auto stärker hervorzuheben, zeichnen wir nur diese beiden scharf. Duplizieren Sie die Ebene *Dust & Scratches*.

Abbildung 6.50

Enfernen Sie mit dem Filter Staub und Kratzer *die vielen kleinen Flecken.*

6. Wählen Sie Filter/Sonstige Filter/Hochpass. Das Bild wird grau und sieht aus wie ein Relief. Um die Kanten besser hervorzuheben, wählen Sie einen Radius zwischen 2 und 5; ich verwendete hier 4 (**Abbildung 6.51**).

7. Ändern Sie die Füllmethode der Ebene in Überlagern – das Grau wird entfernt, die Scharfzeichnung bleibt jedoch erhalten. Falls die Scharfzeichnung zu intensiv ist, verringern Sie die Ebenendeckkraft auf 70%.

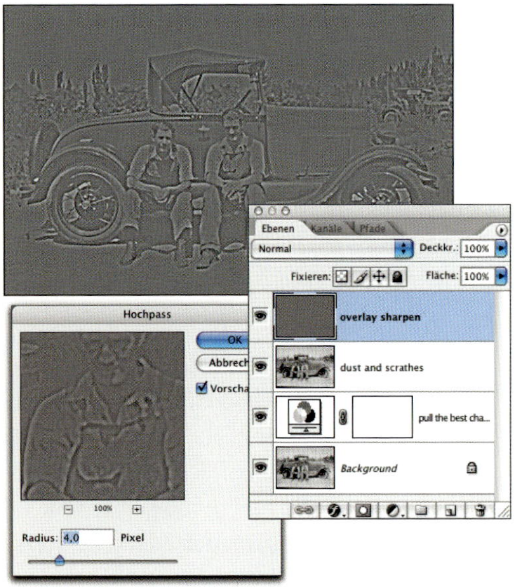

Abbildung 6.51

Heben Sie mit dem Hochpass-Filter die Kanten stärker hervor.

8. Um nur die Männer und das Auto scharfzuzeichnen, klicken Sie mit gedrückter ⌥/Alt-Taste unten in der Ebenen-Palette auf den Button Ebenenmaske hinzufügen. Die schwarze Ebenenmaske blendet zunächst die gesamte Ebene aus. Malen Sie mit einer weichen, weißen Pinselspitze über die Männer und das Auto (**Abbildung 6.52**).

8. Um verbliebene Flecken oder Schäden zu bereinigen, fügen Sie eine neue Ebene hinzu und aktivieren den Bereichsreparatur-Pinsel im Modus Alle Ebenen aufnehmen. Entfernen Sie die Flecken im Himmel (**Abbildung 6.53**) und entlang der Unterkante des Bilds.

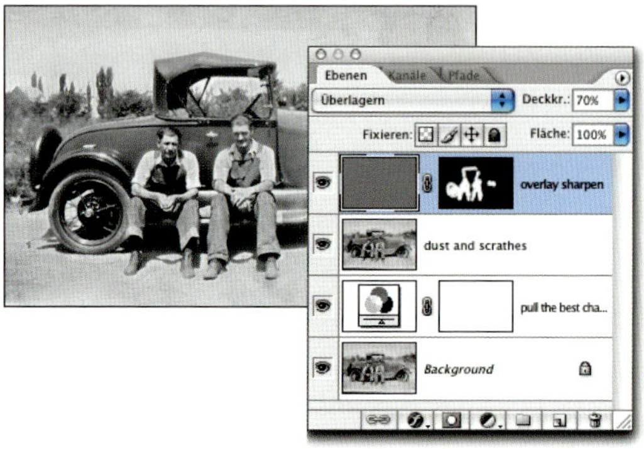

Abbildung 6.52

Malen Sie das scharfgezeichnete Auto und die Männer wieder ins Bild.

Abbildung 6.53

Die Schäden im Himmel können Sie mit dem Bereichsreparatur-Pinsel schnell und einfach entfernen.

9. Sie verleihen dem Bild eine besondere Note, wenn Sie es in einen Sepiaton einfärben. Fügen Sie eine Volltonfarbe-Einstellungsebene hinzu. Wählen Sie einen Braunton und klicken Sie auf OK. Ändern Sie die Füllmethode der Ebene in FARBE, damit das Bild hindurchscheinen kann. Reduzieren Sie die Deckkraft, um Abbildung 6.54 zu erstellen.

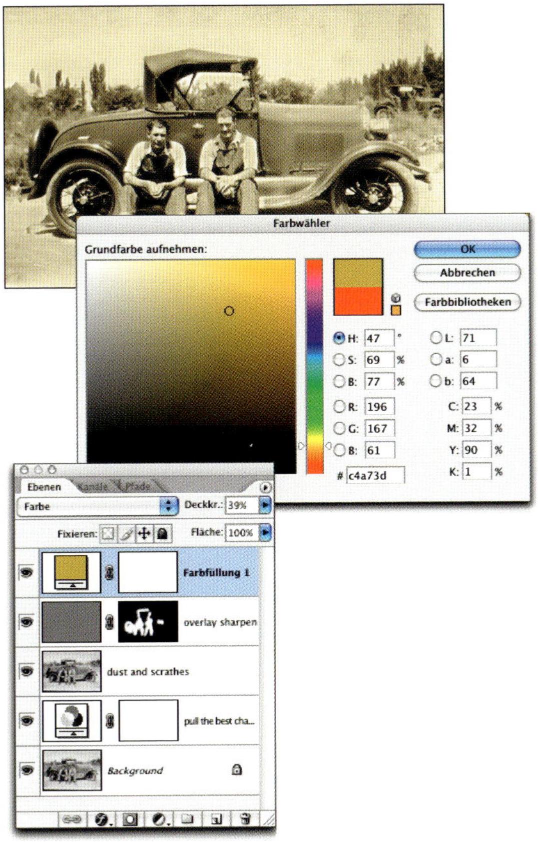

Abbildung 6.54

Fügen Sie eine Volltonfarbe-Einstellungsebene im Modus FARBE hinzu, um einen Sepiaeffekt zu erzeugen.

Partielle Verfärbungen entfernen

Verfärbungen können auch nur in einzelnen Bildbereichen auftreten, wie in Abbildung 6.55 zu sehen. Hier wurde das Foto während des Drucks nicht vollständig abgewaschen. Das verbliebene Fixiermittel führte zu diesen unschönen Verfärbungen. Das Bild sieht jedoch wieder ansehnlich aus, wenn Sie die Färbung und einige Flecken entfernen und die Tiefen aufhellen (Abbildung 6.56).

Abbildung 6.55

Abbildung 6.56

1. Untersuchen Sie zunächst die einzelnen Farbkanäle mit ⌘/Strg-1, 2 und 3. Wie Sie in **Abbildung 6.57** sehen, sind alle Kanäle etwas beschädigt.

Rot

Grün

Blau

Abbildung 6.57

Probleme erkennen Sie oft am besten, wenn Sie die einzelnen Farbkanäle untersuchen.

2. Aktivieren Sie wieder den RGB-Kanal. Wählen Sie AUSWAHL/FARBBEREICH AUSWÄHLEN und aktivieren Sie im Popup-Menü AUSWAHL die Option GELBTÖNE (**Abbildung 6.58**). Klicken Sie auf OK (auch in der Warndialogbox).

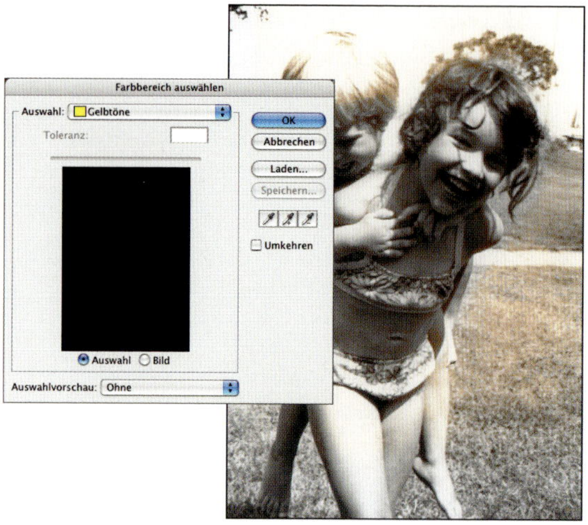

Abbildung 6.58

Nutzen Sie den Befehl FARBBEREICH AUSWÄHLEN, um die Gelbtöne auszuwählen.

3. Fügen Sie eine Farbton/Sättigung-Einstellungsebene hinzu. Die aktive Auswahl wird automatisch in eine Ebenenmaske umgewandelt. Verringern Sie die Sättigung auf –100 (**Abbildung 6.59**). Da der Effekt durch eine Ebenenmaske angewendet wird, ist die Veränderung nicht sehr stark.

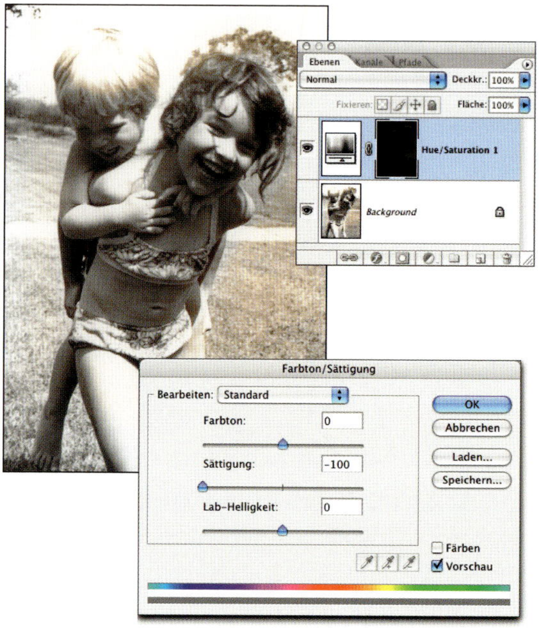

Abbildung 6.59

Die dunklen Bereiche der Maske schützen die guten Bildinformationen. In den helleren ist die Änderung zu sehen.

4. Aktivieren Sie die Farbton/Sättigung-Ebene. Wählen Sie aus dem Menü der Ebenen-Palette den Befehl NEUE GRUPPE AUS EBENEN.

5. Duplizieren Sie die Farbton/Sättigung-Ebene mit ⌘-J/Strg-J, bis die gelbe Färbung verschwunden ist. In diesem Beispiel benötigte ich zwölf Ebenen, um den finalen Effekt zu erzeugen (**Abbildung 6.60**).

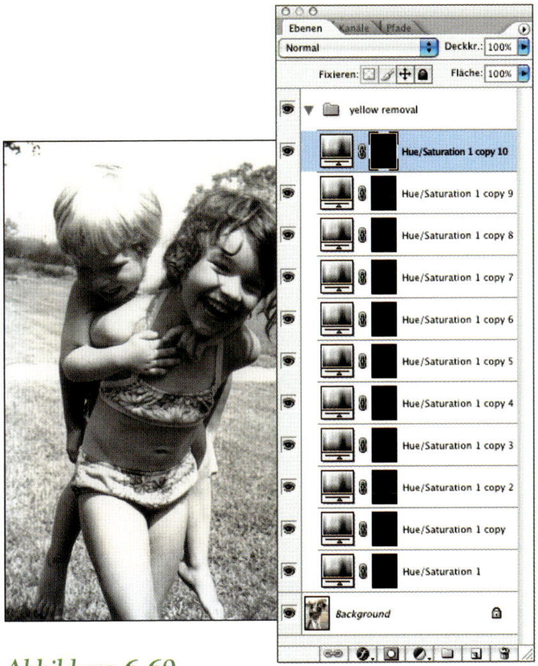

Abbildung 6.60

Duplizieren Sie die Farbton/Sättigung-Ebene, bis die Färbung verschwindet.

6. Schließen Sie die Gruppe, um Platz in der Ebenen-Palette zu sparen. Drücken Sie ⌘-⌥-⇧-E/Strg-Alt-⇧-E, um alle Ebenen zu reduzieren und eine neue Arbeitsebene zu erstellen.

7. Wählen Sie FILTER/STÖRUNGSFILTER/STAUB UND KRATZER mit einem Radius von 1, um die verbleibenden Flecken auszublenden (**Abbildung 6.61**).

Abbildung 6.61

Entfernen Sie Staub und Kratzer mit einem kleinen Radius.

8. Um den Bildkontrast zu verringern, fügen Sie eine Tonwertkorrektur-Einstellungsebene hinzu und wählen für den Tonwertumfang die Werte 5 und 250 (**Abbildung 6.62**).

Mithilfe mehrerer Einstellungsebenen lässt sich die Korrektur einfach verbessern. Was am Anfang sehr fein aussieht, wird effektiver, je mehr Ebenen Sie verwenden.

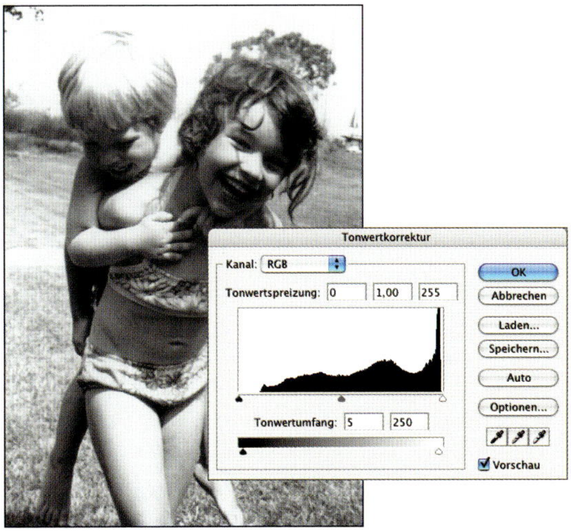

Abbildung 6.62

Passen Sie den Tonwertumfang an, um den Bildkontrast zu korrigieren.

Gekritzel entfernen

Alte Fotos und blaue Kugelschreiber sind für kleine Kinder unwiderstehlich. Ein unbeaufsichtigtes Kind schuf aus einem alten Familienfoto mithilfe eines Kugelschreibers ein eigenes Kunstwerk (**Abbildung 6.63**). Es erscheint wirklich abschreckend, die Linien mit dem Kopierstempel oder den Reparaturwerkzeugen zu entfernen. Ein Blick auf die einzelnen Farbkanäle macht jedoch deutlich, dass sich die Schäden hauptsächlich im blauen Kanal befinden. Verwenden Sie den blauen Kanal als Basis für Ihre Reparatur. So können Sie wesentlich einfacher ein Bild wie in **Abbildung 6.64** wiederherstellen.

Abbildung 6.63

Tipp

Sollten Sie es selbst mit einem ähnlich beschädigten Farb- oder Schwarzweißbild zu tun haben, scannen Sie es in Farbe, um die einzelnen Farbkanäle für die Reparatur nutzen zu können.

ch6_inkscribbles.jpg

1. Untersuchen Sie die drei Farbkanäle (**Abbildung 6.65**). Sie werden feststellen, dass die blaue Farbe im roten Kanal nicht so deutlich sichtbar ist wie im blauen.
2. Erstellen Sie eine Kanalmixer-Einstellungsebene. Aktivieren Sie die Checkbox MONOCHROM und verschieben Sie die Regler für den roten und grünen Kanal auf 0 und den blauen auf +100% (**Abbildung 6.66**).
3. Das Bild sieht jetzt etwas flau aus – ohne richtiges Schwarz oder reines Weiß. Fügen Sie eine Tonwertkorrektur-Einstellungsebene hinzu und hellen Sie das Bild auf, indem Sie den Weißpunktregler nach links auf den Beginn der Tonwertinformationen verschieben (**Abbildung 6.67**).
4. Um auch die Reste des Kugelschreibers zu entfernen, erstellen Sie eine neue Ebene. Verwenden Sie einen kleinen Kopierstempel mit einer Kantenschärfe von 50% im Modus ALLE EBENEN AUFNEHMEN, um die Striche im Gesicht zu entfernen.

Abbildung 6.64

Rot

Grün

Blau

Abbildung 6.65

Untersuchen Sie die Farbkanäle, finden Sie den besten heraus.

Abbildung 6.66

Verwenden Sie nur den blauen Kanal, um die blaue Farbe zu reduzieren.

5. Aktivieren Sie den Reparatur-Pinsel im Modus ALLE EBENEN AUFNEHMEN, deaktivieren Sie die Checkbox AUSGERICHTET, um die weniger wichtigen Bereiche zu reparieren.

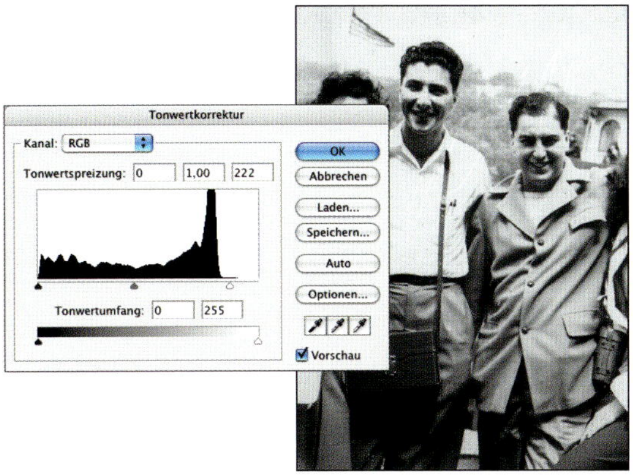

Abbildung 6.67

Mit einer Tonwertkorrektur-Einstellungsebene bringen Sie den Kontrast im blauen Kanal zurück.

Wenn Sie für diese Reparaturen eine eigene Ebene verwenden, können Sie diese immer wieder verändern. Falls Ihnen das Ergebnis nicht gefällt, versuchen Sie es einfach noch einmal (**Abbildung 6.68**).

Abbildung 6.68

Nutzen Sie den Kopierstempel und den Reparatur-Pinsel, um weitere Schäden zu entfernen.

Tipp

Manchmal liegt die Lösung nicht darin, einen Kratzer vollständig zu entfernen, sondern ihn nur zu unterbrechen, so dass ihn das Auge nicht mehr als solchen wahrnimmt. Bei kleineren Bildern funktioniert das besser als bei größeren. Wenn Sie die richtige Druckgröße eingestellt haben und der Schaden bei 100% nicht zu sehen ist, wird er auch im Ausdruck nicht zu sehen sein.

Dokumente reparieren

Dokumente, Zertifikate und Briefe sind ebenfalls ein wichtiger Teil der Familiengeschichte. Wie bei Fotos nagen auch an ihnen die Zeichen der Zeit. Auch die Reparaturtechniken unterscheiden sich nicht so sehr von denen für Fotos. Allerdings ist die Reparatur solcher Dokumente zeitaufwändiger und es kann sein, dass Sie jeden Buchstaben einzeln bearbeiten müssen.

Von George Brinkerhoff stammt dieses Familiendokument aus dem amerikanischen Bürgerkrieg (**Abbildung 6.69**). Es handelt sich um eine handgeschriebene Tagebuchseite, die sein Großvater während des Krieges geschrieben hat. Solche Dokumente sind teilweise recht schwierig zu restaurieren, weil sie handgeschrieben auf dünnem Papier sind und die Schrift der anderen Seite hindurchscheint. Trotzdem ist die Strategie für die Reparatur sehr einfach, allerdings alles andere als schnell. Um dieses alte Dokument wieder zum Leben zu erwecken, muss das Papier ersetzt und durchscheinender Text überdeckt werden. Mit viel Zeit, Geduld und einer ruhigen Hand sieht das Dokument dann wieder aus wie in **Abbildung 6.70.**

ch6_diary_closeup.jpg

1. Untersuchen Sie die Farbkanäle – im blauen Kanal ist der Text am deutlichsten und dunkelsten zu sehen. Fügen Sie eine Kanalmixer-Einstellungsebene im Modus MONOCHROM hinzu. Erhöhen Sie die Werte für Rot und Blau, verringern Sie Grün, damit der Text stärker hervorsticht (**Abbildung 6.71**).
2. Verstärken Sie den Kontrast weiter mit einer Tonwertkorrektur-Einstellungsebene. Verschieben Sie den Gammaregler Richtung Weiß (**Abbildung 6.72**).
3. Um einen neuen Hintergrund zu erstellen, müssen Sie die Einstellungsebenen ausblenden. Wählen Sie mit dem Auswahlrechteck auf der Hintergrundebene ein gutes Stück Papier aus. Kopieren Sie die Auswahl mit ⌘-C/Strg-C und heben Sie die Auswahl mit ⌘-D/Strg-D auf.

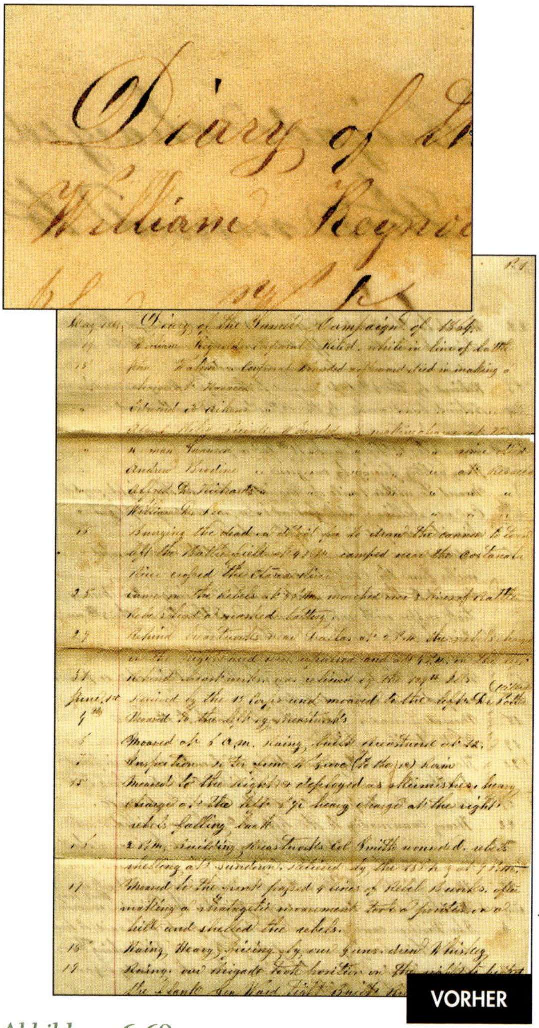

Abbildung 6.69

Abbildung 6.70

4. Blenden Sie die Einstellungsebenen wieder ein, aktivieren Sie die Tonwertkorrektur-Ebene. Erstellen Sie mit ⌘-⌥-⇧-E/Strg-Alt-⇧-E eine neue Arbeitsebene.

5. Fügen Sie eine neue Ebene hinzu und wählen Sie FILTER/MUSTERGENERATOR. Aktivieren Sie die Checkbox ZWISCHENABLAGE ALS BEISPIEL und klicken Sie anschließend auf GENERIEREN (Abbildung 6.73).

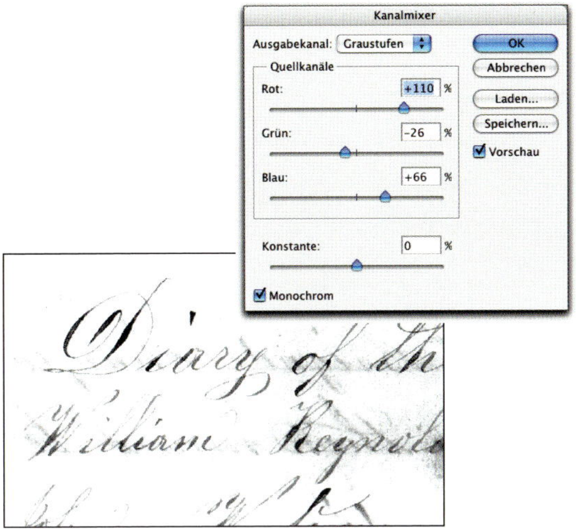

Abbildung 6.71

Mit einer Kanalmixer-Einstellungsebene verstärken Sie den Text.

Abbildung 6.72

Mit einer Tonwertkorrektur-Einstellungsebene verstärken Sie den Kontrast weiter, um den durchscheinenden Text besser zu trennen.

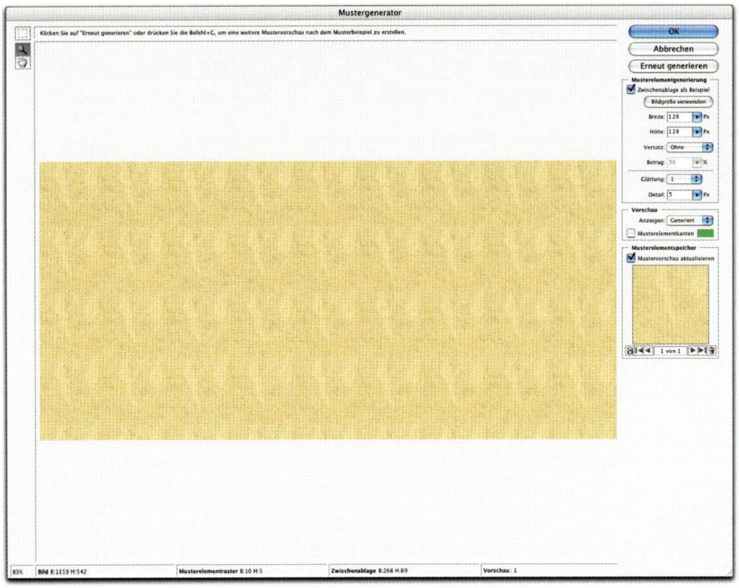

Abbildung 6.73

Mit dem Mustergenerator können Sie aus einem Teil des Originaldokuments ein neues Muster erstellen.

6. Klicken Sie erneut auf GENERIEREN, bis das Muster wie Papier aussieht (**Abbildung 6.74**). Da dieses Muster der Hintergrund für den Text wird, sollten Sie sich über Wiederholungen keine weiteren Gedanken machen. Klicken Sie auf OK, sobald Sie mit dem Ergebnis zufrieden sind. Geben Sie der Ebene einen Namen.
7. Ändern Sie die Ebenenfüllmethode in MULTIPLIZIEREN, damit der Text der darunter liegenden Ebene durchscheinen kann (**Abbildung 6.75**).

Abbildung 6.74

Das falsche Papier

Abbildung 6.75

Durch die Änderung der Füllmethode in MULTIPLIZIEREN *kann der Text der darunter liegenden Ebene durchscheinen.*

8. In einem letzten und langwierigsten Schritt müssen Sie den durchscheinenden Text entfernen. Blenden Sie alle Ebenen außer der WIP und Papierebene aus. Fügen Sie zur Arbeitsebene eine Ebenenmaske hinzu. Malen Sie mit einer kleinen harten schwarzen Pinselspitze über den durchscheinenden Text, um ihn zu entfernen (**Abbildung 6.76**). Sie können den Text auch vorher mit einer Auswahl isolieren. Ich habe jedoch festgestellt, dass sie Auswahlwerkzeuge nicht sehr effektiv sind. Das liegt am unterschiedlichen Druck der Handschrift.

Abbildung 6.76

Nach der Reinigung, um den durchscheinenden Text auszublenden

Hier ein paar Tipps, die Sie bei der Arbeit mit Dokumenten beachten sollten:

- Recyceln und wiederverwenden: Sie können bereits vorhandene Buchstaben für Ersetzungen verwenden.
- Sie sollten ähnliche Schriften besitzen, um fehlende Buchstaben zu ersetzen.
- Platzieren Sie bei beidseitig bedruckten Elementen schwarzes oder blaues Papier hinter dem Original, um das Durchscheinen zu minimieren.
- Reflektierende Materialien lassen sich nicht gut reproduzieren. Behandeln Sie reflektierende Materialien als separates Bild und fügen Sie sie später zum Dokument hinzu.

KRÜMMUNGEN, VERZERRUNGEN UND STÜRZENDE LINIEN ENTFERNEN

Fotos reduzieren von Natur aus einen dreidimensionalen Raum auf eine zweidimensionale Ebene – etwas, das schwieriger ist, als sich die meisten Menschen vorstellen können. Bei diesem Vorgang können gerade oder parallele Linien leicht gebogen, verzerrt oder gekrümmt werden. Profifotografen verwenden deshalb Großformatkameras, die schwingen, sich neigen und drehen lassen, um Film, Objektiv und Motiv gerade auszurichten. So können Architektur- und Produktfotografen gerade Bilder erstellen – Gebäude scheinen nicht umzukippen und Produkte werden nicht verzerrt. Egal, wie gering die Verzerrung in einem Foto ist, wenn Sie sie korrigieren, sieht das Foto professioneller und sauberer aus.

Bilder mit der Verkrümmen-Funktion gerade ausrichten

Bereits vorhandene Bilder perfekt abzufotografieren, ist schwieriger als man denkt. Auch wenn Sie eine entsprechende Kopierstation besitzen, kann es immer zu einer leichten Verschiebung zwischen Kameraperspektive und Original kommen, die im Bild sichtbar wird. Um Bilder gerade auszurichten, wählen Sie BEARBEITEN/TRANSFORMIEREN. In Photoshop CS2 gibt es die Verkrümmen-Funktion, mit der Sie Bilder wieder geradebiegen können. Dieser Ansatz ist wirklich nützlich, wenn Sie mit verbogenen, verkrümmten oder verzerrten Bildern arbeiten.

In Abbildung 6.77 sehen Sie ein Bild, das sich in einem Rahmen befindet, dessen Scharnier sich nicht vollständig öffnen lässt. Deshalb ist das Bild etwas verzerrt. Abbildung 6.78 zeigt dasselbe Bild nach einer Bearbeitung mit der Verkrümmen-Funktion.

ch6_warp_daguerreotype.jpg

1. Wählen Sie EBENE/SMART OBJEKTE/IN NEUEM SMART OBJEKT GRUPPIEREN.

Abbildung 6.77

Abbildung 6.78

© Thomas T. Taber Museum – Lycoming County Historical Society

2. Blenden Sie die Lineale mit [⌘]-[R]/[Strg]-[R] oder ANSICHT/LINEALE EINBLENDEN ein. Erstellen Sie vier Hilfslinien, um das Bild einzurahmen und herauszufinden, welche Seiten bearbeitet werden müssen. Beachten Sie in Abbildung 6.79, dass das Bild sich nur an der Unterkante und oben rechts etwas nach innen neigt.

Abbildung 6.79

Mit Hilfslinien stellen Sie fest, welche Seiten korrigiert werden müssen.

3. Wählen Sie BEARBEITEN/TRANSFORMIEREN/VERKRÜMMEN. Sie können die Ankerpunkte verschieben oder in das Bild klicken und in verschiedene Richtungen ziehen. Hier passte ich die untere Mitte des Bilds an, um es in Form zu bringen (**Abbildung 6.80**).

Abbildung 6.80

Verschieben Sie die Unterkante, um sie an der Hilfslinie auszurichten.

4. Ziehen Sie die obere rechte Ecke in die Ecke der Hilfslinien (**Abbildung 6.81**).
5. Wenn Sie mit der Korrektur zufrieden sind, drücken Sie [↵].

Der Vorteil der Smart-Objekte-Funktion liegt darin, dass der Original-Transformieren-Rahmen wieder erscheint, wenn Sie erneut BEARBEITEN/TRANSFORMIEREN/VERKRÜMMEN wählen. Außerdem verändern Sie die Originaldatei dabei nicht.

Abbildung 6.81

Verschieben Sie die obere rechte Bildecke in die Ecke der Hilfslinien.

Blendenkorrektur

Neu in Photoshop CS2 ist der Filter BLENDENKORREKTUR – eine hervorragende Funktion, um vertikale und horizontale Perspektiven gerade auszurichten, zu drehen und Verzerrungen zu entfernen. Einige dieser Korrekturen können Sie auch durch perspektivisches Freistellen oder Transformieren vornehmen. Die Stärke des Filters liegt jedoch darin, dass Sie mehrere Korrekturen vornehmen können und sehen, wie sich die einzelnen auf das Bild auswirken. Auch wenn der Filter mit Blick auf Architekturfotos entwickelt wurde, verwende ich ihn für die unterschiedlichsten Bilder, wie Sie gleich sehen werden.

Effizient mit dem Blendenkorrektur-Filter arbeiten

- Stellen Sie sich das zu korrigierende Objekt (z.B. ein Gebäude) als Quadrat oder Würfel vor – als Quadrat, wenn es sich um eine einfache Perspektive handelt, und ansonsten als Würfel. Dadurch können Sie sich leichter vorstellen, welche Linien gerade ausgerichtet oder wo Verzerrungen entfernt werden müssen.
- Wählen Sie für das Raster eine passende Größe und Farbe. Die Standardgröße 16 und die Farbe Grau sind meist nicht sehr nützlich.
- Verwenden Sie während der Korrektur das Raster-verschieben-Werkzeug, um das Raster auf jeweils wichtigen Linien zu positionieren.
- Beginnen Sie mit dem Gerade-ausrichten-Werkzeug und ziehen Sie es entlang vertikaler und horizontaler Linien. Wenn das Motiv nicht gerade ist, wird es schwieriger, die anderen Korrekturfunktionen zu nutzen.

Arbeiten Sie sich in der Filteroberfläche rechts von oben nach unten:

- Verzerrung entfernen: Korrigiert Tonnen- und Kissenverzerrungen, wenn das Bild nach innen oder außen gewölbt ist.
- Chromatische Aberration: Entfernt Farbränder, die meist an den Kanten sehr kontrastreicher Bereiche zu finden sind. Wenn Ihre Digitalkamera im Raw-Format aufnehmen kann, ist es besser, chromatische Aberrationen in Camera Raw zu entfernen.

- Vignette: Hellt dunkle Ecken auf, die durch Objektivschatten oder Zoomobjektive entstanden sind. Nutzen Sie die Regler auch, um Ecken kreativ abzudunkeln.
- Blendenstandard einstellen: nützlich, wenn Sie mit festen Objektiven (keinen Zoomobjektiven) arbeiten. Klicken Sie nach der Korrektur auf diesen Button, um die Einstellungen zu speichern. So können Sie diese beim nächsten Bild, das mit diesem Objektiv aufgenommen wurde, wieder verwenden.

- Transformieren: Korrigiert die Perspektive, um Gebäude gerade auszurichten und stürzende Linien zu korrigieren.
- Kante: Während der Skalierung und Korrektur entstehen transparente Bereiche. Hier können Sie zwischen folgenden Optionen wählen: TRANSPARENZ, KANTENERWEITERUNG und HINTERGRUNDFARBE. Ich empfehle Ihnen, das Bild so zu skalieren, dass die transparenten Bereiche wieder verschwinden, oder die Funktion zu ignorieren und das Bild anschließend freizustellen.

Antike Bilder gerade ausrichten

Die Kodak Brownie-Kamera machte die Fotografie populär. Was sehr erstaunlich ist, wenn man bedenkt, dass es sich dabei um einen klobigen Kasten mit einem Sucher handelte, der nur halb so groß war wie eine Briefmarke und das Motiv sehr verschwommen darstellte. Aufgrund dieser Umstände entstanden viele krumme Bilder, wie das in Abbildung 6.82. Glücklicherweise gibt es viele Jahrzehnte später den Blendenkorrektur-Filter in Photoshop, mit dem Sie die Perspektive eines Bilds korrigieren können (Abbildung 6.83).

ch6_crooked_house.jpg

1. Duplizieren Sie die Hintergrundebene. Wählen Sie FILTER/VERZERRUNGSFILTER/BLENDENKORREKTUR und blenden Sie das Raster ein.
2. Fahren Sie mit dem Gerade-ausrichten-Werkzeug (das zweite von oben) entlang einer Linie im Bild, die gerade sein sollte oder (wie in diesem Fall) horizontal oder vertikal ausgerichtet werden muss. Ich verwendete hier die untere Hauskante. Das bearbeitete Bild sehen Sie in Abbildung 6.84.

Abbildung 6.82

Abbildung 6.83

3. Aktivieren Sie die Checkbox RASTER EINBLENDEN. Die Standardeinstellungen (GRÖSSE: 16 und FARBE: GRAU) sind nicht sehr nützlich. Wählen Sie für die Größe 36 und klicken Sie auf den Farbwähler, um ein helles Rot auszuwählen (Abbildung 6.85). Das Raster dient als Referenz.

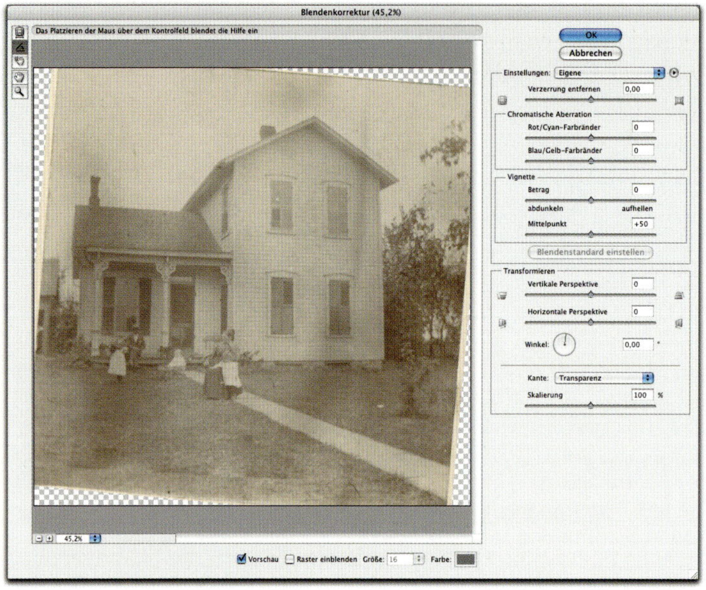

Abbildung 6.84

Beginnen Sie die Korrektur, indem Sie das Bild gerade ausrichten.

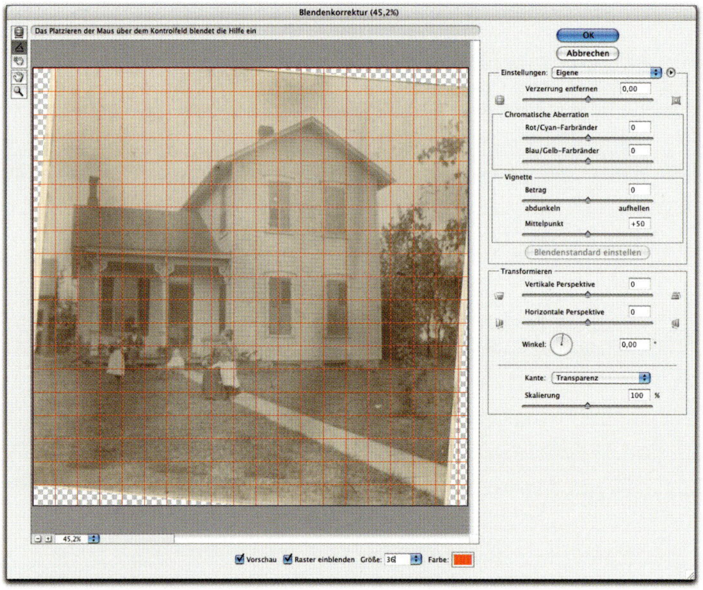

Abbildung 6.85

Verwenden Sie ein Raster in einer passenden Farbe und Größe als Referenz.

4. Konzentrieren Sie sich entweder auf vertikale oder auf horizontale Linien. Wenn Sie in diesem Beispiel die rechte Seite des Gebäudes gerade ausrichten, indem Sie die vertikale Perspektive korrigieren (**Abbildung 6.86**), wird das Haus schön gerade.

5. Wenn Sie genau hinsehen, erkennen Sie, dass sich das Haus leicht nach vorn wölbt. Erhöhen Sie den Wert für VERZERRUNG ENTFERNEN auf +2,00, um die Mitte des Hauses wieder etwas nach innen zu drücken (**Abbildung 6.87**). Mit dem Filter können Sie keine einzelne Ecke verschieben – was mit dem Transformieren-Befehl sehr gut geht. Klicken Sie auf OK, um die Korrektur anzuwenden und fortzufahren.

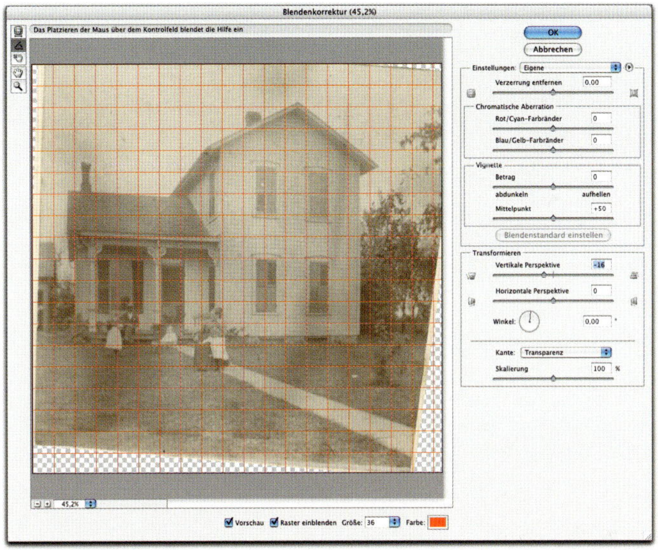

Abbildung 6.86

Bearbeiten Sie eine Dimension nach der anderen.

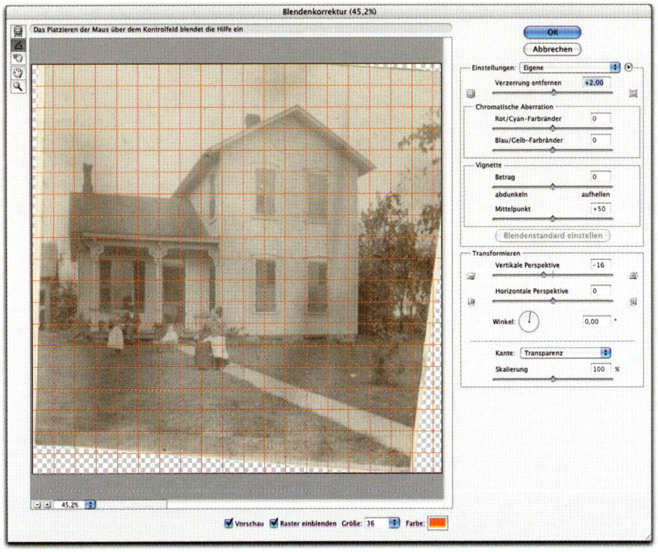

Abbildung 6.87

Korrigieren Sie die Krümmung mit dem Regler VERZERRUNG ENTFERNEN.

6. Ich kann mich besser konzentrieren, wenn ich den Hintergrund ausblende. Um die linke Seite des Hauses etwas nach unten zu ziehen, wählte ich BEARBEITEN/TRANSFORMIEREN/NEIGEN (**Abbildung 6.88**).

Abbildung 6.88

Wählen Sie für die weitere Korrektur BEARBEITEN/TRANSFORMIEREN/NEIGEN.

7. Nutzen Sie für die weitere Restauration die Techniken, die Sie in Kapitel 2 und 3 kennen gelernt haben. Verbessern Sie die Tonwerte mit einer Tonwertkorrektur (**Abbildung 6.89**) und dem Kanalmixer (**Abbildung 6.90**). Bereinigen Sie das Bild mit den Techniken aus Kapitel 5.

Obwohl der Blendenkorrektur-Filter für Digitalkameradateien entwickelt wurde, ist er ein wundervolles Werkzeug zum Korrigieren von Fotos, die zu einer Zeit aufgenommen wurden, als man sich Farbfotos noch nicht mal vorstellen konnte (ganz zu schweigen von Digitalkameras).

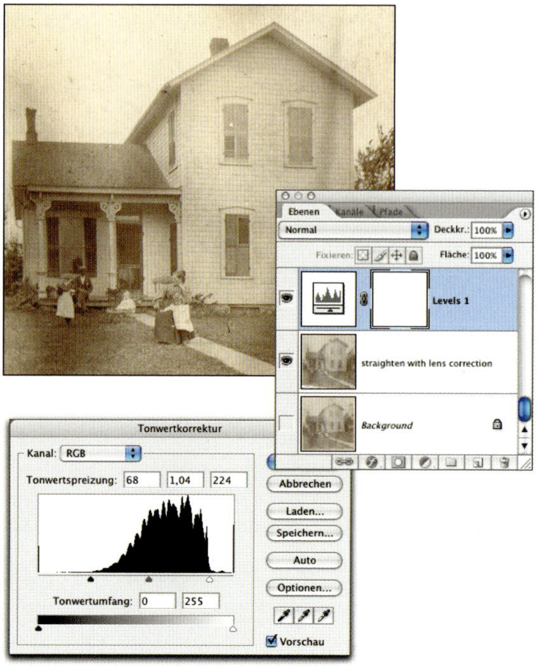

Abbildung 6.89

Verbessern Sie die Tonwerte mit einer Tonwertkorrektur.

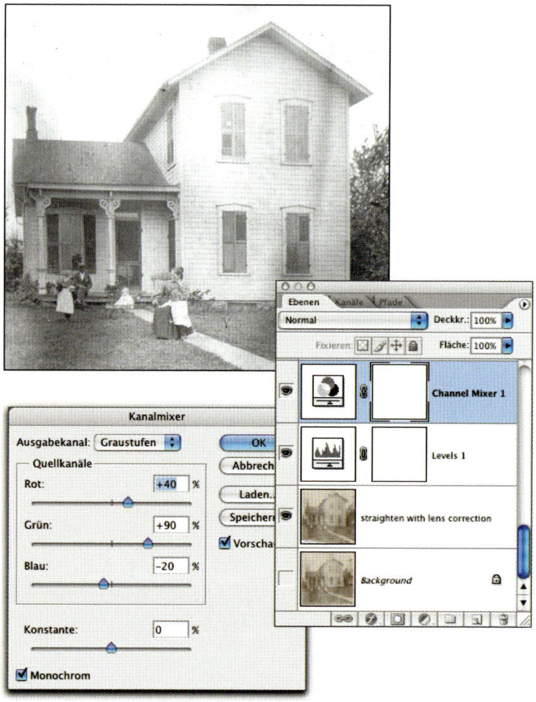

Abbildung 6.90

Wandeln Sie das Bild mit dem Kanalmixer in Graustufen um.

Blendenverzerrungen korrigieren

Wenn wir unterschiedliche Brennweiten verwenden, nehmen wir oft optische Verzerrungen in Kauf, um ein Motiv komplett in den Sucher zu bekommen. Bei Weitwinkelobjektiven ist das besonders deutlich. Durch den weiteren Winkel erscheinen gerade Linien gekrümmt. Um solche Verzerrungen zu korrigieren, nutzen Sie am besten den Blendenkorrektur-Filter.

Dieses Bild einer Autowerkstatt wurde mit einem 20-mm-Objektiv aufgenommen und zeigt deutliche Verzerrungen (Abbildung 6.91). Mit ein paar Einstellungen richten Sie die Seiten gerade aus und entfernen die Wölbung (Abbildung 6.92).

ch6_service_station.jpg

1. Duplizieren Sie die Hintergrundebene und blenden Sie den Originalhintergrund aus.
2. Wählen Sie FILTER/VERZERRUNGSFILTER/BLENDENKORREKTUR. Blenden Sie das Raster ein und wählen Sie für VERZERRUNG ENTFERNEN einen Wert von +2,00, um die Wölbung zu reduzieren.
3. Korrigieren Sie mit den Transformieren-Reglern die vertikale (–11) und die horizontale Perspektive (–4), um die linke Seite des Gebäudes weiter in den Vordergrund zu bringen (Abbildung 6.93).

Abbildung 6.91

Abbildung 6.92

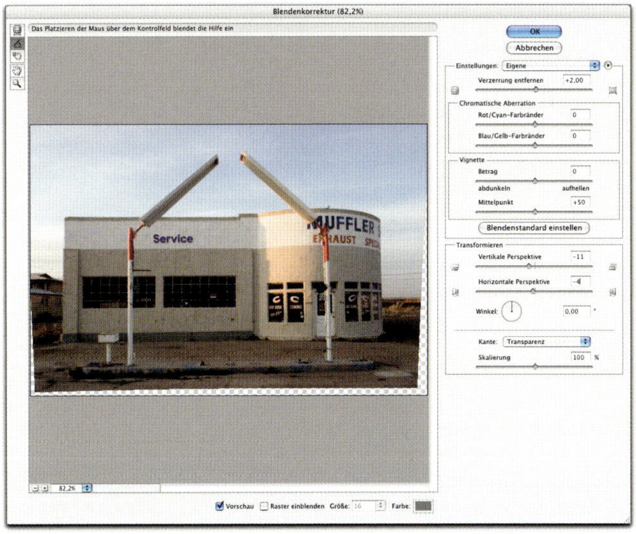

Abbildung 6.93

Mit den Einstellungen der Blendenkorrektur wird das Bild wieder schön flach.

Architektonische Perspektive korrigieren

Wenn Sie mit 35-mm-Film oder einer digitalen Spiegelreflexkamera ein Gebäude fotografieren, scheint es nach hinten umzufallen (Abbildung 6.94). Wenn Sie sich das Gebäude jedoch im Original ansehen, sieht es normal aus. Unsere optische Wahrnehmung korrigiert die Perspektive wie ein Fotograf, der eine schwenk- und drehbare Großformatkamera verwendet, um Gebäude so gerade abzulichten, wie sie tatsächlich sind (Abbildung 6.95).

Auch wenn es immer besser ist, gleich das bestmögliche Foto zu erstellen und es nicht erst später in Photoshop zu korrigieren, verwende ich keine Großformatkamera. Ich verlasse mich in solchen Fällen also auf die Transformieren-Funktion und den Blendenkorrektur-Filter von Photoshop. Die Oberfläche des Filters sehen Sie in Abbildung 6.96, wo ich den oberen Gebäudeteil gerade ausgerichtet und die Verzerrung entfernt habe. Mit dem Regler VERTIKALE PERSPEKTIVE richtete ich das Gebäude wieder gerade auf.

ch6_lincoln_center.jpg

Abbildung 6.94

Abbildung 6.95

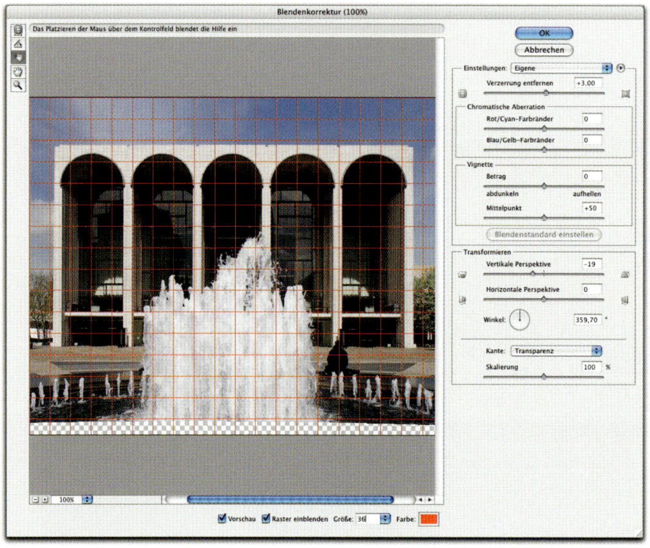

Abbildung 6.96

Durch die Entfernung der Verzerrung und Verbesserung der vertikalen Perspektive steht das Gebäude wieder gerade.

Tipp

Wenn Sie eine Szene mit dem Ziel fotografieren, später den Blendenkorrektur-Filter anzuwenden, rahmen Sie das Motiv im Sucher ein. Gehen Sie dann ein paar Schritte zurück, um das Bild später besser korrigieren und skalieren zu können.

GEDANKEN ZUM SCHLUSS

Auch wenn die Reparatur von Rissen und das Entfernen störender Objekte sehr banal klingt, hoffe ich, dass ich Ihnen mit den Techniken aus diesem Kapitel einige kreative Ansätze zeigen konnte, um Kratzer, Störungen und Verzerrungen zu entfernen. Behalten Sie immer die Bedeutung des Fotos im Hinterkopf – die Menschen, die Erinnerungen, der Moment sind vielleicht die einzigen Überbleibsel, die Ihr Kunde von einem Ereignis oder einer Person hat. Durch das Entfernen von Kratzern und Schäden geben Sie diesen Kunden ihre Erinnerungen zurück.

7

BILDER NEU AUFBAUEN

Die schlimmsten Bilder sind die, die durch Schimmel, Feuer oder Wasser so beschädigt sind, dass ganze Bildbereiche fehlen oder zumindest bis zur Unkenntlichkeit zerstört sind. In solchen Fällen ist es oft zwecklos, den Kunden nach einem besseren Bild oder den Negativen zu fragen, denn es wird wahrscheinlich nichts Besseres geben. Das Geheimnis der Reparatur solcher Bilder besteht darin, Bildinformationen aus intakten Bildbereichen zu leihen oder zu stehlen oder andere passende Hintergründe oder Körperteile zu finden.

Auch intakte Bilder müssen manchmal neu aufgebaut werden, beispielsweise wenn der Gesichtsausdruck der Person nicht gut erscheint oder der Fotograf den perfekten Moment verpasst hat. Das Ersetzen von Gesichtern und Köpfen auf digitalem Wege ist hundertprozentig schmerzfrei. Lernen Sie im folgenden Kapitel also:

- Hintergründe neu zu erstellen,
- ein Porträt neu aufzubauen,
- Gesichter auszutauschen und Gruppenfotos zu verbessern,
- Lichteintritte und Blendenflecke zu korrigieren.

Sie arbeiten mit diesen Werkzeugen und Techniken:

- Strukturierungs- und Scharfzeichnungsfilter
- Kopierstempel und Reparaturwerkzeuge
- Auswahlen und Masken
- Fluchtpunkt-Filter und neutrale Ebenen.

Hinweis

Viele Techniken aus den Kapiteln 5 und 6, mit denen Sie Staub und Kratzer entfernen, bilden die Grundlage für die folgenden Reparaturen.

HINTERGRÜNDE NEU ERSTELLEN

Das neu Erstellen oder neu Aufbauen von Hintergründen kann ebenso schwierig sein wie das Freistellen einer Person aus einem Originalbild und das Platzieren vor einem weißen Hintergrund. Außerdem benötigen Sie natürlich noch einen neuen, passenden Hintergrund. Solche Hintergründe finden Sie in anderen Fotos, entsprechenden Archivbildern, digitalen Dateien, die Sie in Photoshop oder in Painter erstellt haben, oder in gescannten Objekten (Kleidung, Strukturen etc.). Wayne ging sogar so weit, dass er den Himmel von der Spitze eines Berges aus fotografiert hat, um ihn zu verwenden, als er ein stehendes Flugzeug in die Luft bringen sollte.

Wenn Sie Hintergründe ersetzen oder neu erstellen, können Sie zwischen vier Arbeitsmethoden wählen:

- Kopieren Sie den bestehenden Hintergrund über den beschädigten Bereich.
- Entfernen Sie das Objekt oder die Person aus dem Original und platzieren Sie es/sie vor einem neuen Hintergrund.
- Platzieren Sie einen neuen Hintergrund in der Datei – unter dem Objekt.
- Ordnen Sie Menschen oder Objekte neu an, um störende Hintergründe zu verkleinern.

Die erste Option – das Kopieren und Reparieren bestehender Hintergründe – ist selbsterklärend. Und solange Sie mit dem Kopierstempel oder den Reparaturwerkzeugen auf einer eigenen Ebene arbeiten, können Sie auch nichts falsch machen. Die anderen Ansätze werden in den folgenden Abschnitten beschrieben und bieten Ihnen viel Freiraum.

Auf das Wesentliche konzentrieren

Die Stärke und Finesse der Reparaturwerkzeuge und des Kopierstempels sind Fluch und Segen zugleich. Die Möglichkeit, beschädigte Bildbereiche unsichtbar zu reparieren und zu ersetzen, erscheint wie Magie. Das führt aber auch dazu, dass Sie zu viel Zeit und Energie in unwesentliche Dinge stecken – beispielsweise in Bildbereiche, die besser freigestellt oder vollständig ersetzt werden sollten.

Im Beispiel in **Abbildung 7.1** befindet sich das Foto, mit Ausnahme einiger kleiner Staubflecken, in einem sehr guten Zustand. Allerdings stört der Hintergrund mit dem Zaun, dem Bus und der Theaterreklame und lenkt die Aufmerksamkeit von dem Herrn in Uniform ab. Die Restauration, die Teresa Setterlund in **Abbildung 7.2** durchführte, ist wunderbar. Sie verschwendete nicht viel Zeit damit, den störenden Hintergrund zu überdecken, sondern ehrte ihren Großvater, indem sie ihn freistellte und vor einen neuen Hintergrund setzte.

1. Zunächst klickte Teresa doppelt auf das Maskierungsmodus-Icon und aktivierte den Radiobutton AUSGEWÄHLTE BEREICHE.
2. Nachdem sie die Hintergrundebene dupliziert hatte, trennte Teresa den Soldaten vom störenden Hintergrund. Mit der Taste [Q] gelangte sie in den Maskierungsmodus. Mit einer schwarzen Pinselspitze (Kantenschärfe 50%) malte Teresa über den Soldaten. Da sie sich im Maskierungsmodus befand, sah es so aus, als würde sie mit einer durchscheinenden roten Pinselspitze arbeiten, die verdeutlicht, dass sie eine Maske über den Soldaten legt (**Abbildung 7.3**). Damit kann sie ihn vom störenden Hintergrund trennen.
3. Um zu überprüfen, ob die Person vollständig ausgewählt ist, blendete Teresa in der Kanäle-Palette nur den Alpha-Kanal ein (**Abbildung 7.4**). Sie vervollständigte die Auswahl, indem Sie über die verbliebenen Lücken malte.

Abbildung 7.1

Abbildung 7.2

4. Teresa drückte die Taste [Q], um den Maskierungsmodus zu verlassen und eine aktive Auswahl zu erstellen. Anschließend klickte Sie in der Ebenen-Palette auf den Button EBENENMASKE HINZUFÜGEN. Um zu sehen, wie gut der Soldat freigestellt wurde, blendete Teresa die Original-Hintergrundebene aus (Abbildung 7.5).

Abbildung 7.3

Der Maskierungsmodus zeigt die Auswahl in Rot.

Abbildung 7.4

Die Betrachtung des Alpha-Kanals in Schwarzweiß ist nützlich, um Löcher in der Maske zu sehen und zu stopfen.

Abbildung 7.5

Der isolierte Soldat

5. Um einen neuen Hintergrund zu erstellen, verwendete Teresa verschiedene Photoshop-Filter. Drücken Sie an dieser Stelle die Taste [D], um die Standard-Vorder- und Hintergrundfarben einzustellen.

6. Teresa fügte eine neue Ebene hinzu und wählte FILTER/RENDERINGFILTER/WOLKEN, um ein abstraktes Muster wie das in **Abbildung 7.6** zu erstellen.

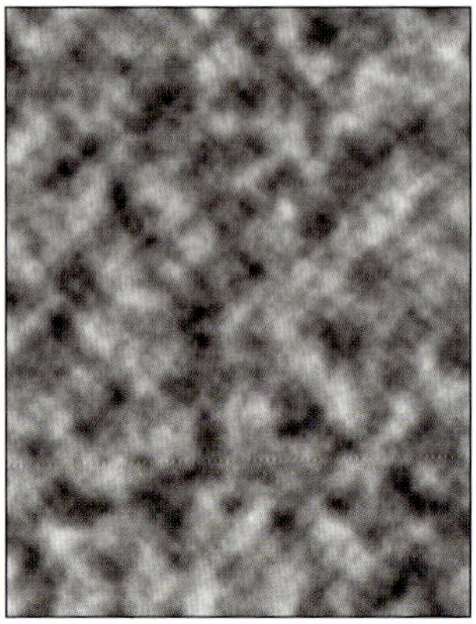

Abbildung 7.6

Der Wolken-Filter erzeugt ein Muster, das als Grundlage für die Strukturverbesserung dient.

7. Anschließend wählte sie FILTER/WEICHZEICHNUNGSFILTER/BEWEGUNGSUNSCHÄRFE. Sie wählte einen diagonalen Winkel und erhöhte die Distanz, um das Muster weichzuzeichnen (**Abbildung 7.7**).

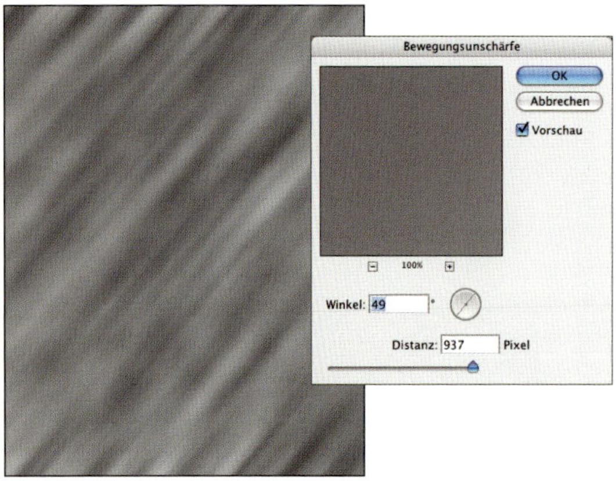

Abbildung 7.7

Mit dem Filter BEWEGUNGSUNSCHÄRFE können Sie die Wolken sehr stark weichzeichnen.

8. Dann wählte sie FILTER/WEICHZEICHNUNGSFILTER/GAUSSSCHER WEICHZEICHNER und verschob den Radiusregler so weit, bis der Hintergrund aussah wie aus Stoff (wie er auch in Fotostudios verwendet wird, **Abbildung 7.8**).

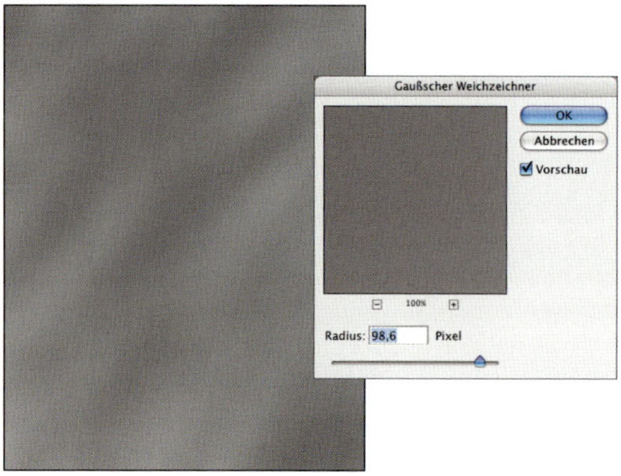

Abbildung 7.8

Mit dem Gaußschen Weichzeichner wurden die Linien aufgeweicht.

9. Als Teresa in das Bild hineinzoomte und die Struktur untersuchte, stellte sie fest, dass dem Hintergrund im Vergleich zum Original ein wenig Struktur fehlte. Bei einer Zoomstufe von 100% wählte sie FILTER/STÖRUNGSFILTER/STÖRUNGEN HINZUFÜGEN, aktivierte die Checkbox MONOCHROM und verwendete eine Stärke, mit der sie die Originalstörungen aus dem Bild nachahmen konnte (**Abbildung 7.9**). Anschließend wendete sie den Gaußschen Weichzeichner erneut an, allerdings mit einer sehr kleinen Einstellung – jetzt passte der Hintergrund zum Original (**Abbildung 7.10**).

10. Um die Bildkanten zu verfeinern, malte Teresa mit einer kleinen schwarzen Pinselspitze auf der Ebenenmaske des Soldaten und entfernte verbliebene Artefakte.

11. Nachdem sie eine neue Ebene hinzugefügt hatte, entfernte sie die verbliebenen Flecken mit dem Bereichsreparatur-Pinsel und der Option ALLE EBENEN AUFNEHMEN.

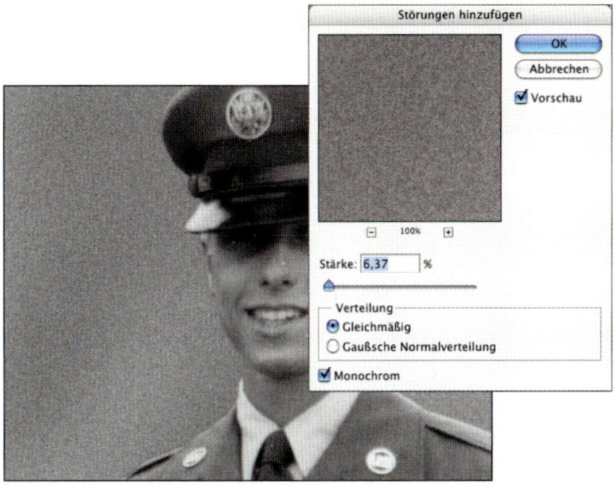

Abbildung 7.9

Erstellen Sie einen realistischeren neuen Hintergrund, indem Sie Störungen hinzufügen.

Abbildung 7.10

Zeichnen Sie die Störungen weich, um sie nicht ganz so offensichtlich erscheinen zu lassen.

12. Um das Bild etwas einzufärben, fügte Teresa eine Gradationskurven-Einstellungsebene hinzu und verstärkte die Mitteltöne der roten Kurve und verringerte die der blauen und grünen Kurve (**Abbildung 7.11**).

13. Anschließend wählte sie den Soldaten mit einer Auswahlellipse aus und kehrte die Auswahl mit ⌘-⇧-I/Strg-⇧-I um. Sie fügte eine Volltonfarbe-Einstellungsebene mit einem hellen Braun hinzu und umrandete das Bild mit einem helleren Ton (nicht rein Weiß). Die Vignette glättete sie, indem sie auf die Volltonfarbe-Einstellungsebene den Gaußschen Weichzeichner anwendete.

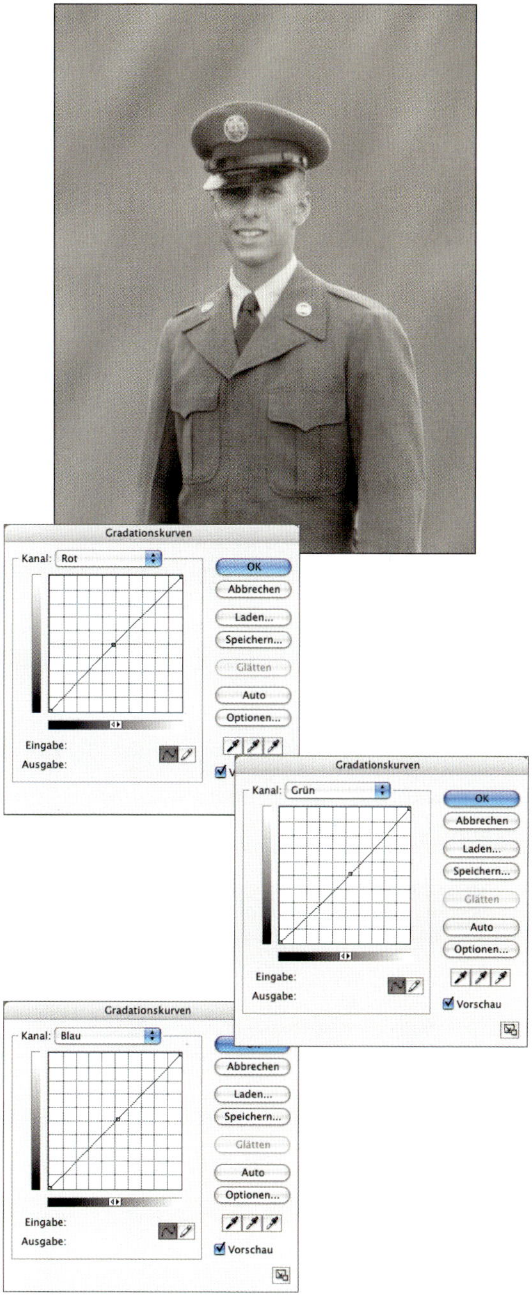

Abbildung 7.11

Passen Sie die Farbkurven des Bilds leicht an.

Tipp

Achten Sie darauf, die Vignette von den Bildkanten fernzuhalten – ansonsten entsteht eine gerade Kante und die Weichzeichnung des Bilds wird nicht sichtbar.

Wie Sie in den **Abbildungen 7.12** und **7.13** sehen, eignen sich Vignetten nicht nur für alte oder historische Fotos. Durch das Entfernen des Kinds und des störenden Hintergrunds und das Retuschieren der Mutter war Teresa in der Lage, einen einfachen Schnappschuss in ein schönes Studioporträt zu verwandeln.

Wenn Sie weder Zeit, Energie noch Aufwand damit verschwenden, sich auf unwesentliche Bildinformationen zu konzentrieren, können Sie Ihre ganze Aufmerksamkeit und Konzentration auf die wichtigen Dinge lenken. Lorie Zirbes tat genau das, um das schlechte Bild aus **Abbildung 7.14** zu retten. Der detailreiche Hintergrund war unwichtig, deshalb entfernte Lorie ihn und erstellte mithilfe des Wolken-Filters einen neuen. Sie konzentrierte sich lieber auf den Soldaten. Nach mehreren Stunden Arbeit mit dem Kopierstempel und den Reparaturwerkzeugen, konnte Lorie dem Bild wieder seinen originalen Charme verleihen (**Abbildung 7.15**).

VORHER

Abbildung 7.12

NACHHER

Abbildung 7.13

VORHER

Abbildung 7.14

NACHHER

Abbildung 7.15

Eine Person aus einem Foto heraustrennen

Oftmals liegt der Grund für die Restauration oder Retusche eines Fotos darin, dass die Person im Bild gestorben ist und die Familie zur Erinnerung ein gutes Bild haben möchte. Art Johnson von Memories in Minutes stand vor solch einer Situation. Die junge Mutter in **Abbildung 7.16** starb auf tragische Weise bei einem Autounfall. Die Familie wollte für die Beerdigung ein Einzelfoto von ihr, hatte jedoch nur noch dieses Foto von der letzten Weihnachtskarte. Art konnte die Frau aus dem Bild extrahieren, fehlende Teile ersetzen und sie vor einem neuen Hintergrund platzieren (**Abbildung 7.17**).

Sich die Zeit zu nehmen, eine gute Auswahl zu erstellen, ist der wichtigste Schritt, um realistische Bilder ohne harte oder offensichtliche Kanten zu erstellen. Glauben Sie mir, wenn Sie etwas mehr Zeit in die erste Auswahl stecken, sparen Sie später viel Zeit, da Sie keine schlechten Kanten retuschieren müssen.

1. Art zog die Umrisse der Frau mit dem Zeichenstift nach. Um den Pfad in eine aktive Auswahl umzuwandeln, klickte Art in der Pfade-Palette auf den Button PFAD ALS AUSWAHL LADEN.
2. Anschließend fügte er eine Ebenenmaske hinzu, um den Originalhintergrund auszublenden. Außerdem wurden die Bereiche sichtbar, die ersetzt werden mussten (**Abbildung 7.18**).

Tipp

Detaillierte Ausführungen zum Zeichenstift und anderen Auswahlwerkzeugen und Techniken finden Sie in meinem Buch *Photoshop Maskierung & Compositing*.

Abbildung 7.16

Abbildung 7.17

Abbildung 7.18

Verwenden Sie eine Ebenenmaske, um das auszublenden, was im finalen Bild nicht zu sehen sein soll.

2. Art ist Berufsfotograf und besitzt die unterschiedlichsten Hintergründe für seine Studiofotos. Nachdem er einen passenden Hintergrund fotografiert hatte, platzierte er diesen hinter der Frau und fügte eine Farbton/Sättigung-Einstellungsebene mit einer Farbe passend zum Kleid hinzu (**Abbildung 7.19**).

Tipp

Wenn Sie einen Hintergrund ersetzen, verwenden Sie ähnliche Farbtöne, damit die Kanten und Schatten besser zusammenpassen.

Tipp

Um schnell und einfach einen glaubwürdigen Studiohintergrund zu erstellen, wählen Sie eine Farbe aus dem Bild und stellen Schwarz als Hintergrundfarbe ein. Verwenden Sie das Verlaufswerkzeug mit einem Linear- oder Radialverlauf.

3. Um die fehlende Schulter neu aufzubauen, erstellte Art eine Auswahl der bestehenden Schulter und kopierte diese mit ⌘-J/Strg-J in eine eigene Ebene. Da diese Ebene dieselbe Ebenenmaske benötigt wie die linke Schulter, zog Art mit gedrückter ⌥/Alt-Taste die Originalmaske auf die Ebene mit der neuen Schulter.

Abbildung 7.19

Mit einer Farbton/Sättigung-Einstellungsebene wählen Sie für den Hintergrund die passende Farbe.

4. Art wählte BEARBEITEN/TRANSFORMIEREN/HORIZONTAL SPIEGELN und verschob die Schulter an die entsprechende Position auf der rechten Bildseite (**Abbildung 7.20**).

Abbildung 7.20

Positionieren Sie die duplizierte Schulter.

5. Die neue Schulter muss etwas kleiner sein, um sich an die leichte Perspektive anzupassen. Art wählte BEARBEITEN/FREI TRANSFORMIEREN, um die kopierte Schulter zu drehen und zu skalieren (**Abbildung 7.21**).

Abbildung 7.21

Positionieren, drehen und skalieren Sie die Schulter mit FREI TRANSFORMIEREN.

6. Um den sich überlappenden Bereich in der Mitte zu entfernen, fügte Art eine Ebenenmaske hinzu und malte die unwichtigen Informationen einfach weg. Art fügte eine weitere Ebene hinzu, um mit dem Kopierstempel und dem Reparatur-Pinsel die Löcher in der Bluse zu stopfen und die Babyschuhe, die noch aus dem Original übrig sind, zu entfernen (Abbildung 7.22).

7. Um den Hintergrund schließlich noch mit etwas Struktur zu versehen, wählte Art EBENE/NEU/EBENE (⌘-⇧-N/Strg-⇧-N), aktivierte den Modus ÜBERLAGERN und die Checkbox MIT NEUTRALER FARBE FÜR DEN MODUS »ÜBERLAGERN« FÜLLEN (50% GRAU). Mit FILTER/STÖRUNGSFILTER/STÖRUNGEN HINZUFÜGEN und der Option MONOCHROM sowie einem Gaußschen Weichzeichner erzeugte er ein weiches, gekörntes Muster, das der Struktur des Originalbilds entsprach (Abbildung 7.23).

Es erscheint trivial, einen Hintergrund und einen Arm zu ersetzen – wichtiger war es jedoch, ein Studioporträt zu erstellen, mit dem sich die Familie an die junge Frau erinnern kann.

Abbildung 7.22

Überdecken Sie Löcher und sich wiederholende Bildinformationen.

Abbildung 7.23

Wenn Sie die Frau etwas nach unten verschieben, hat sie ausreichend Kopffreiheit – die Struktur hält das Bild zusammen.

Wayne erzählte mir, dass oft Leute zu ihm kommen und Porträts von Verstorbenen neu erstellt haben wollen. Unglücklicherweise sind die Bilder, mit denen er es zu tun hat, oftmals stark beschädigt oder sehr klein. In einem extremen Fall blieben ihm nur ein paar weichgezeichnete Bilder eines Videos. Wir beide rufen unsere Kunden und Seminarteilnehmer seither immer dazu auf, von Familienmitgliedern und Freunden so viele Bilder wie möglich aufzubewahren.

Tipp

Wenn Sie Bilder reparieren, sollten Sie sich immer ein paar Minuten Zeit nehmen und den Blick vom Monitor weglenken. So sehen Sie die verbleibenden Probleme mit »frischen Augen«, sobald Sie wieder auf den Monitor schauen.

Die Schönheit liegt im Detail

Ich liebe es, Continuity-Fehler in Hollywood-Filmen nachzuverfolgen – die Uhr, deren Zeiger sich nicht bewegen; ein Glas, das voll, leer und wieder voll ist; oder ein T-Shirt, dessen Farbe sich ändert. Sie vermeiden solche Fehler in Ihren Porträts, wenn Sie auf folgende Dinge achten:

- Farbe und Kontrast: Achten Sie darauf, dass Farbe und Kontrast zusammenpassen.
- Filmkörnung und Struktur: Überprüfen Sie doppelt, ob Körnung und Struktur zusammenpassen.
- Fokus: Überprüfen Sie, ob der Fokus des neuen Hintergrunds zu den Vordergrundelementen passt. Nutzen Sie die Weichzeichnungsfilter, um den Hintergrund nicht zu stark zu betonen.
- Beleuchtung und Schatten: In jedem Bild gibt es mindestens eine Lichtquelle. Manchmal ist es die Sonne, manchmal die Studiobeleuchtung oder reflektierendes Licht. Überprüfen Sie, wie das Licht in das Bild fällt, und nutzen Sie diese Informationen, um Schatten zu erzeugen. Halten Sie nach Farben Ausschau, die von umliegenden Bereichen reflektiert werden (z.B. von Wänden oder Bäumen).
- Kanten und Übergänge: Ahmen Sie die Kantenschärfe des Originalbilds nach, um nahtlose Übergänge zu erzeugen.
- Größenverhältnisse: Passen Sie die Größe eingefügter Objekte an das Original an.
- Reflexionen: Trägt die Person eine Brille oder gibt es Fenster, müssen Sie die Reflexionen im Bild doppelt überprüfen.
- Hohle Bereiche: Falls eine Person die Hände in die Hüften gestemmt hat oder breitbeinig da steht, muss der neue Hintergrund auch in diesen hohlen Bereichen zu sehen sein.

Wenn Sie Bilder und Hintergründe rekonstruieren, sollten Sie auf diese Details achten, um eine nahtlose und unsichtbare Retusche zu erstellen.

MENSCHEN, ORTE UND OBJEKTE NEU AUFBAUEN

Oft muss nicht nur der Hintergrund ersetzt werden, sondern das Bild benötigt eine Generalüberholung. Bilder sind zerissen und zerfetzt und Ihnen bleiben für die Restauration nur Einzelteile. In solchen Fällen können Sie passende Ersetzungen fotografieren, abstrakte Hintergründe erstellen oder verbliebene Teile nutzen, wie Sie in den folgenden Beispielen sehen.

Manchmal benötigen Sie für die Reparatur eines Bilds mehr als einen neuen Hintergrund. In **Abbildung 7.24** sehen Sie den traurigen Rest, den Art Johnson von Memories in Minutes von einem Kunden bekam, mit dem Auftrag, ein passendes Bild zum Einrahmen zu erstellen. Art erklärte: »Ich war überfragt, als ich den Auftrag ein Jahr zuvor bekam – der Kunde mochte das Ergebnis nicht. Bei diesem ersten Versuch füllte ich die fehlende Ecke mit Blumen auf, was allerdings nicht so gut aussah. Dieses Mal gab mir der Kunde jedoch noch ein weiteres Foto von derselben Person, in dem ich die Haare der Frau erkennen konnte.« (**Abbildung 7.25**) Mit dieser zusätzlichen Referenz war Art in der Lage, ein Bild zu erstellen, das der Kunde liebte (**Abbildung 7.26**).

Abbildung 7.24

Abbildung 7.26

Abbildung 7.25

Der Kunde gab mir zusätzliches Referenzmaterial, in dem ich sehen konnte, wie die Haare der Frau aussahen.

1. »Während ich an diesem Foto arbeitete, entschied ich mich, etwas Neues auszuprobieren. Eine meiner Mitarbeiterinnen trug an diesem Tag ein Oberteil mit Spagettiträgern. Ich stellte sie ins Fotostudio, wickelte sie in Stoff und nahm verschiedene Bilder mit und ohne Blumen in der Hand auf (**Abbildungen 7.27** und **7.28**). Dabei versuchte ich, sie wie das Original zu positionieren.«

Hinweis

Es ist eine echte Herausforderung, den Fokus und die Schärfe der einzelnen Bildelemente aneinander anzupassen. Ich ziehe es vor, die schärferen Teile etwas weichzuzeichnen, um sie an den Rest anzupassen. Ein unscharfes Bild richtig scharfzuzeichnen, ist viel zu schwierig.

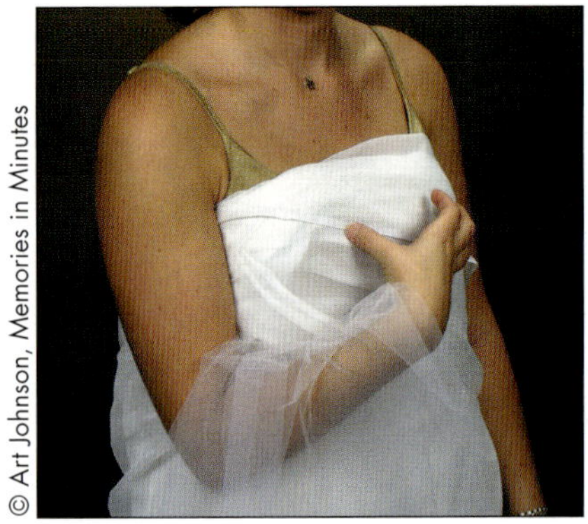

Abbildung 7.27

Art fotografierte mehrere Einstellungen des Modells und positionierte es wie die Frau im Foto.

Abbildung 7.28

Arts moderne Ersetzung – ein Modell mit Blumen.

2. Art begann die Restauration, indem er die Schäden mit dem Kopierstempel und dem Reparatur-Pinsel reparierte (**Abbildung 7.29**). Anschließend fügte er die neuen Fotos hinzu – er verwendete beide Bilder, mit und ohne Rosen – und positionierte sie wie benötigt (**Abbildungen 7.30** und **7.31**).

Art: »Der Kunde liebte diese Version und ich verwende diese Technik inzwischen auch bei vielen anderen Bildern. Außerdem bin ich dabei, mir eine kleine Bibliothek mit aktuellen und historischen Körperteilen und Kleidungsstücken anzulegen.«

Abbildung 7.29

Art reparierte zunächst das beschädigte Original.

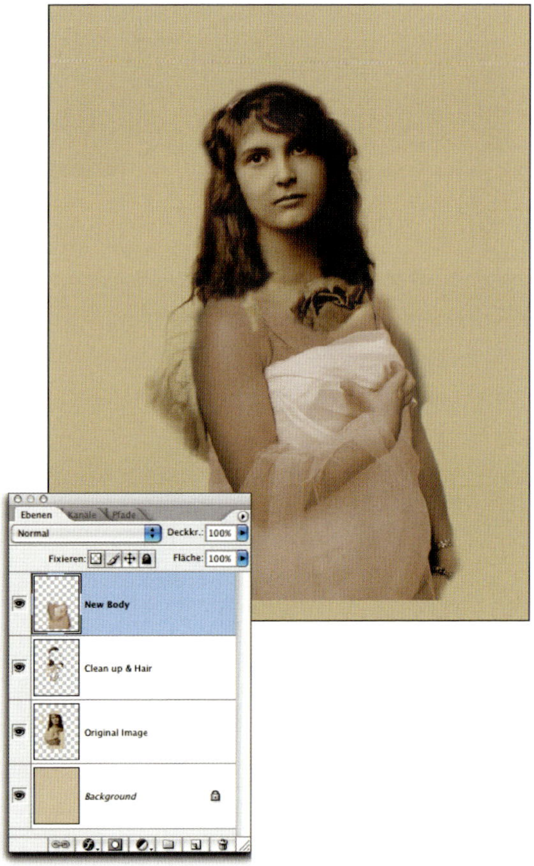

Abbildung 7.30

Das reparierte Bild zusammen mit dem neuen Modell

Abbildung 7.31

Dadurch, dass er das Modell mit den Rosen separat platzierte, hatte er mehr Spielraum, die Einzelteile passend zu positionieren.

Tipp

Familienfotos werden oft willkürlich in diversen Kisten und Schachteln gelagert, was den Fotos nicht gerade gut tut. Wie Ken Allen von Image Conservator erklärt: »Bewahren Sie alte Fotos in entsprechenden Hüllen und Schachteln auf, bis Sie die Zeit haben, sie zu scannen oder abzufotografieren. So gehen Sie sicher, dass die Bilder nicht stärker beschädigt werden, als sie es vielleicht schon sind. Für kleinere Fotos verwende ich Klappdeckel-Schachteln mit Zwischeneinlagen oder transparenten Hüllen. Durch passende Beschriftungen finden Sie die Fotos schnell und einfach wieder. Wenn Sie auch größere Fotos besitzen, verwenden Sie dünne flache Fotoboxen mit Fotohüllen. So verfährt auch das George Eastman House in Rochester, NY mit seinen Sammlungen.«

Der Leser Robert Malarz verwendete einen ähnlichen Ansatz, um den Hintergrund in Abbildung 7.32 zu restaurieren. Er stellte den Hintergrund wieder her, indem er Teile des Originalbilds nutzte, aber auch Teile seiner eigenen Badewanne fotografierte und als Material verwendete. 28 Jahre später besitzt er nun ein Bild, das ihm wirklich sehr gut gefällt, wie in Abbildung 7.33 zu sehen.

Abbildung 7.32

Abbildung 7.33

Bildinformationen erbetteln, leihen und stehlen

Falls Sie weder Zugang zu einem Fotostudio haben, um Körperteile nachzustellen, noch eine Zeitmaschine besitzen, mit der Sie das Foto neu aufnehmen können, sehen Sie sich an, wie Alan das Bild in Abbildung 7.34 bearbeitet hat, um Abbildung 7.35 zu erzeugen.

Abbildung 7.34

Abbildung 7.35

Alan restaurierte das Bild in fünf Schritten:

- Eine allgemeine Tonwertkorrektur: Mit einer Tonwertkorrektur-Einstellungsebene korrigierte er die Brauntöne (Abbildung 7.36).
- Er reparierte den Asphalt, indem er eine neue Ebene erstellte und über die Schäden kopierte. Anschließend fügte er einige monochrome Störungen hinzu (Abbildung 7.37).

Abbildung 7.36

Korrigieren Sie zuerst immer Tonwerte und Farben.

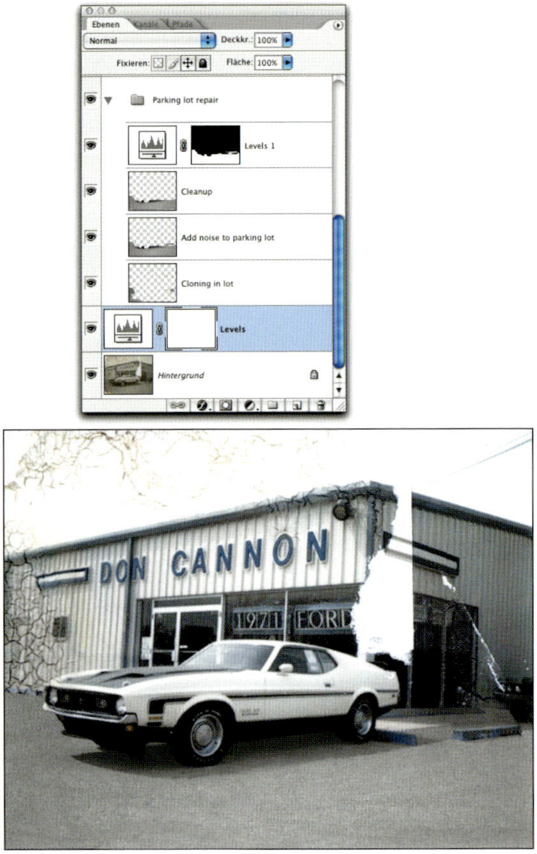

Abbildung 7.37

Reparieren Sie den Parkplatz mit dem Kopierstempel und fügen Sie Störungen hinzu.

- Für die Reparatur des Hauses wählte er bestehende Teile aus, duplizierte und verschob sie, um die Schäden am Fenster und an der Seite zu überdecken. Für die Regenrinne wählte Alan die alte Rinne mit dem Polygon-Lasso aus und füllte die Auswahl mit zwei unterschiedlichen Blautönen (Abbildung 7.38).
- Den Himmel ersetzen: Alan erstellte zunächst eine Auswahl des Himmels und wendete anschließend den Wolken-Filter an. Die so erzeugten Wolken wurden mit einem Verlauf verfeinert und in den Ecken leicht abgedunkelt (Abbildung 7.39).

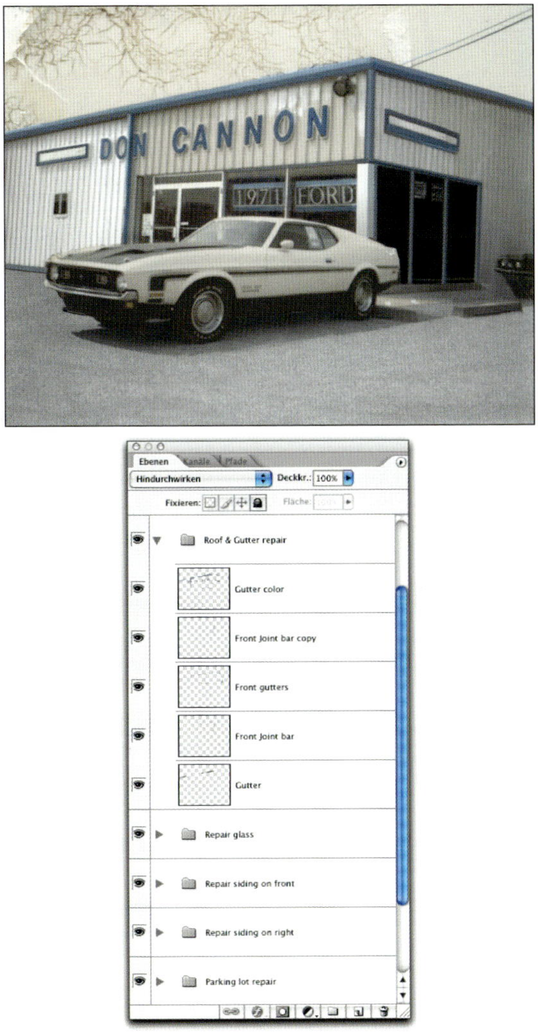

Abbildung 7.38

Wählen Sie verfügbare Bildinformationen aus und duplizieren Sie sie.

Abbildung 7.39

Sie erzielen bessere Ergebnisse, wenn Sie den Himmel ersetzen, statt ihn zu reparieren.

- Details im Auto: Als Autofreak widmete sich Alan intensiv einiger Details am Auto – Motorhaube, Streifen und Reifen. Auf der rechten Seite reinigte, reparierte und färbte er das Auto neu ein. Daran erkennen Sie, wie viel Aufmerksamkeit Alan dieser Restauration widmete (Abbildung 7.40).

Verschiedene Photoshop-Künstler wenden auf Bildprobleme unterschiedliche Strategien an. Alan baute die Bildinformationen sorgfältig auf und speicherte alle Auswahlen als Kanäle. Am Ende zählt jedoch immer nur das Ergebnis.

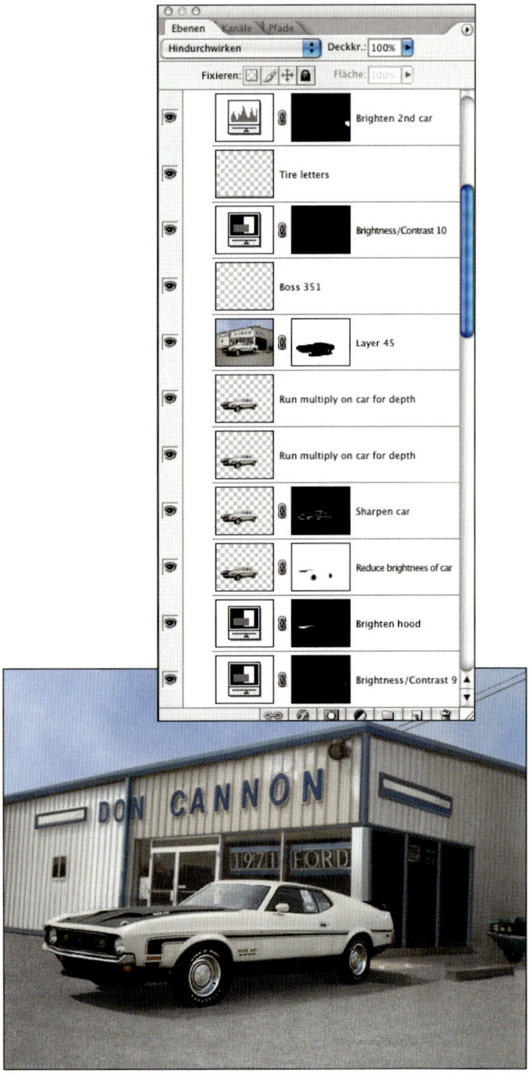

Abbildung 7.40

Wenn Sie mit Liebe arbeiten, wird man das sehen.

Bilder reduzieren

Wenn eine Retusche oder Restauration aus mehreren Ebenen besteht, ist es oft besser, auf einer reduzierten Version – einer Arbeitsebene – zu arbeiten und die Arbeitsebenen zu erhalten. Wenn Sie in einer Ebene arbeiten, können Sie leichter Auswahlen erstellen, Farbkorrekturen vornehmen und kopieren. Um eine Arbeitsebene oder Datei zu erstellen,

- klicken Sie in Photoshop CS2 auf die oberste Ebene und drücken ⌘-⌥-⇧-E/Strg-Alt-⇧-E, um die sichtbaren Ebenen auf eine Ebene zu reduzieren.
- Um in älteren Photoshop-Versionen eine Arbeitsebene zu erstellen, klicken Sie auf die oberste Ebene, halten ⌥/Alt gedrückt und wählen EBENE/SICHTBARE AUF EINE EBENE REDUZIEREN. Wenn Sie mit großen Dateien arbeiten, müssen Sie darauf achten, dass Sie die Modifikatortaste so lange gedrückt halten, bis die neue Ebene vollständig ist. Sie können auch ⌘-⌥-⇧-N/Strg-Alt-⇧-N und anschließend ⌘-⌥-⇧-E/Strg-Alt-⇧-E drücken.
- Um die Ebenen einer Ebenengruppe auf eine neue Ebene zu reduzieren und die Gruppe intakt zu halten, markieren Sie sie und drücken die ⌥/Alt-Taste, während Sie aus dem Menü der Ebenen-Palette die Option GRUPPE ZUSAMMENFÜGEN wählen (⌘-E/Strg-E).
- Um eine separate reduzierte Datei zu erstellen, wählen Sie BILD/BILD DUPLIZIEREN und aktivieren die Checkbox NUR ZUSAMMENGEFÜGTE EBENEN DUPLIZIEREN. Speichern und schließen Sie die Originaldatei. Speichern Sie auch die neue Datei und arbeiten Sie mit dieser weiter.

Menschen einander näher bringen

Wenn Sie jemals einem Profifotografen bei der Arbeit zugesehen haben, wissen Sie, dass er immer mehrere Einstellungen aufnimmt. Aber auch dann kann der perfekte Moment verfehlt werden, weil der Fotograf beispielsweise den Film oder die Speicherkarte wechseln oder auf den Blitz warten muss. Bei einer Hochzeit muss der Fotograf beispielsweise jeden Augenblick vorhersehen, um den richtigen Moment zu fotografieren. Aber auch dann wird dieser manchmal verpasst, weil sich der Gesichtsausdruck verändert hat, eine Person blinzelt oder die Pose nicht mehr passt. Im folgenden Abschnitt lernen Sie, den perfekten Moment nachträglich herzustellen, indem Sie Menschen und Körperteile verschieben.

Dieses Bild eines sich küssenden Brautpaars (Abbildung 7.41) wäre ein interessanteres Foto geworden, wenn der Fotograf eine Sekunde später auf den Auslöser gedrückt hätte. Glücklicherweise kann der Moment nachgestellt werden, indem der Bräutigam einfach in eine eigene Ebene kopiert und etwas verschoben wird (Abbildung 7.42).

Ch7_kiss_closer.jpg

Abbildung 7.41

Abbildung 7.42

1. Ziehen Sie mit dem Lasso eine Auswahllinie zwischen Braut und Bräutigam (Abbildung 7.43). Kopieren Sie den Bräutigam mit ⌘-J / Strg-J in eine eigene Ebene.
2. Aktivieren Sie das Verschieben-Werkzeug und bewegen Sie den Bräutigam mit der Pfeiltaste nach links.
3. Fügen Sie eine Ebenenmaske hinzu und malen Sie mit einer kleinen schwarzen Pinselspitze und einer Kantenschärfe von 50% über den Übergang zwischen Braut und Bräutigam (Abbildung 7.44).

Abbildung 7.43

Wählen Sie den Bräutigam aus.

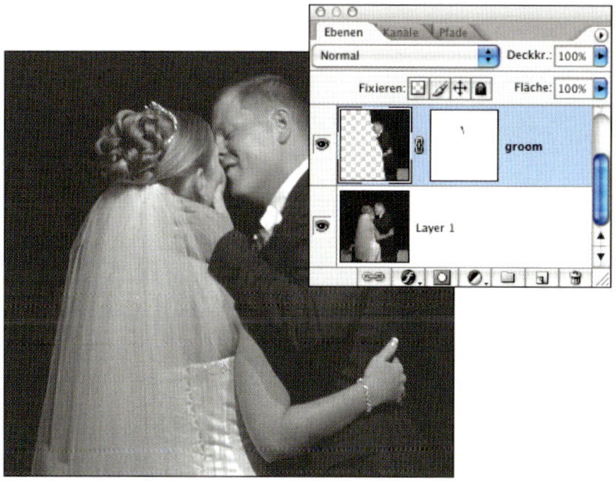

Abbildung 7.44

Verfeinern Sie mit einer Ebenenmaske den intimen Moment zwischen Braut und Bräutigam.

4. Um das Bild noch zu verbessern, fügen Sie eine Tonwertkorrektur-Einstellungsebene hinzu. Verschieben Sie den Schwarz- und Weißpunktregler auf den jeweiligen Beginn des Histogramms. Damit im Kleid der Braut keine Details verloren gehen, reduzieren Sie den Tonwertumfang auf 245 (**Abbildung 7.45**).

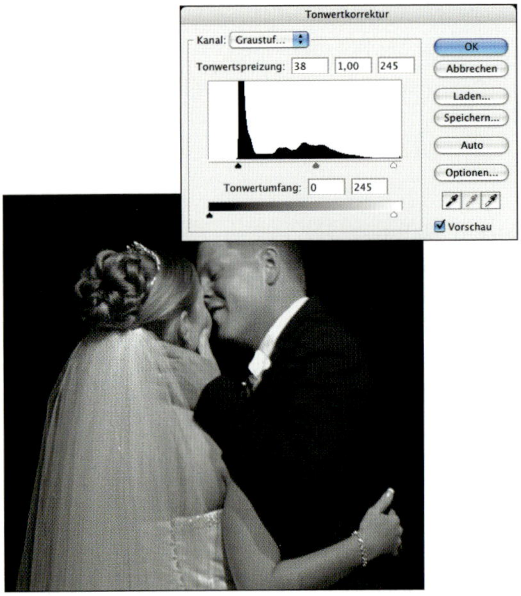

Abbildung 7.45

Mit einer zusätzlichen Tonwertkorrektur-Einstellungsebene wurden der Kontrast verbessert und die Lichter kontrolliert.

Das Begrüßungsfoto verfeinern

Während einer Hochzeit werden viele Fotos gemacht. Einige sind gestellt, andere nicht – einige sind schöner als andere. Wie das bei Hochzeiten oft der Fall ist, werden die entspanntesten Fotos während der Begrüßung aufgenommen (**Abbildung 7.46**). In diesem Beispiel gibt es von Braut und Bräutigam viele wunderschöne Fotos, eines der schönsten war jedoch dieses. Das Brautpaar wollte die Großmutter und den störenden Hintergrund entfernen lassen (**Abbildung 7.47**), um ein intimeres Porträt von sich zu haben.

© Alyssa Duncan

Abbildung 7.46

Abbildung 7.47

1. Ich begann damit, das Bild aufzuhellen und den rotgelben Farbstich mit einer Gradationskurven-Einstellungsebene zu entfernen (**Abbildung 7.48**).

2. Mit dem Auswahlrechteck erstellte ich eine Auswahl vom Bräutigam und wählte BEARBEITEN/AUF EINE EBENE REDUZIERT KOPIEREN gefolgt von BEARBEITEN/EINFÜGEN, um ihn in einer eigenen Ebene zu platzieren. Ich wiederholte diese Schritte für die Braut. Nachdem ich den Ebenen Namen gegeben hatte, zog ich sie in Position. Wie Sie in **Abbildung 7.49** sehen, verschwinden die optischen Störungen, wenn Sie die Hintergrundebene ausblenden.

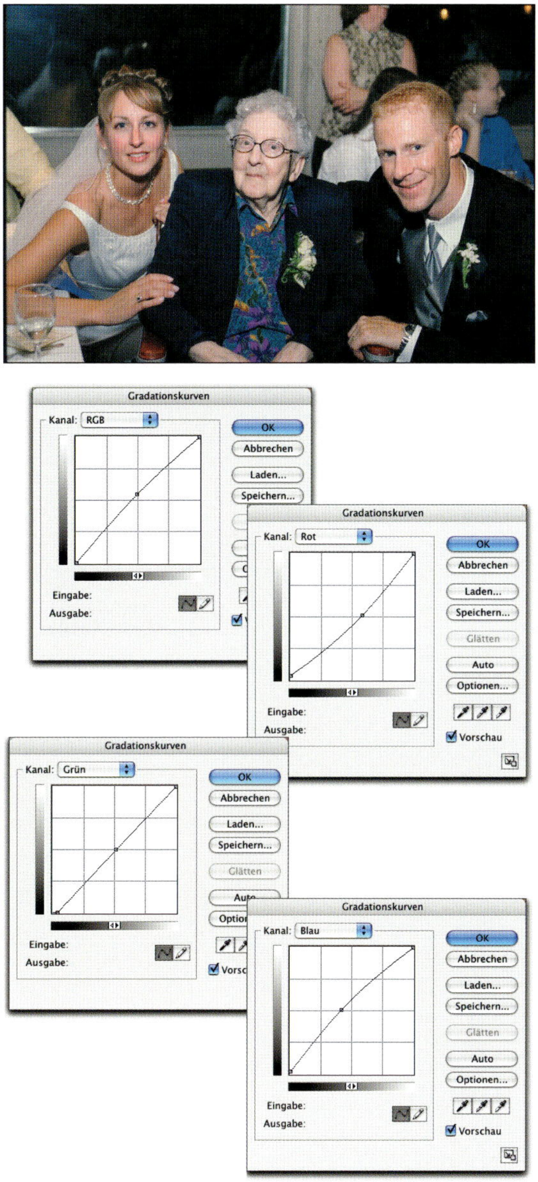

Abbildung 7.48

Nutzen Sie eine Gradationskurven-Einstellungsebene, um das Bild aufzuhellen und den Farbstich zu entfernen.

3. Ich erstellte eine Ebenenmaske für die Ebene des Bräutigams und entfernte die Bildinformationen hinter seinem Kopf und der rechten Schulter. Dies wiederholte ich für die Ebene der Braut. Anschließend schob ich die Braut näher an den Bräutigam (**Abbildung 7.50**).

Abbildung 7.49

Braut und Bräutigam wurden in eigene Ebenen kopiert und näher zusammengebracht.

Abbildung 7.50

Blenden Sie unerwünschte Bildelemente mithilfe von Ebenenmasken aus.

4. Wenn Sie die blaue Jacke der Großmutter mit einer Volltonfarbe-Einstellungsebene schwarz einfärben, können Sie die Hand der Braut weiterhin verwenden – die Jacke wird zum Arm des Bräutigams (**Abbildung 7.51**).

Abbildung 7.51

Mit einer Volltonfarbe-Einstellungsebene wurde die Jacke der Großmutter schwarz eingefärbt, sie wird so zum Arm des Bräutigams.

5. Immer wenn Sie Arbeiten wie diese durchführen, sollten Sie ganz besonders auf die Details achten. Hier entfernte ich einfach die linke Hand der Braut und vervollständigte den Ausschnitt ihres Kleids. Auch die Wand im Hintergrund füllte ich neu (**Abbildung 7.52**).

6. Um das Fenster im Hintergrund zu erneuern, blendete ich nur die Hintergrundebene und die Gradationskurven-Einstellungsebene ein. Ich wählte den Teil des Fensters ohne Reflexionen aus und wählte BEARBEITEN/AUF EINE EBENE REDUZIERT KOPIEREN und anschließend BEARBEITEN/EINFÜGEN (**Abbildung 7.53**). Nachdem ich alle anderen Ebenen wieder eingeblendet hatte, platzierte ich das Fenster hinter dem Kopf des Bräutigams.

7. Ich erkannte, dass die Reflexionen des Kopfs der Großmutter immer noch zu sehen waren. Ich entfernte diese und bereinigte die letzten Artefakte auf einer neuen Ebene. Außerdem verfeinerte ich die Kanten um das Brautpaar.

Abbildung 7.52

Mit dem Kopierstempel entfernte ich auf einer neuen Ebene die letzten unerwünschten Elemente.

Abbildung 7.53

Durch Informationen aus der Hintergrundebene konnte das Fenster vollständig ausgefüllt werden.

8. Das Bild war nun so gut wie fertig. Um zu überprüfen, ob ich nichts vergessen hatte, wählte ich das Bild mit dem Auswahlwerkzeug aus und wählte AUSWAHL/AUSWAHL UMKEHREN. Anschließend fügte ich eine Volltonfarbe-Einstellungsebene in Schwarz hinzu (Abbildung 7.54).

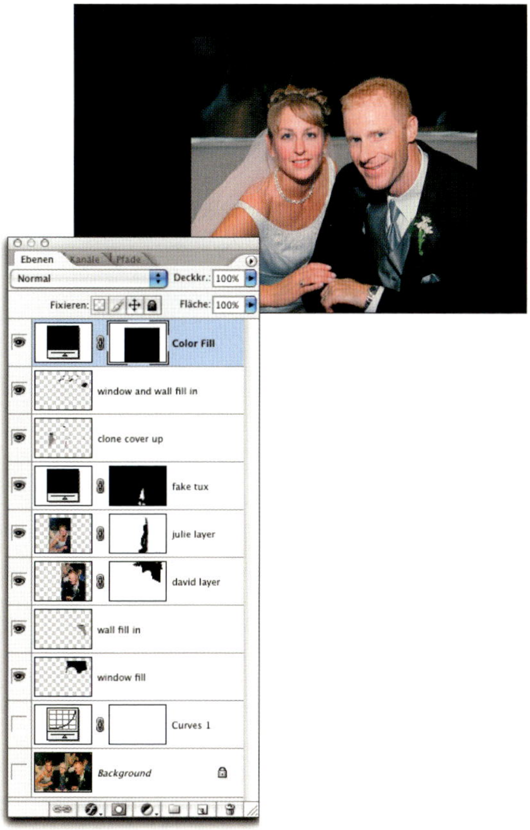

Abbildung 7.54

Um den finalen Bildbereich zu sehen, wurde eine Volltonfarbe-Einstellungsebene hinzugefügt.

9. Um die Farbe des Hintergrunds anzupassen, fügte ich eine Gradationskurven-Einstellungsebene im Modus MULTIPLIZIEREN hinzu. Ich änderte die Vordergrundfarbe in Weiß, um die Änderungen nachzuverfolgen, und aktivierte das Verlaufswerkzeug. Mit der Vorlage VORDERGRUND, TRANSPARENT erstellte ich je einen Verlauf aus den unteren Ecken (Abbildung 7.55). Dadurch wurden diese abgedunkelt, die Aufmerksamkeit wird auf das Brautpaar gelenkt.

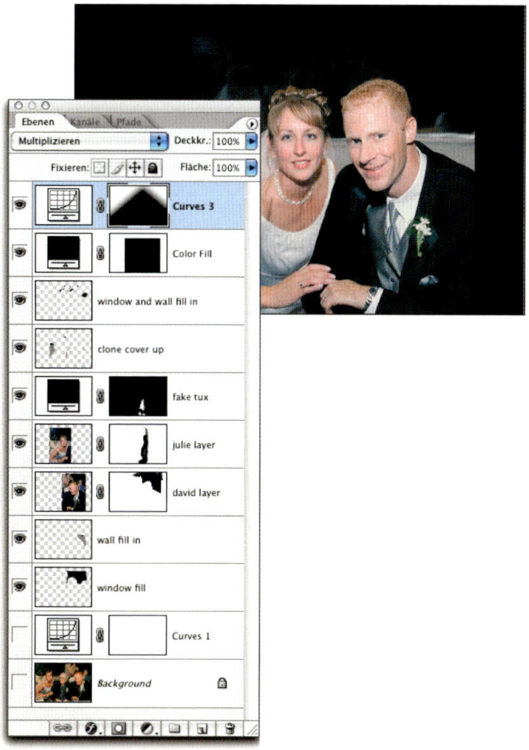

Abbildung 7.55

Mit einer Gradationskurven-Einstellungsebene wurde der Hintergrund abgedunkelt.

10. Anschließend speicherte ich die Datei und klickte mit gedrückter [⌘]/[Strg]-Taste auf das Icon der Volltonfarbe-Ebene, um die Auswahl zu laden und umzukehren. Ich wählte BILD/FREISTELLEN, um das finale Bild zu erstellen (Abbildung 7.56).

Abbildung 7.56

Das finale Bild

Köpfe tauschen und Hälse abtrennen

Halten Sie das Fotografieren einer Person für eine Herausforderung, so überlegen Sie einmal, wie es ist, ganze Gruppen oder Familien zu fotografieren. Jeder blinzelt irgendwann einmal oder schaut im falschen Moment in die Kamera. Profifotografen nehmen deshalb immer viele Bilder auf. Je mehr Menschen im Bild zu sehen sind, desto größer ist die Wahrscheinlichkeit, dass solche Probleme auftreten. Von Lee Varis, einem Fotografen aus Los Angeles, der oft Körperdouble für Filmposter fotografiert und dann die Köpfe der Stars darauf setzt, hörte ich das erste Mal etwas vom Hälse abtrennen.

Ein Gesicht erneuern

Im Originalbild dieses Hochzeitspaars sehen Braut und Bräutigam sehr nett aus (**Abbildung 7.57**), nur dass der Wind ihren Schleier in sein Gesicht geweht hat. Durch die Erneuerung des Gesichts (**Abbildung 7.58**) bekam das Bild seinen Platz im Hochzeitsalbum.

1. Um das Gesicht zu erneuern, wählte ich zunächst die gute Seite seines Gesichts mit dem Lasso und einer weichen Auswahlkante von 1 Pixel aus (**Abbildung 7.59**) und duplizierte die Auswahl in eine neue Ebene.
2. Nachdem ich den Kopf gedreht und eine Ebenenmaske hinzugefügt hatte, malte ich mit einer kleinen weichen Pinselspitze einen Übergang zwischen neuem und altem Gesicht.
3. Zum Angleichen der Farbwerte hielt ich die [⌥]/[Alt]-Taste gedrückt, während ich eine Gradationskurven-Einstellungsebene erstellte. Ich aktivierte die Checkbox SCHNITTMASKE AUS VORHERIGER EBENE ERSTELLEN. Durch die Schnittmaske wirkt sich die Korrektur nur auf nicht transparente Pixel der Basisebene aus. Diese nutzte ich, um Farbe und Sättigung der Haut zu verfeinern (**Abbildung 7.60**).

© Alyssa Duncan

Abbildung 7.57

Abbildung 7.58

Abbildung 7.59

Eine großzügige Auswahl garantiert ausreichend Bildinformationen.

Abbildung 7.60

Einstellungsebenen in Schnittmasken wirken sich nur auf nicht transparente Pixel der Grundebene aus.

4. Um das Bild zu vervollständigen, fügte ich eine neue Ebene hinzu und entfernte mit dem Kopierstempel und dem Bereichsreparatur-Pinsel verräterische Spuren. Anschließend korrigierte ich noch einmal die Farben (Abbildung 7.61).

Abbildung 7.61

Durch die finale Retusche und Farbkorrektur entstand der perfekte Moment.

Ein Gesicht ersetzen

Abbildung 7.62 zeigt ein anderes Foto von derselben Hochzeit. Leider sieht immer einer von beiden nicht so gut aus. Die Herausforderung hier lag darin, dass die Braut den besten Gesichtsausdruck in einem Farbbild hat und der Bräutigam in einem Schwarzweißbild (Abbildung 7.63). Ein Farbbild in Graustufen umzuwandeln, wäre ein Kinderspiel, die Braut wollte jedoch das fertige Bild als Farbbild. Das Resultat zeigt Abbildung 7.64.

© Alyssa Duncan

Abbildung 7.62

Abbildung 7.63

Abbildung 7.64

1. Nachdem ich den Kopf des Bräutigams im Schwarzweißbild großzügig ausgewählt hatte, fügte ich diesen in das Farbbild ein (**Abbildung 7.65**). Ich wähle lieber immer mehr Bildinformationen aus als nötig und entferne die Überschüsse mit einer Ebenenmaske. Ändern Sie die Füllmethode in LUMINANZ, um die Farbe der darunter liegenden Ebene einzublenden. Mit dem Transformieren-Befehl transformierte und positionierte ich den Kopf passend zu dem der Braut.

Abbildung 7.65

Passen Sie Größe und Position des Kopfs an.

2. Ich fügte eine Ebenenmaske hinzu und entfernte mit einer schwarzen Pinselspitze (Kantenschärfe 75%) die überflüssigen Bildinformationen (**Abbildung 7.66**).

Abbildung 7.66

Blenden Sie unerwünschte Informationen mit einer Ebenenmaske aus.

3. Um das Gesicht des Manns abzudunkeln, fügte ich eine Gradationskurven-Einstellungsebene als Schnittmaske hinzu, wie in **Abbildung 7.67** zu sehen. Auf separaten Ebenen hellte ich seine Zähne auf und entfernte verräterische Artefakte mit dem Bereichsreparatur-Pinsel, um das neue Gesicht zu vervollständigen (**Abbildung 7.68**).

4. Um das Bild noch weiter zu verfeinern, hellte ich das Brautkleid etwas auf, verstärkte den Kontrast und zeichnete das gesamte Bild etwas weich.

Abbildung 7.67

Mit der Einstellungsebene als Schnittmaske konnte ich Farbe und Tonwerte anpassen.

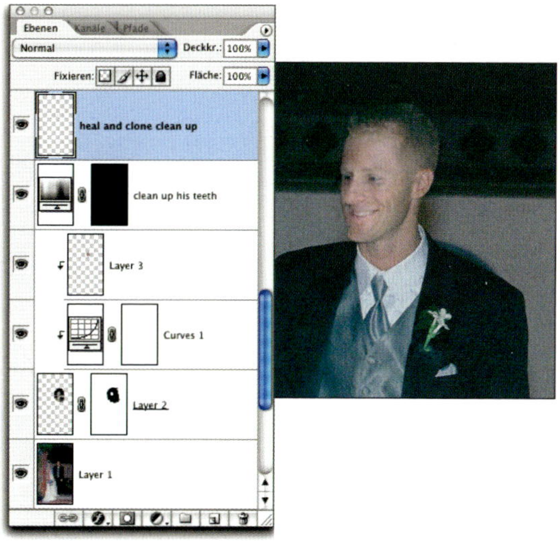

Abbildung 7.68

Zum Abschluss reinigte ich die gesamte Datei noch einmal mit dem Bereichsreparatur-Pinsel.

Gruppenporträts bearbeiten

Beim Fotografieren von Menschen im Studio haben Sie eine größere Kontrolle über die Beleuchtung und die Zusammensetzung des Bilds. Trotzdem müssen mehrere Einstellungen aufgenommen werden, um später das beste Bild herauszusuchen. Wie Art Johnson erklärt: »Ich fotografiere immer mehr als nötig. So kann ich mehrere Fotos miteinander kombinieren, wenn die perfekte Einstellung nicht gelungen ist.« (**Abbildungen 7.69** und **7.70**)

© Art Johnson

Abbildung 7.69

Abbildung 7.70

Tipp

Wenn Sie Gesichter oder Köpfe ersetzen, duplizieren Sie das neue Gesicht, reduzieren Sie die Ebenendeckkraft auf 50% und richten Sie die Augen aneinander aus. Wählen Sie anschließend BEARBEITEN/TRANSFORMIEREN und verschieben Sie den Transformations-Mittelpunkt zwischen die Augen. So drehen und skalieren Sie das neue Gesicht immer um die Augen.

Gruppenporträts erweitern

Sie müssen möglicherweise nicht nur Köpfe oder Gesichter ersetzen, sondern auch, wie in diesem Beispiel, den Familienhund mit in das Foto integrieren. Art sagte: »Während der Aufnahmen waren die Kinder durch den Hund so abgelenkt, dass ich ihn herausnahm. Nachdem ich mit dem Familienfoto zufrieden war (**Abbildung 7.71**), konnte ich mich voll und ganz auf den Hund konzentrieren (**Abbildung 7.72**), den ich später ohne Leine und mithilfe von Photoshop wieder in das Bild einsetzte (**Abbildung 7.73**).«

© Art Johnson

Abbildungen 7.71 und 7.72

Abbildung 7.73

REFLEXIONEN, BLENDENFLECKE UND LICHTEINTRITTE REDUZIEREN

Licht ist die Grundlage eines jeden Fotos, es kann für den Fotografen aber auch zu einem großen Problem werden. Licht wird zu einer echten Herausforderung, wenn zu viel oder zu wenig davon vorhanden oder es falsch platziert ist.

Reflexionen verringern

Es ist schwierig, ein Fenster oder durch ein Fenster zu fotografieren. Um Reflexionen während der Aufnahme zu verringern, verwenden Sie einen Polfilter. Manchmal muss ein Bild aber auch einfach aufgenommen werden, egal, was dabei herauskommt, so auch das Beispiel in Abbildung 7.74. Leider stört die Reflexion auf dem Fenster, durch eine Neuaufnahme wäre allerdings die Spontaneität verloren gegangen. Mit einer Einstellungsebene und einer Blendenkorrektur wurde die Reflexion entfernt (Abbildung 7.75).

Abbildung 7.74

Abbildung 7.75

Ch7_happycouple.jpg

1. Um die Reflexion abzudunkeln, wählen Sie das Innere des Fensters mit dem Polygon-Lasso aus. Wechseln Sie zum Standard-Lasso, halten Sie die [⌥]/[Alt]-Taste gedrückt und wählen Sie das Pärchen aus, um es aus der Auswahl zu entfernen (Abbildung 7.76).

Abbildung 7.76

Beginnen Sie die Auswahl mit dem Polygon-Lasso und vervollständigen Sie sie mit dem Standard-Lasso.

2. Fügen Sie eine Tonwertkorrektur-Einstellungsebene hinzu und verschieben Sie den Schwarzpunktregler nach rechts, bis die Reflexionen fast weg sind (Abbildung 7.77). Ein paar kleine Reflexionen sollten jedoch erhalten bleiben.

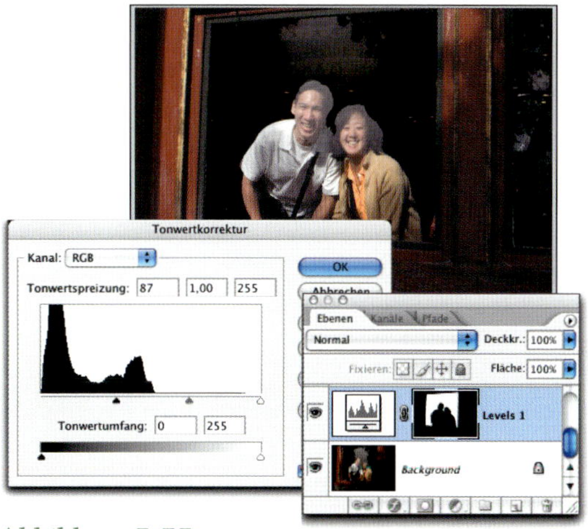

Abbildung 7.77

Nachdem Sie das Fenster ausgewählt und eine Einstellungsebene erstellt haben, erhöhen Sie den Schwarzwert.

3. Falls die Auswahlkante zu hart ist, wenden Sie auf die Maske der Tonwertkorrektur den Befehl FILTER/WEICHZEICHNUNGSFILTER/ GAUSS'SCHER WEICHZEICHNER mit einer Einstellung von 3 an, um den Übergang zu glätten (**Abbildung 7.78**).

Abbildung 7.78

Glätten Sie die Kanten der Ebenenmaske mit dem Gaußschen Weichzeichner.

4. Um das Pärchen etwas abzudunkeln, wählen Sie es mit der Auswahlellipse aus (**Abbildung 7.79**), fügen eine Gradationskurven-Einstellungsebene hinzu und dunkeln die Tiefen ab (**Abbildung 7.80**). Glätten Sie den Übergang mit dem Gaußschen Weichzeichner und einem Wert von 5.
5. Fügen Sie eine neue Ebene hinzu und aktivieren Sie den Bereichsreparatur-Pinsel mit der Option ALLE EBENEN AUFNEHMEN. Entfernen Sie verbliebene Flecken im Fenster.
6. Drücken Sie [⌘]-[⌥]-[⇧]-[E]/[Strg]-[Alt]-[⇧]-[E], um die Ebenen auf eine neue zu reduzieren, und wählen Sie anschließend FILTER/VERZERRUNGSFILTER/BLENDENKORREKTUR.
7. Wie in Kapitel 6 erklärt, sollten Sie mit dem Gerade-ausrichten-Werkzeug beginnen und damit entlang der horizontalen Fensterkante ziehen. Entfernen Sie mit dem Regler VERZERRUNG ENTFERNEN die Tonnenverzerrung und korrigieren Sie anschließend die vertikale Perspektive, um das Bild gerade auszurichten (**Abbildung 7.81**).

Abbildung 7.79

Wählen Sie nur das Pärchen aus.

Abbildung 7.80

Dunkeln Sie das Pärchen ab und zeichnen Sie den Übergang weich.

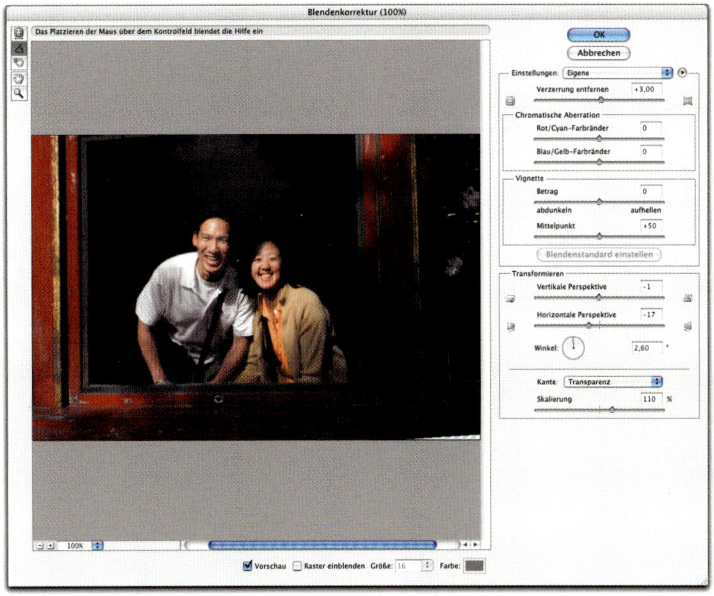

Abbildung 7.81

Nutzen Sie den Filter BLENDENKORREKTUR, *um die Perspektive zu korrigieren.*

Natürlich ist es besser, bereits das bestmögliche Motiv zu fotografieren, aber manchmal sind Geschwindigkeit und Spontaneität wichtiger. In solchen Situationen kommt dann Photoshop ins Spiel – es hilft, bessere Bilder zu erstellen.

Blendenflecke korrigieren

Blendenflecke werden durch Licht verursacht, das direkt ins Objektiv fällt. In den meisten Fällen lassen sich Blendenflecke vermeiden, wenn Sie die Kamera nicht direkt in die Sonne halten oder einen großen Objektivschutz verwenden. Manchmal verleihen Blendenflecke einem Bild auch einen künstlerischen Touch, meistens wirken sie jedoch nur störend.

Ich habe von Lesern auf der ganzen Welt gehört (das ist das, was ich am Bücher schreiben so liebe) und Jose Basbus aus Argentinien schickte mir ein sehr schönes Foto, das er in Patagonien aufgenommen hatte (**Abbildung 7.82**). Obwohl Jose versucht hatte, mit der Sonne einen künstlerischen Effekt zu erzeugen, lenken die Blendenflecke im Vordergrund vom eigentlichen Bild ab. Statt sich auf die Standardkopier- und -reparaturtechniken zu verlassen, riet ich ihm, die guten Kanalinformationen zu verwenden, um die Bereiche im schlechteren Kanal zu ersetzen und das finale Bild in **Abbildung 7.83** zu erstellen.

ch7_patagonia.jpg

1. Zoomen Sie in die Blendenflecke hinein und sehen Sie sich mit ⌘/Strg-1, 2 und 3 die einzelnen Kanäle an. Wie Sie in **Abbildung 7.84** sehen, sind die meisten Schäden im roten und grünen Kanal zu sehen.
2. Blenden Sie wieder den RGB-Kanal ein und wählen Sie den Blendenfleck mit dem Lasso und einer weichen Auswahlkante von 3 Pixel aus (**Abbildung 7.85**).
3. Aktivieren Sie in der Kanäle-Palette den blauen Kanal (⌘-3/Strg-3) und wählen Sie BEARBEITEN/KOPIEREN. Aktivieren Sie anschließend den roten Kanal (⌘-1/Strg-1) und wählen Sie BEARBEITEN/IN DIE AUSWAHL EINFÜGEN oder drücken Sie ⌘-⇧-V/Strg-⇧-V.

Abbildung 7.82

Abbildung 7.83

Rot

Grün

Blau

Abbildung 7.84

Der blaue Kanal ist von den Blendenflecken am wenigsten betroffen.

Abbildung 7.85

Wählen Sie die beschädigten Bereiche mit dem Lasso aus.

4. Drücken Sie ⌘-2/Strg-2, um den grünen Kanal zu aktivieren, und wählen Sie BEARBEITEN/IN DIE AUSWAHL EINFÜGEN oder drücken Sie ⌘-⇧-V/Strg-⇧-V, um die Informationen des blauen Kanals in den beschädigten grünen Kanal einzufügen. Blenden Sie anschließend wieder den RGB-Kanal ein. Wie Sie in **Abbildung 7.86** sehen, ist der Blendenfleck verschwunden, mit ihm allerdings auch die Farben.

Abbildung 7.86

Fügen Sie die Auswahl des blauen Kanals in den roten und grünen Kanal ein – der Blendenfleck verschwindet, mit ihm aber auch die Farben.

5. Erstellen Sie eine neue Ebene im Modus FARBE. Nehmen Sie mit dem Kopierstempel ähnlich gefärbte Bereiche auf und kopieren Sie über den schwarzweißen Fleck (**Abbildung 7.87**).

Abbildung 7.87

Nehmen Sie ähnlich gefärbte Bereiche auf und stellen Sie mit dem Kopierstempel im Modus FARBE die Farbe wieder her.

Das Ersetzen der Kanäle funktioniert jedoch nicht bei allen Flecken. Es ist aber immer eine gute Idee, nachzusehen, ob unbeschädigtes Material existiert, das Sie verwenden können.

Extreme Blendenflecke reparieren

Wenn die Blendenflecke so extrem sind, dass alle Kanäle beschädigt sind (**Abbildung 7.88**), müssen Sie die Bilddichte bearbeiten, Bildinformationen duplizieren und reparieren, um das ruinierte Foto in das finale Bild zu überführen (**Abbildung 7.89**).

ch7_flare2.jpg

Abbildung 7.88

Abbildung 7.89

1. Blendenflecke vermindern den Bildkontrast. Deshalb müssen Sie diesen in einem ersten Schritt immer verbessern. Fügen Sie eine Gradationskurven-Einstellungsebene hinzu und klicken Sie auf OPTIONEN, um die AUTO-FARBKORREKTUROPTIONEN zu öffnen. Aktivieren Sie die Option KONTRAST KANALWEISE VERBESSERN sowie NEUTRALE MITTELTÖNE AUSRICHTEN und klicken Sie zweimal auf OK.
2. Wählen Sie den großen Blendenfleck mit dem Lasso und einer weichen Auswahlkante von 10 Pixel aus und fügen Sie eine Gradationskurven-Einstellungsebene im Modus LUMINANZ hinzu, um den Bereich abzudunkeln (**Abbildung 7.90**). Verfeinern Sie den Übergang, indem Sie auf der Ebenenmaske malen.
3. Wählen Sie mit einem 5 Pixel weichen Lasso einen unbeschädigten Bereich aus, den Sie als Ersatz verwenden (**Abbildung 7.91**).

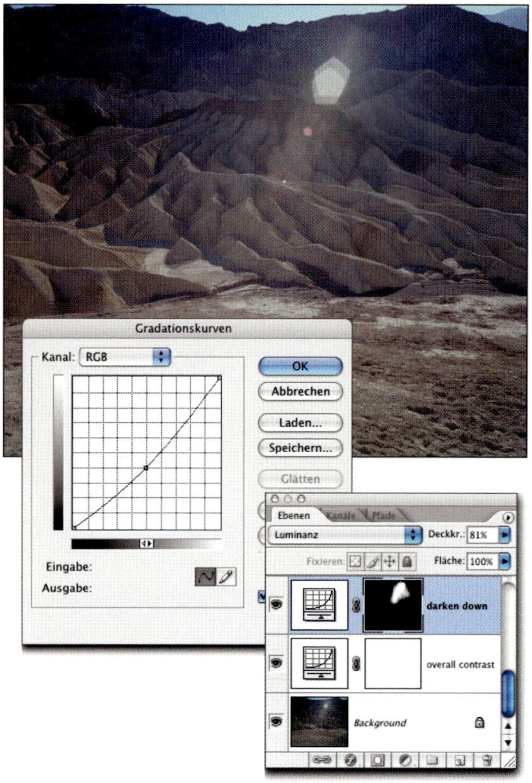

Abbildung 7.90

Verbessern Sie den Bildkontrast.

Abbildung 7.91

Wählen Sie unbeschädigte Bildinformationen aus.

4. Wählen Sie BEARBEITEN/AUF EINE EBENE REDUZIERT KOPIEREN, gefolgt von AUSWAHL/AUSWAHL AUFHEBEN und BEARBEITEN/EINFÜGEN. Verschieben Sie den Bereich nun in die richtige Position (**Abbildung 7.92**).
5. Wiederholen Sie die Schritte 2 und 3, wie in **Abbildung 7.93** zu sehen. Dort erkennen Sie auch, wie ich mit einer Ebenenmaske die Übergänge zwischen den neuen und den beschädigten Bereichen verfeinerte.

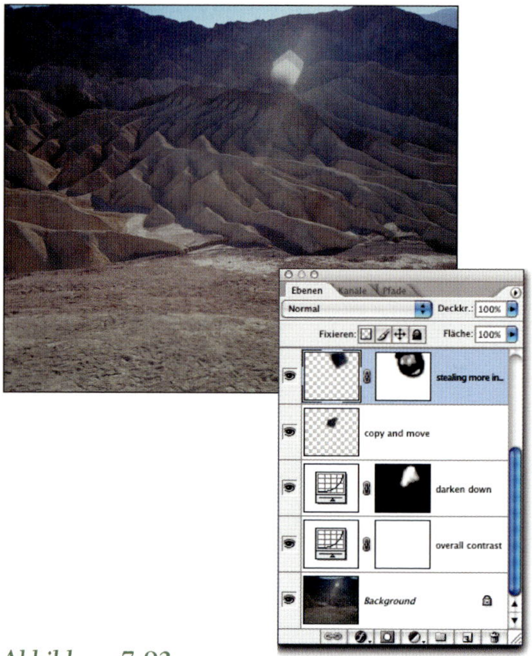

Abbildung 7.92

Positionieren Sie die neuen Bildinformationen.

Abbildung 7.93

Setzen Sie weitere kopierte Bildinformationen ein, um den Blendenfleck auszublenden.

6. Fügen Sie eine neue Ebene hinzu. Verfeinern Sie die Kanten mit dem Kopierstempel und dem Reparatur-Pinsel im Modus ALLE EBENEN AUFNEHMEN.

7. Um die Bilddichte anzugleichen, wählen Sie EBENE/NEU/EBENE, ändern den Modus in WEICHES LICHT und aktivieren MIT DER NEUTRALEN FARBE FÜR DEN MODUS »WEICHES LICHT« FÜLLEN (50% GRAU). Malen Sie mit einer kleinen, weichen, weißen Pinselspitze und einer Deckkraft von 25%, um die Bereiche aufzuhellen. Drücken Sie die Taste [D], um Schwarz als Vordergrundfarbe einzustellen und die Konturen abzudunkeln (**Abbildung 7.94**).

8. Um die Farben des oberen und unteren Bildbereichs auszubalancieren, fügen Sie eine Fotofilter-Einstellungsebene hinzu. Aktivieren Sie den Kaltfilter (LBB), um die Gelbtöne zu neutralisieren. Erstellen Sie auf der Ebenenmaske einen linearen Schwarzweißverlauf, um die Farbe des Übergangs zu korrigieren (**Abbildung 7.95**).

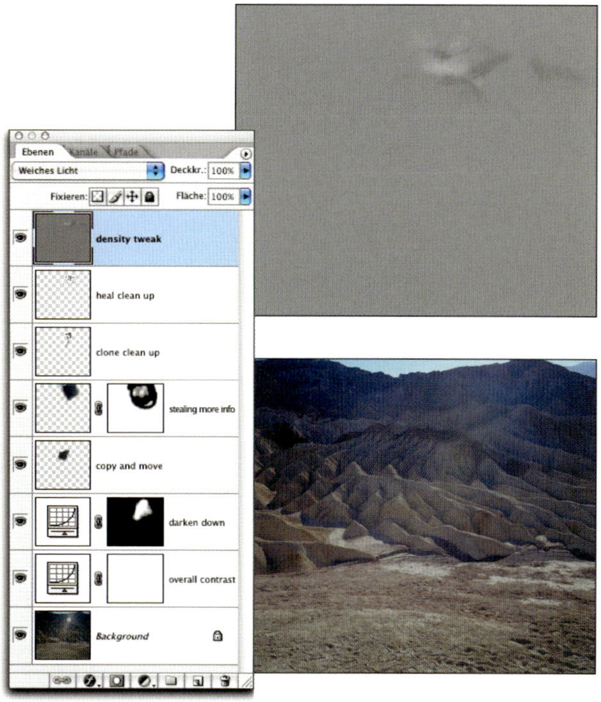

Abbildung 7.94

Verbessern Sie die Bilddichte mit einer neutralen Ebene im Modus WEICHES LICHT.

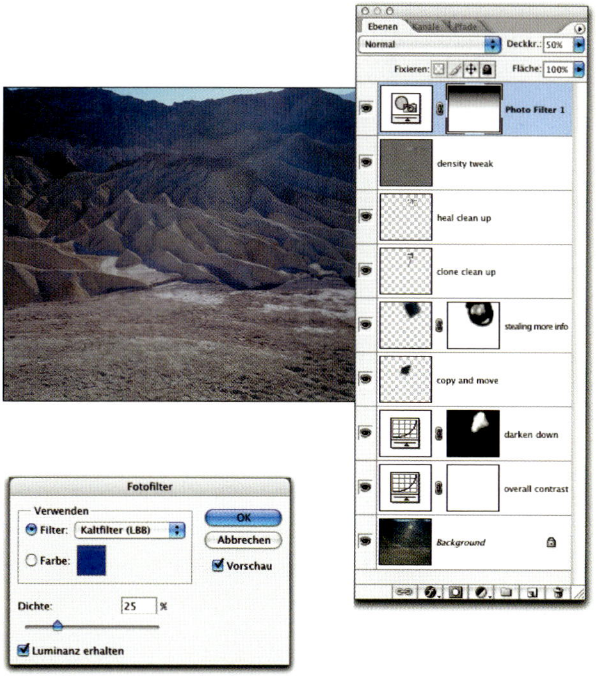

Abbildung 7.95

Verfeinern Sie das Bild mit einem Fotofilter, indem Sie es leicht einfärben.

Perspektivische Blendenflecke entfernen

Das Fotografieren gegen die Sonne ist immer eine Herausforderung, wie in **Abbildung 7.96** zu sehen. Mit dem Fluchtpunkt-Filter und einer Verbesserung der Bilddichte erstellte ich **Abbildung 7.97**. Weitere Informationen zum Fluchtpunkt-Filter finden Sie in Kapitel 5.

ch7_flare3.jpg

1. Wählen Sie FILTER/FLUCHTPUNKT. Legen Sie mit dem Ebene-erstellen-Werkzeug die Perspektive des Gehwegs fest (**Abbildung 7.98**).
2. Nutzen Sie das Stempel-Werkzeug im Modus REPARIEREN: EIN (**Abbildung 7.99**), um die Blendenflecken zu überdecken. Klicken Sie für bessere Ergebnisse mit gedrückter ⌥/Alt-Taste, um gute Bildinformationen aufzunehmen und damit die Flecken zu überdecken.

Abbildung 7.96

Abbildung 7.97

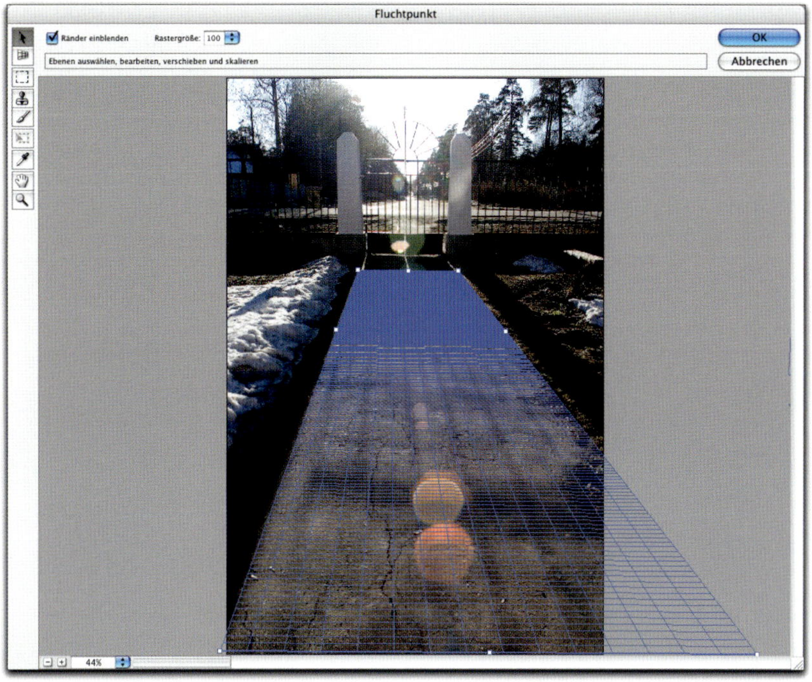

Abbildung 7.98

Finden Sie die richtige Perspektive.

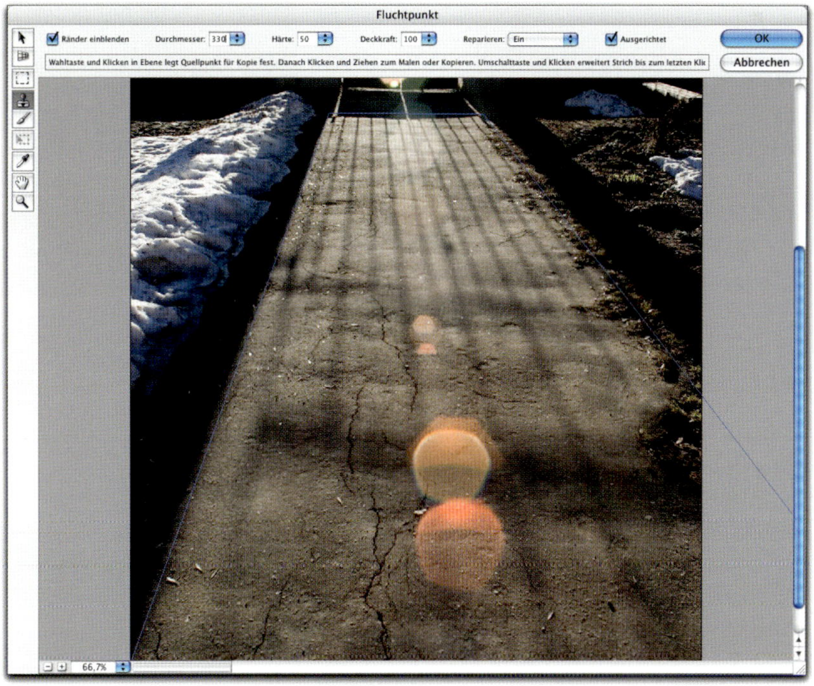

Abbildung 7.99

Kopieren und reparieren Sie in der Perspektive.

3. Drücken Sie anschließend [⌘]-[⌥]-[⇧]-[E]/[Strg]-[Alt]-[⇧]-[E], um die Produktionsebenen auf eine neue Ebene zu reduzieren. Verfeinern Sie die Reparatur anschließend mit dem Bereichsreparatur-Pinsel (**Abbildung 7.100**).

Abbildung 7.100

Verfeinern Sie die Reparatur auf einer reduzierten Arbeitsebene.

4. Um die Bilddichte zu verbessern, fügen Sie eine Gradationskurven-Einstellungsebene im Modus MULTIPLIZIEREN hinzu. Kehren Sie die Ebenenmaske um ([⌘]-[I]/[Strg]-[I]) und malen Sie den Abdunklungseffekt nach Bedarf wieder ins Bild (**Abbildung 7.101**).

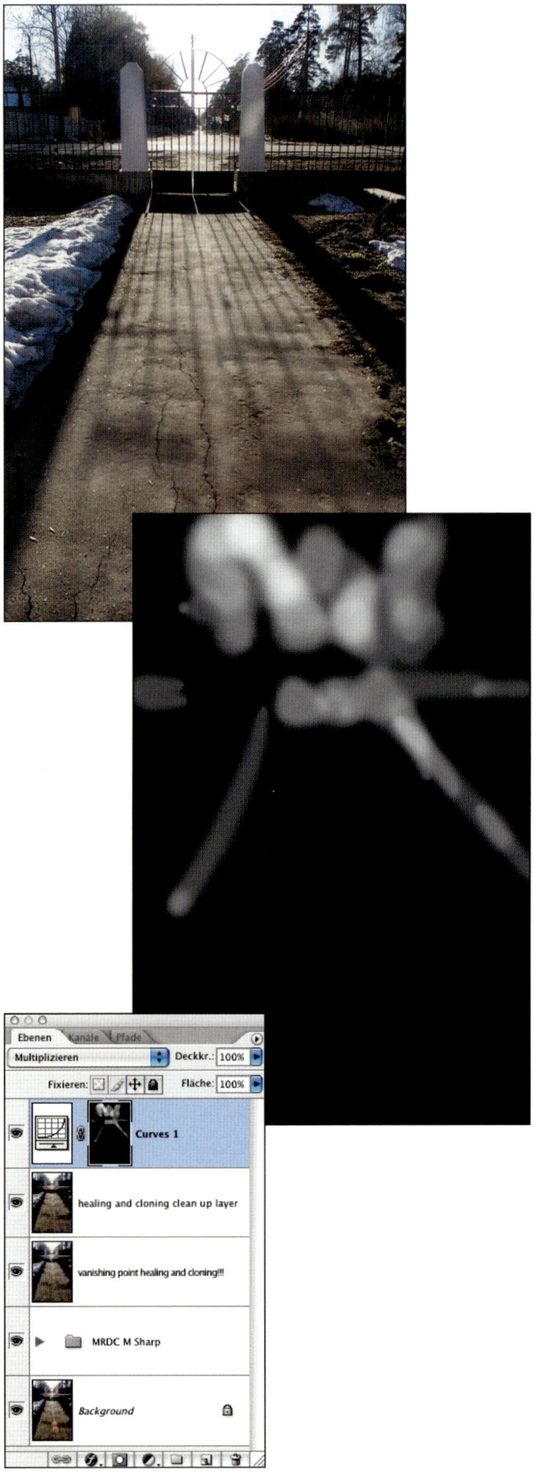

Abbildung 7.101

Verfeinern Sie die Bilddichte mit einer Gradationskurven-Einstellungsebene.

Lichteintritte reparieren

Die Korrektur eines Farbstichs, wie in Kapitel 4 beschrieben, kann viele Probleme mindern. Oftmals sind jedoch die Farbinformationen der Datei durch Lichteintritte, chemische Verfärbungen oder Entwicklerlösung stark beschädigt.

Der Schaden in Abbildung 7.102 könnte möglicherweise durch das Öffnen der Kamera vor dem vollständigen Zurückspulen des Films oder durch Lichteintritte auf der Filmrolle verursacht worden sein. Mit dem besten Farbkanal, Abwedler- und Nachbelichter-Ebenen und einer Volltonfarbe-Einstellungsebene konnte der Charme des Bilds wieder zum Leben erweckt werden (Abbildung 7.103). Natürlich ist ein repariertes Bild nie so perfekt wie ein Orignal ohne Schäden.

Ch7_lightleak.jpg

Abbildung 7.102

Abbildung 7.103

1. Die rauen Kanten und abgerundeten Ecken lassen sich durch eine Freistellung des Bilds entfernen. So erstellen Sie ein rechteckiges Bild und sparen sich viel Restaurationsarbeit.
2. Untersuchen Sie die Farbkanäle (⌘/Strg-1, 2 und 3). Beachten Sie, dass der blaue Kanal nützliche Informationen enthält (Abbildung 7.104). Aufgrund der extremen Schäden entschied ich mich, das Bild in ein Schwarzweißbild umzuwandeln und es anschließend neu einzufärben.

Abbildung 7.104

Der blaue Kanal enthält die besten Bildinformationen.

3. Fügen Sie eine Kanalmixer-Einstellungsebene hinzu, aktivieren Sie die Checkbox MONOCHROM und verschieben Sie den Regler für die Blautöne auf 100%, die anderen beiden auf 0 (**Abbildung 7.105**).

Abbildung 7.105

Eine Kanalmixer-Einstellungsebene im Modus MONOCHROM verdeckt einen Großteil der Schäden.

4. Um die Bilddichte zu verbessern, wählen Sie EBENE/NEU/EBENE, ändern den Modus in ÜBERLAGERN und aktivieren MIT NEUTRALER FARBE FÜR DEN MODUS »ÜBERLAGERN« FÜLLEN (50% GRAU). Malen Sie mit einer weichen schwarzen Pinselspitze und einer geringen Deckkraft, um die verbliebenen Lichter abzudunkeln (**Abbildung 7.106**). Falls die Streifen bei Ihnen dunkler sind, malen Sie mit Weiß, um sie entsprechend aufzuhellen.

Abbildung 7.106

Malen Sie auf einer neutralen Ebene im Modus ÜBERLAGERN.

5. Erstellen Sie eine Arbeitsebene, indem Sie ⌘-⌥-⇧-E/Strg-Alt-⇧-E drücken. Entfernen Sie mit dem Bereichsreparatur-Pinsel und dem Kopierstempel die störenden Flecken auf den Kindern und im Vordergrund.

6. Um den Himmel zu bereinigen, wählen Sie diesen mit einem 3 Pixel weichen Lasso aus und wählen anschließend FILTER/STÖRUNGSFILTER/STAUB UND KRATZER. Geben Sie für Radius und Schwellenwert einen Wert von 2 ein. Heben Sie die Auswahl auf und entfernen Sie mit dem Reparatur-Pinsel die verbleibenden Flecken (**Abbildung 7.107**).

Abbildung 7.107

Staub und Himmel wurden in einer Arbeitsebene korrigiert.

Um das Bild einzufärben, aber dabei so flexibel wie möglich zu bleiben, fügen Sie Volltonfarb-Einstellungsebenen hinzu wie hier beschrieben (genauer gehe ich darauf noch einmal in Kapitel 8 ein).

7. Beginnen Sie mit dem Himmel: Fügen Sie eine Volltonfarbe-Ebene hinzu, wählen Sie ein helles Blau und klicken Sie auf OK. Ändern Sie die Füllmethode in Farbe und drücken Sie ⌘-I/ctrl-I, um die Ebenenmaske umzukehren. Malen Sie mit einer weichen weißen Pinselspitze über den Himmel. Falls das Blau zu intensiv ist, reduzieren Sie die Deckkraft. Falls Sie das Blau ändern wollen, klicken Sie einfach doppelt auf das Ebenen-Icon.

8. Erstellen Sie separate Ebenen für das Gras, die Hauttöne, die Kleidung, die Haare, die Schuhe und den Matsch. Nehmen Sie Farben aus der Originalhintergrundebene auf, um realistische Ergebnisse zu erzielen (Abbildung 7.108).

Abbildung 7.108

Mit sieben Volltonfarb-Ebenen sieht das Bild fast aus wie das Original.

Tipp

Platzieren Sie, wenn Sie ein Bild einfärben, die weniger wichtigen Bereiche im Ebenenstapel weiter unten, die wichtigen oben.

9. Nachdem ich bereits eine Weile an diesem Bild gearbeitet hatte, stellte ich fest, dass das Auto auf der rechten Seite noch einige Originalfarben enthielt. Um das Bild noch realistischer zu gestalten, duplizieren Sie die Hintergrundebene und platzieren Sie diese im Ebenenstapel ganz oben. Klicken Sie mit gedrückter ⌥/Alt-Taste auf den Button EBENENMASKE HINZUFÜGEN und malen Sie mit einer weichen weißen Pinselspitze das Originalauto wieder ins Bild (Abbildung 7.109).

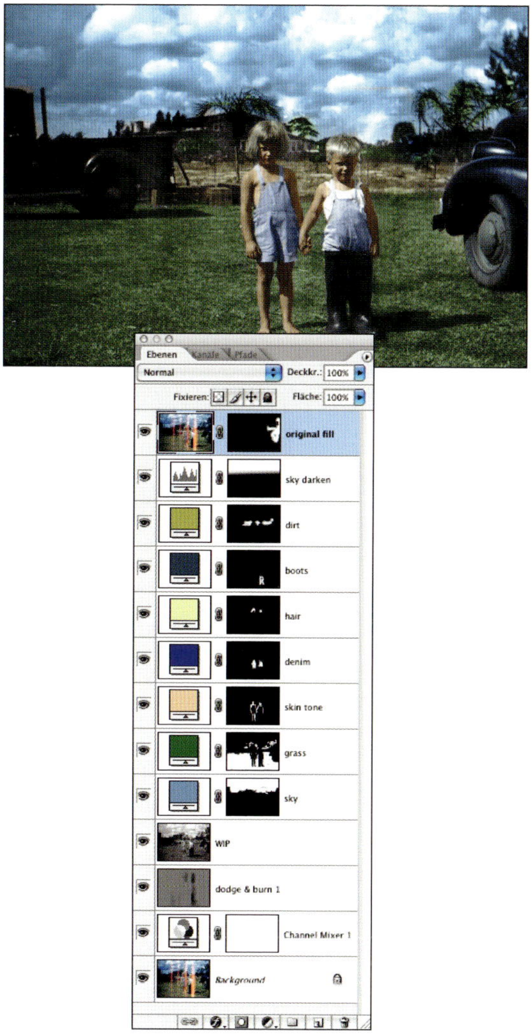

Abbildung 7.109

Verwenden Sie Teile des Originalbilds.

10. Um die letzten Spuren der anfänglichen Schäden zu entfernen, wählen Sie EBENE/NEU/EBENE im Modus ÜBERLAGERN und bei aktivierter Checkbox MIT NEUTRALER FARBE FÜR DEN MODUS »ÜBERLAGERN« FÜLLEN (50% GRAU). Malen Sie mit einer weichen schwarzen Pinselspitze mit geringer Deckkraft über die verbliebenen hellen Stellen, um sie abzudunkeln. Mit einer weißen Pinselspitze hellen Sie sie auf (**Abbildung 7.110**).

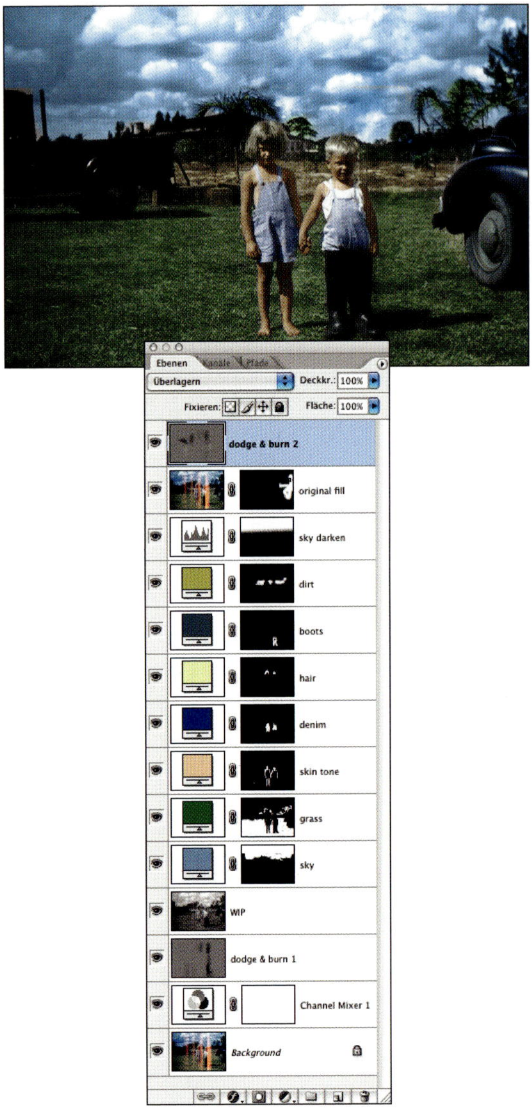

Abbildung 7.110

Eine letzte Abwedler- und Nachbelichter-Ebene entfernt die letzten Spuren.

GEDANKEN ZUM SCHLUSS

Das Ersetzen, Aufbauen und neu Erstellen fehlender Bildelemente verlangt nach kreativen Techniken, dem Willen, in einer Datei nach brauchbarem Material zu suchen, und der Fähigkeit, passende Teile aus anderen Fotos und Szenen zu nutzen. Diese Anstrengungen werden mit neuen Bildern belohnt, die wesentlich schöner und bedeutungsvoller sind als das Original, und an die man sich gern zurück erinnert.

8

AUFPOLIEREN UND DER LETZTE SCHLIFF

Nachdem Sie Farbe und Kontrast eines Bilds perfektioniert und Schäden repariert haben, wird es Zeit, den Bildern den letzten Schliff zu geben. Das kann so einfach sein wie die Umwandlung eines Farbbilds in ein Schwarzweißfoto oder das Einfärben eines Schwarzweißbilds. Sie allein sind jedoch für den Unterschied zwischen »ganz gut« und »wow« verantwortlich, indem Sie das Bild im richtigen Maße scharfzeichnen, einen leichten Farbeffekt anwenden oder mit kreativen Effekten arbeiten, um beispielsweise die Bildkanten stärker zu betonen.

Alles in allem werden Sie in diesem Kapitel viel experimentieren, ausprobieren und entdecken, um einfache Schnappschüsse zu etwas Besonderem zu machen. In diesem Kapitel lernen Sie

- Farbbilder in Schwarzweißfotos umzuwandeln,
- Schwarzweißbilder einzufärben,
- Kunst- und kreative Kanteneffekte anzuwenden,
- Bilder scharfzuzeichnen.

FARBE IN SCHWARZWEISS UMWANDELN

Erst vor kurzem verkündete die Firma Eastman Kodak, dass sie für die analoge Dunkelkammer keine Schwarzweißpapiere mehr herstellt, obwohl die Nachfrage nach schönen Schwarzweißabzügen weiter steigt. Es macht viel Spaß, satte Schwarzweißbilder aus gescannten Farbabzügen oder Digitalkameradateien zu erstellen. Ich selbst experimentiere immer wieder mit unterschiedlichen Methoden zur Umwandlung solcher Bilder. Dabei arbeite ich oft bis spät in die Nacht, um zu sehen, wie Tonwertinterpretationen die Wirkung eines Bilds beeinflussen.

Wie bei vielen Photoshop-Techniken gibt es auch hier verschiedene Methoden, RGB-Dateien in Graustufen umzuwandeln. Die Methoden reichen von Ein-Klick-Lösungen ohne jegliche Kontrolle bis hin zu mehrstufigen Techniken mit präziser Kontrolle und der Entwicklung von Camera-Raw-Dateien.

Ich empfehle Ihnen nicht, die Ein-Klick-Methode anzuwenden, weil Sie damit wichtige Bildinformationen löschen. Nutzen Sie aber auch nicht unbedingt die schwierigste Methode, nur weil Sie diese für die beste halten. Denn vielleicht ist sie gerade für Ihre Datei nicht die beste und warum viel Zeit verschwenden, wenn Sie das gewünschte Ergebnis auch mit weniger Aufwand erzielen können?

Hinweis

Die hier beschriebenen Techniken funktionieren sowohl mit RGB- als auch mit CMYK-Bildern. Je nach Farbeinstellung variieren dann natürlich die Zahlenwerte.

Graustufenumwandlung

Die schnellste (aber auch schlechteste) Methode, ein Farbbild in Graustufen umzuwandeln, ist die Option BILD/MODUS/GRAUSTUFEN. Dabei werden sämtliche Farbinformationen aus dem Bild entfernt. So einfach dieser Befehl auch erscheint, die dahinter stehende Mathematik ist ziemlich kompliziert. Photoshop vergleicht die Farbeinstellungen und verwendet etwa 30% Rot, 59% Grün und 11% Blau, um eine Graustufendatei mit nur einem Kanal zu erstellen. Das Schlechte an dieser Umwandlung ist, dass es keine Vorschau gibt und Sie keine Kontrolle über die verwendeten Prozentwerte haben.

Um es noch einmal zu vereinfachen: Photoshop nimmt alle drei Kanäle und reduziert sie auf einen. Wenn ein Kanal beschädigt ist, werden diese Schäden auch in der Graustufendatei zu sehen sein. Und wenn starke Farben die Wirkung eines Bilds ausmachen (**Abbildung 8.1**), erzielt die Standard-Graustufenumwandlung keine ansprechenden Ergebnisse (**Abbildung 8.2**).

Abbildung 8.1

Das Originalbild

Abbildung 8.2

Die Umwandlung gesättigter Farben mit MODUS/GRAUSTUFEN erzeugt nur selten ansprechende Ergebnisse.

Auch wenn diese Methode schnell und einfach ist, kann ich sie weder für RGB- noch für CMYK-Dateien empfehlen. Mit den folgenden Techniken erzielen Sie wesentlich bessere Ergebnisse.

Abbildung 8.3

Das Originalbild

Einen Farbkanal verwenden

Eine zweite Möglichkeit, ein Farbbild in Graustufen umzuwandeln, besteht darin, den besten Farbkanal auszuwählen, bevor Sie die Farbinformationen verwerfen. Sehen Sie sich die Qualität und Charakteristiken der einzelnen Kanäle an und entscheiden Sie, welcher die besten Farbinformationen enthält. Drücken Sie ⌘/Strg-1, 2 und 3, um die einzelnen Kanäle einzublenden.

In den meisten Fällen ist der grüne Kanal der beste. Bei einigen Bildern, besonders bei kreativen Porträts, ist jedoch der rote Kanal die bessere Alternative. In **Abbildung 8.3** stellt der blaue Kanal die Szene am besten dar. Wenn Sie ein Bild in Graustufen umwandeln, aktivieren Sie zunächst den besten Kanal (**Abbildung 8.4**) und wählen Sie anschließend BILD/MODUS/GRAUSTUFEN. Die weniger nützlichen Kanäle werden entfernt, der Kanal, den Sie als besten ausgewählt haben, wird zum Graustufenbild. Viele Zeitungen wenden diese Technik an, um Farbbilder schnell und einfach in Graustufen umzuwandeln.

ch8_batteries.jpg

Abbildung 8.4

Wenn Sie bei der Graustufenumwandlung den besten Kanal aktivieren, werden die schwächeren Kanäle entfernt.

Den Helligkeitskanal verwenden

Eine dritte Methode zur Umwandlung eines Farbbilds in Graustufen beginnt damit, das Bild von RGB oder CMYK in den Lab-Farbmodus umzuwandeln (wählen Sie BILD/MODUS/LAB-FARBE), wie in **Abbildung 8.5** zu sehen. Aktivieren Sie den Helligkeitskanal und wählen Sie BILD/MODUS/GRAUSTUFEN. Wie im vorhergehenden Beispiel werden die anderen Kanäle entfernt, der Helligkeitskanal wird zum Graustufenbild. Bei dieser Methode bleiben die Luminanzwerte des Bilds besser erhalten. Außerdem entstehen so meist störungsfreie und sehr angenehme Graustufenbilder.

Abbildung 8.5

Wenn Sie ein Farbbild in den Lab-Modus umwandeln, werden die Tonwertinformationen von den Farbinformationen getrennt.

Den Kanalmixer verwenden

Mit dem Kanalmixer können Sie unterschiedliche Werte der einzelnen Farbkanäle addieren oder subtrahieren, um Graustufenbilder mit großen Tonwertumfängen zu erstellen. Diese Methode ist einfach anzuwenden und erzeugt sehr gute Ergebnisse, wenn Sie RGB- oder CMYK-Bilder in Graustufen umwandeln. Sie ist besonders nützlich, wenn mehr als ein Kanal Tonwerte enthält, die Sie erhalten wollen.

ch8_yellow_poppy.jpg

1. Sehen Sie sich mit ⌘/Strg-1, 2 und 3 in der Kanäle-Palette die einzelnen Kanäle an, um die besten herauszufinden. Wie in **Abbildung 8.6** zu sehen, enthält jeder Kanal dieses Bilds nützliche Tonwertinformationen.
2. Fügen Sie eine Kanalmixer-Einstellungsebene hinzu und aktivieren Sie die Checkbox MONOCHROM (ein anderes Wort für Graustufen oder Einzelkanal).
3. Passen Sie die Farbregler an, um ein Graustufenbild zu erstellen, das die Farbattribute der gewünschten Kanäle enthält. Um den Tonwertumfang bei der Umwandlung zu erhalten, sollte die Summe der drei Werte 100 nicht übersteigen. Wenn Sie das bestmögliche Graustufenbild erstellen wollen, sollten Sie mit den Reglern so lange experimentieren, bis Sie mit dem Ergebnis zufrieden sind (**Abbildung 8.7**). Den Konstante-Regler benutze ich nur sehr selten, weil er einen linearen Aufhell- und Abdunklungseffekt erzeugt wie der Befehl HELLIGKEIT/KONTRAST. Ich verfeinere die Tonwerte anschließend lieber mit einer Tonwertkorrektur oder mithilfe der Gradationskurven.
4. Werfen Sie immer wieder einen Blick in die Info-Palette. Achten Sie darauf, dass die Lichter nicht heller werden als 248, 248, 248. Klicken Sie auf OK, um die Kanalmixer-Dialogbox zu schließen.

Abbildung 8.6

Überprüfen Sie die Qualität der einzelnen Kanäle.

Abbildung 8.7

Erstellen Sie mit einer Kanalmixer-Einstellungsebene und somit viel Kontrollmöglichkeiten schöne Schwarzweißbilder.

Tipp

Mit der Funktionstaste [F8] öffnen bzw. schließen Sie die Info-Palette. Das funktioniert auch, während Sie sich in der Kanalmixer-Dialogbox befinden (oder in der Dialogbox einer anderen Einstellungsebene).

Tipp

Wenn Sie den Kanalmixer verwenden, beginnen Sie mit 100% Grün statt mit dem Standard (100% Rot), indem Sie [⌘]-[2]/[Strg]-[2] drücken, bevor Sie die Checkbox Monochrom aktivieren.

Mithilfe des Kanalmixers beeinflussen Sie, wie die Farbwerte in Schwarz und Weiß umgewandelt werden. In den **Abbildungen 8.9**, **8.10** und **8.11** erstellte ich drei Interpretationen des Farbbilds aus **Abbildung 8.8**.

ch8_exit.jpg

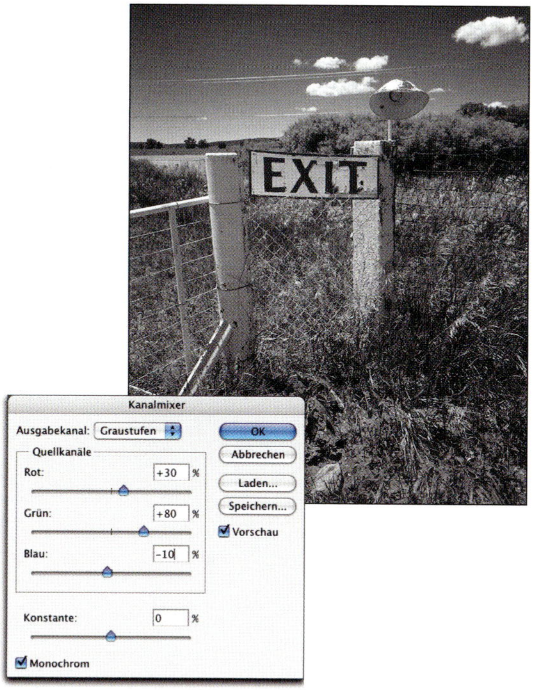

Abbildung 8.9

Nutzen Sie den Kanalmixer, um ein klassisches Schwarzweißbild zu erstellen …

Abbildung 8.8

Das Originalbild

Abbildung 8.10

… oder etwas Dramatischeres …

Abbildung 8.11

... oder etwas Schaurigeres.

Abbildung 8.12

Die Filterebene beginnt als einfache Farbton/Sättigung-Ebene im Modus FARBE.

2. Fügen Sie für die Filmebene eine zweite Farbton/Sättigung-Einstellungsebene hinzu. Wählen Sie für die Sättigung einen Wert von –100 (**Abbildung 8.13**). Um Verwirrungen zu vermeiden, können Sie die beiden Ebenen entsprechend benennen.

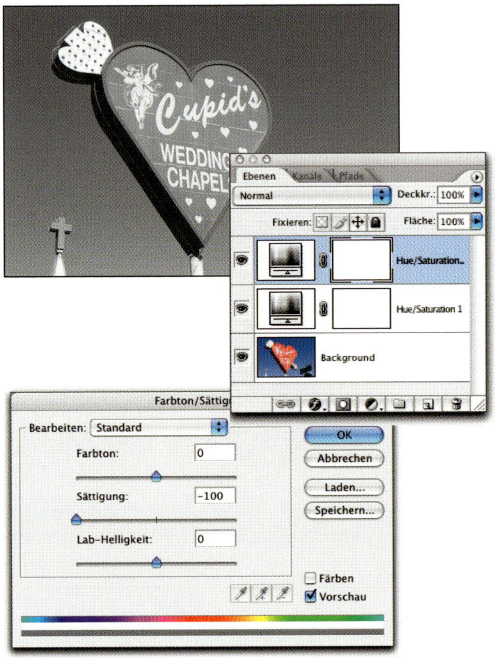

Abbildung 8.13

Diese Filmebene ist eine weitere Farbton/Sättigung-Einstellungsebene mit einer Sättigung von –100.

Fotofilm und Fotofilter imitieren

Die folgende Technik brachte mir Russell Brown (`www.russellbrown.com`) bei, der ultimative Photoshop-Evangelist. Dabei werden zwei Farbton/Sättigung-Einstellungsebenen verwendet – die erste fungiert als Farbe für einen Schwarzweißfilter und die zweite als Schwarzweißfilmoberfläche. Durch die Kombination dieser Ebenen mithilfe von Füllmethoden können Sie Farbfilter oder Schwarzweißfilme nachahmen, die Schwarzweißfotografen verwenden.

ch8_cupids_chapel.jpg

1. Um eine Fotofilterebene zu erstellen, fügen Sie eine Farbton/Sättigung-Einstellungsebene hinzu und klicken in der Dialogbox auf OK, ohne Änderungen vorzunehmen. Ändern Sie die Füllmethode in FARBE, wie in **Abbildung 8.12** zu sehen.

3. Nachdem Sie diese beiden Ebenen hinzugefügt haben, geht der Spaß erst richtig los. Klicken Sie doppelt auf die Miniatur der Filterebene und passen Sie den Farbton an. Beachten Sie, wie die Farbwerte in Schwarz und Weiß umgewandelt werden. Abbildung 8.14 zeigt eine Variation, bei der ich den Himmel betonte, Abbildung 8.15 hebt das Schild stärker hervor.

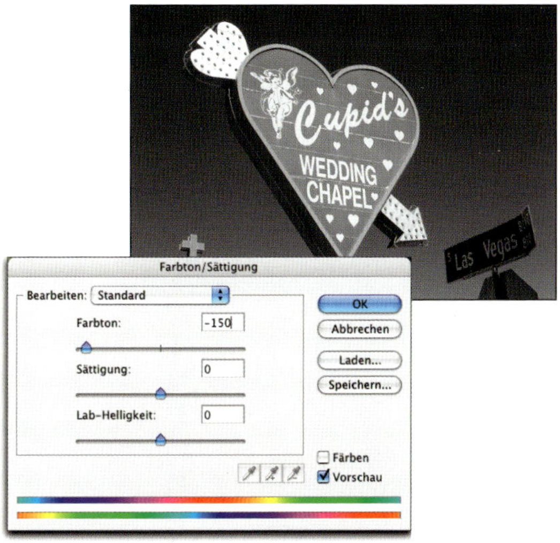

Abbildung 8.14

Passen Sie den Farbtonregler der Filterebene an, um den Himmel zu betonen.

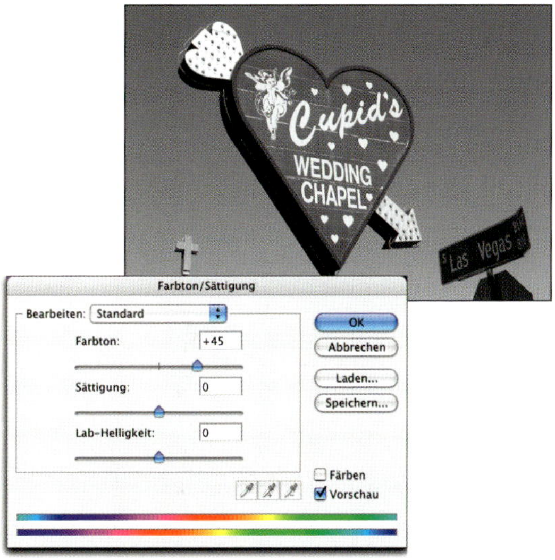

Abbildung 8.15

Ändern Sie den Farbton, um das Bild aufzuhellen und das Schild zu betonen.

4. Sie können auch die Sättigung anpassen, wodurch das Farbrad in Bezug auf die Farbtoneinstellung noch stärker hervorgehoben wird (Abbildungen 8.16 und 8.17).

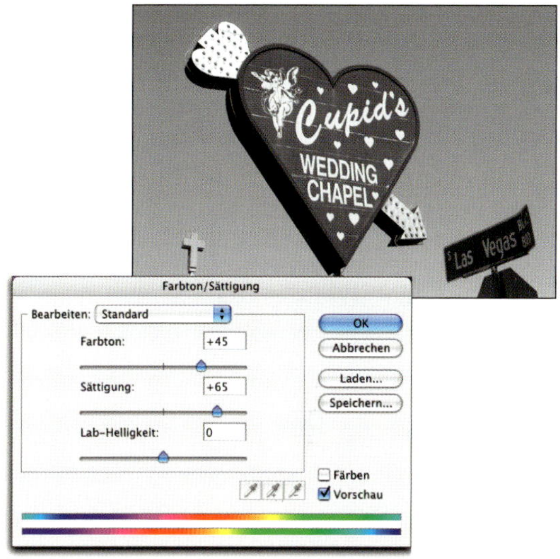

Abbildung 8.16

Passen Sie die Sättigung an – das Schild bleibt gleich, der Himmel wird weniger stark betont.

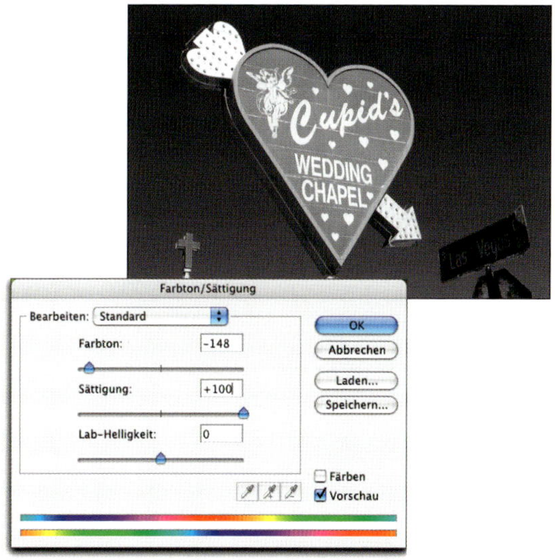

Abbildung 8.17

Mithilfe der Sättigung können Sie auch Tag und Nacht simulieren.

5. Für eine zusätzliche Kontrolle wählen Sie in der Farbton/Sättigung-Dialogbox der Filterebene aus dem Menü BEARBEITEN einen Farbbereich aus, den Sie separat anpassen.

Bei dieser Technik wird ein Stolperstein der herkömmlichen Kanalmixer-Technik vermieden, da es nahezu unmöglich ist, die Lichter in reines Weiß umzuwandeln.

Tipp

Um die Umwandlung ähnlicher Farbdateien in Graustufen zu beschleunigen, platzieren Sie die Einstellungsebene in einer Ebenengruppe und ziehen diese dann einfach auch in andere Dateien.

Graustufen mit Smart Objekten

Smart Objekte sind eine neue Funktion in Photoshop CS2, die mehr Flexibilität bieten als die Original-Dateiinformationen, die in die Datei eingebettet sind – stellen Sie sich einen Datencontainer vor, zu dem Sie Zugang haben, den Sie ändern und bearbeiten können, ohne die Datei zu verändern. Bei der Umwandlung von Farbbildern in Graustufen sollten Sie die Datei in ein Smart Objekt umwandeln, bevor Sie die RGB- oder CMYK-Datei in Graustufen überführen.

1. Wählen Sie in der Ebenen-Palette die Einstellungsebenen und die Hintergrundebene aus (**Abbildung 8.18**). Wählen Sie EBENE/SMART OBJEKTE/IN NEUEM SMART OBJEKT GRUPPIEREN.

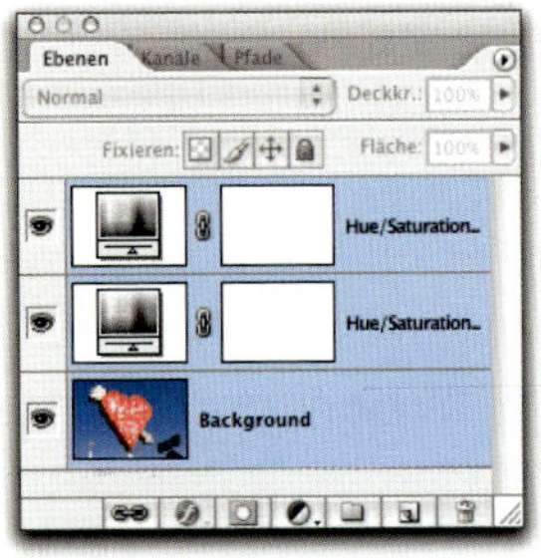

Abbildung 8.18

Klicken Sie mit gedrückter ⇧-Taste auf die einzelnen Ebenen, um alle auszuwählen.

2. Wählen Sie BILD/MODUS/GRAUSTUFEN.

3. Um die Flexibilität des Smart Objekts zu erhalten, klicken Sie auf NICHT RASTERN. Klicken Sie in der darauffolgenden Dialogbox auf OK, um die Farbinformationen zu verwerfen. Es entsteht **Abbildung 8.19**.

4. Speichern Sie die Datei in einem Format, das Smart Objekte unterstützt (in meiner bevorzugten Reihenfolge): .TIF, .PSD, .PSB oder .PDF. Deaktivieren Sie die Checkbox EBENEN in der Speichern-Dialogbox nicht, da es sich beim Smart Objekt um eine Ebene handelt, die erhalten bleiben soll.

5. Sie können die Datei jetzt schließen. Wenn Sie sie erneut öffnen und BILD/MODUS/RGB wählen, klicken Sie auf NICHT RASTERN, damit Photoshop das Original-Smart-Objekt in Farbe aufruft (**Abbildung 8.20**).

Abbildung 8.19

Das Smart Objekt in Graustufen

Abbildung 8.20

Wenn Sie ein farbiges Smart Objekt in Graustufen umwandeln, werden die Farbinformationen nicht verworfen.

6. Klicken Sie in der Ebenen-Palette doppelt auf das Smart-Objekt-Icon und anschließend auf OK. Wie in Abbildung 8.21 zu sehen, ist die Originaldatei mit allen Ebenen und Farbinformationen noch intakt.

Achtung

Bevor Sie die Farbkanäle in einzelne Dateien aufsplitten, sollten Sie das Farbbild auf eine Ebene reduzieren, alle Alpha-Kanäle entfernen und das Bild duplizieren.

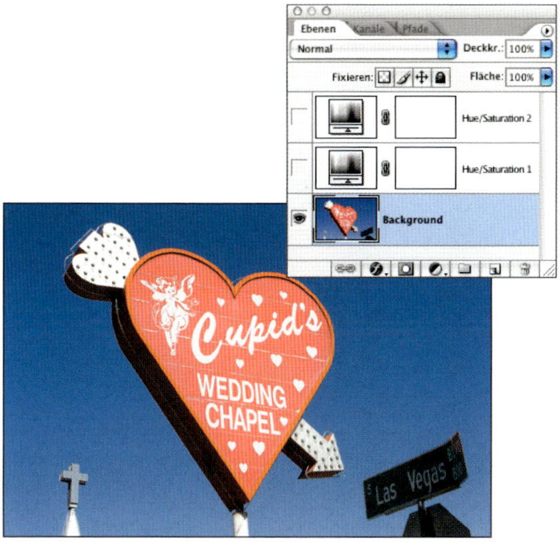

Abbildung 8.21

Solange es sich bei der Datei um ein Smart Objekt handelt, werden die Farbinformationen mit der Datei gespeichert.

© John McIntosh

Abbildung 8.22

Abbildung 8.23

Kanäle überblenden

Die Schwarzweißfotografie hat eine sehr umfangreiche Geschichte. So ist es auch kein Wunder, dass es verschiedene Möglichkeiten gibt, ein wunderschönes Farbbild (wie das in Abbildung 8.22) in ein ebenso schönes Graustufenbild umzuwandeln (Abbildung 8.23). Diese Methode nutzt Ebenenfüllmethoden, Ebenenmasken und selektives Scharfzeichnen, um ein Bild zu erzeugen, das aus den besten Teilen der einzelnen Farbkanäle besteht. Bevor es losgeht, kann ich nicht deutlich genug betonen, wie wichtig es ist, dass Sie auf einer Ebenenkopie oder einem Duplikat der Farbdatei arbeiten. Okay, ich habe Sie gewarnt, also lassen Sie uns anfangen.

ch8_machupichu.jpg

1. Öffnen Sie ein Farbbild und wählen Sie zweimal BILD/BILD DUPLIZIEREN, so dass Sie drei identische Dateien haben.
2. Klicken Sie in eine der duplizierten Dateien und wählen Sie BILD/MODUS/LAB-FARBE. Aktivieren Sie in der Kanäle-Palette den Helligkeitskanal und wählen Sie AUSWAHL/ALLES AUSWÄHLEN und BEARBEITEN/KOPIEREN (**Abbildung 8.24**).

Abbildung 8.24

Wandeln Sie eine Datei in den Lab-Farbmodus um und kopieren Sie den Helligkeitskanal.

3. Klicken Sie in die originale Farbdatei und wählen Sie BEARBEITEN/EINFÜGEN (**Abbildung 8.25**). Speichern Sie die Datei mit den Ebenen als Photoshop-Datei und geben Sie ihr einen neuen Namen. Ich wählte ch8_machupichu_BW.psd.

Abbildung 8.25

Fügen Sie den Helligkeitskanal in das Farbbild ein.

4. Wechseln Sie zurück zu Lab-Datei und schließen Sie sie, ohne zu speichern. Wählen Sie aus dem Palettenmenü der Kanäle-Palette in der zweiten duplizierten Datei den Befehl KANÄLE TEILEN. Die drei Kanäle werden in einzelne Dateien aufgeteilt (**Abbildung 8.26**), die nach den Kanälen benannt sind.

Abbildung 8.26

Der Befehl KANÄLE TEILEN erstellt drei separate Graustufendateien.

5. Sehen Sie sich die drei Dateien an, um festzulegen, welche die besten Tonwertinformationen und Details enthält. In diesem Beispiel eignet sich der blaue Kanal am besten für die Felsen, der rote Kanal enthält den dramatischsten Himmel. In Ihren Dateien kann das natürlich anders sein. Ziehen Sie die blaue Datei mit dem Verschieben-Werkzeug in die Datei mit Ebenen. Um Deckungsgleichheit zu garantieren, halten Sie dabei die ⇧-Taste gedrückt. Wiederholen Sie den Schritt für die rote Datei und geben Sie den Ebenen passende Namen (**Abbildung 8.27**). Speichern Sie diese Datei und schließen Sie die drei anderen, ohne sie zu speichern.

Abbildung 8.27

Halten Sie die ⇧-Taste gedrückt, während Sie mit dem Verschieben-Werkzeug eine Datei in eine andere ziehen, um Registerhaltigkeit zu garantieren.

6. Puh, das Gröbste ist geschafft – nun zum lustigen Teil. Um die Wolken zu betonen, ändern Sie die Füllmethode des Himmels in MULTIPLIZIEREN (**Abbildung 8.28**).

7. Die gesamte Datei wird dunkler. Um die Felsen nicht abzudunkeln, wählen Sie EBENE/EBENENMASKE/ALLES EINBLENDEN oder klicken Sie auf den Button EBENENMASKE HINZUFÜGEN. Malen Sie mit einer großen, schwarzen, weichen Pinselspitze auf der Ebenenmaske über die Felsen, wie in **Abbildung 8.29** zu sehen.

Abbildung 8.28

Die Füllmethode MULTIPLIZIEREN lässt den Himmel gleich wesentlich dramatischer erscheinen.

Abbildung 8.29

Blenden Sie mit einer großen schwarzen Pinselspitze die Bereiche aus, die Sie nicht verändern wollen.

8. Um die Wolken noch stärker zu betonen, duplizieren Sie die Wolkenebene. Mir gefiel der Effekt so gut, dass ich die Wolkenebene noch ein weiteres Mal duplizierte (**Abbildung 8.30**). Falls das Bild jetzt zu dramatisch wirkt, können Sie den Effekt jederzeit mit der Ebenendeckkraft anpassen.

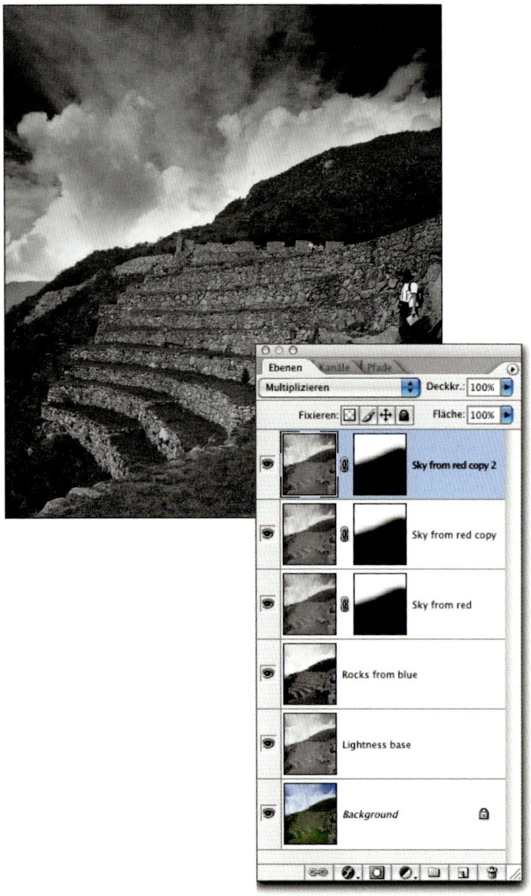

Abbildung 8.30

Eine Ebene mit einer Füllmethode zu duplizieren, ist eine schnelle Möglichkeit, einen Effekt zu verstärken.

9. Das Beste an den Felsen ist deren Struktur, die Sie jetzt scharfzeichnen, um die Felsen greifbarer zu machen. Duplizieren Sie die Felsenebene und ändern Sie die Füllmethode in WEICHES LICHT. Wählen Sie FILTER/SONSTIGE FILTER/HOCHPASS und verwenden Sie eine Einstellung zwischen 2 und 4. In diesem Beispiel verwendete ich 3, wie in **Abbildung 8.31** zu sehen.

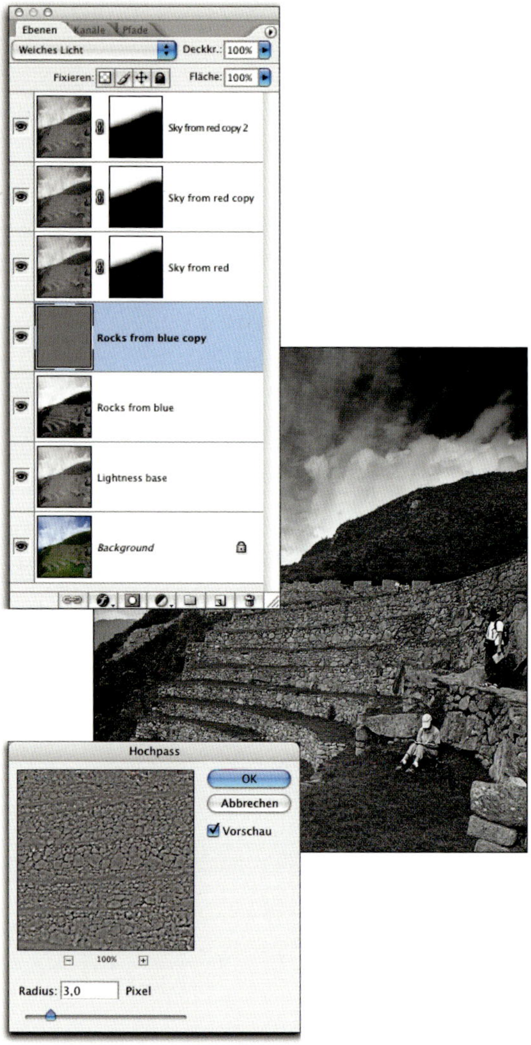

Abbildung 8.31

Wenn Sie nur die Felsen scharfzeichnen, wird deren Struktur verstärkt.

Hinweis

Denken Sie immer daran, dass Sie die Intensität verringern oder erhöhen können, indem Sie Ebenen duplizieren und mit den Füllmethoden experimentieren. Falls eine Ebene nicht ausreicht, zwei jedoch zu viel sind, verringern Sie einfach die Ebenendeckkraft.

10. Falls nötig, klicken Sie auf die oberste Ebene und wenden Sie eine Gradationskurven-Einstellungsebene an, um den Kontrast zu verfeinern (**Abbildung 8.32**).

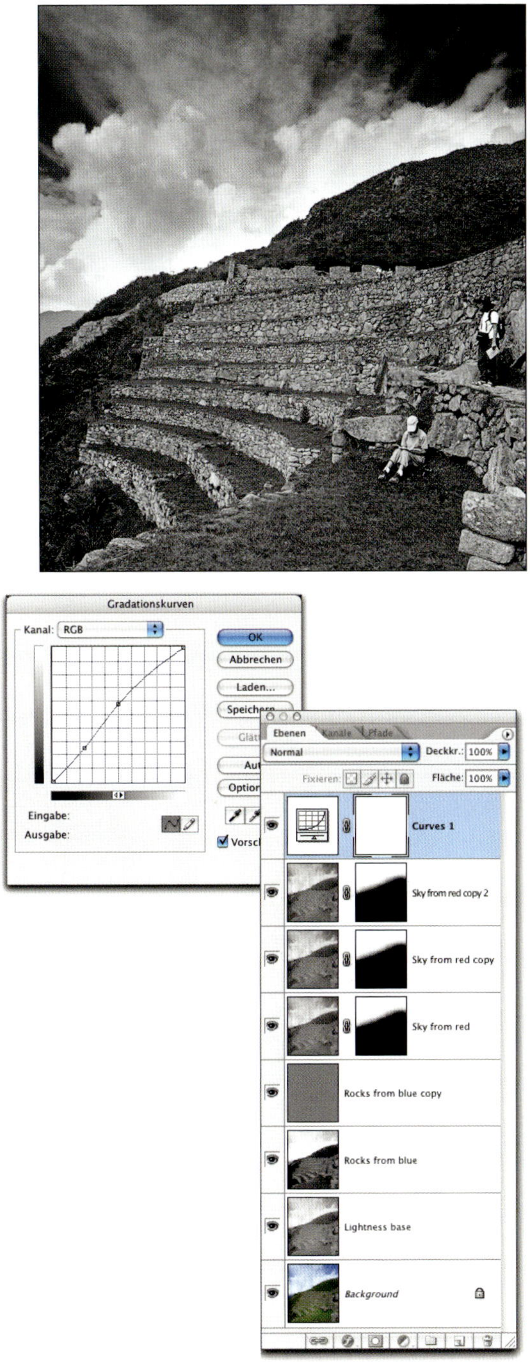

Abbildung 8.32

Fügen Sie eventuell eine Gradationskurven-Einstellungsebene hinzu, um die Tonwerte und den Kontrast noch einmal zu verfeinern.

Falls Sie sich wundern, dass wir in dieser Umwandlung den Helligkeitskanal (L) nicht verwendet haben – ich verwende ihn meistens nur als Puffer zwischen neuer Datei und Originaldatei. Er wäre nützlich geworden, wenn ich die Deckkraft der Felsenebene hätte verringern wollen. Natürlich sind alle diese Änderungen sehr subjektiv und Ihre Interpretation der Datei kann von meiner deutlich abweichen. Experimentieren Sie mit Füllmethoden und Ebenenpositionen, um wunderschöne Bilder zu erstellen, mit denen Sie den Betrachter überraschen können.

Raw-Farbe in Schwarz und Weiß

Viele Digitalkameras sind in der Lage, Raw-Dateien aufzunehmen – natives Datenmaterial, das von der Kamera-CCD aufgenommen wird. Solche Dateien haben viele Vorteile, inklusive der hohen Bit-Tiefe, fehlender Komprimierungsartefakte und der Flexibilität bei der Bildentwicklung. Schauen Sie im Handbuch Ihrer Kamera nach, ob sie Raw-Dateien aufnehmen kann. Aufgrund der guten Integration in Photoshop CS2 und Bridge arbeite ich mit dem Camera-Raw-Plug-In von Adobe, um meine Camera-Raw-Dateien sowohl in Farbe als auch in Schwarzweiß zu entwickeln.

Um mit Camera Raw wunderschöne Schwarzweißbilder wie die in den Abbildungen 8.33 und 8.34 zu erstellen, verwenden Sie folgende Schritte. Ändern Sie dabei die Einstellungen ruhig so ab, dass Ihnen die Ergebnisse gefallen.

ch8_monument_valley.CR2

1. Klicken Sie doppelt auf eine Raw-Datei, um sie in der Camera-Raw-Dialogbox zu öffnen. Klicken Sie auf den Reiter ANPASSEN und verschieben Sie den Sättigungsregler ganz nach links, um sämtliche Farben aus dem Bild zu entfernen (Abbildung 8.35).

Abbildung 8.33

Abbildung 8.34

Abbildung 8.35

Entfernen Sie die Sättigung, um ein Graustufenbild zu erstellen.

2. Klicken Sie auf den Reiter BLENDE, passen Sie wenn nötig den Vignettenregler an (verschieben Sie ihn nach links, um die Ecken abzudunkeln), wie in **Abbildung 8.36** zu sehen.

3. Klicken Sie auf den Reiter KURVE und passen Sie den Bildkontrast an (**Abbildung 8.37**).

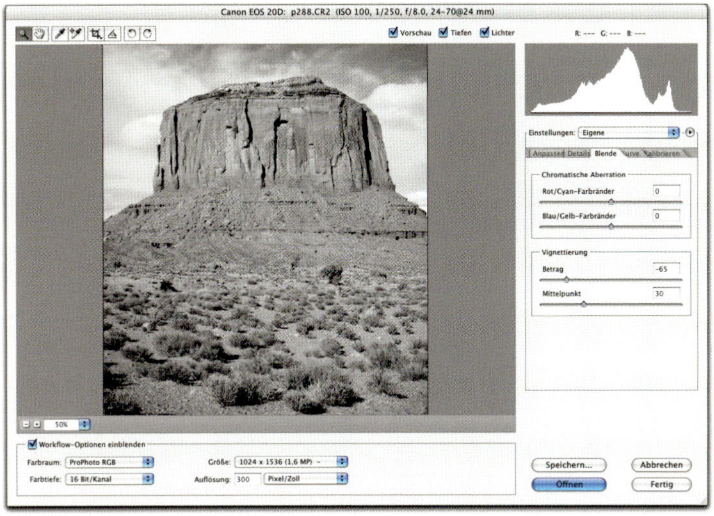

Abbildung 8.36

Dunkeln Sie die Ecken ab.

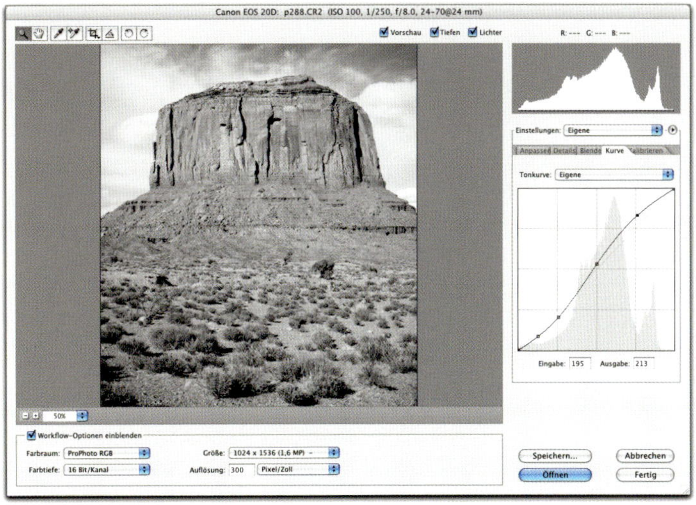

Abbildung 8.37

Nutzen Sie die Gradationskurve, um die Tonwerte des Bilds zu verfeinern.

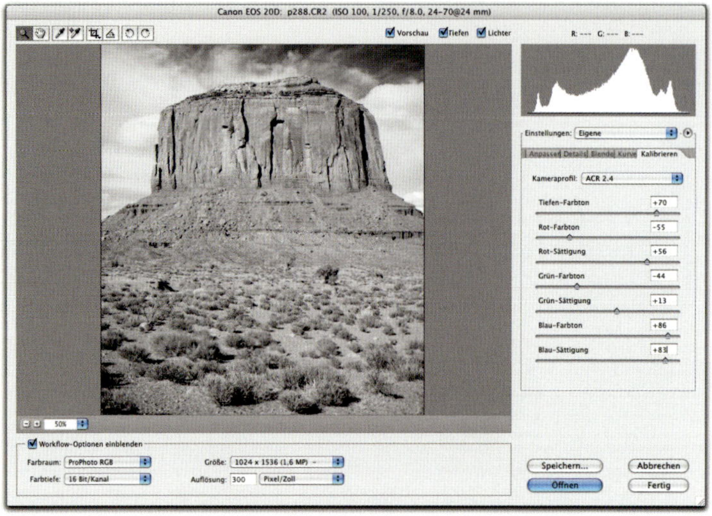

Abbildung 8.38

Durch Anpassen der Regler FARBTON und SÄTTIGUNG erzeugen Sie unterschiedliche Interpretationen des Bilds.

4. Für weitere Einstellungen klicken Sie auf den Reiter KALIBRIEREN und passen Sie die Regler für FARBTON und SÄTTIGUNG an (**Abbildung 8.38**). Um ehrlich zu sein, es ist nicht wichtig zu wissen, wie diese Regler funktionieren, wichtiger ist es, attraktive Bilder zu erzeugen – ich verschiebe die Regler also immer so lange, bis ich mit dem Ergebnis zufrieden bin.
5. Klicken Sie auf ÖFFNEN, um das finale Bild zu sehen.

Alles in allem habe ich Ihnen jetzt sieben verschiedene Möglichkeiten gezeigt, eine Farbdatei in Graustufen umzuwandeln. Ich hoffe, Sie nehmen sich die Zeit und experimentieren ein bisschen, um zu sehen, mit welcher Methode Sie die besten Ergebnisse erzielen.

BILDER EINFÄRBEN

Fotografen färben ihre Bilder aus verschiedenen Gründen ein. Mit Selenium werden die Abzüge wärmer und länger haltbar. Eisenoxid erzeugt wunderschöne blaue Farbtöne. Das Einfärben von Abzügen in einer traditionellen Dunkelkammer birgt allerdings auch gesundheitliche Risiken. Ohne korrekte Belüftung und ausreichende Chemiekenntnisse sind diese Techniken nicht zu empfehlen. Mit Photoshop können Sie Ihre Bilder jedoch ganz ohne Chemikalien einfärben.

Mit Variationen einfärben

Die Dialogbox VARIATIONEN bietet die einfachste Möglichkeit, mit Farboptionen zu experimentieren. Sie sehen in ihr das Originalbild und viele verschiedene Variationen (wie der Name schon sagt). Sie müssen nicht viel raten, weil Sie jeweils eine Vorschau des finalen Bilds sehen. Weitere Details zur Variationen-Dialogbox finden Sie in Kapitel 4.

Abbildung 8.39 zeigt das Original (ein Schwarzweißbild im RGB-Modus) und **Abbildung 8.40** die eingefärbte Version. Mir gefällt die Sepia-Variante besser, weil sie wärmer ist – sie ist attraktiver und passt besser zu dem Mädchen.

ch8_little_girl.jpg

1. Duplizieren Sie die Hintergrundebene, indem Sie sie auf das Icon NEUE EBENE ERSTELLEN unten in der Ebenen-Palette ziehen. Wählen Sie BILD/ANPASSEN/VARIATIONEN.

© Eckert Family Archive

Abbildung 8.39

Abbildung 8.40

2. Der Ring aus sechs Farboptionen (**Abbildung 8.41**) bietet Raum zum Experimentieren. Klicken Sie einfach auf die Farbe, die Sie zum Bild hinzufügen wollen. Ich empfehle Ihnen, die Stärke des Effekts zu verringern, indem Sie den Fein-Grob-Regler nach links verschieben.
3. Sie können mehr als einmal auf eine Farbe klicken, um den Effekt zu verstärken. Wenn Sie auf die gegenüberliegende Farbe klicken, wird diese von der ersten abgezogen.

Tipp

Sie machen den Effekt in der Dialogbox wieder rückgängig, indem Sie oben links auf das Original klicken.

Abbildung 8.41

Die Vorschauen machen es sehr einfach, ein Schwarzweißbild einzufärben.

Achtung

Wenn Sie Schwarzweißbilder einfärben wollen, muss sich die Datei im RGB-, CMYK- oder Lab-Farbmodus befinden. Wandeln Sie die Datei also vorher von Graustufen in den entsprechenden Farbmodus um.

Einfarbiges Einfärben

Der Befehl VARIATIONEN ist sehr einfach anzuwenden, leider werden die Änderungen aber nicht auf einer separaten Ebene vorgenommen oder als Einstellungsebene angewendet. Sie ändern damit also das aktuelle Bild. Um Kontrolle und Flexibilität zu erhalten, ziehe ich es vor, mit separaten Ebenen zu arbeiten, und färbe meine Bilder deshalb mit Werkzeugen ein, auf die ich im folgenden Abschnitt näher eingehe. Beim einfarbigen Einfärben eines Bilds wird nur eine Farbe zum Bild hinzugefügt (**Abbildungen 8.42** und **8.43**), um dem Bild eine gewisse Stimmung zu verleihen.

ch8_rose.jpg

1. Wählen Sie EBENE/NEUE FÜLLEBENE/VOLLTONFARBE. Geben Sie der Ebene einen Namen und klicken Sie auf OK. Wählen Sie aus dem Farbwähler eine Farbe aus und klicken Sie erneut auf OK.
2. Ändern Sie die Füllmethode der Ebene, um die Effekte in den **Abbildungen 8.44**, **8.45** und **8.46** zu erstellen.
3. Die Vorteile einer Volltonfarbe-Füllebene (**Abbildung 8.47**) liegen darin, dass Sie Deckkraft und Füllmethode anpassen und so den Effekt ändern können. Bestimmen Sie mithilfe von Ebenenmasken, wo der Effekt angewendet wird; wenn Sie doppelt auf das Ebenen-Icon klicken, können Sie eine neue Farbe auswählen. Falls Ihnen die Ergebnisse nicht gefallen, verschieben Sie die Ebene einfach in den Papierkorb und beginnen neu.

Abbildung 8.42

Abbildung 8.43

Abbildung 8.44

FARBIG NACHBELICHTEN mit 50% Deckkraft

Abbildung 8.45

FARBIG ABWEDELN mit 100% Deckkraft

Abbildung 8.46

ÜBERLAGERN mit 50% Deckkraft

Abbildung 8.47

Wenn Sie für die Farbe eine separate Ebene verwenden, lässt sich der Effekt später mit der Deckkraft und den Füllmethoden verfeinern.

Mehrfarbiges Einfärben

Wenn Sie mit Einstellungsebenen arbeiten, liegt Ihnen die Welt zu Füßen. Mit einer Farbbalance lassen sich Lichter, Tiefen und Mitteltöne separat einfärben.

Das originale Autowrack ist schwarzweiß in einer RGB-Datei (Abbildung 8.48). Abbildung 8.49 zeigt, wie durch das Hinzufügen von Komplementärfarben für Lichter und Tiefen die Attraktivität des Bilds gesteigert werden konnte. Außerdem erhält das Bild so mehr Tiefe. Arbeiten Sie mit Gegensätzen – kalte Farben für die Tiefen und warme Farben für die Lichter. Das Bild erhält so eine optische Spannung.

ch8_rusty_car.jpg

Abbildung 8.48

Abbildung 8.49

1. Um Tiefen, Mitteltöne und Lichter leicht einzufärben, fügen Sie eine Farbbalance-Einstellungsebene hinzu und aktivieren Sie die Tiefen, die Mitteltöne oder die Lichter, je nachdem, was Sie einfärben wollen.
2. Passen Sie die einzelnen Bereiche an. Ich färbe oft die Tiefen und Lichter ein, lasse die Mitteltöne jedoch unverändert. Das Bild erhält so mehr Spannung.
3. Wie in **Abbildung 8.50** zu sehen, färbte ich die Tiefen blau-cyan ein. In **Abbildung 8.51** wählte ich als Kontrast zu den kühlen Farben warme Farben für die Lichter.

Welche Einstellungen richtig sind, hängt immer davon ab, was Ihnen gefällt. Experimentieren Sie also, um Schwarzweißbilder zum Leben zu erwecken.

Abbildung 8.50

Fügen Sie den Tiefen Cyan und Blau hinzu.

Abbildung 8.51

Fügen Sie den Lichtern Rot und Gelb hinzu.

SCHWARZWEISSBILDER VON HAND EINFÄRBEN

Seit der Erfindung der Fotografie haben Fotografen und Künstler Fotos von Hand eingefärbt, um sie realistischer aussehen zu lassen. Auch im heutigen Computer- und Photoshop-Zeitalter arbeiten viele Retuscheure und Foto-Enthusiasten mit speziellen Ölfarben, um ihren Fotos einen handgefärbten Ausdruck zu verleihen. Ich war darin nie besonders gut, weshalb ich für diese Arbeiten doch eher den Computer vorziehe.

Die einfachste Methode zum Einfärben eines Bilds ist, eine leere Ebene im Modus FARBE hinzuzufügen und diese mit einem Malwerkzeug einzufärben, wie in **Abbildung 8.52** zu sehen.

In den **Abbildungen 8.53**, **8.54** und **8.55** sehen Sie das Originalbild, die restaurierte Version und die finale von Hand eingefärbte und restaurierte Version von Alan (von PhotoRescuer), der erklärt: »Anstatt die verwaschenen und ausgeblichenen Farben des Originals zu retten, entschied ich mich, eine Graustufenversion zu restaurieren und das Bild anschließend von Hand einzufärben.« Nach der Restauration verwendete Alan einzelne leere

Ebenen im Modus FARBE, um die Farben hinzuzufügen. Weitere Informationen dazu, wie Alan das Bild restauriert und eingefärbt hat, finden Sie in englischer Sprache in dem PDF `ch8_restore_and_color.pdf`, abgelegt in Kapitel 8 auf der Website zum Buch.

ch8_restore_and_color.pdf

Abbildung 8.52

Durch das Malen auf einer leeren Ebene im Modus FARBE färben Sie Details der Puppe ein.

Abbildung 8.54

Nach der Restauration.

Abbildung 8.53

Abbildung 8.55

Nach dem Einfärben von Hand.

Sie können Bilder von Hand einfärben, indem Sie Auswahlen erstellen und Volltonfarbe-Einstellungsebenen verwenden, wie in **Abbildung 8.56** zu sehen. Dieses Bild wurde von Frank Eirund, einem Computerspezialisten und Photoshop-Enthusiasten aus München, von Hand eingefärbt (**Abbildung 8.57**). Für diese Methode brauchen Sie etwas mehr Geduld. Die Flexibilität, die Sie aufgrund der Einstellungsebenen besitzen, ist es jedoch wert.

Nach dem Scannen des Originals (das Hochzeitsfoto seiner Eltern im August 1963) im RGB-Modus entschied sich Frank, das Schwarzweißfoto in Farbe umzuwandeln und seinen Eltern zum 40. Hochzeitstag zu schenken. Frank brauchte einen Moment, bis er sich für die richtigen Farben entschieden hatte. Das Blumenbouquet musste natürlich rot und grün sein, der Hintergrund sollte blau werden, um das Paar schön einzurahmen.

1. Frank erstellte mit dem Lasso-Werkzeug zunächst eine Auswahl der Rosen (**Abbildung 8.58**) und fügte eine Volltonfarbe-Einstellungsebene hinzu.
2. Er wählte ein Rot für die Rosen, die Ebene wurde automatisch mit dieser Farbe gefüllt (**Abbildung 8.59**). Weil er die Füllmethode der Ebene in FARBE änderte, konnten Details aus der Originalebene durchscheinen.

Abbildung 8.56

Abbildung 8.57

Abbildung 8.58

Die Rosen wurden als Erstes eingefärbt.

Abbildung 8.59

Nach dem Erstellen der Auswahl wurde das Bild mit Farbe gefüllt und die Füllmethode der Ebene in FARBE *geändert.*

3. Frank wählte die grünen Blätter des Bouquets aus und fügte eine Volltonfarbe-Ebene in Grün und im Modus FARBE hinzu. Natürlich sollten die Blätter nicht alle gleich grün aussehen, deshalb musste er eine weitere Auswahl erstellen und diese mit einem dunkleren Ton einfärben (Abbildung 8.60).

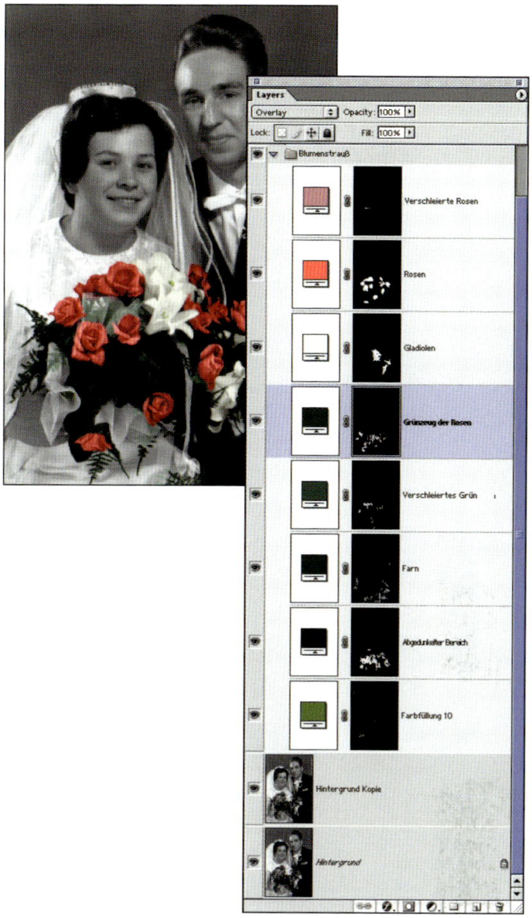

Abbildung 8.60

Mit unterschiedlichen Rot- und Grüntönen sieht das Bouquet realistischer aus.

4. Mit viel Ruhe und Geduld erstellte Frank zusätzliche Auswahlen, um das Bild mit weiteren Ebenen einzufärben. Für das finale Bild erstellte er insgesamt 24 Volltonfarbe-Einstellungsebenen.

5. Wenn eine Farbe zu intensiv erschien, klickte Frank doppelt auf das Icon der Einstellungsebene, wählte eine neue Farbe aus und reduzierte die Ebenendeckkraft.

Da die Einstellungsebenen auf Auswahlen basieren und mit Masken ausgestattet sind, lässt sich genau bestimmen, welche Teile eingefärbt werden und welche nicht. Malen Sie dazu einfach mit Schwarz oder Weiß auf der entsprechenden Ebenenmaske.

Tipps für das Einfärben von Hand

Das Einfärben von Bildern per Hand ist zwar anstregend, aber auch lohnend. Hier sind ein paar Tipps, die Ihnen helfen sollen, schneller voranzukommen und realistischere Ergebnisse zu erzeugen:

- Wie Wayne erklärt: »Wenn Sie Farben mit Weiß mischen, erhalten Sie Weiß. Mischen Sie Farben mit Schwarz, erhalten Sie Schwarz. Die besten Ergebnisse erzielen Sie mit Grautönen, mit denen sich die Farbe mischen kann.« Abbildung 8.61 zeigt, dass das Rot in den hellsten und dunkelsten Bereichen des Verlaufs nicht zu sehen ist. Außerdem erkennen Sie, dass verschiedene Einstellungsebenen unterschiedliche Farbeffekte erzeugen.

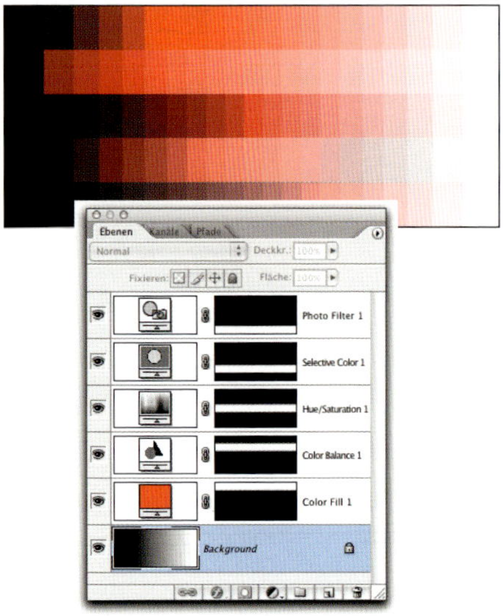

Abbildung 8.61

Bei der Arbeit mit einer Volltonfarbe-Ebene bleiben die ganz hellen und die ganz dunklen Bereiche unverändert.

- Um das Einfärben zu beschleunigen, drücken Sie die ⌥/Alt-Taste, während Sie in der Ebenen-Palette eine neue Volltonfarbe-Ebene auswählen. Dadurch öffnet sich die Dialogbox NEUE EBENE, in der Sie die Füllmethode festlegen, bevor Sie sich für eine Farbe entscheiden.
- Nutzen Sie Referenzfotos (aus CD-Archiven oder Ihrer eigenen Fotosammlung), nehmen Sie Farben auf, sammeln Sie diese – bei Hauttönen ist das besonders nützlich. Erstellen Sie eigene Farbtafeln, die Sie im Vorgaben-Manager speichern.
- Um die Farbauswahl aus Referenzdateien zu vereinfachen, wählen Sie FILTER/VERGRÖBERUNGSFILTER/MOSAIKEFFEKT, um Farbkacheln zu erstellen.
- Aufgrund der vielen, vielen Ebenen, die für eine gute Färbung des Bilds nötig sind, rate ich Ihnen, diese gut zu benennen.
- Beim Einfärben von Hauttönen sollten Sie unterschiedliche Farbtöne verwenden, damit das Ergebnis realistischer aussieht. Abbildung 8.62 zeigt eine wunderschöne Arbeit von Lorie Zirbes. Wie Sie sehen, stammen das Gesicht, die Wangen und die Lippen aus einer ähnlichen Farbpalette, sie bieten jedoch optische Unterschiede.

© Mary Holmes

Abbildung 8.62

Variieren Sie die Hauttöne, um die Färbung realistischer aussehen zu lassen.

- Wie Wayne schließlich sagt: »Das Einfärben von Bildern ist sehr subjektiv. Selbst wenn der Kunde Ihnen sagt, welche Farben Sie verwenden sollen – es ist nicht selten, dass er dabei seine Meinung mehrmals ändert. Deshalb arbeite ich immer mit Einstellungsebenen. So kann ich die Farben schnell und einfach ändern.«

Von traditionell zu digital

Lorie Zirbes ist eine traditionelle Restaurationskünstlerin mit mehr als 25 Jahren Berufserfahrung. Traditionelle Retuscheure und Restauratoren arbeiten direkt auf Filmnegativen oder Fotoabzügen. Wie Sie sich sicherlich vorstellen können, verschwindet diese Vorgehensweise zunehmend. Lorie arbeitet inzwischen auch mit Photoshop. Ich finde es interessant, dass sie einen ganz anderen Ansatz als ich verwendet, um Bilder einzufärben.

Abbildung 8.63 zeigt das Original und Abbildung 8.64 das gefärbte Bild. Werfen Sie einen Blick in die Ebenen-Palette (Abbildung 8.65). Lorie arbeitet nicht mit Auswahlen und Volltonfarbe-Einstellungsebenen, sondern sie hat eine Technik entwickelt, bei der sie die Ebenen dupliziert und die wichtigen Bildinformationen mit Ebenenmasken isoliert. Anschließend malt sie mit einer weichen Pinselspitze im Modus FARBE direkt auf diesen Bildinformationen.

Ich bin einmal mehr überrascht, wie viele Möglichkeiten es in Photoshop gibt, ähnliche Ergebnisse zu erzielen. Am Ende funktioniert immer das am besten, mit dem Sie am besten zurechtkommen.

Abbildung 8.63

Abbildung 8.64

Abbildung 8.65

Lorie malte mit einer weichen Pinselspitze im Modus FARBE direkt auf dem Bild.

MALEFFEKTE HINZUFÜGEN

Ein Bild in eine Zeichnung oder ein Gemälde umzuwandeln, kann so einfach sein wie das Experimentieren mit den Photoshop-Filtern oder das Anwenden von Farben und Strukturen, um Kunstwerke zu erstellen. Es braucht auf jeden Fall Zeit und Experimentierfreude, um ein individuelles Aussehen zu erzielen. Oder wie Janee Aronoff, ein von Adobe zertifizierter Trainer und Künstler, sagt: »Kein anderer kennt Ihre Visionen. Kein anderer kann Ihre Kunstwerke schaffen.«

Wasserfarben

Bilder mit Wasserfarben oder skizzenhaften Effekten zu versehen, funktioniert am besten mit Bildern, die starke grafische Elemente enthalten. Vermeiden Sie Bilder mit vielen kleinen Details, denn die diversen Photoshop-Filter, die Sie anwenden, zerstören diese. Verwenden Sie kräftige, farbige Bilder, wie das in **Abbildung 8.66**, das Janee in ein Wasserfarbenbild umgewandelt hat (**Abbildung 8.67**).

Abbildung 8.66

Abbildung 8.67

ch8_tulips.jpg

1. Duplizieren Sie die Hintergrundebene dreimal. Blenden Sie die beiden oberen Ebenen aus und aktivieren Sie die erste Ebenenkopie (**Abbildung 8.68**).
2. Wählen Sie FILTER/KUNSTFILTER/FARBPAPIER-COLLAGE mit den Einstellungen 4, 4, 2. Klicken Sie auf OK und ändern Sie die Füllmethode in LUMINANZ (**Abbildung 8.69**). Beachten Sie, wie Janee ihre Ebenen benennt – Filtername, Einstellungen und Füllmethode. So kann sie die Bearbeitung nachverfolgen und ähnliche Effekte auch in anderen Bildern erzeugen.
3. Wählen Sie für die zweite Ebenenkopie FILTER/KUNSTFILTER/GROBE MALEREI mit den Einstellungen 10, 10, 3 und der Füllmethode UMGEKEHRT MULTIPLIZIEREN (**Abbildung 8.70**).
4. Für die dritte Ebene wählen Sie FILTER/STÖRUNGSFILTER/HELLIGKEIT INTERPOLIEREN mit einem Radius von 12 und der Füllmethode WEICHES LICHT (**Abbildung 8.71**).

Abbildung 8.68

Duplizieren Sie die Ebene dreimal.

Abbildung 8.70

Nutzen Sie den Filter GROBE MALEREI*, um Struktur hinzuzufügen.*

Abbildung 8.69

Verwenden Sie den Filter FARBPAPIER-COLLAGE*, um das Bild etwas zu vereinfachen.*

Abbildung 8.71

Mit dem Filter HELLIGKEIT INTERPOLIEREN *wird der Mittelwert berechnet, ohne das Bild weichzuzeichnen.*

5. Zum Abschluss erstellte Janee eine Kantenebene. Fügen Sie eine weiße Volltonfarbe-Ebene hinzu und wählen Sie BILD/ANPASSEN/UMKEHREN, um die Ebenenmaske in Schwarz umzuwandeln (**Abbildung 8.72**).

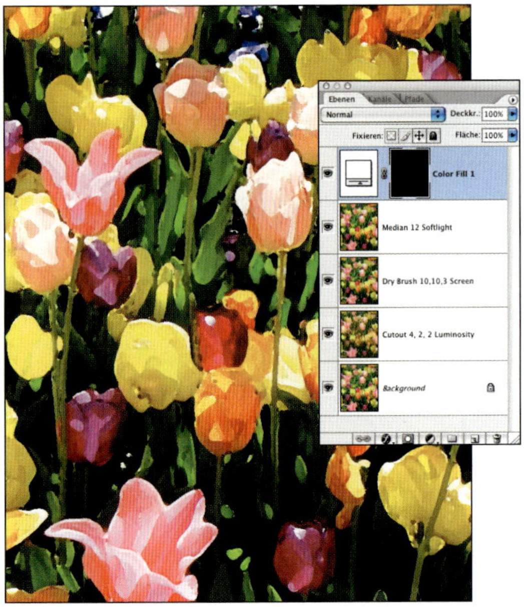

Abbildung 8.72

Erstellen Sie den Kanteneffekt mit einer Volltonfarbe-Ebene.

6. Aktivieren Sie den Pinsel und wählen Sie aus dem Pinselwähler oder der Pinsel-Palette PINSEL FÜR TROCKENE FARBE. Klicken Sie auf ANFÜGEN, um die neuen Pinselspitzen hinzuzufügen (**Abbildung 8.73**).

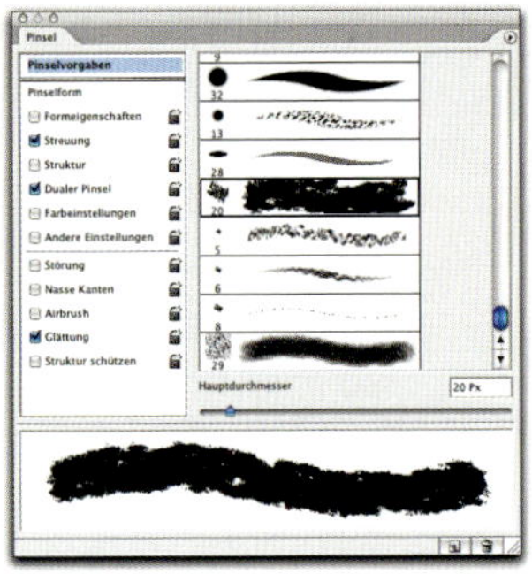

Abbildung 8.73

Fügen Sie PINSEL FÜR TROCKENE FARBE hinzu.

7. Verwenden Sie eine große, raue Pinselspitze und malen Sie mit Weiß entlang der Kanten der Volltonfarbe-Ebenenmaske (**Abbildung 8.74**). Verfeinern Sie die Kanten mit Schwarz.

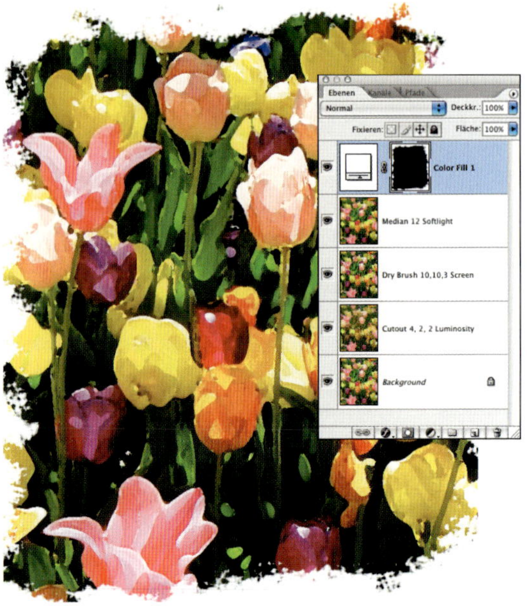

Abbildung 8.74

Malen Sie auf der Ebenenmaske, um die rauen Kanten zu erstellen.

Skizzenhafte Struktureffekte

Shan Canfield verwandelte mithilfe mehrerer Filterebenen ein Foto (**Abbildung 8.75**) in eine Wasserfarbenskizze, um das Bild in **Abbildung 8.76** zu erstellen. Wie Shan so weise sagt: »Das Malen mit Wasserfarben, egal ob traditionell oder digital, erfordert Geduld.« Das Bild machte drei wesentliche Veränderungen durch – Skizze, Farbe und Struktur. Shan erstellte von der Umwandlung eine Schritt-für-Schritt-Anleitung, die Sie sich von der Website zum Buch herunterladen können.

ch8_BabyWatercolor.pdf

ch8_babyoriginal.jpg

Tipp

Hervorragende Tutorials zum Thema finden Sie auch unter: www.helenyancystudio.com.

© Shan Canfield

Abbildung 8.75

Abbildung 8.76

KREATIVE KANTEN

Von allen Bilderstellungsprozessen ist die digitale Variante die präziseste. Am Computer können wir ein einzelnes Pixel ändern oder globale Veränderungen des gesamten Bilds vornehmen. Die Stärke und Präzision des Computers verleihen manchen Bildern aber auch ein zu künstliches Aussehen. Die Perfektion der Bilderstellung eliminiert Gefühl und die menschliche Note – wichtige Komponenten, die eine Handarbeit ausmachen. Mit kreativen Kanten können Sie computergenerierten Bildern ein handgemachtes Aussehen verleihen.

Kreative Kanten hinzufügen

Zu meinen Lieblingstechniken gehört das Hinzufügen gemalter Kanten, wie es Janee Aronoff im letzten Tutorial am Bild mit den Tulpen tat. Phil Pool führte die Idee noch einen Schritt weiter, indem er unzählige Pinselstriche verwendete, um die Titelseite des Jahrgangsbuchs, das Studenten und Familien bekommen (Abbildung 8.77), mit kreativen Kanten zu versehen.

© Phil Pool, Omni Photography

Abbildung 8.77

Verleihen Sie Jahrgangsbüchern ein einzigartiges Aussehen.

ch8_flute_player.jpg

Um mit kreativen Kanten zu experimentieren, benötigen Sie nur ein leeres Dokument und etwas Zeit.

1. Bevor Sie kreative Kanten erstellen können, benötigen Sie einen passenden Pinsel. Wählen Sie aus dem Menü der Pinsel-Palette den Befehl PINSEL ZURÜCKSETZEN. Ich ziehe es vor, mir die kleinen Miniaturen anzeigen zu lassen (**Abbildung 8.78**), da ich so einfacher navigieren kann.

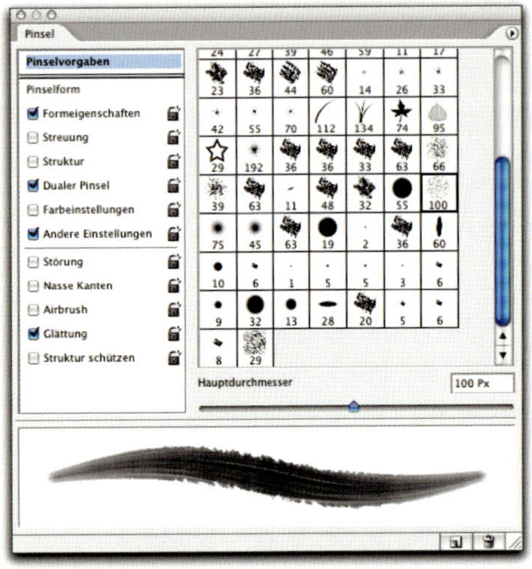

Abbildung 8.78

KLEINE MINIATUREN bieten ausreichend Informationen und erleichtern das Navigieren.

2. Wählen Sie DATEI/NEU, 8 x 10 Zoll, 300 ppi, um eine Arbeitsfläche zum Experimentieren zu erstellen.
3. Verwenden Sie 50% Grau als Vordergrundfarbe und wählen Sie aus dem Pinselwähler eine kreative Pinselspitze aus. Wenn Sie eine Pinselspitze gefunden haben, merken Sie sich ihren Namen oder klicken Sie in den ersten leeren Bereich am Ende der Pinsel-Palette, um eine neue Pinselspitze hinzuzufügen. Geben Sie ihr einen Namen, an den Sie sich leicht erinnern können (**Abbildung 8.79**).

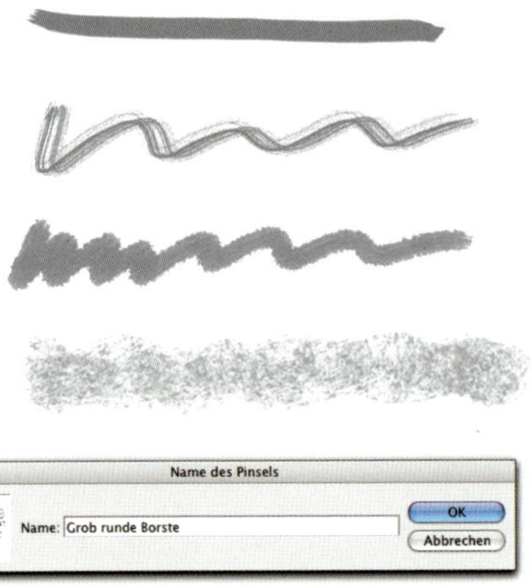

Abbildung 8.79

Geben Sie Ihren Pinselspitzen leicht wiederzuerkennende Namen.

4. Laden Sie PINSEL FÜR SPEZIALEFFEKTE und suchen Sie sich auch hier eine schöne Pinselspitze aus.
5. Nachdem Sie ein paar Pinselstriche gefunden haben, die Ihnen gefallen, erstellen Sie eine neue Datei mit 8 x 10 Zoll und 300 ppi, die als Vorlage dient.
6. Erstellen Sie eine neue Ebene mit einer rechteckigen Auswahl und einer weichen Auswahlkante von 25 Pixel. Füllen Sie die Auswahl mit 50% Grau (**Abbildung 8.80**). Wählen Sie AUSWAHL/AUSWAHL AUFHEBEN.

Abbildung 8.80

Erstellen Sie ein weiches, graues Rechteck, das Ihnen als Platzhalter für das Bild dient.

7. Malen Sie mit einem Kunstpinsel entlang der Kanten. Ich verwendete GROB RUNDE BORSTE mit 175 Pixeln (**Abbildung 8.81**).

Abbildung 8.81

Malen Sie mit einem Kunstpinsel entlang der Kanten.

8. Fügen Sie eine neue Ebene, ebenfalls mit einem grauen Rechteck, hinzu und experimentieren Sie weiter. Um das geometrische Aussehen zu erzeugen, das Phil verwendete, laden Sie die FAUX-SPITZEN und verwenden Sie GITTER GROSS, um den Effekt in **Abbildung 8.82** zu erstellen.

Abbildung 8.82

Diese Kante wurde mit dem Pinsel GITTER GROSS erzeugt.

9. Um ein Bild hinzuzufügen, klicken Sie mit gedrückter ⌘/Strg-Taste auf die Ebenenminiatur GITTER GROSS, um eine aktive Auswahl zu erstellen (**Abbildung 8.83**).

10. Öffnen Sie ein Bild und wählen Sie AUSWAHL/ALLES AUSWÄHLEN und BEARBEITEN/KOPIEREN.

Abbildung 8.83

Laden Sie die Ebenentransparenz, um eine aktive Auswahl zu erstellen.

11. Kehren Sie zurück zur Vorlage und wählen Sie BEARBEITEN/IN DIE AUSWAHL EINFÜGEN. Wie Sie in **Abbildung 8.84** sehen, ist das Bild etwas kleiner als die Form und die Kanten wurden nicht angewendet.

12. Um die Größe anzupassen, blenden Sie die gemalten Kanten aus und klicken auf die Ebenenmaske des Porträts. Wählen Sie BEARBEITEN/FREI TRANSFORMIEREN oder drücken Sie ⌘-T/Strg-T, um die Ebenenmaske zu skalieren (**Abbildung 8.85**).

Abbildung 8.84

Fügen Sie das Bild in die Auswahl ein.

Abbildung 8.85

Durch Skalieren der Ebenenmaske wird die kreative Kante auf das Porträt angewendet.

Sie können beliebig viele neue Ebenen hinzufügen und weiter mit den unzähligen Pinselspitzen von Photoshop experimentieren. Ich habe gehört, dass es mehr als 10000 mögliche Kombinationen geben soll – also viele, viele Kanten, mit denen Sie Ihren Bildern eine persönliche Note verleihen.

BILDER SCHARFZEICHNEN

Obwohl Photoshop mit fünf Scharfzeichnungsfiltern ausgestattet ist, sind die beiden Filter SELEKTIVER SCHARFZEICHNER und UNSCHARF MASKIEREN (USM) die nützlichsten und professionellsten. Der Filter SELEKTIVER SCHARFZEICHNER, neu in Photoshop CS2, erzeugt bessere Ergebnisse als USM, den ich seither viel seltener verwende. Da UNSCHARF MASKIEREN bereits sehr oft besprochen wurde, werde ich mich hier auf den Filter SELEKTIVER SCHARFZEICHNER konzentrieren. Bei qualitativ hochwertigen Digitalkameradateien funktioniert er besonders gut.

Hinweis

Alle Bilder profitieren von einer Scharfzeichnung. Die Mitarbeiter von Pixelgenius entwickelten für das Scharfzeichnen drei Schritte, die den Ursprung des Bilds (Filmformat, Typ der Digitalkamera, Motiv), kreative Scharfzeichnungseffekte und Art der Ausgabe (Inkjet, Monitor etc.) berücksichtigen. Wenn Sie ein Bild in einem kompletten Workflow scharfzeichnen, erzeugen Sie bessere Bilder – der PhotoKit Sharpener von Pixelgenius ist ein hervorragendes Werkzeug dafür.

Selektiver Scharfzeichner

Alle Scharfzeichnungsmethoden suchen nach Kanten und wenn eine gefunden wird, werden die dunklen Bereiche der Kante dunkler und die hellen heller. Beim Filter SELEKTIVER SCHARFZEICHNER legen Sie diesen Scharfzeichnungsalgorithmus fest. Wenn Sie auf das kleine Disketten-Icon klicken, können Sie Ihre Einstellungen für spätere Anwendungen speichern und Ihren Workflow somit beschleunigen.

Einfach:

- STÄRKE: Bestimmt die Stärke der Scharfzeichnung. Ein höherer Wert verstärkt den Kontrast zwischen den Kantenpixeln, das Bild wird schärfer.
- RADIUS: Legt die Anzahl der umliegenden Pixel fest, die ebenfalls scharfgezeichnet werden. Je größer der Radius, desto größer der Kanteneffekt und desto deutlicher die Scharfzeichnung – desto sichtbarer sind also auch die hellen und dunklen Halos, was Sie eigentlich vermeiden sollten.
- ENTFERNEN: Damit können Sie das Bild mit einer der drei folgenden Optionen scharfzeichnen:
  - GAUSSSCHER WEICHZEICHNER ist die Methode, die der Filter UNSCHARF MASKIEREN verwendet, und die schnellste.
  - TIEFENSCHÄRFE ABMILDERN spürt Kanten und Bilddetails auf, bietet eine feinere Scharfzeichnung der Details und reduziert Halos. Diese Option liefert meiner Meinung nach die besten Ergebnisse.
  - BEWEGUNGSUNSCHÄRFE reduziert die Weichzeichnung, die durch die Kamera oder die Bewegung entstanden ist. Um diese Option zu verwenden, müssen Sie vorher den Winkel der Bewegung mit dem Messwerkzeug messen und dann hier in der Dialogbox eingeben.
- GENAUER: Wendet den Filter zweimal an, um die Weichzeichnung besser zu entfernen. Obwohl das doppelt so lange dauert, lasse ich die Option immer aktiviert.

Der erweiterte Modus verwendet alle Einstellungen des einfachen Modus. Zusätzlich haben Sie die Möglichkeit, die Scharfzeichnung der Tiefen und Lichter separat zu kontrollieren.

- VERBLASSEN UM: Passt die Stärke der Scharfzeichnung der Tiefen oder Lichter an – 100% verdeckt die Scharfzeichnung und höhere Werte decken sie wieder auf.
- TONBREITE: Kontrolliert den Tonwertbereich der Tiefen und Lichter, die bearbeitet werden. Geringere Werte führen dazu, dass nur die helleren Lichter korrigiert werden. Stellen Sie sich das als Spannweite vor – wie weit soll die Scharfzeichnung gehen? Kleinere Einstellungen sind zarter.

- RADIUS: Legt die Größe des Bereichs um die Pixel fest, der bestimmt, ob sich ein Pixel in den Tiefen oder den Lichtern befindet. Verschieben Sie den Regler nach links, wird der Bereich kleiner, nach rechts wird er größer.

Die Herausforderung dieses Filters liegt darin, die richtige Balance zwischen Stärke und Radius zu finden. Digitalkameradateien oder Scans mit wenig Körnung kommen mit Stärkeeinstellungen zwischen 75 und 200 und einem kleinen Radius zwischen 3 und 1,5 aus (**Abbildung 8.86**). Auf dem Bildschirm erscheint das vielleicht etwas zu knusprig, beim Drucken werden Sie aber feststellen, dass das Ergebnis wirklich gut aussieht. Für Bilder mit sichtbarer Körnung sollten Sie eine Stärke zwischen 10 und 40 und einen höheren Radius zwischen 10 und 20 wählen. Wenn ich diesen Filter verwende, sehe ich mir die Filteroberfläche immer bei 100% an, um die Einstellungen noch zu verfeinern. Für die Datei selbst wähle ich jedoch 50%, wie in Abbildung 8.86 zu sehen.

Tipp

Reduzieren Sie Dateistörungen immer wie in Kapitel 5 beschrieben, bevor Sie eine Datei scharfzeichnen.

Der Selektive Scharfzeichner in Aktion

In **Abbildung 8.87** sehen Sie ein 6 x 7 cm Ektachrome-Dia, das auf einem Imacon Precision 3 Filmscanner gescannt wurde. In diesem Fall wollte ich die Lichter etwas deutlicher scharfzeichnen als die Tiefen, um Tiefe und Struktur des Zeichens stärker zu betonen (**Abbildung 8.88**).

ch8_exit_sharpen.jpg

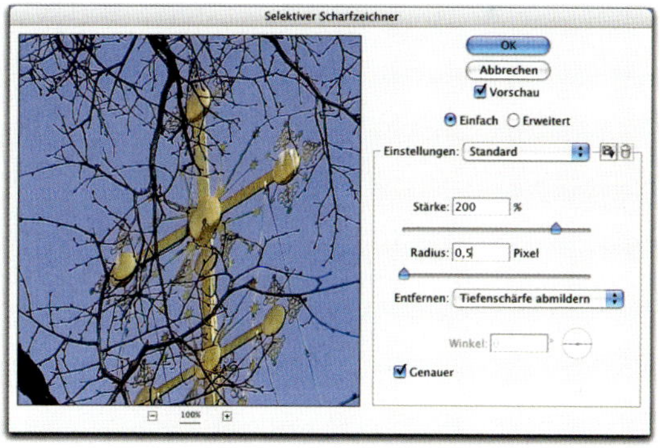

Abbildung 8.86

Verwenden Sie für feinkörnige, qualitativ hochwertige Digitalkamera-Dateien einen kleinen Radius.

Abbildung 8.87

Abbildung 8.88

1. Wählen Sie FILTER/SCHARFZEICHNUNGSFILTER/SELEKTIVER SCHARFZEICHNER. Klicken Sie in den Button ERWEITERT und beginnen Sie mit Einstellungen von 200 und 0,8 und den Optionen TIEFENSCHÄRFE ABMILDERN und GENAUER, wie in **Abbildung 8.89** zu sehen.

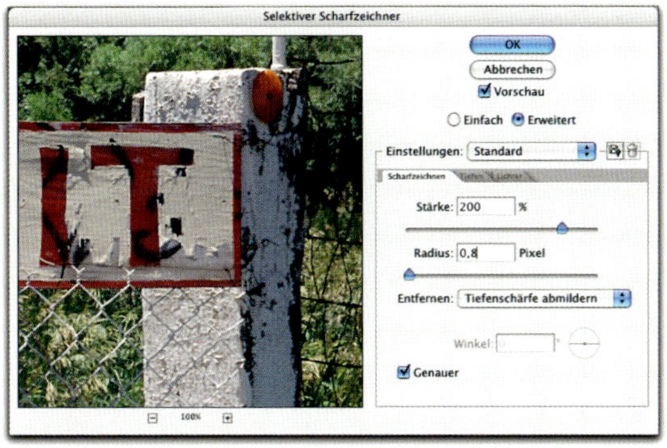

Abbildung 8.89

Beginnen Sie mit einer guten allgemeinen Scharfzeichnung.

2. Klicken Sie auf den Reiter TIEFEN und verwenden Sie eine hohe Einstellung für VERBLASSEN UM und eine geringe TONBREITE, um die Tiefen nicht zu stark scharfzuzeichnen (**Abbildung 8.90**).

Abbildung 8.90

Ein hoher Wert für VERBLASSEN UM und ein geringer für TONBREITE zeichnet die Tiefen nicht zu stark scharf.

3. Klicken Sie auf den Reiter LICHTER. Ich verringerte den Wert VERBLASSEN UM, um die Lichter etwas stärker zu bearbeiten (**Abbildung 8.91**).

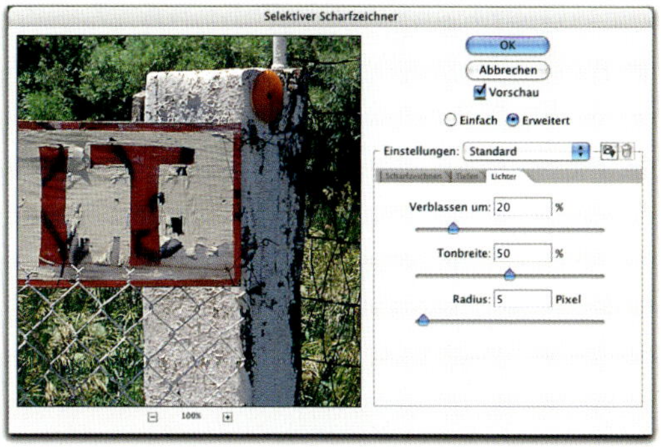

Abbildung 8.91

Ein geringer Wert für VERBLASSEN UM zeichnet die Lichter etwas stärker scharf.

Tipps zum Scharfzeichnen

- Über alles scharfgezeichnete Bilder sehen mitunter unnatürlich aus; wenn Sie Teile des Bilds weichzeichnen, wird das Auge auf die scharfen Bildbereiche gelenkt.
- Experimentieren Sie mit selektivem Scharfzeichnen, indem Sie Masken erstellen.
- Erstellen Sie Testausdrucke mit dem selben Papier und Drucker, die Sie auch für das finale Bild verwenden.
- Vermeiden Sie es, scharfgezeichnete Dateien zu skalieren oder zu retuschieren.
- Wenn Sie Dateien in eine Druckerei geben, teilen Sie dieser mit, dass Sie das Bild bereits scharfgezeichnet haben. Zu viel Scharfzeichnung ist genauso schlecht wie gar keine Scharfzeichnung.
- Zeichnen Sie eine Ebenenkopie scharf und kontrollieren Sie die Intensität mithilfe der Ebenendeckkraft und Füllmethoden. In den meisten Fällen vermeidet die Option LUMINANZ störende Farbartefakte.
- Um die Filtervorschau zu beschleunigen, wählen Sie vor dem Öffnen der Dialogbox einen Teil des Bilds mit dem Auswahlrechteck aus. Klicken Sie auf OK, sobald Sie die richtigen Einstellungen gefunden haben, und wählen Sie anschließend BEARBEITEN/RÜCKGÄNGIG (⌘-Z/Strg-Z), AUSWAHL/AUSWAHL AUFHEBEN (⌘-D/Strg-D) und drücken ⌘-F/Strg-F, um den Filter auf das gesamte Bild anzuwenden.

Kontraste scharfzeichnen

Bei Bildern mit feinen Details und großem Farbumfang können Sie den Filter Selektiver Scharfzeichner verwenden, um den Kontrast zu verstärken – so sieht das Bild schärfer und gleichzeitig kontrastreicher aus. Ich wende auf viele meiner voll auflösenden Digitalkameradateien, besonders bei Landschafts- und Architekturbildern, eine Kontrastscharfzeichnung an, um die Bilder aufzupeppen, wie in den Vorher-Nachher-Bildern in den **Abbildungen 8.92** und **8.93** zu sehen. Das Vorgehen ist sehr einfach: Ich dupliziere die Hintergrundebene, ändere die Füllmethode in Luminanz und wähle Filter/Scharfzeichnungsfilter/Selektiver Scharfzeichner mit einer Stärke von 20 und einem Radius von 50, wie in **Abbildung 8.94** zu sehen.

Abbildung 8.92

Abbildung 8.93

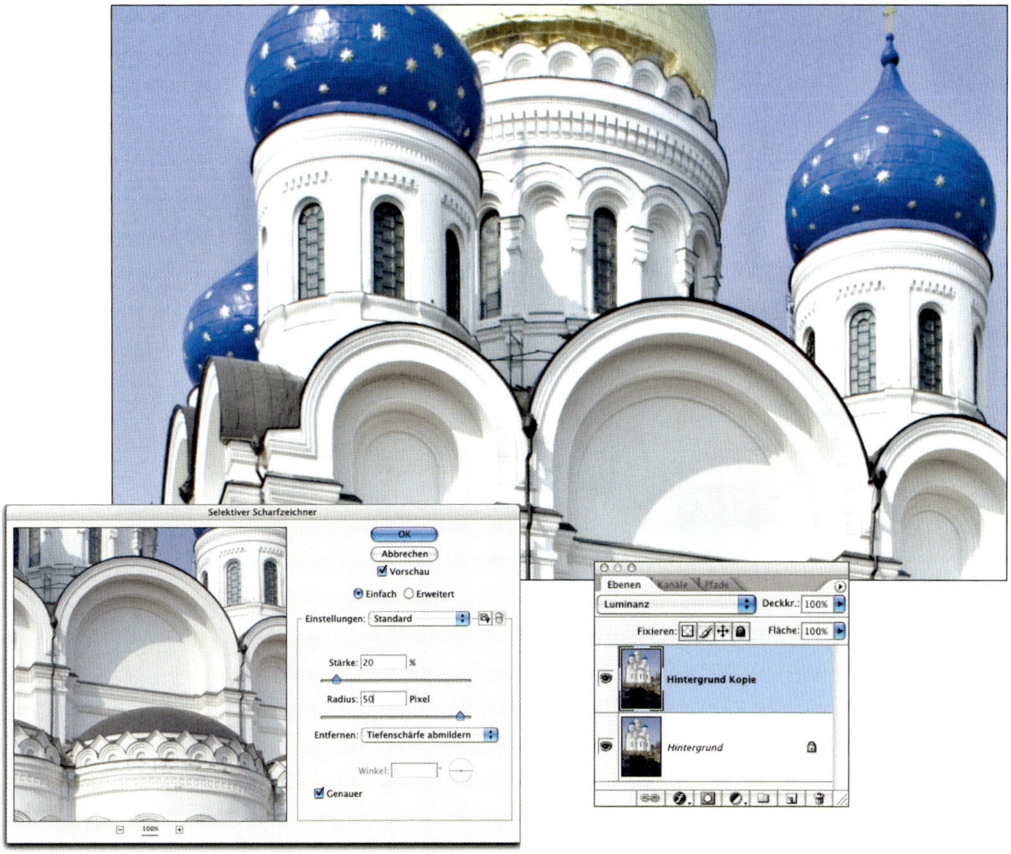

Abbildung 8.94

Die geringe Stärke und der hohe Radius verstärken den Kontrast des Bilds.

Neutrales scharfzeichnen

Das Scharfzeichnen auf einer neutralen Ebene mit dem Filter HOCHPASS ist eine sehr beliebte und erfolgreiche Technik. Ich nutze sie, um Bilddetails zu verstärken, wie im Beispiel des Machu Picchu weiter vorn in diesem Kapitel. Außerdem zeichne ich damit Augen und Details in Porträts scharf, wie in den Kapiteln 9 und 10 zu lesen.

Der Hochpassfilter wandelt alle Bereiche außer den Kanten in neutrales Grau um. Kombiniert mit WEICHES LICHT, ÜBERLAGERN und HARTES LICHT, entsteht eine Scharfzeichnung, die bei Digitalkameradateien und Bildern mit Tiefenschärfe (wie in **Abbildung 8.95**, in der ich das Kreuz mit einer weit geöffneten Blende fotografierte und den Hintergrund unscharf machte) sehr effektiv ist. In **Abbildung 8.96** nutzte ich den Hochpassfilter, um die rostigen Details scharfzuzeichnen und den Hintergrund so zu gestalten, wie in der Abbildung zu sehen.

ch8_rust_sharpen.jpg

Abbildung 8.95

Abbildung 8.96

1. Um nach der Retusche und Restauration einer Datei eine neutrale Scharfzeichnung anzuwenden, aktivieren Sie die oberste Ebene und wählen ⌘-⌥-⇧-E/Strg-Alt-⇧-E, um die sichtbaren Ebenen auf eine neue zu reduzieren. Duplizieren Sie die Ebene anschließend mit ⌘-J/Strg-J.
2. Drücken Sie ⌘-⌥-0 (Null)/Strg-Alt-0 (Null), um die tatsächlichen Pixel zu sehen. Ändern Sie anschließend die Füllmethode in ÜBERLAGERN und wählen Sie FILTER/SONSTIGE FILTER/HOCHPASS.
3. Verstärken Sie mit dem Radiusregler die Bildkanten. Eine sehr hohe Einstellung ist jedoch weniger effektiv als eine geringere. Beginnen Sie mit einer Einstellung zwischen 2 und 5 und experimentieren Sie mit dem Regler, um den Kantenkontrast zu verstärken oder zu verringern (**Abbildung 8.97**).
4. Klicken Sie auf OK und ändern Sie die Füllmethode der Ebene in WEICHES LICHT oder HARTES LICHT. Mit ÜBERLAGERN verstärken Sie den Kontrast noch, HARTES LICHT erzeugt die aggressivsten Ergebnisse.
5. Falls das Bild zu scharf ist, verringern Sie die Ebenendeckkraft, um genau die richtige Menge an Scharfzeichnung hindurchzulassen.

GEDANKEN ZUM SCHLUSS

Digitale Werkzeuge und Techniken bieten Ihnen viel Kontrolle und kreative Möglichkeiten. Denken Sie nur immer daran, die Hintergrundebene zu duplizieren. Wenden Sie dann die gelernten Techniken an und erzeugen Sie Bilder, die Ihnen gefallen. Hören Sie auf Ihr Herz und erstellen Sie ausdrucksvolle Bilder.

Abbildung 8.97

Wenn Sie die Füllmethode der Ebene vor dem Öffnen des Filters in ÜBERLAGERN, WEICHES LICHT oder HARTES LICHT ändern, können Sie den Effekt im Bild nachverfolgen.

IV

Sein bestes Gesicht zeigen

9 PORTRÄTRETUSCHE 317

10 GLAMOUR-RETUSCHE 386

9

PORTRÄTRETUSCHE

Gute Retusche setzt aufmerksame Augen, Einfühlsamkeit und eine geduldige Maus voraus. Wenn Sie unter Zeitdruck stehen, müde oder abgelenkt sind, entstehen keine guten Retuschearbeiten – und glauben Sie mir, etwas aufmerksame Retusche ist immer besser als viel schlechte. Mein persönliches Ziel bei der Porträtretusche ist, eine Person so positiv und frisch aussehen zu lassen, als wäre sie gerade aus einem Wellnessurlaub gekommen. Bevor Sie also zum Kopierstempel greifen oder den Gaußschen Weichzeichner anwenden, sollten Sie sich einen Moment Zeit nehmen, um zu erkennen, dass jedes Porträt einzigartig ist und Sie es mit Vorsicht und Respekt behandeln sollten.

In diesem Kapitel lernen Sie, wie Sie mithilfe von Kontrast, Farbe und kleinen Details Menschen schön aussehen lassen. Dabei konzentrieren wir uns auf Folgendes:

- Entwicklung einer Strategie für die Porträtretusche
- Störungen entfernen und Konturen verbessern
- Hautstrukturen und das Gesicht verbessern
- Kreative Maleffekte anwenden

Als Porträtretuscheur betonen Sie die natürliche Schönheit einer Person, während Sie kleine Störungen und Schönheitsfehler kaschieren. Am wichtigsten ist es, die Individualität einer Person zu erhalten. Nicht zu jeder Person passt eine absolut reine und unschuldige Haut oder eine Löwenmähne.

Achtung

Sie sollten immer erst die Belichtung und die Farben eines Digitalbilds korrigieren, wie ich es in früheren Kapiteln erklärt habe. Sobald Sie diese Probleme behoben haben, können Sie Porträts korrigieren und verbessern, wie in diesem Kapitel beschrieben.

STADIEN DER RETUSCHE

Das Retuschieren eines Gesichts kann ein sehr sensibles Unterfangen sein. Sie wollen wichtige Charakteristiken nicht entfernen, bestimmte Eigenschaften aber auch nicht zu stark betonen. Außerdem wollen Sie nicht mehr Zeit und Mühe in ein Porträt stecken, als der Kunde bereit ist zu bezahlen. Bevor Sie mit einer Retusche beginnen, ist es zwingend erforderlich, dass Sie mit dem Kunden besprechen, was gemacht werden soll.

Ihre Kunden können sich die Möglichkeiten der Retusche vielleicht nur schwer vorstellen. Um Missverständnisse zu vermeiden, sollten Sie eine Art Katalog Ihres »Angebots« anfertigen. Während sich der Kunde dieses Portfolio oder Beispiele in Ihrem Studio ansieht, können Sie ihm erklären, was welche Arbeiten kosten; zusätzliche Retuschearbeiten kosten natürlich auch zusätzliches Geld. Nicht alle Kunden wollen das volle Programm und das zu wissen, kann Ihnen Zeit, Mühe und Geld sparen.

Ich empfehle Ihnen, eine Retuscheskala, wie in den **Abbildungen 9.1** (das Original) bis **Abbildung 9.5** zu entwickeln: Mit einem Vier-Stufen-Ansatz fertigen Sie einen Plan, wie viel Retusche notwendig ist und was Sie dem Kunden am Ende berechnen müssen. Eine Retusche der Stufe 1 geht sehr schnell, während die Stufen 3 bis 4 mehr Zeit und Können in Anspruch nehmen – was sich beides natürlich auf der Rechnung bemerkbar macht. Kommunizieren Sie mit Ihren Kunden, um deren Wünsche in Erfahrung zu bringen und einen Blick auf die Kosten zu werfen. So arbeiten Sie abgesichert, ökonomisch und effizient.

Stufe 1

Deutliche Schönheitsfehler, Falten und Störungen werden entfernt – entspricht dem Auftragen eines Make-ups. Wenn Sie Fotograf sind, sollte eine Farbkorrektur und schnelle Säuberung im Preis enthalten sein. Es sollte kein Porträt Ihr Studio ohne grundlegende Reinigung verlassen. Pro Porträt dürfte das etwa 3 bis 10 Minuten in Anspruch nehmen.

Stufe 2

Diese Stufe fährt dort fort, wo Stufe 1 aufhört: Glätten der Haut, zu viele Spiegellichter in den Augen und Glanz auf der Haut entfernen. Eine Bearbeitung der Stufe 2 sollte weitere 10 bis 20 Minuten in Anspruch nehmen.

Abbildung 9.1

Das Originalbild

Abbildung 9.2

Stufe 1

Abbildung 9.3

Stufe 2

Abbildung 9.4

Stufe 3

Abbildung 9.5

Stufe 4

Stufe 3

Hier wird das Gesicht mit Kontrast, Farbe und Details geformt, um Augen, Lippen und Gesichtskonturen zu betonen – so, wie ein klassischer Maler mit Licht und Schatten wichtige Details definiert. Augen werden verbessert, die Lippen verfeinert und die Haare bekommen ihren letzten Schliff. Diese Bearbeitungen erfordern Sorgfalt und sollten je nach Erfahrung 45 bis 60 Minuten pro Porträt dauern.

Stufe 4

Hier werden kreative Interpretationen eines Bilds erstellt: Schwarzweißbilder, das Einfärben von Bildern, Beleuchtung und Fokus betonen, kreative Rahmen oder Maleffekte hinzufügen. In dieser Stufe können Sie eine persönliche Interpretation eines Bilds erstellen. Auch wenn Sie das nicht mit allen Porträts machen, bringt es sehr viel Spaß und Sie können einzigartige Effekte erzeugen, mit denen sich Ihre Porträts von anderen abheben. Die Zeit, die Sie dafür benötigen, hängt davon ab, wie viel Sie experimentieren, und ist von Bild zu Bild unterschiedlich. Sie werden feststellen, dass das, was in einem Bild funktioniert, nicht auch automatisch bei anderen Bildern wirkt. Ich lasse mich bei dieser Stufe nicht nach Stunden bezahlen, denn es ist meine Schuld, wenn ich vor lauter Experimentieren die Zeit vergesse.

Tipp

Die Retusche ist mehr als eine Fertigkeit; sie ist eine Kunstform. Hetzen Sie nicht durch jeden Job, arbeiten Sie nicht, wenn Sie übermüdet sind. Denken Sie immer daran, dass Sie das Gesicht einer Person bearbeiten – etwas, dem Sie Ihre ganze Konzentration und Aufmerksamkeit widmen sollten.

STRATEGIEN FÜR DIE PORTRÄTRETUSCHE ENTWICKELN

Beginnen Sie jede Porträtretusche damit, sich das gesamte Bild anzusehen – ich habe schon oft genug Menschen erlebt, die sich sofort auf die Retusche gestürzt und Flecken entfernt oder Zähne aufgehellt haben, ohne das Gesamtbild zu verstehen. Wenn Sie sich vorher eine Strategie zurechtlegen, wird die Retusche effizienter und effektiver. Nutzen Sie die folgenden fünf Schritte, um eine erfolgreiche Retusche zu planen:

- **Beurteilen Sie die Person** und legen Sie fest, welche Gesichtspartien betont oder welche kaschiert werden sollen. Stellen Sie sich vor, Sie müssten drei Porträts retuschieren: einen Juniorathleten, einen Konzernchef und einen erfolgreichen Richter. Alle drei besitzen unterschiedliche Persönlichkeiten und Charakteristiken, die Sie erkennen und betonen müssen. Die Haut des Teenagers muss wahrscheinlich gereinigt werden, während der Konzernchef frisch und munter aussehen sollte – egal, wie müde er am Tag der Aufnahme war. Im Porträt des Richters dürfen Sie nicht alle Falten oder grauen Haare entfernen, weil diese auch für Wissen und Erfahrung stehen. Bevor Sie zur Maus greifen, schauen Sie sich das Porträt also immer genau an.
- **Identifizieren und entfernen Sie Störungen**, die die Aufmerksamkeit des Betrachters vom eigentlichen Porträt ablenken. Dazu schauen Sie auf das Porträt und blinzeln oder fokussieren Sie auf etwas anderes. Achten Sie darauf, was Ihre Augen wahrnehmen. Stören können irrelevante Hintergründe, helle Bereiche an den Bildkanten oder unschöne Falten in der Kleidung sein.

  Blinzeln Sie, während Sie sich **Abbildung 9.6** ansehen. Was stört? Natürlich, das Auto hinter dem Mann schreit »Sieh mich an!«. Werfen Sie nun einen Blick auf **Abbildung 9.7** – merken Sie, wie Ihre Augen auf dem Gesicht des Herrn hängen bleiben?

© Ron Rubino

Abbildung 9.6

Der Hintergrund lenkt von der Person ab.

Abbildung 9.7

Indem Sie das Auto durch Bäume ersetzen, wird aus dem Schnappschuss ein Porträt.

- **Verfeinern Sie Konturen** des Körpers, der Haare, des Gesichts und des Halses. Wölbungen, die durch falsche Körperhaltung, Gewicht oder das Alter entstehen, sollten vorsichtig kaschiert oder geglättet werden. Verfolgen Sie mit den Augen die Konturen der Person, um störende Elemente zu finden. Halten Sie primär nach umherfliegenden Haaren, unvorteilhaften Arm- oder Schulterstellungen, Wulsten in der Kleidung, breiten Köpfen, Doppelkinn und Hautfalten am Hals älterer Menschen Ausschau.

Art Johnson sollte die drei Frauen in **Abbildung 9.8** fotografieren. Die Dame in der Mitte wollte, dass ihre Hüften, die durch die Körperhaltung ein bisschen ausgedellt wirken, etwas verschmälert werden. Anstatt das Bild neu aufzunehmen, kopierte Art den weißen Hintergrund über die Hüften, um eine glattere Silhouette zu erstellen (**Abbildung 9.9**).

© Art Johnson Photography

Abbildung 9.8

Die Körperhaltung führte bei der Dame in der Mitte zu etwas breiteren Hüften.

Abbildung 9.9

Durch die neue Kontur der Hüften entstand das perfekte Gruppenfoto.

- **Gesichtsmerkmale verbessern,** inklusive der Augen, der Lippen, der Zähne, der Nase und der Haut. Die Augen sind das wichtigste Gesichtsmerkmal, gefolgt vom Mund, wie in den **Abbildungen 9.10** und **9.11** zu sehen. Verfeinern Sie die Haut, ohne sie jedoch künstlich aussehen zu lassen. Ziel ist es, Falten zu reduzieren, Schönheitsflecken zu entfernen, die Haut zu glätten und so ein schönes Porträt der Person zu erstellen.

- **Beleuchtung und Fokus verbessern,** um die Aufmerksamkeit des Betrachters auf das Gesicht zu lenken. In den **Abbildungen 9.12** und **9.13** kommt das Mädchen besser zur Geltung, wenn der Hintergrund etwas abgedunkelt wird. Dieser einfache, aber notwendige Schritt sollte jedoch nicht zu offensichtlich sein, sondern eher Studiobeleuchtung oder Fotofilter nachahmen.

Abbildung 9.10

Die Augen und der Mund wirken sich unverhältnismäßig auf unsere Erinnerungen an eine Person aus.

Abbildung 9.11

Durch eine Reduzierung der Falten und das Aufhellen der Zähne kommt die Persönlichkeit besser zur Geltung.

Abbildung 9.12

Das Porträt ist nach der Retusche schon sehr schön.

Abbildung 9.13

Durch das Abdunkeln des Hintergrunds kommt das Mädchen noch besser zur Geltung.

- **Betrachten Sie das Ergebnis**, am besten nach einer kleinen Pause oder indem Sie sich eine zweite Meinung holen. Nachdem Sie eine Stunde mit einer Datei verbracht haben oder wenn Sie unter Zeitdruck arbeiten, können Sie Details oder Farbstiche leicht übersehen. Fragen Sie jemanden, dem Sie glauben, nach einer zweiten Meinung. Wenn Sie alleine arbeiten, erstellen Sie einen Ausdruck, studieren Sie diesen und markieren Sie ihn. Im Ausdruck kommen oft Details zum Vorschein, die Sie am Monitor übersehen haben.

Ich wende bei jeder Retuschearbeit diese fünf Schritte an. Mein Ziel bei einer Porträtretusche ist immer, die Menschen so aussehen zu lassen, als kämen sie gerade aus dem Urlaub. Sie sollten ausgeruht, aufmerksam und positiv aussehen. Durch das Entfernen von Störungen, Glätten von Konturen, Reinigen der Haut und Betonen der Augen und des Munds betonen Sie die Schönheit Ihrer Kunden.

Hinweis

Aufgrund des Copyrightschutzes stehen viele der in diesem Kapitel verwendeten Fotos nicht zum Download zur Verfügung.

STÖRUNGEN ENTFERNEN

In den 50er und 60er Jahren legte Kodak seinen Filmpackungen Fototipps bei. Einer dieser Tipps, an den ich mich noch gut erinnere, riet, störende Objekte im Hintergrund zu vermeiden. Im Beispiel war ein Baum zu sehen, der aus dem Kopf einer Person wuchs. Damals musste man entweder die Kamera oder die Person neu positionieren. Auch heute ist es immer besser, ein korrektes Bild aufzunehmen, machmal stellt sich ein offensichtlich gestörtes Bild jedoch als schönstes Porträt heraus. Wichtige Methoden, um Hintergrundstörungen zu entfernen, sind das Freistellen, Kopieren, Weichzeichnen und Abdunkeln oder das vollständige Ersetzen des Hintergrunds.

Freistellen und Einrahmen

Das nächste Mal, wenn Sie in einem Museum sind oder sich ein gutes Fotografiebuch ansehen, entspannen Sie Ihre Augen und achten darauf, wie sie sich durch das Bild bewegen. In guten Kompositionen bewegen sich Ihre Augen, sie gelangen aber immer wieder zurück zum eigentlichen Motiv. Helle Bereiche ziehen die Aufmerksamkeit auf sich. Deshalb ist es wichtig, keine zu hellen Bereiche an der Bildkante zu haben, da diese das Auge des Betrachters ablenken. Das Freistellen eines Bilds ist eine oft übersehene, aber sehr effektive Methode, Bildkompositionen zu verbessern. Sie können Bilder auf zwei Arten freistellen und Pixel dabei löschen oder nur ausblenden.

Tipp

Unser visueller Sinn verlässt sich auf Tonwerte, Farben und Details. Das Auge wandert dabei von dunklen zu hellen, von weichen zu schärferen und von weniger farbigen zu farbigeren Bildbereichen. Mit anderen Worten: Sie müssen diese Attribute verstärken oder reduzieren, um das Auge des Betrachters auf das Porträt zu lenken.

Im folgenden Beispiel lenkt das große weiße Licht über den Köpfen der Personen den Betrachter ab (Abbildung 9.14). Das Bild wirkt durch das Freistellen schon wesentlich harmonischer (Abbildung 9.15).

ch9_crop_the_light.jpg

Das Freistellen eines Bilds kann sehr destruktiv sein, wenn Sie das Standard-Freistellen-Werkzeug verwenden und somit Pixel entfernen. Sobald Sie die Datei speichern, sind diese Pixel für immer verloren. Nutzen Sie stattdessen lieber folgende Technik, um Bilder sicher freizustellen:

1. Ändern Sie die Hintergrundebene in eine herkömmliche Ebene, indem Sie sie doppelt anklicken. Klicken Sie in der Dialogbox auf OK.

Abbildung 9.14

Abbildung 9.15

2. Ziehen Sie den Freistellungsrahmen auf und klicken Sie in der Optionsleiste auf den Radiobutton AUSBLENDEN (**Abbildung 9.16**).
3. Fahren Sie mit der Retusche fort. Um den ausgeblendeten Bildbereich zu sehen, wählen Sie BILD/ALLES EINBLENDEN oder verschieben Sie das Bild im Vollbildmodus mit dem Verschieben-Werkzeug im Freistellungsrahmen.

Abbildung 9.16

Aktivieren Sie die Option AUSBLENDEN, um ein Bild freizustellen.

Untersuchen Sie die Kanten

Untersuchen Sie die Bildkanten. Falls Sie dort störende weiße Flecken finden, reduzieren oder entfernen Sie diese, wie in den **Abbildungen 9.17** und **9.18** zu sehen. In diesem Beispiel würden Sie die Frau beschneiden und die Bildkomposition verändern, wenn Sie den weißen Fleck durch Freistellen entfernen wollten. Da die Bildkomposition aber mit Absicht so gewählt wurde, kommt das nicht in Frage. Es ist sinnvoller, die Störung wie hier beschrieben zu kaschieren.

© Shan Canfield

Abbildung 9.17

Abbildung 9.18

ch9_splotch.jpg

1. Duplizieren Sie die Hintergrundebene. Verwenden Sie das Ausbessern-Werkzeug im Modus QUELLE und kreisen Sie den hellen Fleck ein (Abbildung 9.19). Verschieben Sie die Auswahl über einen dunkleren Bildbereich (Abbildung 9.20).

2. Bevor Sie außerhalb der Auswahl klicken, sollten Sie die Bilddichte des ausgebesserten Stücks mit dem Rest des Bilds vergleichen. Falls diese nicht passt, fügen Sie eine Gradationskurven-Einstellungsebene hinzu und passen die Dichte an (Abbildung 9.21).

Abbildung 9.19

Wählen Sie den hellen Bereich mit dem Ausbessern-Werkzeug aus.

Abbildung 9.20

Ziehen Sie die Auswahl in einen dunkleren Bildbereich, um den hellen Fleck abzudunkeln.

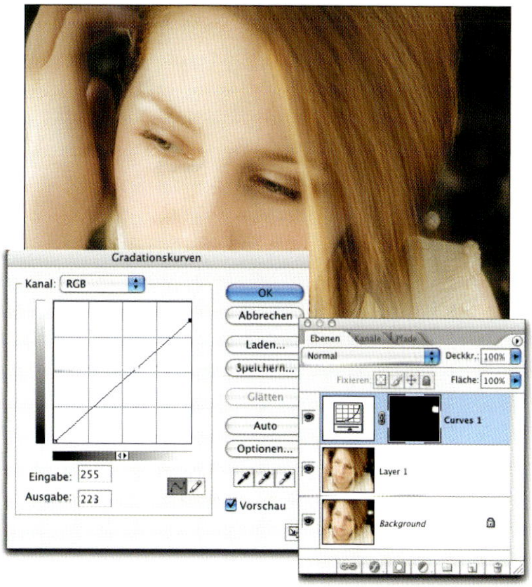

Abbildung 9.21

Passen Sie die Dichte des ausgebesserten Bereichs an.

3. Wählen Sie für die Einstellungsebene FILTER/WEICHZEICHNUNGSFILTER/GAUSSSCHER WEICHZEICHNER mit einem Wert von 5 bis 15 Pixel, um den Übergang zwischen Original und ausgebessertem Bereich zu glätten.

KONTUREN SCHMÄLERN

Wie wir eine Person im wahren Leben, in einem Video oder Film sehen, unterscheidet sich von dem, wie wir sie in einem Standbild wahrnehmen. Im wahren Leben oder im Film verdecken Ton, Bewegung und Interaktion unerwünschte Attribute, die in einem Standbild auffallen. Schlecht gekämmte Haare, ein Doppelkinn, eine unvorteilhafte Pose oder ein Stück lose Kleidung fallen in einem Foto deutlicher auf. Das Entfernen störender, umherfliegender Haare, das Glätten von Wulsten in der Kleidung oder Konturen und das Anpassen unkomfortabler Posen sind wichtige Schritte während einer Retusche. Hören Sie also immer auf Ihre Mutter – stehen Sie gerade, wenn Sie das nächste Mal fotografiert werden.

Tipp

Bearbeiten Sie zuerst die Körperkonturen, bevor Sie mit der Retusche fortfahren, denn Änderungen der Kontur können einige Retuschearbeiten unnötig machen.

© JupiterImages

Abbildung 9.22

Abbildung 9.23

Der digitale Schneider

Beim Fotografieren einer Person entstehen oft Falten in der Kleidung oder unschöne Wulste. In **Abbildung 9.22** sehen Sie ein Porträt einer jungen Businessfrau. Durch die Bearbeitung der Jacke und das Abdecken der weißen Bluse unter den verschränkten Armen sieht sie wesentlich professioneller aus, die Aufmerksamkeit verlagert sich auf das Gesicht **Abbildung 9.23.**

ch9_tailor.jpg

Die einfachste Methode, die Sachen einer Person zu nähen, besteht darin, Hintergrundinformationen zu kopieren. Dabei können jedoch wichtige Details der Kleidung überdeckt werden. Im folgenden Beispiel schmälern Sie die Taille der Dame etwas, die Taschen im Jacket bleiben jedoch vollständig erhalten:

1. Zeichnen Sie mit dem Zeichenstift im Modus PFADE die gewünschte Körperkontur für die linke Seite der Taille nach und erstellen Sie anschließend einen separaten Pfad für die rechte Seite (**Abbildung 9.24**). Falls Sie mit

dem Zeichenstift nicht so vertraut sind, können Sie auch das Lasso verwenden. Sollten Sie mit dem Lasso arbeiten, wählen Sie die linke Seite aus und fahren Sie mit Schritt 3 fort.

2. Wandeln Sie den linken Pfad in eine Auswahl um, indem Sie ihn auf den Button PFAD ALS AUSWAHL LADEN ziehen. Wählen Sie AUSWAHL/WEICHE AUSWAHLKANTE mit einem Wert von 1 Pixel.

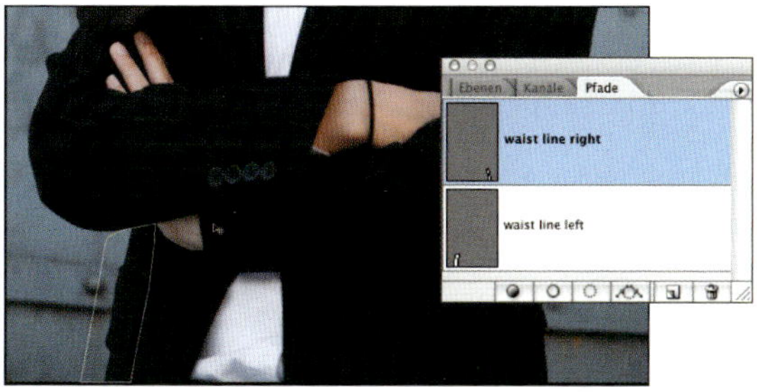

Abbildung 9.24

Erstellen Sie mit dem Zeichenstift eine weiche Auswahl für die neue Kontur.

3. Wählen Sie EBENE/NEU/EBENE DURCH KOPIE und verschieben Sie die neue Ebene nach rechts (**Abbildung 9.25**).

Abbildung 9.25

Verschieben Sie den duplizierten Bereich nach innen, um die neue Taille zu formen.

4. Aktivieren Sie die Hintergrundebene und wiederholen Sie die Schritte 2 und 3 für den Pfad auf der rechten Seite (**Abbildung 9.26**).

5. Um Spuren auf der Jacke und im Hintergrund zu bereinigen, aktivieren Sie den Kopierstempel im Modus ALLE EBENEN AUFNEHMEN.

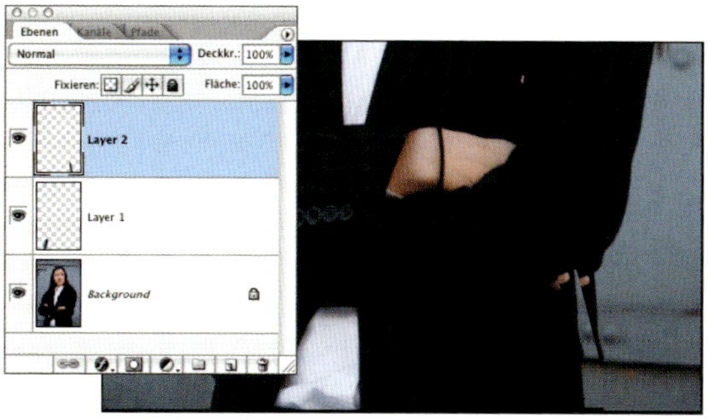

Abbildung 9.26

Kopieren und verschieben Sie Teile der Körperkonturen nach innen, als Grundlage für die neuen Konturen.

6. Verfeinern Sie mit dem Reparatur-Pinsel im Modus ALLE EBENEN AUFNEHMEN Bereiche mit geringen Farb- oder Kontrastunterschieden.

7. Die weiße Bluse im Bereich des Bauchs befindet sich sehr nah an der Bildkante. Das Gesicht des Modells verliert an Aufmerksamkeit. Um die Jacke zu schließen, erstellen Sie eine neue Ebene und kopieren mit dem Kopierstempel Bereiche der Jacke (**Abbildung 9.27**). Verfeinern Sie die kopierten Bereiche mit dem Reparatur-Pinsel.

Abbildung 9.27

Erstellen Sie mit dem Kopierstempel grundlegende Bildinformationen und verfeinern Sie die Details mit dem Reparatur-Pinsel.

Nehmen Sie nur kleine Näharbeiten vor, um Falten zu bereinigen, Kragen gerade auszurichten oder ungerade Säume zu reparieren.

Digitales Fitnesstraining

Photoshop kann den Gang ins Fitnessstudio nicht ersetzen, es kann allerdings helfen, Problembereiche zu korrigieren, bei denen Sit-ups auch nicht mehr helfen. Die wichtigsten Werkzeuge für das Körpertraining sind: Kopierwerkzeuge, der Distorsion-Filter, Transformieren und Verflüssigen – einige bespreche ich hier, weitere Techniken finden Sie in Kapitel 10.

Gewichte stemmen

Schieben Sie die Schuld am extra Gewicht auf die Kamera oder den zweiten Gang zum Dessert-Buffet – Photoshops Filter DISTORSION, der Transformieren-Befehl und der bedachte Einsatz des Verflüssigen-Filters lassen ein paar Pfunde verschwinden (**Abbildungen 9.28** und **9.29**).

ch9_beach_boy.jpg

1. Duplizieren Sie die Hintergrundebene und wählen Sie den Bauch aus. Wenden Sie eine sehr weiche Auswahlkante mit 50 Pixel an, um einen feinen Übergang zu erzeugen (**Abbildung 9.30**); bei hoch auflösenden Dateien sollten Sie 75 bis 100 Pixel verwenden. Wenn Sie mit diesem Beispiel arbeiten, wenden Sie aufgrund der kleinen Dateigröße nur 25 Pixel an.
2. Wählen Sie FILTER/VERZERRUNGSFILTER/DISTORSION mit einer Einstellung von 15 bis 20, um den Bauch zu schmälern (**Abbildung 9.31**). Wählen Sie den Wert nicht zu groß, wenden Sie den Effekt lieber noch einmal auf einer weniger weichen Auswahl an.
3. Um den Bauch weiterzubearbeiten, wiederholen Sie die Auswahl, wenden eine weiche Auswahlkante sowie den Filter mit einer kleineren Einstellung an (**Abbildung 9.32**). In den meisten Fällen reicht der Filter aus. Um den Herrn noch etwas schlanker zu machen, sind zwei weitere Schritte notwendig: Seine Taille muss gestreckt und etwas nach innen verschoben werden.

Abbildung 9.28

Abbildung 9.29

Abbildung 9.30

Erstellen Sie eine großzügige Auswahl inklusive Hintergrundinformationen. Mit einer starken weichen Auswahlkante erzeugen Sie einen schönen Übergang.

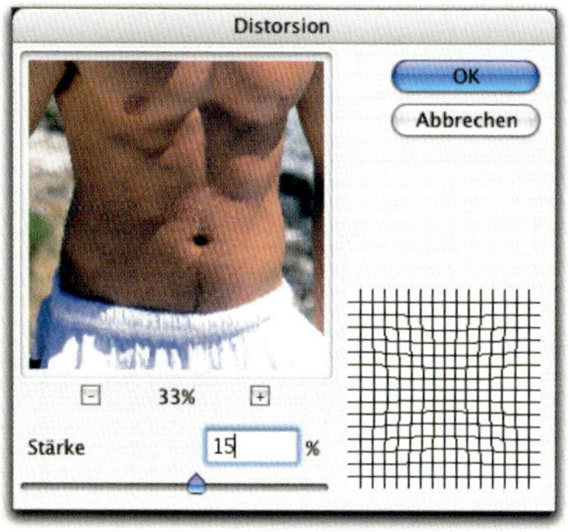

Abbildung 9.31

Verwenden Sie einen positiven Wert, um den Bauch nach innen zu drücken.

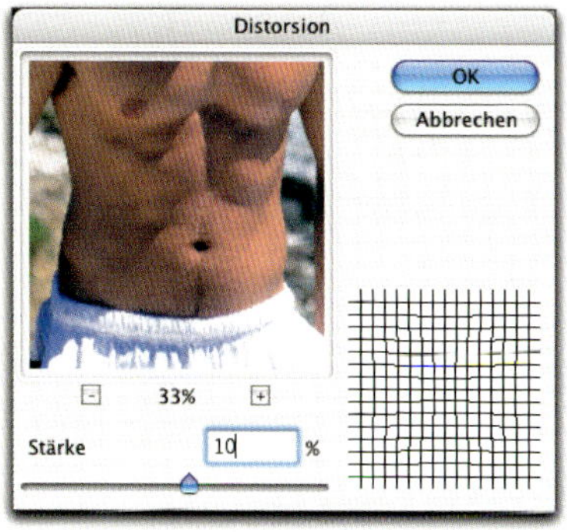

Abbildung 9.32

Wiederholen Sie die Auswahl mit weicher Auswahlkante und wenden Sie den Filter mit einer kleineren Einstellung erneut an.

4. Um ihn zu strecken, vergrößern Sie die Arbeitsfläche um 10% nach unten. Wählen Sie Bearbeiten/Transformieren/Skalieren und ziehen Sie den unteren Mittelpunkt bis auf 105% nach unten (**Abbildung 9.33**).

Abbildung 9.33

Das Strecken eines Fotos ist eine klassische Methode, um eine Person schlanker aussehen zu lassen.

5. Sein Kopf wurde dabei jedoch deutlich verzerrt. Fügen Sie deshalb eine Ebenenmaske mit einem linearen Schwarzweißverlauf über Hals und Schulter hinzu, um einen Übergang zu erstellen, wie in **Abbildung 9.34** zu sehen.

Abbildung 9.34

Blenden Sie das gestreckte Bild in das Original über, um unerwünschte Verzerrungen auszublenden.

6. Verfeinern Sie den Übergang, indem Sie mit Schwarz über die Ebenenmaske malen, um die gestreckten Bereiche auszublenden (Abbildung 9.35).

Abbildung 9.35

Malen Sie mit Schwarz auf der Ebenenmaske, um den Übergang zwischen beiden Ebenen zu verbessern.

7. Drücken Sie ⌘-⌥-⇧-E/Strg-Alt-⇧-E, um die beiden Ebenen auf eine neue zu reduzieren und eine neue Ebene zu erstellen.

8. Der Verflüssigen-Filter eignet sich bestens, um Konturen zu verschlanken. Bevor Sie den Filter jedoch öffnen, sollten Sie mit dem Auswahlrechteck eine Auswahl erstellen (Abbildung 9.36). Wählen Sie anschließend FILTER/VERFLÜSSIGEN.

Abbildung 9.36

Erstellen Sie eine Auswahl, bevor Sie den Verflüssigen-Filter öffnen, um den Filter und die Vorschau schneller zu laden bzw. anzuwenden.

9. Um die Struktur der Datei nicht zu verändern, verwenden Sie das Vorwärts-krümmen-Werkzeug mit einer großen Pinselspitze und geringen Dichte und Stärke. Malen Sie an der Kante der Taille von außen in Richtung Bauchmitte (Abbildung 9.37).

9. Aktivieren Sie die Option HINTERGRUND EINBLENDEN (in Abbildung 9.38 markiert), um zu sehen, wie viel Bauch Sie bereits entfernt haben. Weitere Informationen zum Verflüssigen-Filter finden Sie in Kapitel 10.

Schmeichelhafte Hälse

Auch wir spüren die Erdanziehung. In Nullkommanichts haben wir ein Doppelkinn oder hängende Wangen, die wir im Spiegel oder in einem Foto gar nicht gern sehen. Manche Menschen schwören auf plastische Chirurgie, ich verlasse mich hingegen lieber auf Photoshop, weil es weniger Nebenwirkungen hat. In den meisten Fällen besteht das Ziel darin, den Kontrast der Tiefen in den Falten zu verringern und eine schmeichelhaftere Halslinie zu erstellen. In Abbildung 9.39 sehen Sie das Original und in Abbildung 9.40 die retuschierte Version. Das ist ein hervorragendes Beispiel dafür, wie Joshua Withers mit einer minimalen Retusche, Modulation des Lichts und Farbkorrektur ein natürlicheres Porträt erstellte.

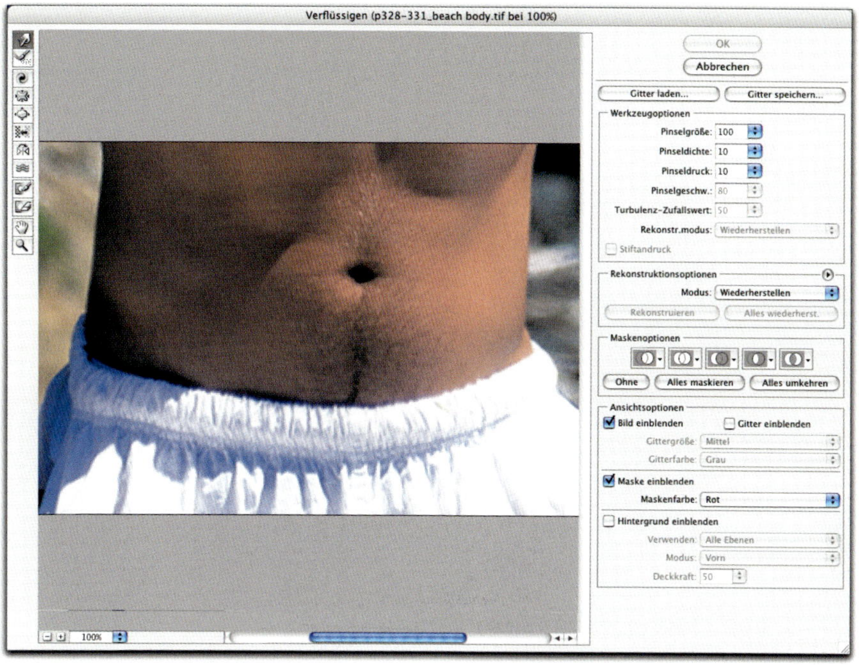

Abbildung 9.37

Verwenden Sie eine Pinselspitze mit einer geringen Dichte, um die Filmkörnung zu erhalten.

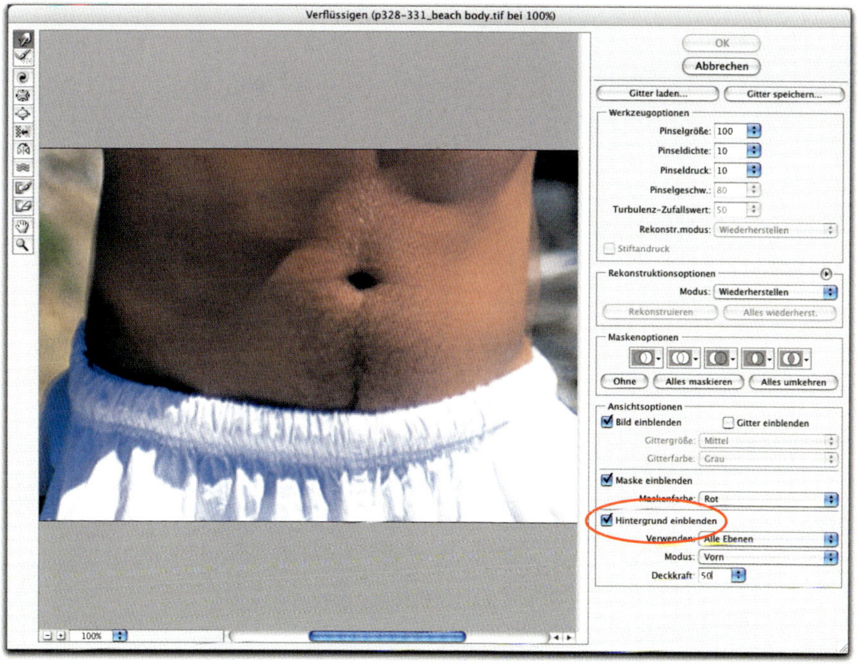

Abbildung 9.38

Vergleichen Sie das Ergebnis mit dem Original und bessern Sie nach.

© Cindy Reding

Abbildung 9.39

Abbildung 9.40

1. Josh fügte eine neue Ebene hinzu und blendete mit dem Reparatur-Pinsel die Falten im Hals aus. Er verfeinerte die Haut und entfernte störende Flecken im Hintergrund (**Abbildung 9.41**).

Abbildung 9.41

Entfernen Sie auf einer separaten Ebene Falten und Störungen.

2. Anschließend wählte er großzügig das Kinn des Manns aus (**Abbildung 9.42**) und wählte BEARBEITEN/AUF EINE EBENE REDUZIERT KOPIEREN, um alle sichtbaren Ebenen (die Hintergrundebene und die retuschierte Ebene) zu kopieren. Anschließend wählte er BEARBEITEN/EINFÜGEN, um eine neue Ebene zu erstellen.

Abbildung 9.42

Arbeiten Sie mit Teilebenen, um die Dateigröße möglichst gering zu halten.

3. Bevor Sie den Verflüssigen-Filter öffnen, sollten Sie immer erst eine Auswahl erstellen. Josh klickte mit gedrückter ⌘/Strg-Taste auf die Miniatur der Kinnebene, um deren Transparenz als Auswahl zu laden. Anschließend wählte er FILTER/VERFLÜSSIGEN und verschob den Hals vorsichtig nach innen (**Abbildung 9.43**).
4. Josh fügte eine neue Ebene hinzu und verwendete Kopierstempel und Reparaturwerkzeug, um die Halspartie zu verfeinern (**Abbildung 9.44**).

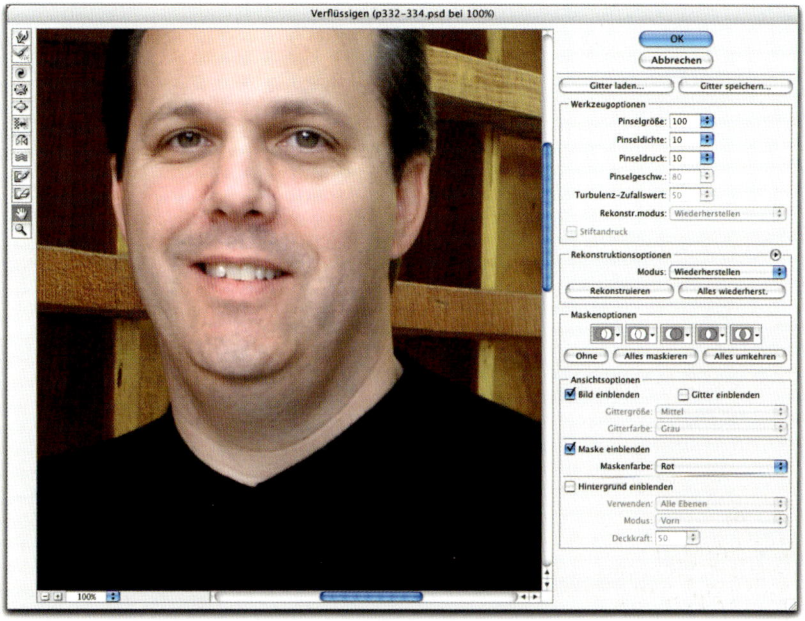

Abbildung 9.43

Verwenden Sie eine große Pinselspitze mit geringer Dichte und geringem Druck, um den Hals zu formen.

Abbildung 9.44

Der Verflüssigen-Filter hinterlässt oft Artefakte, die Sie mit Kopierstempel und Reparaturwerkzeug entfernen müssen.

Tipp

Wenn Sie mit dem Kopierstempel arbeiten, sollten Sie eine Kantenschärfe von 50–80% verwenden, um störende Kanten zu vermeiden. Weil der Reparatur-Pinsel eine eingebaute Sprühfunktion besitzt, sollten Sie immer sehr harte Pinselspitzen verwenden.

5. Um den Blick weiter vom Hals abzulenken, dunkelte Josh diesen mit einer Gradationskurven-Einstellungsebene ab, kehrte die Ebenenmaske um (⌘-I/Strg-I) und malte mit einer weichen, weißen Pinselspitze auf der Ebenenmaske, um den Bereich unter dem Kinn etwas abzudunkeln (**Abbildung 9.45**).

Abbildung 9.45

Durch das Abdunkeln des Bereichs unter dem Kinn entsteht eine optische Halslinie.

6. Um den Mann stärker zu betonen, fügte Josh eine neue Ebene mit einer sehr geringen Deckkraft hinzu (10–15%) und malte mit einer schwarzen, weichen Pinselspitze über die helleren Regale im Hintergrund (**Abbildung 9.46**).

7. Zum Schluss müssen die Hauttöne des Manns noch etwas aufgewärmt und die Farben im Hintergrund korrigiert werden. Mit einer Fotofilter-Einstellungsebene und einer großen, weichen Pinselspitze passte Josh die finale Farbe an. Für die Haut verwendete er den Warmfilter 85A (**Abbildung 9.47**). Mit einer großen schwarzen Pinselspitze entfernte er die Wärme aus der Umgebung. Wenn der Mann wärmer erscheint, steht er mehr im Vordergrund.

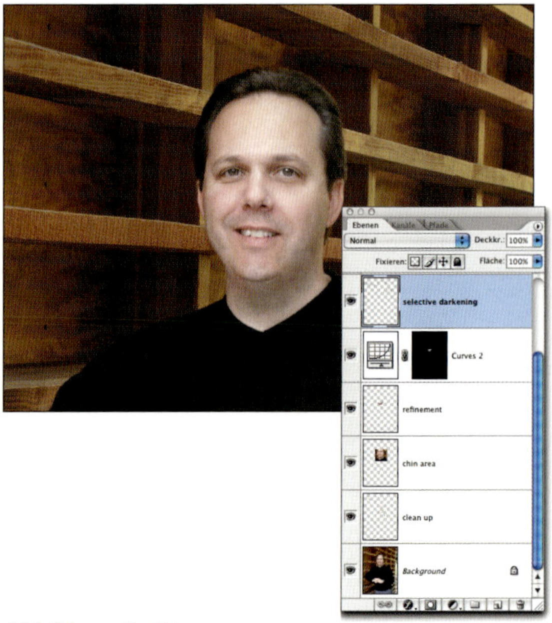

Abbildung 9.46

Dunkeln Sie den Hintergrund ab.

Abbildung 9.47

Wärmen Sie die Person auf, um sie stärker zu betonen.

8. Durch das Hinzufügen von Blau in der finalen Farbkorrektur wurde das Gelb im Holz entfernt – das gesamte Bild sieht einladender aus (**Abbildung 9.48**).

Abbildung 9.48

Mit einer finalen Farbkorrektur wurde das Bild perfekt ausbalanciert.

© JupiterImages

Abbildung 9.49

Diese Retusche ist ein exzellentes Beispiel dafür, wie viel besser ein wenig gute Retusche (Veränderung der Tonwerte und Farben) im Vergleich zu übertriebener Retusche ist.

Wie groß sind Sie?

Die Körpergröße ist ein physikalisches Attribut, das man nur sehr schwer ändern kann. Jemanden größer oder kleiner zu machen, verändert die Präsenz der Person im Bild. Im Original in Abbildung 9.49 ist die Dame, obwohl sie Highheels trägt, im Vergleich zu den Männern sehr klein. In Abbildung 9.50 habe ich sie etwas gestreckt, um die Bildkomposition auszugleichen.

ch9_standing_woman.jpg

Abbildung 9.50

Wenden Sie folgende Schritte an, um eine Person zu vergrößern:

1. Erstellen Sie mit dem magnetischen Lasso oder dem Zeichenstift eine Auswahl der Frau (**Abbildung 9.51**). Wählen Sie EBENE/NEUE EBENE/EBENE DURCH KOPIE (⌘-J/Strg-J), um die Auswahl in eine eigene Ebene zu kopieren.

Abbildung 9.51

Wählen Sie die Dame aus und duplizieren Sie sie in eine eigene Ebene.

Tipp

Drücken Sie bei der Anwendung des magnetischen Lassos immer die Feststelltaste, um die Größe des Bereichs zu sehen, den das Werkzeug zur Berechnung der Auswahl verwendet.

2. Wählen Sie BEARBEITEN/TRANSFORMIEREN/SKALIEREN und ziehen Sie den oberen Mittelpunkt nach oben, um die Dame zu strecken (**Abbildung 9.52**).

3. Reste des Originals sind noch sichtbar. Fügen Sie unter der Ebene mit der Dame eine neue Ebene hinzu. Blenden Sie die oberste Ebene aus und entfernen Sie mit dem Kopierstempel und dem Reparaturwerkzeug im Modus ALLE EBENEN AUFNEHMEN die originalen Außenkanten der Dame (**Abbildung 9.53**).

Abbildung 9.52

Vergrößern Sie die Dame mit TRANSFORMIEREN/SKALIEREN.

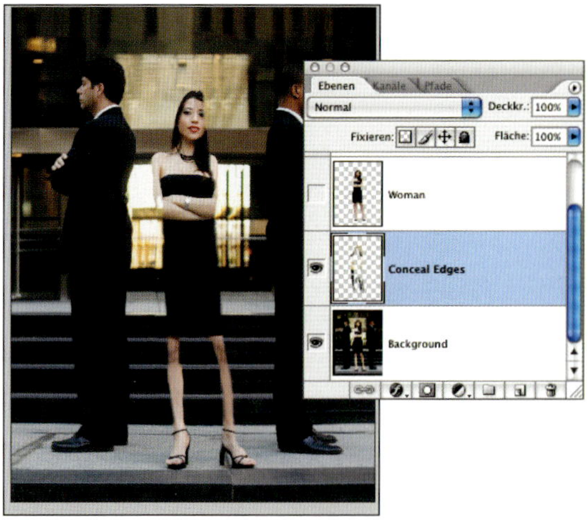

Abbildung 9.53

Blenden Sie Reste des Originals durch Kopieren und Reparieren aus.

4. Reduzieren Sie mit ⌘-⌥-⇧-E/Strg-Alt-⇧-E die Ebenen auf eine. Glätten Sie mit dem Kopierstempel, dem Reparatur-Pinsel und Verflüssigen die Konturen und entfernen Sie störende Lichtflecken im Hintergrund (**Abbildung 9.54**).

Hinweis

Nicht jeder muss Größe 36 tragen oder in 28er Jeans passen, aber durch sorgfältiges Strecken holen Sie aus Ihren Kunden das Beste heraus.

Abbildung 9.54

Verfeinern Sie die Konturen, um das finale Bild zu erstellen.

DIE BEDEUTUNG DER HAUT

Beim Retuschieren von Haut müssen Sie die richtige Balance zwischen dem Kaschieren von Schönheitsflecken, den richtigen Hauttönen und dem Entfernen von Falten finden, ohne die Haut zu künstlich aussehen zu lassen. Die Haut einer Person sollte zu ihrem Alter passen – je jünger die Person, desto glatter sollte die Haut sein, je älter, desto mehr Falten können auch erhalten bleiben.

Viele Leute sind in Bezug auf ihre Haut etwas unsicher. Vielleicht weil sie in Jugendjahren unter Akne litten, bei älteren Personen schon die ersten Krähenfüße zu sehen sind oder der- oder diejenige nicht genug Schlaf bekommen hat und etwas müde aussieht. Das Verbessern der Haut in einem Porträt kann so einfach sein wie das Abdecken einiger Schönheitsfehler oder das Weichzeichnen des gesamten Porträts und die anschließende Verwendung einer Ebenenmaske, um teilweise scharfe Bereiche wieder ins Bild zu bringen.

Hinweis

Weitere Techniken zur Verfeinerung der Haut finden Sie in Kapitel 10.

Hautprobleme ... das Teenage-Alter

Warum treten Hautprobleme immer dann auf, wenn man sich fotografieren lassen muss, man ein Vorstellungsgespräch oder das erste Date hat? Beim Vorstellungsgespräch oder dem ersten Date kann Photoshop Ihnen nicht helfen, das Entfernen von Hautproblemen in einem Foto ist jedoch ein Kinderspiel.

Die erste Methode zum Entfernen von Hautproblemen ähnelt einigen Methoden aus Kapitel 5. Arbeiten Sie mit dem Bereichsreparatur-Pinsel und dem Ausbessern-Werkzeug auf einer Ebenenkopie, um Schönheitsfehler schnell und einfach zu entfernen, die Hautstruktur jedoch zu erhalten (**Abbildungen 9.55** und **9.56**). Standardmäßig verwenden Sie den Bereichsreparatur-Pinsel im Modus NORMAL, was Sie sicherlich schon oft gelesen haben. Ich ziehe es jedoch vor, auch die anderen Methoden zu nutzen, um das Werkezug effektiver einsetzen zu können.

ch9_blemish1.jpg

1. Duplizieren Sie die Hintergrundebene.
2. Wählen Sie für den Bereichsreparatur-Pinsel den Modus AUFHELLEN (**Abbildung 9.57**) und wählen Sie eine Pinselspitze, die etwas größer ist als der Fleck, den Sie ausbessern wollen. Durch den Modus AUFHELLEN weiß Photoshop, dass es nur Pixel ändern darf, die dunkler sind als die Quelle; dadurch wird der Fleck besser entfernt als im Modus NORMAL. Beginnen Sie mit den kleinen Flecken, übermalen Sie sie ein- bis dreimal, um sie verschwinden zu lassen.

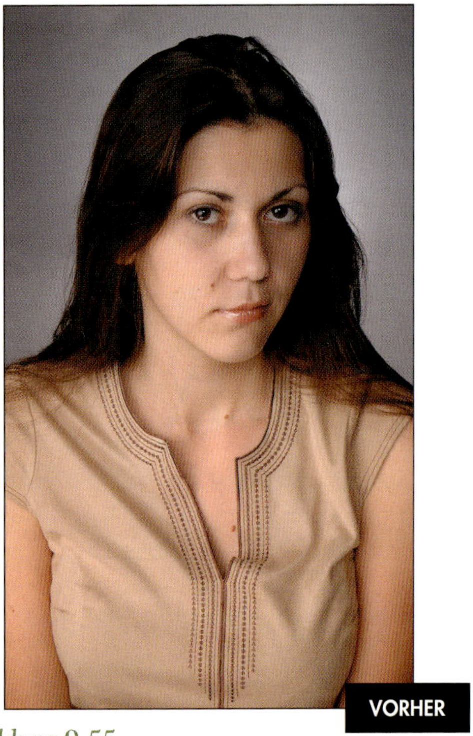

© Phil Pool Omni Photography

Abbildung 9.55

Abbildung 9.56

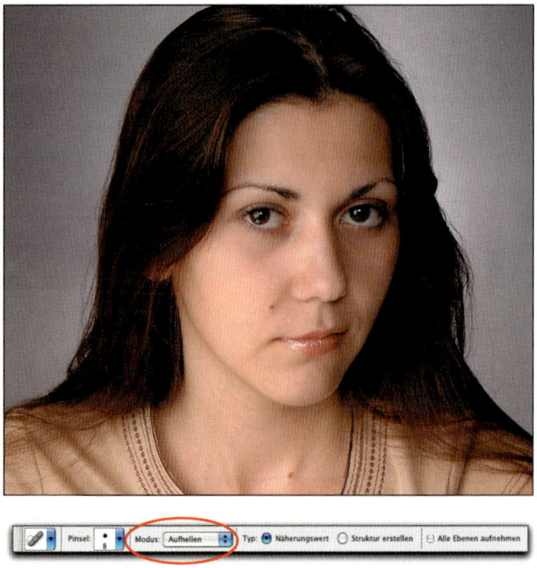

Abbildung 9.57

Verwenden Sie den Modus AUFHELLEN, um Flecken zu überdecken.

3. Ändern Sie den Modus in ABDUNKELN und malen Sie über kleine hellere Flecken.
4. Falls die Retusche zu offensichtlich ist, gehen Sie in der Protokoll-Palette ein paar Schritte zurück und beginnen noch einmal.

Verwenden Sie für größere Hautunreinheiten das Ausbessern-Werkzeug, wie hier beschrieben.

1. Aktivieren Sie das Ausbessern-Werkzeug mit der Option QUELLE.
2. Zoomen Sie in das Bild hinein und kreisen Sie den auszubessernden Bereich ein, wie in **Abbildung 9.58** zu sehen.
3. Ziehen Sie die Auswahl in einen guten Hautbereich und lassen Sie die Maus los (**Abbildung 9.59**). Wiederholen Sie diese Schritte für die anderen Hautunreinheiten.

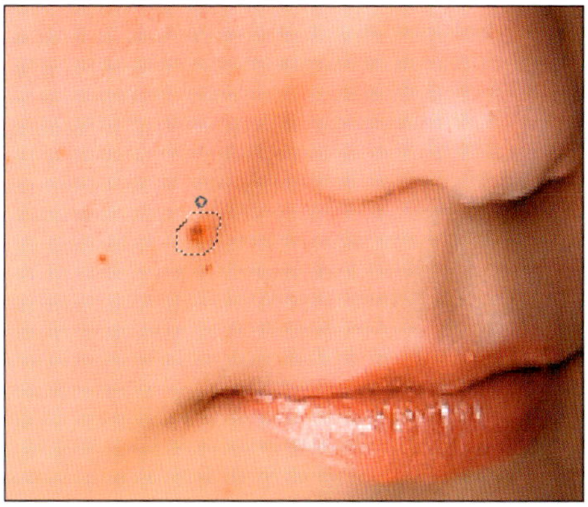

Abbildung 9.58

Wählen Sie für das Ausbessern-Werkzeug die Option QUELLE *und kreisen Sie den Schönheitsfleck ein.*

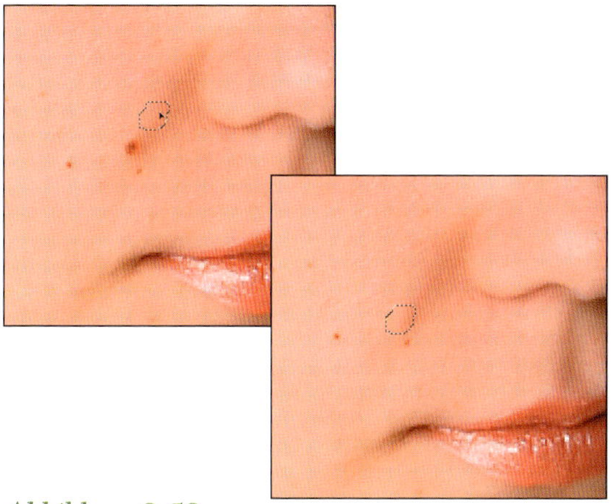

Abbildung 9.59

Ziehen Sie die Auswahl in einen guten Bereich und lassen die Maustaste los.

4. Zoomen Sie in das Bild hinein, um die Retusche mit dem Reparatur-Pinsel im Modus NORMAL zu verfeinern.

Tipp

Falls Reparatur- oder Bereichsreparatur-Pinsel nicht wie erwartet arbeiten, überprüfen Sie in der Optionsleiste den Modus. Ich verwende oft AUFHELLEN oder ABDUNKELN und vergesse, den Modus anschließend wieder zu ändern.

Tipps für das Ausbessern-Werkzeug

- Sie müssen beim Ausbessern keine Auswahl aufheben, weshalb die Retusche so schnell geht. Größere Flecken mit dem Ausbessern-Werkzeug zu entfernen, ist effizienter als mit Reparatur- oder Bereichsreparatur-Pinsel.
- Wenn Sie eine neue Pfadauswahl erstellen, beginnen Sie außerhalb der aktiven Auswahl.
- Falls innerhalb der Auswahl schwarze Schlieren zu erkennen sind, überlappen sich zwei ausgebesserte Bereiche.
- Falls weiße Schlieren zu sehen sind, reicht das Werkzeug aus dem Bild heraus.
- Sollten Sie die Kanten des ausgebesserten Bereichs sehen, erstellen Sie mit dem Lasso und einer weichen Auswahlkante von 2 Pixel eine Auswahl. Aktivieren Sie das Ausbessern-Werkzeug und ziehen Sie die Auswahl in einen guten Hautbereich.

Puppenhaut

Bisher habe ich immer wieder betont, wie unschön es ist, wenn Menschen zu plastisch aussehen. Manchmal ist die Haut jedoch so unrein, dass es unmöglich ist, gute Haut zum Kopieren, Reparieren oder Ausbessern zu finden, wie in **Abbildung 9.60**. In solchen Fällen müssen Sie zu extremen Maßnahmen greifen – die perfekte Haut mit dem Reparatur-Pinsel und einem Muster erstellen (**Abbildung 9.61**).

ch9_blemish2.jpg

Diese Technik ist unglaublich einfach und effektiv. Wenn Sie es das nächste Mal mit dem Aknegesicht eines Teenagers zu tun haben, wenden Sie diese Methode an:

1. Duplizieren Sie die Hintergrundebene.
2. Wählen Sie DATEI/NEU und erstellen Sie eine RGB-Datei mit 64 x 64 Pixel. Wählen Sie dann BEARBEITEN/FLÄCHE FÜLLEN mit 50% Grau.
3. Wählen Sie anschließend FILTER/KUNSTFILTER/FILMKÖRNUNG mit einer Körnung von 1 und einer Intensität von 5. Bei Ihren eigenen Bildern können die Einstellungen variieren. Für körnigere Bilder müssen Sie höhere Einstellungen verwenden.

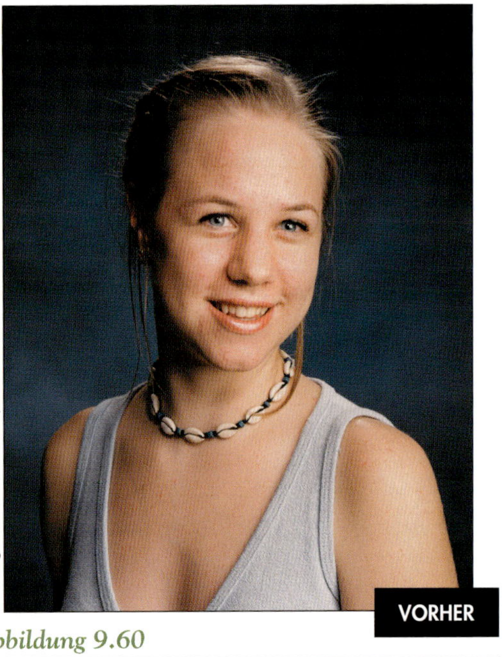

© Wagner Portrait Group

Abbildung 9.60

Abbildung 9.61

4. Wählen Sie alles aus und dann BEARBEITEN/MUSTER FESTLEGEN. Geben Sie dem Muster einen passenden Namen (**Abbildung 9.62**).

5. Aktivieren Sie den Reparatur-Pinsel mit der Quelle MUSTER und dem Modus UMGEKEHRT MULTIPLIZIEREN. Wählen Sie das soeben erstellte Muster aus **Abbildung 9.63**.

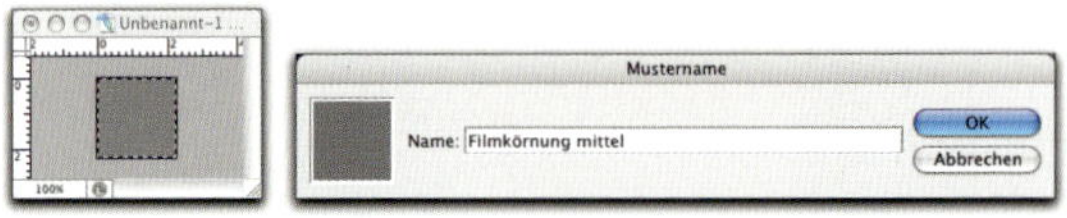

Abbildung 9.62

Das Erstellen und Benennen des Musters dauert nur ein paar Sekunden und kann Ihnen später viel Zeit sparen.

Abbildung 9.63

Nutzen Sie das Muster als Quelle für die Reparatur.

6. Malen Sie mit einer großen Pinselspitze über die Hautbereiche – los, übertreiben Sie es ruhig. Verringern Sie die Ebenendeckkraft auf ungefähr 75% , um einen Teil der ursprünglichen Hautstruktur wieder einzublenden (**Abbildung 9.64**).

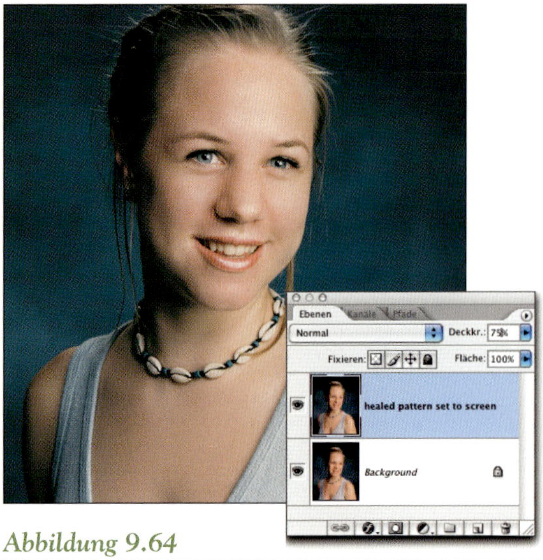

Abbildung 9.64

Erstellen Sie ein sehr glattes Gesicht und reduzieren Sie die Ebenendeckkraft, um einen Teil der Originalstruktur sichtbar zu machen.

7. Duplizieren Sie die retuschierte Ebene und ändern Sie den Modus des Reparatur-Pinsels in MULTIPLIZIEREN. Verfeinern Sie das Gesicht mit demselben Muster (Abbildung 9.65).

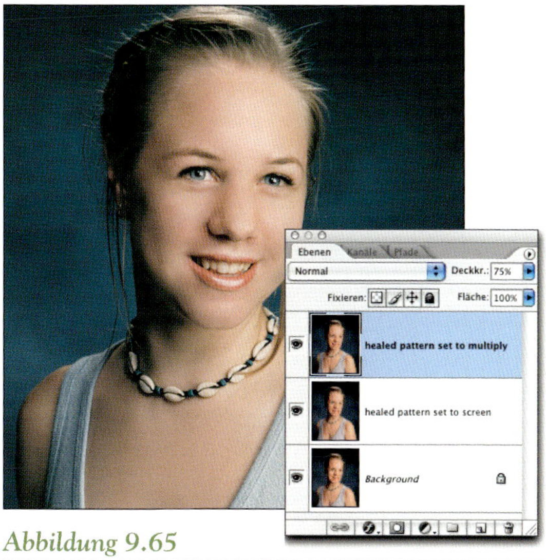

Abbildung 9.65

Sie haben eine bessere Kontrolle, wenn Sie auf mehreren Ebenen arbeiten.

Das ist eine sehr einfache und effektive Methode, um die Haut zu glätten. Erstellen Sie eine Musterbibliothek mit mehr oder weniger Filmkörnung, die Sie dann für die verschiedensten Originale verwenden können.

Haut glätten und ausgleichen

Auch mit dem Ausgleichen der Hauttöne erzielen Sie einen deutlichen Effekt, ohne die Hautstruktur zu verändern. Um die Augen, neben der Nase und unter dem Mund ist die Haut meist etwas dunkler – das kann den Eindruck erwecken, als hätte die Person blaue Flecken. Um diese Stellen zu entfernen, ohne die Bildstruktur zu zerstören, wie in den Abbildungen 9.66 und 9.67 zu sehen, nutzen Sie folgende Technik.

ch9_smooth_skin.jpg

© Phil Pool Omni Photography

Abbildung 9.66

Abbildung 9.67

1. Wählen Sie mit einem 10 Pixel weichen Lasso einen dunkleren Bereich aus (Abbildung 9.68).

2. Fügen Sie eine Gradationskurven-Einstellungsebene hinzu und klicken Sie mit gedrückter ⌘/Strg-Taste in den dunklen Fleck, um einen Punkt zur Kurve hinzuzufügen. Nutzen Sie die Pfeiltasten zum Anpassen der Tonwerte und zum Angleichen des Bereichs an den Rest des Gesichts (Abbildung 9.69).

Abbildung 9.68

Wählen Sie einen repräsentativen dunklen Bereich aus.

Abbildung 9.69

Passen Sie die Tonwerte an die des Gesichts an.

3. Sollte eine sichtbare Kante entstanden sein, wenden Sie zum Glätten des Übergangs den Gaußschen Weichzeichner mit einer Einstellung zwischen 3 und 8 Pixel an.

4. Malen Sie mit einer großen, weichen, weißen Pinselspitze und 50% Deckkraft mehrfach über die dunklen Bereiche, um sie zusätzlich aufzuhellen (**Abbildung 9.70**).

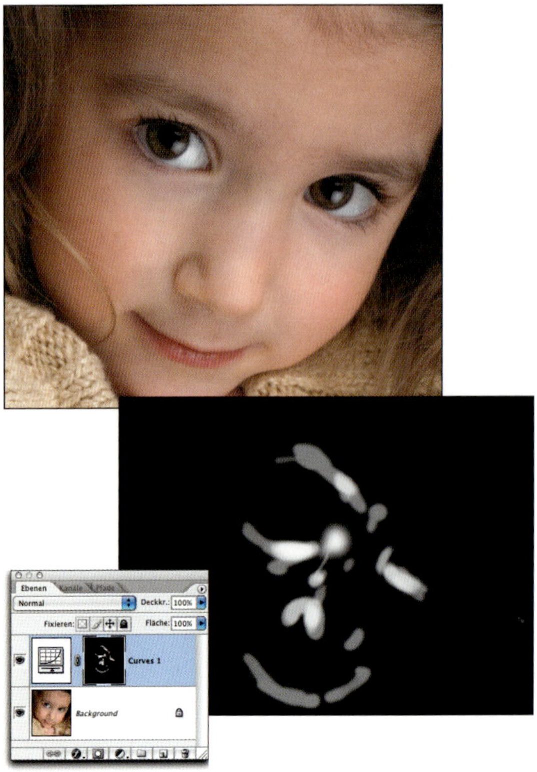

Abbildung 9.70

Malen Sie mit einer weichen, weißen Pinselspitze, um die dunklen Bereiche aufzuhellen, ohne die Struktur zu ändern.

5. Um das Bild weiter zu verfeinern, fügen Sie eine neue Ebene hinzu und bearbeiten Sie mit dem Reparatur-Pinsel im Modus ALLE EBENEN AUFNEHMEN den Übergang, wie in **Abbildung 9.71** zu sehen.

Abbildung 9.71

Wenn Sie auf einer leeren Ebene arbeiten, sind Sie flexibler.

6. Photoshop besitzt eine große Anzahl an Weichzeichnungsfiltern, mit denen Sie experimentieren können, um weiche Effekte zu erzeugen. Um Haut zu glätten, sollten Sie den Filter STÖRUNGEN REDUZIEREN verwenden. Drücken Sie ⌘-⌥-⇧-E/Strg-Alt-⇧-E, um die Ebenen auf eine zu reduzieren. Wählen Sie anschließend FILTER/STÖRUNGSFILTER/STÖRUNGEN REDUZIEREN. Verwenden Sie für STÄRKE einen hohen und für DETAILS ERHALTEN einen niedrigen Wert, um Details in den Augen, Augenbrauen, Lippen und Haaren zu erhalten (Abbildung 9.72).

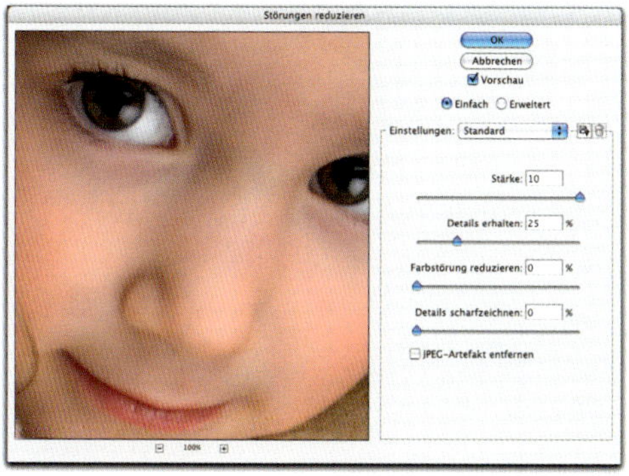

Abbildung 9.72

Zeichnen Sie die Haut mit dem Filter STÖRUNGEN REDUZIEREN weich.

7. Um den Effekt zu verfeinern, passen Sie die Ebenendeckkraft an oder fügen Sie eine Ebenenmaske hinzu. Malen Sie mit einer weichen, schwarzen Pinselspitze auf dieser, um einige scharfe Bereiche wieder ins Bild zu malen.

Tipp

Um den Effekt zu verstärken, wenden Sie den Filter insgesamt etwa drei bis sechsmal an. Falls deutliche Farbstiche auftreten (vor allem in den Lichtern), ändern Sie die Füllmethode der Ebene in LUMINANZ.

Drei-Tage-Bärte

In der rauen Natur können Bartstoppeln sehr attraktiv sein. Im Porträt eines U.S. Navy Konteradmirals (Abbildung 9.73) lässt das den Mann jedoch eher unausgeschlafen wirken. Mithilfe des Reparatur-Pinsels und des Filters STAUB UND KRATZER ENTFERNEN stutzen Sie den Bart (Abbildung 9.74).

Abbildung 9.73

Abbildung 9.74

ch9_beard.jpg

1. Duplizieren Sie die Hintergrundebene.
2. Wählen Sie FILTER/STÖRUNGSFILTER/STAUB UND KRATZER mit einem Radius, der groß genug für den Bart ist (Abbildung 9.75).
3. Wählen Sie BEARBEITEN/MUSTER FESTLEGEN.
4. Machen Sie den Filter mit BEARBEITEN/RÜCKGÄNGIG ungeschehen.
5. Aktivieren Sie für den Reparatur-Pinsel MUSTER und AUSGERICHTET und wählen Sie das richtige Muster aus (Abbildung 9.76). Reduzieren Sie die Deckkraft der Ebenenkopie auf 50% und malen Sie über den Bart, wie in Abbildung 9.77 zu sehen.

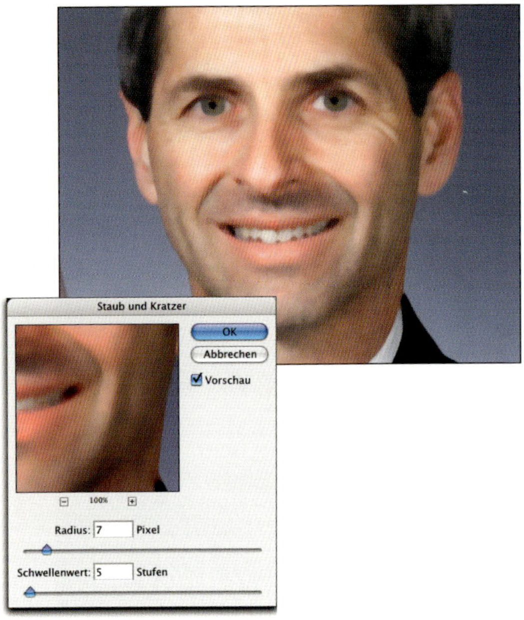

Abbildung 9.75

Der Filter Staub und Kratzer *entfernt die Stoppeln.*

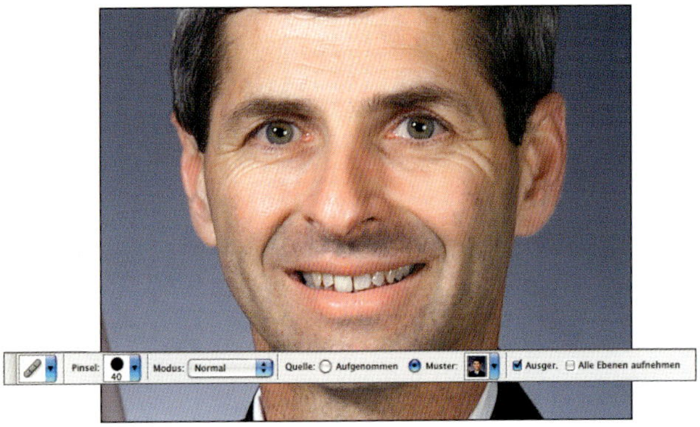

Abbildung 9.76

Wählen Sie für den Reparatur-Pinsel das gespeicherte Muster.

Tipp

Experimentieren Sie mit der Staub-und-Kratzer-Methode und verschiedenen Mustern, um Falten, Schönheitsfehler und tiefe Furchen zu glätten.

Achtung

Entfernen Sie nicht benötigte Muster, um die Größe der Muster-Voreinstellungen-Datei zu verringern. Wählen Sie dazu Bearbeiten/Vorgaben-Manager/Muster.

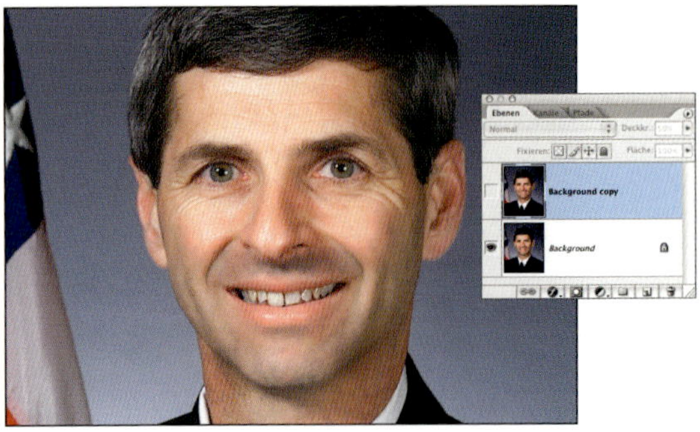

Abbildung 9.77

Wenn Sie ein Muster als Quelle verwenden, malen Sie die Korrekturen einfach mit dem Reparatur-Pinsel ins Bild.

Hautirritationen reduzieren

Viele Menschen sind sehr unsicher, was ihre Haut anbelangt. Rote Flecken oder Hautirritationen sollten deshalb entfernt oder überdeckt werden. Bei Hautirritationen muss ich immer der Versuchung widerstehen, den Kopierstempel oder den Reparatur-Pinsel zu verwenden – denn das wäre sehr mühselig und würde viel Zeit in Anspruch nehmen. Stattdessen versuche ich lieber, das Bild mit Filtern und Farbkorrekturen zu verbessern und mir den Kopierstempel und den Reparatur-Pinsel für die Feinarbeiten aufzuheben.

Ausschlag minimieren

Im folgenden Beispiel leidet die Braut unter einem durch Nervosität ausgelösten Hautausschlag, der auf dem Arm deutlich sichtbar ist (**Abbildung 9.78**). Mithilfe von Photoshop kann das Bild aber trotzdem noch eingerahmt werden (**Abbildung 9.79**).

ch9_bride_arm.jpg

1. Wählen Sie den Arm mit einem der Lasso-Werkzeuge aus (**Abbildung 9.80**). Wählen Sie anschließend Auswahl/Weiche Auswahlkante mit einem Wert von 2 Pixel.
2. Wählen Sie Ebene/Neu/Ebene durch Kopie ([⌘]-[J]/[Strg]-[J]). Um die Position des Arms nicht zu verändern, klicken Sie oben in der Ebenen-Palette auf den Button Position fixieren (**Abbildung 9.81**).

Abbildung 9.78

Abbildung 9.79

Abbildung 9.80

Wählen Sie den Arm mit dem magnetischen Lasso aus.

Abbildung 9.81

Fixieren Sie die Position des Arms.

3. Um die Struktur zu glätten, wählen Sie FILTER/STÖRUNGSFILTER/STAUB UND KRATZER. Reduzieren Sie mit dem Radius den Ausschlag und bringen Sie mit dem Schwellenwert einen Teil der Originalstruktur zurück ins Bild (**Abbildung 9.82**).

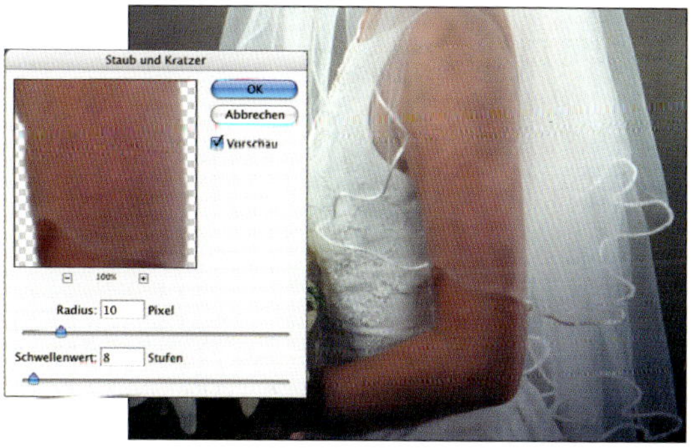

Abbildung 9.82

Der Radius entfernt den Ausschlag und der Schwellenwert bestimmt, wie deutlich die Bildstruktur zu sehen ist.

4. Fügen Sie eine Ebenenmaske hinzu und malen Sie mit einer kleinen schwarzen Pinselspitze, um die Struktur des Schleiers wieder ins Bild zu malen (Abbildung 9.83).

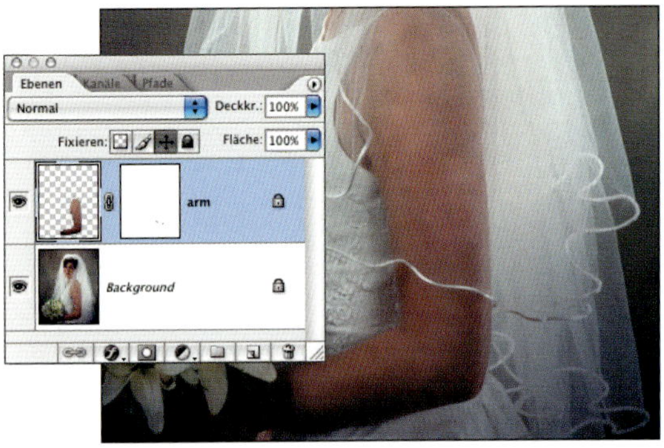

Abbildung 9.83

Malen Sie mit Schwarz entlang des Schleiersaums, um das Originalbild wieder einzublenden.

5. Klicken Sie mit gedrückter [⌥]/[Alt]-Taste auf das Icon NEUE FÜLL- ODER EINSTELLUNGSEBENE ERSTELLEN und wählen Sie FARBTON/SÄTTIGUNG. Aktivieren Sie die Option SCHNITTMASKE AUS VORHERIGER EBENE ERSTELLEN, um sicherzugehen, dass die folgende Farbkorrektur nur auf den Arm und nicht auf das gesamte Bild angewendet wird.

6. Wählen Sie BEARBEITEN/ROTTÖNE und verringern Sie die Sättiung auf –15 wie in Abbildung 9.84.

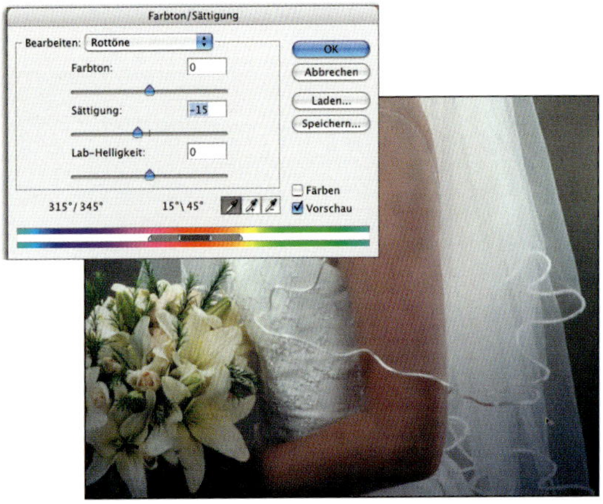

Abbildung 9.84

Wenn Sie die Rottöne verringern, sieht der Arm gleich viel besser aus.

7. Aktivieren Sie die Armebene und glätten Sie die Struktur mit dem Reparatur-Pinsel.

Ein Großteil des Problems lässt sich mit dem Filter STAUB UND KRATZER beheben – und zwar schneller als mit irgendeiner Reparatur.

Rosazea minimieren

Laut `www.rosacea.org` leiden 14 Millionen Menschen an Rosazea, einer Rötung der Haut, die hauptsächlich auf Kinn, Wangen, Nase und Stirn auftritt. Aus Sicht eines Retuscheurs müssen Rötung und Struktur mit einer Kombination aus Farbkorrektur und Strukturglättung reduziert werden, wie in den Abbildungen 9.85 und 9.86 zu sehen.

ch9_rosacea.jpg

Abbildung 9.85

Abbildung 9.86

1. Wenn ich es mit einer herausfordernden Datei zu tun habe, untersuche ich zunächst immer die Farbkanäle, um den Kanal zu finden, der die wenigsten Schäden aufweist. Wie Sie in **Abbildung 9.87** sehen, ist der rote Kanal am wenigsten geschädigt, blauer und grüner Kanal weisen viel Struktur auf. Nutzen Sie diese Informationen in Verbindung mit dem Kanalmixer, um die Schwachstellen auszublenden.

Rot

Grün

Blau

Abbildung 9.87

Untersuchen Sie die Bildkanäle, um den Kanal mit den wenigsten Störungen zu finden.

2. Wählen Sie EBENE/NEUE EINSTELLUNGSEBENE/KANALMIXER im Modus AUFHELLEN, um die dunklen Pigmente aufzuhellen. Lassen Sie den roten Kanal, wie er ist, wählen Sie den grünen und fügen Sie Rot hinzu. Aktivieren Sie anschließend den blauen Kanal und fügen Sie Blau hinzu, um den starken gelben Farbstich auszugleichen (**Abbildung 9.88**). Die genauen Einstellungen hängen natürlich von der Datei ab, das Konzept bleibt jedoch gleich: Untersuchen Sie die Kanäle und bearbeiten Sie die Farbe getrennt von der Struktur.

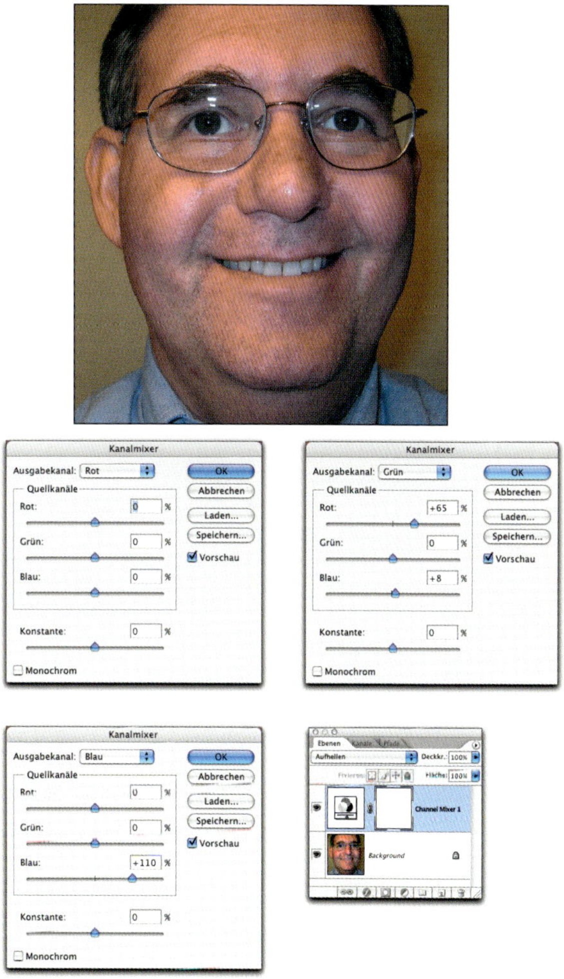

Abbildung 9.88

Der Kanalmixer ist sehr effektiv, um extreme Farbkorrekturen vorzunehmen.

3. Fügen Sie eine Farbton/Sättigung-Einstellungsebene hinzu und reduzieren Sie die Sättigung auf –20. Verbessern Sie die Farben des Bilds anschließend mit einer Gradationskurven-Einstellungsebene (**Abbildung 9.89**).

Abbildung 9.89

Hellen Sie das Gesicht mit einer Gradationskurve auf.

4. Klicken Sie mit gedrückter [⇧]-Taste auf die Einstellungsebenen und wählen Sie aus dem Palettenmenü NEUE GRUPPE AUS EBENEN, um die Ebenen-Palette aufzuräumen.

5. Reduzieren Sie alle Ebenen mit [⌘]-[⌥]-[⇧]-[E]/[Strg]-[Alt]-[⇧]-[E] auf eine, um eine Ebene für den Feinschliff zu erstellen. Verfeinern Sie das Bild mit dem Reparatur- oder Bereichsreparatur-Pinsel.

6. Ich fügte in diesem Beispiel noch eine Fotofilter-Einstellungsebene mit 10% Rot hinzu (**Abbildung 9.90**), um das Gesicht etwas aufzuwärmen.

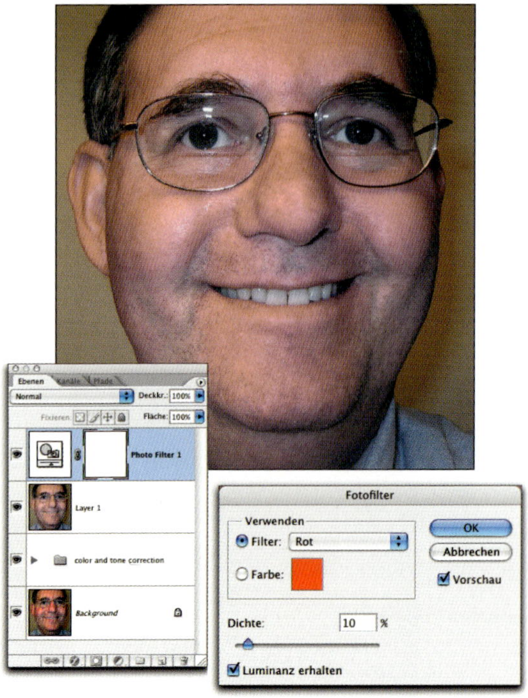

Abbildung 9.90

Der rote Fotofilter korrigiert die Farben noch einmal.

Später in diesem Kapitel erfahren Sie, wie Sie Verzerrungen korrigieren, die durch Weitwinkelobjektive entstanden sind.

Gesünderes Aussehen

Wir alle wissen, dass man nicht gerade fotogen ist, wenn man sich nicht wohl fühlt. In **Abbildung 9.91** sehen Sie einen Schnappschuss, der nach langer Krankheit aufgenommen wurde. In **Abbildung 9.92** sehen Sie die Kur durch Photoshop. Ich korrigierte Farbe und Kontrast, verbesserte Augen und Zähne und färbte die Haare etwas ein, um den Mann gesünder aussehen zu lassen.

ch9_health.jpg

1. In einem ersten Schritt muss die Haut des Manns korrigiert werden (sie ist zu rot). Um die Korrektur zu kontrollieren, wählen Sie AUSWAHL/FARBBEREICH AUSWÄHLEN/ROTTÖNE (**Abbildung 9.93**) und klicken auf OK. Klicken Sie auch in der Warndialogbox auf OK – Photoshop teilt Ihnen nur mit, dass es keine Auswahlkante einblenden kann.

Abbildung 9.91

Abbildung 9.92

Abbildung 9.93

Aktivieren Sie in der Dialogbox FARBBEREICH AUSWÄHLEN *die* ROTTÖNE, *um schnell die rote Haut auszuwählen.*

2. Fügen Sie eine Selektive-Farbkorrektur-Einstellungsebene hinzu und entfernen Sie Rot. Nutzen Sie ruhig extreme Einstellungen, wie in **Abbildung 9.94** zu sehen. Durch die Ebenenmaske wird der Rest des Bilds geschützt, Sie bearbeiten nur die Rottöne im Gesicht.

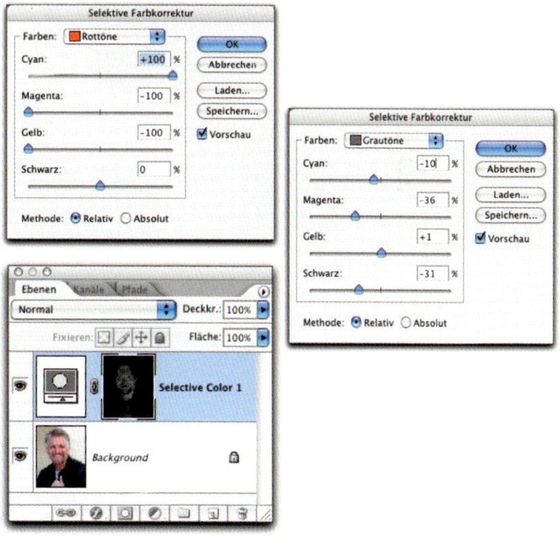

Abbildung 9.94

Es werden nur die roten Bereiche bearbeitet.

3. Wenn Sie problematische Haut bearbeiten, wird der Farbstich oft aus einer Kombination aus Farbton und Sättigung hervorgerufen. Eine Farbton/Sättigung-Einstellungsebene ist deshalb sehr effektiv. Fügen Sie eine solche Ebene hinzu und klicken Sie auf OK, ohne die Regler anzupassen.

4. Um die Ebenenmaske der Einstellungsebene SELEKTIVE FARBKORREKTUR auf die Farbton/Sättigung-Einstellungsebene zu übertragen, ziehen Sie diese mit gedrückter [⌥]/[Alt]-Taste von einer Ebene zur anderen. Klicken Sie anschließend doppelt auf die Farbton/Sättigung-Ebene und verringern Sie die Sättigung des Standardkanals (**Abbildung 9.95**).

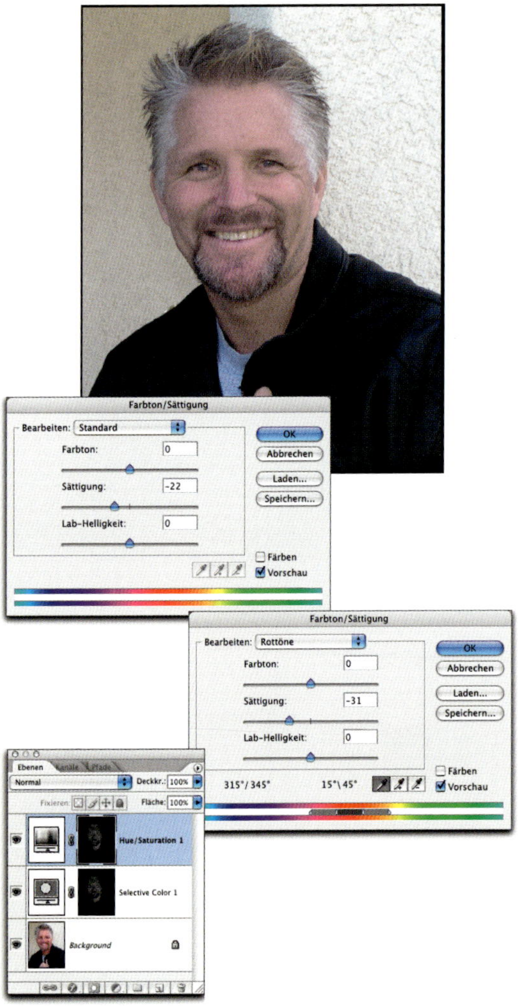

Abbildung 9.95

Verringern Sie die Gesamtsättigung und die der Rottöne.

5. Um den Bildkontrast zu verbessern, fügen Sie eine Gradationskurven-Einstellungsebene hinzu und passen Sie den Kontrast mit einer leichten S-Kurve an (**Abbildung 9.96**).

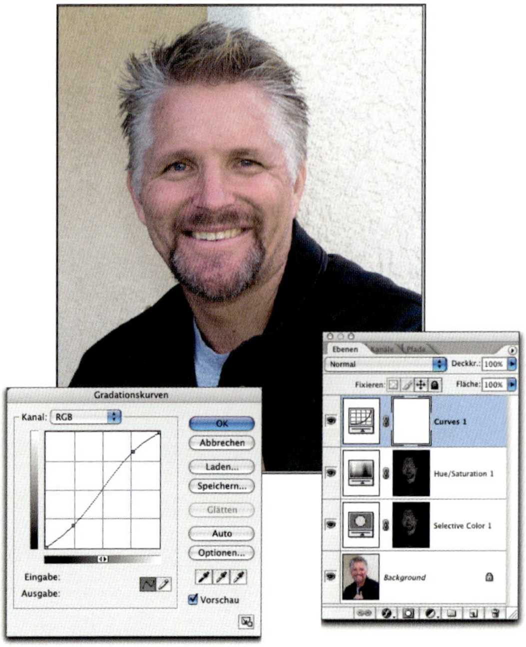

Abbildung 9.96

Verstärken Sie den Kontrast, um dem Bild mehr Biss zu verleihen.

6. Klicken Sie mit gedrückter [⇧]-Taste auf die drei Einstellungsebenen und wählen Sie aus dem Menü der Ebenen-Palette NEUE GRUPPE AUS EBENEN.

Nach diesen globalen Korrekturen wird es Zeit, sich auf die Details zu konzentrieren. Lenken Sie Ihre Aufmerksamkeit auf die Zähne, die Augen, die Haut und die Haare.

1. Wie ich später in diesem Kapitel noch erklären werde, ist das Aufhellen der Zähne sehr einfach – sind sie verfärbt, müssen Sie ihnen jedoch etwas mehr Aufmerksamkeit widmen. Wählen Sie die Zähne mit dem Lasso und einer 1 Pixel weichen Auswahlkante aus. Fügen Sie eine Farbton/Sättigung-Ebene hinzu und blenden Sie die Gelbtöne ein. Reduzieren Sie deren Sättigung, um die Zähne aufzuhellen (**Abbildung 9.97**).

2. Wählen Sie mit demselben Lasso das Weiß in den Augen aus. Erstellen Sie eine Farbton/Sättigung-Einstellungsebene. Verringern Sie die Sättigung der Rottöne (**Abbildung 9.98**).

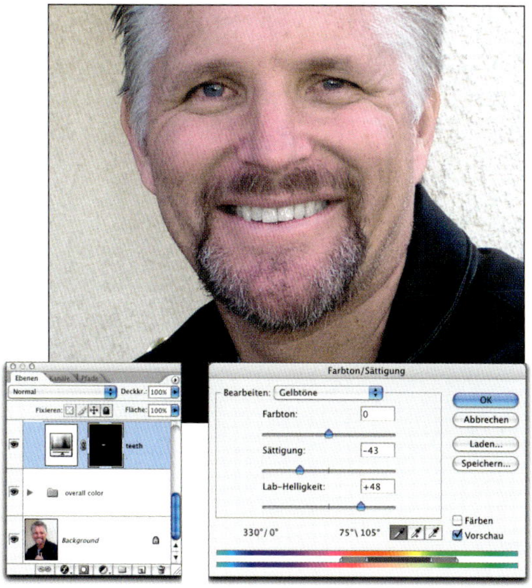

Abbildung 9.97

Die Zähne sehen weniger verfärbt aus, wenn Sie die Sättigung der Gelbtöne verringern.

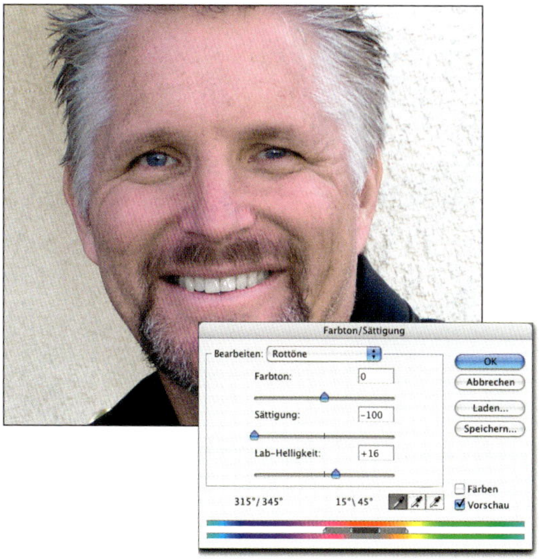

Abbildung 9.98

Wählen Sie für die Sättigung der Rottöne –100%, um die Augen aufzuhellen.

3. Wählen Sie mit dem Lasso und einer weichen Auswahlkante von 1 Pixel die Iris in beiden Augen aus. Fügen Sie eine Fotofilter-Einstellungsebene mit dem Kaltfilter (80) hinzu, um die Augen zu betonen (**Abbildung 9.99**).

Abbildung 9.99

Durch die Fotofilter-Einstellungsebene können Tonwerte und Struktur durch die neue Farbe hindurchscheinen.

4. Reduzieren Sie mit ⌘-⌥-⇧-E / Strg-Alt-⇧-E alle Ebenen auf eine neue. Korrigieren Sie mit dem Bereichsreparatur-Pinsel die Haut auf der Nase, der Stirn und den Wangen.

5. Aktivieren Sie den Schwamm im Modus SÄTTIGUNG VERRINGERN und mit einem Fluss von 15–20%. Entfernen Sie damit verbliebene rote Stellen auf dem Kinn und den Wangen (**Abbildung 9.100**).

Abbildung 9.100

Das Verringern der Sättigung der Rottöne mit dem Schwamm funktioniert in kleineren Bereichen besonders gut.

6. Um die Haare etwas einzufärben, fügen Sie eine neue Ebene im Modus FARBE hinzu. Nehmen Sie etwas Haarfarbe aus den Spitzen auf und malen Sie mit einer weichen Pinselspitze etwas mehr Farbe ins Haar (**Abbildung 9.101**).

Abbildung 9.101

Überdecken Sie etwas Grau mit einer Ebene im Modus FARBE.

Sie sollten sich gerade dann die Zeit nehmen, eine Person so gut wie möglich aussehen zu lassen, wenn sich diese im Moment nicht sehr wohl fühlt.

Zeichen des Alterns reduzieren

Wenn Menschen älter werden, entstehen Fältchen. Nicht jede Falte ist gleich. Ich empfehle Ihnen, nicht alle Falten, sondern nur ein paar besonders störende zu entfernen. Horizontale Linien, beispielsweise auf der Stirn (wenn wir die Augenbrauen hochziehen), sehen nett aus und müssen kaum bearbeitet werden. Vertikale Linien hingegen entstehen mit dem Alter und stören; wenn sie dunkel oder sehr tief sind, sollten sie entfernt werden. Diagonale Linien lassen eine Person verkrampft und ängstlich aussehen – diese sollten Sie am deutlichsten entfernen.

Je älter die Menschen, desto länger und tiefer sind die Falten. Wenn Sie die Falten etwas verkürzen, können Sie die Person jünger machen, ohne dass es so aussieht, als wäre sie beim Schönheitschirurgen gewesen. Beginnen Sie dabei am jüngsten Ende der Falte, nicht am Ursprung (**Abbildung 9.102**). Verwenden Sie die Techniken, die ich im folgenden Abschnitt beschreibe.

In einem Foto ist Falte nicht gleich Falte; es ist ein dunkler Bereich neben einem hellen. Durch das Aufhellen der Falte reduzieren Sie den Kontrast in diesem Teil des Gesichts. Es gibt eine große Anzahl an Techniken zur Faltenreduktion. Ich verwende in der Regel eine Kombination der hier vorgestellten, um ein Porträt zu verfeinern. Probieren Sie alle aus, um die beste Technik für Ihre Fotos herauszufinden.

ältester Teil der Falte

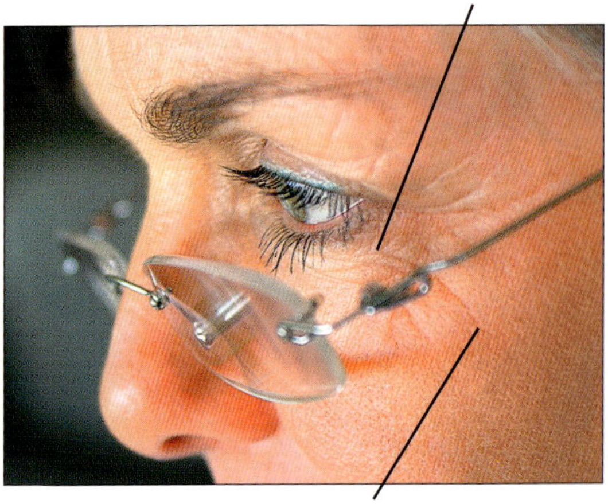

© Jupiter Images

jüngster Teil der Falte

Abbildung 9.102

Für eine effektive Faltenreduzierung retuschieren Sie ausgehend vom jüngeren Ende.

Arbeiten Sie auf einer Ebenenkopie

Bei der folgenden Technik werden die dunklen Falten mit dem Abwedler aufgehellt, wodurch ein sehr milder Effekt entsteht, wie in den **Abbildungen 9.103** und **9.104** zu sehen.

1. Duplizieren Sie die Hintergrundebene (oder die Ebene mit dem Gesicht der Person) und ändern Sie die Füllmethode in AUFHELLEN.
2. Aktivieren Sie für den Abwedler eine Belichtung von 5–15% und den Bereich MITTELTÖNE.
3. Wählen Sie eine Pinselspitze, die so breit ist wie die Falte, die Sie entfernen wollen.

Abbildung 9.103

Abbildung 9.104

4. Zoomen Sie in die Falte hinein – beginnen Sie am jungen Ende und wedeln Sie zum Ursprung hin ab. Konzentrieren Sie sich auf die dunkleren Bereiche. Der Herr sieht weniger ehrfürchtig aus (**Abbildung 9.105**).

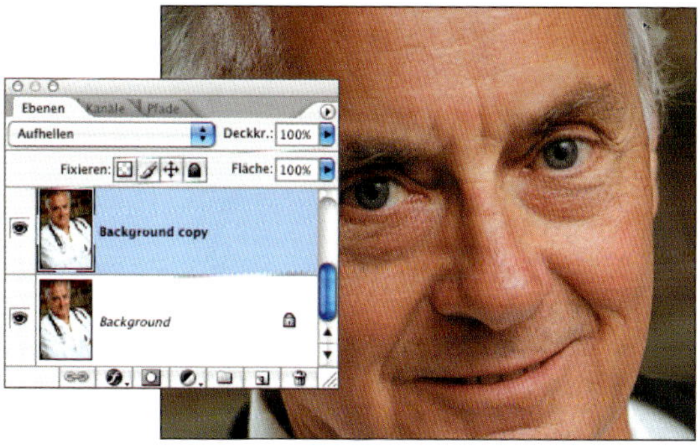

Abbildung 9.105

Beginnen Sie mit dem Abwedler am jungen Teil der Falte, um diese zu glätten.

Arbeiten auf einer neutralen Ebene im Modus Weiches Licht

Das Arbeiten auf einer neutralen Ebene im Modus WEICHES LICHT hat drei Vorteile. Falten werden oft dadurch verursacht, dass dunkle Bereiche direkt neben hellen liegen – beide können leicht korrigiert werden. Malen Sie mit einer weißen Pinselspitze und geringer Deckkraft, um dunkle Bereiche aufzuhellen; um helle abzudunkeln, müssen Sie mit Schwarz malen. Falls Sie einen Bereich zu stark bearbeitet haben, malen Sie mit 50% Grau und einer Deckkraft von 100% über diesen Bereich.

Ein weiterer Vorteil liegt darin, dass durch die neutrale Ebene die Dateigröße nicht verdoppelt wird – beim Duplizieren der Hintergrundebene ist das der Fall.

1. Klicken Sie mit gedrückter ⌥/Alt-Taste in der Ebenen-Palette auf das Icon NEUE EBENE ERSTELLEN.
2. Aktivieren Sie den Modus WEICHES LICHT und die Checkbox MIT NEUTRALER FARBE FÜR DEN MODUS »WEICHES LICHT« FÜLLEN (50% GRAU).
3. Wählen Sie Weiß als Vordergrundfarbe und den Pinsel mit einer Deckkraft von 5–10%. Die Pinselspitze sollte so groß sein wie die Falte.
4. Um die dunklen Bereiche aufzuhellen, malen Sie mit Weiß auf der neutralen Ebene (**Abbildung 9.106**); mit Schwarz dunkeln Sie helle Bereiche ab. Beginnen Sie immer am jungen Ende der Falte.

Abbildung 9.106

Malen Sie mit einer weichen weißen Pinselspitze auf der neutralen Ebene, um den dunklen Bereich und den Kontrast der Falte aufzuhellen.

Besser als Botox

Um die Spuren des Alters zu minimieren, arbeiten Sie mit dem Ausbessern-Werkzeug in Verbindung mit dem Befehl VERBLASSEN auf einer Ebenenkopie. Dadurch lassen sich Falten und Furchen schnell reduzieren. Abbildung 9.107 zeigt einen freundlichen Mann; nach einer kleinen Korrektur (Abbildung 9.108) sieht er noch viel freundlicher aus.

Abbildung 9.107

Abbildung 9.108

ch9_matureman.jpg

1. Duplizieren Sie die Hintergrundebene.
2. Aktivieren Sie für das Ausbessern-Werkzeug die Option QUELLE und kreisen Sie die Falte ein (Abbildung 9.109). Verschieben Sie die Auswahl in einen guten Hautbereich – in diesem Fall verschob ich sie auf die Wange. Bei einer Ebenendeckkraft von 100% ist die Korrektur zu offensichtlich (Abbildung 9.110).

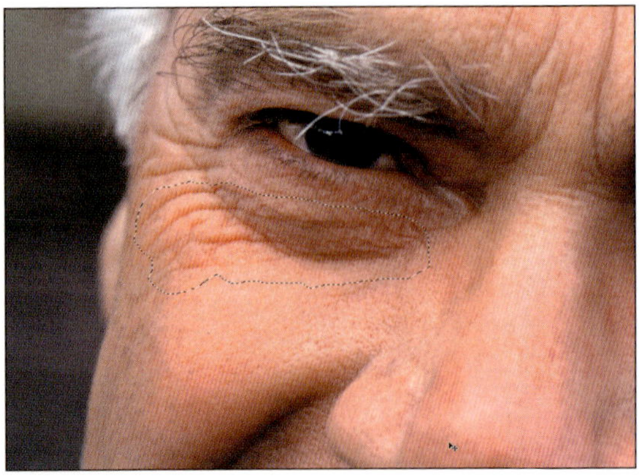

Abbildung 9.109

Wählen Sie die Falte auf einer Ebenenkopie mit dem Ausbessern-Werkzeug aus.

Abbildung 9.110

Die Falte wird entfernt, der Bereich sieht jetzt jedoch etwas unnatürlich aus.

3. Wählen Sie deshalb anschließend sofort BEARBEITEN/VERBLASSEN (⌘-⇧-F/Strg-⇧-F) und passen Sie die Deckkraft an (Abbildung 9.111); die originalen Bildinformationen werden mit dem ausgebesserten Bereich gemischt. So sieht das Bild nicht zu unnatürlich aus und es passt zur Reife des Manns.
4. Bessern Sie so weitere Falten und Furchen aus.
5. In den meisten Fällen müssen Sie die Details mit dem Reparatur-Pinsel verfeinern. Fügen Sie eine neue Ebene hinzu und aktivieren Sie in der Optionsleiste ALLE EBENEN AUFNEHMEN. Bearbeiten Sie die Details wie in Abbildung 9.112.

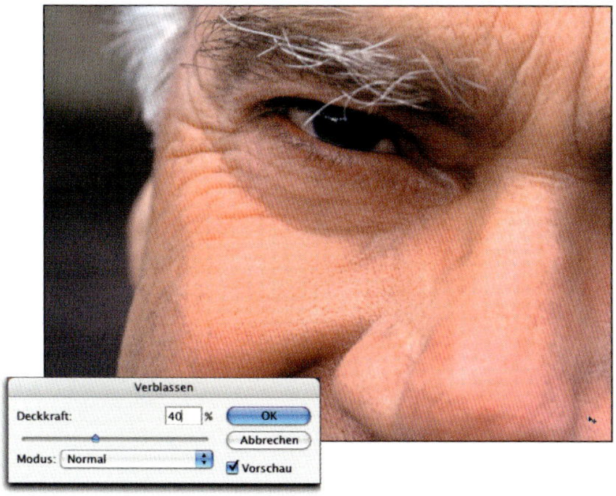

Abbildung 9.111

Verringern Sie die Deckkraft des Befehls VERBLASSEN, um Original und Reparatur besser miteinander zu verbinden.

Abbildung 9.112

Verfeinern Sie auf einer leeren Ebene die Details mit dem Reparatur-Pinsel.

Ich ziehe beim Entfernen von Falten das Ausbessern-Werkzeug dem Reparatur-Pinsel vor, weil es schneller und einfacher anzuwenden ist.

Warnung

Wenn Sie den Kopierstempel oder die Reparaturwerkzeuge auf einer Retuscheebene verwenden und die Option ALLE EBENEN AUFNEHMEN aktiviert ist, müssen Sie diese Retuscheebene über allen Einstellungsebenen platzieren, um nicht die kopierten und reparierten Pixel zu bearbeiten. Falls es notwendig ist, dass sich die Retuscheebene unter den Einstellungsebenen befindet, blenden Sie die Einstellungsebenen vor dem Kopieren oder Reparieren aus.

DAS GESICHT BETONEN

Nachdem Sie Störungen entfernt, Konturen wieder in Form gebracht und die Hautstruktur einer Person verbessert haben, wird es Zeit, in die Details der Porträtretusche einzusteigen. In den meisten Fällen heißt das, die Augen, den Mund und die Haare zu bearbeiten.

Basiswissen Augen

Ein Blick in die Augen lässt uns in die Seele eines Menschen sehen und erkennen, ob sie die Wahrheit sprechen. Über die Augen stellen wir einen Kontakt her. Daher sind sie in den meisten Porträts das Wichtigste und erfordern besondere Aufmerksamkeit. Die Betonung der Augen lässt ein Porträt fesselnder erscheinen; durch die Verstärkung des Kontrasts, der Farbe und der Details in den Augen lenken Sie das Auge des Betrachters auf die interessanten Teile des Porträts. In den folgenden Beispielen arbeiten wir mit Ebenen, Abwedler, Nachbelichter und den Malwerkzeugen.

Unsere Augen haben ihre ganz eigene Wirkung, die Sie durch zu starkes Kopieren, Aufhellen der weißen Bereiche oder Abdunkeln der Iris zerstören können – sie werden dadurch zu flau und leblos. Bevor Sie mit der Retusche beginnen, sollten Sie das Licht in den Augen studieren, um mit diesem und nicht dagegen zu arbeiten. Damit die Augen lebendig und interessant bleiben, müssen sie feucht erscheinen und hell bleiben (**Abbildung 9.113**).

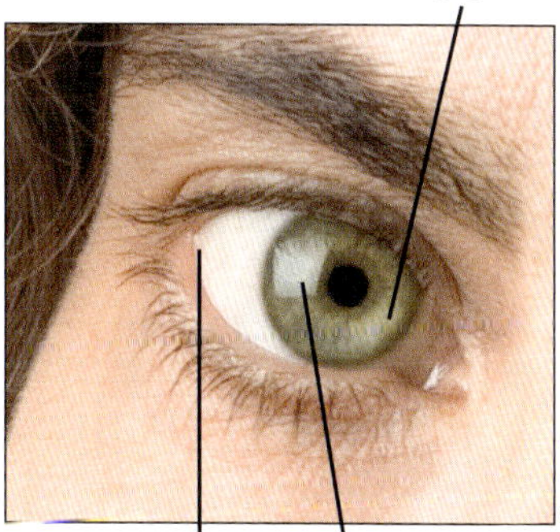

Abbildung 9.113

Unsere Augen sind rund und durchscheinend – das Licht spielt in ihnen und durch sie.

Rote Augen entfernen (der digitale Exorzist)

Das Entfernen roter Augen ist eine der gebräuchlichsten Retuschearbeiten. Rote Augen entstehen, wenn der Blitz auf der Netzhaut zurück ins Objektiv reflektiert wird. Menschen und Tiere sehen dann aus, als wären sie von Dämonen besessen. Am häufigsten treten rote Augen auf, wenn sich das Blitzgerät sehr nah am Objektiv befindet, was bei den herkömmlichen Kameras eigentlich immer der Fall ist; außerdem dann, wenn sich das Objekt in einem dunklen Raum befindet, wo die Pupillen weit geöffnet sind.

Um rote Augen zu verhindern, nutzen Sie die folgenden Fototechniken:

- Entfernen Sie den Blitz von der Kamera und benutzen Sie lieber den Blitz über Kabel oder eine Fernbedienung.
- Fotografieren Sie die Person in einer helleren Umgebung. Dadurch werden die Pupillen nicht so weit geöffnet und Sie müssen vielleicht gar keinen Blitz verwenden.
- Manche Kameras sind mit einer Rote-Augen-Funktion ausgestattet, bei der es vor dem eigentlichen Blitz einen Vorblitz gibt. Dieser führt dazu, dass die Iris geschlossen ist. Ich persönlich bin kein großer Fan dieser Methode, weil die meisten Menschen nach dem ersten Blitz (dem Vorblitz) oft schon nicht mehr in die Kamera sehen.

Wie jeder Photoshop-Nutzer weiß, führen meistens viele Wege nach Rom. Deshalb finden Sie im Folgenden zwei Techniken, mit denen Sie rote Augen entfernen können.

Das Rote-Augen-Werkzeug

Das Rote-Augen-Werkzeug (es befindet sich in einem Kästchen mit dem Reparatur- und dem Bereichsreparatur-Pinsel) ist ein exzellentes und sehr einfaches Werkzeug – auch bei sehr dramatischen Problemen wie in Abbildung 9.114. Mit nur ein- oder zweimal Klicken in jedem Auge reduzieren Sie die rote Farbe (Abbildung 9.115).

Abbildung 9.114

Abbildung 9.115

ch9_redeyel.jpg

1. Duplizieren Sie die Hintergrundebene.
2. Klicken Sie mit dem Rote-Augen-Werkzeug in die rote Pupille. Sie müssen nicht ziehen – einfach klicken, das Rot verschwindet.
3. Falls die Pupillen sehr groß sind, vergrößern Sie vorher die Pupillengröße des Werkzeugs. Je höher der Verdunklungsbetrag, desto dunkler werden die Pupillen.

Adobe behauptet, das Werkzeug würde auch bei weißen und grünen Augen funktionieren, wie sie bei Tieren auftreten. Ich habe das noch nicht ausprobiert, aber wenn Sie ein gutes Beispiel haben, würde ich dieses gern auf meiner Website veröffentlichen.

Auswählen und Ersetzen

Bei der folgenden Technik bleiben die Struktur der Pupillen und die Lichter in den Augen erhalten. Außerdem kann sie auch in früheren Photoshop-Versionen angewendet werden (vor CS2). **Abbildung 9.116** zeigt ein Baby mit sehr starken roten Augen, **Abbildung 9.117** zeigt das Ergebnis nach der Retusche.

Abbildung 9.116

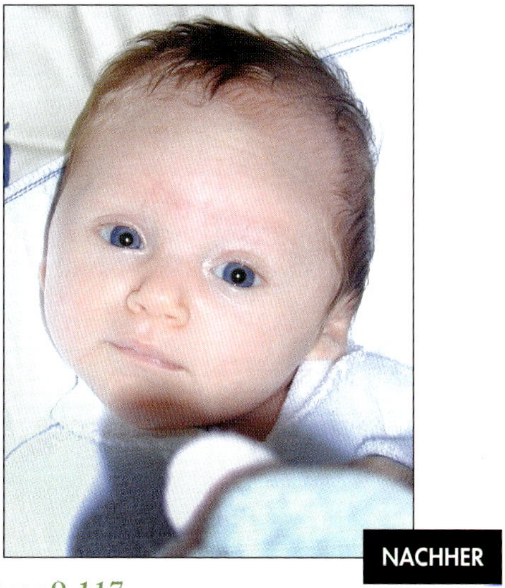

Abbildung 9.117

ch9_redeye2.jpg

1. Suchen Sie in der Kanäle-Palette den Kanal mit den besten (dunkelsten) Pupillen heraus. In den meisten Fällen ist das der grüne Kanal – definitiv nicht der rote Kanal.
2. Wählen Sie eine der Pupillen mit der Auswahlellipse aus. Halten Sie die [⇧]-Taste gedrückt, um auch die zweite auszuwählen (**Abbildung 9.118**).

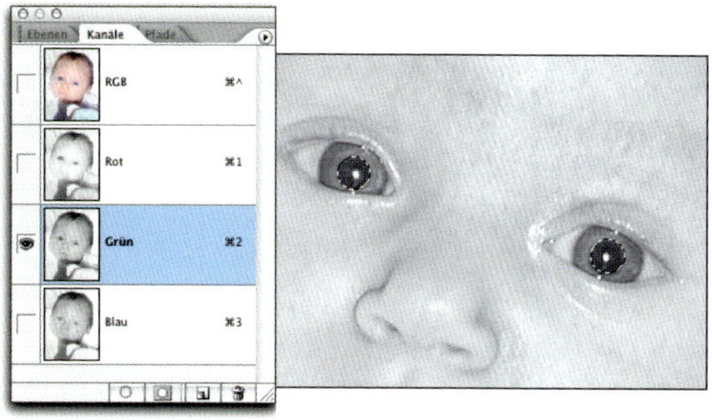

Abbildung 9.118

Finden Sie den Kanal mit den besten Bildinformationen und wählen Sie beide Pupillen aus.

3. Wählen Sie AUSWAHL/WEICHE AUSWAHLKANTE mit einem Wert von 1 Pixel, um die Auswahlkante etwas zu glätten.
4. Kopieren Sie die ausgewählten Pupillen. Klicken Sie bei aktiver Auswahl in den roten Kanal und wählen Sie BEARBEITEN/EINFÜGEN. So kopieren Sie die guten grünen Pupillen in die schlechten roten.
5. Aktivieren Sie den blauen Kanal und wählen Sie erneut BEARBEITEN/EINFÜGEN (**Abbildung 9.119**).

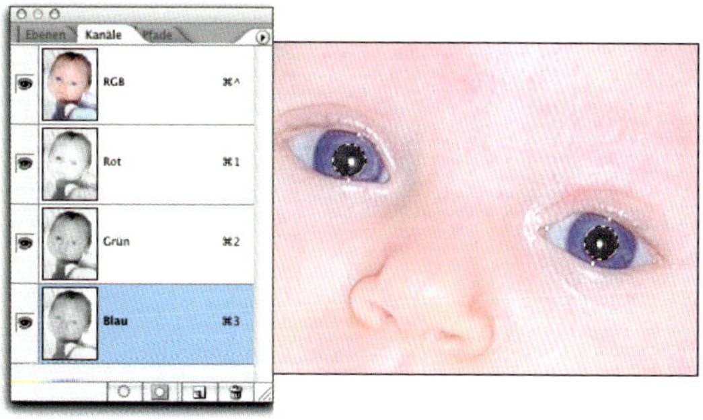

Abbildung 9.119

Wiederholen Sie den Einfügen-Befehl für den blauen Kanal.

Augen retuschieren und betonen

Es gibt verschiedene Methoden, die Augen einer Person zu betonen – Abwedler, Nachbelichter, Kopierstempel, Pinsel, Tonwertkorrektur und Gradationskurven (siehe Kapitel 10). Die wesentlichen Schritte dabei sind folgende: rote Äderchen entfernen, das Weiß der Augen aufhellen, den Pupillen Tiefe verleihen, Spiegellichter vereinfachen, die Farbe der Iris betonen und die Wimpern verfeinern. Um die natürliche Schönheit der Augen zusätzlich zu betonen, müssen Sie eventuell auch rote Augen entfernen oder Beleuchtungseffekte und Makeup hinzufügen, wie später beschrieben.

Augen aufhellen und Farben verbessern

Da die Augen einer Person in den Augenhöhlen liegen, sehen sie in einem Foto immer dunkler aus, als wir sie in Erinnerung haben. Das Aufhellen und Hinzufügen von etwas Farbe betont die Augen stärker (**Abbildungen 9.120**, **9.121** und **9.122**).

Abbildung 9.121

Nach der Aufhellung der Augen

Abbildung 9.120

Das Original

Abbildung 9.122

Nach der Betonung der Augenfarbe

ch9_eyes1.jpg

1. Wählen Sie mit dem Lasso und einer weichen Auswahlkante von 2 bis 3 Pixel ein Auge aus. Halten Sie die ⇧-Taste gedrückt, um anschließend auch das andere Auge auszuwählen (**Abbildung 9.123**).

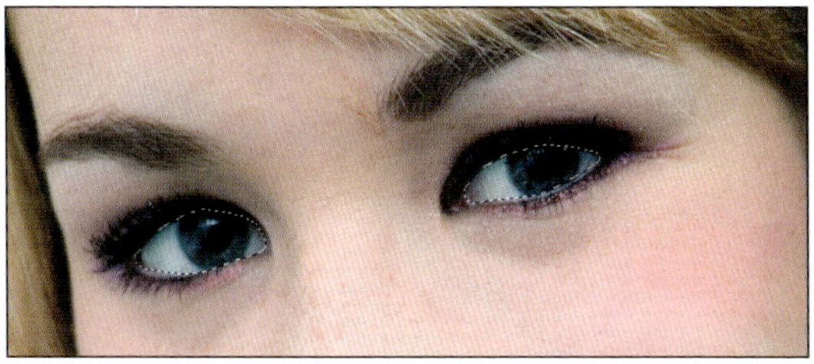

Abbildung 9.123

Wählen Sie beide Augen mit einem weichen Lasso aus.

2. Fügen Sie eine Tonwertkorrektur-Einstellungsebene hinzu und verschieben Sie den Gammaregler leicht nach links. Bei diesem Bild verschob ich außerdem den Weißpunktregler leicht nach links, um die Aufhellung zu verstärken (**Abbildung 9.124**). Diese Augen haben einen blauen Farbstich, den Sie mit einem Klick mit der grauen Pipette in die Pupille entfernen.

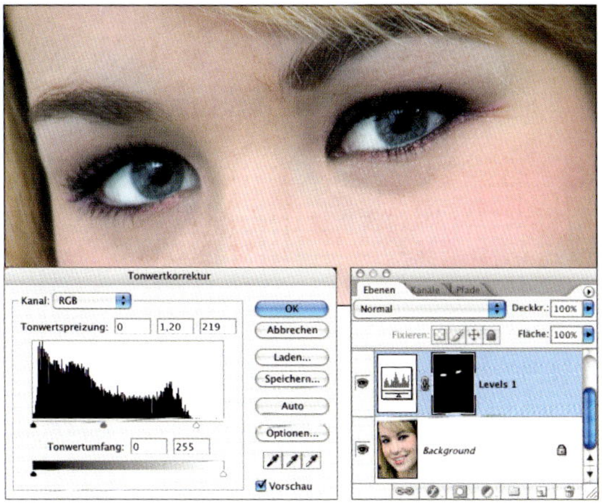

Abbildung 9.124

Verschieben Sie Gamma- und Weißpunktregler leicht nach links, um die Augen insgesamt aufzuhellen.

3. Wählen Sie mit einem 2 bis 3 Pixel weichen Lasso eine Iris aus, halten dann die ⇧-Taste gedrückt und wählen Sie auch die zweite aus.

4. Fügen Sie eine Gradationskurven-Einstellungsebene hinzu. Aktivieren Sie den blauen Kanal und ziehen Sie ihn leicht nach oben, wie in **Abbildung 9.125** zu sehen.

Für dramatischere Effekte können Sie statt der Gradationskurven- auch eine Farbton/Sättigung-Einstellungsebene verwenden, FÄRBEN aktivieren und den Farbtonregler anpassen.

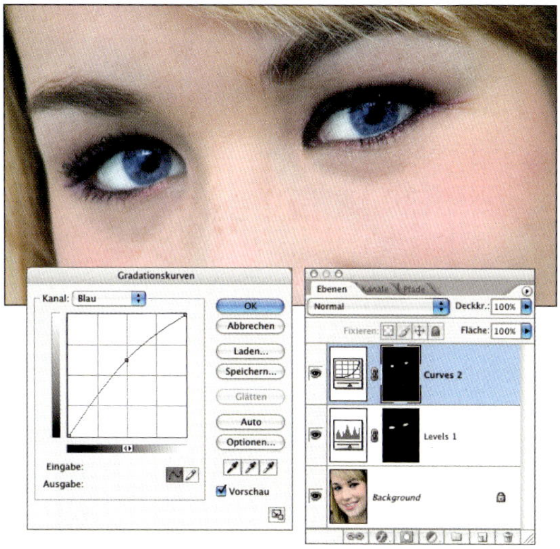

Abbildung 9.125

Verstärken Sie das Blau der Iris.

Gemalte Akzente

Bei diesem Ansatz spielen Sie mit den Lichtern Tiefen und Farben in den Augen. Das Beste daran ist, dass die einzelnen Bearbeitungen auf separaten Ebenen stattfinden und Sie so sehr viel Kontrolle über die Intensität der Retusche haben. Wie Sie in **Abbildung 9.126** sehen, sind die ursprünglichen Augen sehr attraktiv, die betonten in **Abbildung 9.127** sehen jedoch noch romantischer aus. In der folgenden Technik werden Sie die Wimpern abdunkeln, das Weiß der Augen aufhellen, die Iris betonen, die Spiegellichter verfeinern und die Augen wärmer erscheinen lassen.

ch9_painterly_eyes.jpg

1. Zoomen Sie auf 200% in das Bild hinein und erstellen Sie eine großzügige Auswahl der Augen (**Abbildung 9.128**).

Abbildung 9.126

Abbildung 9.127

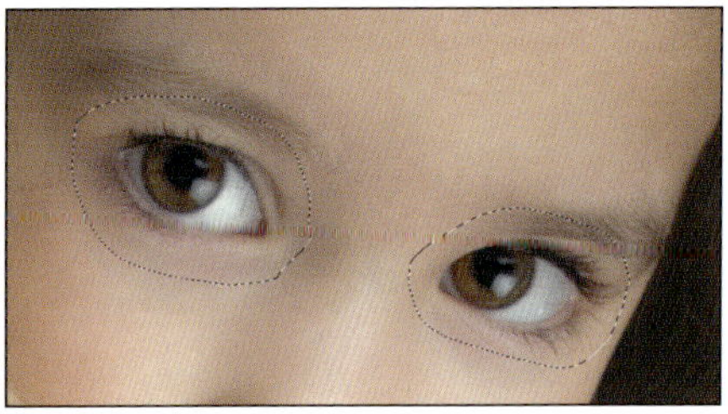

Abbildung 9.128

Erstellen Sie eine größere Auswahl als nötig.

2. Duplizieren Sie die Auswahl mit [⌘]-[J]/[Strg]-[J] in eine neue Ebene. Ändern Sie die Füllmethode in MULTIPLIZIEREN und wählen Sie EBENE/EBENENMASKE/ALLES AUSBLENDEN (**Abbildung 9.129**).

Abbildung 9.129

MULTIPLIZIEREN dunkelt die Bereiche stark ab, die dann mit der Ebenenmaske wieder ins Bild gemalt werden.

3. Wählen Sie eine kleine harte Pinselspitze mit einer Deckkraft von 10–20% und Weiß als Vordergrundfarbe. Die Pinselspitze sollte nur so groß sein wie die Wimpern. Ziehen Sie die Wimpern auf der Ebenenmaske nach und fügen Sie ein paar weitere hinzu (**Abbildung 9.130**).

Abbildung 9.130

Malen Sie die Wimpern durch die Ebenenmaske ins Bild, um die dunkleren Bildinformationen einzublenden.

Tipp

Wenn Sie mit einem Wacom-Tablett arbeiten, betonen Sie die Wimpern – drücken Sie auf der Seite der Augen fester auf und verringern Sie den Druck in Richtung Spitzen.

4. Fügen Sie wenn nötig eine neue Ebene hinzu und entfernen Sie offensichtliche Äderchen mit dem Kopierstempel im Modus ALLE EBENEN AUFNEHMEN.

5. Um das Weiß der Augen aufzuhellen, erstellen Sie eine neue Ebene und wählen eine große weiße Pinselspitze mit 10% Deckkraft. Malen Sie damit das Weiß in die Augen. Sie müssen nicht innerhalb irgendwelcher Linien bleiben, da Sie hinterher den Radiergummi verwenden können, um den Effekt in **Abbildung 9.131** zu erstellen.

Hinweis

Das Auge sollte auf der Seite des Lichts heller sein als auf der anderen Seite der Iris.

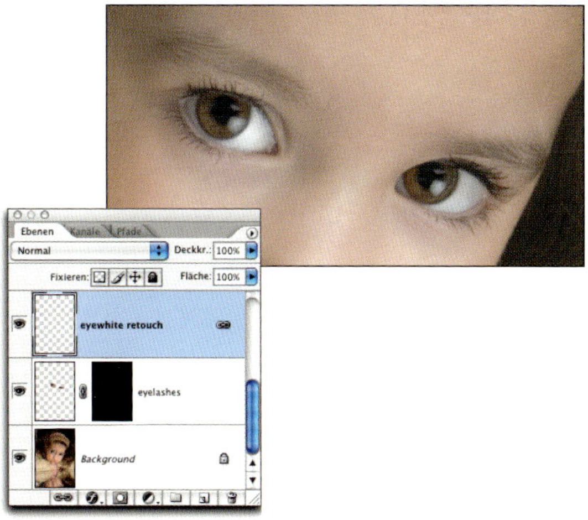

Abbildung 9.131

Malen Sie ein weiches Weiß ins Bild, um das Weiß der Augen aufzuhellen.

4. Erstellen Sie eine neue Ebene. Entfernen Sie mit dem Kopierstempel im Modus Alle Ebenen aufnehmen störende Spiegellichter auf der linken Seite der Iris.

5. Reduzieren Sie mit ⌘-⌥-⇧-E / Strg-Alt-⇧-E die Ebenen auf eine. Verwenden Sie einen sehr kleinen Abwedler im Modus Mitteltöne und mit einer Belichtung von 20%, um gegenüber des Spiegellichts ein winziges Licht ins Auge zu malen (Abbildung 9.132).

Hinweis

Unsere Augen sind durchscheinend, das Licht wandert durch sie hindurch. Wenn Sie auf der gegenüber liegenden Seite der eigentlichen Lichtquelle etwas Weiß hinzufügen, werden die Rundung und die Lebhaftigkeit der Augen betont.

Tipp

Holen Sie sich eine zweite Meinung ein. Nachdem Sie eine Weile an einem Porträt gearbeitet haben, werden Sie mit diesem sehr vertraut und Sie sehen die Fehler möglicherweise gar nicht mehr. Lassen Sie jemand anderen einen Blick auf das Porträt werfen und fragen Sie ihn nach seiner Meinung.

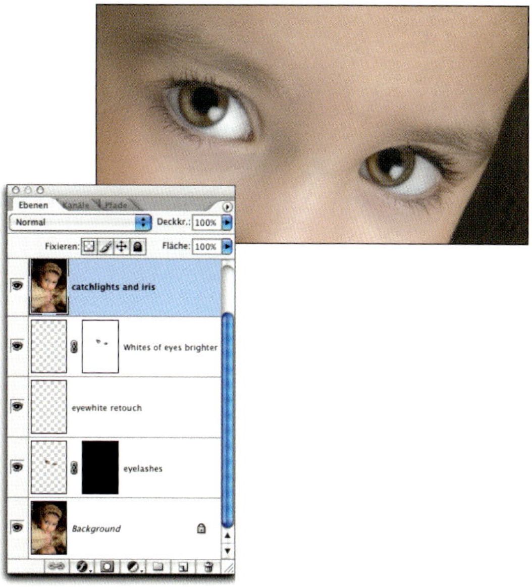

Abbildung 9.132

Gegenüber dem eigentlichen Spiegellicht sollten Sie ein paar helle Stellen in die Iris malen.

Bette-Davis-Augen erstellen

Für eine noch dramatischere Methode wendete ich mich an die talentierte Shan Canfield – auch als Photoshop-Mama bekannt. Sie zeigte mir, wie sehr schöne Augen in dramatische Augen verwandelt werden können (Abbildungen 9.133 und 9.134).

ch9_bettedavis_eyes.jpg

1. Fügen Sie eine Gradationskurven-Einstellungsebene hinzu und klicken Sie auf OK – nehmen Sie keine Einstellungen vor. Ändern Sie die Ebenenfüllmethode in Linear abwedeln und reduzieren Sie die Ebenendeckkraft auf 70%.

2. Kehren Sie die Ebenenmaske um (⌘-I / Strg-I). Malen Sie mit einer kleinen, weißen, harten, runden 9 Pixel-Pinselspitze hellere Bereiche um das Innere der Iris auf die Maske (Abbildung 9.135). Wählen Sie Filter/Weichzeichnungsfilter/Gaußscher Weichzeichner (Abbildung 9.136).

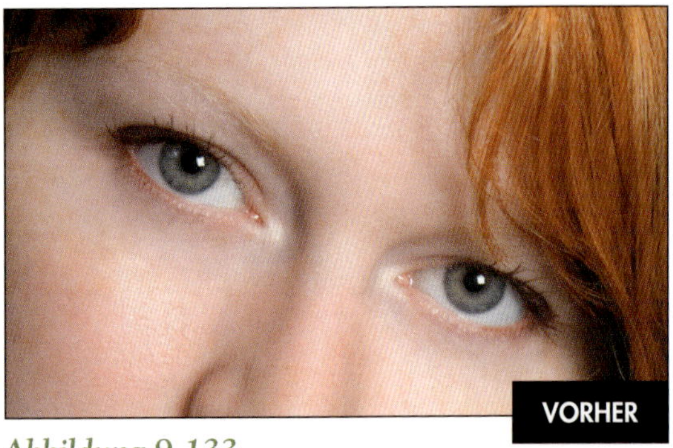

Abbildung 9.133

Abbildung 9.134

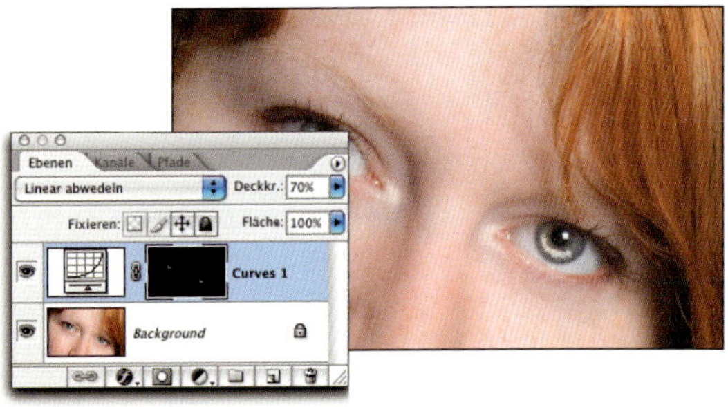

Abbildung 9.135

Eingeätzte Lichter

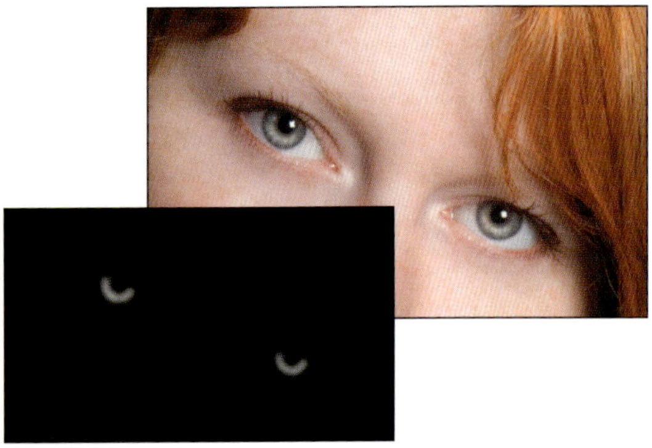

Abbildung 9.136

Zeichnen Sie die Maske der Gradationskurvenebene weich.

3. Fügen Sie eine weitere Gradationskurven-Einstellungsebene hinzu und klicken Sie auf OK. Ändern Sie die Füllmethode in LINEAR NACHBELICHTEN und wählen Sie eine Deckkraft von 70%. Kehren Sie die Maske um und malen Sie mit einer kleinen, harten, runden weichen 9 Pixel-Pinselspitze, um die Außenkanten der Iris abzudunkeln (**Abbildung 9.137**). Wählen Sie FILTER/WEICHZEICHNUNGSFILTER/GAUSSSCHER WEICHZEICHNER.

Abbildung 9.137

Durch das Einrahmen der Iris verleihen Sie ihr Tiefe.

4. Um die Augenbrauen zu betonen, ziehen Sie diese auf derselben Ebene mit einer kleinen, harten, weißen Pinselspitze nach (**Abbildung 9.138**).

Abbildung 9.138

Malen Sie mit einer kleinen, harten, weißen Pinselspitze auf der Ebene LINEAR NACHBELICHTEN, um die Augenbrauen zu betonen.

5. Erstellen Sie eine weitere Gradationskurvenebene und klicken Sie auf OK. Ändern Sie die Füllmethode in MULTIPLIZIEREN und kehren Sie die Ebenenmaske um (⌘-I/Strg-I).

6. Um eine eigene Pinselspitze für die Wimpern zu erstellen, aktivieren Sie den Pinsel mit einer kleinen, weichen Pinselspitze. Wählen Sie für dieses Beispiel eine Größe von 8 – die Größe ist jedoch abhängig von der Größe der Datei und kann variieren. Der Pinsel sollte kaum größer sein als die Wimpern. Wählen Sie FENSTER/PINSEL und aktivieren Sie FORMEIGENSCHAFTEN, STEUERUNG: VERBLASSEN (100) und einen MINDESTDURCHMESSER von 15% (**Abbildung 9.139**). Falls Sie mit einem Wacom-Tablett arbeiten, aktivieren Sie ANDERE EINSTELLUNGEN und STEUERUNG: ZEICHENSTIFT-DRUCK.

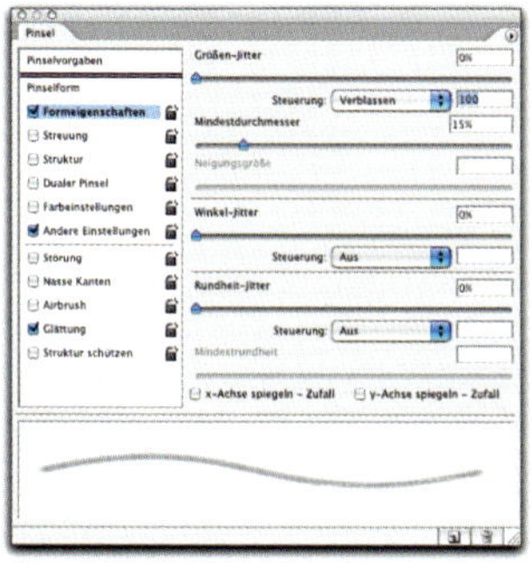

Abbildung 9.139

Erstellen Sie eine eigene Pinselspitze.

7. Malen Sie mit Weiß als Vordergrundfarbe auf der Ebenenmaske über die Wimpern – beginnen Sie auf der Seite der Nase und folgen Sie der Wuchsrichtung. Malen Sie jede Wimper in einem vollständigen Strich, damit dieser spitz zulaufen kann (**Abbildung 9.140**). Drücken Sie bei einem Wacom-Tablett zu Beginn des Strichs härter auf und verringern Sie den Druck nach und nach.

8. Um die Wimpern stärker zu betonen, müssen Sie den Eindruck vermitteln, dass es sie schon gab, als das Foto aufgenommen wurde. Fügen Sie also einen kleinen Schlagschatten hinzu. Klicken Sie unten in der Ebenen-Palette auf das Icon EBENENSTIL HINZUFÜGEN und wählen Sie SCHLAGSCHATTEN. Verwenden Sie folgende Einstellungen: FÜLLMETHODE: MULTIPIZIEREN, DECKKRAFT: 30%, DISTANZ: 12, ÜBERFÜLLEN: 10%, GRÖSSE: 3 (**Abbildung 9.141**). Der Schlagschatten muss der Lichtquelle im Bild folgen – er kann in Ihrem Bild also variieren.

Abbildung 9.140

Malen Sie die perfekten Wimpern.

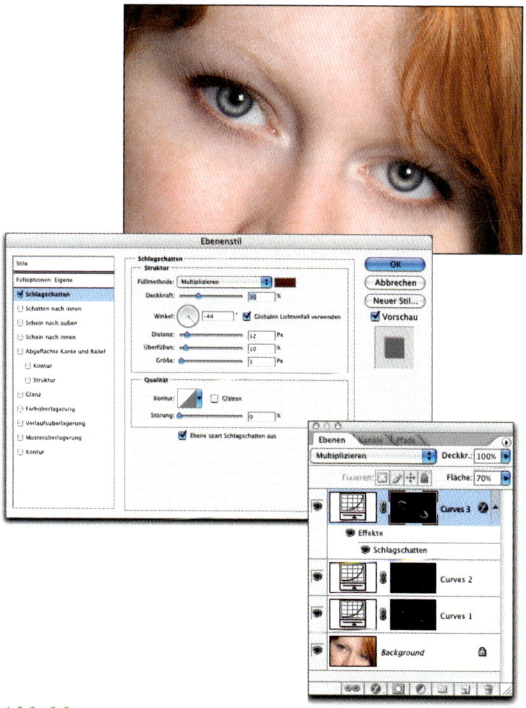

Abbildung 9.141

Durch einen Schlagschatten werden die Wimpern dichter.

9. Klicken Sie im Schlagschatten-Dialogfeld auf das Farbfeld; ändern Sie die Farbe in #3E0505. Reduzieren Sie in der Ebenen-Palette die Flächendeckkraft auf 70%, um die Stärke der Wimpern zu reduzieren, den Schatten allerdings nicht zu ändern.

10. Fügen Sie für den Lidschatten eine Gradationskurven-Einstellungsebene unter der Wimpern-Ebene hinzu. Ziehen Sie die Mitte der RGB-Kurve nach unten, um dunkle Farbtöne zu erzielen. Aktivieren Sie den roten Kanal und ziehen Sie auch diese Kurve nach unten, um Cyan zu betonen (Abbildung 9.142).

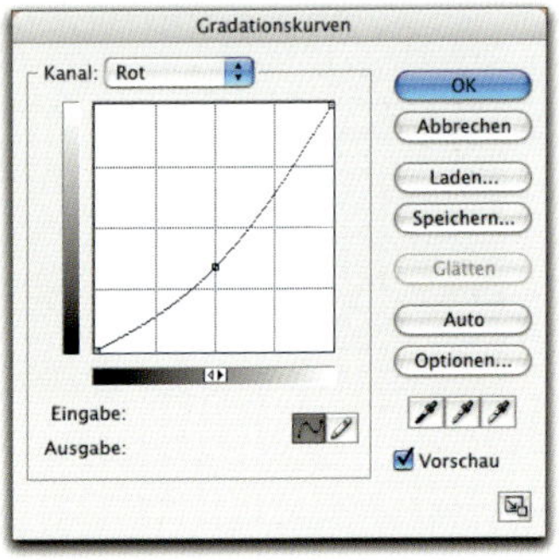

Abbildung 9.142

Dunkeln Sie den Lidschatten ab und verstärken Sie die Farben mit Gradationskurven.

11. Kehren Sie die Ebenenmaske um (⌘-I/Strg-I). Malen Sie mit einer großen, weichen Pinselspitze und Weiß als Vordergrundfarbe, um Schatten über und unter den Augen zu erstellen. Verringern Sie die Deckkraft der Einstellungsebene auf 80% (Abbildung 9.143).

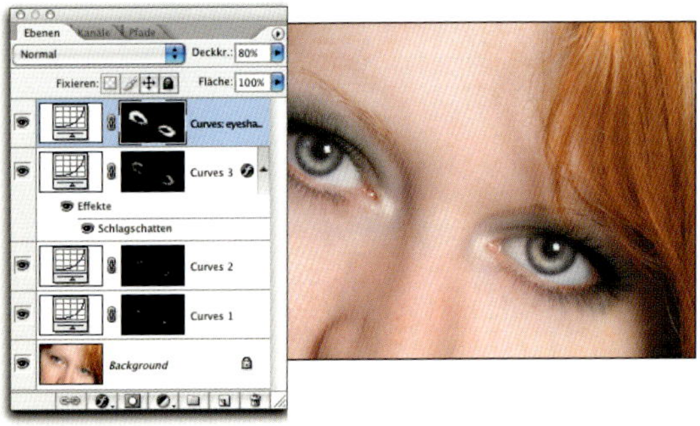

Abbildung 9.143

Malen Sie Augenschatten mit einer großen weichen Pinselspitze ins Bild.

Digitale Zahnkorrektur

Zähne aufhellen, Verfärbungen reduzieren und – wenn nötig – Lücken schließen oder Zahnspangen entfernen ist in Photoshop wesentlich angenehmer als beim Zahnarzt (Abbildungen 9.144 und 9.145). Beachten Sie jedoch, dass die Zähne eines Zwanzigjährigen heller sind als die einer älteren Person. Die Zähne müssen einen Teil ihrer Farbe behalten, damit die Retusche nicht zu offensichtlich ist.

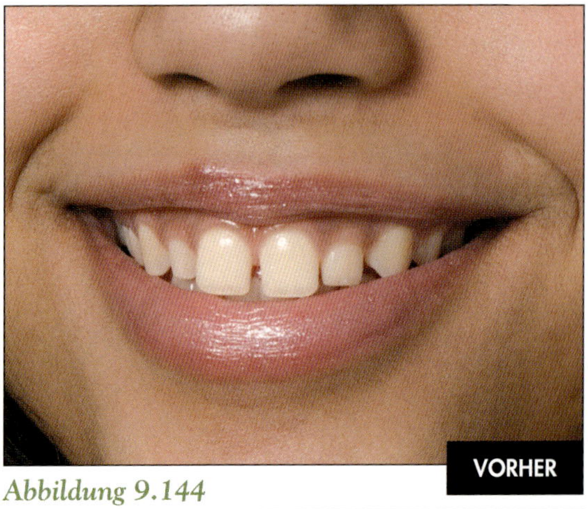

Abbildung 9.144

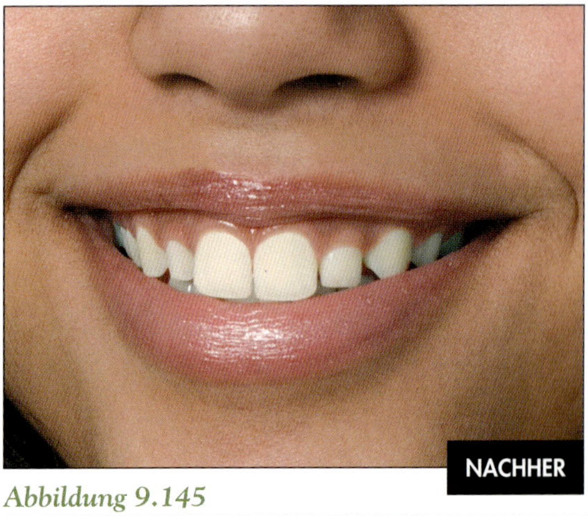

Abbildung 9.145

ch9_teeth.jpg

1. Wählen Sie die Zähne mit dem Lasso und einer weichen Auswahlkante von 1 Pixel aus (Abbildung 9.146).

2. Fügen Sie eine Tonwertkorrektur-Einstellungsebene hinzu und verschieben Sie den

Gammaregler nach links (Abbildung 9.147), um die Zähne aufzuhellen.

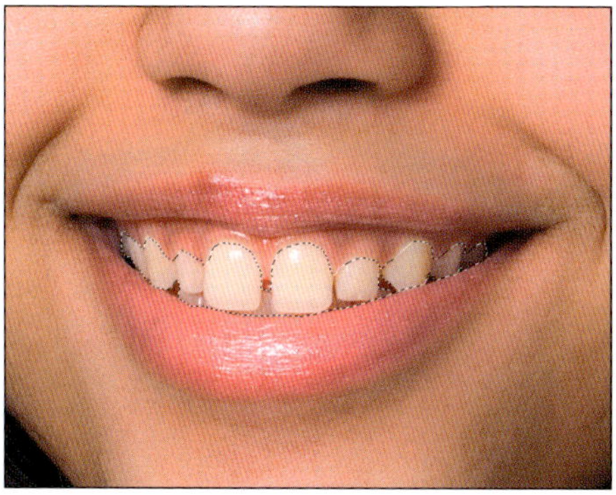

Abbildung 9.146

Wählen Sie die Zähne mit dem Lasso aus.

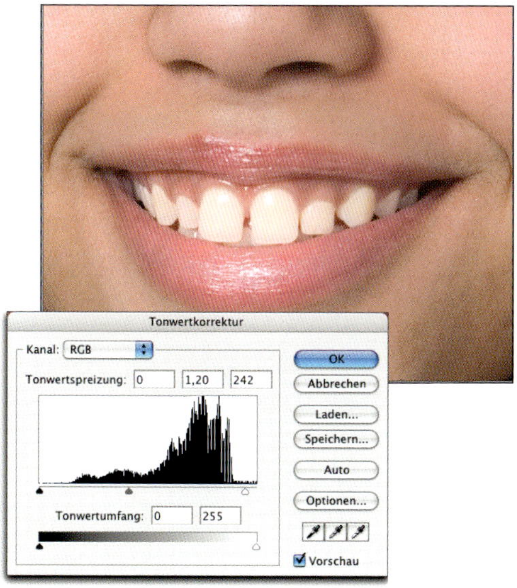

Abbildung 9.147

Hellen Sie sie mit einer Tonwertkorrektur auf (aber nicht zu stark).

3. Um den roten Farbstich zu entfernen, aktivieren Sie in der Tonwertkorrektur-Dialogbox den roten Kanal und verschieben den Gammaregler nach rechts (Abbildung 9.148).

4. Zum Schließen der Zahnlücke wählen Sie den rechten Zahn mit einem 1 Pixel weichen Lasso aus und wählen anschließend BEARBEITEN/AUF EINE EBENE REDUZIERT KOPIEREN und BEARBEITEN/EINFÜGEN.

5. Verschieben Sie den neuen rechten Zahn leicht nach links – wiederholen Sie die Schritte für den linken Zahn (Abbildung 9.149).

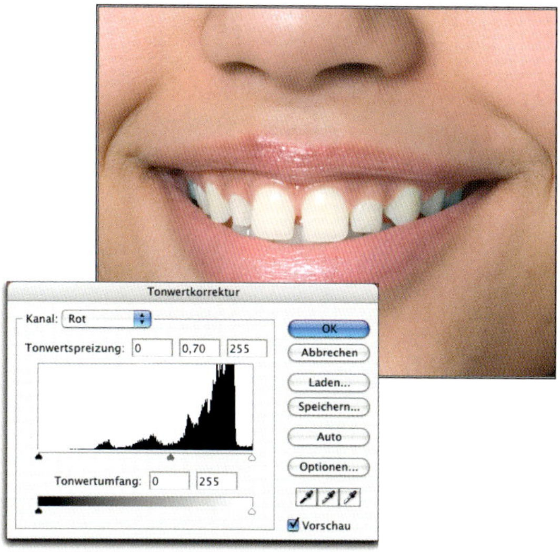

Abbildung 9.148

Passen Sie den roten Kanal an, um den roten Farbstich zu verringern.

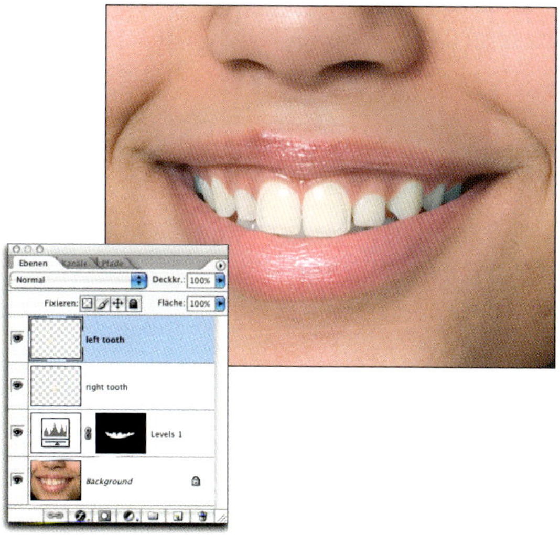

Abbildung 9.149

Kopieren und fügen Sie beide Zähne separat ein.

6. Erstellen Sie eine neue Ebene. Reinigen Sie Artefakte (die Kanten der Zähne) mit dem Kopierstempel und dem Reparatur-Pinsel im Modus ALLE EBENEN AUFNEHMEN. Abbildung 9.150 zeigt ein viel schöneres Lächeln.

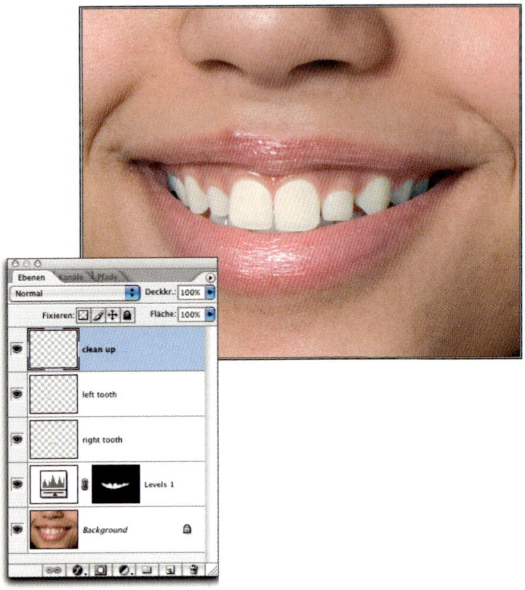

Abbildung 9.150

Entfernen Sie die letzten sichtbaren Spuren auf einer neuen Ebene.

Abbildung 9.151

Abbildung 9.152

Zähne sind von Natur aus unterschiedlich gefärbt. Die Zähne von Rauchern, Kaffee- oder Rotweintrinkern können unschön verfärbt sein. In diesen Fällen müssen Sie die Verfärbungen entfernen und die Zähne aufhellen, wie weiter vorn in diesem Kapitel zu sehen.

Eine neue Nase mit Photoshop

Unsere Nase und unsere Ohren hören nie auf zu wachsen und können so, im Vergleich zum restlichen Gesicht unproportional groß werden. Okay, das klingt vielleicht komisch, wenn Sie sich das Original in Abbildung 9.151 ansehen. Aber mit einer etwas kleineren Nase wie der in Abbildung 9.152 finde ich das Foto wesentlich schöner ... aber eigentlich habe ich kein Problem mit meiner Nase, ehrlich.

ch9_nosejob.jpg

Wie Sie die Größe einer Nase ändern oder deren Form korrigieren, hängt davon ab, wie das Foto aufgenommen wurde. Ein Frontalbild (wie dieses) kann mit der Verkrümmen-Funktion oder dem Verflüssigen-Filter bearbeitet werden. Bei einem Profilfoto benötigen Sie den Verflüssigen-Filter und den Kopierstempel.

Die Transformation einer Nase:

1. Wählen Sie die Nase sehr großzügig mit einem sehr weichen Lasso oder der Auswahlellipse aus. Ich verwendete hier die Auswahlellipse mit einer weichen Auswahlkante von 20 Pixel (**Abbildung 9.153**).

Abbildung 9.153

Wählen Sie mehr Bildmaterial aus als nötig.

2. Kopieren Sie die Auswahl mit ⌘-J/Strg-J in eine neue Ebene. Wählen Sie BEARBEITEN/TRANSFORMIEREN/VERKRÜMMEN. Nutzen Sie die Gitterpunkte, um die Nase etwas nach innen zu verschieben und länger zu machen (**Abbildung 9.154**).
3. Ändern Sie die Füllmethode dieser Ebene in DIFFERENZ und fügen Sie eine Ebenenmaske hinzu. So sehen Sie den überschüssigen Teil der Nase (**Abbildung 9.155**). Entfernen Sie mit einer weichen schwarzen Pinselspitze auf der Ebenemaske die überschüssigen Bereiche und erzeugen Sie weiche Übergänge.
4. Ändern Sie die Füllmethode wieder in NORMAL, fügen Sie eine neue Ebene hinzu und verfeinern Sie die Übergänge zwischen altem Gesicht und neuer Nase mit dem Reparatur-Pinsel im Modus ALLE EBENEN AUFNEHMEN (**Abbildung 9.156**).

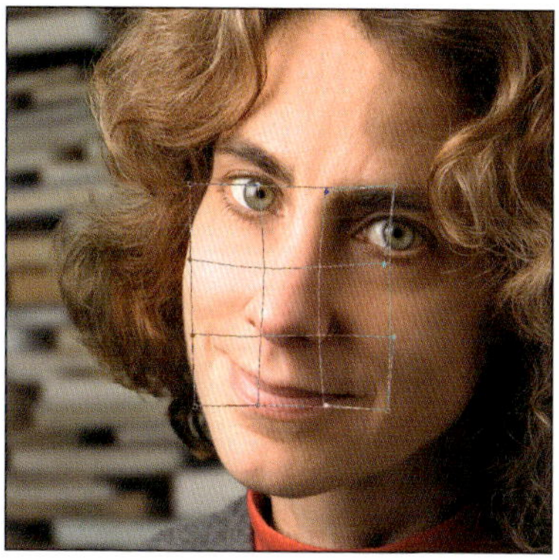

Abbildung 9.154

Korrigieren Sie meine Nase mit dem Verkrümmen-Befehl.

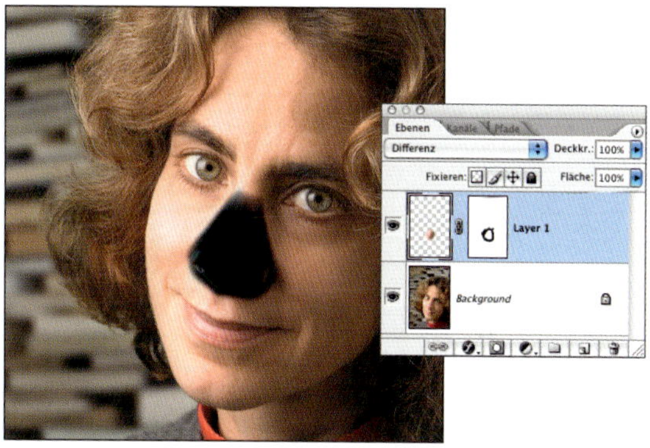

Abbildung 9.155

Die Füllmethode DIFFERENZ zeigt deutlich die überschüssige Haut.

Abbildung 9.156

Verfeinern Sie die Übergänge zwischen Original und neuer Nase.

Optische Verzerrungen entfernen

Wählen Sie FILTER/VERZERRUNGSFILTER/BLENDENKORREKTUR, um Verzerrungen, die durch ein Weitwinkelobjektiv entstanden sind, zu korrigieren (Abbildungen 9.157 und 9.158).

1. Duplizieren Sie die Hintergrundebene und öffnen Sie den Filter BLENDENKORREKTUR.
2. Korrigieren Sie mit dem Regler VERZERRUNG ENTFERNEN das aufgeblasene Gesicht.
3. Erhöhen Sie die Skalierung der transparenten Kanten, um das Bild zu vergrößern und die leeren Kanten auszublenden (Abbildung 9.159).

© Richard Berke

Abbildung 9.157

Abbildung 9.158

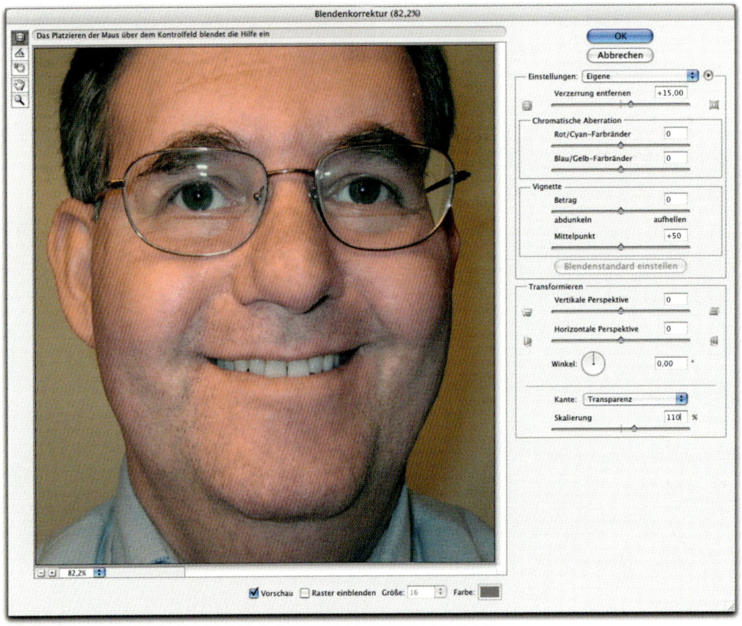

Abbildung 9.159

Entfernen Sie die Blendenverzerrung und skalieren Sie das Bild, um es optisch auszugleichen.

Was nur Ihr Friseur weiß

Stellen Sie sich das Haar als Rahmen um das Gesicht einer Person vor. Die Haare sollen die Person einrahmen und nicht im Vordergrund des Bilds stehen. Zu den beliebtesten Korrekturen gehören das Füllen von Haarlücken, das Entfernen abstehender Haare, das Färben inklusive der Spitzen und eine Glanzspülung.

Haarfarben intensivieren

Tipp

Um bei der Verbesserung der Haarfarbe optimale Ergebnisse zu erzielen, nehmen Sie Haarfarben aus Referenzfotos auf oder verwenden Sie die Datei, die ich mithilfe der L'Oreal-Website erstellt habe und die Sie sich von der Website zum Buch herunterladen können (Abbildung 9.160).

Abbildung 9.160

Eine Referenzfarbtafel für Haarfarben

ch9_haircolor_chart.jpg

Im folgenden Beispiel intensivieren wir die natürliche Haarfarbe und wir erstellen aus dem dunklen Blond (Abbildung 9.161) ein wärmeres Blond mit Tonwert- und Farbschattierungen (Abbildung 9.162).

ch9_haircolor.jpg

1. Fügen Sie eine neue Ebene im Modus WEICHES LICHT hinzu. Nehmen Sie mit der Pipette die neue Farbe auf. Hier begann ich mit Almond Rocca. Malen Sie in natürlicher Fallrichtung über die Haare (Abbildung 9.163).

© Shan Canfield

Abbildung 9.161

Abbildung 9.162

Abbildung 9.163

Arbeiten Sie auf einer Ebene im Modus WEICHES LICHT, damit die Haardetails durchscheinen können.

2. Für ein realistischeres Aussehen der Färbung wählen Sie anschließend eine dunklere oder hellere Farbe für ein paar zusätzliche Strähnen. Ich wählte Toasted Coconut und verlieh dem Haar damit mehr Dichte.

3. Wenden Sie einen starken Gaußschen Weichzeichner an, um die Pinselstriche zu glätten, und passen Sie die Ebenendeckkraft an (Abbildung 9.164).

Abbildung 9.164

Damit das Haar nicht zu strähnig aussieht, müssen Sie es weichzeichnen.

Ansätze nachfärben

Getöntes oder gefärbtes Haar wächst heraus, die Originalfarbe kommt wieder zum Vorschein (Abbildung 9.165). Wenn Sie die Ansätze in Photoshop nachfärben, wird sich die Person im Porträt wesentlich besser fühlen (Abbildung 9.166).

ch9_hair_roots.jpg

1. Erstellen Sie von den Haaransätzen eine grobe Auswahl mit dem Lasso und einer weichen Auswahlkante von 3 Pixel (Abbildung 9.167). Achten Sie darauf, die Stirn nicht auszuwählen.

2. Nehmen Sie mit der Pipette (3×3 Durchschnitt) einen helleren Ton aus den Haaren auf.

3. Erstellen Sie bei aktiver Auswahl eine Volltonfarbe-Einstellungsebene im Modus FARBE. Die aufgenommene Farbe wird automatisch für die Ebene verwendet (Abbildung 9.168).

© Shan Canfield

Abbildung 9.165

Abbildung 9.166

Abbildung 9.167

Erstellen Sie eine grobe Auswahl der Ansätze, jedoch mit so wenig Haut wie möglich.

Abbildung 9.168

Verwenden Sie eine Volltonfarbe-Einstellungsebene.

4. Ändern Sie die Füllmethode der Einstellungsebene in WEICHES LICHT. Verfeinern Sie die Übergänge mit einer weichen weißen Pinselspitze. Blenden Sie die helleren Töne mit Weiß als Vordergrundfarbe ein; verwenden Sie Schwarz für die dunkleren Töne (**Abbildung 9.169**).

Abbildung 9.169

Blenden Sie die Farben mit einer Ebenenmaske besser ineinander über.

5. Glätten Sie die Kanten mit einem starken Gaußschen Weichzeichner. Falls Ihnen die Farbe nicht gefällt, klicken Sie doppelt auf die Miniatur der Einstellungsebene und wählen Sie mit der Pipette einen neuen Farbton aus den Haaren aus (**Abbildung 9.170**).

6. Sollte eine zusätzliche Aufhellung oder Farbe nötig sein, duplizieren Sie die Volltonfarbe-Einstellungsebene und passen Sie die Deckkraft an.

Abbildung 9.170

Sobald die Maske verfeinert ist, lässt sich eine neue Farbe ganz einfach auswählen.

Dem Haar mit Licht Form verleihen

Nach dem Retuschieren des Gesichts einer Person sollten Sie sich noch ein paar Minuten Zeit nehmen, um auch die Haare in Form zu bringen, indem Sie die natürliche Form der Haare mit Licht und Schatten betonen. **Abbildung 9.171** zeigt mich vor dem Besuch im Photoshop-Salon und **Abbildung 9.172** nachdem meinen Haaren etwas Leben eingehaucht wurde. Durch das Hinzufügen von Lichtern und Schatten verleihen Sie einem Haar Tiefe und lassen es lebendiger aussehen. Für die folgende Technik benötigen Sie nur ein paar Sekunden – das finale Porträt sieht dadurch viel besser aus.

ch9_hairshaping.jpg

1. Zum Betonen der Lichter fügen Sie eine neutrale Ebene im Modus FARBIG ABWEDELN hinzu, indem Sie mit gedrückter [⌥]/[Alt]-Taste auf das Icon NEUE EBENE klicken. Aktivieren Sie außerdem die Checkbox MIT NEUTRALER FARBE FÜR DEN MODUS »FARBIG ABWEDELN« FÜLLEN (SCHWARZ).

2. Weil Sie die Konturen vorsichtig aufbauen wollen, sollten Sie mit einer großen weichen

© Mark Beckelman Photography

Abbildung 9.171

Abbildung 9.172

weißen Pinselspitze mit einer Deckkraft von 2–5% arbeiten, um die natürlichen Konturen nachzuziehen (Abbildung **9.173**).

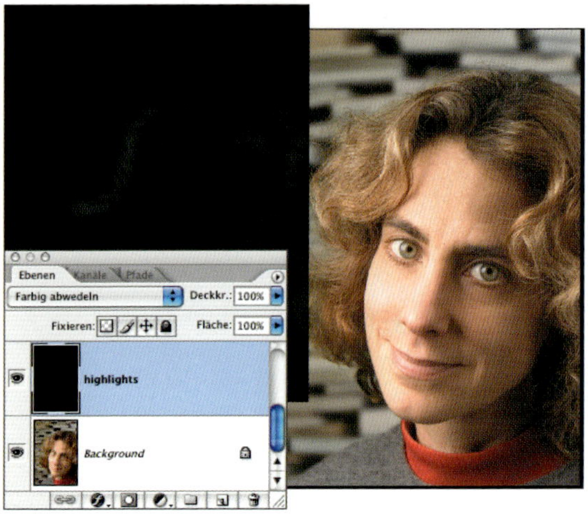

Abbildung 9.173

Malen Sie auf einer neutralen Ebene im Modus FARBIG ABWEDELN, *um die Lichter zu betonen.*

3. Um die Schatten zu betonen, fügen Sie eine Ebene im Modus FARBIG NACHBELICHTEN und mit der Option MIT NEUTRALER FARBE FÜR DEN MODUS »FARBIG NACHBELICHTEN« FÜLLEN (WEISS) hinzu.
4. Betonen Sie die Konturen der Schatten mit einer großen weichen, schwarzen Pinselspitze und einer Deckkraft von 2–5% (**Abbildung 9.174**).

Abbildung 9.174

Malen Sie auf einer neutralen Ebene im Modus FARBIG NACHBELICHTEN, *um die Schatten zu betonen.*

5. Zum Abschluss behandelte ich meine Haaransätze wie im letzten Beispiel beschrieben (aber sagen Sie es nicht weiter) (**Abbildung 9.175**).

Mit Photoshop gibt es keinen Grund mehr für schlecht aussehende Haare!

Abbildung 9.175

Mit einer Volltonfarbe-Ebene im Modus FARBIG NACHBELICHTEN verbesserte ich die Haaransätze.

BELEUCHTUNG UND FOKUS VERFEINERN

Im vierten Stadium einer Porträtretusche verbessern Sie Licht und Fokus eines Bilds. Weil die Augen auf Helligkeitsunterschiede im Bild reagieren, können Sie Bildbereiche durch Abdunkeln und Weichzeichnen optisch weniger interessant machen. Um etwas über die Beleuchtung eines Bilds zu lernen, studieren Sie klassische Gemälde von Rembrandt oder Caravaggio oder nehmen Sie an einem entsprechenden Seminar teil. Kurz gesagt, es geht nun darum, die Aufmerksamkeit des Betrachters auf die wesentlichen Aspekte eines Porträts zu lenken, ohne es zu übertreiben.

Vignetten für den Hintergrund

In einem Porträt sollte natürlich immer die Person betont werden. In dunkleren Low-Key-Porträts tritt das Gesicht stärker in den Vordergrund, wenn der Hintergrund abgedunkelt wird (**Abbildungen 9.176** und **9.177**), bei High-Key-Porträts nehmen Sie das Interesse durch eine Aufhellung des Hintergrunds von den Bildkanten (**Abbildungen 9.178** und **9.179**).

© Phil Pool Omni Photography

Abbildung 9.176

Abbildung 9.177

© Phil Pool Omni Photography

Abbildung 9.178

Abbildung 9.179

ch9_dark_vignette.jpg

ch9_light_vignette.jpg

Um den Hintergrund abzudunkeln:

1. Erstellen Sie eine Auswahl der Person.
2. Wählen Sie AUSWAHL/AUSWAHL UMKEHREN. Fügen Sie eine schwarze Volltonfarbe-Einstellungsebene hinzu (**Abbildung 9.180**).

Abbildung 9.180

Dunkeln Sie Low-Key-Porträts mit Schwarz ab.

3. Reduzieren Sie die Ebenendeckkraft auf etwa 35% und glätten Sie die Maske mit einem großen Gaußschen Weichzeichner (**Abbildung 9.181**). Bei kleineren Dateien muss die Weichzeichnung weniger stark sein.

Abbildung 9.181

Die Anwendung eines Gaußschen Weichzeichners ist identisch mit einer weichen Auswahlkante.

4. Wie mir Phil Pool erklärte, fügte er nach der Vignette eine Gradationskurven-Einstellungsebene hinzu (unterhalb der Vignette) und verstärkte ganz leicht den Kontrast des Bilds (Abbildung 9.182). So konnte er den Kontrast der Lichter an die dunkle Vignette anpassen.

Abbildung 9.182

Durch eine leichte Korrektur des Kontrasts bekommt das Bild einen neuen Glanz.

Störungen weniger betonen

Durch Abdunkeln oder Weichzeichnen des Hintergrunds machen Sie ihn weniger prominent, wodurch die Aufmerksamkeit stärker auf die Personen im Vordergrund gelenkt wird. Das Foto bleibt dabei vollständig intakt. Im Originalbild in Abbildung 9.183 ist das Foto der beiden Geschwister schon sehr schön. Durch die Abschwächung des Hintergrunds hat Mark Beckelman die Betonung stärker auf die beiden Personen gelenkt (Abbildung 9.184).

Abbildung 9.183

Abbildung 9.184

Nach der Retusche der beiden Personen erstellte Mark eine neue Arbeitsebene, indem er die aktuelle mit [⌘]-[⌥]-[⇧]-[E]/[Strg]-[Alt]-[⇧]-[E] duplizierte. Auf die erste reduzierte Ebene wendete er den Gaußschen Weichzeichner an. Er aktivierte die zweite reduzierte Ebene und erstellte eine Maske, um die Personen im Vordergrund zu schützen und die Weichzeichnung des Hintergrunds einzublenden (Abbildung 9.185). Anschließend fügte er eine Gradationskurven-Einstellungsebene hinzu, um das Bild etwas abzudunkeln. Er zog die Maske der weichgezeichneten Ebene mit gedrückter [⌥]/[Alt]-Taste auf die Kurvenebene, so dass nur der Hinterrgund abgedunkelt wird (Abbildung 9.186).

Abbildung 9.185

Durch das Weichzeichnen des Hintergrunds erscheint dieser weniger wichtig.

Abbildung 9.186

Das Abdunkeln des Hintergrunds betont den Vordergrund.

KREATIVE BILDINTERPRETATIONEN

Das Entfernen von Störungen, das Verbessern der Konturen, Reinigen der Haut und die Betonung der Augen und des Munds gehören zu den primären Retuschearbeiten, die die meisten Kunden wünschen. Durch Hinzufügen kreativer Effekte können Sie aus Ihren Retuschearbeiten etwas ganz Besonderes machen. Dazu gehört die Umwandlung eines Porträts in ein Schwarzweißbild und das Hinzufügen von Maleffekten (Kapitel 8), das Erstellen neuer Hintergründe (siehe »Photoshop Maskierung & Compositing«) oder das Erstellen stilisierter Illustrationen, wie hier beschrieben. Beachten Sie bitte: Ich wende diese Effekte nicht auf alle meine Porträts oder Bilder an – das würde lächerlich aussehen. Experimentieren Sie aber mit diesen Effekten, um einzigartige Bilder zu erstellen.

Fotografische Effekte

Mit einem weichen Fokus können Sie ein Porträt weichzeichnen und ihm eine romantische Atmosphäre verleihen. Fotografen verwenden die unterschiedlichsten Materialien, um solche Effekte zu erstellen – Nylonstrümpfe oder Vaseline auf einem Filter auf dem Vergrößerungsobjektiv, um den Eindruck zu erwecken, das Bild wäre durch ein Fenster aufgenommen worden.

Durch das Weichzeichnen eines Porträts werden Hautunreinheiten verdeckt und die Haut bekommt einen leichten Schimmer. **Abbildung 9.187** zeigt das Original, das sehr kontrastreich ist. Die weichgezeichnete Version sieht romantischer aus (**Abbildung 9.188**).

ch9_soft_focus.jpg

1. Duplizieren Sie die Hintergrundebene und wählen Sie die Füllmethode UMGEKEHRT MULTIPLIZIEREN. Auch wenn das Bild zu hell aussieht, sehen Sie so den wahren Effekt des nächsten Schritts.
2. Wählen Sie FILTER/WEICHZEICHNUNGSFILTER/GAUSSSCHER WEICHZEICHNER mit einem Wert von 10. Ohne die Füllmethode würde das Bild zu weich.

Abbildung 9.187

Abbildung 9.188

3. Stellen Sie die Ebenendeckkraft auf einen Wert zwischen 40% und 60% ein.

4. Duplizieren Sie die weichgezeichnete Ebene und ändern Sie die Füllmethode in MULTIPLIZIEREN (Abbildung 9.189). Durch die Kombination einer helleren und einer dunkleren Ebene wird die Weichzeichnung schöner als mit nur einer Ebene.

Abbildung 9.189

Duplizieren Sie die weichgezeichnete Ebene im Modus MULTIPLIZIEREN.

5. Um die Augen wieder scharf zu machen, klicken Sie mit gedrückter ⇧-Taste auf die beiden weichgezeichneten Ebenen und wählen Sie aus dem Menü der Ebenen-Palette NEUE GRUPPE AUS EBENEN. Malen Sie auf einer hinzugefügten Ebenenmaske mit 50% Schwarz über Augen und Lippen (Abbildung 9.190).

Abbildung 9.190

Malen Sie die scharfen Augen und Lippen wieder ins Bild.

6. In einem letzten Schritt muss die Körnung des Bilds wieder aktiviert werden. Mit einem weichen Filter vor dem Kameraobjektiv bleibt die Körnung erhalten, auch wenn das Bild weichgezeichnet ist.
7. Wählen Sie EBENE/NEU/EBENE im Modus WEICHES LICHT und mit der Option MIT NEUTRALER FARBE IM MODUS »WEICHES LICHT« FÜLLEN (50% GRAU). Wählen Sie FILTER/KUNSTFILTER/KÖRNUNG UND AUFHELLUNG und passen Sie die Körnung nach Ihrem Geschmack an (hier: Körnung: 5, Aufhellungsbereich: 0 und Intensität: 10) (**Abbildung 9.191**).

Abbildung 9.191

Die Filmkörnung erzeugt die wichtige optische Bildstruktur.

High-Key-Effekte

Die Verstärkung des Kontrasts und das Hinzufügen von Struktur ist sehr beliebt und funktioniert besonders gut bei Porträtfotos, in denen das Gesicht und dessen Oberfläche sehr dominant sind (z.B. wie in **Abbildung 9.192**). Durch die Verwendung der einzelnen Bildkanäle als Ebenen können Sie unendlich viele Effekte erzeugen, beispielsweise den in **Abbildung 9.193**. Die folgende Technik ist jedoch nur die Spitze des Eisbergs.

ch9_texture.jpg

Abbildung 9.192

Abbildung 9.193

1. Ich untersuchte die Farbkanäle nach dem Kanal mit den passenden Informationen. Hier weist der rote Kanal einen schönen Kontrast auf, während die Augen im blauen Kanal umwerfend aussehen (**Abbildung 9.194**). Wir verwenden die Kanäle als neue Ebenen, um ein besonders interessantes Bild zu erstellen.

Rot

Grün

Blau

Abbildung 9.194

Finden Sie den Kanal mit den besten Bildinformationen.

2. Aktivieren Sie den roten Kanal und wählen Sie AUSWAHL/ALLES AUSWÄHLEN und BEARBEITEN/KOPIEREN. Blenden Sie anschließend wieder den RGB-Kanal ein. Fügen Sie den Kanal als neue Ebene in die Ebenen-Palette ein.

3. Blenden Sie die neue Ebene aus und aktivieren Sie die Hintergrundebene und anschließend den blauen Kanal. Wählen Sie AUSWAHL/ALLES AUSWÄHLEN und BEARBEITEN/KOPIEREN. Blenden Sie den RGB-Kanal wieder ein. Fügen Sie auch diesen Kanal als neue Ebene in die Ebenen-Palette ein. Verschieben Sie sie im Ebenenstapel ganz nach oben (**Abbildung 9.195**) und blenden Sie sie aus.

Abbildung 9.195

Nach dem Einfügen des roten und des blauen Kanals als Ebene

4. Jetzt geht der Spaß los! Fügen Sie mit FILTER/MALFILTER/VERWACKELTE STRICHE eine Struktur zur roten Ebene hinzu – verwenden Sie sehr hohe Einstellungen (**Abbildung 9.196**). Ändern Sie die Ebenenfüllmethode in HARTES LICHT und experimentieren Sie weiter mit den Filtern. Ich wendete hier den Filter VERWACKELTE STRICHE erneut an, änderte jedoch die Richtung der Striche.

5. Um den Struktureffekt zu verstärken, wählen Sie FLTER/SCHARFZEICHNUNGSFILTER/UNSCHARF MASKIEREN (**Abbildung 9.197**).

Abbildung 9.196

Experimentieren Sie mit den Malfiltern.

Abbildung 9.197

Betonen Sie die Struktur mit einem starken Unscharf-maskieren-Filter.

6. Aktivieren Sie die Augenebene und wählen Sie EBENE/EBENENMASKE HINZUFÜGEN/ALLES AUSBLENDEN. Malen Sie mit einer weichen, weißen Pinselspitze die Augen wieder ins Bild. Ändern Sie die Füllmethode in HARTES LICHT und passen Sie die Deckkraft an, um den finalen Effekt zu erzeugen (**Abbildung 9.198**).

Abbildung 9.198

Blenden Sie die Augen wieder ein.

Sie können unzählige Stunden damit verbringen, mit den unterschiedlichsten Effekten und Ideen zu experimentieren – Effekte, mit denen Sie aus Ihren Bildern etwas ganz Besonderes machen.

Saturday Night Live-Effekt

Die Eingangssequenz der US-TV-Show Saturday Night Live zeigte die Moderatorin im Porträt, wobei High-Key-Fotos in stark farbgesättigter Form verwendet wurden. Dies inspirierte Shan Canfield, mit Photoshop zu experimentieren. Nach der ersten Auflage dieses Buchs schickte mir Shan dieses Vorher-Nachher-Beispiel (**Abbildungen 9.199** und 9.200), das ich auf der Website zum Buch veröffentlichte. Der Effekt war so beliebt, dass Shan unzählige E-Mails dazu bekommen hat. Er schrieb die einzelnen Schritte also auf und gab sie mir, damit ich sie in dieser Auflage veröffentliche.

Abbildung 9.199

Abbildung 9.200

ch9_SaturdayNightLive.jpg

1. Das Bild weist etwas Bildrauschen auf, das zum Vorteil genutzt und als Struktur für den Hintergrund, die Haare und die Kleidung verwendet, im Gesicht mit einem schnellen digitalen Make-up jedoch entfernt wird. Duplizieren Sie die Hintergrundebene und wählen Sie FILTER/WEICHZEICHNUNGSFILTER/GAUSSSCHER WEICHZEICHNER mit einem Wert zwischen 10 und 20 Pixel.

2. Wählen Sie EBENE/EBENENMASKE HINZUFÜGEN/ALLES AUSBLENDEN, um eine schwarze Ebenenmaske hinzuzufügen. Klicken Sie auf die Maskenminiatur, um sie zu aktivieren. Malen Sie mit einer großen weichen Pinselspitze und einer Deckkraft von 65% über die Haut, um etwas Puder aufzutragen. Malen Sie nicht über Augen, Nasenspitze, Mund und Haare, wie in **Abbildung 9.201** zu sehen.

Abbildung 9.201

Die Ebenenmaske blendet die weichgezeichnete Ebene darunter wieder ein.

3. Um gemalte Konturen hinzuzufügen, fügen Sie eine Gradationskurven-Einstellungsebene hinzu und dunkeln Sie das Bild ab. Drücken Sie [⌘]-[I]/[Strg]-[I], um die Ebenenmaske in Schwarz umzukehren. Malen Sie einzelne Bereiche mit einer weichen Pinselspitze und einer Deckkraft von 35% ins Bild, um den Lippenstift wieder ins Bild zu malen. Betonen Sie anschließend die Augen, indem Sie mit einer kleineren Pinselspitze über die Wimpern, die Augenbrauen und die Augenlider malen (**Abbildung 9.202**).

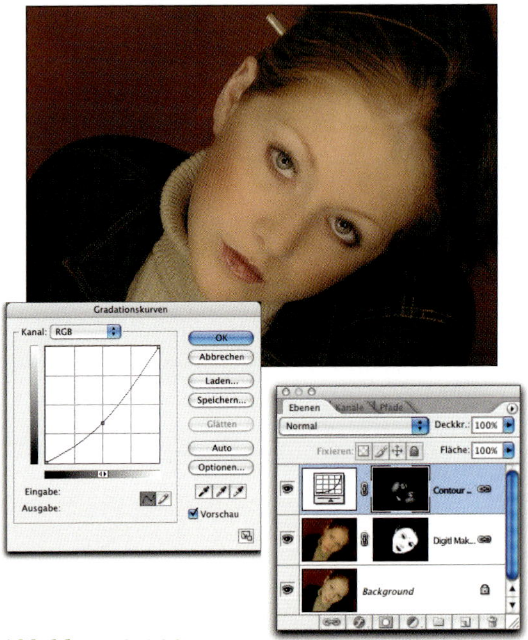

Abbildung 9.202

Rahmen Sie das Gesicht mit weicheren, dunkleren Werten ein.

4. Fügen Sie eine Gradationskurven-Einstellungsebene hinzu und hellen Sie das Bild etwas auf (**Abbildung 9.203**).

Sie können hier aufhören und haben ein schönes Porträt. Für den eigentlichen Effekt müssen Sie jedoch noch etwas mehr tun.

5. Sie müssen jetzt eine Auswahl für den Scheineffekt erstellen. Blenden Sie alle Ebenen außer der Hintergrundebene aus. Wählen Sie den roten Hintergrund mit dem Zauberstab und einer Toleranz von 22 aus – halten Sie die [⇧]-Taste gedrückt, um alle roten

Bereiche auszuwählen (Abbildung 9.204). Wählen Sie AUSWAHL/VERÄNDERN/ABRUNDEN mit einem Wert von 4 und anschließend AUSWAHL/AUSWAHL UMKEHREN und AUSWAHL/AUSWAHL SPEICHERN. Geben Sie dem neuen Kanal einen Namen.

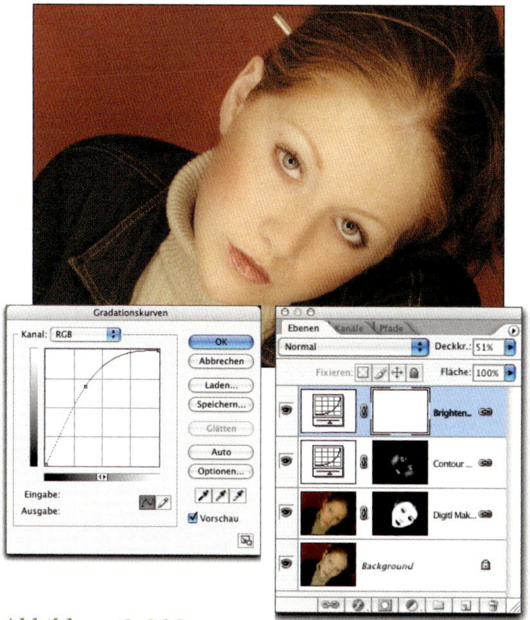

Abbildung 9.203

Verbessern Sie die Farben des Bilds.

Abbildung 9.204

Wählen Sie den roten Hintergrund aus.

6. Blenden Sie alle Ebenen wieder ein und aktivieren Sie die oberste. Fügen Sie eine Gradationskurven-Einstellungsebene hinzu und aktivieren Sie den roten Kanal. Erstellen Sie in der Mitte der Kurve einen Punkt mit den Werten 225 und 126 (Abbildung 9.205).

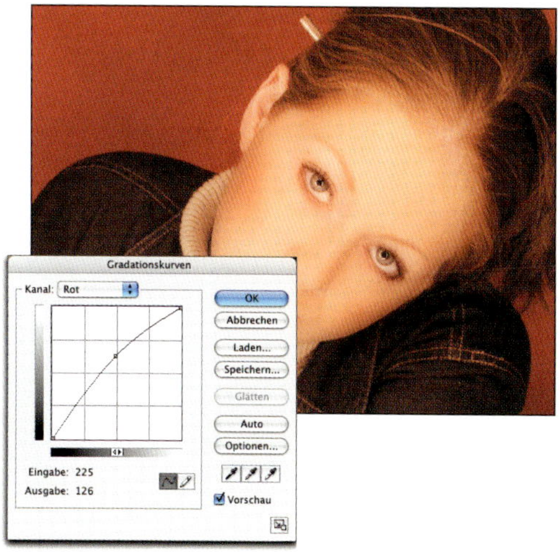

Abbildung 9.205

Betonen Sie den Hintergrund und die roten Haare.

7. Wählen Sie AUSWAHL/AUSWAHL LADEN und den eben erstellten Kanal. Füllen Sie die Ebene anschließend mit BEARBEITEN/FLÄCHE FÜLLEN mit Schwarz und heben Sie die Auswahl mit AUSWAHL/AUSWAHL AUFHEBEN auf. Malen Sie mit einer großen, weichen, weißen Pinselspitze und einer Deckkraft von 75% über die Haare, um das Rot zu betonen (Abbildung 9.206).

Abbildung 9.206

Kontrollieren Sie mit einer Ebenenmaske den roten Effekt.

8. Um die blaue Jacke hervorzuheben, fügen Sie eine Selektive-Farbkorrektur-Einstellungsebene hinzu. Aktivieren Sie in der Dialogbox SCHWARZ und geben Sie folgende Werte ein: Cyan +18, Magenta +16, Gelb (-27), Schwarz (-18), METHODE: RELATIV. In Ihren eigenen Bildern müssen Sie einfach darauf achten, dass die Farben etwas surreal wirken. Klicken Sie in der Dialogbox auf OK.

9. Ändern Sie die Füllmethode der Einstellungsebene in UMGEKEHRT MULTIPLIZIEREN. Kehren Sie die Ebenenmaske mit ⌘-I/Strg-I um. Malen Sie mit Weiß, um die Jacke wieder einzublenden. Bringen Sie auch ein paar Lichter des Pullovers wieder ins Bild und malen Sie auch ein paar helle Striche in die Iris der Augen (**Abbildung 9.207**).

Abbildung 9.207

Betonen Sie die blaue Jacke.

9. Um das Blau zu intensivieren, duplizieren Sie die Einstellungsebene und füllen die Ebenenmaske mit Schwarz. Ändern Sie die Füllmethode in ÜBERLAGERN und verringern Sie die Deckkraft auf 70%. Malen Sie mit Weiß über die Jacke (**Abbildung 9.208**).

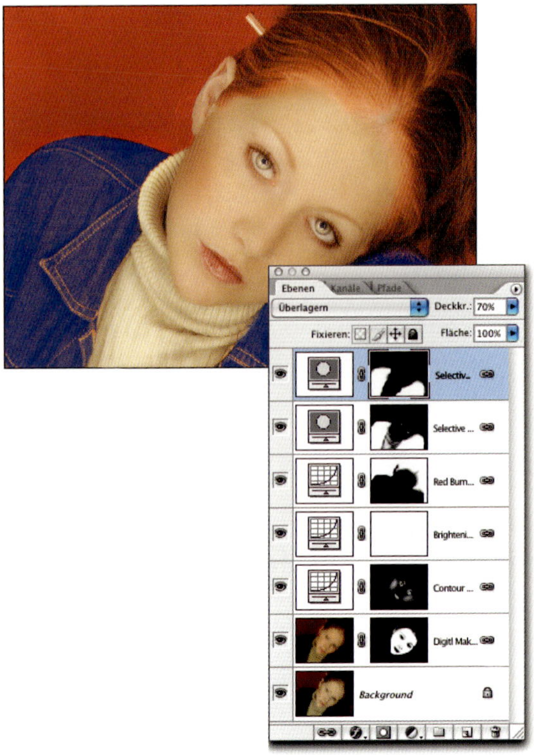

Abbildung 9.208

Fügen Sie kreative Effekte hinzu, die sehr surreal sind.

10. Um den Pullover grün einzufärben, erstellen Sie eine weitere Gradationskurven-Einstellungsebene. Aktivieren Sie den grünen Kanal und erstellen Sie auf der Kurve einen Punkt mit den Werten 126 und 181. Aktivieren Sie in der Dialogbox anschließend den RGB-Kanal. Erstellen Sie hier einen Punkt mit den Werten 156 und 26. Klicken Sie auf OK.

11. Kehren Sie die Ebenenmaske mit ⌘-I/Strg-I um und malen Sie mit einer weißen Pinselspitze über den Pullover, um die neuen Farben einzublenden (**Abbildung 9.209**).

12. Reduzieren Sie mit ⌘-⌥-⇧-E/Strg-Alt-⇧-E alle Ebenen auf eine. Wählen Sie AUSWAHL/AUSWAHL LADEN und den vorhin erstellten Kanal. Klicken Sie unten in der Ebenen-Palette auf den Button EBENENMASKE HINZUFÜGEN. Auf der Ebene entsteht eine Maskenminiatur, in der das Modell als Silhouette dargestellt ist. Das Bild selbst verändert sich nicht.

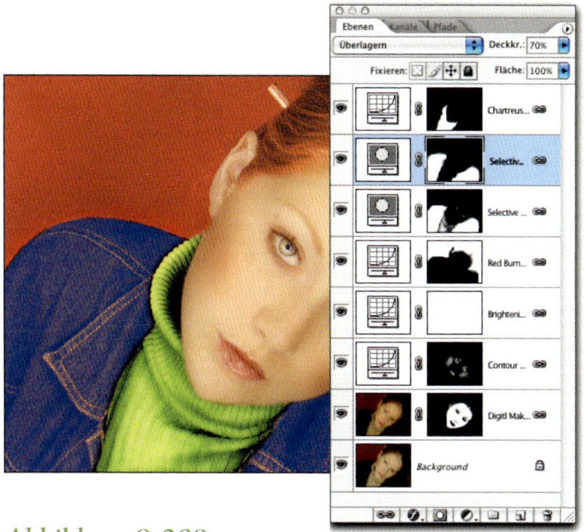

Abbildung 9.209

Färben Sie den Pullover in Nullkommanichts grün ein.

13. Klicken Sie unten in der Ebenen-Palette auf den Button EBENENSTIL HINZUFÜGEN und wählen Sie SCHEIN NACH AUSSEN. Klicken Sie auf das Farbfeld und wählen Sie einen Orangeton oder geben Sie *ED883D* ein. Wählen Sie folgende Einstellungen: FÜLLMETHODE: UMGEKEHRT MULTIPLIZIEREN, DECKKRAFT: 100%, TECHNIK: WEICHER, ÜBERFÜLLEN: 25%, GRÖSSE: 128 px, BEREICH: 100, ZUFALLSWERT: 0 (**Abbildung 9.210**).

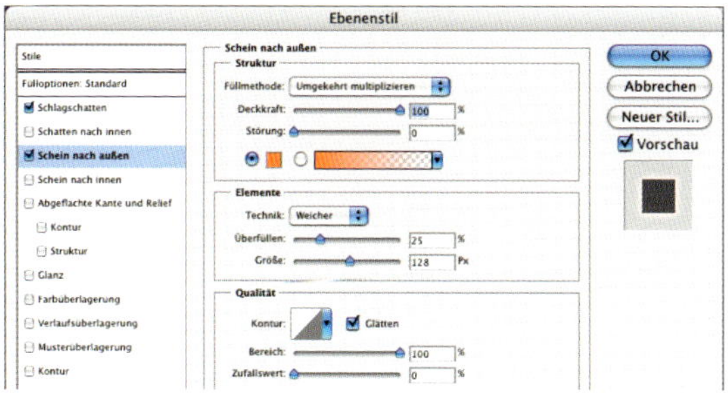

Abbildung 9.210

Fügen Sie mithilfe der Ebenenstile einen Schein hinzu.

14. Bevor Sie die Dialogbox schließen, aktivieren Sie links die Option SCHLAGSCHATTEN. Ändern Sie die Farbe des Schlagschattens in Weiß und wählen Sie folgende weitere Einstellungen: FÜLLMETHODE: UMGEKEHRT MULTIPLIZIEREN, DECKKRAFT: 75%, DISTANZ: 0, ÜBERFÜLLEN: 2%, GRÖSSE: 62 px. Klicken Sie anschließend auf OK (**Abbildung 9.211**).

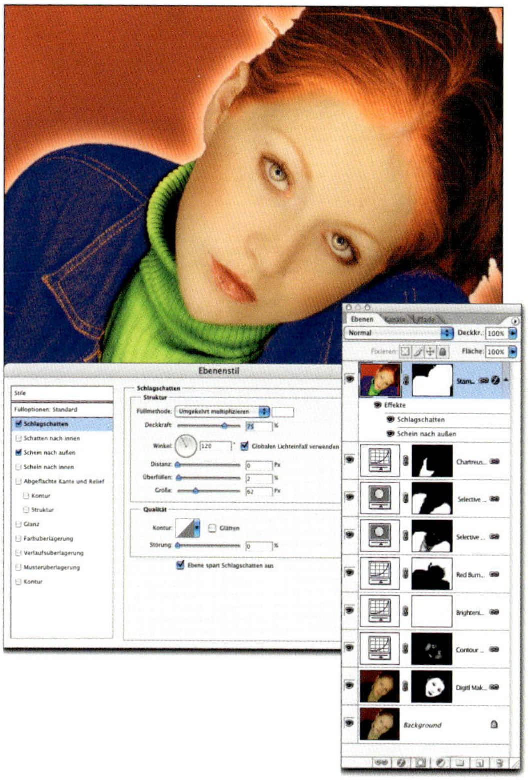

Abbildung 9.211

Durch einen Schlagschatten erhält das Bild Tiefe.

15. Verengen Sie die Kanten der Ebenenmaske und zeichnen Sie sie weich, indem Sie die Ebenenmaske der Ebene mit dem Schein nach außen aktivieren. Wählen Sie anschließend FILTER/SONSTIGE FILTER/HELLE BEREICHE VERGRÖSSERN mit einem Wert von 3 Pixel gefolgt von FILTER/WEICHZEICHNUNGSFILTER/GAUSSSCHER WEICHZEICHNER mit einem Wert von 2 Pixel, um den Effekt zu erzeugen.

GEDANKEN ZUM SCHLUSS

Die Porträtretusche ist eine wahre Herausforderung. Denken Sie daran, mit Kontrast, Farbe und Bilddetails zu arbeiten. Bevor Sie mit Kapitel 10 fortfahren, möchte ich Ihnen noch etwas mit auf den Weg geben: Wenn Sie das Gesicht einer Person retuschieren, sollten Sie dabei immer an die Mutter der Person denken. Wenn die Veränderungen zu offensichtlich sind, wird sie es merken und nicht mögen. Wenn das Kind nicht mehr zu sehen ist, haben Sie es mit der Retusche übertrieben.

10

GLAMOUR-RETUSCHE

Wir alle haben schon Bilder von Supermodels, Schauspielern und den so genannten Schönen und Reichen gesehen und waren überrascht von der reinen Haut, den funkelnden Augen, dem perfekten Gesicht und den cellulitefreien Schenkeln. Ich habe mich immer gefragt: »Essen diese Leute überhaupt irgendetwas, haben die auch mal einen schlechten Tag oder kriegen die Pickel?«

Die Glamour-, Mode- und Werbeindustrie erzeugt eine Illusion von Perfektion. Dabei handelt es sich um Ideale, die ohne genetisches Glück, gute Stylisten, professionelle Fotografen und erfahrene Digitalretuscheure nicht zu erreichen sind. Diese Industrie verlässt sich auf Photoshop, um die kleinsten Störungen zu entfernen und ein bereits schönes Gesicht perfekt symmetrisch auszurichten.

Dieses Kapitel zeigt Ihnen Techniken, mit denen die perfekte Schönheit erzeugt wird. Mir ist es wichtig, Ihnen diese zu zeigen, denn ohne sie wären die Ideale unerreichbar. Ob ich gegen die digitale Retusche bin? Natürlich nicht. Allerdings müssen wir die natürliche Schönheit eines jeden Menschen erkennen und schätzen lernen.

In diesem Kapitel lernen Sie:

- eine Retusche-Strategie zu entwickeln,
- Haut, Augen und Haare zu perfektionieren,
- Gesichter und Körper zu formen,
- die richtige Beleuchtung erzeugen.

Hinweis

Ohne die extrem großzügigen und erfahrenen Retuscheure und Fotografen, mit denen ich freundlicherweise zusammenarbeiten darf (darunter Carrie Beene, Douglas Dubler, Andrew Matusik und Chris Tarantino) wäre dieses Kapitel nicht möglich gewesen. Denn sie stellten ihre Bilder, Techniken und Tricks zur Verfügung. Aufgrund der Verträge mit den Profimodels und den Modelagenturen stehen die hier verwendeten Bilder nicht zum Download zur Verfügung.

© Katrin Eismann and Wayne Palmer

Abbildung 10.1

Von Moskau bis Peking und New York City – Glamour-Retusche ist überall zu finden.

ARTEN DER GLAMOUR-RETUSCHE

Die drei wesentlichen Arten der Glamour-Retusche sind: Standardschönheit, Retten und neu Aufbauen und kreative Glamour-Retusche. Die Standardschönheit finden Sie jeden Tag in diversen Anzeigen – Menschen mit perfekter Haut und perfekten Körpern, die die zu repräsentierenden Produkte märchenhaft erscheinen lassen (**Abbildung 10.1**). Die zweite Art wird bei Bildern verwendet, bei denen der Film beschädigt war (**Abbildungen 10.2** und **10.3**) oder Körperteile durch die Körperhaltung oder ein zu weites Objektiv verzerrt wurden. Hierzu zählen das Tauschen von Körperteilen, das Erweitern von Hintergründen (**Abbildungen 10.4** und **10.5**) oder das Ändern der Kleidung. Die kreative Retusche findet ihre Grenzen nur in der eigenen Vorstellungskraft und der verfügbaren Zeit (**Abbildungen 10.6** und **10.7**). Dabei entstehen extreme Make-ups oder surrale Illustrationen (**Abbildung 10.8**).

© Andrew Matusik

Abbildung 10.2

Das stark beschädigte Original

Abbildung 10.3

Nach der Restauration und Retusche – das Bild wurde mit einer künstlichen Filmkörnung stilisiert.

© Andrew Matusik

Abbildung 10.4

Am Ort des Geschehens fehlt dem Foto das Magische und das passende Licht.

Abbildung 10.5

Durch zusätzliche Bäume, einen Pfad und Licht entsteht eine leicht mystische Stimmung.

© Andrew Matusik

Abbildung 10.6

Das Guggenheim Museum in Bilbao, Spanien

Abbildung 10.7

Das Modell wurde im Studio fotografiert und digital in das Foto eingefügt.

© Andrew Matusik

Abbildung 10.8

Klassische Kunst und Surrealismus sind die Themen dieser Komposition.

EINE ARBEITSSTRATEGIE ENTWICKELN

Bevor Sie mit der Retusche eines Glamour- oder Modefotos beginnen, erstellen Sie mit dem Kunden einen genauen Plan, um unnötige Arbeiten, Feilscherei und Korrekturen zu vermeiden. Um verständig mit dem Kunden zu kommunizieren, erkundigen Sie sich vor dem ersten Treffen über die Person oder das Produkt im Bild. Das Porträt eines Blues-Musikers erfordert beispielsweise einen ganz anderen Ansatz als das Bild eines aktuellen Popstars. Wenn Sie die Person oder das Produkt kennen, können Sie das Wichtige, die positiven Aspekte hervorheben und weniger wichtige Aspekte minimieren. Die Vorrecherche hilft Ihnen im Gespräch mit dem Kunden und liefert am Ende die besten Ergebnisse.

Das Bild im Ganzen

Wenn Sie sich ein Bild das erste Mal ansehen, lassen Sie die Augen umherwandern. Konzentrieren Sie sich nicht auf Details, folgen Sie stattdessen den Bildlinien und achten Sie auf Störungen, die den Fluss unterbrechen, beispielsweise Wulsten in der Kleidung, Lücken in den Haaren oder Verzerrungen, die durch schlechte Posen oder Weitwinkelobjektive hervorgerufen werden.

Behalten Sie folgende Fragen im Hinterkopf:

- Ist der Farbton des Bilds korrekt, sind die Farben ausbalanciert?
- Sind Kleidung und Körperkonturen glatt?
- Sind die Körperteile gut geformt oder verzerrt und unproportional?
- Wirkt die Umgebung hilfreich oder störend?
- Sind Motiv und Umgebung scharf oder unscharf?
- Funktioniert die Beleuchtung?

Je enger der Retuscheur mit dem Fotografen zusammenarbeitet, desto mehr Probleme können bereits während der Aufnahmen vermieden werden. Wie Andrew Matusik so deutlich sagt: »Als Fotograf mache ich mir immer auch Gedanken über die Nachbearbeitung – das reicht von der richtigen Location, über die Beleuchtung bis hin zum richtigen Model. Idealerweise sollten 80% einer Aufnahme bereits beim Fotografieren erreicht werden, die Retusche sollte nur etwa 20% des fertigen Bilds ausmachen.« Wie Sie sich jedoch sicherlich vorstellen können, bleiben dabei einige Details außen vor: Während sich der Fotograf voll und ganz auf den perfekten Gesichtsausdruck des Models konzentriert, entgeht ihm vielleicht, dass der Träger des Bikinioberteils verrutscht ist.

Die Details

Sehen Sie sich als Nächstes die Details an. Zoomen Sie auf 100% oder 200% in das Bild hinein und achten Sie auf alle Details, die Ihre Aufmerksamkeit verdienen.

- Muss Staub aus dem Bild entfernt werden?
- Ist die Hautstruktur ansprechend?
- Welche Schönheitsfehler, Falten oder Schatten müssen korrigiert oder entfernt werden?
- Reicht das Make-up aus?
- Müssen die Augen aufgebessert werden?
- Sind die Lippen voll, rund und attraktiv?
- Werden kreative Effekte gewünscht?

Je länger Sie retuschieren und je mehr Bilder Sie studieren, desto schneller werden Sie. Ziel ist, dass der Betrachter die Aussage des Bilds möglichst schnell erfassen kann. Nachdem Sie Störungen entfernt und ein perfektes Model erstellt haben, wird der Betrachter die Aussage so schnell erfassen, wie er die Seite eines Modemagazins umblättern kann.

Tipp

Studieren Sie Mode- und Designmagazine, um sich über die neuesten Trends in Sachen Make-up, Beleuchtung und Styling zu informieren.

Der Umgang mit dem Kunden

Nachdem Sie ein Bild untersucht und evaluiert haben, sollten Sie sichergehen, dass Sie den

Wunsch des Kunden verstanden haben. Wichtiger noch, vergewissern Sie sich, dass der Kunde Ihrem Retuscheplan zustimmt. Stecken Sie keine Arbeit in eine Datei, für die es noch keinen unterschriebenen Vertrag gibt. Ich hatte einmal den Auftrag, die Beine einer Frau zu retuschieren, was mich zwei Stunden Arbeit pro Bein gekostet hat. Am nächsten Tag teilte mir der Art Director mit, dass das Bild freigestellt würde. Ich habe dadurch vier Stunden verloren und sehr schnell gelernt, dass man das Ergebnis eines Auftrags immer vorher festlegen muss.

Ich hatte schon Kunden, deren einzige Aussage lautete: »Machen Sie sie schön!« Auf der anderen Seite gibt es natürlich auch Kunden, die extrem präzise Anweisungen geben. Von den besten Kunden erhalten Sie die Anweisungen schriftlich, beispielsweise wie in **Abbildung 10.9**. Ich spreche die Ziele der Retusche dann meistens noch einmal telefonisch ab. Während dieser Gespräche gehe ich auch auf Details ein, die mir noch aufgefallen sind. Die Kunden verlassen sich auf Ihre aufmerksamen Augen.

Verwenden Sie eine Kombination aus Photoshop-Ebenen und Arbeitsanweisungen, um eine To-Do-Liste zu erstellen. **Abbildung 10.10** zeigt eine Datei mit meinen Anmerkungen, die ich während eines Telefonats mit dem Fotografen erstellt habe. Die Notizen befinden sich auf einer leeren Ebene. Von oben nach unten erinnern sie mich an Folgendes: Lücken im Haar schließen; die Haut glätten; störende Lichter im Hinterrgund entfernen; Schultern, Taille und Schenkel neu formen; die Träger des Bikinioberteils verfeinern; Falten auf den Armen und in der Taille entfernen; die Finger unter dem linken Bein entfernen; Füße und Knie bereinigen; und die Lücken unter dem Stein schließen. Wie Sie in **Abbildung 10.11** sehen, habe ich auch eine Farbkorrektur vorgenommen, um ein klassisches California-Girl zu erstellen.

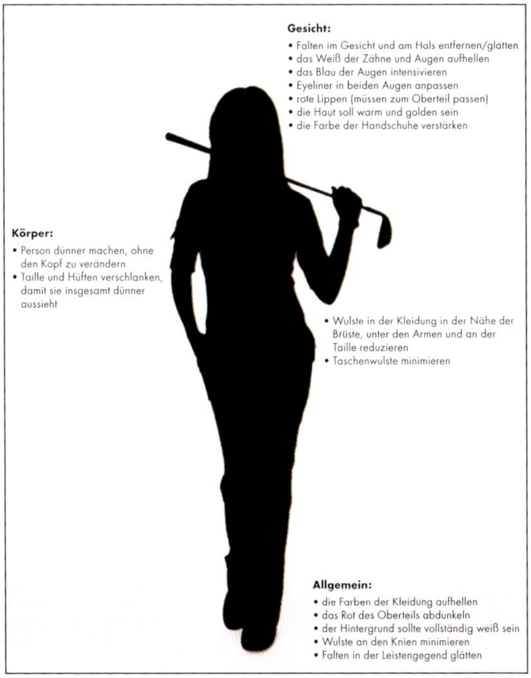

Abbildung 10.9

Ausführliche Notizen mit allen Einzelheiten des Auftrags

Abbildung 10.10

Machen Sie Ihre Notizen direkt auf der Datei, um festzuhalten, was verbessert oder geändert werden muss.

Abbildung 10.11

Die retuschierte Datei

Tipp

Wenn Sie mit Ihren Kunden sprechen, müssen Sie sichergehen, dass sie beide das Gleiche meinen: »Ist rechts gleich rechts?« oder »Ist rechts die rechte Seite von der Kamera aus gesehen?« Einmal ist die Perspektive des Models und einmal die des Fotografen gemeint. Die des Fotografen stimmt auch mit der des Betrachters überein – sie wird in den meisten Fällen verwendet.

Mithilfe des Anmerkungen-Werkzeugs fügen Sie Ihren Dateien auch geschriebene oder gesprochene Anmerkungen hinzu. Beim Austausch von Dateien per E-Mail ist das besonders nützlich; statt etwas am Telefon beschreiben zu müssen, kann der Kunde seine Anmerkungen direkt in die Datei schreiben. Die schriftlichen Anmerkungen werden dabei häufiger verwendet als die gesprochenen.

Jeder Datei sollten Sie einen Auftrag beilegen, der die anfallenden Aufgaben auflistet und darüber informiert, wie und wann die finale Datei ausgeliefert wird. Außerdem sollte es Platz geben, in dem der Kunde zusätzliche Anmerkungen machen kann. In **Abbildung 10.12** sehen Sie ein entsprechendes Formular, wie Sie es auch unter `www.digitalretouch.org` finden. Nutzen Sie es als Referenz, um eigene Formulare zu erstellen.

ch10_orderform.pdf

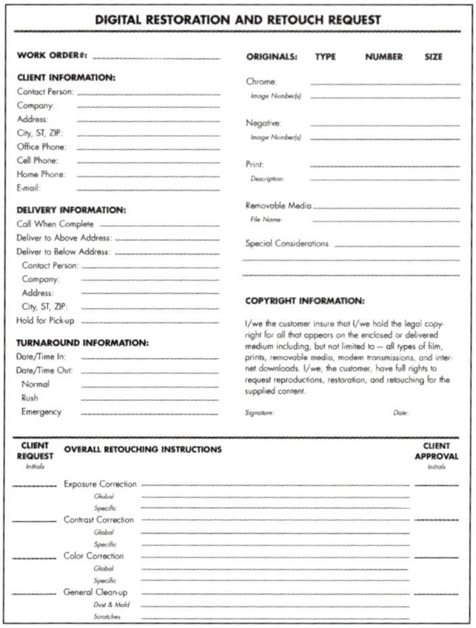

DIGITAL RESTORATION AND RETOUCH REQUEST

WORK ORDER#: ____

CLIENT INFORMATION:
Contact Person: ____
Company: ____
Address: ____
City, ST, ZIP: ____
Office Phone: ____
Cell Phone: ____
Home Phone: ____
E-mail: ____

DELIVERY INFORMATION:
Call When Complete ____
Deliver to Above Address: ____
Deliver to Below Address: ____
Contact Person: ____
Company: ____
Address: ____
City, ST, ZIP: ____
Hold for Pick-up ____

TURNAROUND INFORMATION:
Date/Time In: ____
Date/Time Out: ____
Normal ____
Rush ____
Emergency ____

ORIGINALS: TYPE NUMBER SIZE
Chrome: ____
Image Number(s) ____
Negative: ____
Image Number(s) ____
Print: ____
Description: ____
Removable Media ____
File Name: ____
Special Considerations ____

COPYRIGHT INFORMATION:

I/we the customer insure that I/we hold the legal copyright for all that appears on the enclosed or delivered medium including, but not limited to – all types of film, prints, removable media, modem transmissions, and internet downloads. I/we, the customer, have full rights to request reproductions, restoration, and retouching for the supplied content.

Signature: *Date:*

CLIENT REQUEST *Initials* | **OVERALL RETOUCHING INSTRUCTIONS** | **CLIENT APPROVAL** *Initials*

Exposure Correction ____
Global ____
Specific ____
Contrast Correction ____
Global ____
Specific ____
Color Correction ____
Global ____
Specific ____
General Clean-up ____
Dust & Mold ____
Scratches ____

Abbildung 10.12

Ein Formular zum Festhalten der Retuschearbeiten

DER WORKFLOW

Die Techniken aus Kapitel 9 bilden die Grundlage für viele der folgenden Techniken der Glamour-Retusche. Zu den Schlüsseltechniken gehören das Arbeiten auf leeren Ebenen und die Verwendung neutraler Ebenen, um Bereiche aufzuhellen oder abzudunkeln. Denken Sie auch hier daran, niemals die Hintergrundebene zu ändern. Erstellen Sie immer eine Kopie des Originalscans und bewahren Sie diese an einem sicheren Ort auf. Weitere Informationen zum Workflow und zur Dateiorganisation finden Sie in Kapitel 1.

Die Grundlagen des Glamour-Workflows sind:

1. Anwendung einer allgemeinen Farbkorrektur

2. Allgemeines Reinigen und Entfernen von Störungen
3. Ausbalancieren der Gesichtssymmetrie
4. Neuformen von Körpern
5. Verfeinern der Kleidung und der Haut
6. Betonung von Augen, Lippen und Haaren
7. Anwenden selektiver Farbkorrekturen
8. Verbesserung der Beleuchtung, des Fokus und der Schärfe
9. Anpassen der Größe, Umwandeln, Scharfzeichnen und Ausliefern der Datei

Natürlich wird die Reihenfolge dieser Schritte variieren, je mehr Erfahrung Sie sammeln und je besser Sie die Dateien kennen, mit denen Sie arbeiten. Beginnen Sie in der Regel mit einer Farb- und Kontrastkorrektur, ehe Sie mit Konturen und Formen fortfahren und anschließend die Haut verfeinern.

Mit Andrew Matusik von DigitalRetouch.net hatte ich ein langes Gespräch über Schönheitsretusche und er sagte: »Jeder kann lernen, mit den Photoshop-Werkzeugen umzugehen, und es gibt immer mindestens drei Möglichkeiten, ein Werkzeug anzuwenden. Es ist jedoch wichtig, sich das Bild vorher genau anzusehen und einen Fahrplan zu erstellen, um mit maximaler Effizienz zu arbeiten. Wie ich eine Retusche angehe, hängt von der Datei und den benötigten Arbeiten ab. Jede Datei stellt eigene Herausforderungen. Jeweils den besten Ansatz zu finden, ist eine Fähigkeit, die über Jahre wachsen muss.«

Tipp

Glamour-Retusche erfordert viele kleine Schritte. Um die Vorteile der Photoshop-Protokoll-Funktion zu nutzen, erhöhen Sie die Anzahl der Protokollschritte unter BEARBEITEN/VOREINSTELLUNGEN/ALLGEMEINE auf 100 oder höher. Aktivieren Sie in den Protokolloptionen NICHT-LINEARE PROTOKOLLE SIND ZULÄSSIG. Dadurch können Sie einen Protokollschritt auswählen und das Bild ändern, um mehr als einen Ansatz auszuprobieren.

Farbmodi

Jeder Farbmodus hat Stärken und Schwächen. In welchem Modus Sie arbeiten, ist eine wichtige Entscheidung, die oft durch das Ausgabegerät bestimmt wird. Ich arbeite am liebsten mit RGB-Dateien, da der Farbumfang größer ist, die Dateien ein Drittel kleiner sind und alle Filter zur Verfügung stehen. Während der Retusche überprüfe ich die Datei mit ANSICHT/PROOF EINRICHTEN/CMYK-FARBRAUM und erstelle, wenn es die Zeit zulässt, Testausdrucke. In denen erkenne ich oft Dinge, die am Monitor nicht zu sehen sind. Wenn der Kunde eine CMYK-Datei anfordert, wandle ich die Datei nach der Retusche entsprechend um. Nach der Umwandlung muss meist noch einmal eine kleine Farbkorrektur vorgenommen werden.

Andere erfolgreiche Retuscheure wandeln ihre Dateien gleich in einem ersten Schritt in CMYK-Dateien um, um Farben und Sättiung stärker zu betonen. CMYK ist der klassische Referenzfarbmodus für die Farbkorrektur von Hauttönen, wie in Kapitel 4 beschrieben. Die Möglichkeit, im schwarzen Kanal zu arbeiten und die Hautdichte zu verändern, ist ein großes Plus.

Der Lab-Farbmodus eignet sich für spezielle Situationen, in denen die Dichte einer Datei angepasst, Tiefen aufgehellt oder Farben geändert werden müssen.

Etwas, dem alle Retuscheure zustimmen: Wandeln Sie Dateien nicht ohne guten Grund mehrfach in verschiedene Farbmodi um. Auch wenn Sie lieber mit RGB arbeiten und Ihnen der Kunde eine CMYK-Datei gibt – Sie sollten diese nicht in RGB umwandeln, bearbeiten und anschließend wieder in CMYK zurückumwandeln. Diese Umwandlungen sind destruktiv und sollten immer nur als allerletzter Schritt angewendet werden.

Farbkorrektur

In Kapitel 4 finden Sie einen zusammenfassenden Überblick über die Strategien der Farbkorrektur, zu denen ich eine weitere hinzufügen möchte, die vornehmlich in der Glamour-Retusche verwendet wird. Die meisten Dateien, mit denen ich es zu tun hatte, beginnen mit einer Ebenengruppe aus drei Einstellungsebenen: von unten nach oben – Gradationskurve für Farbe und Kontrast, Gradationskurve für die Farbkorrektur und entweder einer Farbton/Sättigung-Ebene, um die Sättigung zu bearbeiten oder eine selektive Farbkorrektur-Ebene, um die Farbkomponenten wie in den **Abbildungen 10.13** und **10.14** zu bearbeiten.

ch10_color_correct.jpg

1. Klicken Sie in der Ebenen-Palette auf den Button NEUE GRUPPE ERSTELLEN – er sieht aus wie ein kleiner Ordner. Nennen Sie ihn CC.
2. Fügen Sie eine Gradationskurven-Einstellungsebene hinzu und verstärken Sie die Belichtung (**Abbildung 10.15**).
3. Erstellen Sie eine zweite Gradationskurven-Einstellungsebene und verstärken Sie die blaue Kurve, um den gelben Farbstich auszugleichen (**Abbildung 10.16**).
4. Fügen Sie nun eine Selektive-Farbkorrektur-Einstellungsebene hinzu, um etwas Gelb aus den Rottönen zu entfernen und die Farbe in den neutralen Tönen zu reduzieren, damit die Frau stärker erscheint (**Abbildung 10.17**).

Diese erste Gruppe wird meist CC oder Farbkorrektur genannt und verbleibt im Ebenenstapel ganz oben, um die darunter liegendenen Ebenen zu korrigieren. Für eine selektive Farbkorrektur können Sie sie auch weiter nach unten verschieben (**Abbildung 10.18**). Wenn Sie mit dem Kopierstempel oder dem Reparatur-Pinsel auf leeren Ebenen arbeiten, die sich **über** den Farbkorrekturebenen befinden, müssen Sie die Option ALLE EBENEN AUFNEHMEN aktivieren. Arbeiten Sie mit dem Kopierstempel oder dem Reparatur-Pinsel auf leeren Ebenen, die sich **darunter** befinden, müssen Sie die Einstellungsebenen ausblenden, um die Farbkorrektur nicht zweimal auf die retuschierten Bereiche anzuwenden.

Abbildung 10.13

Abbildung 10.14

Abbildung 10.15

Mit dieser Kurve wird die Belichtung korrigiert.

Abbildung 10.16

Mit der zweiten Kurve wird die Farbe korrigiert.

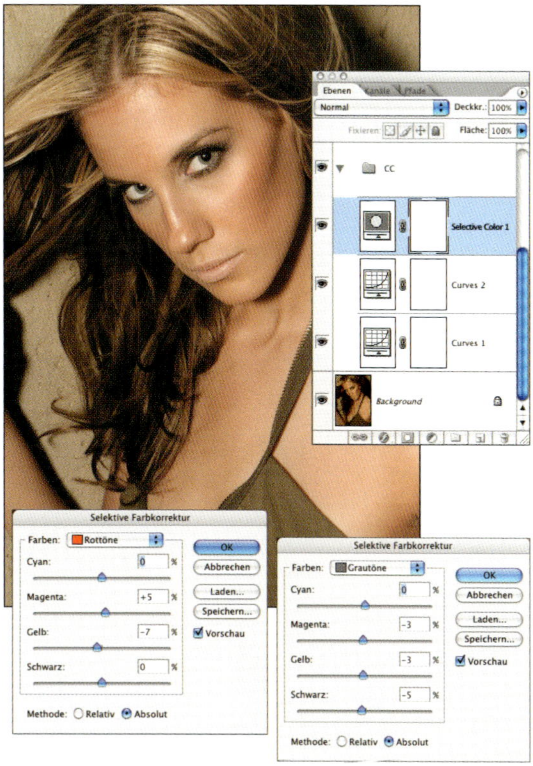

Abbildung 10.17

Mit einer Selektive-Farbkorrektur-Einstellungsebene werden die Farben verfeinert.

Abbildung 10.18

Selektive Änderungen müssen sich über den allgemeinen Änderungen befinden.

Der zweite Durchgang einer Farbkorrektur zielt auf spezielle Bereiche ab, beispielsweise auf Haut und Haare. Dabei müssen Sie genau kontrollieren, wo die Änderungen vorgenommen werden (**Abbildung 10.19**). Dieser Durchgang wird meistens nach der Retusche angewendet.

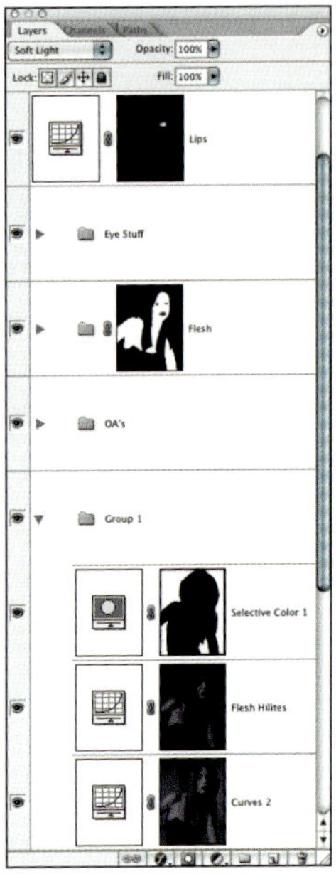

Abbildung 10.19

Die Vorteile von Ebenenmasken, um Farben und die Bilddichte zu verfeinern

SYMMETRIE UND FORM

Perfekte Symmetrie, Balance und Schärfe sind wichtige Attribute, die ein Glamour-Model ausmachen. Die Natur hat dabei jedoch auch noch ein Wörtchen mitzureden und so sind Augen oft nicht perfekt ausgerichtet, Ohren stehen zu weit ab, Taillen müssen etwas schmaler gemacht werden, zu starke Schultern werden korrigiert, Muskeln betont und Brüste vergrößert – die Liste lässt sich beliebig fortsetzen.

Die wichtigsten Werkzeuge für Form und Symmetrie sind der Kopierstempel, die Verkrümmen-Funktion und der Verflüssigen-Filter. Das Problem mit all diesen Werkzeugen ist, dass sie bei falschem Gebrauch Körnung und Struktur der Haut verändern, was möglichst vermieden werden muss. Um die Bildstruktur zu erhalten, wenden Sie mit dem Kopierstempel eine Kantenschärfe von 70–85% an und beim Verflüssigen-Filter eine große Pinselspitze mit einer geringen Dichte und einem geringen Druck.

In **Abbildung 10.20** sehen Sie ein sehr schönes Model, das offensichtlich sehr viel Selbstdisziplin besitzt ... aber auch sie braucht in der heutigen Zeit einige Korrekturen: eine kleinere Nase, glattere Schultern, eine engere Taille, schmalere Schenkel, wie in der finalen Datei zu sehen (**Abbildung 10.21**).

In diesem Beispiel sind die erforderlichen Korrekturen so fein, dass ein minimaler Einsatz des Verflüssigen-Filters und des Kopierstempels an den Innenseiten der Arme ausreicht.

1. Ich fügte eine leere Ebene für Anmerkungen hinzu und markierte schnell die zu korrigierenden Bereiche – ich begann im Gesicht und arbeitete mich über Schultern, Arme, Taille und Schenkel nach unten.

2. Durch Duplizieren der Hintergrundebene erstellte ich eine Arbeitsoberfläche, mit der Option, die Ebene ein- und auszublenden, um sie mit dem Original zu vergleichen.

3. Um den Verflüssigen-Befehl zu beschleunigen, wählte ich den Kopf mit dem Auswahlrechteck aus und wählte FILTER/VERFLÜSSIGEN. Um die Nase zu schmälern, verwendete ich eine große Pinselspitze mit einer sehr geringen Dichte und geringem Druck und verschob die Nase nach innen. Den Nasenschatten korrigierte ich mit einer größeren Pinselspitze (**Abbildung 10.22**).

Tipp

Falls mit dem Verflüssigen-Befehl die Bildstruktur zerstört wird, verwenden Sie geringere Dichten und einen geringeren Druck. Korrigieren Sie nicht alles auf einmal, sondern wenden Sie den Filter in mehreren Schritten an und malen Sie zwischenzeitlich die Struktur wieder ins Bild.

Abbildung 10.20

Abbildung 10.21

Abbildung 10.22

Die feinste Korrektur ist die beste.

4. Anschließend wählte ich die linke Schulter mit dem Auswahlrechteck aus und wählte erneut FILTER/VERFLÜSSIGEN, um die Form der Schulter zu glätten. Um meine Korrekturen nachzuverfolgen, aktivierte ich die Option HINTERGRUND EINBLENDEN/HINTERGRUND (**Abbildung 10.23**).

5. In engeren Bereichen, beispielsweise unter den Armen eignet sich der Kopierstempel besser. Mit dem Verflüssigen-Filter könnten Sie den Hintergrund sichtbar stören. Ich fügte eine leere Ebene hinzu und markierte mit dem Zeichenstift die neue Kontur des Arms (**Abbildung 10.24**).

6. Nachdem ich den Pfad in eine Auswahl umgewandelt hatte, verwendete ich den Kopierstempel mit einer kleinen harten Pinselspitze im Modus ALLE EBENEN AUFNEHMEN, um die Kontur neu zu formen (**Abbildung 10.25**). Bitte beachten Sie: Das Kopieren von Hintergrundinformationen über die Haut sollte nur in weniger wichtigen Bildbereichen erfolgen.

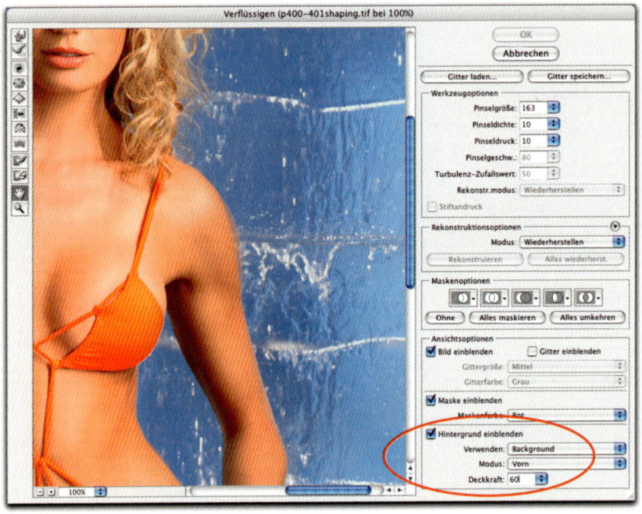

Abbildung 10.23

Mit der Option HINTERGRUND EINBLENDEN sehen Sie das Originalbild.

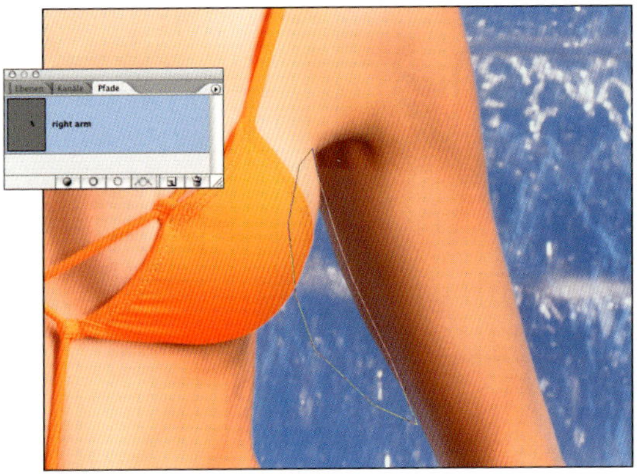

Abbildung 10.24

Wählen Sie den Bereich des Arms aus, der korrigiert werden soll.

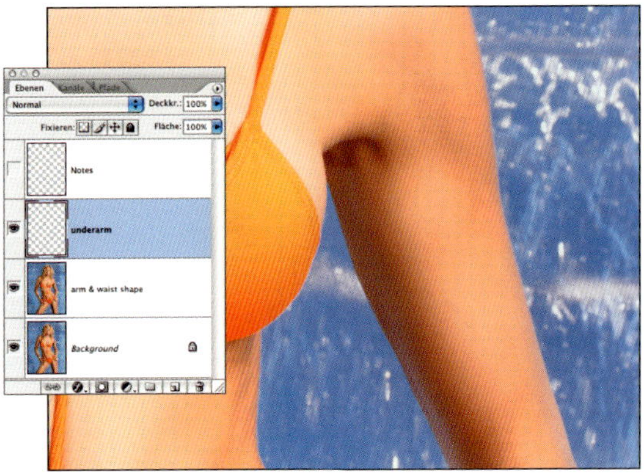

Abbildung 10.25

Kopieren Sie den Hintergrund über den Arm.

7. Ich aktivierte meine Anmerkungen, um zu sehen, was als Nächstes passieren musste. Der rechte Schenkel sollte schmaler werden. Dazu erstellte ich zunächst eine großzügige Auswahl des Schenkels mit dem Lasso und wendete eine weiche Auswahlkante mit 45 Pixel an. Anschließend wählte ich EBENE/NEU/EBENE DURCH KOPIE, um den Schenkel in einer eigenen Ebene zu platzieren. Mit BEARBEITEN/TRANSFORMIEREN/VERKRÜMMEN verschob ich die Rasterlinien etwas nach innen (**Abbildung 10.26**).

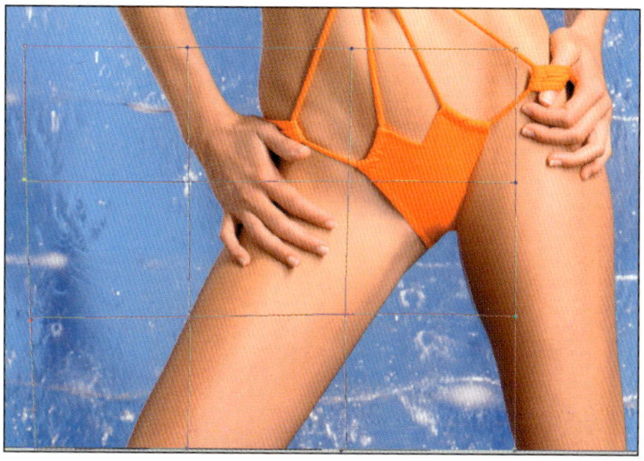

Abbildung 10.26

Schmälern Sie die Schenkel mit der Verkrümmen-Option.

8. Bevor ich auf OK klickte, wollte ich sehen, wie stark die Verkrümmung ausfallen würde. Ich änderte die Füllmethode deshalb in DIFFERENZ – Photoshop zeigt den Unterschied zwischen beiden Ebenen (**Abbildung 10.27**).

9. Nach dem Klick auf OK änderte ich die Füllmethode wieder in NORMAL. Ich fügte eine Ebenenmaske hinzu und malte über die Hand, die unnötigerweise mit verzerrt wurde (**Abbildung 10.28**).

Für Bilder, die extreme Korrekturen der Körperformen erfordern, nutzen Sie die Technik, die in Kapitel 9 im Abschnitt »Konturen glätten« verwendet wird bzw. die Shawn Gibson in seinen Bildern in den **Abbildungen 10.29** und **10.30** verwendete. Shawn kopierte den Körper, um den Oberkörper zu verlängern. Anschließend glättete er die Figur mit dem Verflüssigen-Filter und dem Kopierstempel.

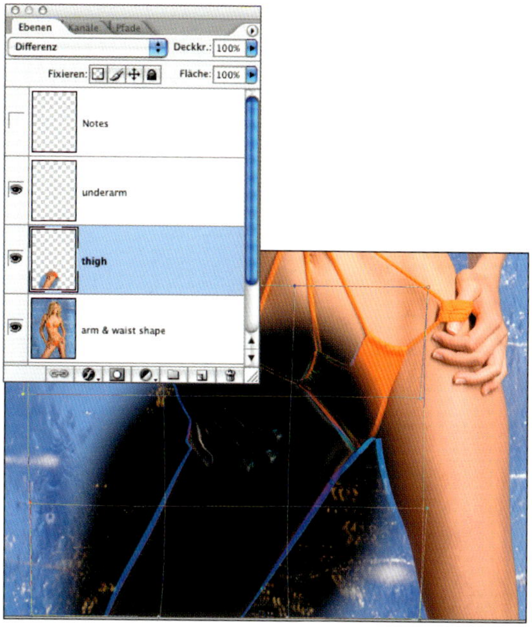

Abbildung 10.27

Ändern Sie die Füllmethode in DIFFERENZ, um die Veränderungen sichtbar zu machen.

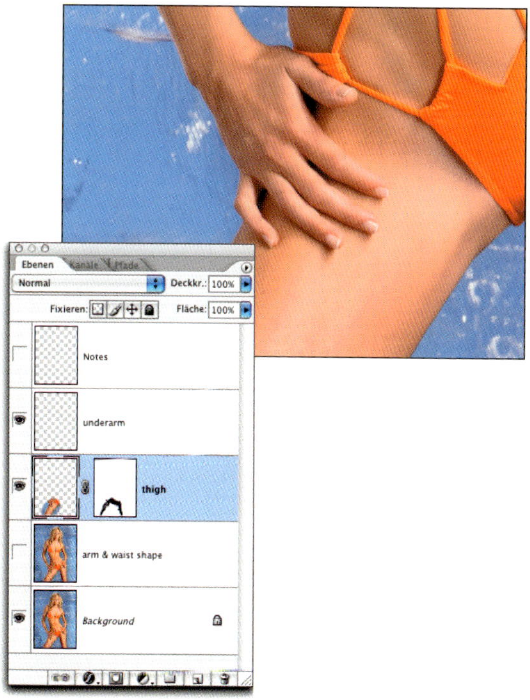

Abbildung 10.28

Mit einer Ebenenmaske kontrollieren Sie den Übergang zwischen neuem und altem Schenkel.

© Shawn Gibson

Abbildung 10.29

Abbildung 10.30

Achten Sie auf die Hände

Position und Größe einer Hand können ein Foto ruinieren. Ist sie zu flach, erscheint sie viel größer als sie eigentlich ist (Abbildung 10.31). Stehen einzelne Finger ab, sehen sie wie kleine Würste aus, und wenn die Maniküre schon längere Zeit her ist, müssen Sie möglicherweise jeden Fingernagel einzeln bearbeiten. Um Hände dünner zu machen (Abbildung 10.32), verwende ich das Zusammenziehen-Werkzeug des Verflüssigen-Filters, wie hier beschrieben.

ch10_model_hand.jpg

1. Wählen Sie die Hand mit dem Auswahlrechteck aus und kopieren Sie diese mit ⌘-J/Strg-J in eine eigene Ebene. Wählen Sie anschließend FILTER/VERFLÜSSIGEN. Die Standardeinstellungen für das Zusammenziehen-Werkzeug sind viel zu stark.
2. Verringern Sie Dichte, Druck und Pinselgeschwindigkeit auf 1 – verwenden Sie möglichst ein Wacom-Tablett, berühren Sie die Kanten der Hand und die Mitten der Finger (Abbildung 10.33). Nur antippen, nicht ziehen, sonst fallen die Änderungen zu extrem aus.

Die Schönheit liegt in den Details

Hautfalten am Ansatz der Arme am Körper gehören zu den häufigsten Aufgaben für Retuscheure (Abbildungen 10.34 und 10.35). Verwenden Sie das Ausbessern-Werkzeug oder den Reparatur-Pinsel, um diese Falten zu minimieren oder zu entfernen.

Abbildung 10.31

Abbildung 10.32

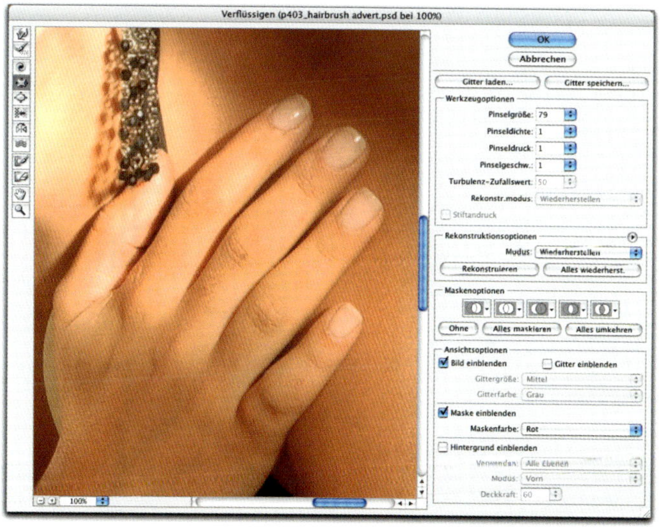

Abbildung 10.33

Verwenden Sie das Zusammenziehen-Werkzeug, um Körperteile anzunähern.

Abbildung 10.34

Abbildung 10.35

© Thiago Da Cunha

PERFEKTE HAUT

Der Schlüssel zur erfolgreichen Retusche der Haut sieht vor, ihre natürliche Struktur zu erhalten, während Schönheitsfehler, Falten und Narben entfernt werden. Der Kopierstempel und der Reparatur-Pinsel eignen sich eher für größere Korrekturen. Schönheitsretuscheure arbeiten jedoch Pore für Pore – oder Pixel für Pixel –, um die perfekte Haut zu erstellen, die Sie in Hochglanzmagazinen oder riesigen Plakaten der Kosmetikindustrie sehen. Im folgenden Abschnitt zeige ich Ihnen drei Methoden, mit denen Sie Haut unsichtbar retuschieren; probieren Sie alle drei aus, um herauszufinden, welche die besten Ergebnisse erzielt und am besten zu Ihrem Workflow passt. Für diese Techniken benötigen Sie etwas mehr Zeit – das Geheimnis hier heißt Sorgfalt und Geduld. In jedes Glamour-Gesicht, das Sie irgendwo abgedruckt sehen, wurden viele Stunden investiert, um Pore für Pore zu retuschieren.

Neutrale Ebenen

Schönheitsflecken, Falten und kleine Narben entstehen durch Dichteunterschiede direkt nebeneinander liegender heller und dunkler Farbtöne. Mit neutralen Ebenen können Sie ein und dieselbe Ebene aufhellen und abdunkeln, was die Arbeit sehr effizient macht. Die Beispiele in den Abbildungen 10.36 und 10.37 zeigen, wie effektiv diese Technik sein kann.

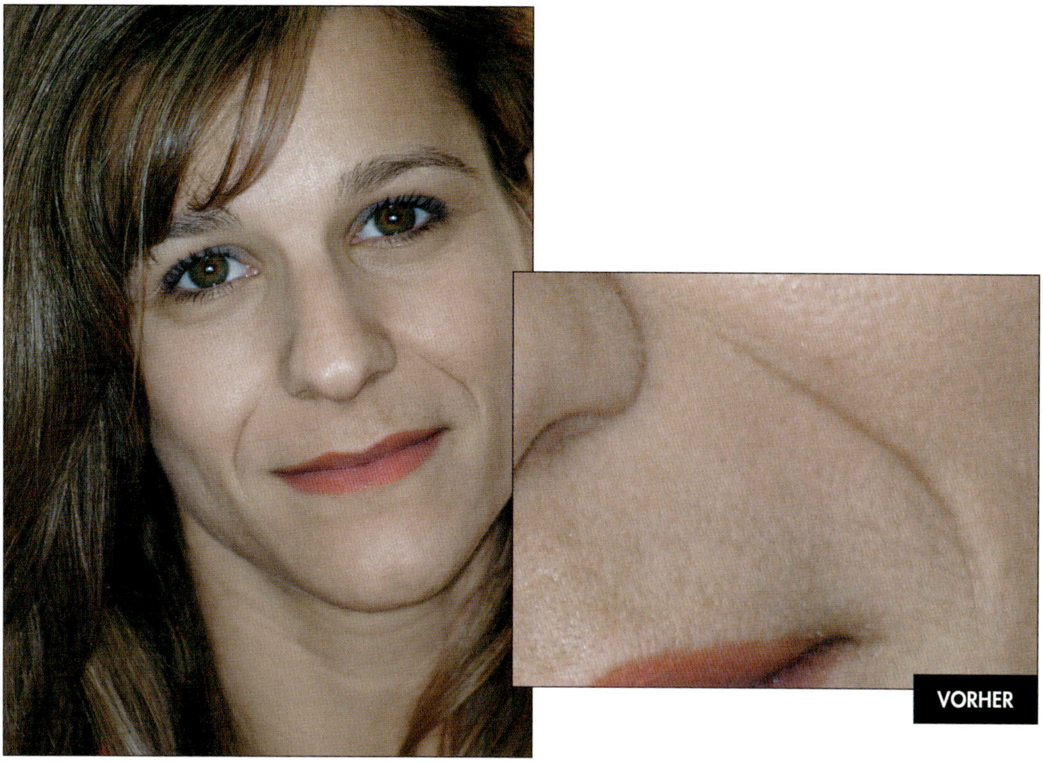

Abbildung 10.36

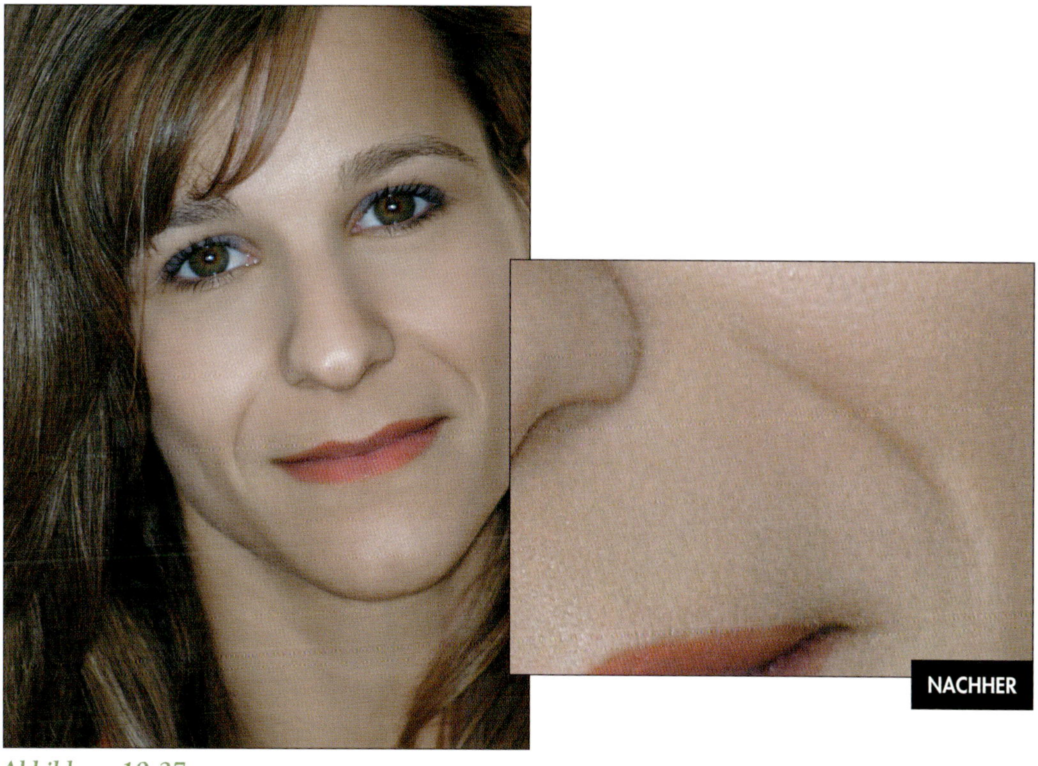

Abbildung 10.37

ch10_neutral_skin.jpg

1. Entfernen Sie auf einer leeren Ebene mit einem harten Reparatur-Pinsel im Modus ALLE EBENEN AUFNEHMEN nur die offensichtlichsten Fehler, wie ich es in Kapitel 9 »Hautprobleme … das Teenage-Alter« erkläre.
2. Klicken Sie mit gedrückter ⌥/Alt-Taste unten in der Ebenen-Palette auf das Icon NEUE EBENE ERSTELLEN und ändern Sie die Füllmethode in WEICHES LICHT. Aktivieren Sie die Checkbox MIT NEUTRALER FARBE FÜR DEN MODUS »WEICHES LICHT« FÜLLEN (50% GRAU) und klicken Sie auf OK.
3. Wählen Sie eine 5-Pixel-Pinselspitze mit einer Kantenschärfe von 50% und einer Deckkraft von 15%. Stellen Sie die Standardfarben Schwarz und Weiß ein.
4. Um dunkle Flecken abzudecken, malen Sie mit Weiß, bei hellen Flecken verwenden Sie Schwarz (Abbildung 10.38). Abbildung 10.39 zeigt nur die Ebene WEICHES LICHT.

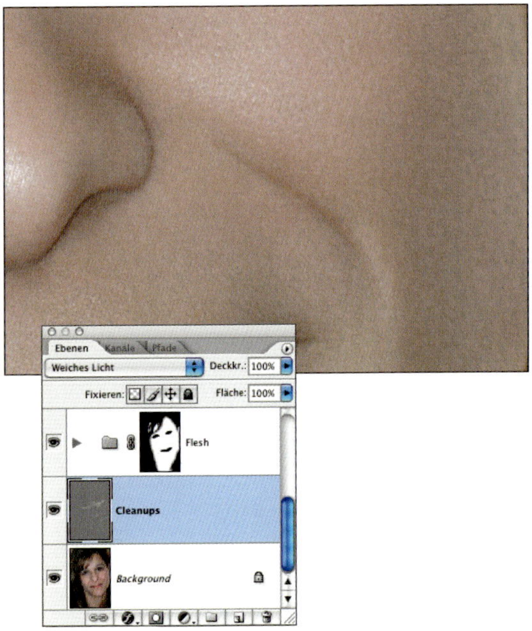

Abbildung 10.38

Arbeiten Sie bei einer Zoomstufe von 100–200% und malen Sie vorsichtig über die dunklen und hellen Flecken.

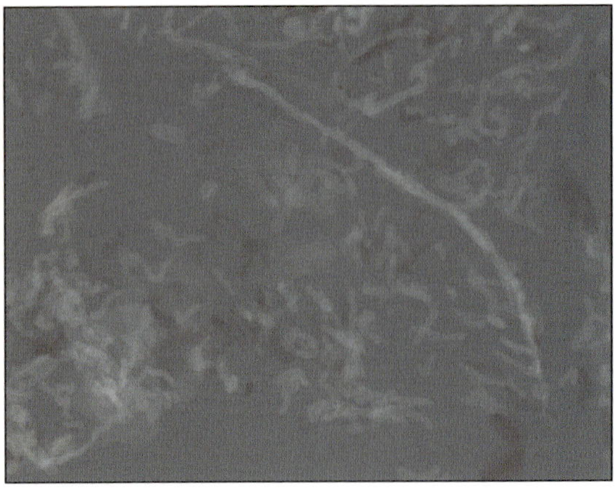

Abbildung 10.39

Klicken Sie mit gedrückter ⌥/Alt-Taste auf das Augen-Icon der retuschierten Ebene, um sie einzublenden.

5. Um größere Bereiche aufzuhellen (z.B. die Ringe unter den Augen) oder Farbstiche zu korrigieren, nehmen Sie Farbe aus der Haut der Person auf und malen damit auf der neutralen Ebene im Modus WEICHES LICHT (Abbildung 10.40).
6. Verwenden Sie den Weichzeichner, um sichtbare Übergänge zwischen hellen und dunklen Bereichen zu glätten.

Wie Chris Tarantino erklärt: »Sie können alle Retuschearbeiten auf dieser einen Ebenen vornehmen – sie ist vollständig bearbeitbar. Die optimale Deckkraft der Pinselspitze variiert. Wenn ich mit Weiß arbeite, verwende ich selten mehr als 25%, bei Schwarz verwende ich eine Deckkraft von bis zu 90%. Manchmal sehen Sie einen leichten Graueffekt, wenn Sie mit Schwarz auf einer sehr hellen Farbe arbeiten. Finden Sie dann eine dunkle Farbe mit demselben Farbton wie die Reparatur und verwenden Sie statt Schwarz diese Farbe. Solche dunklen Farben finden Sie beispielsweise in den Haaren oder an der Nase.«

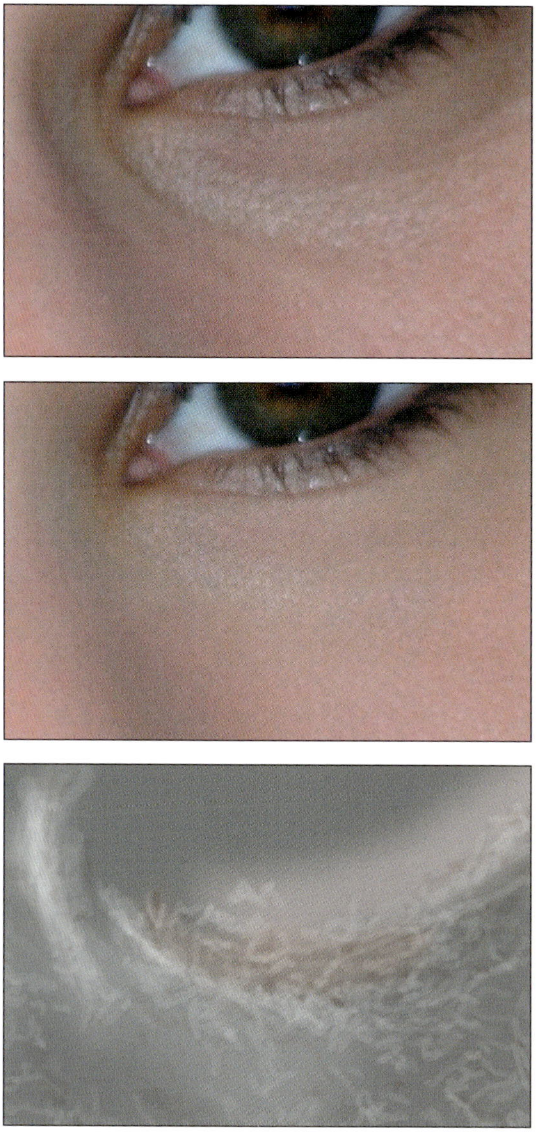

Abbildung 10.40

Verwenden Sie hellere und dunklere Hauttöne, um Farbstiche zu vermeiden.

Doppelte Gradationskurven

Bei der zweiten Technik zur Verbesserung der Haut werden zwei Gradationskurven-Einstellungsebenen verwendet – eine, um die dunkleren Flecken aufzuhellen, und eine, um die helleren Flecken abzudunkeln. Bei diesem Ansatz hat der Retuscheur drei Möglichkeiten, die Dichte des Bilds zu kontrollieren: durch Anpassen der Kurve, durch Änderung der Deckkraft der Einstellungsebene und durch Anpassen der Dichte der Pinselspitze, mit der die Korrekturen ins Bild gemalt werden (**Abbildungen 10.41** and **10.42**).

ch10_dual_skin.jpg

1. Klicken Sie in der Werkzeug-Palette doppelt auf den Button IM MASKIERUNGSMODUS BEARBEITEN und aktivieren Sie die Option FARBEN KENNZEICHNET: AUSGEWÄHLTE BEREICHE (**Abbildung 10.43**).
2. Drücken Sie die Taste Q, um in den Maskierungsmodus zu gelangen. Verwenden Sie eine kleine, schwarze Pinselspitze mit einer Kantenschärfe von 70% und berühren Sie damit ein paar dunklere Flecken (**Abbildung 10.44**).
3. Drücken Sie die Taste Q erneut, um den Maskierungsmodus wieder zu verlassen. Es entsteht eine aktive Auswahl, wie in **Abbildung 10.45** zu sehen. Fügen Sie eine Gradationskurven-Einstellungsebene hinzu und ziehen Sie den Mittelpunkt der Kurve so weit, bis sich die Dichte des dunkleren Flecks an die restliche Haut anpasst (**Abbildung 10.46**).
4. Verwenden Sie eine kleine, weiche, weiße Pinselspitze mit 100% Deckkraft und einem Fluss von 10–20%, um die Tonwerte der Fehler auf der Ebenenmaske anzupassen (**Abbildung 10.47**).
5. Wiederholen Sie die Schritte 2 bis 4, um eine separate Kurve für die helleren Fehler zu erstellen.

Carrie Beene von Otto Imaging erklärt: »Ich verwende für meine Hautretusche immer zwei Gradationskurven-Ebenen – eine zum Aufhellen und eine zum Abdunkeln. Ich wechsle zwischen beiden mit sehr weichen Pinselspitzen und einer Deckkraft von 100% und einem Fluss von 10–20%. So kann ich alle Korrekturen entweder auf der Maske oder der Kurve vornehmen.«

Abbildung 10.41

Abbildung 10.42

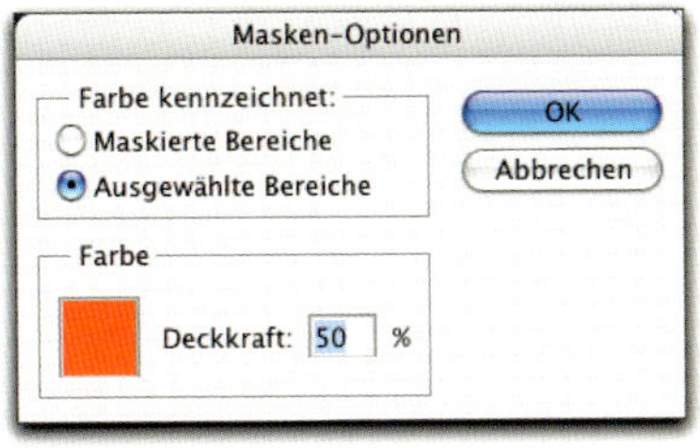

Abbildung 10.43

Ändern Sie die Masken-Optionen.

Abbildung 10.44

Berühren Sie ein paar dunkle Flecken.

Abbildung 10.45

Die aktive Auswahl ist möglicherweise sehr klein.

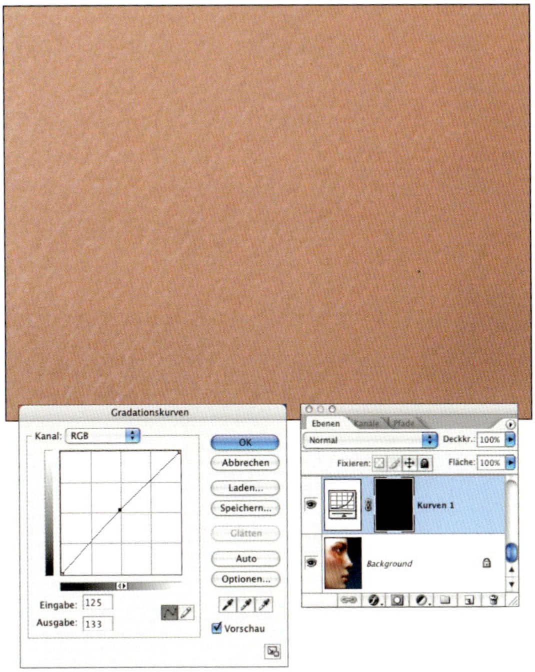

Abbildung 10.46

Bearbeiten Sie die Kurve, um die dunkleren Bereiche an die restliche Haut anzupassen.

Abbildung 10.47

Durch Malen auf der Ebenenmaske der Gradationskurve gleichen Sie die Hautdichte aus.

Wie Abbildung 10.48 zeigt, verbesserte Carrie die Schattierung, Formen und das Make-up mit mehreren Gradationskurven- und Selektive-Farbkorrektur-Einstellungsebenen. Diese verwendete sie im Maskierungsmodus. Mit ihrem Können retuschiert sie Glamour-Fotos für die größten internationalen Kunden. Später in diesem Kapitel gehe ich darauf noch einmal genauer ein.

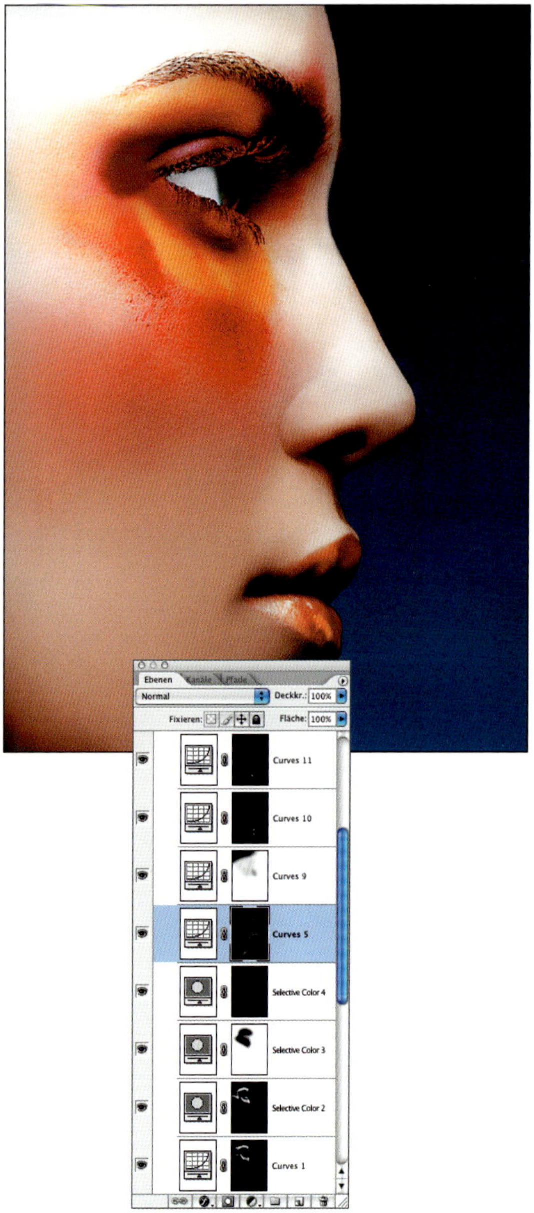

Abbildung 10.48

Verwenden Sie für jede Änderung eine eigene Ebene, so haben Sie die bestmögliche Kontrolle.

Hauttöne ausgleichen

In Glamour-Bildern muss das Model absolut perfekt sein und auch der kleinste Schatten korrigiert werden (auch wenn man diese im wahren Leben nicht einmal beim zweiten Hinsehen erkennen würde) (Abbildung 10.49). Verwenden Sie eine Gradationskurve zum Aufhellen der Schatten auf den Knien, im Nacken und auf den Händen (Abbildung 10.50).

1. Ich verwendete ein 10 Pixel weiches Lasso, um die dunkleren Hauttöne auf dem Knie und dem Handgelenk auszuwählen (Abbildung 10.51).
2. Nach dem Hinzufügen einer Gradationskurven-Einstellungsebene zog ich die Kurve nach oben, um die Tiefen etwas aufzuhellen und sie somit auszugleichen (Abbildung 10.52).

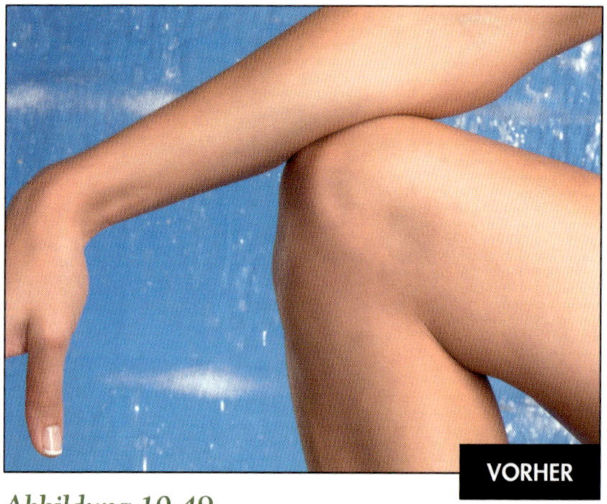

Abbildung 10.49

Abbildung 10.50

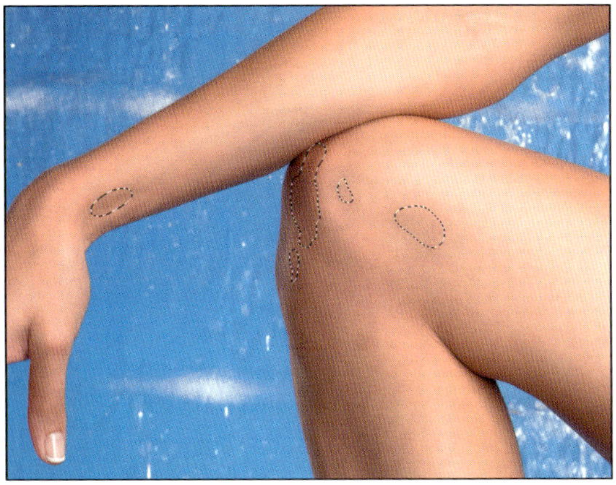

Abbildung 10.51

Wählen Sie die dunkleren Töne mit einem weichen Lasso aus.

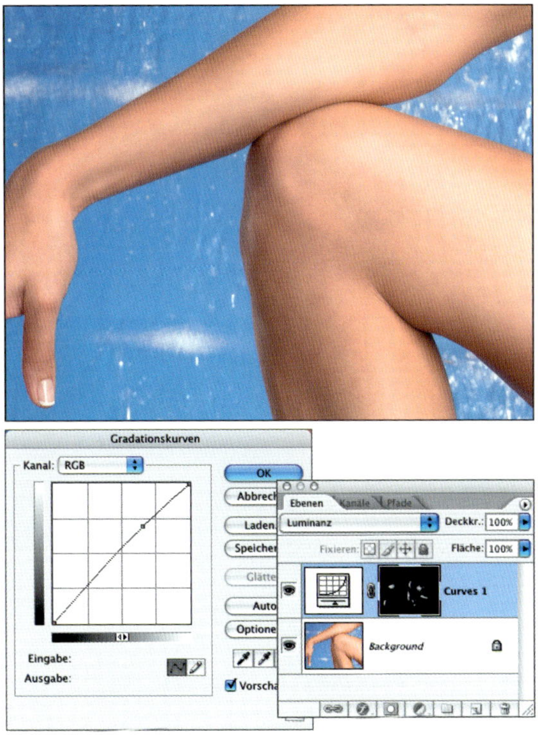

Abbildung 10.52

Mit einer Kurve hellen Sie die Tiefen auf und gleichen die Hauttöne aus.

Reparieren und Restaurieren

Diese dritte Methode zeigte mir der Retuscheur Andrew Matusik, der mich dadurch überraschte, dass er für die eigentliche Arbeit den Reparatur-Pinsel verwendete und die Struktur anschließend mehrfach überblendete, um eine schöne Haut zu erstellen (Abbildungen 10.53 und 10.54).

ch10_heal_skin.jpg

1. Duplizieren Sie die Hintergrundebene und korrigieren Sie mit einem kleinen Reparatur-Pinsel Schönheitsfehler und Falten. Klicken Sie statt zu ziehen, um die Pixel nicht zu verwischen. Halten Sie sich von kontrastreichen Bereichen wie Wimpern und Lippen fern (Abbildung 10.55). Die Haut sieht jetzt zu weich und zu unecht aus.

2. Fügen Sie eine neutrale Ebene im Modus ÜBERLAGERN hinzu, indem Sie mit gedrückter ⌥/Alt-Taste auf das Icon NEUE EBENE ERSTELLEN klicken. Ändern Sie den Modus in ÜBERLAGERN und aktivieren Sie MIT NEUTRALER FARBE FÜR DEN MODUS »ÜBERLAGERN« FÜLLEN (50% GRAU). Klicken Sie auf OK.

3. Wählen Sie FILTER/STÖRUNGSFILTER/STÖRUNGEN HINZUFÜGEN mit einem Wert von 1,5 und den Optionen GAUSSSCHE NORMALVERTEILUNG und MONOCHROM.

4. Wählen Sie mit einem 12 Pixel weichen Lasso einen Hautbereich aus (Abbildung 10.56), und blenden Sie die reparierte Ebene aus. Wählen Sie BEARBEITEN/AUF EINE EBENE REDUZIERT KOPIEREN und BEARBEITEN/EINFÜGEN (Abbildung 10.57).

5. Reduzieren Sie die Ebenendeckkraft auf 40%, damit die Originalstruktur durchscheinen kann. Malen Sie mit einem weichen Radiergummi und 10 bis 20% Druck, um die Originalstruktur noch besser ins Bild zu bringen und die Haut zu glätten (Abbildung 10.58).

6. Um das Überblenden noch einmal zu überprüfen, blenden Sie die Ebene ein und aus (klicken Sie auf das Augen-Icon). Durch Anpassen der Ebenendeckkraft lässt sich der finale Effekt sehr gut kontrollieren.

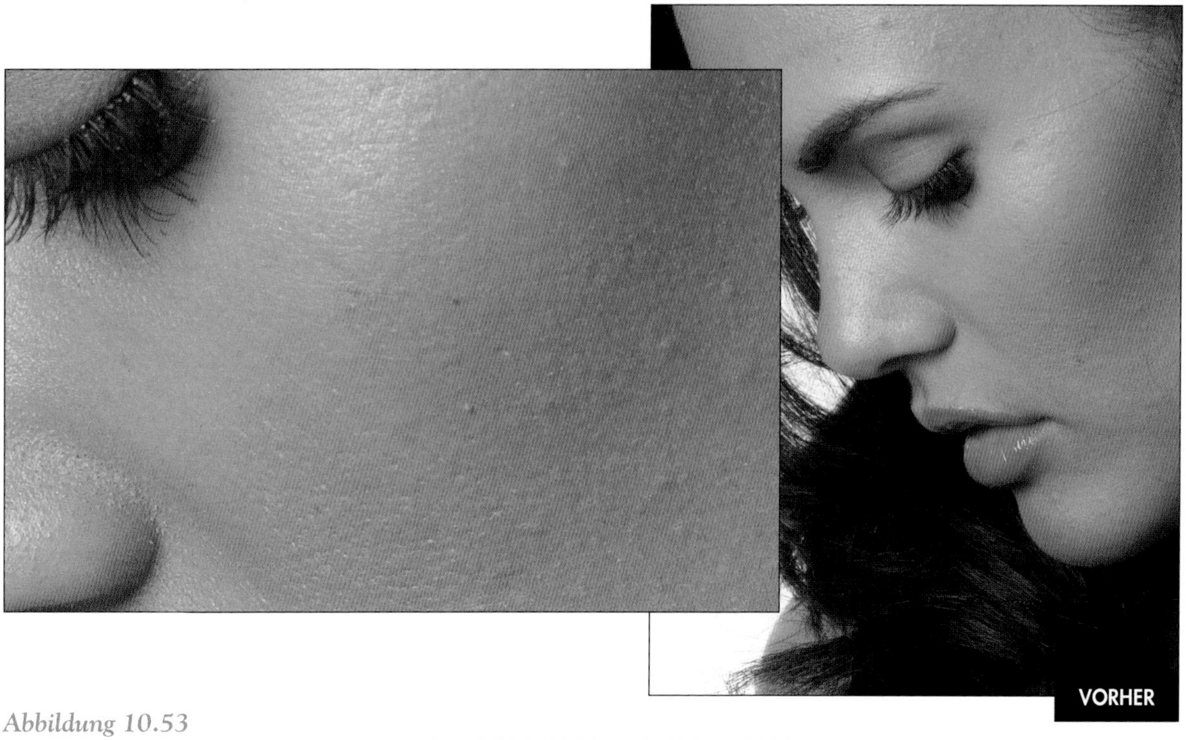

Abbildung 10.53

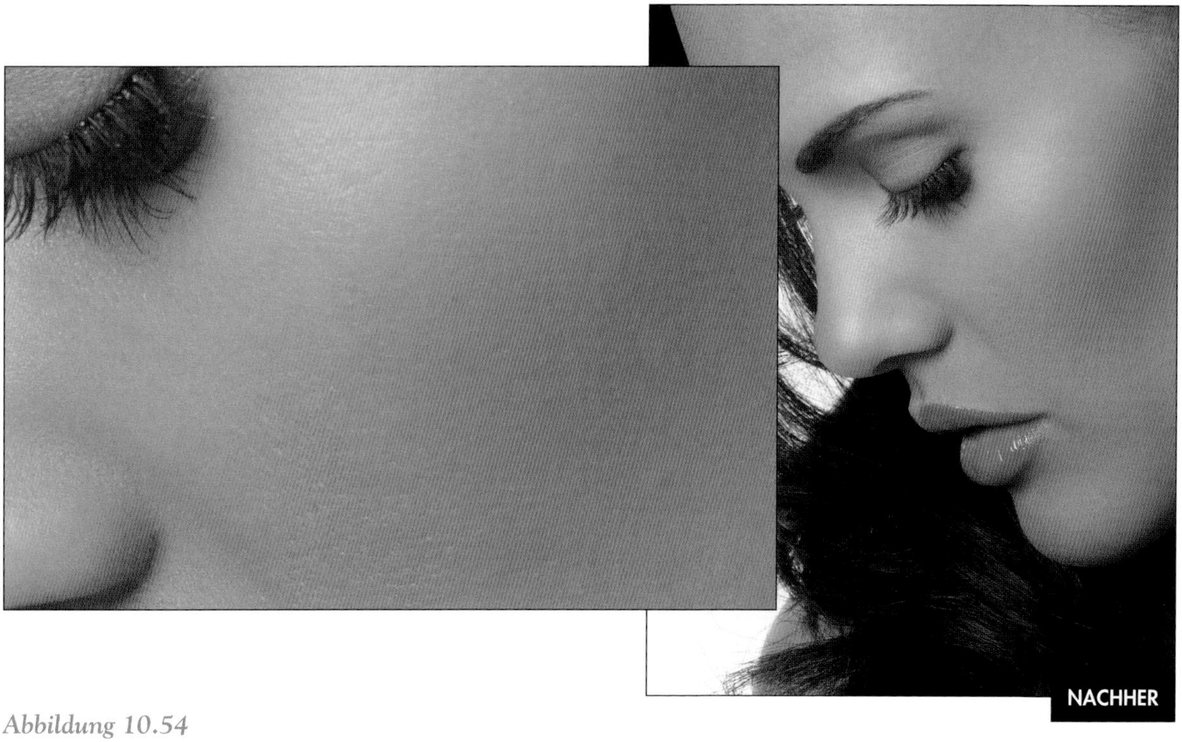

Abbildung 10.54

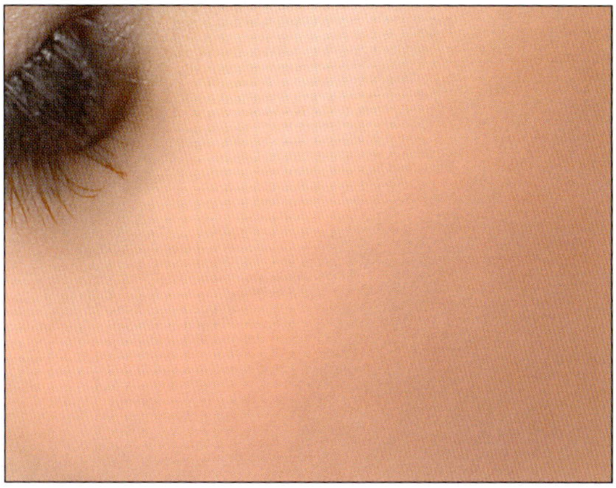

Abbildung 10.55

Die Hautstruktur wird entfernt.

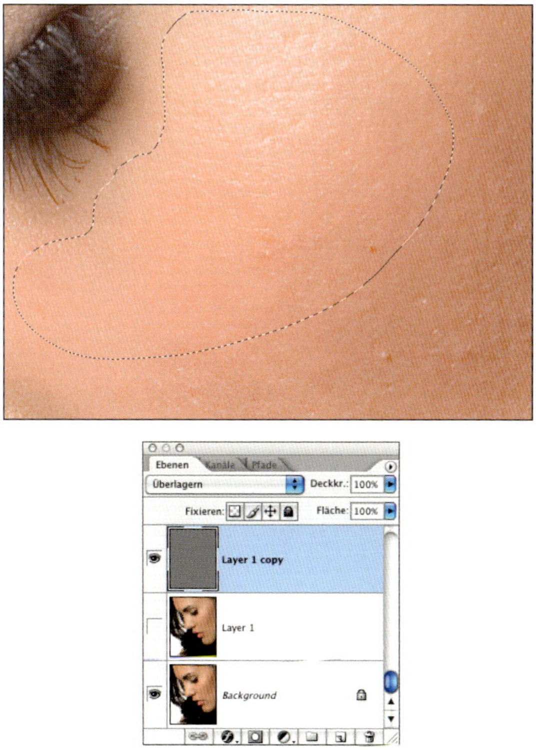

Abbildung 10.56

Wählen Sie mit dem Lasso grob einen Hautbereich aus.

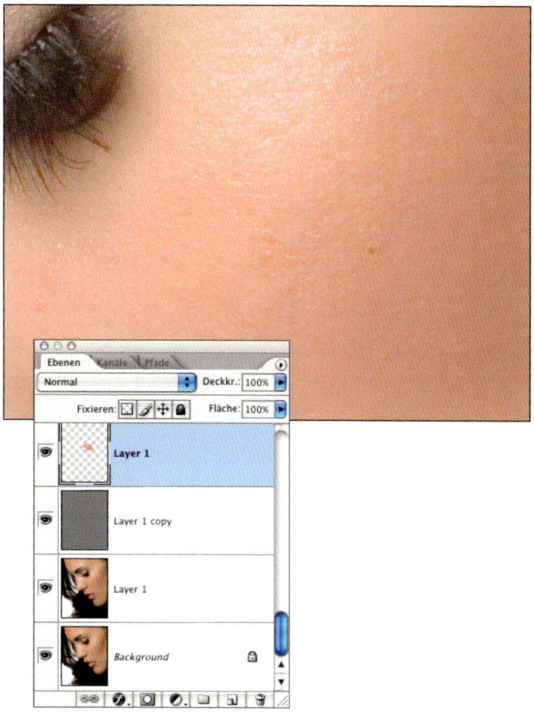

Abbildung 10.57

Fügen Sie die Originalstruktur wieder in die Datei ein.

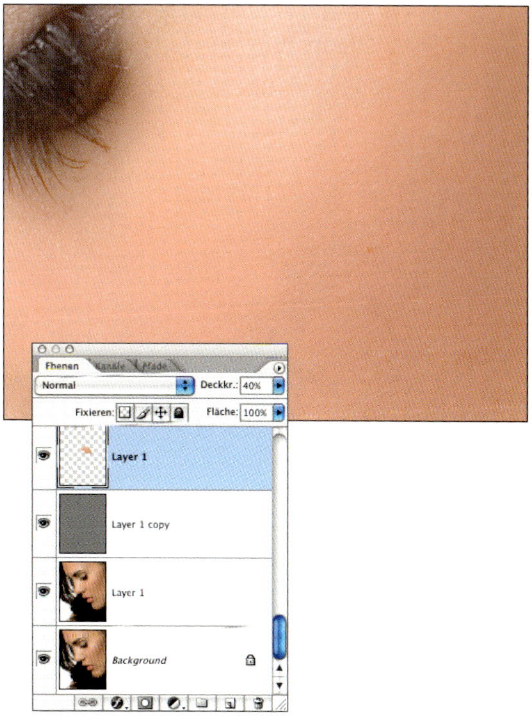

Abbildung 10.58

Passen Sie die Ebenendeckkraft an und radieren Sie, um strukturierte und reparierte Haut ineinander überzublenden.

7. Andrew wiederholte die Schritte 3 bis 5, um ein Bild mit mehreren Ebenen zu erstellen, wie in **Abbildung 10.59** zu sehen.

Andrew erklärte mir: »Denken Sie wie ein Stylist: Der Reparatur-Pinsel eignet sich für die Grundierung und das Wiederanwenden der Struktur und erzeugt Echtheit. Damit das Bild nicht zu retuschiert aussieht, sollten ein oder zwei kleine Störungen erhalten bleiben – beispielsweise ein kleiner Schönheitsfleck. Bei älteren Personen wahren Sie die Realität, indem Sie unter den Augen ein paar kleine Fältchen stehen lassen.« In den **Abbildungen 10.60** und **10.61** sehen Sie eine Nahaufnahme, in der Sie die Effektivität von Andrews Technik erkennen (besonders in Bezug auf die feinen Härchen auf der Oberlippe).

Abbildung 10.59

Verwenden Sie viele separate Ebenen, um die Hautstruktur so exakt wie nötig nachzuarbeiten.

Abbildung 10.60

Abbildung 10.61

GESICHTSMERKMALE BETONEN

Zu den Gesichtsmerkmalen, die betont werden sollten, gehören die Augen, die Nase, volle Lippen und ein perfektes Make-up, um nur ein paar der Herausforderungen im Gesicht zu nennen. Die Techniken aus Kapitel 9 werden in der Glamour-Retusche ebenfalls verwendet. Ich wiederhole sie hier nicht noch einmal, sondern konzentriere mich lieber auf neue Techniken und zeige Ihnen ein paar der besten Retuschearbeiten von heute.

Die Augen

Die Augen müssen sauber, klar, feucht, symmetrisch, gut gesättigt und durch Wimpern und Augenbrauen schön eingerahmt sein (Abbildungen 10.62 und 10.63). Andrew Matusik, der dieses Bild retuschierte, sagt: »Die Augen sind der Hingucker eines Bilds, deshalb müssen sie perfekt sein.« Mehr über die Retusche von Augen erfahren Sie in Kapitel 9.

ch10_beauty_eye.jpg

1. Duplizieren Sie die Hintergrundebene und nennen Sie sie *WIP*. Entfernen Sie mit dem Kopierstempel vorsichtig die roten Äderchen. Beginnen Sie dabei in der Nähe der Iris und arbeiten Sie sich nach außen (Abbildung 10.64). Wenn Sie mit dem Kopierstempel in solch kleinen Bereichen arbeiten, deaktivieren Sie die Checkbox AUSGERICHTET, damit die Quelle nicht dem Kopierstempel folgt.
2. Fügen Sie eine neue Ebene hinzu und verwenden Sie einen harten Kopierstempel, um Klümpchen in der Mascara und störende Härchen um die Augenlider zu entfernen (Abbildung 10.65).

© Andrew Matusik

Abbildung 10.62

Abbildung 10.63

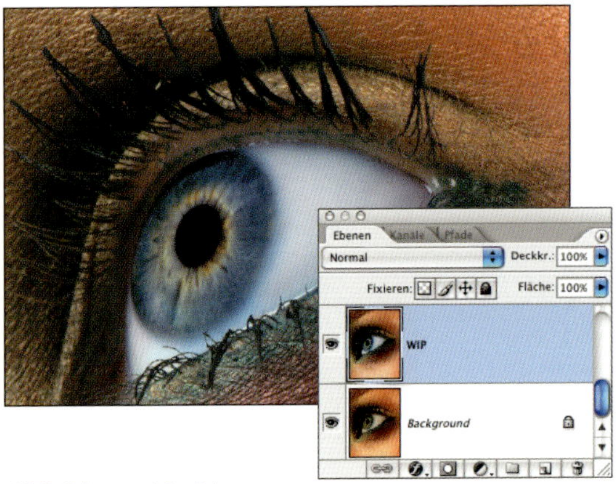

Abbildung 10.64

Entfernen Sie die Äderchen mit einem kleinen, harten Kopierstempel.

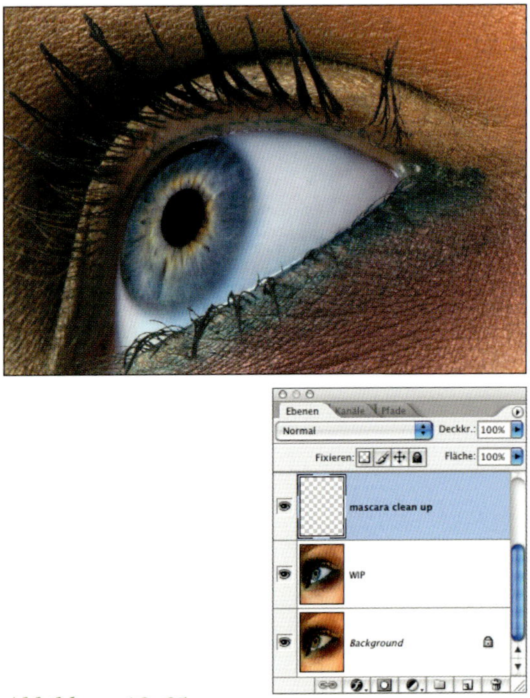

Abbildung 10.65

Entfernen Sie vorsichtig Klümpchen in der Mascara.

3. Um die Lücke in den Wimpern nahe der Außenkante zu schließen, wählen Sie eine Wimper mit einem 2 Pixel weichen Lasso aus (**Abbildung 10.66**) und wählen BEARBEITEN/AUF EINE EBENE REDUZIERT KOPIEREN und anschließend BEARBEITEN/EINFÜGEN.

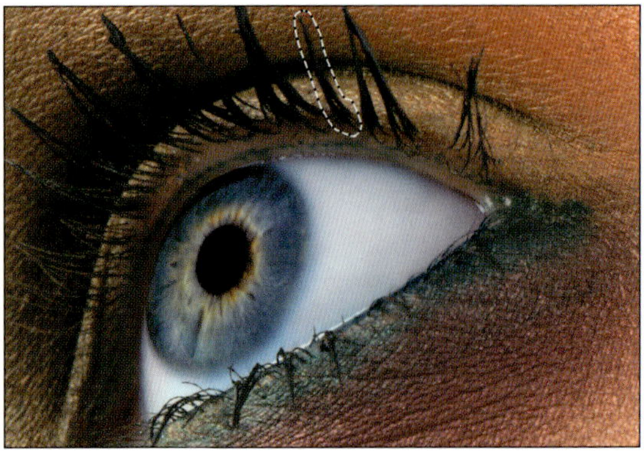

Abbildung 10.66

Wählen Sie eine Wimper aus.

4. Nutzen Sie den Transformieren-Befehl, um die Wimper zu drehen und zu neigen. Ändern Sie die Füllmethode dieser Ebene in ABDUNKELN, so werden die helleren Bereiche unsichtbar (**Abbildung 10.67**).

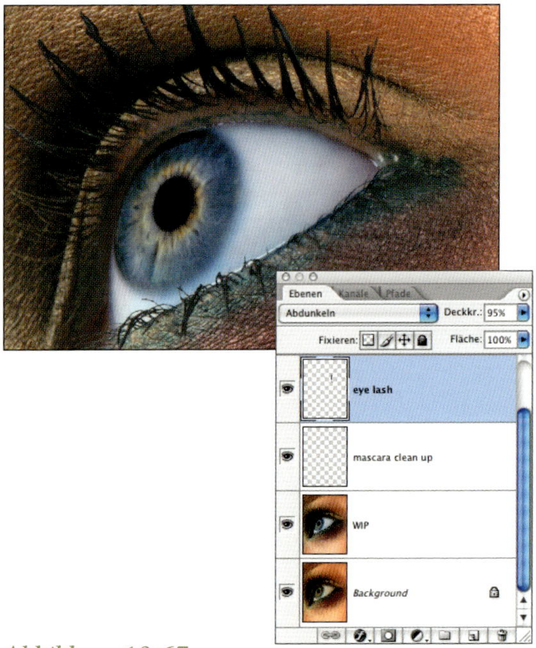

Abbildung 10.67

Die Füllmethode ABDUNKELN ignoriert hellere Bereiche.

5. Entfernen Sie unerwünschte Bereiche um die Wimpern mit dem Radiergummi.

6. Fügen Sie eine Farbton/Sättigung-Einstellungsebene hinzu und verstärken Sie die Sättigung um 15%. So heben Sie das Gold und das Blau stärker hervor (**Abbildung 10.68**).

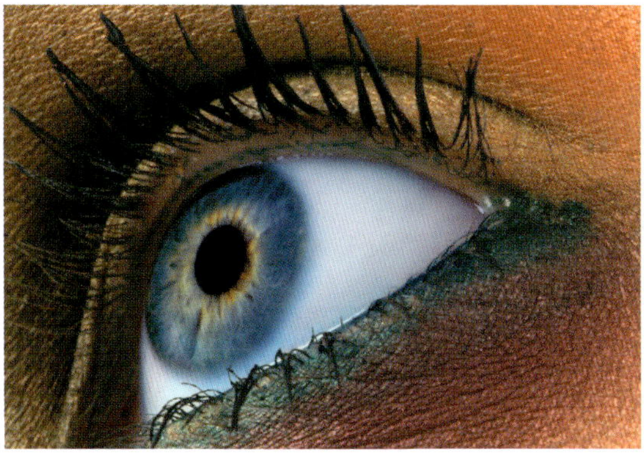

Abbildung 10.68

Mit Farbton/Sättigung erhält das Make-up einen schönen Schein.

Hollywood-Augen

Je jünger eine Person, desto größer sind die Augen im Vergleich zum restlichen Gesicht. Große Augen verkörpern deshalb Jugend und Unschuld. Das Vergrößern und Ausbalancieren der Augen ist eine häufig verlangte Anwendung (Abbildungen 10.69 und 10.70).

ch10_hollywood_eyes.jpg

1. Wählen Sie ANSICHT/LINEALE und erstellen Sie Hilfslinien, um die Augen oben und unten einzurahmen (Abbildung 10.71) und deren Größe und Symmetrie zu vergleichen.

Abbildung 10.69

Abbildung 10.70

Abbildung 10.71

Nutzen Sie die Lineale, um zu sehen, ob die Augen gleich groß und gerade ausgerichtet sind.

2. Wählen Sie ein Auge mit einem 3 Pixel weichen Lasso aus und drücken Sie ⌘-J/Strg-J, um es in eine eigene Ebene zu kopieren. Wiederholen Sie den Schritt für das zweite Auge (Abbildung 10.72), so dass sich beide Augen in separaten Ebenen befinden.

3. Wählen Sie BEARBEITEN/TRANSFORMIEREN, um das kleinere Auge (das linke vom Betrachter aus) an das größere anzupassen (Abbildung 10.73).

Abbildung 10.72

Duplizieren Sie die Augen einzeln in separate Ebenen.

Abbildung 10.73

Skalieren Sie das kleinere Auge, um es an das größere anzupassen.

4. Klicken Sie in der Ebenen-Palette mit gedrückter ⇧-Taste auf beide Augen-Ebenen und wählen Sie BEARBEITEN/TRANSFORMIEREN, um beide gleichzeitig zu vergrößern (Abbildung 10.74).

5. Entfernen Sie überschüssige Haut mit dem Radiergummi.

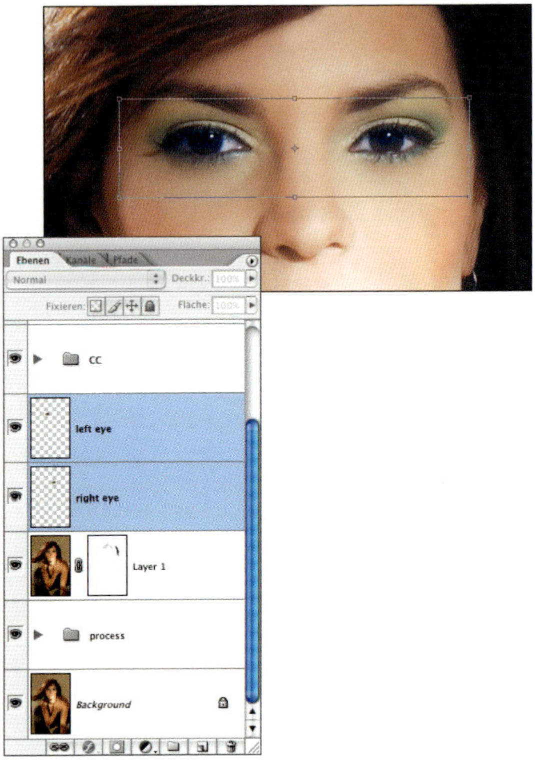

Abbildung 10.74

Vergrößern Sie beide Augen auf etwa 102%.

Vergrößern Sie die Augen nur ein bisschen. Übrigens: Wenn Sie eine Person wichtiger erscheinen lassen müssen, vergrößern Sie den Kopf um ein oder zwei Prozent. Später in diesem Kapitel zeige ich Ihnen noch, wie Sie den Fokus der Augen betonen.

Größe, Balance und Form

Die Abbildungen 10.75 und 10.76 zeigen, wie effektiv eine leichte Vergrößerung der Augen sein kann. Andrew Matusik legte mehr Bedeutung auf die Augen, indem er die Augenbraue weiter ausdehnte und die Augen vergrößerte.

Das Beste daran ist, dass Sie die Veränderung erst erkennen, wenn Sie Vorher- und Nachherbild miteinander vergleichen. Wenn Sie jedoch erst einmal herausgefunden haben, wie effektiv dieser Trick ist, werden Sie die Augen immer etwas vergrößern wollen, um ihnen mehr Präsenz zu verleihen.

Abbildung 10.75

Abbildung 10.76

Augen-Make-up verfeinern

Zum Perfektionieren des kunstvollen Augen-Make-ups verwendete Carrie Beene mehrere Ebenen, um **Abbildung 10.77** in das wunderbare Bild aus **Abbildung 10.78** zu verwandeln. Carrie kommt von der Malerei und Bildhauerei; sie ist Expertin im Entfernen von Störungen, um die wahre Schönheit eines Objekts zum Vorschein zu bringen. Mithilfe von 22 separaten Einstellungsebenen verfeinerte Carrie jeden einzelnen Aspekt des Auges.

Abbildung 10.77

Abbildung 10.78

1. Nach dem Duplizieren der Hintergrundebene verwendete Carrie vorsichtig einen harten Kopierstempel und Reparatur-Pinsel, um die deutlichsten Falten unter dem Auge zu entfernen. Anschließend verwendete sie die eben beschriebene Technik mit den zwei Gradationskurven, um die Falten noch dezenter zu machen (**Abbildung 10.79**).

2. Um den gelben Lidschatten satter aussehen zu lassen, fügte Carrie eine Gradationskurven-Einstellungsebene hinzu und verstärkte den Kontrast. Anschließend kehrte sie die Ebenenmaske um und malte mit einer großen, weichen, weißen Pinselspitze über den gelben Lidschatten, um ihn aufzuhellen (**Abbildung 10.80**).

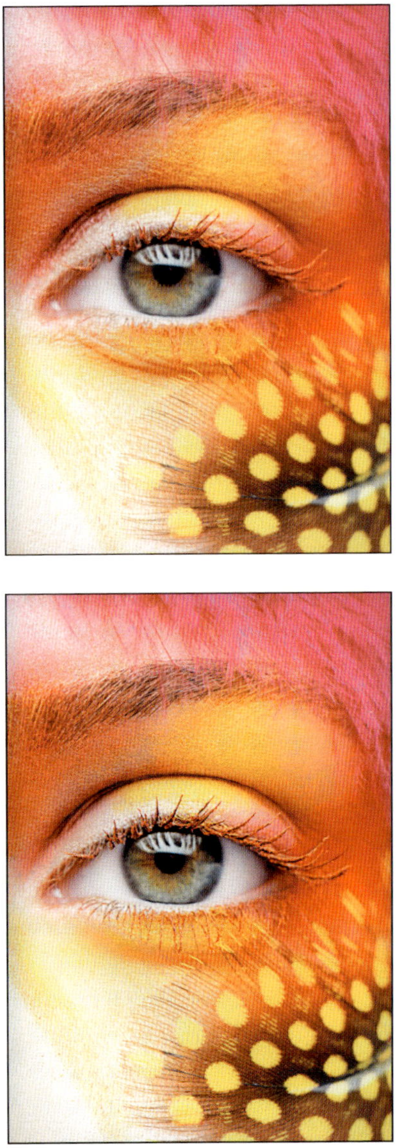

Abbildung 10.79

Erste Reinigung und Faltenreduzierung

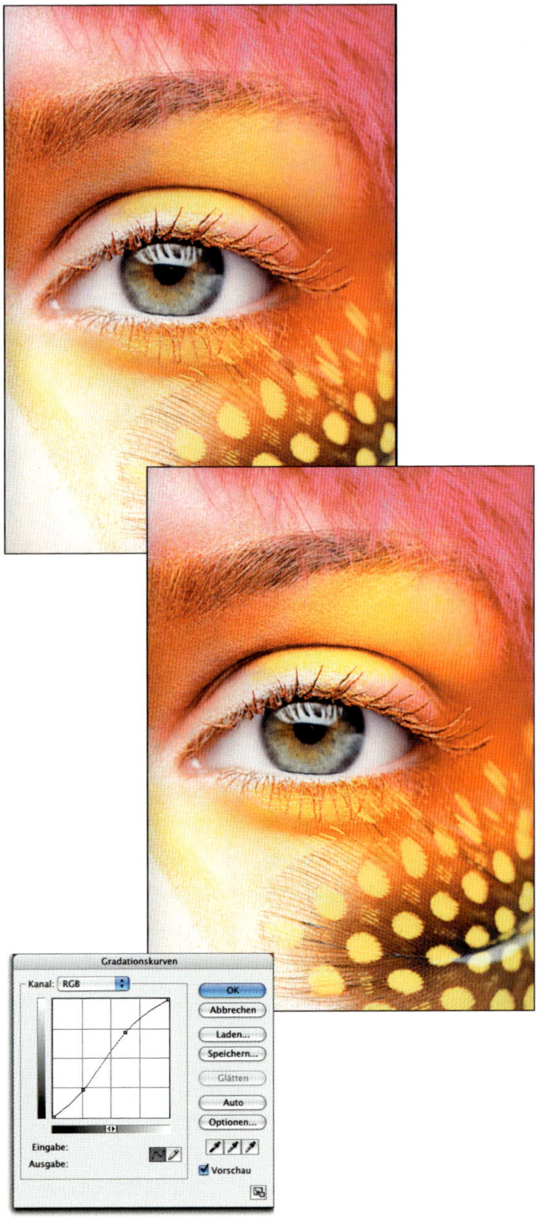

Abbildung 10.80

Das Aufhellen des gelben Lidschattens

3. Mit einer weiteren Gradationskurven-Einstellungsebene dunkelte sie die Augenbrauen ab, wodurch der gelbe Lidschatten noch stärker hervorstich (**Abbildung 10.81**).

4. Um die gelben Punkte auf der Feder zu verstärken, fügte Carrie eine dritte Gradationskurven-Einstellungsebene hinzu. Sie reduzierte den blauen Kanal (das Gegenteil von Gelb), kehrte die Ebenenmaske um und klickte mit Weiß auf die gelben Punkte, um sie dramatischer aussehen zu lassen (**Abbildung 10.82**).

5. Anschließend duplizierte Carrie die soeben erstellte Gradationskurven-Einstellungsebene und hellte die Feder auf. Um die Farbe dabei nicht zu verändern, änderte sie die Füllmethode in LUMINANZ (**Abbildung 10.83**).

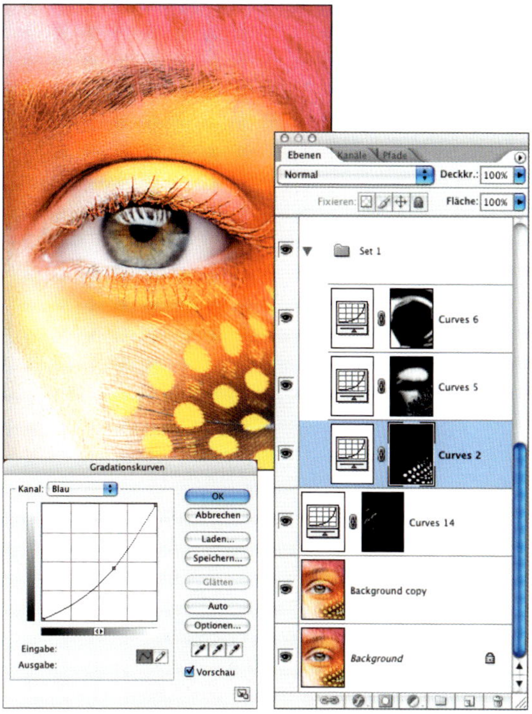

Abbildung 10.82

Durch die separate Bearbeitung der einzelnen Elemente bleibt die Flexibilität erhalten.

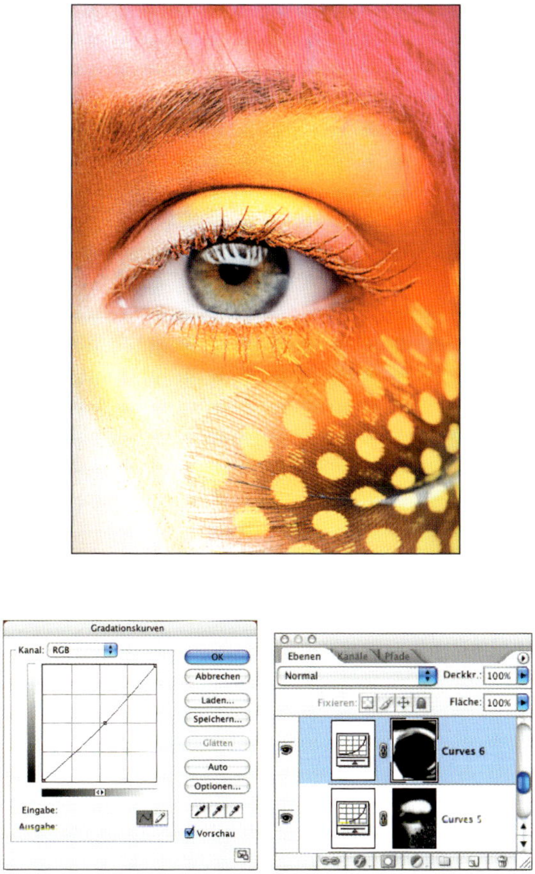

Abbildung 10.81

Durch Abdunkeln der Augenbrauen erscheint das Gelb heller.

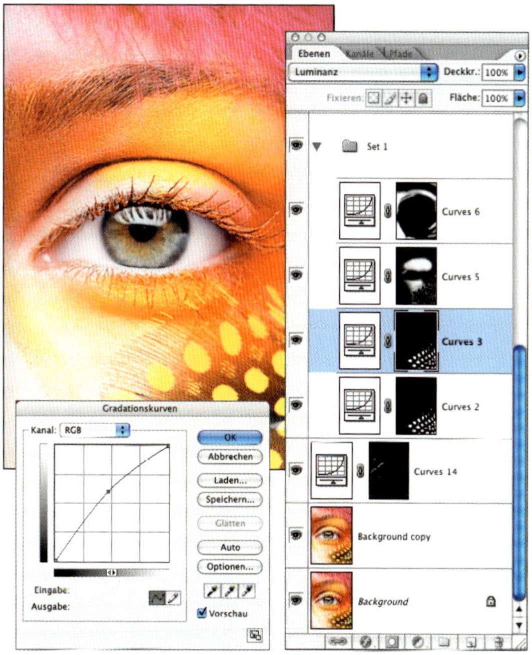

Abbildung 10.83

Die Füllmethode LUMINANZ entfernt mögliche Sättigungsverschiebungen.

6. Um das Spiegellicht im oberen Teil der Iris zu minimieren, erstellte Carrie eine neue Ebene und kopierte über das Spiegellicht. Durch die Verringerung der Deckkraft wird dessen Betonung reduziert, ohne dass das Auge unnatürlich aussieht (**Abbildung 10.84**).

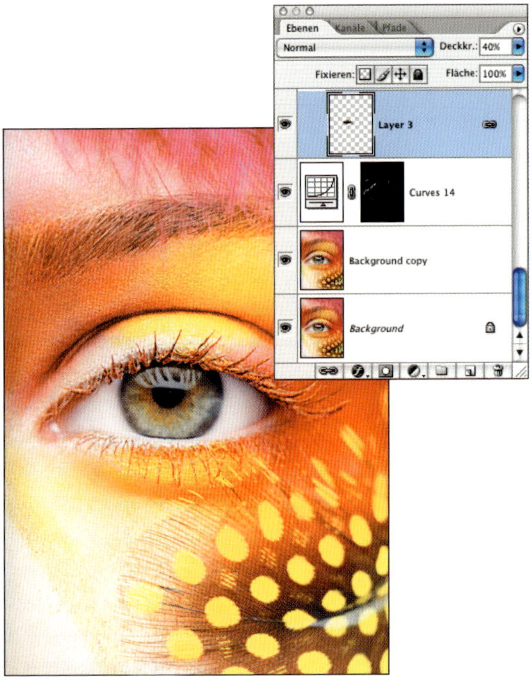

Abbildung 10.84

Das Abdunkeln des Spiegellichts

7. Als Perfektionistin erkannte Carrie den etwas helleren Bereich auf der rechten Seite des Auges. Sie reduzierte diesen, indem sie ihn mit einem 3 Pixel weichen Lasso auswählte und mit einer Gradationskurven-Einstellungsebene abdunkelte (**Abbildung 10.85**).

8. Um weitere Wimpern hinzuzufügen, kopierte Carrie einzelne Wimpern, fügte diese wieder ein und entfernte überschüssige Informationen mit dem Radiergummi.

Tipp

Nach dem Einfügen einer neuen Wimper sollten Sie ein paar Details hinzufügen, beispielsweise kleine Klümpchen Make-up, um sie realistischer aussehen zu lassen.

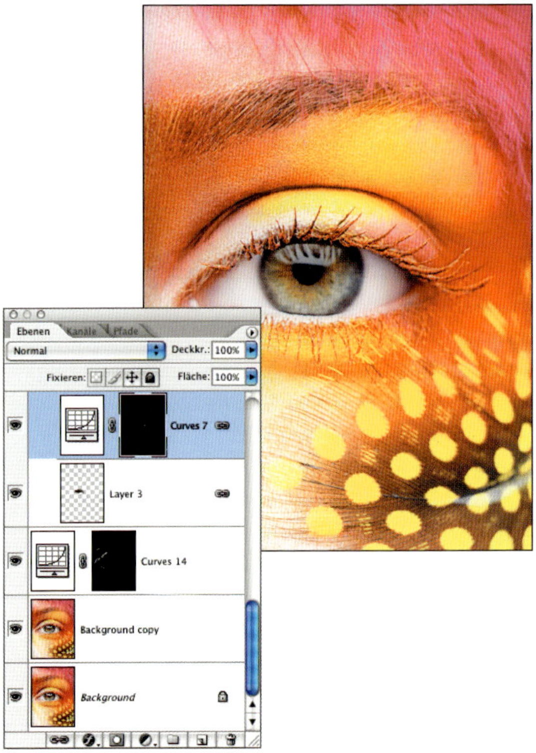

Abbildung 10.85

Selbst die winzigsten Details werden mit separaten Einstellungsebenen perfektioniert.

9. Carrie reduzierte alle sichtbaren Ebenen auf eine (⌘-⌥-⇧-E/Strg-Alt-⇧-E), um die Augenbrauen zu definieren, und wählte FILTER/SONSTIGE FILTER/HOCHPASS mit einer Einstellung von 3. Durch die Füllmethode WEICHES LICHT bleibt die dreidimensionale Schärfe erhalten, die graue Farbe verschwindet jedoch.

10. Für Abwedler und Nachbelichter wählte Carrie eine harte, 5 Pixel große Pinselspitze, die Option MITTELTÖNE und eine Belichtung von 100%. Anschließend malte sie mit beiden und mit Schwarz und Weiß über die Augenbrauen (**Abbildung 10.86**), um ihnen etwas mehr Kontrast und Tiefe zu verleihen.

Um die Augen noch stärker zu betonen und Ihnen zu zeigen, wie ein Profiretuscheur arbeitet, verwendete Carrie vier weitere separate Gradationskurven-Einstellungsebenen, um die Form der Augen und Wimpern zu betonen.

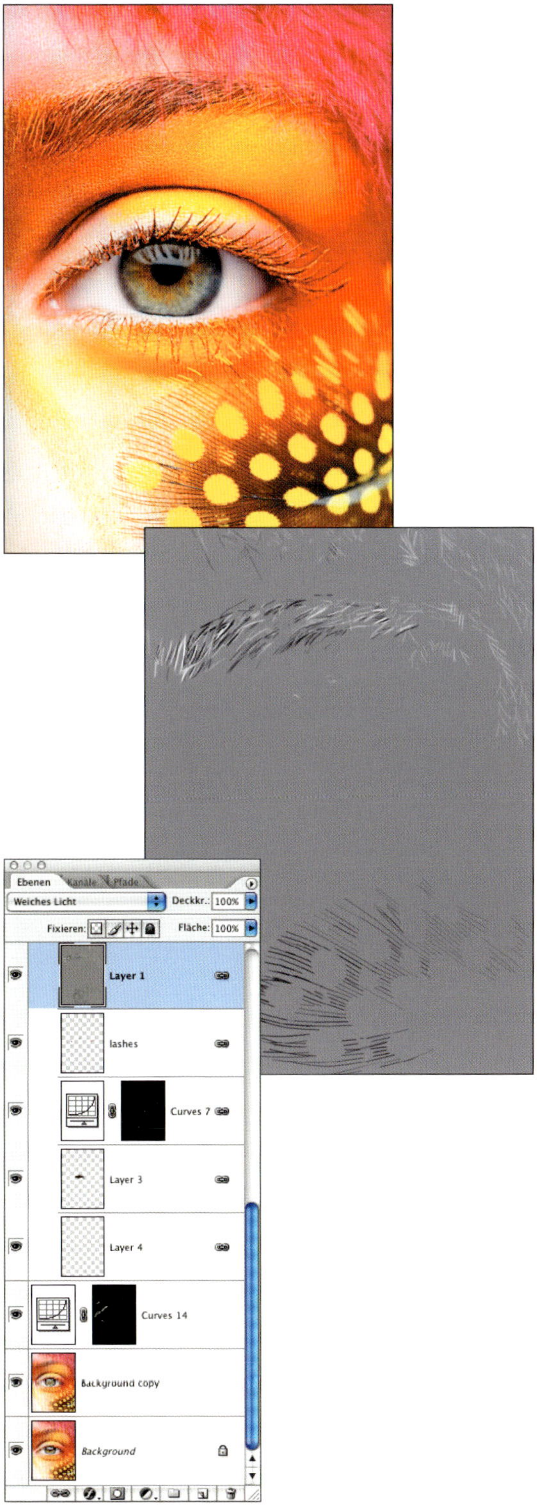

Abbildung 10.86

Durch Abwedeln und Nachbelichten bekommen die Augenbrauen Tiefe und Kontrast.

11. Um das untere Augenlid weiß einzufärben, fügte Carrie eine Gradationskurven-Einstellungsebene hinzu, hellte die gesamte Datei auf und kehrte die Ebenenmaske um (Abbildung 10.87).

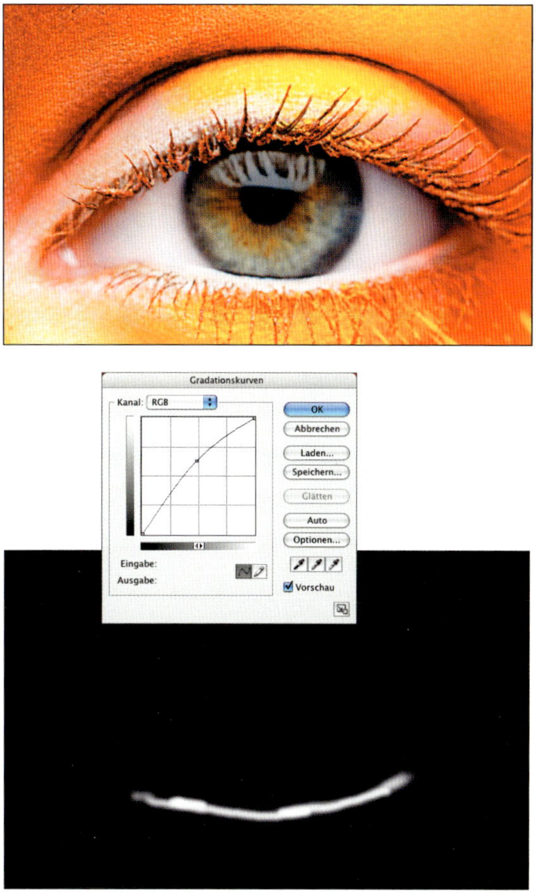

Abbildung 10.87

Das untere Augenlid wird weiß.

12. Carrie verwendete eine weitere Gradationskurven-Einstellungsebene, um den gelben Lidschatten auszuweiten. Sie passte die rote, grüne und blaue Kurve an, um Gelb zu erzeugen. Anschließend kehrte sie die Ebenenmaske um und malte den gelben Lidschatten perfekt ins Bild (Abbildung 10.88).

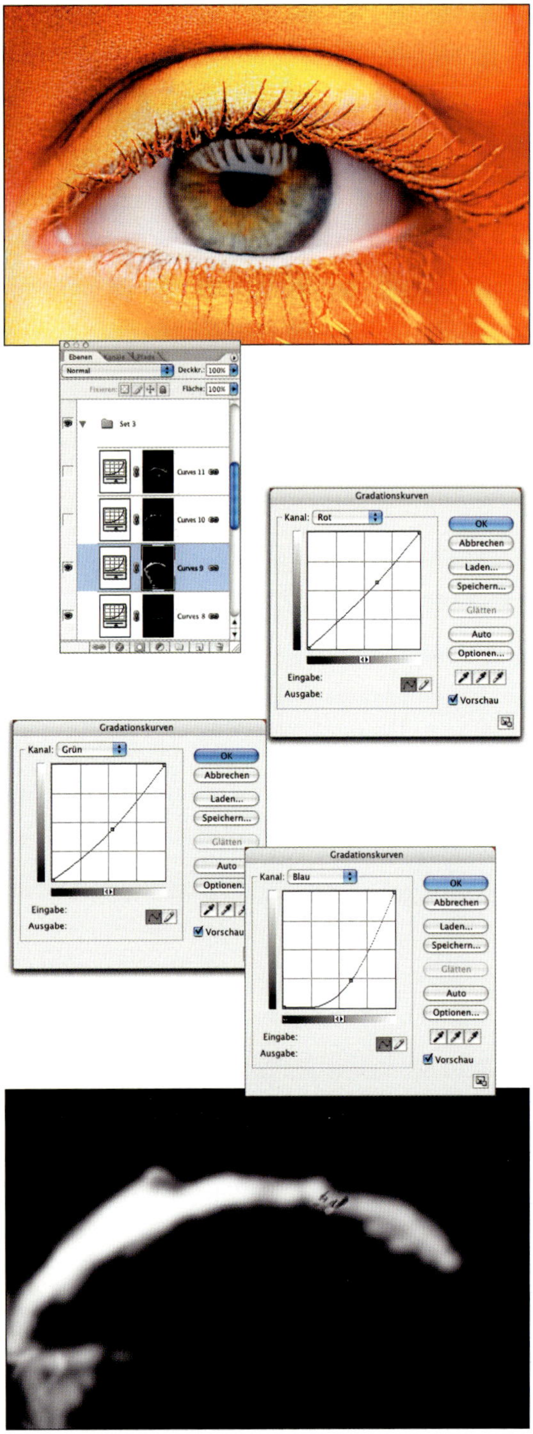

Abbildung 10.88

Das Ausdehnen des gelben Lidschattens.

13. Der Lidschatten musste etwas dunkler und intensiver werden. Mit einer zusätzlichen Gradationskurven-Einstellungsebene wurden die grüne und die blaue Kurve abgedunkelt. Anschließend kehrte Carrie die Ebenenmaske um und malte die benötigte Farbkorrektur und Schattierung ins Bild (**Abbildung 10.89**).

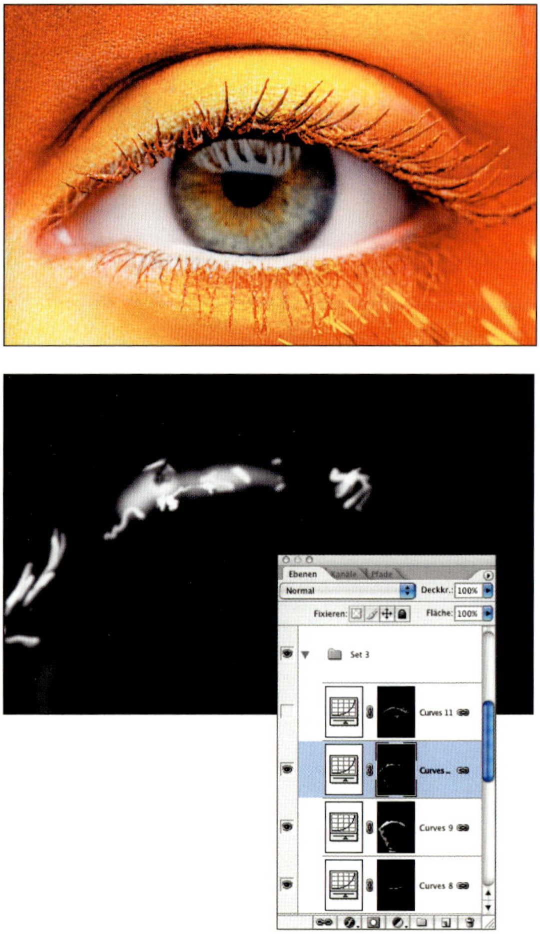

Abbildung 10.89

Verfeinerung der Dichte von Augenlid und Lidschatten

14. Um die Wimpern schließlich noch etwas abzudunkeln und das Auge mehr zu betonen, verwendete Carrie eine Gradationskurven-Einstellungsebene und dunkelte die gesamte Datei ab. Sie kehrte die Ebenenmaske um und malte über die einzelnen Wimpern (**Abbildung 10.90**).

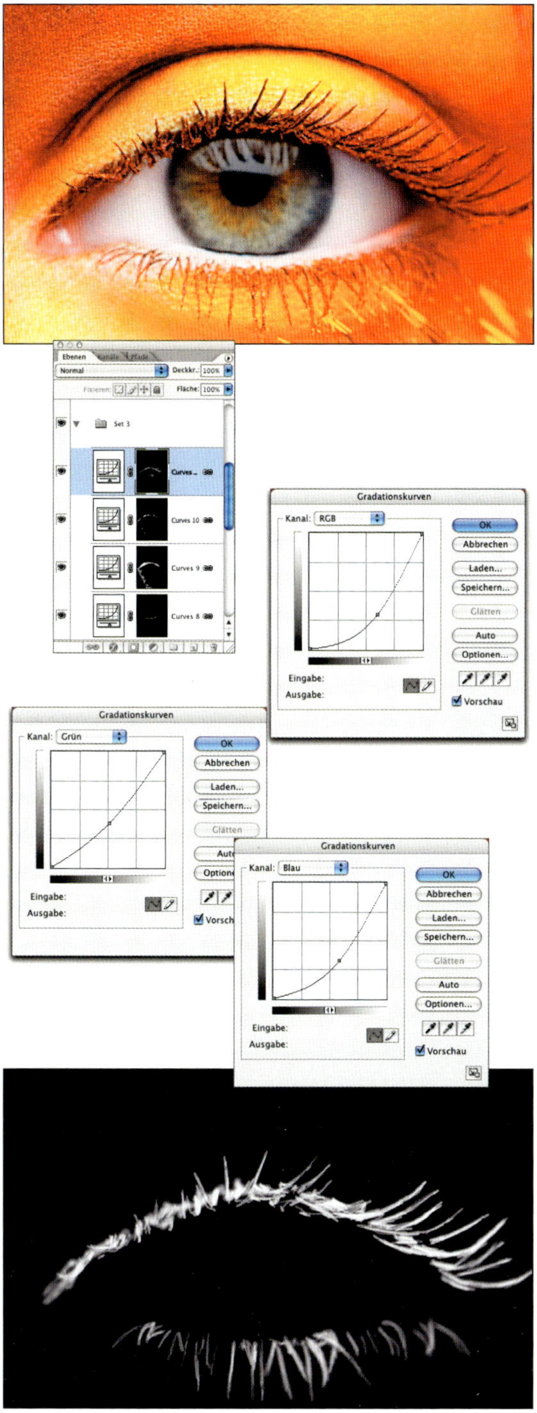

Abbildung 10.90

Einrahmen des Auges mit dunklen, dramatischen Wimpern

15. Nach einem Proof-Ausdruck verstärkte Carrie den Gesamtkontrast des Bilds und dunkelte die helleren Bereiche auf der Stirn ab, um das finale Bild zu erstellen (Abbildungen 10.91 und 10.92).

Abbildung 10.91

Vor der finalen Korrektur des Kontrasts

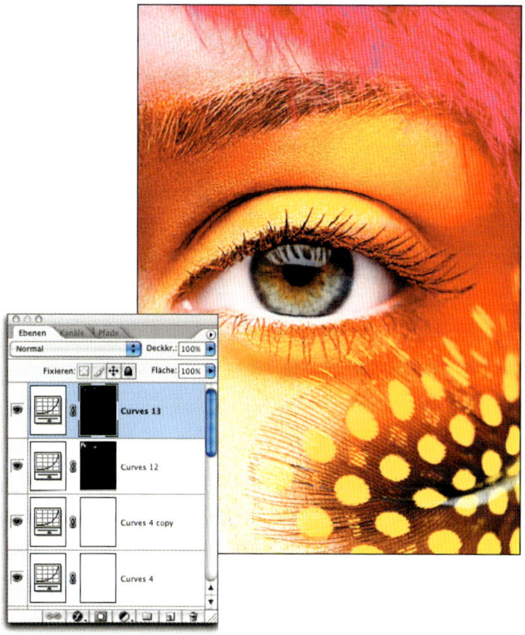

Abbildung 10.92

Nach Mustern eines Proof-Ausdrucks und vier weiteren Kontrastverbesserungen

Die Kosmetikbranche beherbergt einige der kritischsten Kunden, mit denen Sie es zu tun haben können. Sie akzeptieren nur Perfektion und Farbgenauigkeit. Je mehr Fotografen digital fotografieren, desto besser müssen die Stylisten werden; hoch auflösende Digitalkameras nehmen jede noch so kleine Unebenheit des Make-ups auf. Glücklicherweise kann der Stylist seine Arbeit in einem Testfoto auf einem 21-Zoll-Monitor überprüfen und Korrekturen vornehmen, bevor die eigentlichen Aufnahmen geschossen werden.

Verführerische Lippen

Alle Lippen haben Risse und Falten; wenn das nicht der Fall wäre, könnten wir unseren Mund nicht öffnen und weder essen noch sprechen. Lippen müssen einladend sein, ohne zu glatt oder zu künstlich auszusehen. Achten Sie bei Lippen auf Symmetrie, Makeup-Konturen, Feuchtigkeit und darauf, natürliche Falten mit einer neutralen Ebene oder der Gradationskurven-Technik zu entfernen.

Um Lippen Feuchtigkeit und Glanz zu verleihen, zeigte mir Andrew Matusik die folgende Technik. Im Original achtete der Stylist darauf, super feuchte Lippen und diesen Tropfen zu erstellen (**Abbildung 10.93**). Um das kalte Gefühl zu verstärken, färbte Andrew das Bild blau ein und ersetzte den Hintergrund durch Eiswasser, wie in **Abbildung 10.94** zu sehen. Vorher musste er jedoch die Haut retuschieren und die Lippen noch feuchter machen.

1. Andrew wählte die Lippen mit einem 3 Pixel weichen Lasso großzügig aus und wählte EBENE/NEU/EBENE DURCH KOPIE.

© Andrew Matusik

Abbildung 10.93

Abbildung 10.94

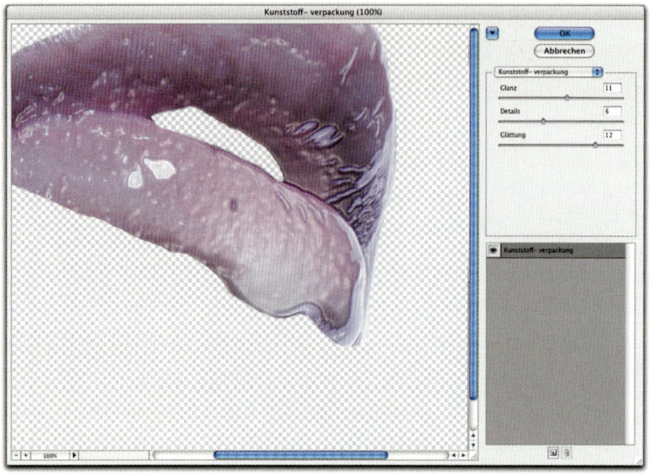

Abbildung 10.95

Feuchtigkeit kann mit dem Filter KUNSTSTOFFFOLIE erzeugt werden.

2. Um Feuchtigkeit hinzuzufügen, wählte Andrew FILTER/KUNSTFILTER/KUNSTSTOFFFOLIE und passte die Einstellungen wie in **Abbildung 10.95** an, um Lichter und Weichheit der Lippen zu betonen, während kleine Details unterdrückt werden.
3. Durch Anpassen der Ebenendeckkraft und Verfeinern der Lippen mit etwas Farbe wirkten diese noch feuchter und glänzender.

Andrew: »Ich verwende diese Technik nicht sehr oft, wenn die Lippen jedoch sehr feucht und stilisiert aussehen müssen, ist sie sehr effektiv.«

Haare – der heilige Gral

Bei jedem professionellen Fotoshooting kümmern sich separate Stylisten extra um Make-up und Haare (**Abbildung 10.96**), damit sich jedes Haar am richtigen Fleck befindet. Während der Aufnahmen muss das Model jedoch seinen Kopf bewegen, so dass häufig in Photoshop einige Korrekturen vorgenommen werden müssen. Bei der Bearbeitung der Haare müssen Sie auf dieselben Dinge Acht geben wie der Haarstylist: Fülle, keinerlei Lücken, umherfliegende Haare aus Gesicht und Hintergrund entfernen, Farbe und Glanz. Die wahre Herausforderung liegt darin, das retuschierte Haar in das natürliche überzublenden.

Abbildung 10.96

Ein professioneller Haarstylist bei der Arbeit

In den Abbildungen 10.97 und 10.98 sehen Sie, wie unauffällig Haare fülliger gemacht und dunkle Ansätze aufgehellt werden können.

1. In diesem Beispiel wurde die Fülle mit dem Verflüssigen-Filter (Abbildung 10.99) erzielt. Dabei kam das Vorwärts-krümmen-Werkzeug mit einer geringen Dichte und geringem Druck zum Einsatz.

Abbildung 10.97

Abbildung 10.98

Abbildung 10.99

Mit dem Verflüssigen-Filter können Sie dem Haar Volumen verleihen.

2. Um die Ansätze aufzuhellen, fügte ich eine Gradationskurven-Einstellungsebene hinzu und zog die Kurve nach oben. Ich wählte BILD/ANPASSEN/UMKREHEN, um die Ebenenmaske von Weiß in Schwarz zu ändern und mit einer weichen, weißen Pinselspitze über die dunkleren Bereiche zu malen (**Abbildung 10.100**).

Abbildung 10.100

Hellen Sie die Ansätze mit einer Einstellungsebene auf.

Eine größere Herausforderung stellt das Beispiel in den **Abbildungen 10.101** und **10.102** dar, wo Andrew Matusik die Lücken im Haar schließen musste.

1. Andrew erstellte zunächst eine Auswahl der Haare unter dem Mund und kopierte diese mit ⌘-J/Strg-J in eine eigene Ebene. Er positionierte das Haar und verwendete einen weichen Radiergummi, um es in das bestehende Haar überzublenden.
2. Um Beleuchtung und Haarstruktur zu erhalten, duplizierte, verschob und mischte Andrew ähnliche Haarteile. Stück für Stück und Ebene für Ebene konnte Andrew so die Lücken schließen (**Abbildung 10.103**).

© Andrew Matusik

Abbildung 10.101

Abbildung 10.102

Andrew erzählte mir kürzlich: »Haare sind der heilige Gral der Glamour-Retusche. Haare sind sehr kritisch und erfordern sehr viel Geduld. Für mich ist das Aufbauen von Haaren wie ein Puzzle – ich suche immer die Teile, die am besten passen.«

Abbildung 10.103

Das Ergebnis und die isolierten Ebenen

FOKUS UND SCHÄRFE

Der schärfste Teil eines Bilds ist immer der, den Ihre Augen zuerst wahrnehmen und auf den Sie am längsten schauen. Nachdem Sie die Retusche beendet und die richtige Größe der Datei eingestellt haben, sollten Sie die Augen immer etwas stärker scharfzeichnen als den Rest des Bilds (**Abbildungen 10.104** und **10.105**).

1. Carrie klickte auf die oberste Ebene und wählte ⌘-⌥-⇧-E / Strg-Alt-⇧-E, um alle Ebenen auf eine neue zu reduzieren.
2. Anschließend verwendete sie FILTER/SONSTIGE FILTER/HOCHPASS mit einer Einstellung von 4, um die Kantendetails zu verstärken. Testen Sie in Ihren eigenen Bildern Einstellungen zwischen 2 und 5; halten Sie nach Kantendetails Ausschau wie in **Abbildung 10.106**.
3. Der Hochpass-Filter erhält oft einen Teil der Originalfarbe, die Sie mit BILD/ANPASSEN/SÄTTIGUNG VERRINGERN entfernen müssen.
4. Carrie änderte die Füllmethode in WEICHES LICHT (**Abbildung 10.107**) und klickte mit gedrückter ⌥/Alt-Taste auf den Button EBENENMASKE HINZUFÜGEN, um eine schwarze Ebenenmaske hinzuzufügen.
5. Mit einer weichen, weißen Pinselspitze malte Carrie über Augen, Augenbrauen und – mit einer geringeren Deckkraft – die Lippen, um diese stärker scharfzuzeichnen als den Rest der Haut.

Hinweis

Wenn Sie Ihre eigenen Dateien scharfzeichnen, versuchen Sie, den Effekt zu verstärken, indem Sie entweder die Hochpass-Filter-Ebene duplizieren oder die Füllmethode in HARTES LICHT ändern. Wie bei allen Scharfzeichnungstechniken müssen Sie auch hier einen Probeausdruck erstellen, um die Genauigkeit der Scharfzeichnung zu untersuchen.

Abbildung 10.104

Abbildung 10.105

Abbildung 10.106

Passen Sie den Hochpass-Filter an, um gut definierte Kanten zu erstellen.

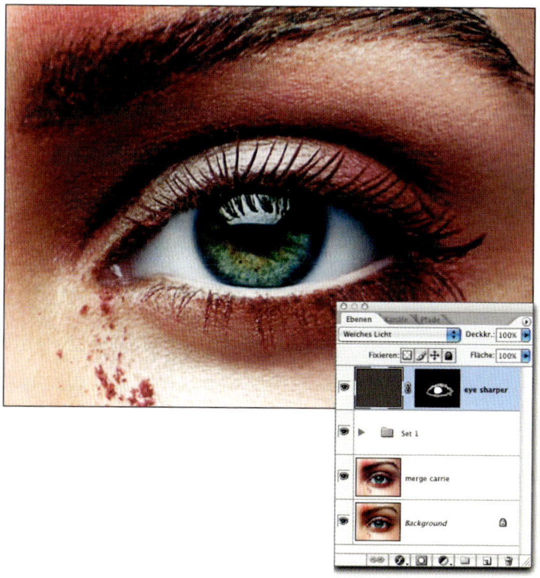

Abbildung 10.107

Der Filter Hochpass und die Füllmethode Weiches Licht betonen den Kantenkontrast.

Ein schöner Schein

Zwar weniger nachgefragt, entspricht das Hinzufügen eines weichen Scheins dem Gegenteil einer Scharfzeichnung. Wie beim Scharfzeichnen verwenden Sie auch hier eine Ebenenmaske, um zu kontrollieren, welche Bereiche weich und welche scharf bleiben (Abbildungen 10.108 und 10.109).

ch10_beauty_glow.jpg

© Allure Photography

Abbildung 10.108

Abbildung 10.109

1. Arbeiten Sie an einer Datei mit Ebenen, reduzieren Sie diese mit ⌘-⌥-⇧-E / Strg-Alt-⇧-E auf eine. Duplizieren Sie ansonsten die Hintergrundebene.
2. Verwenden Sie Filter/Sonstige Filter/Hochpass mit einer Einstellung zwischen 2 und 5, bis die Kantendetails deutlich zu sehen sind.

3. Entfernen Sie die Originalfarbe mit BILD/ANPASSEN/SÄTTIGUNG VERRINGERN.

4. Ändern Sie die Ebenenfüllmethode in ÜBERLAGERN. Wie Sie in **Abbildung 10.110** sehen, ist die gesamte Datei zu scharf.

Abbildung 10.110

Das Scharfzeichnen der Datei ist der erste Schritt zur Weichzeichnung.

5. Aktivieren Sie die Ebene des Hochpass-Filters und wählen Sie BILD/ANPASSEN/UMKEHREN, um die Datei schön zu glätten (**Abbildung 10.111**).

Abbildung 10.111

Kehren Sie die Hochpassebene um, um das Bild weichzuzeichnen.

6. Fügen Sie eine Ebenenmaske hinzu. Malen Sie mit 50% Deckkraft und einer weichen, schwarzen Pinselspitze über Augen und Mund, um diese wieder scharfzuzeichnen (**Abbildung 10.112**). Zur Minimierung des Weichzeichnungseffekts reduzieren Sie die Ebenendeckkraft. Um den Effekt zu verstärken, duplizieren Sie die Überlagern-Ebene.

Abbildung 10.112

Malen Sie über die Augen, um ihnen wieder Schärfe zu verleihen.

GLAMOUR-BELEUCHTUNG

Natürlich achten Fotografen bei ihren Aufnahmen sehr stark auf die Beleuchtung. Nutzen Sie jedoch auch Photoshop, um diese zu verbessern und eine Wirkung zu erzielen, bei der das Auge des Betrachters tiefer in das Foto hineingezogen wird.

Das Gesicht formen

Um die Tiefe des Gesichts zu verstärken (wie in **Abbildung 10.113**), hellen Retuscheure die hervorstehenden Gesichtsbereiche auf – Stirn, Wangenknochen, Nase – und dunkeln die anderen Bereiche ab (**Abbildung 10.114**).

Um dem Bild den finalen Glanz und Tiefe zu verleihen, fügte Andrew eine Gradationskurven-Einstellungsebene hinzu, um das Bild aufzuhellen und den Kontrast zu verstärken. Er malte mit einer großen, weichen Pinselspitze auf der Ebenenmaske, um den Kontrast aus den weniger wichtigen Bildbereichen zu entfernen (Abbildung 10.115). Beachten Sie, wie die Gesichtsknochen durch den Kontrast mehr Tiefe erhalten.

Abbildung 10.113

Abbildung 10.114

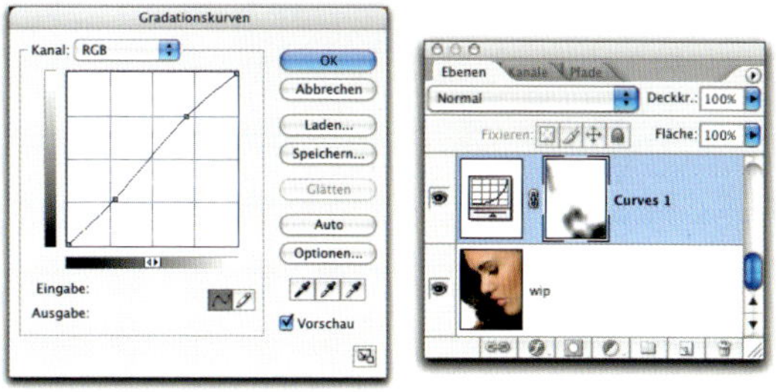

Abbildung 10.115

Nach dem Aufhellen der Datei kontrollierte Andrew den Effekt mit einer großen, weichen, schwarzen Pinselspitze.

Körperkonturen betonen

Nutzen Sie Schattierungen, um die Aufmerksamkeit des Betrachters zu steuern und Beine, Arme und Bauch einer Person schöner zu formen. Durch das Abdunkeln und Aufhellen von Konturen entsteht Kontrast, der Körperteile besser geformt und gefärbt aussehen lässt (**Abbildungen 10.116** und **10.117**).

1. Mit dem Zeichenstift erstellte ich eine Auswahl des Körpers und des Badeanzugs, um den Alpha-Kanal zu erstellen, den Sie in **Abbildung 10.118** sehen.
2. Ich vergewisserte mich, dass Pfad und Alpha-Kanal nicht aktiv waren, und fügte eine Gradationskurven-Einstellungsebene hinzu. Ich klickte auf OK, ohne Änderungen in der Dialogbox vorzunehmen. Anschließend änderte ich die Ebenenfüllmethode in MULTIPLIZIEREN und verringerte die Deckkraft auf 35%, um das gesamte Bild abzudunkeln (**Abbildung 10.119**).
3. Bei aktiver Kurvenebene drückte ich ⌘-I/Strg-I, um die Ebenenmaske umzukehren und den Abdunklungseffekt auszublenden.
4. Ich duplizierte die abgedunkelte Ebene und änderte die Füllmethode in UMGEKEHRT MULTIPLIZIEREN (**Abbildung 10.120**).
5. Ich wählte AUSWAHL/AUSWAHL LADEN, um den Alpha-Kanal zu laden (**Abbildung 10.121**). Dann klickte ich in die untere Gradationskurven-Einstellungsebene, die den Abdunklungseffekt aus den Schritten 2 und 3 enthält.

Abbildung 10.116

Abbildung 10.117

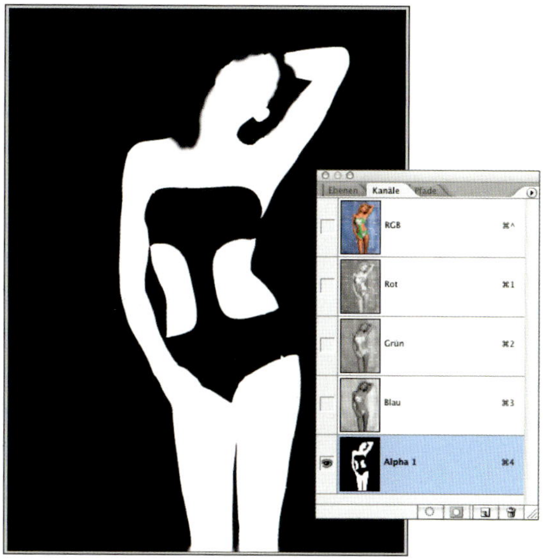

Abbildung 10.118

Der Alpha-Kanal

Abbildung 10.119

Dunkeln Sie das Bild mit der Füllmethode MULTIPLIZIEREN *ab.*

Abbildung 10.120

Wiederholen Sie die Schritte – jedoch diesmal, um das Bild aufzuhellen.

Abbildung 10.121

Die aktive Auswahl

6. Ich malte mit einer großen, weichen, weißen Pinselspitze entlang der Kanten von Schenkeln und Armen (**Abbildung 10.122**). Das betont die Körperkonturen besser. Zur Verdeutlichung sehen Sie in **Abbildung 10.123** die Ebenenmaske der Gradationskurven-Einstellungsebene.

7. Mit einer kleineren Pinselspitze malte ich auf der Aufhellen-Einstellungsebene über die Mitten der Beine, um den Kontrast zwischen hellen und dunklen Bereichen zu betonen (**Abbildung 10.124**). Passen Sie anschließend die Ebenendeckkraft auf 35% an. **Abbildung 10.125** zeigt die Ebenenmaske der Gradationskurven-Einstellungsebene.

Abbildung 10.122

Betonen Sie die dunkleren Bereiche der Modelkonturen, indem Sie mit Weiß auf der schwarzen Ebenenmaske malen.

Abbildung 10.124

Erstellen Sie mit der Außenkante einer großen Pinselspitze leichte Farbverläufe.

Abbildung 10.123

Die isolierte Ebenenmaske

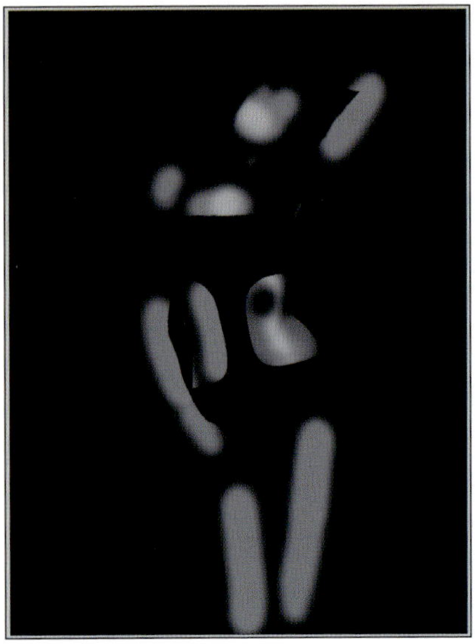

Abbildung 10.125

Die isolierte Ebenenmaske

Ein Bild einrahmen

Wie in Kapitel 9 gesehen, können Sie eine Person effektiv betonen, wenn Sie eine Vignette mit hellen oder dunklen Pixeln erstellen. Im ersten Beispiel werden die helleren Bildbereiche durch eine Abdunklung des Hintergrunds betont (Abbildungen 10.126 Und 10.127).

© Thiago Da Cunha

Abbildung 10.126

Abbildung 10.127

ch10_dark_frame_jpg

1. Drücken Sie einmal die Taste [F], um den Vollbildmodus zu aktivieren. Fügen Sie eine Gradationskurven-Einstellungsebene hinzu. Verschieben Sie den Weißpunkt nach unten (Abbildung 10.128).

Abbildung 10.128

Dunkeln Sie das Bild ab.

2. Drücken Sie die Tasten [D] und dann [X], um Weiß als Vordergrundfarbe einzustellen. Aktivieren Sie das Verlaufswerkzeug; wählen Sie den Verlauf VORDERGRUND, TRANSPARENT (Abbildung 10.129).

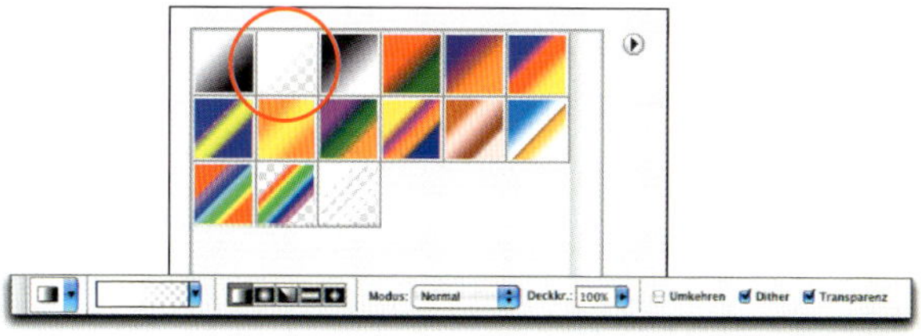

Abbildung 10.129

Wählen Sie den zweiten Verlauf aus (Vordergrund, Transparent).

3. Zoomen Sie aus dem Bild heraus, so dass Sie außerhalb des Bilds beginnen können. Erstellen Sie mehrere Verläufe aus den Ecken in die Bildmitte. Es ist besser, den Effekt mit mehreren Verläufen zu erstellen, als es mit einem perfekten Zug zu probieren.

4. Passen Sie die Stärke der eingebrannten Kanten mit der Deckkraft an (Abbildung 10.130).

Abbildung 10.130

Mehrere Einsätze des Verlaufswerkzeugs führten zu diesem delikaten Übergang.

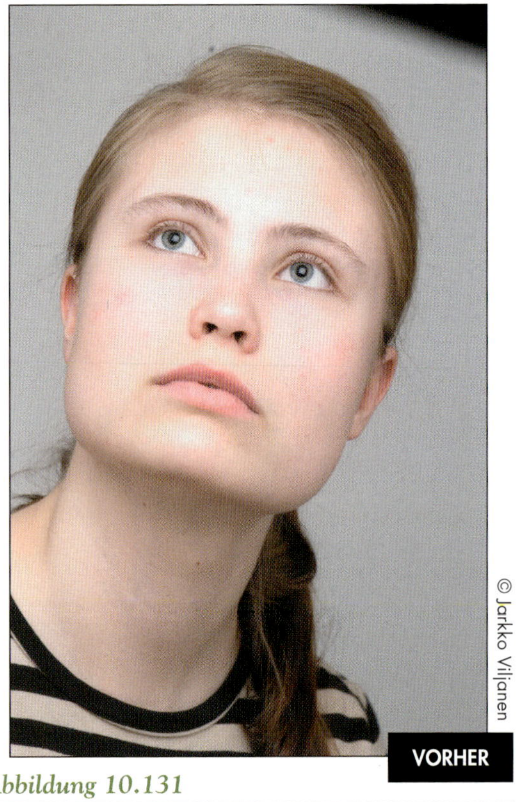

Abbildung 10.131

Abbildung 10.132

In den Abbildungen 10.131 und 10.132 sehen Sie, wie durch die Aufhellung des Bilds die dunkleren Bildinformationen dominanter werden. Wie Jarkko Viljanen (Übersetzer meines Buchs ins Finnische) schrieb: »Hiermit wollte ich Ihnen zeigen, was ich beim Übersetzen gelernt habe. Ich habe dieses Bild letzte Nacht aufgenommen und anderthalb Stunden in Photoshop damit zugebracht. Danke.« Das ist genau das, worum es in diesem Buch geht: Sehen, Lernen und neue Ideen entwickeln. Viel Spaß.

GEDANKEN ZUM SCHLUSS

Ich hoffe, dass Ihnen die Techniken in diesem Buch weiterhelfen. Um sich sein Selbstbewusstsein und einen gesunden Körper zu erhalten, muss man Realität und Illusion trennen. Die perfekten Körper und Gesichter in Modemagazinen, Kosmetikanzeigen und Bademoden-Kalendern existieren nur sehr selten – und wenn, dann höchstens auf der Festplatte des Profiretuscheurs.

ANHANG

MITWIRKENDE

Diese Buch wäre ohne die zur Verfügung gestellten Bilder und Techniken der nachfolgenden sehr talentierten Profis niemals möglich gewesen. Ich danke allen für ihre Zeit, Unterstützung und Einblicke.

ALAN

PhotoRescuer
Fotorestauration & Retusche
Maryland • (301) 873-3983
www.photorescuer.com • sales@photorescuer.com

KEN ALLEN

Image Conservator
Digitalisierung, Katalogentwicklung und sichere Fotoaufbewahrung
New York, NY • (917) 853-0592
www.savethephotos.com • ken@savethephotos.com

JANEE ARONOFF

myJanee.com Graphic Creations
Zertifizierte Adobe-Trainerin, Lehrerin und Autorin, freie Grafikerin und Restauratorin
Bloomington, IN
myJanee.com • myJanee.com/contact.htm

MARK BECKELMAN

Beckelman Photo Illustration
Digitale Bildbearbeitung, Retusche, konzeptionelle und redaktionelle Illustrationen
Springfield, NJ • (973) 467-3456
www.beckelman.com • mark@beckelman.com

CARRIE BEENE

OTTO Imaging, LLC
Highend-Schönheitsretusche, Silhouetten und Haare
New York, NY
(212) 995-1451 • (212) 658-9590
www.ottoimaging.com • cbeene@ottoimaging.com

SHAN CANFIELD

alias »Photoshop-Mama«
Training, digitale Kunst und Fotografie, Schönheitsretusche
Nashville, TN • (615) 228-5935
www.shanzcan.com • www.moidesignstudio.com
mama@shanzcan.com

RICK DAY NYC

Mode-, Glamour- und Schönheitsfotografie
New York, NY • (646) 279-7387
www.rickdaynyc.com • info@rickdaynyc.com

DOUGLAS DUBLER 3

Schönheits-, Mode- und Kunstfotografie
New York, NY • (212) 452-2525
www.douglasdubler3.com • ddubler@mac.com

SHAWN GIBSON

Shawn Gibson Photography
Digitale und klassische Porträtgemälde
Toronto, Ontario, Canada • (416) 603-0707
www.shawngibson.com • shotbyshawn@yahoo.com
shawn.gibson@utoronto.ca

H AND H COLOR LAB

Full-Service-Fotolabor, spezialisiert auf optische und digitale Arbeiten, digitale und traditionelle Retusche/Verbesserung und Fertigstellung
(800) 821-1305 • Kansas City, MO
www.hhcolorlab.com
customerservice@hhcolorlab.com

ART JOHNSON

Memories in Minutes
Digitalfotografie, Restauration und Porträtretusche
Albany, GA • (229) 888-7135
www.ArtPhotog.com • Memoriesinminutes@mchsi.com

W. ALAN JONES

Digitalfotografie, Drechsel- und Holzarbeiten
Milledgeville, GA • (478) 452-6859
Ajones@alltel.net

ANDREW MATUSIK

Digital Retouch
Mode-, Schönheits- und Glamour-Fotografie
New York, NY • (917) 779-8606
www.andrewmatusik.com • www.digitalretouch.net

JOHN MCINTOSH

School of VISUAL ARTS
Leiter: Computergrafik
New York, NY
www.svacomputerart.com • jmcintosh@sva.edu

SKYY STORM MCKENDRY

Conviction of the Heart Photography
Nimm die wahre Schönheit meiner Objekte auf
Kanab, UT • (435) 616-5463
www.betterphoto.com/gallery/gallery.asp?memberID=105527
skyymckendry@hotmail.com

JASON NADLER

Nadler Photo Design
Digitalfotografie, Verbesserung und Retusche
Wading River, NY • (631) 682-3329
www.jasonnadler.photosite.com
nadlerphoto@optonline.net

RICH OASEN

U.S. Navy, Foto Ace
Leiter der Fotografie für die Navy, Digitalfotografie
Washington, DC; Fredericksburg, VA
(540) 371-4537
www.fotoace.com • rloasen@fotoace.com

PHIL POOL

Omni Photography
Digitale Porträt- und Hochzeitsfotografie, Bildrestauration
West Burlington, IA
www.omniphotobyphil.com • pep9454@yahoo.com

TERESA SETTERLUND

Designer Photo Imaging
Fotomanipulation, Porträtretusche, Bildrestauration
Minneapolis, MN
www.designerpi.com • ts@designerpi.com

CHRIS TARANTINO

Twisted Pixel
Highend-Schönheits- und Moderetusche und Farbmanagement
Connecticut and NYC • (203) 314-7924
Retoucherpro@mac.com

JARKKO VILJANEN

Pixelcom
Digitale Bildbearbeitung, Fotografie und Training
Vesilahti, Finnland
+358-400-796 768
www.pixelcom.fi • www.studioamanda.fi
jarkko.viljanen@pixelcom.fi

JUNG AND NATALIE WI

Allure West Studios
Hochzeits- und Modefotografie
San Francisco, CA • (415) 513-5925
www.allurewest.com • contact@allurewest.com

JOSH WITHERS

Arthaus – TBWA \ Chiat \ Day
Retusche, digitale Kunst und Fotografie
Los Angeles, CA
www.joshwithers.com • josh@joshwithers.com

LORIE K. ZIRBES

Retouching by Lorie
Porträtretusche, Bildrestauration und kreatives Einfärben
Las Vegas, NV und das Internet
(702) 648-4410
www.retouchingbylorie.com • ArtistLZ@aol.com

BILDNACHWEIS

Ein Dank geht an die folgenden Fotografen, Museen und Firmen, deren Bilder ich in diesem Buch verwenden durfte. Ihre Unterstützung haben dieses Buch überhaupt erst möglich gemacht.

Jose A. Basbus
Richard Berke
George Brinkerhoff
Thiago Da Cunha
Brent Davis
The Dallas Museum of Fine Art
Colin M. Dearing
Alyssa Duncan
Frank Eirund
Regan Ehrman
Pamela Herrington
JupiterImages
Eugene Larson
Elliot Lincis
Angie W. Lowe
Robert Malarz
Myke Ninness
Patrick O'Connell
Scott Seewald
Luanne Seymour
Barry Silverstein
Brent Shirk
Thomas T. Taber Museum
Cindy Reding
Stephen Rosenblum

Ein Dank geht auch an die folgenden Familien, deren Fotos ich in diesem Buch verwenden durfte: Allely, Beckelman, Berger, Bonham, Eckert, Eichhorn, Eismann, Holmes, Jackson, Knoll, McIntosh, Morgan, Palmer, Sampson, Shaw, Wheeler und Wunn.

STICHWORTVERZEICHNIS

Zahlen

8-Bit-Bilder, 36, 37
16-Bit-Bilder, 36, 37
21-Stufen Graukeil, 42
100%-Ansicht, 17

A

Abwedler, 352–353
Adams, Ansel, 38
Additive Farben, 100–101
Adobe Bridge, 16–17
Adobe Camera Raw
  Chromatische Abberration korrigieren, 140
  Macbeth ColorChecker, 133–134
  Schwarzweißbilder, 287–290
  Siehe Camera-Raw-Dateien
Adobe Gamma, 27
Alle Ebenen aufnehmen, 355
Allen, Ken, 443
Alpha-Kanal, 438, 439
Alter umkehren, Retusche, 352–355
Antike Bilder gerade ausrichten, 227–230
Apple-Monitorkalibrierungs-Assistent, 27–28
Arbeitsbereich-Einstellungen, 15–16
Arbeitsplatz, 25–30
  Computerausrüstung, 26–30
  Möbel, 26
  Umgebung und Beleuchtung, 25
Arbeitsvolume, 27
Architektonische Perspektive, 232

Archivierungssystem, 28
Aronoff, Janee, 300, 303, 443
Augenbrauen betonen, 423, 424
Augen
- aufhellen, 358–359, 360–361
- dramatisch betonen, 361–364
- Farbe hervorheben, 358–359
- gemalte Akzente, 359–361
- Kontrast verbessern, 427
- Make-up verbessern, 420–428
- reparieren, 208
- Retusche, 350–351, 355–364, 415–428
- rote Augen entfernen, 356–357
- vergrößern und ausbalancieren, 417–419
- Wimpern betonen, 416, 424, 426, 427

Augen-Make-up, 364, 416–417, 420–428
Ausbalancieren
- Belichtung und Verblassen, 90–92
- Farbe, 105–107
- Hauttöne, 124–127
- Lichter, 121
- Mitteltöne, 121
- neutrale Töne, 121–124
- Tiefen, 121

Ausbessern-Werkzeug, 179–183
- Falten entfernen, 354–355
- Fehler überdecken, 338–339
- Fotos reparieren, 200–201, 205
- Porträts retuschieren, 325
- Tipps für den Umgang, 339

Ausdrucke
- in Übergröße, 208
- Muster, 187–189, 190–192
- reduzieren, 31

Ausgeblichene Bilder
- Belichtung ausbalancieren, 90–92
- neutrale Farbwerte, 113–115

Auswahlellipse, 202–203
Auswahlen
- Farbkorrektur, 127–130
- Tonwertkorrektur, 67–69

Auswahlrechteck, 110
Auswahlwerkzeuge, Kontextmenüs, 19
Auto-Button, 44
Auto-Farbkorrektur, 107–111
- Bilddetails, 109–110
- Farbbalance, 200
- gezielt, 110–111
- Optionen, 108

B

Backup-System, 28
Basbus, Jose, 263
Beauty-Workflow, 394–398
- *Siehe Glamour-Retusche*

Beckelman, Mark, 159, 188, 375, 443
Beene, Carrie, 388, 407, 420, 443
Befehle. *Siehe spezielle Befehle*
Beleuchtung
- Glamour, 436–442
- gemischt, 129–130
- verbessern, 322, 373–376

Belichtungskorrektur, 71–97
- verblasste Bilder, 90–92
- dunkle Bilder, 72–86
- Tiefen/Lichter, 93–97
- überbelichtete Bilder, 87–92

Bereichsreparatur-Pinsel, 164–167
- Schönheitsfehler entfernen, 337–339
- Staub entfernen, 159, 216
- Tipps für die Anwendung, 166–167

Bette-Davis-Augen, 361–364
Bewegungsunschärfe, 238
Bildberechnungen, 137–138, 140, 141
Bilder
- Mitwirkende, 445
- digitale Kopien, 188
- einrahmen, 441–442
- färben, 290–294
- Farben anpassen, 143–144
- gerade ausrichten, 225–226
- herunterladen, 3, 4
- navigieren, 17–19
- reduzieren, 250
- scannen, 187, 189, 192–193
- scharfzeichnen, 306–313

Bilder abdunkeln
- Füllmethoden, 57, 58–59, 87–88
- Hintergründe, 374–375
- verblassen, 90–92

Bilder aufhellen, 72–86
- Camera-Raw-Dateien, 80–86
- Füllmethoden, 57, 72–74
- mit Einstellungsebenen malen, 78–80
- Übergänge, 74–76

Bilder einfärben, 290–294
- mit einer Farbe, 291–292
- mit mehreren Farben, 293–294
- Variationen, 290–291

Bilder einrahmen, 441–442
Bilder freistellen
  Fotorestauration, 170–172
  Porträtretusche, 324–325
  speichern, 323–324
Bilder gerade ausrichten
  antike Bilder, 227–230
  Verkrümmen-Funktion, 225–226
Bilder neu aufbauen, 244–260
  Bildfragmente, 244–247
  Gesichter neu aufbauen, 256–259
  Glamour-Retusche, 388
  Gruppenporträts, 260
  Informationen sammeln, 248–250
  Menschen/Hintergründe entfernen, 252–255
  Personen neu anordnen, 250–252
Bilder scannen
  Druckstruktur reduzieren, 187, 189
  Moiré-Muster reduzieren, 192–193
  übergroße Bilder, 208
Bilder scharfzeichnen, 306–313
  Glamour-Retusche, 433–436
  Hochpassfilter, 311–313
  Kontrast scharfzeichnen, 310–311
  neutrales Scharfzeichnen, 311–313
  selektiver Scharfzeichner, 306–309, 310
  Tipps, 309
Bildintelligenz, 93
Billman, Dave, 79
Bit-Tiefe, 36–37
Blendenflecke
  in der Perspektive entfernen, 268–270
  korrigieren, 263–270
  reparieren, 265–267
Blendenkorrektur, 140, 226
  architektonische Perspektive, 232
  Bilder gerade ausrichten, 227–230
  Blendenverzerrungen, 231–232, 368
  Tipps für den Umgang, 226–227
Blendenverzerrung, 231–232, 368
Blendenreduktion, 189–190
Blitz und rote Augen, 356
Bridge, Adobe, 16–17
Brinkerhoff, George, 222
Brown, Russell, 280
Busgeschwindigkeit, 27

C

Camera-Raw-Dateien
  dunkle Bilder, 80–86
  Macbeth ColorChecker, 133–134
  Schwarzweißbilder, 287–290
  Siehe auch Adobe Camera Raw
Canfield, Shan, 302, 361, 381, 444
Cartier-Bresson, Henri, 250
CCD (Charge Coupled Device), 161
CD-R-Laufwerk, 28
Chromatische Abberration, 140, 226
CMYK-Farbmodus, 100, 124, 395
ColorChecker, Macbeth, 133–134
Computerausstattung, 26–30
Continuity-Fehler, 244
Copyrights, 31
CPU-Geschwindigkeit, 27

D

Dateien
  vergleichen, 18
  verwalten, 24
Day, Rick, 444
Details
  Kanalmixer, 63
  Gradationskurven, 55–56
  Glamour-Retusche, 392
  umgekehrt multiplizieren, 62–63
Dichte, 58–59, 87–88
Digitale Gemälde, 302
Digitalkameras
  Reinigung der CCD, 161
  Bilder kopieren, 188
  überbelichtete Bilder korrigieren, 89–90
  Staub entfernen, 162
  Störungen und Moiré-Muster, 194–196
  Professionell und Prosumer, 29–30
Distorsion, 328–329
Dokumente reparieren, 222–224
Dolgin, Marcia, 30
Doppelte Gradationskurven, 407–410
Drei-Tage-Bart, 343–344
Drucker, 30
Drucksensitives Grafiktablett, 28

Druckstruktur
- bei der Eingabe reduzieren, 187–189
- Werkzeuge für die Retusche, 190–192

Dunkle (unterbelichtete) Bilder, 72–86
- Einstellungsebenen, 78–80
- Camera-Raw-Dateien, 80–86
- Lichteinfall korrigieren, 76–77
- umgekehrt multiplizieren, 72–73
- Übergänge bei Tonwertkorrekturen, 74–76

Dubler, Douglas, 388, 444

Duplizieren und Maskieren, 173–174

Duplizieren und Verschieben, 157–160

DVD-R-Laufwerk, 28

E

Ebenen
- Arten, 20–21
- benennen, 21–22
- duplizieren, 21
- Gruppen, 22–23
- navigieren, 22
- reduzieren, 23–24
- *Siehe Einstellungsebenen*

Ebene-bearbeiten-Werkzeug, 184

Ebene-erstellen-Werkzeug, 184

Ebenengruppen
- erstellen, 22–23
- löschen, 23

Ebenenmasken, 70
- Kanten glätten, 262
- zerissene Fotos, 210–211

Ebenenstile-Dialogbox, 385

Eigene Arbeitsbereiche, 15–16

Einstellungsebenen, 21, 31
- Auswahlen, 67–69
- Bedeutung, 43
- dunkle Bilder und überbelichtete Bilder, 78–80
- Ebenenmasken, 70
- kombinieren, 65–66
- malen mit, 78–80
- teilen, 64–65
- *Siehe auch die einzelnen Ebenen*

Eirund, Frank, 296

Entfernen
- Blendenflecke, 263–270
- Dinge aus dem Hintergrund, 241–244
- Farbränder, 140–142
- Gekritzel, 220–221
- Lichteintritte, 271–274
- Personen aus Bildern, 252–255
- rote Augen, 356–357
- Staub, 154–162
- Störungen, 323–325

Ergebnisse bewerten, 323

Extreme Farbkorrektur, 135–142
- Farbinformationen neu aufbauen, 137–139
- Farbränder entfernen, 140–142
- Tonwertkorrektur, 135–136

F

Falten reduzieren, 352–355

Farbbalance, 293

Farbbalance-Einstellungsebene, 105–107

Farbaufnahme-Werkzeug, 40–41

Farbaufnehmer, 40–41

Farbbereich auswählen, 218

Farbbilder
- gemalte Effekte, 300–303
- in Schwarzweiß umwandeln, 276–290

Farbbilder in Schwarzweiß umwandeln, 276–290
- Camera-Raw-Dateien, 287–290
- Farbkanäle, 277
- Film und Filter imitieren, 280–282
- Füllmethoden, 283–287
- Graustufen, 276, 277
- Helligkeitskanal, 277
- Kanalmixer, 278–280
- Smart Objekte, 282–283

Farbeinstellungen, 10

Farbe
- additiv vs. subtraktiv, 100–101
- anpassen, 143–144
- ersetzen, 145–149
- Informationen neu aufbauen, 137–139
- mit Luminanz erhalten, 142–143
- zwischen Bildern anpassen, 143–144

Farbe ersetzen, 145–149
- Farbe-ersetzen-Werkzeug, 147–148
- Lab-Farbmodus, 149

Farbe-ersetzen-Dialogbox, 145–146

Farbe-ersetzen-Werkzeug, 147–148

Farbinformationen neu aufbauen, 137–139

Farbkorrektur, 99–149
- Auto-Farbkorrektur, 107–111

Bilddetails, 109–110
extreme Probleme, 135–142
Farbbalance-Einstellungsebene, 105–107
Farbe anpassen, 143–144
Farbinformationen wieder aufbauen, 137–139
Farbstiche, 102
Farbe ersetzen, 145–147
Farbe-ersetzen-Werkzeug, 147–148
Farbränder entfernen, 140–142
Farbton/Sättigung-Einstellungsebene, 120–121
Farbtypen, 100–101
Fotofilter-Einstellungsebene, 115–116
gemischte Beleuchtung, 129–130
Glamour-Retusche, 395–398
global, 107–121
Gradationskurven-Einstellungsebene, 119–121, 142–143
Hauttöne, 124–127, 348–350
Lab-Farbmodus, 149
Luminanz, 142–143
neutrale Farbwerte, 113–115, 121–124
Pipetten der Tonwertkorrektur, 111–115
RGB-Dateien, 121
selektiv, 127–130
Temperaturprobleme, 131–134
Variationen, 102–105
Zahlwerte, 121–127
Zielbereiche, 110–111, 127–129
zwischen Bildern transferieren, 117–118

Farbmanagement für Fotografen (Rodney), 102

Farbmodus, 100–101, 395

Farbpapier-Collage, 300, 301

Farbränder, 140–142

Farbräume, 102

Farbstiche
identifizieren, 102
positiv vs. negativ, 101

Farbstörungen reduzieren, 194

Farbtemperatur-Probleme, 131–134
Macbeth Color Checker, 133–134
Schritte für die Korrektur, 131–132

Farbtonregler, 281

Farbton/Sättigung-Einstellungsebene
Augen-Makeup betonen, 416–417
Belichtung und Farbe verbessern, 119–120
Farbe in Graustufen umwandeln, 280–282
Farbflecken entfernen, 218–219
Hauttöne verbessern, 349–350

Farbumfang-Warnung, 143

Festplattenplatz, 27

Feuchteffekt, 428–430

Filter
Bewegungsunschärfe, 238
Blendenkorrektur, 140, 226–233, 368
Distorsion, 328–329
Farbpapier-Collage, 300, 301
Gaußscher Weichzeichner. *Siehe Gaußscher Weichzeichner*
Glatter machen, 190, 191
Grobe Malerei, 300, 301
Helligkeit interpolieren, 300, 301
Hochpass, 216, 286, 311–313, 433, 435
Kaltfilter, 130, 267
Kunststofffolie, 430
Selektiver Scharfzeichner, 306–309, 310
Staub und Kratzer, 215, 216, 219, 343–344, 345, 346
Störungen reduzieren, 194–196, 343
Unscharf maskieren, 306, 379, 380
Verflüssigen, 330, 331, 333, 398, 400, 431
Warmfilter, 115
Weichzeichner, 343

Flachbettscanner, 28–29

Flecken. *Siehe Blendenflecke*

Flecken entfernen, 214–219
Teilverfärbungen, 217–219
Verfärbungen, 214–217

Flowers, Brad, 29

Fluchtpunkt
Blendenflecke entfernen, 268–270
Perspektive, 184–186

Fokus
Schärfe, 433–435
verbessern, 322, 373–376

Form und Symmetrie, 398–404

Fotoeffekte, 376–378

Fotofilter-Einstellungsebene, 115–116, 351

Fotos reparieren, 199, 235
Flecken und Verfärbungen, 214–219
Knicke und Risse, 200–211
Krümmungen und Verzerrungen, 225–232
Siehe Fotos restaurieren

Fotos restaurieren
antike Bilder gerade ausrichten, 227–230
Ausbessern-Werkzeug, 179–183
Bereichsreparatur-Pinsel, 164–167
Bilder neu aufbauen, 244–260
Bildstruktur erhalten, 196–197
Blendenflecke korrigieren, 263–270
Druckstruktur reduzieren, 187–189, 190–192

Duplizieren und Maskieren, 173–174
Flecken reduzieren, 189–190
Freistellen-Werkzeug, 170–172
Hintergründe neu erstellen, 236–244
Kopierstempel, 167–170
kreative Lösungen, 172
Lichteintritte reparieren, 271–274
Moiré-Muster reduzieren, 192–194
Muster, 176–179
Perspektive, 183–186
Reflexionen reduzieren, 261–263
Reparatur-Pinsel, 174–175, 176
Störungen reduzieren, 194–196
Siehe Fotos reparieren

Fotos retuschieren, 317, 387
Arbeitsbereich, 25–30
Beleuchtung und Fokus verbessern, 373–376
Blendenkorrektur, 231–232, 368
Farbkorrektur, 395–398
Gesichter betonen, 355–373
Hautunreinheiten reduzieren, 337–355
Konturen glätten, 326–337
kreative Effekte, 376–385
Kundenwünsche, 392–394
Schritte im Workflow, 24–25
Störungen entfernen, 212–214, 320–321, 323–325
Strategien, 320–323, 392–394
Stufen, 318–320
Siehe Glamour-Retusche und Porträtretusche

Freistellen-Werkzeug
Bilder restaurieren, 170–172
speichern, 323–324
Vorlagen erstellen, 12–13

Funktionstasten, 14–15

Füllebenen, 21

Füllmethoden, 57–62
Bereichsreparatur-Pinsel, 337–339
Ebenen duplizieren, 286
Gruppen, 57–58
Hartes Licht, 59–61, 433
Kontextmenü, 20
Linear abwedeln, 74
Luminanz, 61–62
Multiplizieren, 58–59, 87–88, 224, 438, 439
Schwarzweißumwandlung, 283–287
Überlagern, 92
Umgekehrt multiplizieren, 62–63, 72–73, 438
Weiches Licht, 433, 435

G

Gammaregler, 45–46

Gaußscher Weichzeichner
Augen betonen, 361–362
Bilder weichzeichnen, 159
Druckmuster, 190, 191
Ebenenmasken, 262, 374
Hintergrundrestauration, 238
Porträtretusche, 342
Störungsmuster, 197
Vignetten, 203, 239

Gemalte Effekte, 300–303
Augen betonen, 359–361
Skizzeneffekte, 302
Wasserfarbeneffekte, 300–302

Gemischte Beleuchtung, 129–130

Gerade-ausrichten-Werkzeug, 227

Gesichter
Augen-Retusche, 350–351, 355–364, 415–428
betonen, 322, 355–373, 415–433
ersetzen, 257–259, 260
Falten reduzieren, 352–355
formen, 436–437
Glamour-Retusche, 415–433
Haare färben, 352, 369–373
Lippen retuschieren, 428–430
Nasen, 366–367
neu aufbauen, 256–257
optische Verzerrungen 368
Schönheitsfehler entfernen, 337–339
Zähne bleichen, 350, 351, 364–366
Siehe Porträtretusche

Gesichter formen, 436–437

Gesichter/Köpfe ersetzen, 257–259, 260

Gesundheit, Erscheinung verbessern, 348–352

Gewichtsreduktion, 328–330, 331

Gibson, Shawn, 401, 444

Glamour-Retusche, 387–442
Arten, 388–391
Augen betonen, 415–428
Beauty-Workflow, 394–398
Beleuchtung, 436–442
Bilder einrahmen, 441–442
doppelte Gradationskurven, 407–410
Farbkorrektur, 395–398
Fokus und Schärfe, 433–436
Gesichter formen, 436–437
Gesichtsmerkmale betonen, 415–433, 436–437
Haare betonen, 430–433

Handposition und Größe, 402, 403
Hautfalten, 402, 404
Hauttöne ausgleichen, 410–411
Körperkonturen, 438–440
Kundenwünsche, 392–394
Lippen betonen, 428–430
neutrale Ebene, 404–407
perfekte Haut, 404–414
reparieren und restaurieren, 411–414
Scheineffekt, 435–436
Strategien, 392–394
Symmetrie und Form, 398–404
Siehe Porträtretusche
Globale Farbkorrektur, 107–121
Gradationskurven-Dialogbox, 52, 53
Gradationskurven-Einstellungsebene, 52–56
Belichtung verbessern, 119–121
Details verstärken, 55–56
Farbverbesserungen, 119–121
Glamour-Retusche, 432, 440
Hauttöne ausbalancieren, 124–127
Kontrastverbesserungen, 53–54
Luminanz, 142–143
Tipps für den Umgang, 54
Graue Pipette, 113, 114
Graukeil, 42
Graustufen-Modus
in Farbe umwandeln, 276, 277
Smart Objekte, 282–283
Grobe Malerei, 300, 301
Grobe, runde Borste, 304
Größe, durch Retusche ändern, 335–336
Gruppen, Ebenen, 22–23
Gruppenporträts, 260

H

Haarretusche, 352, 369–373, 430–433
Ansätze nachfärben, 370–371
Farbe verbessern, 369–370
Lichter betonen, 371–373
Halslinien, 330, 332–335
Handposition und Größe, 402, 403
Hartes Licht, Füllmethode 59–61, 433
Haut glätten/weichzeichnen, 341–343
Hautfalten, 402, 404
Hautretusche, 337–355, 404–414
Ausschläge reduzieren, 344–346
doppelte Gradationskurven, 407–410
Drei-Tage-Bart, 343–344
Falten reduzieren, 352–355
gesünder aussehen, 348–352
Glamour-Techniken, 404–414
Haut glätten/weichzeichnen, 341–343
Hautfalten, 402, 404
Hauttöne ausgleichen, 341–343, 410–411
neutrale Ebene, 404–407
Puppenhaut, 339–341
reparieren und restaurieren, 411–414
Rosazea reduzieren, 346–348
Schönheitsfehler entfernen, 337–339
Hauttöne
ausgleichen, 341–343, 410–411
Farbkorrektur, 124–127, 348–350
HDR-Bilder, 80
Helle (überbelichtete) Bilder, 87–92
Digitalkameras, 89–90
Multiplizieren, 58–59, 87–88
Probleme verblassen, 90–92
Helligkeit interpolieren, 300, 301
Helligkeitskanal, 277
Herrington, Pam, 70
High-Bit-Daten, 36–37
Hintergrund
abdunkeln, 374–375
neu erstellen, 236–244, 247
Objekte entfernen, 241–244
Vignetten, 239–240, 373–375
Hintergrundebene, 20–21
High-Key-Bilder, 38
High-Key-Effekte, 378–380
Histogramm-Palette, 38, 39, 41–42
Hochpassfilter, 216, 286, 311–313, 433, 435
Hollywood-Augen, 417–418
HSB-Farbmodus, 101

I

Info-Palette
Farbstiche identifizieren, 102, 112, 128
Variationen, 104
Inkjet-Drucker, 30
IOGEAR-Umschalter, 28

J

Johnson, Art, 241, 244–246, 260, 321, 444
Johnson, Stephen, 157
Jones, W. Alan, 213, 444

K

Kaltfilter, 130, 267
Kanäle
  Alpha, 438, 439
  extrahieren, 154–157
  Farbkanäle, 277
  kombinieren, 156–157
  Tastatur-Kurzbefehle, 154
  teilen, 284
  überblenden, 283–287
Kanalmixer-Einstellungsebene
  Belichtungskorrektur, 89–90
  Dokumentreparatur, 222, 223
  Farbbilder in Graustufen umwandeln, 278–280
  Gekritzel entfernen, 220
  Kanäle kombinieren, 156–157
  Umgekehrt multiplizieren, 63
  verfärbte Fotos, 215
Kanten
  Ebenenmaske, 262
  kreative, 303–305
  Vignette, 203, 239
Kantenschärfe, 196, 334
Kleidung
  Retusche, 326–327
  taillieren, 326–327
Kontextmenüs, 19–20
Kontrast
  Augenretusche, 427
  Auto-Farbe, 108
  Füllmethoden, 57–58, 59–61
  Gesichtsmerkmale, 437
  Gradationskurven, 52–56
  Hartes Licht, 59–61
  scharfzeichnen, 310–311
  Siehe Tonwertkorrektur
Konturen, 321, 326–337
  glätten, 326–327
  Halslinie, 330, 332–335
  Kleidung, 326–327
  Körper, 328–330, 331, 438–440
Kopierte Ebenen, 21
Kopierstempel, 167–170
  Fluchtpunkt, 186
  Fotos reparieren, 201, 205
  Kantenschärfe, 196, 334
  Reparaturwerkzeuge, 202–208
  Richtlinien, 163–164
  Staub entfernen, 160
  Symmetrie und Form, 398
Körper formen, 328–337
  Glamour-Retusche, 438–440
  Größen anpassen, 335–336
  Halslinien glätten, 330, 332–335
  Schlankheitskur, 328–330, 331
Korrigieren
  ausgeblichene Bilder, 90–92
  Blendenflecke, 263–270
  Farbtemperatur-Probleme, 131–132
  Lichteintritte, 271–274
  überbelichtete Bilder, 87–92
  unterbelichtete Bilder, 74–77
  verzerrte Bilder, 226, 231–232
  Siehe Farbkorrektur
Kosmetikindustrie, 428
Kratzer reparieren, 221
Kreative Effekte, 376–385
  Fotoeffekte, 376–378
  High-Key-Effekte, 378–380
  Saturday Night Live-Effekt, 381–385
Kreative Kanten, 303–305
Kreative Retusche, 388
Kunden, 392–394
Kunststofffolie, 430

L

Lab-Farbmodus, 100–101, 395
  Farbe ändern in, 149
  Farbe in Graustufen über, 277
Lasso, 173, 206, 208, 209
Leere Ebenen, 21
Lichteintritte reparieren, 271–274
Lichter
  ausbalancieren, 121
  Tiefen, 93–97
Linear abwedeln, Füllmethode, 74
Lippen retuschieren, 428–430
Löschen
  Ebenengruppen, 23
  Siehe entfernen

Low-Key-Bilder, 38
Luminanz, Füllmethode
  Farben erhalten, 142–143
  Füllmethoden, 61–62
  glätten, 194
Luminanzmaske, 61–62

M

Macbeth ColorChecker, 133–134
Macintosh-Tastatur-Kurzbefehle, 10–11
Magnetisches Lasso, 175, 336
Make-up, Augen, 364, 416–417, 420–428
Malarz, Robert, 247
Malwerkzeuge, Kontextmenü, 20
Margulis, Dan, 125
Marshall Oils, 294
Masken
  Ebene, 70
  Luminanz, 61–62
Maskierungsmodus, 236–237, 407, 409
Matter machen, 190, 191
Matusik, Andrew, 388, 392, 395, 411, 414, 415, 418, 428, 432–433, 444
McIntosh, John, 444
McKendry, Sky, 444
Medium-Key-Bilder, 38
Mehrfarbiges Einfärben, 293–294
Menüs, Kontext, 19–20
Messwerkzeuge, 40, 168
Mitteltöne ausbalancieren, 121
Möbel für den Arbeitsplatz, 26
Moderetusche. *Siehe Glamour-Retusche*
Moiré-Muster reduzieren, 192–194
Monitor, 27–28
  Abschirmung, 28
  kalibrieren, 27–28
  mehrere verwenden, 28
Multiplizieren, Füllmethode
  Bilddichte aufbauen, 58–59, 87–88
  Bilder abdunkeln, 438, 439
  Dokumente reparieren, 224
Muster
  Ausbessern-Werkzeug, 182
  drucken, 187–189, 190–192
  eigene erstellen, 177–179
  Moiré, 192–194
  Reparatur, 176–177, 182
  Störungen, 194, 197
Mustergenerator, 177–179, 223

N

Nadler, Jason, 444
Nasenretusche, 366–367
Nasseffekte, 428–430
Navigieren, 17–19
Neutrale Ebenen, 21, 404–407
Neutrale Farbwerte
  Bilder verblassen, 113–115
  mit Tonwertkorrektur ausbalancieren, 121–124
Neutrales Scharfzeichnen, 311–313
Nichtdestruktive Bearbeitung, 31, 164
Nichtlineares Protokoll, 395

O

Oasen, Rich, 444
O'Connell, Patrick, 26
Offset-Moiré-Reduzierung, 192–194
Optische Verzerrungen, 231–232, 368
Ordnerverwaltung, 24

P

Paletten
  Funktionstasten, 14–15
  Histogramm, 38, 39, 41–42
  Informationen, 102, 104, 112, 128
  Tipps für den Umgang, 15
  Werkzeugvorgaben, 13
Palettenbereich, 14
Palmer, Wayne, 5–6
Papierstruktur. *Siehe Druckstruktur*
Personen neu anordnen, 250–252
Perspektive
  architektonische Perspektive, 232
  Blendenflecke reduzieren, 268–270
  Fluchtpunkt-Filter, 184–186
  Fotos restaurieren, 183–186

Photoshop Elements, 5
Photoshop Lab Color (Margulis), 101
Photoshop Maskierung & Compositing (Eismann), 5, 137, 241
Pilze und Schimmel entfernen, 163
Pinsel, 353
  kreative Kanten, 304–305
  Kantenschärfe, 196, 334
  Tastatur-Kurzbefehle, 12, 159
  Siehe spezielle Pinsel
Pinselspitze Großes Gitter, 305
Pinselwähler, 20
Pipette, 40, 102
  Gradationskurven, 119–120
  Tonwertkorrektur, 44, 47–49, 111–115
Pool, Phil, 303, 375, 444
Porträtretusche, 317–385
  Augen betonen, 350–351, 355–364
  Beleuchtung und Fokus verbessern, 373–376
  Drei-Tage-Bart, 343–344
  Falten reduzieren, 352–355
  Fotoeffekte, 376–378
  Freistellen und Einrahmen, 323–324
  Gesichter betonen, 355–373
  gesünder aussehen, 348–352
  Größe anpassen, 335–337
  Gruppenporträts, 260
  Haare färben, 352, 369–373
  Haut glätten/weichzeichnen, 341–343
  Haut verbessern, 337–355
  High-Key-Effekte, 378–380
  Kleidungsprobleme, 326–327
  Konturen glätten, 326–337
  Körper formen, 328–337
  kreative Interpretationen, 376–385
  Nasenkorrektur, 366–367
  Porträts mit Vignetten erstellen, 240
  Puppenhaut, 339–341
  Rosazea reduzieren, 346–348
  Saturday Night Live-Effekt, 381–385
  Schönheitsfehler entfernen, 337–339
  Störungen entfernen, 323–325, 375–376
  Strategien, 320–323
  Stufen, 318–320
  Zähne bleichen/korrigieren, 350, 351, 364–366
  Siehe Glamour-Retusche
Professionelle Digitalkameras, 29
Professionelle Fotolabore, 30
Prosumer-Digitalkameras, 30
Protokoll-Funktion, 395
Puppenhaut, 339–341

R

Radiergummi, 432
RAM, 27
Raster Image Processor (RIP), 30
Raw-Dateiformat. *Siehe Camera-Raw-Dateien*
Reduzieren
  Ausschläge und Rosazea, 344–348
  Bilder, 250
  Druckstruktur, 187–189, 190–192
  Ebenen, 23–24
  Falten, 352–355
  Flecken, 189–190
  Moiré-Muster, 192–194
  Reflexionen, 261–263
  Schönheitsfehler, 337–339
  Störungen, 194–196
Reduzierte Ebenen, 21
Reflexionen reduzieren, 261–263
Regler, 44
  Schwarz- und Weißpunkt, 44–45
  Mitteltöne, 45–46
Reparatur-Pinsel, 174–175
  Fotos reparieren, 202, 205
  Glamour-Retusche, 411, 414
  Muster aufnehmen, 176
  Porträtretusche, 332, 340
Reparatur-Werkzeuge
  Ausbessern-Werkzeug, 179–183
  Bereichsreparatur-Pinsel, 164–167
  Kopierstempel, 202–208
  Reparatur-Pinsel, 174–175, 176
  Richtlinien für den Umgang, 163–164
Reparieren und Restaurieren, 411–414
Retuschen retten, 388
RGB-Farbmodus, 100, 124, 125, 395
RIP-Software, 30
Risse reparieren, 208–211
Rodney, Andrew, 30
Rosazea entfernen, 346–348
Rote Augen entfernen, 356–357
Rote-Augen-Werkzeug, 356

S

Sättigung, 120–121
Sättigungsregler, 281
Scanner, 28–29
Schäden reparieren. *Siehe Fotos reparieren*
Scheineffekt, 382–385
Schieberegler, 12
Schimmel und Pilze entfernen, 163
Schlagschatten
  Tiefe erzeugen, 385
  Wimpern betonen, 363
Schlankheitskur, 328–330, 331
Schönheitsfehler, Retusche, 337–339
Schwamm, 351
Schwarz- und Weißpunkte
  anpassen, 44–45
  finden, 49–51
Schwarz- und Weißpunktregler, 44–45
Schwarzweißbilder
  einfärben, 290–294
  Farbbilder umwandeln in, 276–290
Schwarzweißbilder von Hand einfärben, 294–299
  allgemeine Tipps, 298
  Schritte, 296–297
  traditionell vs. digital, 299
Schwellenwert-Einstellungsebene, 50–51
Selektive Farbe-Einstellungsebene, 349–350, 384, 396, 397
Selektiver Scharfzeichner, 306–309, 310
  Kontrast scharfzeichnen, 310
  Schritte für die Anwendung, 309
  Tipps zum Scharfzeichnen, 309
Sepia-Effekt, 217
Setterlund, Teresa, 236, 445
Skalieren, 336
Smart Objekte, 21
  Camera-Raw-Dateien, 81
  Graustufenumwandlung, 282–283
  Mehrfachentwicklung, 82
Smart-Objekt-Ebene, 21
Speichern
  Arbeitsbereiche, 15
  Werkzeugvorgaben, 12–13
Standardschönheitsretusche, 388
Staub entfernen, 154–162
  allgemeine Tipps, 158, 159
  Digitalkameradateien, 161–162
  Duplizieren und Verschieben, 157–160
  Kanäle extrahieren, 154–156
  Kanäle kombinieren, 156–157
Staub und Kratzer
  Flecken entfernen, 215, 216, 219
  Porträtretusche, 246, 343–344, 345
Stifte, Striche entfernen, 220–221
Störungen
  ausblenden, 212–214
  entfernen, 323–325
  finden, 320
  hinzufügen, 197, 238, 239, 243, 411
  minimieren, 375–376
  reduzieren, 194–196
Struktur
  in Ausdrucken verringern, 187–189, 190–192
  von Bildern erhalten, 196–197
Subtraktive Farben, 100–101
Symmetrie und Form, 398–404

T

Tarantino, Chris, 388, 406, 445
Tastatur-Kurzbefehle, 10–12
  Liste einblenden, 10
  Paletten, 14–15
  Pinsel, 12, 159
  Werkzeuge, 11–12
Temperatur, Farbe, 131–134
Tiefen ausbalancieren, 121
Tiefen/Lichter, 93–97
Tonnenverzerrung, 226
Tontrennung, 74
Tonwerte
  Bit-Tiefe, 36–37
  evaluieren, 38–39, 40
Tonwertkorrektur, 35–70
  Einstellungsebene, 43, 64–65
  Erklärung, 38–39
  Füllmethoden, 57–62
  Gradationskurven, 52–56
  Graukeil, 42
  High-Bit-Daten, 36–37
  Histogramm-Palette, 41–42
  kombinieren, 65–67
  nachverfolgen, 40–41
  selektiv, 67–69

Übergänge, 74–76
visualisieren, 38
Weiß- und Schwarzpunkt, 49–51
Siehe Kontrast
Tonwertkorrektur-Dialogbox, 48
Tonwertkorrektur-Einstellungsebene, 43–52
Auto-Button, 44
extreme Farbkorrektur, 135–136
Gammaregler, 45–46
neutrale Farbwerte ausgleichen, 121–124
Pipetten, 44, 47–49
Schwarz- und Weißpunkte finden, 49–51
Schwarz- und Weißpunktregler, 44–45
Tonwertanpassungen, 43–52, 121–124
Tonwertumfang, 51–52
Tonwertkorrektur-Pipetten, 44
Farbkorrektur, 111–115
Farbwerte verbessern, 47–49
Tonwertumfang, 51–52
Trockene Pinsel, 302

U

Überbelichtete Bilder, 87–92
ausgeblichene, 90–92
Digitalkameras, 89–90
Multiplizieren, Füllmethode, 58–59, 87–88
Überlagern, Füllmethode, 92
Umgekehrt multiplizieren, Füllmethode
Details verstärken, 62–63
dunkle Bilder aufhellen, 72–73, 438
Unscharf maskieren (USM), Filter 306, 379, 380
Unterbelichtete Bilder, 72–86
Camera-Raw-Dateien, 80–86
Einstellungsebenen, 78–80
Farbübergänge korrigieren, 74–76
Lichteinfall korrigieren, 76–77
Umgekehrt multiplizieren, 72–73

V

Variationen, 102–105
Bilder einfärben, 290–291
Effekte abbrechen, 291
Info-Palette, 104
Tipps zur Anwendung, 105
Varis, Lee, 89, 256
Verfärbte Fotos, 214–219
Verflüssigen
Haar-Retusche, 431
Halslinien retuschieren, 333
Körper formen, 330, 331
perfekte Symmetrie und Form, 398, 400
Verkrümmen-Funktion, 225–226, 367, 401
Verlaufswerkzeug
Graukeil erstellen, 42
Übergänge bei Tonwertkorrekturen, 75
Verschachtelte Retusche-Werkzeuge, 11–12
Verschieben-Werkzeug, Kontextmenü, 22
Verzerrte Bilder
Blendenkorrektur, 231–232
korrigieren, 226, 231–232
Vignetten
Bilder reparieren, 202–203
erstellen, 202–203, 239, 240
Glamour-Retusche, 441–442
Hintergründe, 239–240, 373–375
Kanten glätten, 203, 239
Porträts erstellen, 240
Viljanen, Jarkko, 442, 445
Visualisieren, 38
Vollbildmodus, 18
Volltonfarbe-Einstellungsebene, 296–297, 298
Voreinstellungen, 10
Vorgaben, Werkzeuge, 12–13
Vorwärts-krümmen-Werkzeug, 330, 333, 431

W

Wacom-Tabletts, 28, 360
Warmfilter, 115
Wasserfarbeneffekte, 300–302
Website zum Buch, 3, 4
Weicher Fokus, 376–378
Weiches Licht
  Füllmethode, 433, 435
  neutrale Ebene, 353, 406
Weichzeichnungsfilter, 343
Weiß- und Schwarzpunkt
  anpassen, 44–45
  finden, 49–51
Weiße Pipette, 112
Werkzeugvorgaben, 12–13
Werkzeugtipps, 11
Werkzeug-Palette, 11
Werkzeuge
  Tastaturkurzbefehle, 11–12
  Vorgaben speichern, 12–13
Weston, Edward, 38
Wi, Jung und Natalie, 445
Wilhelm, Henry, 30, 163
Wimpern betonen, 416, 424, 426, 427
Windows-Tastatur-Kurzbefehle, 10–11
Withers, Joshua, 330, 445
Work in Progress (WIP), 21, 250
Workflow der Glamour-Retusche, 394–398

Z

Zahlenbasierte Farbkorrektur, 121–127
  Hauttöne ausbalancieren, 124–127
  neutrale Mitteltöne ausbalancieren, 121–124
Zähne
  aufhellen, 350, 351, 364–366
  Aussehen verbessern, 364–365
Zauberstab, 208, 209
Zeichenstift, 241, 438
Zerissene Fotos reparieren, 208–211
Zirbes, Lori, 240, 298, 299, 445
Zoomen, 18, 48
Zusammensetzende Füllmethoden, 58
Zusammenziehen-Werkzeug, 402, 403